승실대학교 중어중문학과 설립20주년 기념 학술논총

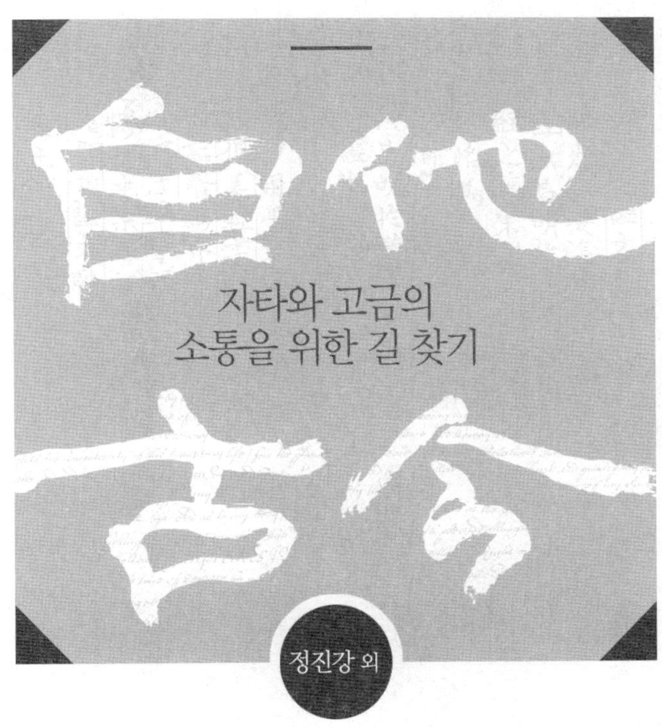

# 권두언

정진강(中國語文論譯學會長/숭실대 중문과 교수)

번역은 근본적으로 소통과 관련을 맺는다. 더욱이 고전의 번역은 타국의 언어와 문화를 보다 근원적으로 파악하는 최상의 방법이자 과거와 현재를 소통할 수 있는 대화의 장이라 할 수 있다. 하지만 무엇보다 고전 번역이 주는 최고의 가치는 언제나 우리에게 과거를 성찰하고, 현재를 진단하며, 미래를 전망하는 지혜를 제시해준다는 점이다.

중국어문논역학회(中國語文論譯學會)는 1997년 12월 《중국어문논역총간 中國語文論譯叢刊》을 창간한 이래, 국내 중국어문학계에서는 보기 드물게 〈번역〉을 주요 영역으로 설정해 국내의 학술 활동에서 그다지 중시되지 못했던 학술번역과 그 성과에 대한 연구를 진작시켜왔다. '번역작업'과 '번역연구'를 활성화시키기 위해 사계의 권위 있는 논문이나 저술을 한역(韓譯)해 널리 소개해왔던 본 학회는, '번역'을 주요 논제로 한 학술대회를 이미 여러 차례 개최한 바 있으며, 본 학회를 주관하는 숭실대학교 대학원 중어중문학과에서도 '중한 쌍방향 번역연구'를 정규 교과과정으로 채택해 그 성과를 학계에 보고하는 창구로서의 역할도 담당하고 있다.

본 학회는 '중국어 번역학'의 이론적 모델을 구축하고자 그 첫 번째로 2008년 〈고전 번역: 自他와 古今의 소통을 위한 길 찾기(1)—《논어 論語》 번역을 중심으로〉학술대회를 개최했고, 2009년에는 그 두 번째로 〈고전

번역: 自他와 古今의 소통을 위한 길 찾기(2)—《루쉰전집 魯迅全集》번역을 중심으로〉학술대회를 개최함으로써 번역을 둘러싼 지식사회학적 제 문제를 토론하는 의미 있는 시간을 가졌다. 그리고 2012년에는 세 번째로 〈고전 번역: 自他와 古今의 소통을 위한 길 찾기(3)—고전 번역 권위자와의 담론을 중심으로〉학술대회의 개최를 통해 오랜 시간 동안 고전 번역에 천착해왔던 권위자로부터 고전 번역 내공의 깊이와 넓이를 체감하고, 고전 번역의 의미와 가치를 경청하는 시간을 가졌다.

숭실대학교 중어중문학과 설립 20주년과 中國語文論譯學會 창립 16주년에 즈음하여 출간되는《自他와 古今의 소통을 위한 길 찾기: 한중 어문학 연구와 번역 연구의 과제와 모색》이라는 자그마한 책이 자타(自他)라는 씨줄과 고금(古今)이라는 날줄로 직조된 시공간적 지도를 효과적으로 펼쳐내 학제 간, 문화 간 소통과 연결고리로서의 역할에 충실하길 바랄뿐이다.

2013년 12월

# 목차

## Ⅲ. 한중 번역 연구의 과제와 모색

# I. 총론 (번역 권위자 제언)

# 韓國人의 中文學硏究와 飜譯 意義*

허세욱**

현대 예술이 비록 주제의 탈절(脫節), 심지어 무주제의 표현현상을 보이지만 한문은 모름지기 그 목적과 사명을 뚜렷이 할 때에 그 자신은 물론 학문을 위해 바람직한 일이다. 바로 자신의 존재를 확인하고 향방을 가늠하는 일이다. 그럼에도 우리들처럼 이웃나라 문학을 연구하고 번역하는 사람에겐 자칫 이웃 문학을 우리나라에 소개하거나 교류시키는 한지의(限地醫)로 전락될 우려가 따를 수 있었다.

우리 선인들은 문학행위에 있어 한자(漢字)를 빌려 우리 사상·감정을 표현하면서 그 문학을 연구하고 번역해온 터라 연구나 번역의 기능보다 표현의 기능을 중시했으니 그 국적이 뚜렷하기 어려웠다.

한자를 사용한지 근 2천 년, 한자로 문학행위를 한지 1천 5백여 년을 헤아리는데 이를 성격상 5분할 수 있겠다. 그 첫 번째가 한자 차용기, 고구려 초부터 고려 초까지 비록 한자를 빌려 초기적·실용적 문학행위를 보였지

---

* 이 글은 中國語文論譯學會 제7차 정기학술발표회(2000년 11월 4일)의 기조강연 내용을 요약한 것임.

** 前 韓國中語中文學會長

만 신라의 이두(吏讀)처럼 자주의식을 시도했던 시대, 두 번째가 고려 광종 9년(958)부터 중국의 과거(科擧)제를 실시하면서 사상적으로 정·주(程·朱)의 성리학, 문학적으로 당·송(唐·宋)의 시문(詩文)의 강력한 영향권에서 1446년 훈민정음을 반포하기까지 한문학(漢文學)을 정통시 하던 한자문학 전성기, 세 번째가 훈민정음 반포로부터 갑오경장(1894)까지, 국·한문학과 아속(雅俗)문학의 병행 발전기, 네 번째가 갑오경장부터 한문학의 쇠퇴와 일제치하에서의 정체기, 다섯 번째가 1945년 광복 후 오늘에 이르기까지 한글 전용과 국한 병용의 혼선 속에 독립적·객관적 연구를 축적한 자주적 연구기로 나뉜다.

제1기에서 제2기는 문학의 도구로 볼 때 자타의 구별이 거의 없었던 만큼 중문학의 객관 연구의 풍토 조성은 이르지만 고려 말의 이제현(李齊賢)·이인로(李仁老)·최자(崔滋)·이규보(李奎報)등의 시화(詩話) 속에는 상당한 평론의 수평을 보였고, 제3기에 무더기로 출현한 조천록(朝天錄)·연행록(燕行錄) 등의 화행기(華行記)를 통해 중국의 문물 소개와 비평을 아울러 보였었다. 제4기는 비록 퇴조의 말기적 현상이지만 객관적 비판이 등장타가 제5기에 들면서 비로소 객관적인 본격 연구를 시도타가 1980년대, 냉전의 와해와 함께 각방에 걸친 다양하고 천착적인 연구를 축적하기에 이르렀다.

중국문학의 한역(韓譯)은 한글 창제 이후부터 시작된다. 이 근 6백 년을 크게 근고(近古 1446~1894)의 시도기, 근대(1894~1919)의 개화기, 현대(1919~현재)의 발전기로 3분하는데, 근고는 다시 유·불·경서에 편중하면서도 《두시언해》 같은 문학을 망라한 전기와 명·청(明·淸) 소설에 편중한 후기로, 근대는 다시 국·한 병용으로 문학류보다는 사지(史地)류를 번역했던 초기와 명·청소설을 번안하거나 개작했던 후기로, 현대는 다시 중국의 고전희곡과 소설에 치중했던 일제기, 명·청소설과 당시(唐詩) 등의 고전문학 외로 많은 무협소설을 번역하면서 정치적 금역을 극복했던 냉전기(1945-1970년대 말), 고전문학으로부터 현대문학으로 전향했던 개방기(1970년대 말-현재) 등 3 분기할 수 있다.

번역의 객체는 비록 정치와 사상의 제한과 장려 속에 발전되었지만 시의(時宜)와 실용(實用)을 중시한 점이 주목된다. 조선 초엽, 최초의 역본인 《두시언해》가 충의(忠義)사상의 앙양을 위해 조정의 제창으로 이루어졌고, 조선시대 번역 총서로 일컫는 〈낙선재(樂善齋)〉의 역물들이 왕족과 규방을 위한 것들로 그 대부분이 연의(演義)와 사회소설에 편중된 것으로도 알 수 있겠다. 근대에 와서 문학류보다 역사·지리류가 우선했고, 현대에 와서 그 냉전기에는 무협소설이 팽배해 문학의 밀도와 심도를 흐리게 했고, 또 그 개방기에 들자 40년이나 두절되었던 중국 대륙의 현대 작품이 봇물을 이룬 것들이 모두 정치적인 시의와 사회적인 실용을 따른 결과인 것이다.

위에서 우리나라 중국문학 연구와 번역의 개략적인 역사를 살폈다. 오늘, 그리고 미래에 있어 한국인의 중문학 연구와 번역의 필요와 향방은 선인들과 크게 달라졌다. 우선 한국에서 한국인의 중국문학 연구와 번역은 확실한 외국문학으로 자리매김 했다. 그것은 우리가 독립의 국권과 고유의 언어·문자를 구사하면서 과학화·정보화·국제화의 무대에 혜호적으로 공존하기 때문이다. 따라서 그 사명과 의의·방법 등이 달라져야 한다.

첫째, 우리들의 중국문학 연구와 번역, 그 열매는 먼저 우리 문학과 문화의 발전에 공헌해야 한다. 그러기 위해서는 우리들 상고문학의 첫 장을 여는 〈황조가(黃鳥歌)〉나 〈공후인(箜篌引)〉 등의 시가가 중국에도 보인다는 사실부터 우리 문학사에 중요한 시인·작가의 작풍·사상 등이 중국의 시인·작가들과 상호 영향 하였다는 비교문학적인 방법을 통한 연구를 병행할 필요가 있다. 또 중국문학 학습을 위해 터득한 한문 해독력은 우리들 한문 유산을 정리 연구하는 데도 일조가 되어야 한다. 이런 점에서 중국문학 학습은 그 지역연구뿐만 아니라 우리 한문학을 연구할 수 있는 광역 연구의 능력을 배양하게 된다.

둘째, 한국인으로서 중국문학 연구와 번역의 태도는 당당할 필요가 있다. 한국인에게 있어 중국문학은 비록 조국문학이나 민족문학이 아닐지라도 동아시아문학, 나아가서 세계문학을 연구 개발하는 공동 사명에서 출발해야 한다. 한국은 중국의 이웃나라로서 동아시아 문학권에서 정치·경제·문화·지리·사상·문자·교통 등의 유사 여건에서 성장 발전한 공동의 체험을 지녔기로 결코 대안(對岸)적인 연구가 아니란 점이 강조되어야 한다. 때로는 한국에서 쓰여진 《조선실록》·《열하일기》·《박통사(朴通事)》·《노걸대(老乞大)》 등의 각종 문헌이나 한국에서 발굴된 《형세언(型世言)》·《담서(啖蔗)》 등의 중국 작품을 통해 중국문학 연구에 새로운 자료를 제공할 뿐 아니라 한국인의 초국가적·초민족적인 시각으로 중국문학의 실체를 정확하게 연구하여, 중국인의 우월적·자대적(自大的)인 편견을 지양함으로써 인류 문학의 원형이랄 수 있는 중국문학 연구를 객관화한다.

셋째, 중국문학 연구에 있어 한국인이 갖는 유리한 조건을 충분 발휘할 수 있다. 중국 고대문학의 대부분이 북방에서 생산되었다는 지리적 여건과 중국의 현대문학이 근 백년대의 좌우대치 속에 생산되었다는 정치적 체험이 비슷한데다 요(遼)·금(金)·원(元)같은 북방민족과의 빈번한 교류사를 통해 요·금·원 문학의 전모와 실상을 보충하는데 일조할 수 있는 것이다. 그리하여 중국과 함께 북방문학의 지평을 개척하는 데 길을 열어야 한다.

네 번째, 그 동안 한국인의 중국문학 연구에 장해 요인이 되었던 과거제도·사대주의·폐문주의 등이 거의 해소되었다. 지금은 양국 간의 혜호원칙에서 실지 답사, 문헌의 교환·공개의 길과 문이 열렸다. 그동안 한·중 문화사·문학사에 미결의 장으로 남아 있는 민족의 내원, 개국의 영토, 문학사의 기원, 초기 정권의 형성 등 문제에 보다 명쾌한 연구가 진행되어야 한다.

끝으로 번역은 이제까지 시의와 실용의 근시적 차원을 넘어 문학 전반의 총체적 비교연구를 위한 원시(遠視)적 번역을 벌여야 한다. 그리고 주석을 병행한 정역(精譯)을 장려해야 한다. 그 동안의 탈역이나 이중역 등 조략성을 제거해야 한다. 그리하여 번역물이 다만 일차적인 이해에 그치지 말고 연구의 차원에 이르기까지 전문화되어야 한다.

# 《譯註 唐詩 三百首》 飜譯 後記*

송재소**

## I.

그 전부터 느끼고 있던 바이지만, 《唐詩 三百首》를 번역하면서 절감한 사실은 漢詩의 번역은 참으로 어렵다는 것이었다. 한시의 '번역'이 어렵다는 것은 제쳐두고라도 한시 자체의 이해가 우선 어렵다. 이것은 한시뿐만 아니라 모든 詩에 다 해당되는 말이다. 論理的 단계를 밟아 이론을 전개하는 散文과는 달리, 詩는, 작자의 情緒를 이미지를 통하여 그냥 제시하는 것이기 때문에 어려울 수밖에 없는 것이다. 淸나라의 文人 吳喬는 '詩와 散文이 어떻게 다른가?'라는 질문을 받고 이렇게 답했다.

둘의 뜻[意]이야 어찌 다름이 있겠는가? 다만 體制와 辭語가 같지 않을 따름이다. 뜻을 쌀에 비유한다면 散文은 그것으로 밥을 짓는 것에 비유할

---

* 이 글은 2012년도 〈고전번역: 자타와 고금의 소통을 위한 길 찾기(3)- 고전번역 권위자와의 담론을 중심으로〉 학술대회에서 강연한 원고임.

** 성균관대학교 명예교수/ 前 한국한문학회 회장

수 있고, 詩는 그것으로 술을 빚는 것에 비유할 수 있다. 밥은 쌀의 형태가 변하지 않지만 술은 쌀의 형태와 성질이 완전히 변한다.

참으로 절묘한 비유이다. 작자의 사상이나 생활의 諸局面을 직접적으로 반영하는 산문에 비해, 생활에서 촉발된 喜怒哀樂의 정서가 化學的 反應을 거쳐 變容되어 표현된 것이 詩이다. 그렇기 때문에 詩가 어려운 것이다.

무릇 이렇게 모든 詩의 이해가 어려운 판인데 漢詩의 경우는 더더욱 어렵다. 이것은 漢字가 지닌 表意的 象徵性과 含蓄的 簡潔性에 基因한 바가 크다. 그렇게 때문에 律詩나 絕句와 같은 짧은 시를 해독하려면 때로는 작자 이상의 想像力을 필요로 하기도 한다. 게다가 漢詩를 온전히 해독하기 위해서는 수많은 故事를 알아야 하고 작가의 생애와 그 詩가 쓰여진 역사적 배경에 대해서도 일정한 지식이 있어야 한다. 뿐만 아니라 唐詩의 경우에는, 수준 높은 문학적 기교와 예술성이 녹아있기 때문에 詩의 내용과 예술성이 함께 어우러진 詩作品을 옳게 이해하기란 여간 어려운 일이 아니다.

## Ⅱ.

중국문학을 역사적으로 槪觀할 때 흔히 漢文, 唐詩, 宋詞, 元曲, 明淸小說을 거론한다. 그만큼 唐나라는 시문학을 활짝 꽃피웠던 시대였다. 淸나라 康熙年間에 편찬된 《全唐詩》에는 2,300여 작가의 詩 50,000여 수가 수록되어 있는데 이것은 당나라 이전까지 제작된 중국시의 총량을 훨씬 초과하는 편수이다. 과연 당나라 300여 년은 詩의 황금시대라 할만하다. 唐나라에 이르러서 詩는 사상 내용이 풍부해졌을 뿐만 아니라 형식과 기교 면에서도 완숙한 경지에 도달했다.

이후 唐詩는 모든 詩歌文學의 典範이 되었고 이러한 사정은 우리나라에서도 마찬가지였다. 鮮初까지는 고려시대의 餘風을 답습하여 宋詩를 모범으로 삼다가, 李達, 崔慶昌, 白光勳 등 이른바 '三唐詩人'의 출현을 계기로 해서 唐詩가 크게 유행했다. 이로부터 조선의 시단에서 唐詩는 확고부동한 지위를 점했다. 모든 시인들이 唐詩를 배우려 했고 또 모든 詩의 優劣이 唐詩를 기준으로 판단되었다.

이렇게 唐詩는 詩자체가 지닌 높은 예술적 가치로 인해서 후대에도 지속적으로 읽혀져서 수많은 唐詩選集이 나왔다. 그 중에서 가장 많이 읽힌 것이 《唐詩 三百首》 이다. 이 책은 淸代의 孫洙가 편찬한 것인데 乾隆 29년(1764)에 처음 출간되었다. 이후 1835년에 章燮이 《唐詩三百首註疏》 를 편찬하여 원래의 310수에 11수를 더하여 321수로 만들고 상세한 註를 달아 놓았는데, 孫洙의 原刻本은 없어지고 우리가 지금 볼 수 있는 것은 章燮의 註疏本이다. 《당시 삼백수》 는 77명의 작가의 작품을 수록하고 있는데 여기에는 唐代의 중요한 시인은 물론이고 帝王, 士大夫, 僧侶, 歌女, 無名氏 등 다양한 작가층이 망라되어 있다. 詩體에 있어서는 古體詩, 近體詩, 樂府詩를 포괄하고 있으며 初, 中, 盛, 晩唐의 시를 고루 안배했다. 내용면에서는 이 책에 수록된 시들이 唐代의 사회생활을 일정한 정도로 반영한다고 말할 수 있다.

## Ⅲ.

漢詩의 이해가 어렵고 漢詩 중에서도 唐詩의 이해가 더욱 어려운데, 정확한 이해를 바탕으로 이루어져야 하는 唐詩의 번역이 얼마나 어려운 일인가는 능히 짐작할 수 있는 일이다. 무릇 번역의 大前提는 충실한 번역과 정확한 번역이다. 충실성과 정확성이란 개념은 상당히 포괄적이고 막연한 개념이지만, 우선 일차적으로 원문의 내용이 歪曲됨이 없이 전달되어야 한다. 그리고 원문이 당시 독자들에게 주었던 이해와 감동을, 번역문을 읽는 현대의 독자들에게도 비슷하게나마 전달해줄 수 있어야 좋은 번역이라 할 수 있을 것이다. 말하자면 번역문이 원문과 等價的 가치를 지닐 수 있을 때 최상의 번역이 될 수 있다. 이렇게 최상의 번역을 하기위한 기본적인 요건이 충실성과 정확성이다.

정확하고 충실하게 번역하기 위해서는 原詩의 뜻을 정확히 파악하는 일이 일차적인 작업인데 이것이 쉽지 않다. 詩는 애매함을 그 속성으로 한다. 그렇다고 번역도 애매하게 할 수는 없다. 100여 종에 가까운 중국 측 연구서를 참조했지만 중국 학자들 사이에서도 詩 한 구절을 놓고 해석이 엇갈리는 경우가 한 둘이 아니었다. 예를 들어본다.

葡萄美酒夜光杯 欲飮琵琶馬上催
醉臥沙場君莫笑 古來征戰幾人回

王翰의 유명한 〈凉州詞〉인데 이 시의 번역문 몇 가지를 소개해본다.

1) 술은 포도주
잔은 야광배

말 탄 채 뜯는 비파
마시기를 재촉는 듯

취했거니, 사막에 누움을랑
웃지 말라

예부터 싸움에서 그 몇 사람 돌아온고

2) 포도로 빚은 미주에 야광 술잔
마시려 하니 말 위에서 비파를 타며 재촉하네

모래벌판에 취해 쓰러져도 그대는 비웃지 마소
예로부터 전장에서 몇 사람이나 돌아왔던가

3) 포도로 빚은 좋은 술 야광배에 부어
마시려니 비파 소리 말위에서 자지러진다
취해서 모래밭에 누웠다고 그대는 웃지 말라
예로부터 전쟁에서 돌아온 사람이 몇이나 되는가?

이 시는 제2구의 해석에서 크게 두 가지로 엇갈린다. 첫째는, 1, 2구를 출정 전의 광경으로 보아 병사들이 술을 마시려 하는데 비파 소리가 출정을 재촉한다는 해석이고, 둘째는, 1, 2구를 전쟁터의 광경으로 보아 병사들이 비파소리에 맞추어 질펀한 술자리를 펼친다는 해석이다. 1)은 후자의 해석에 따른 번역이고 2)는 전자의 해석에 따른 번역이다. 3)은 다소 어정쩡한 번역이다. 이 두 가지 해석 중에서 어느 것이 절대적으로 옳다고 단정할 수는 없지만 제2구의 해석에 따라 3, 4구의 해석이 달라진다.

출정 전의 광경으로 본다면, 1구는 출정하기 전의 주연(酒筵)이고 2구는 말 위에서 대장이 병사들의 출발을 재촉하는 것이다. 3구는 전쟁에 지친 병사들이 술로 시름을 달래는 모습이다. "예로부터 전장에서 돌아온 자 몇 이던가?" 우리들도 돌아갈 희망 없이 여기서 죽고 말 것이다. 이런 비통한 심정을 달래기 위해서, 죽음의 공포로부터 벗어나기 위해서 술을 마신다는 것이다. 이와 달리 전쟁터의 광경으로 본다면, 변방의 전쟁터에서 병사들은 비파 소리에 이끌려 야광배에 포도주를 따라 마음껏 마시고 취하여 모래밭에 누워있다. 열광적이고 질펀한 술자리의 묘사이다. 이렇게 대취(大醉)하여 모래밭에 누워서 그들은 말한다, "예로부터 전장에서 돌아온 자 몇 이던가?" 예로부터 나라를 위하여 출정한 전사는 살아서 돌아갈 생각을 하지 않았다. 그것이 진정한 사나이다. 그러니 죽음을 두려워하지 말고 마시자는 것이다. 그러므로 4구의 이 말은 일종의 권주사(勸酒詞)이다. 이는 생사를 초월한 병사들의 호방한 기상을 나타낸 것이다. 영웅본색(英

雄本色)의 표출이라 할만하다.

필자는 이 시의 작자인 왕한(王翰)의 평소 기질로 보아 전장에서의 장면으로 보는 것이 타당하다는 생각이 든다. 왕한은 평소 술을 좋아하고 그 무엇에도 얽매이지 않는 호방한 기상의 소유자였다고 한다. 그는 이 시의 배경이 되고 있는 서북쪽의 변방에 가본 적이 없었다고 한다. 이러한 그에게, 포도주와 야광배와 비파가 있는 변방의 사막이라는 이국풍정(異國風情)이 일종의 낭만적 상상력을 자극했을 것이다. 직접 가보지 않았기 때문에, 전쟁의 참상이나 병사들의 애상(哀傷)을 묘사하기보다, 생사를 초월하여 술 마시는 병사들의 호쾌한 기상을 그렸을 법하다. 이백(李白) 류의 낭만적 상상력의 소산이 아닌가 한다. 그래서 필자는 이 시를 이렇게 번역하고 싶다.

> 아름다운 포도주, 야광배(夜光杯)에 따르는데
> 말 위의 비파 소리, 마시길 재촉하네
>
> 모래밭에 취하여 누웠다고 웃지 마소
> 예로부터 전장에서 돌아온 자 몇 이던가

이것은 하나의 예를 든 것에 불과하고 한시를 번역하는 과정에서 이러한 문제들을 허다하게 만나게 된다. 그러나 최종 판단은 번역자의 몫일 수 밖에 없다. 위에서 필자의 번역문을 제시한 것은, 제2구의 해석 말고도 번역문 자체의 운율을 어느 정도 살려 보자는 의도에서 이다. 漢詩 특히 근체시는 그 자체가 엄격한 定型을 갖춘 韻文이다. 이런 한시를 散文式으로 번역해서는 좋은 번역이라 하기 어려울 것이다. 또 현재 慣行的으로 한시 번역문과 원문을 같이 제시하고 있는데 이것은 '이 번역문은 완전하지 않으니 원문과 대조해서 읽으시오'라는 말과 같다. 원문을 보지 않고 번역문만 읽어도 어느 정도 이해할 수 있고 즐길 수 있는 번역, 즉 번역된 詩 자체가 하나의 문학작품이 될 수 있도록 번역하는 것이 바람직한 번역일 것이다. 그러나 이러한 번역은 우리가 도달해야 할 이상적인 목표일뿐이다. 번역문의 아름다움만을 지나치게 추구한 경우도 있다.

美人捲珠簾 深坐嚬蛾眉
但見淚痕濕 不知心恨誰

주렴을
반쯤 걷고

그린 듯이
앉아 있다

아미(蛾眉)를 찡그린다

옥같은 볼을
적시는 이슬

누구를
원망하는 것일까

그림 같다

매우 세련되고 깔끔한 번역이지만 이쯤되면 번역이라기보다 原詩를 바탕으로 한 창작에 가깝다고 말할 수 있다.

詩 말고도 일반적으로 漢文을 韓國語로 번역하는 데에는 더 많은 어려움이 따른다. 漢文과 韓國語는 형태적 구조가 전혀 다르다. 孤立語인 漢文에는 語形變化가 전혀 없고 接詞도 없어서 문법적 관계가 순전히 語順에 의해서 표시된다. 게다가 接續詞나 前置詞도 활성화되어 있지 않기 때문에, 원문과 번역문의 等價的 價値를 기준으로 삼을 때 孤立語인 漢文을

膠着語인 한국어로 번역하는 데에는 많은 어려움이 따른다. 문학작품, 그 중에서도 漢詩의 번역에는 이중, 삼중의 어려움이 따른다.

## Ⅳ.

《당시삼백수》의 중요성에 비해 아직 제대로 된 번역본이 나와 있지 않다. 유일한 번역본이 1991년에 출간된《韓譯唐詩三百首》인데, 이 책은 章燮의 註疎本을 번역한 것이 아니고 臺灣의 邱燮友 교수가 白話文으로 譯註한 것을 그대로 번역한 것이다. 말하자면 二重飜譯인 샘인데 나름대로 충실하게 번역하여 학계에 공헌을 했으나 邱燮友 교수의 해석과 주석 자체에 적지 않은 문제점이 있었다.

이런 연유로 해서 어설프게 번역에 착수했지만 역시 '충실하고 정확한' 번역과는 거리가 먼 결과가 나왔음을 인정하지 않을 수 없다. 이 책은 필자와 5명의 젊은 연구자들이 공동으로 번역한 것이다. 공동번역에는 장점과 단점이 있을 수 있다. 우리는 그 장점을 최대한 살리려고 애를 썼다. 한 사람의 생각보다는 여러 사람의 의견을 종합적으로 반영하는 것이 낫다는 판단에서 일주일에 한 번씩 모여 그야말로 난상토론을 벌인 끝에 번역문을 가다듬었다. 이 과정에서 필자는 젊은 연구자들의 날카로운 시각에 적지 않은 자극을 받았다. 그러나 아무래도 '눈이 조금은 더 밝은' 필자가 번역문을 최종적으로 검토하고 完稿를 확정지었다. 원래 詩라는 것이 애매한 곳이 많은데다가 漢詩의 경우는 더욱 심해서 잘 해결되지 않은 부분이 허다했다. 그래서 '詩란 본래 이러한 것이다'라 自慰하면서 여러 가지 견해를 종합하고 절충하여 번역했지만 나름대로는 최선을 다했음을 밝혀 둔다.

한 가지 조그마한 성과라면, '集評'란을 실어서 해당 詩에 대한 중국 문인들의 評과 우리나라 학자들의 評文을 가능한 한 광범위하게 수록했다는 점이다. 그리고 190여 면에 달하는 詩語索引, 題目索引, 作家索引, 註釋索引을 작성하여 唐詩를 공부하는 사람들에게 작은 길잡이가 되고자 했다. 특히 詩語索引에 많은 공을 들였다. 기존의 索引에서처럼 人名, 地名, 一般單語를 모두 포함하되, 해당 單語가 포함되어 쓰인 用例를 두루 표제어로 제시했다. 예를 들어, '洞門高閣靄餘輝'라는 원문의 경우에 '洞門', '高閣', '餘輝'를 표제어로 제시했을 뿐만 아니라 '洞門高閣', '靄餘輝'도 표제어로 뽑았다. 또한 '洞庭'이란 표제의 고유명사에는 '洞庭連天', '洞庭樹', '洞庭水', '洞庭秋水' 등의 관련 用例가 모두 표제어로 제시되어 있다. 이렇게 해서 일종의 詩語活用辭典의 성격을 겸하도록 했다.

이 책이 唐詩의 實體에 10분의 1이라도 접근했다면 다행이겠다. 번역하면서 얻은 또 하나의 소득은, 唐詩가 왜 좋은가를 어렴풋이 알았다는 사실과 唐詩의 번역이 왜 어려운가를 절감했다는 사실이다.

# 中國 古典 譯註 作業의 諸般 留意 事項과 小學(文字學)의 援用*

임동석**

## I. 導言

중국어는 현재까지 '飜譯'이라는 어휘 속에 '通譯'과 '飜譯'이 함께 포함되는 의미로 쓰이지만 우리는 '통역'과 '번역'은 확연히 구분되고 있다.

즉 언어소통은 통역, 문자소통은 번역이다. 그 중 언어소통은 국가에서 관리하며 譯官이라는 직책이 담당한다. 그러나 문자소통은 따로 국역원 관련 기구를 세워 수행되는 공식적인 작업 못지 않게 개인 학자들이 개별적 작업으로도 얼마든지 이루어질 수 있다.

한편 우리나라에 공식적인 通(飜)譯 기구가 설립된 것은 신라말 摩震(泰封, 弓裔)에세 세웠던 '史臺'라는 명칭이 처음이다. 그 뒤 고려 후기에 이르러 통문과, 이학도감, 한문도감, 사역원 등이 보이며 조선은 건국과 동

* 이 글은 2012년도 〈고전번역: 자타와 고금의 소통을 위한 길 찾기(3)- 고전번역 권위자와의 담론을 중심으로〉 학술대회에서 강연한 원고임.

** 건국대학교 교수/ 前 한국중어중문학회 회장

시 에 三大國是를 내세워 그 중 事大交隣의 구체적인 시행을 위해 四學을 세웠으며 科擧시험에서는 이를 雜科에 소속시키고 譯科라 칭하였다. 물론 역관을 양성하는 기구였으며 학술적 고전이나 문장을 역해하는 임무를 띤 것은 아니었다. 그 외 외교문서인 吏文製述을 위해 吏學都監(承文院)을 설치하는 등 국가 외교 업무의 일환으로 주된 목적을 삼았었다.

그러다가 '訓民正音'이라는 과학적 문자가 창제되자 국가 차원에서 불경, 經書, 杜詩, 의약서, 農書, 음운서 등을 역주하기에 이르렀고, 나아가 우리 스스로 言文 서적을 출간하기도 하였다.

그 뒤 言文廳, 正音廳, 校正廳 등을 두어 백성교화와 儒家宣揚의 목적으로《小學》, 四書, 七書, 蒙學書, 文學書 등의 번역(언해)을 서둘렀다. 그리고 조선 중후기에는 궁중에서 중국 소설류를 읽기 위한 언해가 발달하였다.

한편 중국어 학습을 위한 교재는 당연히 백화어 위주였으며 이들 역시 다른 三學(蒙, 倭, 淸)과 함께 국가적 차원에서 제작, 번역되기도 하였다. 그러나 구한말 서구 문물의 유입으로 번역이라는 것에 대해 새롭게 눈을 뜨기는 하였으나 국운의 쇠퇴로 연속성을 갖지 못하였다.

일제 강점기에는 비로소 현대적 번역의 태동기를 맞았으나 피지배의 고통 속에 독자적 통번역은 뚜렷한 성과를 나타내지 못하고 일본에 의존하는 종속적 시기를 감내할 수밖에 없었다.

해방과 함께 독자적 학문 활동, 나아가 학문 수입을 위해서는 통번역이 필수적이었으나 6.25동란으로 싹을 틔우지 못하였고, 미국의 영향으로 서양 신문명을 접할 기회를 얻기는 하였으나 난후의 피폐는 새로운 전기를 마련하기에는 역부족이었다.

그러면서 과거 일제시대의 영향으로 동서양 고전이나 문물, 학술, 문학 등 많은 분야는 여전히 반일의 기치 밑에서 도리어 일본의 성과를 활용할 수밖에 없는 모순과 부조리의 시기를 한 때 겪기도 하였다. 적어도 50년대~70년대 초까지는 이러한 시대였음은 부인할 수 없을 것이다.

그러면서 설령 중국 고전이나 학문을 번역한다 해도 일부 漢學者, 古文學者의 몫이었고, 그 밖에 더러는 일본을 통한 우회, 重譯, 再譯의 경로를 겪기도 하였다.

아울러 당시 몇몇 대학의 중문학과 출신, 혹은 당해 학문 종사자, 학자, 교수들의 노고와 학문적 필요에 의해 직수입, 직통의 중국학술 번역시대가 빛을 보기 시작하였으며 특히 70년대말 80년대초 대학 팽창과 함께 설립된 수많은 대학의 중문과로 인해 위상이 높아지는 계기를 맞았고, 92년 정식 한중 수교로 인해 아무런 제한 없이, 나아가 장려와 기대, 시장의 확장 등으로 인해 양과 질에 있어서 미증유의 中國偏向時代(?)에 까지 이르게 되었다. 그런가 하면 양국 교역과 경제 규모의 팽창, 인적, 물적 교류의 확대로 인해 통번역자의 수요증가로 인해 많은 대학에는 通飜譯大學院이 설립되어 지금은 그 어떤 통번역의 과제도 수행해낼 수 있는 시대가 된 것이다.

이에 본고에서는 그 동안 많은 이들이 작업해온 중국 고전 역주에서의 여러 문제들과 역주 작업에서 현실적으로 해결해야 할 몇몇 과제들을 간단히 점검함으로써 앞으로 우리의 중국 고전 역주 작업의 바람직한 미래를 想定해보고자 한다.

## Ⅱ. 譯註의 範圍 設定

'譯'은 《예기》에 처음 나오는 말로 언어소통의 의미가 강했다. 이에 《說文解字》나 《方言》, 《廣雅》 등을 보면 역시 "펼쳐서 전달하며 소통하는 것"이라는 풀이가 이어졌으며 이는 지금까지 번역이라는 하나의 어휘로 이어오고 있다.

그러나 문자가 일반화되면서 문자화된 내용을 문자로 '번역'해야 할 필요가 생겼으며 이는 '언어로 소통할 수 있는 기능적 이해'로는 한계가 있어, 당연히 학문적, 학술적 뒷받침이 있어야 한다. 이 때문에 주로 학자들이 담당하기 시작하였고, 나아가 '언어소통 기능이 없더라도 가능한 분야'로 자리를 잡게 되었다. 즉 문장해독을 학습하고 습득하여 그 내용을 번역할 수 있는 사람이라면 이 작업에 임할 수 있는 것이다. 더구나 한자가 가지고 있는 특수 본령(즉 표의문자) 때문에, 이를 수용하여 문화기층을 이룬 우리의 경우 역사성 속에서는 학자의 몫은 도리어 언어 소통보다는 의미 이해와 해석이 앞서는 논리가 이어왔다. 나아가 역관이 중인 이하의 신분이며 그들의 역할은 기능이지 고차원적인 학문이 아니었기에, 학자가 가지고 있는 사회적 지위와 역할, 텍스트에 해당하는 고전의 내용 등은 당연히 학자의 몫이었다. 이 때문에 조선시대에는 대상과 범위를 유가일변도에 초점을 맞추어 譯註나 諺解를 수행하는 주류가 형성되었으며 이는 도리어 다양한 중국 학술의 많은 분야를 제한하는 역기능을 초래하기도 하였다.

따라서 현재의 중국 관련 번역은 현실적인 현대 학술, 경제, 사회, 문학 등 각 분야가 고르게 전개되고 있으며 이 역시 중국을 이해하는 데에는 당연한 현상이라 여길 수 있다.

한편 중국 고전 역주도 역시 과거 儒家中心에서 文史哲, 經史子集, 諸子百家 등 고른 분야로 확대되고 있으며 그 양과 질에 있어서 어느 정도 성과와 수준을 이루어가고 있다고 볼 수 있다. 우리가 중국을 이해하고 알기 위한 모든 자료는 필요하다면 당연히 폭넓게 역주, 번역을 작업을 거쳐 자료로 제공하고, 이에 따라 분석하고 활용하며 다음 단계인 학술적 사유의 외연 확대에 도움을 주어야 한다. 이것이 바로 번역과 역주의 목적이며 공헌이다. 과거 중국학에 대하여 '盲人摸象'의 斷片的 인식이나 片鱗에 치우쳐 '望文生意'하던 오류는 이제 더 이상 용납될 수 없으며 동양사회에서 굳건한 위상을 가지기에는 중국 저변의 사고체계를 이해해야 하므로 그 자료와 기초로써 고전 번역과 역주는 필수적인 단계이다.

## Ⅲ. 譯註 計劃 樹立과 遂行 過程

그러면 구체적으로 고전 역주의 진행은 어떤 과정과 방법으로 이루어져야 하는가?

### 1. 우선 번역의 여러 유형을 파악하여 선택해야 한다.

즉, 通譯, 飜譯, 意譯, 直譯, 對譯, 重譯, 抄譯, 選譯, 節譯, 編譯, 逐譯, 試譯, 譯註, 註譯, 註釋, 譯解, 諺解, 飜案, 飜解, 考釋, 校譯, 校釋, 通解, 訓譯, 譯訓, …… 등 이루 헤아릴 수 없이 많다.

이들 중 어떠한 유형의 역인가를 정확히 구분지어야 한다.

### 2. 정확한 판본(텍스트)을 선정해야 한다.

중국 고전은 가끔 여러 갈래로 전수되어 온 것들이 상당히 많다. 일부는 판본의 판본마다 일부 글자의 차이가 있고 심지어 많은 부분이 다른 경우도 있다.

따라서 정확하고 믿을 만한 판본을 선택하여 考釋과 대조를 거쳐 역주 작업에 임해야 한다. 그리고 그 텍스트를 정하게 된 이유를 밝혀야 한다.

### 3. 활용자 혹 독자를 상정해야 한다.

작업하고 있는 전적을 활용하거나 읽을 독자를 상정하는 것은 가장 기본이다. 그에 따라 작업 방법, 내용, 서술 형식, 심층 정도, 각주처리 등 일체의 것들이 결정되기 때문이다. 특히 전문적인 학자의 연구 활용과 일반인, 더 나아가 어린이용까지의 폭을 생각한다면 그 차이는 너무나 현격하기 때문에 제 1차로 고려되어야 할 사안이기도 하다.

### 4. 과련 자료를 철저히 수집해야 한다.

단순히 몇 권 혹 몇 종 판본이나 도서를 가지고 역주를 시작하는 것은 상당히 위험하다. 따라서 관련 자료는 있는 대로, 어느 정도 원만히 확보된 뒤에 작업에 임해야 한다. 아울러 해제 작성을 위한 기존의 논문, 연구업적, 중국 학술 맥락에서의 위치, 역대 연구자와 연구물은 물론, 이를 뒷받침하기 위한 서, 발, 기 등도 충분히 확보하여야 하며 특히 해당 典籍의 筆者(撰者, 著者, 編者)의 傳記가 正史에 실려 있거나 언급되었을 때 이를 확인하고 점검하여야 한다.

### 5. 자료의 檢證, 對照, 校勘 작업을 먼저 해야 한다.

자료 수집이 어느 정도 된 다음에는 반드시 자료 사이 상호 교차 검증, 대조, 교감의 단계를 거쳐야 한다. 원본, 활자본, 주석본 등을 점검해보면 많은 전적은 서로 사이에 문자의 異同, 표점의 相異, 심지어 漏落, 註釋이나 解釋의 精密과 疏略 등 많은 차이가 있기 때문이다. 이러한 단계를 거쳐 가장 완정한 판본을 기준으로 작업에 임해야 한다.

### 6. 譯註者 나름대로의 注疏 작업이 다시 이루어져야 한다.

즉 册(卷), 篇, 章, 節과 文段의 구분, 표점과 현대적 문장 부호의 활용 등에 대해 원만하고 안정된 원칙과 기준을 세워 원문부터 정리해야 하며 이에 따라 각주(주석)의 형식과 범위, 주석문의 통일 등이 감안되어야 한다. 특히 청대 이전의 판본은 이에 대한 표시가 전혀 없어 현대적 재작업이 이루어지지 않으면 작업에 많은 난관을 만나게 된다.

### 7. 활용자, 혹 독자의 가독성을 세심하게 배려하여야 한다.

나름대로 빠짐없이, 그리고 철저하게 해석하고 풀이하였으나 古文對現代文, 外國文對韓國文의 여러 상황으로 인해 읽어낼 수가 없이 작업을 한다면 이는 실패한 역주라 할 수 있다. 그 경우 설령 내용 전달에는 누락이 없다 해도 시대에 맞지 않을 뿐 아니라 활용도는 현저히 낮아지게 될 것이다. 이는 물로 편집상의 문제일수도 있으나 역주자로 사전에 대비하면서 작업에 임해야 할 사항이기도 하다.

그 외에도 여러 준비 단계가 있겠으나 유의점과 중복되는 것도 있을 수 있어 생략한다.

## Ⅳ. 譯註 作業의 留意 事項

### 1. 텍스트 선정

전문서로 역주할 경우 중국 역대 주석과 연구 및 고증학, 국내 실학자의 주석, 언해 등을 철저히 검증해야 한다. 특히 청대 〈諸子集成本〉이나 〈皇淸經解〉는 물론 개별 藏書家들의 藏書本, 類書類, 심지어 현대에 이르기까지 註釋, 考釋, 註解, 校箋, 校正 등이 있는 각종 참고본이 다량이며 나아가 원문 표점본 등은 그간의 연구 성과를 집대성한 것들이 많아 자료로서의 활용은 물론 근거 텍스트로 삼을 수 있는 것이 허다하다. 실제 수 천년 누적되어 온 학문적 성과를 도외시하고 곧바로 원전만을 대상으로 역주나 번역을 시도하는 것은 오류를 발생시킬 위험성이 대단히 크다.

### 2. 工具書의 활용

지금은 각 분야별 많은 專門辭典이 있어 이러한 공구서를 활용하기에 아주 편리한 토대가 마련되어 있다. 따라서 개인적 지식이나 상식만을 활용하는 것은 역시 적확성에 위험을 초래한다.

### 3. 관련 자료의 활용.

중국은 漢代 訓詁學으로부터 魏晉南北朝시대 연구물, 唐代 注疏, 宋明시대 理學과 類書類의 간행, 淸代 目錄學, 輯佚學, 考證學 등의 단계를 거쳐 대다수의 典籍은 기존 연구성과가 있다. 따라서 많은 관련 자료를 충분히 수집, 활용하여야 한다.

### 4. 白話語 譯註本의 활용

만약 백화어 역주본이 있다면 이 역시 철저히 섭렵하고 활용해야 한다. 혹자는 우리로서의 중국 고전 역주(번역)를 순수 한문해독 능력(실력)으로 해내야 하는 것처럼 오해하는 경우를 본 적이 있다. 고전 역주는 한문 실력을 과시하기 위한 것이 아니며 고전이 가지고 있는 원의를 정확하게 풀어내어 우리말로 옮겨, 이를 바탕으로 다음 단계의 학문적 발전을 이루도록 하는 기반을 마련하는 작업이다. 그런데 최초의 역주를 시작한다고 해서 완벽을 기할 수 있는 것도 아니며 도리어 이미 밝혀지거나 논의된 문제들, 심지어 밝혀진 사안을 아직도 정보를 얻지 못한 채 오류를 범한다면 이는 매우 심각한 결과를 초래할 뿐만 아니라 학문적 평가에 부정적 영향을 초래할 수 있다. 따라서 본토에서 최근까지 이루어진 학문적 업적을 참고하는 것은 기본이며 학문적 태도에도 맞다. 물론 백화어로 된 일부 평역의 경우 만족할 만한 자료로 제공될 수 없는 것도 있다. 그러나 그 역시 점검 대상이며 활용가치는 있다. 그러나 수천 년 연구 성과를 도외시하고 백화어에만 의존하는 것은 실로 위험하다. 더구나 판본에 따라, 또는 근거한 교주본에 따라 의미가 다를 수 있고, 나아가 백화어로 번역한 자의 기호나 성향에 따라 인용된 주석이 다르고 해석도 다를 수가 있기 때문이다. 이러한 오류는 한국학자로써 백화어는 익숙지 않은 채 고문에만 치중하여 실력을 갖춘 이들은 상당히 우려하고 있으며 그러한 평가가 충돌을 일으키기도 한다.

### 5. 해외 자료의 활용

같은 전적이 이미 일본에서 이루어진 작업이 있다면 이 역시 활용해야 한다. 근대 일본은 治學方法에 있어서 서양식 분석법을 적용하여 철저하게 규명한 내용들이 상당수 이르며, 이를 참고하는 것은 학문적 오류를 최소화할 수 있을뿐더러 나아가 그들의 오류를 지금에서 우리가 바로잡을 수도 있기 때문이다. 아울러 기타 서양어 역주본도 최대한 활용해야 하며 이 경우 서양에서의 해당 고전에 대한 인식과 시각을 살펴보는 데에도 상당한 도움을 받을 수 있다.

### 6. 국내 선행 연구물 활용

국내 이미 기존 번역(역주)서나 관련 연구물이 있을 경우 이를 역시 철저히 검색, 활용해야 한다. 이들 연구물은 선행 연구자의 노고를 인정해야 하며 한편으로는 문체나 역주방법, 당시로서의 역주의 필요성 등 시대 상황까지도 반영하고 있으므로 새로운 발전의 기틀로 삼을 수 있다.

### 7. 서술 문체

서술 문제는 만연체보다는 건조체로써, 간결하며 의미가 정확히 전달될 수 있는 平敍文이어야 한다. 문학 작품의 경우, 飜譯이나 飜案 등은 비교적 폭넓게 의역이나 평역이 가능하나 학술서, 고전일 경우 실제 운신의 폭이 상당히 좁다. 그럼에도 원전에 지나치게 충실하고자 문장이 迂廻, 縈紆, 回曲의 상태라면 자칫 전달하고자 하는 내용이 제대로 드러나지 못하게 된다.

### 8. 脚注(註釋) 처리

문학 작품의 경우 주석이 없이 재창조하여 해석할 수 있으나 학술서의 경우에는 해석문에서 내용을 충분히 표현해낼 수 없는 경우가 허다하다.

이 때 주석의 범위를 정해야 하며 기준이 명확해야 한다. 일부 주석이 없이 통과하여 내용을 알 수 없거나, 또는 불필요한 주석을 나열하여 이해에 방해가 되는 경우를 볼 수 있다. 따라서 인명, 지명, 역사적 배경, 용어, 주요어휘, 한자어, 구절, 압축된 성어, 특수 표현, 構文 등 범위를 정해야 하며, 이로써 正文 해석에 방해를 받지 않을 수 있는 편리한 체재로써의 도움으로 삼아야 한다.

### 9. 註釋文의 간결성.

각주의 문체 역시 개방형, 혹은 폐쇄형의 두 가지 중 택해야 한다. 이를테면 각주의 문체가 장문의 서술형으로 지나차게 산만할 경우, 간결한 맛을 잃게 되며 시각적 피로감을 더할 수도 있으며 가독성에도 방해를 줄 수 있다. 따라서 폐쇄형으로 정리하는 편이 나은 경우를 자주 보게 된다.

### 10. 원문의 分章, 分節

원본이 이미 분책, 분장, 분절로 이루어진 것은 이를 반드시 지켜야 하며 그렇지 않은 경우에도 가능하면 세분화하기를 권장한다. 의미상 주제가 같다 해도 지나치게 긴 문장은 정확한 분석과 의미 전달에 방해가 되며, 일부 원문, 해석문, 각주(주석)가 공간적, 시각적으로 너무 멀어 연구나 활용에 매우 불편함을 초래할 수도 있다. 이에 발표자 본인의 경우 모든 역주본은 가능한 한 분장을 하여 활용도를 높이고자 하였다.

### 11. 일련번호 부여

발표자 본인의 역주본은 모두가 각 책마다 일련번호가 있으며 부여 기준은 冊-篇-章-節로 되어 있다. 이는 작업의 편의는 물론, 전산화 작업에 매우 유용하였다. 특히 디지털 시대에 맞게 수시로 찾을 수 있으며 재활용, 인용, 작업중 연계 메모, 정리, 교차 검증, 수정, 교정, 색인, 검색, 확인

등 다방면에 걸쳐 아주 유용한 방법이다. 작업자로서의 부담을 덜어줄 뿐 아니라 활용자(독자)에게도 어느 정도 시각적 안정감과 신뢰를 주고 있다고 확인된다.

### 12. 분책의 표시

역주본 중에 단권으로 제본이 가능한 것도 있지만 양이 많아 2~10권 등으로 분책이 불가피한 경우도 있다. 이를 상하, 상중하, 혹은 숫자로 표시할 경우 불합리한 점이 발견된다. 이를테면 하권만 있을 경우 중권의 여부를 알 수 없으며, 숫자의 경우 전체 책수를 알 수 없다. 우리의 선인들은 지혜롭게 單, 乾坤, 天地人, 元亨利貞, 仁義禮智信, 禮樂射御書數, 十干, 十二支, 二十四節氣, 六十甲子, 千字文 등의 순으로 정했었다. 이는 책의 순서와 전체권수를 동시에 알 수 있는 특이한 발상이지만 오늘날 시대에는 통용되지 못하고 있다. 이에 반드시 $\frac{1}{2}$, $\frac{3}{4}$ 등 분수로 겉표지에 표기하였다.

### 13. 원문 표점

한문 원문에는 반드시 표점부호를 사용하였다. 대체로 지금 중국에서 쓰이는 표점부호는 나름대로 상당한 편리성을 갖추고 있다. 우리와 대동소이하나 다만 “ ”는 〈 〉로, ‘ ’는 《 》로, 서명은 《 》, 편, 혹 논문의 경우 〈 〉, 對句나 對句의 羅列은 ;, 인용문 앞에는 :로 하는 등 몇가지만 援用하면 작업은 물론 활용자에게도 아주 유용하게 도움이 될 수 있다. 특히 표점만 확실하면 사실 그 문장은 8할 이상은 이미 의미가 전달된다고 볼 수 있다. 혹 白文을 그대로 고집하거나 대충 띄어쓰기와 마침표 정도로 하거나 아니면 각주에서는 아예 세심한 배려를 하지 않은 경우를 보게 된다. 그러나 필자는 이 경우 반드시 일정한 기준에 의해 표점을 부가하고 문장부호를 사용하여 그 의미의 정확성을 높이며, 나아가 자신이 그렇게 읽고 해석한 이유와 책임을 져야 한다고 생각한다. 주어가 어느 것인지, 인용문이 어디까지인지 등에 아무런 표시가 없다면 어찌 현대 학문에 접근한 것이라 할 수 있겠는가?

## 14. 번역문의 순통성 提高

역주나 번역에서 가장 문제가 되는 것은 한국어 문장이다. 따라서 한국어 표현 능력에 대하여 관심을 기울여야 한다. 우선 쉬운 표현으로 간결하면서 순통해야 한다. 아무리 원문, 원의가 복잡하다해도 이를 번역하는 한 의미가 통해야 하며 나아가 그 문장은 한국식 문장이어야 함은 더 말할 나위가 없다. 그런데 가끔 전혀 생소한 문장으로 의미를 알 수 없으며, 더구나 앞뒤 호응조차도 맞지 않은 경우가 있다. 물론 원문 직역상 어쩔 수 없이 非文을 사용한다 해도 이는 어떤 방법으로든 해결되어야 한다. 특히 두 언어를 모두 이해하는 자가 일일이 대조하여 분석해보면 누락됨이 없이 되어 있으나 전체 한국어 문장을 읽어보면 어색하거나 심지어 저급하다고 여기게 되는 경우도 있다. 한국어 해석은 정문이어야 하며 불가능할 경우 각주에서 처리하여 그 의미를 다시 적확하게 전달할 수 있어야 한다. 번역이나 역주는 그야말로 제2의 창작으로써 단순히 뜻을 안다고 해서 곧바로 문장으로 연결될 수 있는 것은 아니기 때문이다. 아울러 역자 특유의 상투어(~는데), 맞춤법 오류(할려고), 표현의 지나친 통속성, 문장 호응이 이루어지지 않는 비문, 중복 해설(ㅇㅇ가 말하기를, "……"라고 말하였다), 직접화법과 간접화법의 不分 등 주의를 기울여야 할 요건이 상당히 이른다.

## 15. 成分 位置 調整

중국어와 한국어는 배치와 순서, 의미 전달을 위한 수사법이 다르다. 이를 逐字逐句式으로만 고집하다가 엉뚱한 말이 되곤 한다. 이를 테면 "잘못된 역사 바로세우기"처럼 限定과 修飾의 대상이 되는 어휘의 위치를 찾아낼 수 없거나 意味를 顚倒시키는 오류를 유도하게 된다. 따라서 중국어의 限定語(副詞語)나 修飾語(冠形語)는 흔히 그 위치가 앞으로 배치된 경우가 있으나 우리 문장에는 부사어는 서술어 바로 앞으로, 수식어는 체언 앞으로 위치를 조정하는 것이 확연한 문장이 됨에 유의하여야 한다. 특히 二重 修飾, 二重 限定의 문장은 해석문의 위치조정이 필수적이다.

### 16. 複文(重文)의 解體와 調整

원문이 複文, 혹 重文으로 되어 있을 경우, 원의에 충실하기 위해 한국어 해석 문장을 맞추다 보면 속된 표현의 '꼬인 문장'이 되기 쉽다. 이 경우 과감하게 분리하여 접속어로 이끌어가거나 아니면 문장부호를 사용하여 複合句, 複合節, 複合文의 형태로 成分을 형성하고 있음을 표시해 주어야 한다.

### 17. 經史子集 등 交叉 檢證

중국고전은 다양한 시대 상황과 문화, 역사적 배경, 인물의 성향 등 복잡한 내용이 압축되어 있는 경우가 허다하다. 기본적으로 복선이 깔려 있는 경우 경사자집의 연계성을 이해하지 못하고 문자에만 매달린다면 엉뚱한 풀이가 될 수 있다. 이를테면 논어의 "유주무량, 불급란"이 그 비근한 예이다.

### 18. 存古闕疑

전혀 해석이 되지 않는 문장이나 부분은 闕如, 闕疑의 원칙을 지켜야 한다. 고대 전적이라고 해서 완전무결한 것은 아니며 신성시할 수 있는 것은 아니다. 고대 간책의 기록문화는 압축이 심하고, 나아가 오랜 기간을 거치면서 오류, 착간, 개사 등이 있을 수 있다. 이를 임의로 고치거나 상상을 넘는 아전인수의 杜撰은 있을 수 없다. 그렇다고 억지 해석이나 주장을 펴는 것은 하나의 견해로는 볼 수 있으나 마구 남발할 수는 없다. 이를 테면 《論語》의 "色斯擧矣 翔而後集"이 비근한 예이다.

### 19. 언어가 먼저라는 大前提

중국 고전 기록문도 당연히 언어에서 출발하였음을 전제로 해야 한다. 언어가 먼저 있고 그 언어를 바탕으로 이루어진 것이 기록물이다. 따라서 한어 고유의 특성이나 표현기능을 이해하지 못한 채 문자에만 치중하여 의미를 고정시키려 한다면 원의에서 멀어진 억지 번역으로 치닫게 된다. 이에 대해 소학, 즉 문자학, 성운학, 훈고학을 섭렵하여 언어를 바탕으로 한 기록으로서의 '고전문장'임을 저변에 인지하고 있어야 한다. 예로 세계 언어가 대부분 n 성모가 부정사임에 반해 중국어는 순음 성모의 많은 글자들이 부정사로 되어 있다.(無, 毋, 亡, 罔, 未, 靡, 微, 勿, 末, 晩, 莫, 非, 匪, 不, 弗, 否…… 등) 이들은 미세한 차이도 있지만 원칙적으로 부정을 의미하며 대구의 동일자 회피, 수사상 환치 등으로 인해 바꾸어쓴 경우가 아주 흔하다. 이를 두고 원의를 고집하면 문장이 어색해지거나 다른 의미로 변할 수도 있다. 따라서 간혹 한자 낱자의 의미에 치우치거나 음훈, 의훈은 제대로 파악하지 아니한 채 形訓에만 치중하는 폐단은 소학을 통해 고쳐져야 한다. 한자는 이미 고대 일찍부터 형훈을 벗어난 문자임을 알아야 한다.

### 20. 同一 내용의 蒐合

중국 고대 기록은 엄청난 重複, 轉載, 引用, 轉用, 複製, 採錄, 심지어 盜用하는 현상을 보이고 있다. 즉 유형별 저술의도만 있으면 새롭게 책을 편찬할 수 있는 분위기가 상당기간 지속되었다는 것이다. 즉 여인들의 이야기를 주제로 한 권의 편저를 구상했다면 그간 있었던 기록물 중에 여인들에 관한 것만 수집, 선정하여 주제별 재분류, 전체 구도에 맞게 재정리, 첨삭 등의 단계를 거치기만 하면 어느 정도 완정한 하나의 고전, 즉《列女傳》이 되는 것이 그 예이다. 可謂 "我抄你, 你抄我"의 상황이었던 것이다. 이러한 풍조는 魏晉 시대까지 지속되었다. 이를테면《說苑》,《新序》,《韓詩外傳》,《晏子春秋》,《戰國策》,《搜神記》,《列仙傳》,《高士傳》,《蒙求》등 이루 헤아릴 수 없다. 이들은 다시 宋代 類書類(《太平御覽》,《太平廣記》,《北堂書鈔》)나 기타 공구서(《藝文類聚》,《初學記》)는 물론 正史에도 재분류되어 수록하고 있다.

이러한 현상은 역주자에게 도리어 편리한 자료를 제공하고 있다. 즉 한 곳의 A라는 내용은 다른 곳에 있을 경우, 시기의 선후, 완정도의 심층 등을 통해 대조하면 서로 사이 오류나 부정확함을 校讎할 수 있어 순통한 역주작업을 진행할 수 있다. 이들을 모두 찾아 나열, 대조하여 적극적인 자료로 활용하는 것이 바람직하다. 역주자의 경우 이를 모두 찾아 〈참고 및 관련 자료〉난을 설정, 번거롭지만 모두 전재하여 실었다. 예로《수신기》東明王說話의 경우 무려 18곳의 동일 자료를 찾아 실었다. 이렇게 함으로써 각주의 복잡한 '교감 상황 설명', '文字異同' 등을 줄일 수 있고 다른 연구자들에게 필요한 자료와 정보를 충분히 제공하여 고전 고유의 또다른 면모를 보여줄 수 있게 된 것이다.

### 21. 連綿語의 처리

"中國語(漢語)는 孤立語이며 한 음절이 하나의 漢字로 표기되고, 單音節語이다"라는 대원칙은 변함이 없다. 그러나 고대 漢語 때에 이미 한어는 複音化(二音節化, 雙音節化, 連綿語)하여 오늘에 이르면서 一音節一義語라는 대원칙이 엄청나게 희석되었다. 그럼에도 우리 한국학자들은 '단음절어'라는 고정 관념에서 벗어나지 못한 채 매 글자마다 주석과 풀이를 하지 않으면 隔靴搔癢의 未盡感에 불안해한다. 이는 과감히 탈피되어야 한다. 이러한 "二音節一義語"(two syllables one mean)를 連綿語(聯緜語)라 하며 이 중에 많은 수는 雙聲連綿語와 疊韻連綿語로 되어 있다. 언어가 문자보다 앞선 것이므로 이러한 말이 먼저 있고 이를 문자로 적는 과정에서 최대한 관련 글자를 사용하는 것이 원칙이지만 그렇지 못한 경우에는 음만 우선 적었다가 사회적으로 굳어진 음운 결합이 엄연히 존재한다. 그 예로 唐突, 鄭重, 造次, 支離, 苗條, 流利, 糊塗, 龍鍾, 布穀, 舒服, 郭索, 蘿卜(蘿菔), 委蛇, 腦殺 등 수없이 많으며 이러한 어휘는 원의가 상당히 이탈되어 있음을 금방 감지하게 될 것이다. 이에 새롭게 造字하기도 하고(忐忑, 尷尬) 이미 있는 글자에 편방을 더하여 새롭게 造字(예, 解后→邂逅, 耶俞→揶揄, 殷勤→慇懃, 方弗→彷彿, 髣髴, 丁寧→叮嚀)하거나 類感을 위해 특징의 일부를 살려 쓰기도 하는(韃靼, 靺鞨) 등 여러 방법이 있다. 이러한 현상은 文字學, 音訓學, 訓詁學, 語彙學, 註釋學, 한국어에서의 수용 양상 등 다방면에 걸쳐 연구할 수 있으나 무엇보다 우선 고전 역주에 있어서는 이를 낱글자로 풀이하고자 해서는 안 된다는 점이다. 이를테면 '輾轉'을 "輾者, 轉之半; 轉者, 輾之周"이라 거나(朱子), '猶豫'를 "개가 앞서가다가 주인이 오기를 머뭇거리며 되돌아옴"(《顔氏家訓》)의 뜻은 아니다. 두 글자(음)는 결합되어 전혀 다른 제 3의 의미를 표현하는 것이지 원의에 구애받으라는 뜻이 아니다. 이를 분리했을 경우 그 의미도 따라서 해체됨을 인식해야 한다. 이 때문에 '글자 의미에 관계없으며 음도 다름'을 일러주기 위해 '造次'의 音注에 "造, 七到反"의 反切을 달아 '초차'로 읽도록 하였으며 《左傳》 魯 隱公 4년 經文 "夏, 公及宋公遇于淸"의 杜預 注에는 "遇者, 草次之期, 二國各簡其禮, 若道路相逢遇也"라 하여 아예 '草次'로 되어 있다.

따라서 역주에서의 이러한 어휘는 각주 처리하여 불필요한 오해를 제거해야 할 것이다. 같은 예로 고전 훈고에 광범위하게 사용된 성훈론도 원용되어야 한다. 즉 "A, B也"의 기본 공식에 A와 B는 쌍성, 혹은 첩운으로 되어 있다. 즉 "日, 實也", "月, 闕也", "離, 罹也" 등이다. 이러한 풀이 방법은 漢代에는 아주 넓게 성행하였다.(《說文解字》, 《白虎通》, 《釋名》 등) 이를 활용하면 정확도를 넓힐 수 있고 과학적 근거로 제시할 수 있을 것이다.

## V. 結言

이상 고전 역주의 작업 순서, 수행과정 및 유의사항 등을 두서없이 살펴보았다. 앞에 등 20여항의 조목 외에 얼마든지 문제점이나 현실적 개선을 위한 제언이 있을 수 있겠으나 주제와 지면 관계상 편린적인 몇 가지만 들어보았다.

물론 일부 사항은 역주자의 책임이라기보다 편집, 출판의 업무를 담당한 자의 몫일 수도 있다. 그러나 어차피 역주자는 모든 작업의 시작이며 진행 과정 전체를 상정해야 한다. 아울러 한어와 한국어는 같은 어족도 아니고 같은 언어계통도 아니다. 그러나 수천 년 이웃하여 살면서 한자문화권에 소속되어 있고 일상 어휘도 엄청난 양을 차지하고 있다. 이는 문자어로서의 역할이 위주이며 문법이나 음운면에서는 별개의 길을 걸어왔다. 따라서 중국어학, 특히 기본적이 소학(문자학)이 고전 열주의 훈련과정에서 반드시 수용되고 도입외어야 한다. 이렇게 함으로써 지나치게 신성시하여 '逐字逐句式', '낱자별 의미해석' 등으로 겪은 고통도 해결되며, '언어로서의 기록물'이라는 대원칙에도 맞게 될 것이다.

"역주는 번역의 전단계이며 학문의 기초이며 재창조의 기반이다." 따라서 역주가 잘 이루어져야 다음 단계로 넘어가는데 문제가 없게 된다. 출발이 잘못되면 그 다음의 각도는 자동적으로 엉뚱해지기 때문이다. 이에 이 분야의 학술적 논리(원리)를 활용함으로써 보다 정확한 역주, 원만한 해석, 왕성도 높은 성과를 기대할 수 있을 것이다.

## ✚ 참고문헌

林東錫,《韓國에서의 中國 古典 譯註의 現況과 문제점》, (2012)

_____,《中國 古典 譯註의 現況과 連綿語 處理 문제》, (2009)

_____,《漢語聲訓論 硏究》

_____,《漢語 雙聲疊韻 硏究》

_____,《表音機能 漢字에 대한 硏究》

林尹,《文字學》, 正中書局

____,《聲韻學大綱》, 學生書局

李榮,《語音常識》, 上海古籍出版社

方遠堯,《辨字探源》, 臺北: 榮泰印書館, 1955

〈林東錫中國古典百選〉, 서울, 東西文化社

## ✚ 附錄 參考資料

**〈林東錫 中國思想 100選〉 목록 및 출간 내용**

| No | 叢書番號 | 分册 | 書名 | 分類 | 編撰(著)者 | 총쪽수 | 出刊日 | 備考 |
|---|---|---|---|---|---|---|---|---|
| 1 | 1-4 | 4 | 論語(4) | 儒家 | 南宋, 朱熹(集註) | 1773 | 09.12.12 | |
| 2 | 5-8 | 4 | 孟子(4) | 儒家 | 南宋, 朱熹(集註) | 1565 | 〃 | |
| 3 | 9 | 1 | 中庸 | 儒家 | 南宋, 朱熹(集註) | 252 | 〃 | |
| 4 | 10 | 1 | 大學 | 儒家 | 南宋, 朱熹(集註) | 262 | 〃 | |
| 5 | 11 | 1 | 孝經 | 儒家 | 周, 曾子(曾參) | 174 | 〃 | |
| 6 | 12-14 | 3 | 國語(3) | 歷史 | 周, 左丘明(?) | 1381 | 〃 | |
| 7 | 15-18 | 4 | 戰國策(4) | 歷史 | 漢, 劉向(撰) | 1774 | 〃 | |
| 8 | 19-22 | 4 | 史記列傳(4) | 歷史 | 漢, 司馬遷(著) | 1742 | 〃 | |
| 9 | 23-29 | 7 | 十八史略(7) | 歷史 | 元, 曾先之(編) | 2886 | 〃 | |
| 10 | 30-31 | 2 | 貞觀政要(2) | 歷史 | 唐, 吳兢(撰) | 966 | 〃 | |
| 11 | 32 | 1 | 西京雜記 | 歷史 | 劉歆(撰) 葛洪(輯) | 382 | 〃 | |
| 12 | 33 | 1 | 洛陽伽藍記 | 地理 | 北魏, 楊衒之(撰) | 532 | 〃 | |

| No | 叢書番號 | 分册 | 書名 | 分類 | 編撰(著)者 | 총쪽수 | 出刊日 | 備考 |
|---|---|---|---|---|---|---|---|---|
| 13 | 34-38 | 5 | 說苑(5) | 儒家 | 漢, 劉向(撰) | 2428 | 〃 | |
| 14 | 39-40 | 2 | 新序(2) | 儒家 | 漢, 劉向(撰) | 901 | 〃 | |
| 15 | 41-43 | 3 | 韓詩外傳(3) | 儒家 | 漢, 韓嬰(撰) | 1237 | 〃 | |
| 16 | 44-46 | 3 | 孔子家語(3) | 儒家 | 魏, 王肅(撰) | 1309 | 〃 | |
| 17 | 47-48 | 2 | 潛夫論(2) | 儒家 | 東漢, 王符(著) | 926 | 〃 | |
| 18 | 49-50 | 2 | 顔氏家訓(2) | 儒家 | 北齊, 顔之推(著) | 718 | 〃 | |
| 19 | 51 | 1 | 老子 | 道家 | 周, 李耳 | 355 | 〃 | |
| 20 | 52-53 | 2 | 莊子(2) | 道家 | 周, 莊周 | 837 | 〃 | |
| 21 | 548 | 1 | 列子 | 道家 | 周, 列禦寇 | 576 | 〃 | |
| 22 | 55-56 | 2 | 晏子春秋(2) | 儒家 | 編者未詳 | 790 | 〃 | |
| 23 | 57-58 | 2 | 列女傳(2) | 儒家 | 漢, 劉向(撰) | 805 | 〃 | |
| 24 | 59 | 1 | 神仙傳 | 道家 | 晉, 葛洪(撰) | 464 | 〃 | |
| 25 | 60 | 1 | 孫子 | 兵家 | 周, 孫武(撰) | 256 | 〃 | |
| 26 | 61 | 1 | 吳子 | 兵家 | 周, 吳起(撰) | 208 | 〃 | |
| 27 | 62 | 1 | 尉繚子 | 兵家 | 周, 尉繚(撰) | 304 | 〃 | |
| 28 | 63 | 1 | 司馬法 | 兵家 | 周, 司馬穰苴(?) | 144 | 〃 | |
| 29 | 64 | 1 | 六韜 | 兵家 | 周, 呂尙(?) | 288 | 〃 | |
| 30 | 65 | 1 | 三略 | 兵家 | 秦, 黃石公(?) | 208 | 〃 | |
| 31 | 66 | 1 | 李衛公問對 | 兵家 | 唐, 李靖(撰) | 272 | 〃 | |
| 32 | 67 | 1 | 三十六計 | 兵家 | 編者未詳 | 224 | 〃 | |
| 33 | 68-70 | 3 | 小學(3) | 蒙學 | 宋, 朱熹(編) | 1110 | 〃 | |
| 34 | 71 | 1 | 千字文 | 蒙學 | 南朝(梁), 周興嗣(編) | 628 | 10.06.01 | |
| 35 | 72 | 1 | 三字經 | 蒙學 | 宋, 王應麟(撰) | 316 | 〃 | |
| 36 | 73-75 | 3 | 百家姓(3) | 蒙學 | 編者未詳 | 1213 | 〃 | |
| 37 | 76-80 | 5 | 蒙求(5) | 蒙學 | 唐, 李瀚(撰) 徐子光(註) | 2030 | 〃 | |
| 38 | 81-83 | 3 | 幼學瓊林(3) | 蒙學 | 程登吉(明) 鄒聖脉(淸) | 1320 | 10.11.31 | |
| 39 | 84 | 1 | 昔時賢文 | 處世 | 明, 編者未詳 | 576 | 〃 | |
| 40 | 85-86 | 2 | 明心寶鑑(2) | 處世 | 明, 范立本(編) | 1056 | 〃 | |
| 41 | 87-88 | 2 | 菜根譚(2) | 處世 | 明, 洪自誠(撰) | 800 | 〃 | |
| 42 | 89-90 | 2 | 格言聯璧(2) | 處世 | 淸, 金纓(撰) | 800 | 〃 | |
| 43 | 91-93 | 3 | 唐詩三百首(3) | 文學 | 淸, 孫洙(撰) | 1136 | 10.12.12 | |
| 44 | 94-95 | 2 | 千家詩(2) | 文學 | 宋, 謝枋得(外) | 704 | 〃 | |

| No | 叢書番號 | 分冊 | 書名 | 分類 | 編撰(著)者 | 총쪽수 | 出刊日 | 備考 |
|---|---|---|---|---|---|---|---|---|
| 45 | 96-98 | 3 | 唐才子傳(3) | 文學 | 元, 辛文房(撰) | 1344 | 〃 | |
| 46 | 99-100 | 2 | 陶淵明集(2) | 文學 | 晉, 陶淵明 | 816 | 〃 | |
| 47 | 101-104 | 4 | 世說新語(4) | 文學 | 南朝(宋), 劉義慶(撰) | 1934 | 〃 | |
| 48 | 105-107 | 3 | 搜神記(3) | 文學 | 晉, 干寶(撰) | 1501 | 〃 | |
| 49 | 108 | 1 | 博物志 | 文學 | 晉, 張華(撰) | 622 | 〃 | |
| 50 | 109 | 1 | 詩品 | 文學 | 南朝(梁), 鍾嶸(撰) | 366 | 〃 | |
| 51 | 110-112 | 3 | 山海經(3) | 地理 | 晉, 郭璞(注) | 1533 | 11.12.12 | |
| 52 | 113 | 1 | 鄧, 尹, 公, 愼 | 諸子 | 鄧析, 尹文,<br>公孫龍, 愼到 | 478 | 〃 | |
| 53 | 114 | 1 | 人物志 | 儒家 | 三國(魏), 劉邵(著) | 366 | 〃 | |
| 53 | 115 | 1 | 書譜 | 藝術 | 唐, 孫過庭(著) | 524 | 〃 | |
| 54 | 116 | 1 | 二十四孝 | 蒙學 | 編者未詳 | 367 | 〃 | |
| 55 | 117 | 1 | 列仙傳 | 道家 | 漢, 劉向(撰) | 460 | 편집완료 | |
| 56 | 118 | 1 | 申鑑 | 儒家 | 漢, 荀悅(撰) | 324 | 〃 | |
| 57 | 119 | 1 | 新語 | 儒家 | 漢, 陸賈 | 327 | 〃 | |
| 58 | | 1 | 帝鑑圖說 | 教育 | 明, 張居正(撰) | 824 | 출간<br>(고즈윈) | 11.6.15 |
| 59 | 120-129 | 10 | 春秋左傳<br>(10) | 經學 | 左丘明, 杜預(注) | ? | 〃 | |
| 60 | 130-134 | 5 | 韓非子(5) | 諸子 | 戰國, 韓非 | ? | 〃 | |
| 61 | 135 | 1 | 吳越春秋 | 歷史 | 東漢, 趙曄(撰) | ? | 出刊待期 | |
| 62 | 136 | 2、 | 新書(2) | 儒家 | 漢, 賈誼 | 934 | 〃 | |
| 63 | 137 | 1 | 皇帝內徑 | 道家 | 編者未詳 | 456 | 〃 | |
| 64 | 138 | 1 | 文子 | 道家 | 周, 文子(辛妍) | 520 | 〃 | |
| 65 | 139-142 | 2 | 淮南子(4) | 道家 | 漢, 劉安 | ? | 〃 | |
| 66 | 143-148 | 6 | 呂氏春秋(6) | 雜家 | 戰國, 呂不韋 | ? | 〃 | |
| 67 | 149 | 1 | 高士傳 | 傳記 | 晉, 皇甫謐(撰) | 587 | 〃 | |
| 68 | 150 | 1 | 商君書 | 法家 | 周, 商鞅 | ? | 〃 | |
| 69 | 151-152 | 2 | 春秋繁露(2) | 儒家 | 漢, 董仲舒(撰) | ? | 〃 | |
| 70 | 153-154 | 2 | 大戴禮記(2) | 儒家 | 漢, 戴德(傳) | ? | 〃 | |
| 71 | 155-157 | 3 | 荀子(3) | 儒家 | 戰國, 荀況 | ? | 〃 | |
| 72 | 158 | 1 | 文中子 | 儒家 | 隋, 王通 | ? | 〃 | |
| 73 | 159-163 | 5 | 高僧傳(5) | 佛學 | 南朝(梁), 慧皎(撰) | ? | 〃 | |

| No | 叢書番號 | 分册 | 書名 | 分類 | 編撰(著)者 | 총쪽수 | 出刊日 | 備考 |
|---|---|---|---|---|---|---|---|---|
| 74 | | | 禮記 | 儒家 | 漢, 戴聖(傳) | | 原稿整理 | |
| 75 | | | 華陽國志 | 地理 | 晉, 常璩(撰) | | 〃 | |
| 76 | | | 呻吟語 | 儒家 | 明, 呂坤(撰) | | 〃 | |
| 77 | | | 東京夢華錄 | 地理 | 宋, 孟元老 | | 〃 | |
| 78 | | | 古詩源 | 文學 | 淸, 沈德潛(撰) | | 〃 | |
| 79 | | | 大唐西域記 | 地理 | 唐, 玄奘 | | 〃 | |
| 80 | | | 近思錄 | 儒家 | 宋, 朱熹 | | 〃 | |
| 81 | | | 東萊博議 | 儒家 | 宋, 呂祖謙 | | 〃 | |
| 82 | | | 尸子 | 諸子 | 周, 尸佼 | | 〃 | |
| 83 | | | 明夷待訪錄 | 諸子 | 明, 黃宗羲 | | 〃 | |
| 84 | | | 越絕書 | 歷史 | 漢, 袁康 | | 〃 | |
| … | 계속진행 | | 論衡 | 雜家 | 漢, 王充 | | | |

# Ⅱ. 한중 어문학 연구의 과제와 모색

# 韓中成語의 比較*

김대환·임소영**

## I. 들어가는 말

한중양국은 아주 오랜 옛날부터 동일한 한자문화권에서 생활해 왔다. 문자가 없던 우리는 비록 그들의 한자를 빌어 우리의 의사를 전달하는 아주 훌륭한 도구로 사용되어 왔지만, 오랜 시간을 지나면서 한자는 우리 문화에 맞게 조금씩 정착되어 오늘에 이르렀다. 그중 현대에 와서도 여전히 사용되고 있는 한자성어도 예외가 아니다. 그렇다면 도대체 "성어"란 무엇인가? 먼저 "成語"의 개념부터 정리해 보도록 하자.

《辭源》의 성어에 대한 해석을 "습관적으로 사용하는 古語이며, 완전한 의미를 나타내 주는 정형화된 詞組이거나 短句이다(習用的古語, 以及表示完整意思的定型詞組或短句)."[1]라고 했으며, 《漢語大詞典》에서는 "오랫동안 습관적으로 사용되어 구조가 정형화되었으며, 의미가 완전한 고정된

---

* 이 글은 2005년 1월 《中國語文論譯叢刊》 제14집에 수록된 논문임.

** 김대환: 극동대학교 중국어학과 교수/ 임소영: 여주대학교 관광중국어과 교수

1) 《辭源》(上册), (北京: 商務印書館, 1990), 1186쪽.

詞組로 대체로 네 글자로 구성되어 있다(指長期習用, 結構定型, 意義完整的固定詞組)"[2]라고 해석하고 있다.

대만에서 출판된《辭海》의 해석을 살펴보면, "古語를 현대인들이 인용하는 것을 成語라 하는데 經傳이나 속담, 격언 등에서 나온 것으로 대체로 사회에서 입으로 전하고 귀로 들어 사람들이 익히 알고 있는 것이다(古語常爲今人所引用者曰成語. 或出自經傳, 或來從謠諺, 大抵爲社會間口習耳聞, 爲衆所熟知者.)"[3]라고 설명하고 있다.《大辭典》에서는 "언어 중에서 만들어진 간단명료한 固定詞組이며, 문장성분용으로 쓰인다. 네 글자로 이루어진 것이 비교적 많으며, 구조와 출처 모두가 다양하다(言語中現成的簡短有力的固定詞組, 作句子成分用. 由四個字組成的較多. 結構多樣, 來源不一)"[4]라고 해석하고 있다.

최근에 중국에서 수정하여 다시 출판한《現代漢語詞典》에서는 "사람들이 오랫동안 습관적으로 사용된 것으로 간결하고 예리한 정형화된 詞組 또는 短句이다. 한어의 성어는 대부분 네 글자로 구성되어 있으며, 일반적으로는 모두 출처가 있다(人們長期以來習用的, 簡潔精辟的定型詞組或短句. 漢語的成語大多由四个字組成, 一般都有出處.)"[5]

이상의 의견을 종합해 보면 成語는 오랫동안 사람들 사이에서 습관적으로 사용되어왔으며, 일반적으로 정형화된 詞組나 短句로 이루어져 있다. 또한 형식이 간결하고 의미가 분명하며, 정형화된 성어는 임의로 순서를 바꾸거나 글자를 다른 것으로 대체할 수 없다. 한국어에서 보이는 성어도 이와 유사하다. 그러나 중국에서 정형화된 성어가 같은 의미로 한국에서 사용되는 경우도 있지만, 이와 달리 한국에서 임의로 중국성어 중의 일

2)《漢語大詞典》(第5卷), (上海: 漢語大詞典出版社, 1990), 204쪽.

3)《辭海》(增訂本, 中册), (臺北: 中華書局, 1980), 1859쪽.

4)《大辭典》(上), (臺北: 三民書國, 1985년), 1717쪽.

5)《現代漢語詞典》(修訂本), (北京: 商務印書館, 1996), 160쪽.

부 글자가 바뀌거나 순서가 바뀌어 사용되는 경우가 종종 보인다. 결국 정형화된 성어가 임의로 순서나 글자가 바뀌지 않고 쓰인다는 것은 한자문화권 내에서의 지역적인 한계성을 갖는다고 볼 수 있다.

본고에서는 한중양국이 같은 뿌리를 두고 있는 성어가 어떻게 변화되었고, 오랜 시간을 거치면서 어떤 형태로 우리나라에 정착되었으며, 또한 우리문화에 맞는 성어가 어떻게 만들어졌는지에 대해서 알아보고, 아울러 양국 성어의 비교를 통하여 그 차이점이 무엇인지 고찰하고자 한다.

본 논문을 작성함에 있어서 위에서 설명한 기대효과를 얻기 위하여 현재 중국과 우리나라 시중에 나와 있는 성어사전과 국어사전[6]에서 주로 기본자료를 선취하였으며, 필요시 원문을 찾아 대조하였다.

## Ⅱ. 韓中兩國에서 同一하게 使用하는 成語

### 1. 出典과 意味가 같은 成語

(1) 苛政猛於虎(가혹한 조세 징수는 호랑이 보다 무섭다.)《禮記, 檀弓下》[7]

(2) 刻舟求劍(시세의 변화도 모르고 낡은 생각만을 고집하면서 융통성이 없음을 이르는 말)《呂氏春秋, 察今》

(3) 肝膽相照(간과 쓸개를 서로 보임. 서로 매우 친밀함을 이르는 말)《史記, 淮陰侯傳》

---

6) 참고문헌에 자세한 내용이 있다.

7) 이 문장을 대부분의 사람들은 “가혹한 정치는 호랑이 보다 무섭다”라고 해석하고 있으나, 이는 同音通假현상을 제대로 이해하지 못하는 데서 나타난 오류로 보인다. 여기에서 “政”과 “徵”은 漢語上古音에서 동음이다. 따라서 마땅히 “조세를 징수하다”로 보아야 할 것이다.

(4) 開卷有益(책을 펴기만 해도 이익이 있음) 宋·王辟之《澠水燕談錄, 文儒》
(5) 居安思危(편안한 때일수록 위험을 때를 대비함)《左傳, 襄公》
(6) 擧案齊眉(아내가 남편을 극진히 공경함)《後漢書, 梁鴻傳》
(7) 巧言令色(교묘한 말과 아름다운 얼굴빛을 이름)《尙書, 皐陶謨》
(8) 杜門不出(문을 걸어 잠그고, 외부인과 왕래하지 않음)《國語, 晉語》
(9) 隔靴搔癢(신을 신고 가려운 데를 긁음)《景德傳燈錄》
(10) 犬馬之勞(개나 말처럼 주인에게 충성을 다한다는 뜻)《史記, 三王世家》
(11) 孤掌難鳴(한 손으로는 소리를 낼 수 없음을 비유)《韓非子, 功名》
(12) 空中樓閣(근거나 토대가 없는 사물이나 일)(淸, 翟灝《通俗編》)
(13) 過猶不及(지나친 것은 미치지 못함과 같음)《論語, 先進篇》
(14) 瓜田不納履, 李下不整冠(오이 밭에서 신발을 고쳐 신지 말고, 오얏나무아래에서는 갓을 고쳐쓰지 말아야하 함: 남에게 의심받을 짓을 하지 말라 는 뜻)《古樂府, 君子行》
(15) 刻骨銘心(마음 속 깊이 새겨 둠)(元·劉時中《端正好·上高監司》)
(16) 金蘭之契(돈독한 우정을 가리킴)《晉書, 苻生載記》
(17) 東奔西走(어떤 목적을 이루기 위하여 다방면으로 활동함)(元·魏初《沁園春》)
(18) 敎學相長(가르치거나 배우는 것은 모두 학업을 증진시킨다는 말)《禮記, 學記》
(19) 口蜜腹劍(입에는 꿀이 있으나, 뱃속에는 칼이 있다: 겉으로는 친절한 체하나 속으로는 해칠 생각을 가짐)《資治通鑑, 唐玄宗天寶元年》
(20) 口尙乳臭(입에서 아직 젖내가 남)《漢書, 高祖紀》
(21) 九牛一毛(많은 소 중에서 한 올의 터럭)《史記, 報任少卿書》

(22) 錦上添花(좋은 일에 더 좋은 일이 생김) (宋·黃庭堅《了了庵頌》)

(23) 經天緯地(하늘을 날줄로 하고 땅을 씨줄로 함: 천하를 다스림) (北周의庾信《擬連珠》)

(24) 捲土重來(실패한 다음 다시 세력을 회복함)杜牧《樊川文集》

(25) 勸善懲惡(선을 권장하고 악을 징계함)《春秋左氏傳, 成公14年》

(26) 起死回生(죽음에서 일어나 다시 살아남)《太平廣記, 太玄女》

(27) 落花流水(떨어지는 꽃과 흐르는 물로, 저물어 가는 봄의 경치를 이름) (李嘉祐《聞逝者自驚》)

(28) 難兄難弟(사람이나 사물이 서로 비슷하여 우열을 가리기 어려움)《世說新語, 德行》

(29) 論功行賞(세운 공로에 따라 상을 줌)《魏志, 明帝紀》

(30) 多多益善(많으면 많을수록 좋다는 말)《史記, 淮陰侯傳》

(31) 單刀直入(여러 말하지 않고 곧바로 결론이나 요점을 말함)《宋書, 前廢帝紀》

(32) 同病相憐(같은 불행한 일을 당하여 서로 동정함)《吳越春秋, 闔閭內傳》

(33) 傍若無人(곁에 아무도 없는 것 같이 행동함)《史記, 자객열전》

(34) 背水陣(강을 등지고 진을 침)《尉繚子, 天官》[8)]

(35) 白面書生(세상일에 경험이 없는 젊은 사람을 말함)《晉書》

(36) 百折不撓(어떤 시련이나 고통에도 뜻을 굽히지 않음)蔡邕《蔡中郎集》[9)]

(37) 不可思議(생각이나 의논조차 할 수 없음: 사람의 생각으로 헤아려 알 수 없거나 또는 그러한 일) (晉·釋慧遠《維摩詰所說經義紀》)

---

8) 원작에는 "背水陣"으로 되어 있으나, 현대중국어에서는 "背水一戰"으로 사용되고 있다.

9) 이와 같은 뜻을 지닌 "百折不屈"이란 성어가 우리나라에서는 더 많이 사용되고 있는데 아마 이는 관습의 차이로 보인다.

(38) 四面楚歌(사방에서 초나라 노래소리가 들림: 주위에 온통 적들만 있고 도와주는 이는 없는 경우를 말함)《史記, 項羽本紀》

(39) 四分五裂(넷으로 나뉘어지고 다섯으로 찢어짐)《戰國策·魏策一》

(40) 袖手傍觀(소매에 손을 넣고 곁에서 바라보기만 함)(唐·韓愈《送李愿歸盤谷序》)

(41) 浩然之氣(바르고 강직한 정신을 가리킴)《孟子, 公孫丑上》

위에 열거한 성어는 대체로 한중양국이 같은 의미로 사용하고 있다. 그러나 오랜 시간이 지나면서 양국 사이의 여러 가지 관습과 기호에 따라 비슷한 유형의 성어가 유행된 것으로 보인다. 예문(34)는 본래의 세 글자인 "背水陣"이 현대중국어에서 네 글자인 "背水一戰"형식으로 바뀌어 사용되는 것은 아마 單詞가 複詞로 전환된 것으로 보인다.[10] 사실 엄격히 말해서 "물을 등지고 진지를 구축하는 것(陣法)"과 "물을 등지고 한번 싸운다는 뜻"은 완전히 같다고 말할 수 없다. 이는 중국어의 특성으로 인해 변화된 것이지만 우리말에는 아무런 변화 없이 여전히 중국고전의 원문에 나타난 그대로 지금까지 사용되고 있다. 그러므로 우리말에서 사용되고 있는 성어는 어느 면에서는 현대중국어에서 보다 원전에 더 충실하다고 볼 수 있다.

이외에도 한중양국에서 같은 의미로 사용하는 성어는 셀 수 없을 정도로 많다. 약간 특이한 점은 이처럼 많은 성어 가운데, 구어에서 즐겨 사용하는 성어는 양국이 서로 조금씩 다르다. 우리말에 흔히 사용되고 있는 성어 중 "單刀直入", "東奔西走", "口蜜腹劍", "刻骨銘心" "杜門不出" 등은 중

10) 중국어의 특성상 奇數보다는 偶數가 더 활용하기 편리이다. 이런 예는 현대중국어에서 수도 없이 보인다. 예로 과거에 "月"은 달을 뜻하였지만 현대중국어는 복사로 전성되어 "月亮"으로 바뀌었고, "陽"도 과거에는 태양을 뜻하였지만 지금은 반드시 "太陽"이라 해야 한다. 그 외에도 單詞인 명사가 양사와 결합되어 複詞인 명사로 사용되기도 한다. 예로 "車輛", "紙張", "船隻" 등등.

국에서는 다른 말로 그 의미를 전달하고 있다.

- 單刀直入→ 開門見山
- 東奔西走→ 東忙西跑
- 口蜜腹劍→ 笑裏藏刀
- 刻骨銘心→ 銘記在心
- 杜門不出→ 杜門謝客

이러한 현상은 오랜 시간을 지나면서도 우리는 여전히 원전에 충실한데 반하여 중국에서는 白話文과 혼합하여 사용된 결과로 보여 진다.

## 2. 出典은 같지만 意味가 다른 成語

(1) 拔本塞源(㉠나무의 뿌리를 뽑고 水源을 막는다는 말로 근본을 잊고 반역한다는 뜻. ㉡폐단의 근원을 아주 뽑아서 없애 버림) 《左傳, 昭公九年》[11]

(2) 亡羊補牢(손해를 본 후 서둘러 보완을 한다는 뜻) 《戰國策, 楚四》[12]

(3) 百尺竿頭(㉠고대의 일종의 잡기로 장대 끝에 올라가서 기예를 연출함. ㉡불교에서 도를 닦고 수행이 높아 최고의 경지에 이르는 말. ㉢학문과 업적이 매우 높은 정도에 올랐지만 더욱더 노력하여 발전을 거듭한다는 의미임-百尺竿頭, 更進一步)[13]

(4) 好事多磨(魔)(좋은 일에는 종종 많은 좌절을 겪는 다는 말로 주로

11) 현대 한중 양국어에서는 주로 두 번째 의미로 사용되고 있다.

12) 우리말 속담에 "소 잃고 외양간 고친다"란 말로 이미 때가 늦었으므로 외양간을 고쳐봐야 소용없다는 뜻이다.

13) 우리말에서는 아주 위태로운 상황이란 의미를 나타낸다.

남녀 간의 애정문제에 쓰인다.)[14](晁端禮《安公子》)(《全宋詞》)

위와 같은 예문은 그다지 많지 않지만 한중양국이 오랫동안 서로 다른 문화권에서 한자를 사용하면서 점차적으로 변화되어, 본래의 의미에서 벗어나 다른 용도로 당시의 상황에 맞게 사용된 게 아닌가 생각된다.

다음 장에서는 한중양국에서 사용하고 있는 成語結構가 어떤 형태로 변화하고 있는지 몇 개의 예문을 가지고 분석해 보자.

## Ⅲ. 韓中兩國에서 使用하는 成語結構의 比較

※현재 한중양국에서 사용하고 있는 성어를 비교하여 도표로 나타내 보았다.

| 중국 | 한국 |
|---|---|
| 苛捐雜稅 | 苛斂誅求 |
| 結草銜環(銜環結草) | 結草報恩 |
| 極樂世界 | 極樂淨土 |
| 根深葉茂(根深葉蕃) | 根深枝達 |
| 金科玉律 | 金科玉條 |
| 琴瑟和諧 | 琴瑟之樂 |
| 杞人憂天 | 杞憂 |
| 騎虎難下 | 騎虎之勢 |
| 衣錦還鄉 | 錦衣還鄉 |
| 走馬看花(走馬觀花) | 走馬看山 |
| 螳臂當車 | 螳螂拒轍 |
| 名副其實 | 名實相符 |
| 先斬後奏(先行後聞) | 先斬後啓 |

14) 본래 우리말에 "《好事多魔》"란 좋은 일에는 많은 어려움이 따른다는 의미로 사용되는 데, 여기서 "魔"는 잡귀라는 뜻으로 해석할 수 있다. 하지만 중국어에는 "좋은 일은 갈고 닦아야 이루어진다는 의미"로 쓰인다.

| 중국 | 한국 |
|---|---|
| 鹤立鷄群(鷄群鹤立) | 群鷄一鶴 |
| 東衝西突 | 左衝右突 |
| 堂堂正正 | 正正堂堂 |
| 威風凜凜 | 威風堂堂 |
| 重男輕女 | 男尊女卑 |
| 耳邊風(耳旁風) | 馬耳東風 |
| 改惡從善 | 改過遷善 |
| 紅顔薄命 | 佳人薄命(美人薄命) |
| 塞翁失馬 | 塞翁之馬 |
| 三顧茅蘆(草廬三顧) | 三顧草廬 |
| 寤寐求之 | 寤寐不忘 |
| 立錐之地(置錐之地) | 立錐餘地 |
| 井底之蛙 | 井中之蛙 |
| 眼中無人(目中無人) | 眼下無人 |
| 否極泰來(泰來否極) | 太極否來 |
| 牛郎織女 | 牽牛織女 |
| 映雪囊螢(螢窓雪案) | 螢雪之功 |
| 山明水秀 | 山紫水明 |
| 孤軍奮戰 | 孤軍奮鬪 |
| 背恩忘義(忘恩負義) | 背恩忘德 |

위의 예문들을 살펴보면 글자가 약간씩 바뀐 경우로 원문의 의미와는 큰 차이가 없다. 그렇다면 왜 이런 문제가 생겼을까? 여기에 대한 구체적인 대답은 앞으로 더 연구해야 할 과제로 남는다.

앞에서 성어에 관한 정의를 언급하였듯 사람들 사이에서 습관적으로 오랜 시간 사용되어 이미 정형화된 詞組나 短句로 이루어져 있다. 이런 현상은 현대에 와서도 예외는 아니다. 그러나 이미 정형화된 성어를 임의로 순서를 바꾸거나 다른 글자로 대체하여 사용한 경우는 단지 양국 간의 문화현상의 차이로 보아야 할 것이다.

때로 우리나라에서 사용하는 성어는 중국에서 사용하고 있는 성어에 비해 하나의 완전한 문장형태를 갖추지 않는 경향이 있다. 예를 들면, 중국에서는 "杞人憂天(기나라 사람이 하늘이 무너질 것을 근심하다)"라고 하지만, 우리나라에서는 "杞憂(기나라의 근심)"라고 줄여서 사용하고 있다. 또 "늙은 말이 길을 안다"라는, 즉 "경험이 풍부한 사람이 일을 익숙하게 잘 처리하고 결과도 좋다"라는 의미로 사용되는 성어가 중국에서는 하나의 문장형태인 "老馬識途"로 사용되지만, 우리나라에서는 "老馬之智"로 사용되고 있다.[15] 또한 자나깨나 잊지 못한다는 의미로 우리나라에서 사용되는 "寤寐不忘"이라는 성어는 중국에서 "寤寐求之"의 형태로서 "부사+동사+빈어"로써 완전한 문장형태를 갖추고 있으며, 이는 시경에 나오는 원전의 형태를 그대로 유지하고 있다[16].

이외에도 경우에 따라서는 한국성어가 중국성어 보다 오히려 원전에 충실한 경우도 보인다, 《三國志, 吳志》에 보이는 "刮目相對"는 한국에서는 여전히 동일하게 사용되고 있고, 그 의미도 "학식이나 재주가 크게 늘어 눈을 비비고 다시 마주 대하고 볼 정도이다"이지만, 중국에서는 현대에 와서 여러 문인들에 의해 백화체로 바뀌어 "刮目相看"[17]으로 사용되고 있다. 《列子, 天瑞篇》에 보이는 "男尊女卑"는 현대중국어에서는 백화인 "重男輕女"로 바뀌어 사용하고 있고, 李白의 시 〈答王十二寒夜獨酌有懷〉에 보이는 "馬耳東風" 또한 보통화에선 백화체로 바뀌어 "耳邊風" 혹은 "耳旁

---

15) 《韓非子·說林上》에 보면, "管仲, 隰朋從桓公伐孤竹, 春往冬反, 迷惑失道. 管仲曰: '老馬之智可用也.' 乃放老馬而隨之, 遂得道."(관중과 습붕은 환공을 따라 고죽국 정벌에 나섰는데, 봄이 아닌 겨울이 다시 찾아와 그만 길을 잃고 말았다. 관중은 '늙은 말을 이용할 만하다'하고, 늙은 말을 풀어주고 그 뒤를 따르다가 마침내 길을 찾았다.)
이 예문을 통해서 본다면, 우리말에 사용하고 있는 성어가 때에 따라서는 오히려 중국에서 사용하고 있는 것보다 더 원전에 충실하게 사용되고 있음을 알 수 있다.

16) 《詩經, 國風·關雎》제2절: "參差荇菜, 左右流之, 窈窕淑女, 寤寐求之"(올망졸망 마름풀을 이리저리 헤치며 뜯노라니, 아리따운 고운 아가씨 자나깨나 그리웁네.)

17) 孫中山《心理建設》과 朱自清《這一天》 등에서 보인다.

風"으로 사용하고 있다.

儒家의 경전내용을 인용한 사자성어는 중국에서 보다 오히려 우리나라에서 지금까지도 原典의 형태를 그대로 유지하며, 종종 우리들의 생활 속에 쓰이고 있으나, 중국에서는 그 출전만 남아 있을 뿐 일반 성어사전이나 생활 속에서는 거의 보이지 않고 있다(예, 男女有別《禮記, 昏義篇》, 孟母三遷之敎《烈女傳》, 君子三樂《孟子》, 克己復禮《論語》, 不撤晝夜《論語》, 不惑《論語》, 士農工商《管子》). 그것은 아마도 중국에서보다 한국에서 유가적인 사고가 뿌리 깊게 자리하고 있기 때문일 것으로 추측된다.

어떤 연유이든 현대 양국 한자 성어는 이상과 같은 약간의 차이를 두고 있는 경우가 상당히 많다. 그럼에도 불구하고 한국인이 중국에서 성어를 사용할 경우, 또는 중국인이 한국에서 성어를 사용할 경우, 양국 사이에 존재하는 성어의 차이를 숙지하지 못하고 자국어식 성어를 사용하는 경우를 종종 보게 된다. 그러므로 우리는 현재 양국에서 쓰고 있는 성어의 차이를 인정하고 활용한다면 서로간의 이해를 도울 수 있고, 의사소통을 좀더 원활하게 진행할 수 있을 것이다.

## Ⅳ. 韓國에서만 使用하는 成語

### 1. 韓國文人들이 만들어낸 成語

(1) 白衣從軍(벼슬이 없는 사람으로 군대를 따라 싸움터로 감)
(2) 甲論乙駁(서로 자기 주장을 내세우고 상대방 주장을 반박함)
(3) 甲男乙女(평범한 사람들을 말함)
(4) 高枕短命(베개를 높이 베면 오래 살지 못한다는 말)
(5) 氣盡脈盡(기운과 정력이 다함)
(6) 落榜擧士(과거 시험의 합격자 명단을 붙이는 방에 떨어진 선비: 어

떤 일에 한 몫 끼려다가 내돌린 사람)

(7) 難攻不落(공격하기가 어려워 아무리 공격해도 떨어지지 아니함: 장애물이 너무나 견고하여 일을 이루기 어려움)

(8) 爛商討議(충분히 의견을 나누어 토의함)

(9) 南男北女(남쪽의 남자와 북쪽의 여자: 남쪽은 남자가 준수하고, 북쪽은 여자가 아름다움)

(10) 男負女戴(남자는 지고 여자는 임: 가난한 사람이 살길을 찾아 이리저리 떠돌아다님)

(11) 綠衣紅裳(푸른 저고리와 붉은 치마: 젊은 여자의 고운 옷차림)

(12) 陵遲處斬(대역죄인을 죽이고 사지를 토막내어 여러 곳에 돌려 보이던 형벌)

(13) 大膽無雙(담력이 커서 겨룰만한 짝이 없음: 매우 용기 있음)

(14) 獨不將軍(혼자서는 장군이 되기 어려움: 일은 혼자하기 어렵고 여럿이 같이 해야 함이 본의이지만, 요즘은 자기 멋대로 일을 처리하는 사람의 의미로 변질되어 사용됨)

(15) 莫上莫下(우열의 차이가 없음)

(16) 權不十年(권세는 십 년을 가지 못한다는 말)

(17) 君師父一體(임금, 스승, 아버지의 은혜는 같다는 말),

(18) 滿身瘡痍(온몸에 상처가 가득함)

(19) 無知莫知(매우 무지하고 우악스럽다)

(20) 百年之客(사위를 지칭함)

(21) 感之德之(대단히 고맙게 여김)

(22) 封庫罷職(창고를 봉하고 직위를 파면시킴)

(23) 父傳子傳(아버지가 자식에게 전하고, 자식을 그 자식에게 또 전함, 혹은 아버지와 자식이 비슷함)

(24) 夫唱婦隨(남편이 노래하고 아내가 이에 따름)

(25) 不可抗力(사람의 힘으로는 막을 수 없는 힘)

(26) 非命橫死(타고난 운명과 달리 뜻밖의 일로 갑자기 죽음)

(27) 悲憤慷慨(슬프고 분하여 강개함: 의롭지 못한 것을 보고 의기가 북받치어 슬퍼하고 한탄함)

(28) 士氣衝天(병사의 기운이 하늘을 지를 듯이 높음)

(30) 紗帽冠帶(사모와 관대: 벼슬아치의 정식 예복 차림)

(31) 四柱單子(혼담이 결정된 때에 신랑 집에서 신랑의 사주를 적어 신부 집에 보냈던 간지)

(32) 阿鼻叫喚(계속되는 심한 고통으로 울부짖는 참상을 형용하는 말)

(33) 藥房甘草(약방에 감초처럼 무슨 일에나 끼임)

(34) 魚頭肉尾(물고기는 머리 쪽이 맛있고, 짐승의 고기는 꼬리 쪽이 맛있음)

(35) 易地思之(입장을 바꾸어 놓고 생각함)

(36) 一心同體(한 마음과 한 몸: 여러 사람이 굳게 뭉쳐 한마음 한 몸 같음)

(37) 一片丹心(변치 않는 한 조각의 붉은 마음: 참된 충성이나 정성)

(38) 自中之亂(자기 안에서의 어지러움: 제 편끼리 하는 다툼)

(39) 作心三日(마음먹은 것이 삼일 감: 한번 결심한 일이 오래 가지 못함)

(40) 前途洋洋(앞길이 넓고 넓음: 앞길이 훤하게 열려 희망에 차 있음)

문자가 없던 시기 한자는 문인들의 전유물이었다. 그들은 한자로 의사를 전달하고, 과거를 볼 수 있었으며, 이로 인해 立身揚名의 기회가 주어졌다. 이런 과정에서 그들이 남겨 놓은 詩나 文章들은 후세에까지 영향을 주었으며, 그것은 자연스럽게 성어로 이어지는 계기가 되었을 것이다.[18]

---

18) 당시의 문인들은 지배계층으로 여기에서 예로 든 成語는 출처가 불분명하다. 하지만 오늘날에도 여전히 우리들의 일상생활에서 널리 사용되고 있다.

## 2. 韓國古典에서 引用한 成語

(1) 隔世之感(다른 세대를 만난 것처럼 매우 달라진 느낌)(吉再의 漢詩)
(2) 見金如石(황금을 보기를 돌 같이 함) (崔瑩 將軍의 시조)
(3) 高麗公事三日(고려의 공사는 사흘을 못 감: 인내심이 부족하여 일을 자주 변경함) 《世宗實錄》《旬五志》
(4) 結者解之(맺은 사람이 풀어야 한다는 뜻)(洪萬宗의 《旬五志》)
(5) 落落長松(가지가 늘어진 키가 큰 소나무)(成三問의 時調)
(6) 綠陰芳草(푸른 그늘과 향기로운 풀을 이름)(丁克仁의 《賞春曲》)
(7) 放聲大哭(목을 놓아 매우 섧게 움)(張志淵의 《是日夜放聲大哭》)
(8) 輔國安民(나랏일을 돕고 백성을 편안하게 함)(東學思想)
(9) 賊反荷杖(죄를 범한 사람이 도리어 성을 냄) 《旬五志》

한국에서 문인들 사이에 만들어진 성어도 적지 않지만 중국에 비해 대부분 저자를 알 수가 없다. 이것은 기록문화가 중국처럼 발달되지 못했으며, 중화사상이 그들의 사상을 지배하고 있었고, 중국에 관련된 서책을 마음대로 접할 수 있었던 그들에게는 새로운 성어의 탄생은 그다지 쉽지 않았을 것이다.

## 3. 韓國俗談을 應用한 成語

(1) 甘呑苦吐(달면 삼키고 쓰면 뱉는다)
(2) 堂狗風月(서당 개도 풍월을 읊는다)
(3) 同價紅裳(같은 값이면 다홍치마)
(4) 燈下不明(등잔 밑이 어둡다)
(5) 亡子計齒(죽은 자식 나이 세기)

(6) 猫項懸鈴(고양이 목에 방울 달기)
(7) 上濁下不淨(윗물이 깨끗하지 않으며 아랫물도 흐리다는 말)
(8) 生巫殺人(선 무당이 사람 잡는다)
(9) 耳懸鈴鼻懸鈴(귀에 걸면 귀걸이, 코에 걸면 코걸이)
(10) 我田引水(자기에게만 이롭게 함)
(11) 一魚濁水(미꾸라지 한 마리가 온 물을 다 흐린다)
(12) 一字無識(한 글자도 아는 것이 없음)

한국 속담은 우리 문화를 잘 반영하고 있다. 속담은 일반적으로 민간에서 구두로 전해지는 통속적이고 함축적인 의미를 담고 있는 것으로 중국의 "諺語"와 같다. 속담은 주로 객관적인 사물의 이치를 담고 있으며, 교육적인 색채가 짙게 배어있다. 따라서 속담을 문인들이 기록할 필요가 있을 경우, 한자를 사용할 수밖에 없었을 것이고, 이것이 다시 민간으로 역류한 것이 아닌가 생각된다. 또 경우에 따라서는 중국에서 전래된 성어가 우리나라 민간으로 전해질 때 속담의 형태로 바뀐 경우도 적지 않게 보인다. 예를 들면, "井底之蛙"《莊子, 秋水篇》는 우리나라에서는 성어보다는 "우물 안의 개구리"라는 속담으로 더 많이 사용되고 있다.

위에서 예를 든 성어들은 우리 문화를 전혀 모르는 사람이라면 같은 한자문화권에 살고 있는 사람이라도 이해하기가 그다지 쉽지 않을 것이다.

## V. 맺는 말

成語는 아주 오랜 역사를 가지고 있으며, 매우 다채롭고 풍부하다. 대부분의 성어는 문인들에 의해서 만들어지고 사용되어 왔기 때문에 기본적으로 文言의 기초 위에서 형성되었다. 성어는 긴 세월의 역사를 거치면서 때론 부분적인 변화를 가져오기도 하고, 때론 시대에 맞는 새로운 성어가 탄생되기도 했다. 성어도 일종의 언어이기 때문에 興盛와 衰落의 길을 걸을 수밖에 없었다.

중국과 더불어 한자문화권에 속에 있는 우리도 성어와 깊은 인연을 맺게 된 것은 어쩌면 당연한 일일 것이다. 한자가 우리에게 전해지는 순간부터 성어도 함께 우리문화 속으로 스며들어 우리와 함께 호흡하며 지금까지 이어지고 있는 것이다.

그러나 한중양국의 문화적인 차이로 인하여 성어는 우리문화에 어울리는 그들 나름의 변화를 거듭하여 우리의 언어 깊숙한 곳에서 정착하게 된다. 그것은 이미 성어의 原典에 보이는 초기 형태를 벗어나 "韓國式 成語"가 되었으며, 우리만의 독특한 문화의 일부가 되어버린 것이다.

한자가 비록 중국에서 만들어져 우리에게 전해졌지만 우리는 우리에게 필요한 한자를 다시 만들고, 새로운 형태의 詞組와 文章[19]으로 우리의 의사를 전달해온 것처럼 성어도 우리의 시대적인 흐름에 동참[20]하며 지금까지 이어져 오고 있다.

## ✚ 참고문헌

《국어사전》, 서울: 민중서림, 2003

《辭源》(上册), 北京: 商務印書館, 1990

《漢語大詞典》(第5卷), 上海: 漢語大詞典出版社, 1990

《大辭典》(上), 臺北: 三民書國, 1985

19) 詞組로는 "莫强(莫强於此)", "莫大(莫大於此)" 등이 있으며, 文章으로는 "生居震川, 死居龍仁" 등이 있다. 이를 중국고대어법에 맞게 표현한다면, "生則居震川, 死則居龍仁"이라 해야 옳을 것이다.

20) 현대에 와서 형성된 성어로는 "落張不入"(화투판에서 쓰는 말), "南男北女"(우리나라에서 남쪽지방은 남자가 잘나고, 북쪽 지방은 여자가 아름답다는 말), "門前沃畓"(집 앞에 있는 기름진 논을 말함)등을 예로 들 수 있을 것이다.

《辭海》(增訂本, 中册), 臺北: 中華書局, 1980
《現代漢語詞典》(修訂本), 北京: 商務印書館, 1996
《고사성어사전》, 대동고전연구회, 대구: 유림출판사, 2004
毛學河 倪文杰 主編,《現代成語巨典》, 中國 大連: 大連出版社, 1993
劉潔修 編著,《現代成語考釋詞典》, 北京: 商務印書館, 1995
《中國成語大辭典》, 上海: 上海辭書出版社, 1992
倪寶元·姚鵬慈,《漢語成語辨析詞典》, 北京: 商務印書館 國際有限公司, 1977
《클릭!고사성어》, 서울: 역사넷, 2002
賈采珠·晁繼周 主編,《漢語語典》, 上海: 漢語大詞典出版社, 2003
高光烈,《成語詳解詞典》, 吉林: 吉林文史哲出版社, 1997
《精編成語辭典》, 上海: 上海辭書出版社, 1995
葉子雄 主編,《漢語成語分類辭典》, 上海: 復旦大學出版社, 1992
韓省之 主編,《中國成語分類大辭典》, 北京: 新世界出版社, 1989
李慶軍 編著,《諺語分類辭典》, 安徽: 黃山書社, 1991

# 한·중 신검신화에 보이는 신검의 상징성 연구*

서유원**

## I. 서론

예로부터 도검은 인간이 일상생활을 영위하는데 매우 소중하고 다양한 도구로 쓰여 왔다. 인류문명의 발달과 함께 발전한 도검은 인간이 생활하기에 부적합한 환경을 개척하기 위해서, 식량을 구하기 위한 수렵과 채취를 위해서, 또 이를 가공하기 위해서 반드시 필요한 생활의 이기였다. 또한 도검은 인간의 전투능력을 극대화하는 무기로써 병기의 대명사로 쓰이기도 했다. 비록 도검은 그 형태가 작기는 해도 그것이 지닌 살상력은 대단한 것이었기 때문이다.

검은 초기에는 외부로부터 자신을 보호하는 호신의 도구였으나, 신화에 보이는 도검은 그 본래의 기능은 퇴색되고 폭력과 정복의 상징으로 등

---

* 이 글은 2006년 1월《中國語文論譯叢刊》제17집에 수록된 논문임.

** 가천대학교 중국어문학과 교수

장하고 있다. 고대의 정복자가 침략과 정복을 통해 타민족을 복속시키고, 다양한 민족을 하나로 융화시켜 국가로 발전시키는 데에 있어서 가장 필요한 것은 힘과 권위였다. 이른바 神權思想이나 王權神授說 같은 것들이 모두 이러한 필요에 의해 생성된 것들이었다.

그래서 도검은 단순한 병기에서 정복자의 장식물로, 혹은 그의 권위를 나타내는 대표적인 상징물이 되어 名劍이나 寶劍이라고 불리게 되었다. 또한 검은 그가 지닌 힘과 권위의 내형적인 상징이외에도 길고 뻣뻣한 외형으로 인해 남성을 상징한다는 原始思惟로 인해 고대의 대표적인 숭배의 대상물이 되기도 했다. 때문에 정복과 남성을 상징하는 숭배의 대상인 도검에 왕권의 신령함과 초월적인 신의 권능의 의미까지 부여하여 '神'이라는 접두사를 붙여 이른바 '神劍'이라고 불리기도 했다. 이 신검에 관련된 신화가 바로 神劍神話이다. 이러한 고대인의 원시사유는 지리적으로 인접한 한국·중국 및 일본의 신화 이외에도 영국과 같은 북구지역에서도 그 유사한 예를 찾아 볼 수 있다.[1)]

한·중 양국은 지리적인 관계로 인해 고대로부터 정치·역사·문화 등 다양한 방면에서 밀접한 관련을 지니고 있음은 주지의 사실이다. 신화 역시 예외는 아니어서 신화의 핵심인 창세신화·시조신화·문화신화 등에서 그

---

1) 영국과 북구신화의 대표적인 예를 보면 이러하다. 영국의 건국 무용담이자 켈트 신화의 원형인 湖神의 마력을 갖춘 명검 '엑스카리버'가 신비한 기적을 만드는 '아서왕 이야기(Arthurian Legends)'를 들 수 있다. 아서왕이 바위에 꽂혀있는 권능의 신검 '엑스카리버'를 뽑아 왕으로 인정받고, 이 신검의 위력으로 말미암아 왕국을 건설하게 된다.
북구신화 중에서 유명한 신화로는 '프레이의 사랑'을 들 수 있다. 북구신화에서 주신인 '오딘'과 뇌신인 '토르'와 함께 추앙받고 있는 '프레이도신'마저도 신검에 의해 죽게 된다. 그는 한 거인의 딸인 '게르드'를 불패의 상징인 보검과 많은 선물을 주고서야 사랑을 얻게 되었다. 그러나 불패의 보검을 주었기 때문에 훗날 오히려 죽임을 당하게 된다. 다케루베노부아키저, 박수정역, 《켈트/북구의 신들》, 들녘, 2000. 김도영, 〈문학속에 나타난 呂洞賓 보검의 이중성〉, 《중국어문논총》, 제24집, 262쪽 참조.

흔적을 엿볼 수 있다.

본고에서는 한·중의 문헌을 중심으로 신검에 관련된 신화를 통해 신검이 지니는 상징성을 재조명해보고자 한다.

## Ⅱ. 한국과 중국의 신검신화

### 1. 도검과 활

수렵생활에 이기로 여겨왔던 도검과 활은 때로는 자신과 이웃을 해치는 병기로 둔갑하여 두려움의 대상이 되었다. 사람을 해치는 병기로서의 검은 날카로운 외형으로 인해 보는 이로 하여금 공포감을 느끼게 한다. 그러나 검과 함께 무기의 대명사라고 할 수 있는 활은 외형에서 주는 공포감이 검과는 달랐다. 활은 검과 함께 고대인에게 중요한 수렵의 중요한 도구이면서, 흉포한 맹수로부터 자신을 보호할 수 있는 유일한 방어무기였다. 그러나 활은 그 자체가 지니는 유연성과 탄성, 화살과 결합해서야 비로소 발휘되는 공격성, 그리고 상대와는 일정한 거리를 유지해야한다는 등의 특징으로 인해 상당히 온유한 느낌을 지니고 있다. 또한 활은 고도로 숙련된 조작과 섬세한 관리를 요구하는 무기였다. 때문에 후대에서는 이러한 활이 지니는 특성 때문에 군자의 품격에 비유하기도 했던 것이다.

검은 활과는 달리 난폭함과 공격적인 성격을 지닌 무기이다. 검은 베고, 자르고, 찌른다는 기능성과 근거리에서 적을 상대하는 데에 중점을 두고 있어 혹자는 흉물이라고 일컬었다.[2] 또한 검은 그 자체만으로도 대단한

---

2) 李豐琳은 인류학자 Frazer의 분석용어인 同類相生과 同類相治를 인용하여, 도검은 사악하고 이상한 괴신요괴를 제거할 수 있어 검이 바로 흉물이라고 분석하였다. 《中國古典小說硏究專集》, 2권, 〈六朝鏡劍傳說與道敎法術思想〉, (대만)聯經出版事業公司, 1970 참조.

위험성을 내포하고 있다. 활은 자기에게 돌려 쏘지 않는 이상 자신에게 해를 주지 않지만, 검은 미숙자에게는 적을 상대하기 이전에 오히려 자신을 해칠 수 있는 흉기인 것이다. 이렇듯 검이라는 병기가 가져다주는 철저한 공격성과 위험성으로 인해 검을 하나의 정복의 상징으로 여기기도 했다. 그러나 활은 그 특성으로 인해 다른 상징물로 묘사되는 예가 흔치않아 활과 관련된 신화가 도검과 관련된 신화 보다 쉽게 접할 수 없는 이유가 여기에 있다.

## 2. 신검신화에 나타난 신검의 상징성

옛사람들이 검을 숭배하는 사상은 여러 나라의 신화에서 흔히 볼 수 있다. 그 예로 북구의 용사 지그프리드가 얻은 '니벨룽겐의 보검'·태양신 'Frey'의 보검, 일본 아이누족의 '흑검의 빛', 인도의 '신이 지닌 검이나 창' 등을 들 수 있다.[3] 중국 역시 문헌에 보이는 명검의 예는 허다하다. 그 예로 '尙方寶劍'[4]은 왕권을 상징하고 있으며, 周代에는 '赤刀'[5]를 보물로 여

3) "일본 아이누 민족은 번개를 《검은 칼의 빛(kunne-tam-here)》 이라 한다. 범어 vajra(번개)는 검이란 뜻이다. 북구신화 중에 태양신 Frey가 가진 보검은 햇빛을 상징해서, 옛사람들은 이 보검은 북방 빙원의 거인이 가진 칼과 같은 공포의 위력이 있다고 여겼다. 인도의 신도 단검이나 창을 잡고 있다." 三品彰英, 《건국신화의 제문제》, 후편, 〈건국신화논고〉, (동경)平凡社, 260쪽.

4) 王孝廉은 일반적으로 말하는 상방보검이란 천자가 대신에게 내리는 검으로, 천자를 대신해서 간신과 역도를 주살하는 권위를 행사할 수 있다. 유기의 시 '먼저 상방검을 받아, 법으로 간적을 주살한다'는 바로 이런 의미라고 말하고 있다. "一般所謂的尙方寶劍, 指天子賜給大臣的劍, 可以代表天子行使誅奸除逆的職權, 劉基詩 '先封尙方劍, 按法誅姦賊' 卽是此意." 王孝廉, 《中國的神話世界》, 上冊, 時報文化出版企業有限公司, 120쪽.

5) 《博物志》, 卷九云: "赤刀周之寶器也."

겼고, 孝武帝는 '神劍'[6]을 묻기도 했다. 또《莊子·雜篇》에서 보이는 '說劍'[7]은 왕자의 무력을 상징하는 것이었다. 또한《고금도검록》에 기재된 60여종의 모든 검들은 신검이나 보검으로 왕권과 밀접한 관계를 갖고 있음을 암시하고 있다.

한·중 신화에 보이는 검은 대부분 천자·왕권 및 수호신의 상징으로 등장한다. 또한 검은 영물의 상징으로써 주술적인 종교의식에 상용되는 중요한 도구가 되기도 했다. 옛사람들은 주술적인 종교의식 중에 천신의 영험함이 제례를 통해 무당이 지닌 검에 강림한다고 여겼다. 이렇듯 일반적인 생활도구인 검이 종교의식을 통해 신비한 주술능력을 갖춘 영물로 변모하였다. 이러한 신검신화는 우리나라의《三國史記·列傳》의 신라명장 김유신의 기록 중에 보인다.

> 건복 29년에 이웃나라 적병이 점점 닥쳐오자, 공은 장한 마음을 더욱 불러일으켜 혼자서 보검을 가지고 咽薄山 깊은 골짜기 속으로 들어갔다. 향을 피우며 하늘에 고하여 빌기를 중악에서 맹세한 것처럼 하고, 이어서 "천관께서는 빛을 드리워 보검에 신령을 내려주소서!"라고 기도하였다. 3일째 되는 밤에 虛星과 角星 두 별의 밝은 빛 끝이 내려와 비치자 칼이 마치 흔들리는 듯하였다.[8]

---

6) 陶弘景《古今刀劍錄》: "효무제 창명은 대원 원년에 화산 꼭대기에서 검 하나를 묻었는데, 신검이라고 예서로 새겨져 있다. (孝武帝昌明, 以大元元年, 於華山頂埋一劍, 銘曰神劍, 隸書."

7) 장자는 검을 '天子劍'·'諸侯劍'·'庶人劍'의 세 가지로 나누었다. 이른바 '천자검'이 한번 쓰이면 제후를 바로잡게 되고, 천하가 복종하게 된다고 하여 왕자의 힘을 과시한다고 하였다.《莊子》, 卷九,〈雜篇·說劍〉第三十: "此劍一用, 匡諸侯, 天下服矣。"

8)《三國史記》, 卷四十一,〈列傳〉, 第一, 金庾信條: "建福二十九年, 隣賊轉迫。公愈激壯心, 獨携寶劍, 入咽薄山深壑之中, 燒香告天。祈祝若在中嶽, 誓辭仍禱, 天官垂光, 降靈於寶劍。三日夜, 虛角二星光芒赫然下垂, 劍若動搖然。"

김유신이 열박산 깊은 계곡에서 제례를 행할 때 하늘에서 내려온 별빛이 그의 보검에 내렸다. 이로부터 그가 지닌 보검은 영험한 위력을 발휘하여 적을 멸할 수 있게 되었다. 이러한 보검이 바로 신라를 보호하는 신검이 되어, 김유신이 지닌 이 보검이 바로 국태민안의 상징물이 된 것이다. 고구려에서도 도검을 국가의 수호신으로 삼은 예를 《新唐書·高句麗傳》에서 볼 수 있다.

> 황제가 요수를 건너고, 다리를 치워버려 병사들의 결심을 더욱 굳게 하였다. 마수산에 군영을 세우고 친히 성 아래로 내려가 보니, 병사들이 구렁에 가득 빠져있어, 흙을 나누어 메고, 무거운 것은 말 위에 실으니, 여러 신하들이 놀라고 두려워서 다투어 흙덩이를 들고 진격하였다. 요동성에는 주몽의 사당이 있었다. 사당에는 사슬갑옷과 날카로운 창이 있었는데, 이전의 연나라 때에 하늘에서 내린 것이라고 제멋대로 말하였다. 바야흐로 포위망이 좁혀들자, 미녀를 단장하여 여신으로 만들고, 무당이 말하길 주몽이 기뻐하니 성은 온전하리라 하였다.[9)]

여기에 보이는 날카로운 창이 바로 국가를 수호하는 보검의 일종임을 알 수 있다. 정관19년 고구려 요동성이 당나라 장군 李勣의 침공을 받을 때 상황은 매우 위급했다. 이때 성을 지키기 위하여 성안의 '주몽사당'에서 제례를 올려 안녕을 기원한 것이다. 사당에는 하늘이 내려준 도검이 봉안되어 있는데, 무녀는 이 검에 신령이 강림하여 국가를 안전하게 보호하길 기원한 것이다. 즉, 우리의 선조들은 나라가 위기에 처했을 때 제례를 통해 신명이 민족과 국가를 수호하기를 기원했음을 알 수 있다.

또한 '주몽사당'에서 거행된 제례와 유사한 각종 제천의식이 《三國史

---

9) 《新唐書》, 卷二百二十, 〈列傳〉, 第百四十五, 東夷高句麗條: "帝度遼水, 撤杠彴, 堅士心 。營馬首山, 身到城下, 見士填塹, 分負之, 重者馬上持之, 群臣震懼, 爭挾塊以進。城有朱蒙祠, 祠有鎖甲銛矛, 妄言, 前燕世天所降, 方圍急, 飾美女以婦神, 巫言朱蒙悅, 城必完。"

記》에서 인용한 중국의 《後漢書》·《北史》·《梁書》 등과 같은 문헌에서도 볼 수 있다.

> 《後漢書》에 이르기를 "고구려는 귀신·사직·영성에 제사지내기를 좋아하였다. 10월에 하늘에 제사지냈는데 이 대회를 東盟이라고 했다. 그 나라의 동쪽에 큰 구멍이 있었는데, 그 이름을 수신이라 이름하고 10월에 맞아 제를 지냈다."라고 했다. 《北史》에 이르기를 "고구려는 항상 10월에 제천하는데, 망령된 사당이 많고, 신의 사당이 두 곳이 있었다. 하나는 부여신이라 하는데, 나무를 부인 모습으로 조각하였다. 또 하나는 고등신인데, 시조 부여신의 자식이라 했다. 모두 관청을 두어 사람을 보내 지키게 하였는데, 대개 하백녀와 주몽이라 하였다."라고 했다. 《梁書》에 이르기를 "고구려는 거처하는 곳의 왼쪽에 큰 집을 짓고 귀신에 제사지냈고, 겨울에는 영성과 사직에 제사지냈다."라고 했다.[10)]

고구려는 10월에 농사가 다 끝난 후, 통상적으로 풍년을 기원하는 제사를 지냈는데 이를 '東盟'이라 불렀다. 이 제례 '東盟'과 시조 '東明'의 이름은 같은 음을 다르게 쓴 것으로 보인다. '好太王碑'의 기록에 의하면, 동명을 '천제의 아들'이라 칭하고 있다. 또한 '鹽牟墓誌銘'에서는 동맹을 '일월의 아들'이라고 칭하였고, 이병도도 《梁書·高句麗傳》에 기록된 내용에 따라 '東盟'은 '東明'을 지칭하고 있어, 東盟은 바로 시조인 동명의 제사 즉 '朱蒙祭'라고 주장하고 있다.[11)] 이 밖에 위의 《신당서·고구려전》과 《후한서》·《북사》·《양서》에서 기록한 제천의식도 바로 '주몽제'임을 알 수 있다. 《후한서》·《북사》·《양서》에는 제례의식에 대한 상세한 설명이 없지만 《신당

10) 《三國史記》, 卷三十二, 〈雜志〉, 第一, 祭祀條: "《後漢書》云, 高句麗好祠鬼神社稷零星, 以十月祭天, 大會名曰東盟, 其國東有大穴, 號襚神, 亦以十月迎以祭之。《北史》云, 高句麗常以十月祭天, 多淫祠, 有神廟二所。一曰扶餘神, 刻木作婦人像。二曰高登神。云是, 始祖扶餘神之子, 竝置官司, 遣人守護, 蓋河伯女朱蒙云。《梁書》云, 高句麗於所居之左, 立大屋祭鬼神, 冬祠零星社稷。"

11) 李丙燾譯註, 《三國史記》, 下卷, (서울)을유문화사, 166쪽.

서·고구려전》에 기록된 내용으로 미루어보면, 이 제례의식은 성 안의 주몽사당에서 거행된 제사와 유사한 것으로 무녀가 신앙의식을 주관한 것임을 추측할 수 있다. 즉, 《신당서·고구려전》에 기록된 도검이 바로 민족을 수호하고 국가의 안전을 기원하는 구체적인 제천의식의 대상 중의 하나임을 알 수 있다.

위의 '김유신전'에 기록된 것과 같이 '천관이 빛을 드리워 보검에 신령을 내려주고', '밝은 빛 끝이 내려와 비치자 칼이 마치 흔들리는 것'은 신령강림의 형상이었다. 이와 같이 신령이 빛을 따라 보검에 강림하게 되면, 보검은 신령한 힘을 지닌 신검으로 변하게 되는 것이다.

신령이 빛을 따라 강림하는 예는 우리의 《三國遺事》·《東國李相國集》 등의 문헌에 기록된 시조신화에서도 찾아 볼 수 있다. 《三國遺事·新羅始祖赫居世王》에 보이는 신라 시조인 박혁거세가 출생할 때에도 번개와 빛을 동반하였다.

> 이에 그들이 높은 곳에 올라 남쪽을 바라보니 楊山 밑 蘿井이라는 우물가에 번갯빛처럼 이상한 기운이 땅에 닿도록 비치고 있다. 그리고 흰 말 한 마리가 땅에 꿇어 앉아 절하는 형상을 하고 있었으므로 그곳을 찾아가 조사해 보았더니 거기에는 자줏빛 알 한 개가 있다. 그러나 말은 사람을 보더니 길게 울고는 하늘로 올라가 버렸다. 알을 깨고서 어린 사내아이를 얻으니, 그는 모양이 단정하고 아름다웠다. 모두 놀라 이상하게 여겨 그 아이를 東泉에 목욕시켰더니 몸에서 광채가 나고 새와 짐승들이 따라서 춤을 췄다. 이내 천지가 진동하고 해와 달이 청명해졌다. 이에 그 아이를 赫居世王이라고 이름지었다.[12]

광명의 의미를 지닌 '赫居世'라는 이름만으로도 그가 빛을 따라 세상

---

12) 《三國遺事》, 卷一, 〈紀異〉第一, 新羅始祖赫居世王條: "於是乘高南望, 楊山下蘿井傍, 異氣如電光垂地, 有一白馬跪拜之狀, 尋檢之。有一紫卵, 馬見人長嘶上天。剖其卵得童男, 形儀端美。驚異之, 俗於東泉, 身生光彩, 鳥獸率舞。天地振動, 日月淸明。因名赫居世王。"

에 강림한 신령한 능력을 지닌 자임을 알 수 있다.《東國李相國集》에도 주몽의 부친 해모수가 천제의 아들이라는 신분으로 세상에 내려올 때도 빛을 동반하고 있었다. 또한 그의 허리에는 '龍光'의 검을 차고 있음을 볼 수 있다.

천제가 태자를 보내 부여왕의 고도에 내려가 놀게 하였는데, 이름을 해모수라 한다. 하늘에서 내려오는데, 용 다섯 마리가 끄는 수레를 타고, 종자 100여 명은 모두 흰 해오라기를 탔다. 채운이 위에 떠있고, 구름 속에서 음악이 울려 나왔다. 熊心山에 이르러 10여 일이 지나고 비로소 내려오는데, 머리에는 새 깃으로 만든 관을 쓰고, 허리에는 용광의 검을 차고 있었다.[13)]

주몽신화의 신검도 빛과 함께 출현하고 있다. 즉, 천제의 아들 주몽이 바로 빛의 아들 신분으로 세상에 강림한 셈이다. 이는 빛이 바로 천제를 상징하고, 검은 천신을 상징하고 있는 것이다. 해모수가 강림할 때의 형상도 머리에는 새 깃으로 된 관을 쓰고, 허리에는 용광의 검을 차고 있었다. 이는 해모수가의 신분이 고귀함과 그가 천제의 자식임을 상징하고 있는 것이다.

왕위를 계승하는 결정적인 증표에 보검이 등장하는 예를《東國李相國集·東明王篇》에서도 볼 수 있다. 주몽이 졸본으로 떠난 후에 홀로 남은 類利는 고아라고 놀림을 받는 멸시를 당했다. 그러나 주몽이 졸본으로 떠나기 전에 그에게 준 보검으로 인해 명예를 회복하였을 뿐만 아니라, 친자관계를 확인을 통해 부친의 자리를 승계하게 되었다.

재위 19년에 하늘로 올라가서 내려오지 않았다. 기이하고 빼어난 절조를 가

13)《東國李相國集》, 卷三,〈東明王篇〉: "天帝遣太子降遊夫余王古都, 號解慕漱, 從天而下, 乘五龍車, 從者百餘人, 皆騎白鵠, 彩雲浮於上, 音樂動雲中, 至熊心山, 經十餘日始下, 首戴鳥羽之冠, 腰帶龍光之劍."

진 맏아들을 類利라고 불렀는데, 검을 얻어 부친의 자리를 계승하여 남들이 하는 헛소문을 잠재웠다.[14)]

유리가 왕위를 계승하기 전, 부친인 주몽이 떠난 뒤 돌아오지 않자 홀로 남은 유리는 고아가 된 현실을 비관하여 자살하려고 했다. 이 소식을 들은 그의 모친이 유리에게 그의 신분이 향후 왕위를 계승할 태자임을 알려주어 비극을 막을 수 있었다.

너의 아버지는 천제의 손자요, 河伯의 조카다. …… 모친이 "너의 아버지가 떠날 때에 '숨겨놓은 물건이 있는데, 칠령칠곡의 바위 위 소나무에서 이것을 얻을 수 있는 사람이 바로 내 아들이다'라고 말씀하셨다"라고 했다. 유리가 홀로 산으로 들어가 찾아보았으나 찾지 못하고 지친 모습으로 돌아왔다. 유리는 집 기둥에서 울음소리가 나는 것을 들었는데, 그 기둥은 바로 주춧돌 위의 소나무였고, 나무에는 일곱 개의 모서리가 있었다. 유리는 스스로 "칠령칠곡이란 일곱 개의 모서리요, 바위 위의 소나무란 기둥이다"라고 생각했다. 일어나 다가가 살펴보니 기둥에 구멍이 나 있었는데, 거기에 부러진 검 하나가 있어 얻고는 매우 기뻐하였다. 前漢 鴻嘉 4년 여름 4월에 고구려로 가서 부러진 검 한 조각을 왕에게 바쳤다. 왕이 가지고 있던 부러진 검 조각을 꺼내어 합해보니, 피가 나면서 한 자루 검으로 이어졌다. …… 왕이 크게 기뻐하며 태자로 세웠다.[15)]

주몽과 장자 유리는 각각 보검을 반으로 잘라 나누워 가지고 있다가 후

---

14) 《東國李相國集》, 卷三, 〈東明王篇〉: "在位十九年, 升天不下莅. 戚黨有奇節元子曰類利, 得劍繼父位, 塞盆止人訾."

15) 《東國李相國集》, 卷三, 〈東明王篇〉: "汝父是天帝之孫, 河伯甥……母曰 '汝父去時有遺言, 語有藏物, 七嶺七谷石上之松能得此者, 乃我之子也.' 類利自往山, 搜求不得疲倦而還。類利聞堂柱有悲聲, 其柱乃石上之松, 木滯有七稜。類利自稱之曰 '七嶺七谷者七稜也, 石上松者柱也.' 起而就視之, 柱上有孔, 得毁劍一片大喜。前漢鴻嘉四年夏四月奔高句麗, 以劍一片奉之於王。王出所有毁劍一片合之, 血出連爲一劍……王大悅立爲太子."

에 이를 맞추어 보고 부자관계를 확인하는 증표로 삼은 것이었다. 이를 통해 유리가 주몽의 아들, 즉 태자의 신분임을 입증하게 되어 비로소 고구려 3대 왕위를 계승하게 되었다. 즉, 신검이 바로 왕위를 계승하는 결정적인 증표인 셈이다.

본디 고대에 왕위계승의 주요한 의례가 신검을 주고받는 것이었다. 위에서는 왕위를 승계하는 의례에 비록 신검을 수수하는 과정은 보이지 않으나, 이와 유사한 신검의 합치여부를 통한 의례로 이를 대신하고 있는 것이다. 즉, 유리가 보검을 얻은 것은 바로 왕자의 자격을 획득한 것과 같은 셈이다. 위 보검신화 중에 보이는 유리의 부친이 남겨준 보검을 '칠령칠곡의 바위 위 소나무 아래'에 숨겨 놓는 신화의 구성은 중국 《搜神記》에 보이는 보검신화에서도 찾아 볼 수 있다.

> 楚나라 干將과 莫邪는 초왕을 위해 검을 만들었는데, 3년이 지나서야 완성하자 왕이 노하여 죽이려 하였다. 검은 자웅으로 나뉘어져 있었다. 그 처가 임신하여 해산할 때였다. 남편이 부인에게 "내가 왕을 위해 검을 만드는데 3년이 지나서 완성하니, 왕이 노해서 내가 가면 반드시 죽일 것이요. 당신이 만약 아이를 낳아 아들이면, 장성하거든 그에게 이렇게 알려주시오. '집 밖에서 남산을 바라보면, 바위 위에 서 있는 소나무 자리 뒤에 검이 있다'라고 일러 주시오." 그리고 자검만 들고 초왕을 뵈러 갔다. 왕이 크게 노하여 사람을 시켜 검을 살피게 하였다. 검은 본래 자검 하나와 웅검 하나 모두 두 자루인데 자검만 가져오고 웅검은 가져오지 않은 것이었다. 왕이 화를 내며 바로 죽여 버렸다. 막야의 아들은 이름이 赤이었는데, 후에 장성해서 어머니에게 물었다. "저의 아버지는 어디 있습니까?" 어머니는 "너의 부친이 초왕을 위해 검을 만들었는데, 3년이 지나서야 완성하자 노한 왕이 너의 아버지를 죽였다. 떠나실 때에 나에게 부탁하시길 '당신 아들에게 집밖에 나가서 남산을 바라보면, 소나무가 바위 위에서 자라고 있는데 검이 그 뒤에 있다고 일러주라'고 하셨다." 이에 아들이 집을 나서 남쪽을 바라보니 산은 보이지 않고, 그저 집 앞 주춧돌 위의 소나무만 보였다. 바로 도끼로 그 뒤를 깨서 검을 얻을 수 있었다.[16)]

---

16) 《搜神記》, 卷十一: "楚干將莫邪爲楚王作劍, 三年乃成, 王怒欲殺之, 劍有雌雄,

위의 한국의《東國李相國集》과 중국의《搜神記》에 실린 두 신화에서 유사한 점을 쉽게 찾아 볼 수 있다. 먼저 두 신화 주인공의 이름인 한국의 '유리'와 중국 간장의 아들 '적'은 모두 같은 '광명'의 의미를 지니고 있다. 또 두 신화에는 모두 두 자루의 보검이 등장한다. 중국의 보검은 자웅의 두 자루로, 한국의 보검은 반으로 잘린 두 자루로 등장한다. 이 밖에도 신화의 구성도 매우 흡사함을 볼 수 있다. 처음에는 부친의 유품인 보검이 숨겨진 장소를 두 주인공은 알지 못하고 있다. 단지 '칠령칠곡의 바위 위 소나무'와 '집 앞 주춧돌 위의 소나무'라고만 밝히고 있다. 즉, 두 신화는 보검이 숨겨진 장소는 모두 '바위'와 '소나무'가 있는 같은 곳이었다.

이상의 내용을 종합해 보면, 한·중 두 보검신화는 동일한 유형의 신화임을 알 수 있다. 일본의 신화학자 三品彰英은 한국의《東國李相國集》과 중국의《搜神記》의 제작시대로 보아 한국의 보검신화는 晋代 干寶가 지은《수신기》를 저본으로 한 것이라고 주장했다.[17] 한국의 金鉉龍도 "중국《수신기》에 기재된 재생·환생·이상탄생 등의 고사는 한국의 동일유형 고사에 영향을 주었다"[18]고 주장하고 있어, 한국의 신화가 중국의 신화의 영향을 받은 것임을 추측할 수 있다.

중국의《後漢書·南蠻傳》에서도 태양신인 늠군이 검으로 군의 자리를 차지하는 예를 볼 수 있다.

南郡의 蠻족은 본래 巴씨·樊씨·瞫씨·相씨·鄭씨의 5개의 성씨로 되어있었

---

其妻重身當産, 夫語妻曰, 吾爲王作劍三年乃成, 王怒, 往必殺我。汝若生子, 是男, 大, 告之曰: 出戶, 望南山, 松生石上, 劍在其背。於是卽將雌劍往見楚王。王大怒, 使相之, 劍有二, 一雄一雌, 雌來雄不來。王怒, 卽殺之。莫耶子名赤, 此後壯, 乃問其母曰: 我父所在? 母曰: 汝父爲楚王作劍, 三年乃成, 王怒殺之。去時囑我: 語汝子, 出戶, 望南山, 松生石上, 劍在其背。於是子出戶, 南望, 不見有山, 但覩堂前松柱下石砥之上, 卽以斧破其背得劍。"

17) 三品彰英,《건국신화의 제문제》, 後編〈建國神話論考〉, (동경)平凡社, 308쪽 참조.

18) 김현룡,《중국문헌자료집》,〈서문〉, (서울)서광문화사.

는데 모두 武落鍾離山에서 나왔다. 그 산에는 붉고 검은 두개의 구멍이 있는데, 파씨의 자손은 붉은 구멍에서 나왔고, 나머지 4개 성씨의 자손은 검은 구멍에서 나왔다. 임금이 없어서 모두 귀신을 섬기는데, 이에 함께 바위 구멍에 검을 던져서 맞추는 자를 임금으로 삼기로 약속하였다. 파씨의 자손 務相만이 맞추니, 모두들 탄식하였다. 또 각자 흙배를 타고 물 위에 뜰 수 있는 자를 임금으로 삼기로 하였다. 다른 성씨는 다 가라앉는데, 오직 무상만이 뜨는 것이었다. 그리하여 모두가 그를 임금으로 세우니, 이이가 廩君이었다. 이에 흙배를 타고 夷水에서 鹽陽에 이르렀다. 염수에는 신녀가 있는데, 늠군에게 "이 땅은 광대해서 물고기와 소금이 나는 곳이니 머물러 함께 살기를 바랍니다."라고 하였다. 늠군은 허락지 않았다. 염신이 저녁에 문득 와서 머물더니, 바로 벌레로 변하였다. 여러 벌레들이 무리로 날아와서 햇빛을 가리니, 천지가 어두워졌다. 십여 일이 지나 늠군은 그가 쉴는 틈을 타서 활로 쏘아 죽이자 하늘이 밝게 열렸다. 늠군은 이에 오랑캐 성의 임금이 되어 4성이 모두 신하로서 섬겼다. 늠군이 죽으니 혼백이 대대로 백호가 되어, 파씨는 호랑이로 사람의 피를 마시게 하고 마침내는 사람으로 제사를 지냈다.[19]

일반 보검신화에 보이는 예와 같이 태양신인 늠군이 왕권을 상징하는 보검을 통해 왕위를 차지하였다. 이에 보이는 鹽神은 흙비나 장마를 상징해서 '햇빛을 가리고, 천지를 어둡게'했으나, 늠군은 羿나 啓와 같이 태양신으로써 염신을 활로 쏘아 죽여 '하늘이 밝게 열리게'할 수 있었던 것이다.[20]

---

19) 《後漢書》, 卷八十六, 〈南蠻西南夷列傳〉第七十六, 南蠻條: "巴郡南郡蠻, 本有五姓: 巴氏、樊氏、瞫氏、相氏、鄭氏。皆出於武落鍾離山。其山有赤黑二穴, 巴氏之子生於赤穴, 四姓之子皆生黑穴。未有君長, 俱事鬼神, 乃共擲劍於石穴, 約能中者, 奉以爲君。巴氏之子務相乃獨中之, 衆皆歎。又令各乘土船, 約能浮者, 當以爲君。餘姓悉沈, 唯務相獨浮。人共立之, 是爲廩君。乃乘土船, 從夷水至鹽陽。鹽水有神女, 謂廩君曰: '此地廣大, 魚鹽所出, 願留共居.' 廩君不許。鹽神暮輒來取宿, 且卽化爲蟲, 與諸蟲群飛, 掩蔽日光, 天地晦冥。積十餘日, 廩君(思)(伺)其便, 因射殺之, 天乃開明。廩君於是君乎異姓, 四姓皆臣之, 廩君死, 魂魄世爲白虎, 巴氏以虎飲人血, 遂以人祠焉。"

20) "此鹽神象徵著陰霾和霪雨 '掩蔽日光, 天地晦冥', 廩君則可能領有太陽神格, 如

또한 늠군이 검으로 구멍을 맞추는 경쟁을 통하여 왕위를 획득하게 되었다. 즉, 태양신인 늠군이 보검으로 천하를 얻었고 마침내는 왕위에 올라 사방의 오랑캐를 장악하게 된 것이다. 이는 위에 이미 살펴본 보검신화와 같이 늠군이 사용한 검 역시 왕권을 상징하고 있는 것이다.

《史記》에 실린 漢高祖 劉邦의 시조신화에서도 유명한 보검신화를 엿볼 수 있다. 고조는 천둥에 감응하여 잉태되어 탄생했으며, 후에 성장하여 보검으로 길을 가로막는 뱀을 죽이는 과정을 통해 왕조를 세우게 된다.

> 고조가 술에 취해 밤에 늪 길을 가는데 한 사람을 앞세워 길을 살피게 했다. 앞에 가던 자가 되돌아와 "앞에 큰 뱀이 길을 막고 있으니 돌아가야겠습니다."라고 보고했다. 취한 고조가 말했다. "장자가 가는데 무엇이 두려우냐?" 이에 앞으로 나아가 검을 뽑아 뱀을 쳐서 베니, 뱀이 두 동강이 나서 작은 길이 열리게 되었다. 몇 리를 더 가던 고조는 심하게 취해 드러눕고 말았다. 뒤에 오던 자가 뱀을 벤 곳에 이르자, 한 노파가 밤에 울고 있어 그 이유를 물었다. 노파가 말하길 "어떤 사람이 내 아들을 죽여 그래서 웁니다." 사람이 말하길 "노파의 아들이 왜 죽임을 당했습니까?" 노파가 말하길 "내 아들은 白帝의 아들로, 뱀으로 변해서 길을 막고 있었는데, 방금 赤帝의 아들에게 죽임을 당해서 웁니다." 그 사람이 노파가 거짓말을 한다고 생각하고 때리려고 하는데 노파가 홀연히 보이지 않았다. 뒤에 오던 자가 와보니 고조가 깨어났다. 뒤에 오던 자가 고조에게 보고하니 고조가 마음속으로 기뻐하며 자부하였다. 여러 따르는 사람들이 날이 갈수록 그를 두려워했다. 秦始皇帝가 항상 "동남쪽에 천자의 기운이 있다."라고 말하면서 동쪽으로 순유하여 그 기운을 억누르려고 하였다. 고조는 자신이라고 여기고, 碭山澤의 바위 사이로 도망쳐 숨었다. 呂后가 사람들과 함께 찾으면 항상 그 위치를 알 수가 있었다. 고조가 괴이하게 여겨 물으니, 여후가 "당신이 있는 곳에는 항상 위에 운기가 있어서 그걸 쫓아오면 당신 있는 곳을 찾게 됩니다."라고 말했다. 고조가 마음속으로 기뻐하였다.[21]

---

羿、啓然, 所以他能射殺鹽神, '天乃開明'." 蕭兵, 《陽英雄神話的奇蹟》, 第3卷, 桂冠圖書公司, 77쪽.

21) 《史記》, 卷八, 〈高祖本紀〉, 第八: "高祖被酒, 夜徑澤中, 令一人行前。行前者還報

고조의 탄생과정에는 중국의 주요 시조신화가 지니고 있는 感應神話가 보인다. 이른바 감응신화라 함은 중국의 저명한 창세대신 伏羲와 黃帝·周민족의 시조 后稷·少昊·禹·炎帝·堯 및 몽고민족의 시조 成吉思汗 등에서 볼 수 있듯이, 그들의 모체가 자연계의 신비한 역량과의 교감, 민족 토템물과 접촉, 꿈속의 신비한 행위 등을 통하여 잉태되는 과정을 지닌 신화를 말한다.

고조 역시 그의 모친 劉媼이 꿈속에서 번개·천둥 및 蛟龍과 감응하고, 신과 교합하여 고조를 잉태하게 되었다.

> 고조는 沛縣 耒邑 中陽里 사람으로, 성은 劉, 자는 季이다. 부친의 이름은 태공, 모친의 이름은 유온였다. 전에 유온이 큰 못의 언덕 위에서 쉬다가 깜박 잠이 들었는데, 자신이 신과 교합하는 꿈을 꾸게 되었다. 그때 마침 번개와 천둥이 치고 날은 어두웠다. 태공이 가서 보니 교룡 한 마리가 유온 몸 위에 있는 것이었다. 얼마 뒤 유온이 임신하게 되어 자식을 낳았으니, 이가 바로 고조다.[22]

감응신화는 중국 주요 시조들의 잉태과정에 흔히 보이는 신비한 感生·感應의 내용이 시조신화와 결합하여 그들의 위대성·신비성을 강화하는 요인으로 작용하고 있다. 이러한 신화는 후대 타 민족 시조신화에 크게

---

曰 '前有大蛇當徑, 願還.' 高祖醉曰 '壯子行, 何畏?' 乃前拔劍擊斬蛇, 蛇遂分爲兩, 徑開。行數里, 醉因臥。後人來至蛇所, 有一老嫗夜哭, 人問何哭? 嫗曰 '人殺吾子, 故哭之.' 人曰 '嫗子何爲見殺?' 嫗曰 '吾子白帝子也, 化爲蛇當道, 今爲赤帝子斬之, 故哭.' 人乃以嫗爲不誠, 欲告之, 嫗因忽不見。後人至, 高祖覺。後人告高祖, 高祖乃心獨喜自負。諸從者日益畏之。秦始皇帝常曰 '東南有天子氣.' 於是因東遊以厭之, 高祖卽自疑, 亡匿隱於碭山澤巖石之間。呂后與人俱求, 常得之。高祖怪問之, 呂后曰 '季所居, 上常有雲氣, 故從往, 常得.' 高祖心喜。

22) 《史記》, 卷八, 〈高祖本紀〉, 第八: '高祖, 沛耒邑中陽里人, 姓劉氏, 字季。父親叫太公, 母親叫劉媼。其先劉媼嘗息大澤之陂, 夢與神遇。是時雷電晦冥, 太公往視, 則見蛟龍于其上。已而有身, 遂產高祖.”

영향을 미쳐 소수민족 시조신화의 역사화·영웅화 과정에서 도입되기도 했다.

또한 고조는 보검으로 그의 앞을 가로막은 뱀을 죽이고 나서 자신이 赤帝의 아들임을 알게 되어 결국 왕위에 오르게 되었다. 고조가 사용한 이 보검이 《古今刀劍錄》에 기록된 삼척 길이의 철검인 '赤霄劍'으로 보인다.

> 前漢 劉季는 재위12년, 즉 始皇 34년에, 南山에서 철검 한 자루를 얻었다. 길이는 삼척이요, 赤霄라고 大篆으로 새겨져 있었다. 귀하게 여겨 항상 차고 다녔는데, 이것이 바로 뱀을 벤 검이다.[23]

고조도 일찍이 스스로 "내가 평민이었을 때, 삼척 검을 들고 천하를 취하였다"[24]라고 말한 적이 있다. 또한 왕효렴도 "적제의 아들 유방은 남산에서 철검을 얻었는데, 위에 '적소'라고 쓰여 진 명검으로, 이것은 한 왕조가 마땅히 유방으로부터 일어난다는 역사적 인과를 암시하는 것이다"[25]

---

23) 《漢魏叢書》에 실려 있는 《古今刀劍錄》, (서울)중화당, 1645쪽. "前漢劉季在位十二年, 以始皇三十四年, 於南山得一鐵劍, 長三尺, 銘曰赤霄, 大篆書, 及貴常服之, 此卽斬蛇劍也。"

24) 《史記》, 卷八, 〈高祖本紀〉, 第八: "내가 평민이었을 때 삼척 보검으로 천하를 얻었다. 이가 어찌 천명이 아니겠는가? 이는 바로 천명에 따른 것이다.(吾以布衣持三尺劍取天下, 此非天命乎。命乃在天。)"

25) "적제의 아들 유방은 남산에서 철검을 얻었는데, 위에 '적소'라고 새겨진 명검이었다. 이는 한실왕조가 유방으로부터 일어나는 역사적 인과를 암시한 것이다. 진무제 때에 무고에서 불이 나 모든 물건이 다 불에 타버렸지만, 오직 이 검만이 하늘로 날아가 버렸으니, 이는 이 검이 가진 신비한 주술적 능력을 설명하는 것으로, 검이 하늘을 날 수 있다는 것은 검이 용으로 변할 수 있다는 것과 같이 동일 유형의 검은 신기라는 전설이다. (赤帝子劉邦於南山得鐵劍, 上有赤霄的名劍, 是暗示漢室王朝當由劉邦而興起的歷史因果。晋武帝時武庫火焚, 所有東西皆爲火焚, 惟劍飛天而去, 是說明此劍所具有的神秘呪術能力, 劍能飛天與劍能化龍是同一類的劍爲神器的傳說。)" 王孝廉, 《中國的神話世界》, 上册, 〈神劍傳說〉, (대만)時報文化出版企業有限公司, 122쪽.

라고 주장하고 있어 고조가 지닌 삼척의 '적소'는 바로 천하를 취할 보검임을 암시하고 있는 것이다.

빛에 감응해서 태어난 한고조는 성인이 된 후에도 그가 숨어 있는 곳에서는 항상 운기가 있어 쉽게 그를 찾을 수가 있었다. 이러한 예는《盧鎰氏記事》에 보이는 淸太祖의 보검신화에서도 볼 수 있다.

> 鄭忠信이 천자검을 바쳤다. 會寧郡 서쪽 25리, 鳳儀의 서쪽에 巴鎭의 옛터가 있었는데, 그 성곽이 여전히 남아 있다. 그 성 밖에 龍泉(즉 약수로 가뭄에도 마르지 않고 비가 와도 물이 불지 않았다)이 있었다. 정충신이 파진의 僉使로 있을 때, 그 맞은 편 언덕에서 은밀히 병마를 기르는 것을 알고, 나라의 근심이 될까 두려워 항상 홀로 고민하며 방황하였다. 어느 날 밤, 용천에서 기운이 퍼지자 가서 살펴보니 뱀 한 마리가 구멍으로 들어갔다. 바로 파헤쳐서 검을 얻었는데 天이라고 새겨져 있었다. 마음속으로 기뻐하며 이 검으로 漢城峴에서 은밀히 병마를 기르는 자를 죽이려고, 품에 숨기고 강을 건너 그 부친인 늙은 獺維에게 소개를 부탁하였다. 늙은 달유는 평시에 서로 도박을 하는 사이라 매우 친밀하였는데 "내 아들을 볼 필요가 없다"고 사양했다. 억지로 요청하니 "그대는 만날 필요가 없다"고 말하였다. 재차 억지로 요청하자 마침내 소개해주었다. 대면하자 마음이 흔들리고 몸이 떨려서 감히 손을 쓸 수가 없었다. 그가 온 까닭을 묻기에 "검을 바치러 왔다"고 하자 그는 기뻐하며 "정말로 좋은 검이다"라고 말했다. "말 한 필을 주겠다"라고 하였다. "저 마구간 속에 四足白六落月이라는 말은 비쩍 말라서 탈 수 없으니, 그 나머지에서 그대가 고르라"고 하였다. 충신이 속으로 그 비쩍 마른 놈이 반드시 좋은 말이라고 생각하고는, 바로 말을 타고 강을 건너 더더욱 채찍질하여 바로 北靑으로 달아났다. 淸祖는 일이 누설될까 두려워 죽이지 않은 것을 후회하고 쫓으려 하였으나, 충신이 이미 그 말을 타고 도망가 버렸다. 그러나 쫓아갈 수 없을 것이라 생각하고 寧古塔으로 철수하였다.[26)]

26) "鄭忠信之獻天子劍。會寧郡西二十五里, 鳳儀西有巴鎭舊基, 其城堞依然尙存, 其城外有龍泉(卽藥水也, 旱不減, 而雨不增)。鄭忠信爲巴鎭僉使時, 知其對岸有陰養士馬, 恐爲國患, 常自悶憂彷徨。一日夜自龍泉紋氣, 往視之一蛇入穴, 因掘得劍, 刻曰天。心喜而欲以此劍殺漢城峴之陰養士馬者, 因懷渡江, 請使其父老獺維紹介。

청태조가 천하를 차지하게 된 천자검을 얻은 장소도 신비한 기운이 피어오르는 龍泉이었다. 용천의 서기는 바로 천상의 신령이 강림할 때 나타나는 빛이다. 또한 상술한《사기·고조본기》에 보이는 '그대가 있는 곳에는 위에 항상 운기가 있다'는 내용도 淸太祖의 보검신화와 매우 유사하다.

이처럼 보검과 빛 그리고 태양신인 시조는 신검신화의 전형적인 유형으로 등장한다. 이러한 내용은 시조의 비범함과 위대함을 심화하는 요인으로 작용함은 물론이다.

위의 몇 가지 신화를 통해서 공통적으로 보이는 내용은 신검이 있는 곳은 항상 서기가 서려있었고, 신화의 주인공의 이름 역시 빛과 밀접한 관계가 있다는 것이다. 이러한 예로서는 이미 살펴본 봐와 같이 중국의 한고조·적·늠군 등과 우리나라의 주몽·유리·김유신·박혁거세 등을 들 수 있다.

또한 위의 청태조와 한고조의 신화에서는 모두 신검과 함께 뱀이 등장하고 있다. 청태조의 신화에서는 뱀이 변해서 검이 되었고, 한고조 신화에서는 白帝의 아들이 변한 뱀이 보인다. 더구나 한고조는 길을 막고 있는 큰 뱀을 죽이고 길을 헤쳐 나가 결국 왕위에 오르게 된다. 비범한 동물인 뱀을 베는 내용 역시 보검의 영험함을 더욱 강조한 것이다. 또한 이는 시조신화나 영웅신화에 흔히 보이는 각 민족의 시조나 영웅이 대업을 완성하기 전에 겪는 일종의 통과의례인 시련과정과 매우 흡사한 것이다. 즉 이는 신검을 획득한 자는 왕위에 오를 수 있는 신성한 권위를 보유할 뿐만 아니라, 그 권위를 공고히 할 수 있음을 암시하는 것이다. 왕효렴도 신화 중에

---

老獺維則平時相追逐賭博, 故甚親密矣, 辭曰 '不必見吾兒.'。强請則曰 '君必不能見矣。' 又强請則因爲紹介, 及對面心動身戰, 不敢擧手。彼問來故, 則因 '獻劍.', 彼喜曰 '誠實劍矣, 許給馬一匹。' 曰 '彼廏中四足白六落月(卽馬名)。瘦瘠不堪乘矣, 其餘惟君所擇。忠信暗想其瘦者必良馬, 卽騎渡江, 加鞭直走北靑。淸祖恐事泄, 悔不殺之而欲追, 則忠信已騎其馬而走矣, 計不可追而卽撤向于寧古塔云。" 王孝廉,《中國的神話世界》, 上册,〈神劍傳說〉, (대만)時報文化出版企業有限公司, 123쪽.

보이는 검·뱀·물의 상관관계의 설명에서 위를 뒷받침하는 주장을 하고 있다.

신화 중에서 검과 뱀과 물의 상관관계는 다음과 같다. 용과 뱀은 항상 수신이나 수해의 상징이라, 허다한 영웅의 전설은 바로 용사를 정복하는 내용을 통해 인류의 수해에 대한 극복과 승리를 은유하는 것이다. 왕자는 반드시 용사의 정복(뱀을 베고 검을 획득)을 통해 천하를 취한다. 용과 뱀은 신화에서는 같은 신이한 동물인데, 이로 인하여 용천에서 나타난 용과 뱀은 신검의 영과 왕권의 상징인 것이다."[27)]

이 밖에도 뱀을 베어 검을 얻고 천하를 취하는 유사한 예는 이웃 일본 신화에서도 볼 수 있다. 일본의 《古史記》에서는 보검을 얻은 영웅이 괴물을 죽이고 혼인하는 과정이 보인다.

코시 땅에는 야마타노오로치라는 머리와 꼬리가 여덟 개 되는 큰 뱀이 살았는데, 국토의 신인 오호야마쓰미노카미의 아들의 딸들을 잡아먹었다. 아마테라스 오호미카미의 형제인 스사노오미꼬토는 용감하게 희생물이 될 딸 쿠시나다히메를 발톱 모양의 참빗으로 만들어 머리에 꽂고, 뱀을 유인하여 술에 취하게 한 다음, 토쯔카쯔루기로 뱀을 베고, 뱀의 꼬리에서 '쿠사나기'를 얻어, 이 기이한 보검을 아마테라스 오호미카미에게 바쳤다. 후에 그는 그가 구해낸 소녀와 결혼하였다.[28)]

또 다른 같은 유형의 고사에서는 이렇게 말하고 있다 :

---

27) "劍與蛇及水的相連關係, 在神話中, 龍蛇經常是水神或水害的象徵, 許多英雄的傳說, 卽是通過征服龍蛇的內容來隱喻人類對水害的克服而得的勝利。王者必須通過征服龍蛇(斬蛇和得劍)而取得天下, 龍和蛇在神話上是同體的神異動物, 因此龍泉所現的龍蛇是神劍之靈和王權的象徵。" 王孝廉, 《中國的神話世界》, 上冊, 〈神劍傳說〉, (대만)時報文化出版企業有限公司, 123쪽

28) 蕭兵, 《太陽英雄神話的奇蹟》, 第3卷, (대만)桂冠圖書公司, 64쪽에서 재인용.

스사노오미꼬토는 이즈모 히노카와에서 여덟 가닥의 큰 뱀을 유인해 죽이고, 어려움에 빠진 소녀 이나타히메를 구출하였다. 그는 뱀의 꼬리에서 유명한 '아메노무라쿠모쯔루기'(후에 '쿠사나기'로 이름이 바뀌었다)를 발견하여 태양의 여신(아마테라스 오호미카미)에게 바쳤다. 이 검과 야타의 거울·야사카니의 구슬 목걸이는 합하여 일본의 삼신기라고 한다. 아마테라스 오호미카미는 이 세 보물을 그 손자 니니기노미꼬토에게 건네주면서 "도요아시하라와 미쯔호노쿠니는 내 자손들이 왕 노릇할 땅이니, 너는 그곳에 가서 다스려라. 나라의 운명은 융성하여 마땅히 천지와 함께 무궁하리라"라고 말하였다.[29)]

앞의 《고사기》와는 내용상 다소의 차이는 있으나, 뱀을 죽여서 검을 얻는다는 과정은 동일하다. 이는 바로 왕효렴이 언급한 '검과 뱀의 연관관계'와 같이 비범한 인물이 통상적으로 검으로 뱀을 정복하는 것이 바로 왕자가 천하를 얻기 전에 반드시 겪어야하는 통과의례임의 하나임을 알 수 있다. 즉, 신검을 얻는 것은 신성한 권위를 얻는 것이며, 이는 바로 왕위계승의 자격을 취하는 것과 같음을 암시하는 것이다.

이밖에도 신검은 위의 뱀 이외에도 중국의 대표적인 토템동물인 용과도 밀접한 관계가 있다. 이러한 예는 《晋書》와 《世說》에서 찾아 볼 수 있다.

張華가 雷煥에게 豐城에서 옥을 찾아오라고 하자, 땅 속으로 5丈이나 들어가 바위를 얻었다. 바위 안에 쌍검이 있었는데 龍泉·太阿라고 하였다. 뇌환은 하나를 장화에게 보내고 하나는 스스로 패용하였다. 신비한 물건은 결국 사라지게 되지 영원히 사람에게 붙어있진 않는 법이다. 후에 장화는 주살되어 검은 어디로 갔는지 없어져 버렸다. 뇌환이 죽고 아들이 검을 가지고 福建 延平津을 건너는데, 검은 갑자기 물 속으로 뛰어 들어가 버렸다. 사람을 시켜 찾아보게 하였는데, 검은 용으로 변하였는데 각기 수 丈만 하였다. 이런 이유로 연평은 다른 이름으로 劍津이라고 한다.[30)]

---

29) 상동.

30) 《晋書·張華傳》: "張華令雷煥至豐城掘獄屋, 入地五丈得石, 石中有雙劍, 曰龍泉, 曰太阿。煥一送與華, 一留自佩。曰靈異之物, 終當化去, 不永爲人服也。後華誅, 失

> 王子喬의 묘는 京陵에 있다. 전국시대에 도굴당하여 남은 것이라고는 없었다. 오직 검이 한 자루 있어 취하려 하자, 검은 용울음과 호랑이 우는소리를 내어서, 마침내 감히 나아가질 못하였다. 조금 있다가 곧바로 하늘 위로 날아가 버렸다.[31)]

위 두 신화는 이미 언급한《搜神記》·《盧鎰氏記事》와《東國李相國集》과 매우 유사한 내용을 지니고 있음을 알 수 있다. 즉, 보검을 얻은 장소는 '바위'와 깊은 관련이 있거나, 보검이 있던 곳도 신비스러운 '龍泉'이었다. 또한 이 두 신화에서 신검은 비범한 자만이 지닐 수 있는 신비스러운 것임을 확연히 밝혀주고 있다. 신검은 용과 같이 신비하고 신령한 것이어서 일반인이 결코 소유할 수 없는 것, 즉 하늘에 속한 것으로 하늘과 같은 권위를 지니고 있음을 암시하고 있다.

## Ⅲ. 결론

본디 생활의 이기로 쓰이던 도검은 인류문명의 진보에 따라 다양한 기능성을 지니게 되었다. 때로는 외부로부터 자신을 보호하는 호신의 무기로, 폭력과 정복 또는 절대적인 권위를 나타내는 대표적인 상징물이 되기도 했다. 이로 인해 도검을 名劍 또는 寶劍이라고 일컫게 되었고, 심지어는 숭배의 대상이 되어 神劍이라고 불리기도 했다.

이러한 내용을 담은 神劍神話와 寶劍神話는 인접한 한·중 양국의 문

---

劍所在。煥卒, 子持劍行經福建延平津, 劍忽躍出墮水, 使人沒水取之, 見劍化爲龍, 各長數丈。故延平又名劍津。"《道敎大辭典》, 刀部十三, 李叔還編. (臺灣)巨流圖書公司. 1986.

31)《世說》: "王子喬墓在京陵。戰國時, 有盜發之, 無所見。惟有一劍, 欲進取之, 劍作龍鳴虎吼, 遂不敢進, 俄而逕飛上天。"《道敎大辭典》, 刀部十三, 李叔還編. (臺灣)巨流圖書公司. 1986.

헌에서 서로 유사한 점을 쉽게 찾을 수 있다. 양국의 신화에 보이는 도검은 대부분 천자·왕권 및 나라를 지키는 수호신의 상징으로, 또는 영물로써 주술적인 종교의식에 상용되기도 했다. 그 예로 김유신은 하늘로부터 부여받은 보검의 영험함으로 또는 사당에 봉안된 보검으로 제천의식을 통하여 국가와 민족의 안녕을 지켜낼 수 있었다.

도검에 신령한 빛이 강림하면 보검은 신검으로 변모하게 된다. 박혁거세의 출생과정과 주몽의 부친 해모수가 강림할 때에도 모두 빛을 동반하고 있었다. 한편 천제의 아들 주몽과 해모수는 모두 보검을 지닌 자로써 그들의 신분이 천제의 자식임을 상징하고 있다.

보검은 왕위를 계승하는 결정적인 증표로 이용하거나 왕위승계 의례에 사용되었다. 유리는 그의 부친과 반쪽씩 나누워 가진 보검으로 인해 명예회복은 물론 친자관계를 확인을 통해 왕위를 승계하게 되었다.

한·중 양국의 보검신화에 보이는 내용 중 서로 유사한 점을 발견할 수 있다. 한국의 《東國李相國集》과 중국의 《搜神記》에서는 두 신화 주인공의 이름인 모두 같은 '광명'의 의미를 지니고 있고, 모두 두 자루의 보검이 등장한다. 또한 보검이 숨겨진 장소 역시 동일한 곳이었었다. 이러한 유사한 내용과 위 두 문헌의 제작시기를 유추해보면, 이 보검신화는 동일한 유형의 신화로써 우리의 신화가 중국의 신화의 영향을 받은 것임을 추측할 수 있다.

《後漢書》와 《史記》에 보이는 태양신인 늠군과 한고조 유방 역시 보검을 통해 왕위를 차지했다. 이러한 신화는 종종 다른 신화와 결합하여 시조의 신비감과 위대성을 강화하고 있다. 한고조는 탄생과정에서 번개·천둥·蛟龍과 감응하고, 신과 교합하는 感應神話를 지니고 있다. 또한 《盧鎰氏記事》와 《搜神記》에서도 볼 수 있듯이, 주인공이 처한 장소는 항상 운기가 서려있는 신비스러운 곳이었다. 이밖에 청태조가 천하를 차지하게 된 천자검을 얻은 장소도 신비한 기운이 피어오르는 龍泉이었다. 즉, 신검은 비범한 자만이 지닐 수 있는 신령한 것이어서 일반인이 결코 소유할 수 없는 것, 즉 하늘에 속한 것으로써 절대적인 권위를 지니고 있었다. 이러한 주요 내용은 시조의 비범함과 위대함을 심화하는 요인으로 작용함은 물론이다.

## ✚ 참고문헌


司馬遷,《史記》, 商務印書館, 1936.

範曄,《后漢書》, 商務印書館, 1931.

房玄齡,《晉書》, 商務印書館, 1934.

歐陽修,《新唐書》, 中華書局, 1923.

劉義慶,《世說新語》, 商務印書館, 1929.

郭象注,《莊子》, 藝文印書館, 1964.

張華,《博物志全譯》, 貴州人民出版社, 1990.

幹寶,《搜神記》, 里仁書局, 1982.

金富軾,《三國史記》, 신서원, 2000.

一然,《三國遺事》, 신서원, 1990.

李奎報,《東國李相國集》, 일조각, 2000.

陶弘景,《古今刀劍錄》, 中華書局, 1991.

《中國古典小說研究專集》, (臺灣)聯經出版事業公司, 1979.

呂思勉 등,《古史辨》, 上海古籍出版社, 1982.

何新,《諸神的起源》, (臺灣)木鐸出版社, 1987.

袁珂,《中國神話傳說》, (臺灣)駱駝出版社, 1877.

袁珂,《古神話新釋》, 人民文學出版社, 1979.

徐亮之,《中國史前史話》, (香港)亞洲出版社, 1956.

蕭兵,《太陽英雄神話的奇蹟》, 桂冠圖書公司, 1992.

高承撰·李果訂,《事物紀原》, 中華書局, 1985.

張光直,《中國青銅時代》, (臺灣)聯經出版事業公司, 1983.
王孝廉 등,《中國的神話世界》, (臺灣)時報文化出版企業有限公司, 1987.
御手洗勝 등, 王孝廉·吳繼文 편,《神與神話》, (臺灣)聯經出版事業公司, 1988.
三品彰英,《三品彰英論文集》, 神話と文化史, (東京)平凡社.
葉舒憲,《英雄與太陽》,《民間文學》, 제1기, 上海社會科學院出版社, 1991.
김현룡,《중국문헌자료집》, 서광문화사, 1990.
김도영, 〈문학 속에 나타난 呂洞賓 보검의 이중성〉,《중국어문논총》, 제24집.

# 《韓非子》와 《戰國策》의 기본사상 비교*

김종성**

## I. 서론

중국선진산문 가운데 대표적인 작품으로 《韓非子》와 《戰國策》[1]을 선택하여 양자의 기본사상을 비교 하고자 한다. 선진제자산문은 九流·十家들의 작품들이 대부분이었으나 오늘날 전해지는 중국 고대의 대표적인 思想은 儒家·墨家·道家·法家사상으로 간주할 수 있다. 오늘날 유가는 소위 사서삼경을 포함한 十三經이 주요경전이며, 묵가는 《墨子》, 도가는 《老子》·《莊子》, 법가는 《韓非子》가 대표적인 전적이라 할 수 있다. 이들을 비교해 볼 때 법가를 대표하는 《韓非子》가 가장 후에 생겨난 사상서로 내용과 문체 모든 면에서 상당히 개혁적이며 창조적인 면이 내포되어 있고

---

* 이 글은 2004년 7월 《中國語文論譯叢刊》 제13집에 수록된 논문임

** 숭실대학교 중어중문학과 교수

1) 이 두 典籍은 모두 戰國時代를 중점적으로 논술 및 서사되어 있다.

문체 또한 대단히 표현이 잘된 문장으로 간주되고 있다. 선진사전산문은 《左傳》·《國語》·《戰國策》을 대표적인 전적으로 간주하고 있다. 이 가운데 《戰國策》이 가장 후에 완성된 책으로 내용이 생동감 있고 문장 표현력이 매우 뛰어난 것으로 간주되고 있다. 그러므로 선진제자산문 가운데 시기적으로 가장 뒤에 나타난 《韓非子》와 선진사전산문 가운데 가장 뒤에 나타난 《戰國策》을 선택하여 양자의 모든 사상과 아울러 양자의 문장 표현기법 등을 상세히 연구 분석하는 것은 매우 의미가 있으리라 생각된다. 그러나 현재까지 양자를 직접 비교한 연구가 거의 없어 새로운 초석을 다진다는 의미에서 양자의 가장 기본적인 사상부터 비교해 보고자 한다.

## Ⅱ. 《韓非子》의 기본사상

### 1. 이기적인 인간의 심성

荀子는 일찍이 인간에게 서로 쟁탈하고 남을 해하고자하는 성품이 있다는 性惡說을 주장하여 禮를 통한 善의 추구를 주장하였다. 韓非子는 이러한 스승의 가르침에 영향을 받아 나아가 법을 제정하여 다스림을 주장하였는데, 이는 모두 인간의 열등한 성품 가운데 이기적인 면이 뿌리 깊이 차지하고 있음을 인식하고 있기 때문이다.

그러므로 모든 백성들은 이기적인 면이 있다고 간주한다. 이들은 가능하면 법을 어기고 이익을 추구하려 하며 나아가 모험도 불사하려는 의도가 있다는 것이다.

"뱀장어는 뱀과 비슷하고 누에는 나비애벌레와 비슷하다. 사람들이 뱀을 보면 깜짝 놀라고 나비애벌레를 보아도 몸에 소름이 끼친다. 그러나 아낙네들이 누에를 거두어 들이고 어부들이 뱀장어를 움켜잡는 것은 이익이 있기 때문이

니 이익이 있으면 두려움을 잊고 모두 맹분·전제같이 용감해진다.[2]

"鱣似蛇, 蠶似蠋. 人見蛇則驚駭, 見蠋則毛起. 然而婦人拾蠶, 漁人握鱣, 利之所在, 則忘其所惡, 皆爲賁諸."[3]

"수레를 만드는 장인이 수레를 생산하면 그는 사람들이 부귀해 지기를 바라며, 목수가 관을 만드는 일을 시작하면 사람이 빨리 죽기를 바랄 것이다. 그렇다고 수레를 만드는 장인은 다 착하고, 관을 만드는 목수는 모두 악하기 때문에 그런 것이 결코 아니다. 사람이 부유해지지 않으면 수레가 팔리지 않을 것이요, 사람이 죽지 않으면 관을 사지 않기 때문이다. 따라서 목수가 결코 사람을 증오해서 빨리 죽기를 바라는 것이 아니라, 그래야만 자기에게 이득이 돌아오기 때문인 것이다.

"輿人成輿, 則欲人之富貴; 匠人成棺, 則欲人之夭死也. 非輿人仁, 而匠人賊也. 人不貴, 則輿不售; 人不死, 則棺不買. 情非憎人也, 利在人之死也."[4]

韓非子는 이러한 이기심이 군신지간 심지어 부자지간 부부지간에도 내재되어 있어 밖으로 표출된다고 보고 있다. 그러므로 유가는 "君君臣臣父父子子"에 의거하여 군주는 의를 베풀고 신하는 충성을 받쳐야 하는 등 삼강오륜을 논하지만, 韓非子는 仁義道德을 논하지 않고 오로지 상호 추구하는 이익이 다르다는데 주안점을 두며 서로 자신의 이익을 추구하는데 주력한다고 간주하는 것이다.

"무릇 신하와 군주의 이익은 모두 서로 상치되는 것이다. 어떻게 그것을 증명할 것인가? 다음과 같이 말할 수 있을 것이다: 군주의 이익은 능력 있는 자를 얻어 그를 관에 등용하는데 있고, 신하의 이익은 자신이 무능하면서도 이

---

2) 《韓非子》의 번역문은 주로 박건영·이원규 역해 《韓非子》(1993년 6월 초판, 청아출판사)를 인용하되 착오가 있는 부분은 수정을 하였음.

3) 《韓非子·內儲說上》

4) 《韓非子·備內》

를 들키지 않고 임무를 얻어내는 것에 있다. 그리고 군주의 이익이 애써 일 잘 하는 사람을 얻어 그에게 작록을 주는데 있다면 신하의 이익은 공이 없으면서도 부귀를 차지하는 것에 있다. 또 군주의 이익이 재주 있는 호걸들로 하여금 그들의 능력을 발휘하게 하는 바에 있다면 신하의 이익은 붕당을 조직하여 사적인 영리를 누리는 것에 있다."

"臣主之利, 與相異者也, 何以明之哉? 曰: 主利在有能而任官, 臣利在無能而得事; 主利在有勞而爵祿, 臣利在無功而富貴; 主利在豪傑使能, 臣利在朋黨用私."5)

이와 같이 公私간에 이익이 서로 상반되고 군신간에 이해심이 서로 다름을 알 수 있다. 신하들이 충성심은 품지 않고 군주의 눈을 피해 사리를 도모하고 개인의 심복을 모아 작당하며 국가의 환난은 염두에 두지 않을 때에 대비, 군주로서는 더욱더 이에 대한 방비를 필요로 하고 수시로 신하를 살필 수밖에 없는 것이다. 이러한 이기심은 비단 군신간 뿐 아니라 심지어 부모 자식간에도 있다고 논하고 있다.

"또 부모들은 남자아이를 낳으면 경축하지만 여자아이를 낳으면 (물에 빠뜨려) 죽이지 않는가? 여자·남자아이 모두 부모의 회임으로 태어나지만 남자아이는 축하 받고 여자아이는 죽음을 당하는 것은 뒷날의 편리를 고려하고 장기적 이익을 꾀하기 때문이다. 이처럼 부모와 자식 사이에도 내심 실리를 앞세우는데 부자간과 같은 恩情도 없는 사람들 사이야 어떠하겠는가?"

"且父母之於子也, 産男則相賀, 産女則殺之. 此俱出父母之懷衽, 然男子受賀, 女子殺之者, 慮其後便, 計之長利也. 故父母之於子也, 猶用計算之心以相待也, 而況無父子之澤乎!"6)

"사람들은 어렸을 때 부모의 보살핌이 소홀했으면 장성한 후 부모를 원망한다. 자식이 장성하여 성인이 된 후 부모를 소홀히 봉양하면 부모는 화를 내고

5) 《韓非子·孤憤》

6) 《韓非子·六反》

꾸짖는다. 자식과 부모는 가장 가까운 사이인데도 혹은 원망하고 혹은 꾸짖는 것은 사람들 모두가 이기적 생각을 갖고 있어 자신에 대한 대접이 충분하지 않다고 느끼기 때문이다."

"人爲嬰兒也, 父母養之簡, 子長而怨. 子盛壯成人, 其供養薄, 父母怒而誚之. 子父, 至親也, 而或譙或怨者, 皆挾相爲, 而不周於爲己也."[7)]

윤리 가운데 부모자식간 부부간은 매우 친밀하고 소중한 관계에 있지만 자기 자신만의 이익을 염두에 둔 이기심으로 인하여 지극히 불행한 사건들이 발생할 수 있게 되는 것이다. 그러므로 韓非子는 이러한 폐단을 가능한 법으로 막고자 하였다.

## 2. 시대에 대한 진보적 시각

춘추전국시대는 사회적으로 급변하던 시기로 많은 사상가들이 현실에 대한 불만을 지니고 모두들 세상을 구하고자 각자의 독창적인 사상을 주장하고 나왔다. 그러나 이들은 대체로 역사가 퇴화된 현실을 개혁하기 위해서는 옛 성군들을 모방해야 한다는 法古를 주장하고 나왔으나, 법가는 이들의 생각을 무시하고 독창적인 역사의 진화론을 주장하고 나왔다.[8)] 특히 이들은 각 시대마다 시대에 맞는 이론과 정책이 따로 있으며 이는 그 시대의 특성에 따라 알맞게 시행되어 성과를 이루었다고 간주하고 있다.

---

7) 《韓非子·外儲說左上》

8) 《韓非子·解老》: "만물의 규칙이 모두 다르기는 하지만 道는 그 전부를 포괄한다. 그렇기 때문에 각각에 응대하며 변화하지 않을 수 없다. 그래서 영원히 변화를 일으키고 있으며, 하나의 모습으로 고정되지 않는다. 道가 영원히 변화를 일으키고 있으므로 생물은 끝없이 생사의 변화를 겪게 된다. 인간은 많은 지혜를 가지고 있지만 영원히 취하고 버림을 선택해야 하는 숙명 속에 있으며, 모든 세상사 또한 끝없는 생멸의 틀을 벗어날 수 없다.(萬物各異理, 而道盡稽萬物之理, 故不得不化; 不得不化, 故無常操; 無常操, 是以死生氣禀焉, 萬智斟酌焉, 萬事廢興焉.)"

그러나 오늘날 새로운 시대와 새로운 상황에서 과거의 흘러간 옛것, 정확히 알 수도 없는 것으로 해결하려고 하는 것은 매우 잘못된 시각으로 보고 있다. 그러므로 韓非子는 그의 저서에서 다음과 같이 주장하고 있다.

> "상고시대에는 도덕으로 경쟁했고 중세에는 智謀를 다투었으며 지금은 氣力을 다투고 있다. …… 옛날과 지금은 풍속과 습관이 다르고, 신시대와 구시대는 서로의 제도도 다르다. 고대의 仁愛와 관용의 정치로 지금의 혼란한 시대의 백성들을 다스리는 것은 마치 고삐와 채찍 없이 난폭한 말을 모는 것과 같아서 이는 지혜롭지 못한데서 일어나는 병폐이다."
>
> "上古競於道德, 中世逐於智謀, 當今爭於氣力. …… 夫古今異俗, 新故異備, 如欲以寬緩之政, 治急世之民, 猶無轡策而御馯馬, 此不知之患也."[9]

> "고로 문왕은 인의를 행하여 천하를 통치할 수 있게 되었으나 徐나라 偃王은 인의를 행하여 나라를 잃게 된 것은 인의가 고대에는 정치에 적용될 수 있었으나 지금은 정치에 적용될 수 없기 때문이다. 그래서 〈시대가 변하면 인간의 행동도 변해야 한다.〉 …… 이로써 방패와 도끼가 고대의 전쟁에는 응용되었지만 지금은 적용될 수 없다. 그래서 〈인간의 행동이 변하면 여러 가지 제도들도 변해야한다.〉"
>
> "故文王行仁義而王天下, 偃王行仁義而喪其國, 是仁義用於古, 而不用於今也. 故曰: 〈世異則事異.〉 …… 是干戚用於古, 不用於今也. 故曰: 〈事異則備變.〉"[10]

여기서 알 수 있듯이 "古今異俗, 新故異備" "世異則事異, 事異則備變" 등의 주장은 시대의 相異함에 따라 이에 相應하는 대처가 필요함을 역설하고 있는 것이다. 이는 유가의 옛것을 숭상하고 선왕의 법을 따라야 한다는 수구적인 태도와는 전혀 다른 입장을 취하고 있는 것으로, 시대에 따

---

9) 《韓非子·五蠹》

10) 《韓非子·五蠹》

라 인간사가 다르기 때문에 이에 따른 새로운 法制가 필요함을 강조하고 그렇지 못할 경우 시대에 뒤떨어짐을 시사하는 것이다. 그러므로 〈心度〉篇에서 다음과 같이 언급하고 있다:

> "고로 백성을 다스림에 다른 방법이 있는 것이 아니라 오직 법도에 따라 다스려야 한다. 법도가 시대의 변화에 순응하면 국가가 안정되고, 治術이 사회적 수요에 부합하면 공적이 이루어진다. 그래서 백성들이 순박할 때는 명령을 내려 금지시키면 나라가 안정될 수 있고, 백성들이 智巧에 능할 때는 오직 형벌로 제재해야만 순종한다. 시대가 변하는데 법도가 이에 따라 변하지 않으면 나라가 혼란스러워지고, 사회의 변화에 따라 금령이 변하지 않으면 나라가 쇠퇴한다. 그래서 성인은 백성들을 다스릴 때 시대의 변화에 따라 법률을 정비하고, 사회의 변화에 따라 금령을 정비한다."
>
> "故治民無常, 唯法爲治. 法與時轉則治, 治與事宜則有功. 故民樸而禁之以名則治, 世智而維之以刑則從; 時移而法不易者亂, 世變而禁不變者削. 故聖人之治民也, 法與時移, 而禁與世變."[11)]

여기서 제시한 "法與時轉則治" "時移而法不易者亂" 등은 시대에 따라 사회적인 상황과 風俗人情 등이 변함으로 현실에 맞지 않는 구법과 구제도는 과감하게 개혁하고 개선하여 새로운 시대에 맞는 새로운 법과 제도로 바꾸어야 사회가 안정되고 국가가 발전됨을 강조하고 있으며, 만일 과거의 인습과 법제에 안주할 경우 국가 사회의 진보와 발전을 구가할 수 없음은 물론 심지어 도태되고 망할 수조차 있다고 엄중히 경고하고 있음을 알 수 있다.

이와 같이 韓非子는 진보적인 역사관을 지니고 있으며 항상 시대에 맞는 새로운 법제와 제도개선을 주장하며, 만일 옛것만 추구할 경우 가만히 앉아서 무언가 이루어지기를 바라는 宋나라 사람의 경우와 융통성이 없는 鄭나라 사람과 같다고 아래와 같은 우화의 예를 들고 있다:

---

11) 《韓非子·心度》

"송나라 사람 가운데 밭을 갈다 토끼가 밭 가운데에 있는 나무에 부딪쳐 목이 부러져 죽는 것을 보고는 쟁기를 내버린 채 그 나무만 지키고 서서 다시 토끼를 얻으려고 있다가 다시 토끼를 얻지는 못하고 송나라 사람들의 웃음거리가 된 농부가 있다. 지금 만약 선왕의 정책으로 이 시대의 백성을 다스리려 한다면 이것 또한 나무를 지키고 서있던 농부와 같은 꼴이다."

"宋人有耕者, 田中有株, 兎走觸株, 折頸而死, 因釋其耒而守株, 冀復得兎, 兎不可復得, 而身爲宋國笑. 今欲以先王之政, 治當世之民, 皆守株之類也."[12]

"현재의 국사에 적합한 방법을 구하지 않고 전적으로 선왕을 모방하는 것은 (정나라 사람이 신발을 사면서 자기의 발을 측량해볼 생각은 하지 못하고) 본을 가지러 집으로 돌아간 것과 같다. …… 정나라 사람 중에 신발을 사려는 사람이 있었는데 먼저 자신의 발의 크기를 재어 그 본을 자리 위에 두었다. 시장에 도착했을 때는 잊고서 그 본을 갖고 오지 않았다. 신발장수를 찾았지만 〈발 크기를 측량한 본을 가지고 오지 않아 돌아가서 가지고 와야겠다.〉라고 말했다. 다시 돌아왔을 때는 시장이 이미 파해 신발을 살수가 없었다. 사람들이 〈네 발을 재어보지 않은 이유가 무엇이냐?〉라고 묻자, 그 사람은 〈그 본을 믿을지언정 자신을 믿지는 않소.〉라고 말했다."

"夫不適國事, 而謀先王, 皆歸取度者也. …… 鄭人有欲買履者, 先自度其足, 而置之其坐. 至之市, 而忘操之; 已得履, 乃曰: 〈吾忘持度, 反歸取之.〉及反, 市罷, 遂不得履. 人曰: 〈何不試之以足?〉曰: 〈寧信度, 無自信也.〉"[13]

## 3. 실력과 功利를 중시하는 사고

韓非子가 처했던 당시 상황은 전국시대로 각국이 자국의 이익을 도모하기 위하여 다른 나라를 서슴없이 공격하던 때였다.[14] 이는 적자생존의

---

12) 《韓非子·五蠹》

13) 《韓非子·外儲說左上》

14) 《墨子·兼愛上》: "諸侯各愛其國, 不愛異國. 故攻異國以利其國."

시대로 결코 인의도덕을 논하던 시대가 아닌 만큼 생존을 위해서는 단지 국력을 강화시키고 실력을 쌓는 방법 밖에는 없었다. 그러므로 韓非子는 국가를 통치하는 정치목적을 부국강병에 두었으며 이를 달성하기 위해 信賞必罰을 한 수단으로 간주했다. 또한 실력배양을 중시했지 도덕정치를 중요시하지 않았다. 이는 당시 강자는 호령하고 약자는 굴복하는 시대로 국가의 생존과 발전을 위해서는 실력을 배양할 수밖에 없었던 것이다. 고로 韓非子는 다음과 같이 말하였다:

> "적국의 군주는 비록 내 뜻에 찬성한다고 해도 그들을 조공 바치는 신하로 삼을 수 없지만 나라 안의 제후들은 비록 내 행동에 불만이 있더라도 반드시 예물을 가지고 入朝케 할 수 있다. 이렇게 힘이 강하면 조공을 받지만 힘이 약하면 조공을 바쳐야 하니 현명한 군주는 힘을 기르는데 힘쓴다."
> "敵國之君王, 雖說吾義, 吾弗入貢而臣. 關內之侯, 雖非吾行, 吾必使執禽而朝, 是故力多則人朝, 力寡則朝於人; 故明君務力."[15)]

> "군주는 자신의 국가가 작으면 큰 나라를 섬기고, 자신의 군사력이 약할 경우엔 강한 군사를 두려워해야 하는 것은 당연하다. 대국이 요구하는 바가 있으면 소국은 반드시 응해야 하며, 대국의 군대가 출병시에는 약한 나라는 싫은 소리 없이 복종해야 한다."
> "君人者, 國小則事大國; 兵弱則畏强兵. 大國之所索, 小國必聽; 强兵之所加, 弱兵必服."[16)]

국제간에 이해관계를 저울질하며 약자는 강자의 청을 들어 줄 수밖에 없는 형편에서 힘을 숭상하고 힘을 양성하는 것이 최대의 목적이 되었다. 힘있는 자는 도덕을 논할 필요가 없는 것이 강자의 요구를 약자는 수락할 수밖에 없으며, 힘없는 자는 비록 인의도덕을 내세워도 어느 약소국도 조

---

15) 《韓非子·顯學》

16) 《韓非子·八姦》

공하는 나라가 없으며 오히려 다른 힘있는 강자에게 조공을 바쳐야하는 형편인 것이다. 이를 극복하기 위해서는 오로지 내정에 충실하여 부국강병을 이룩하는 방법밖에 없는 것이다.

특히 전쟁이 난무하며 영토를 차지하려는 제후들 간에 평화와 인의도덕은 찾아보기 어렵고 오로지 전쟁과 무력만이 존재하던 시기로 이러한 시대를 살기 위해서는 실력을 양성하고 힘을 키우는 수단밖에 없는 것이다. 다시 말해 인의도덕은 고대에나 적용되었지 현실에는 적합하지 않은 것으로 韓非子는 이러한 시대상황과 현실을 갈 간파하고 있었던 것이다. 그는 대외적으로 뿐만 아니라 대내적으로도 권력에 의한 통치를 주장하며 군주가 존중을 받는 것도 권세를 지니고 있기 때문이라고 여겼던 것이다.[17)]

이러한 실력배양과 함께 나아가 공리를 매우 중요시하였는데 이는 공리주의를 숭상하였다고 볼 수 있는 것이다. 나라를 다스리고 백성들을 이끄는데 공리를 주된 목표로 삼아 힘을 키우며 부국강병을 도모하였다. 《韓非子》의 실질적이고 실용적인 사상은 아래 문장에서도 엿볼 수 있다:

> "모장·서시의 용모가 아름답다고 칭찬하는 것은 나의 용모에 아무런 이익이 없지만, 곤지·頭油·鉛粉·眉墨 등의 화장품을 사용하면 원래보다 두배는 아름다워진다. 선왕의 인의를 말하는 것도 정치에는 아무런 도움이 되지 않지만, 법도를 밝히고 상벌을 분명히 하는 것은 나라에 있어 화장품과 같은 것이다. 그래서 현명한 군주는 功業을 이루려고 애쓸 뿐 선왕들의 공업을 칭송하지 않으며 인의를 담론치 않는다."

---

17) 《韓非子·心度》: "군주가 존귀하게 여겨지는 것은 권력이 있기 때문이다.(主之所以尊者權也)."
《韓非子·人主》: "위세는 군주에게 있어서 근육의 힘과 같은 것이다.(威勢者, 人主之筋力也)."

"故善毛嬙·西施之美, 無益吾面; 用脂澤粉黛, 則倍其初. 言先王之仁義, 無益於治; 明吾法度, 必吾賞罰者, 亦國之脂澤粉黛也. 故明主急其功而緩其頌, 故不道仁義."[18]

당시 약육강식과 국가존망의 위기상황에서 韓非子는 국가발전과 나라의 이익추구를 최상의 목표로 삼아 공리주의를 추구하고 인의도덕을 도외시하였다. 그러므로 나라에 이익이 되고 도움이 되는 사업과 정책은 추구하되 그렇지 않은 것은 오히려 제거해야 한다고 역설하고 있다.

이와 같이 韓非子는 이기적인 인간의 심성, 시대에 대한 진보적 시각, 실력과 功利를 중시하는 사고 등의 기본사상 위에 法·勢·術을 적용하여 국가의 발전을 추구하였음을 알 수 있다.

# Ⅲ. 《戰國策》의 기본사상

## 1. 책략을 중시하는 견해

《戰國策》을 편찬한 劉向이 〈書錄〉에서 "臣은 전국시기에 유사들이 자신을 등용한 나라를 돕기 위해 펼친 책략과 모략이 담긴 글이라 생각하여 '戰國策'이라 칭함이 마땅하다고 생각합니다.(臣向以爲戰國時游士, 輔所用之國, 爲之策謀, 宜爲戰國策.)"라고 언급했듯이 《戰國策》 전반적인 내용에서 策士들의 策謀가 가장 큰 비중을 차지하고 있음을 알 수 있으며 이러한 책략의 위력은 매우 대단한 것으로 간주하고 있다.

---

18) 《韓非子·顯學》

"그리하여 당시의 천하 만민, 위풍 있는 제후들, 권력을 장악한 謀臣들 모두 소진의 뜻을 따르게 되었다. 제후들은 한 말의 양식도 낭비하지 않고, 한 명의 군사도 파견하거나 싸움에 나가는 일없이, 화끈 하나 화살하나 끊어지거나 부러지지 않고도, 제후들이 서로 형제보다도 더 친하게 지내게 되었다. 무릇 현인이 任職하니 천하가 따르고 한 사람을 등용하니 천하가 복종한 것이다. 그러므로 〈정치력을 사용했을 뿐, 무력은 쓰지 않았으며; 조정안에서 모략을 짰을 뿐, 변방에 나가 싸울 필요가 없었다.〉고 하였다."

"當此之時, 天下之大, 萬民之衆, 王侯之威, 謀臣之權, 皆欲決於蘇秦之策. 不費斗糧, 未煩一兵, 未戰一士, 未絕一絃, 未折一矢, 諸侯相親, 賢於兄弟. 夫賢人任而天下服, 一人用而天下從. 故曰: 〈式於政, 不式於勇; 式於廊廟之內, 不式於四境之外.〉"[19]

이를 보면 책략의 성공이 얼마나 지대한 영향을 미치는지 알 수 있으며 나아가 책략 지상주의 사상이 내재되어 있는 것을 알 수 있다. 이러한 책략 지상주의는 전쟁을 싫어하고 평화를 추구하는 숭고한 사상까지 함께 내포하고 있다는 것을 알 수 있다.

이러한 책략들은 특히 어려운 국면과 상황에서 가능한 전쟁을 피하고 외교적인 노력을 통하여 목적을 달성하는데 최고의 가치를 두고 있다. 그러므로 외교적인 책략의 성공은 전쟁과 비교해 비 소모적이며 효율적인 것을 알 수 있다. 그야말로 가능한 모든 문제를 대화로 해결하는 것이다. 왜냐면 전쟁은 너무 참혹하기 때문이다.

"나라는 쇠하고, 종묘사직은 망가지고 무너진다; 배는 갈라지고 턱은 깨어지며, 머리는 몸과 분리된 채 시신은 습하고 풀이 무성한 곳에 버려지며, 두개골이 땅에 떨어져 있는 것을 국내 도처에서 볼 수 있게 된다. 아버지와 아들 노약자 모두 포로로 묶여 잡혀가는 모습이 길가에 즐비하며, 귀신은 제사 드리는 자가 없어 먹을 것이 없고, 백성들은 도탄에 빠지게된다. 가족은 헤어져 떠돌아다니다 노비로 전락하는 모습이 나라 안에 가득하게 된다."

---

19) 《秦策一·蘇秦始將連橫》

"本國殘, 社稷壞, 宗廟隳; 刳腹折頤, 首身分離, 暴骨草澤, 頭顱僵仆, 相望於境; 父子老弱係虜, 相隨於路; 鬼神孤傷無所食, 百姓不聊生; 族類離散, 流亡爲臣妾, 滿海內矣."[20]

이러한 참혹성을 막기 위하여 책략을 중시하게 되었고 나아가 생존하기 위하여 책략을 사용할 수밖에 없었다. 이는 주로 외교적인 수단과 방법으로 문제를 해결하는 것으로, 생산과 군사력을 통한 부국강병책을 주장하는 법가사상과는 차이가 있다고 볼 수 있다. 《戰國策》에도 전쟁을 치르는 내용이 많지만 이는 당시 시대상황하에서 외교적으로 해결하지 못하여 부득이 행해지는 경우가 다수인 것을 알 수 있다. 그러므로 《戰國策》의 주인공들은 언변을 통하여 자신의 사명을 다하는 策士들의 활동이 주를 이루고 있으며, 또한 이들의 뛰어난 업적과 활동을 높이 평가하고 있다. 예컨대, 《魏策四·秦王使人謂安陵君》에서 唐且가 작은 영토의 제후인 安陵君의 명을 받고 대국인 秦나라에 가서 나라를 지키기 위하여 목숨을 걸고 진왕과 한판 승부를 겨누는 외교적 노력을 기울인 결과 나라를 지키게되는 성과를 올리는 것을 알 수 있다. 이밖에 《趙策一·知伯帥趙韓魏而伐范中行氏》에서 知伯이 知過의 책략을 듣지 않고 경시함으로 인하여 나라를 잃고 죽음을 당하는 결과를 초래하는 경우를 생각할 때 책략의 중요성을 강조하는 사상이 있음을 알 수 있다.

## 2. 인재를 중시하는 관점

인재를 중시하는 사상은 앞에서 책략을 중시하는 사상과 연관된 것으로 책략을 추진하여 성공시키는 주체는 인재이기 때문이다. 예컨대, 《齊策四·齊人有馮諼者》에서 "孟嘗君爲相數十年, 無纖介之禍者, 馮諼之計也."

20) 《秦策四·頃襄王二十年》

라고 평가하고 있는 것을 볼 때 계책의 중요성과 아울러 이러한 계책을 추진하는 인재를 매우 중시하고 있음을 알 수 있다. 그러므로 책략을 중요시하고 숭상하는 이상으로 인재를 중시하게 되었으며, 나아가 이러한 인재를 얻는 제후는 흥하고 인재를 얻지 못하는 제후는 망한다는 위기 속에서 더욱더 인재를 영입하고 등용하는데 제후들은 최선을 다하였으며, 《秦策三·范雎至秦》을 보면 군주들은 인재를 얻기 위하여 다음과 같이 자신을 낮추면서 까지 인재를 얻고자 하였던 것이다:

> "진왕은 좌우시종을 물리치고, 궁중에 아무도 없게 하였다. 秦昭王은 자리에서 무릎을 꿇고 范雎에게 가르침을 요청하여 말하길: 〈선생께서 무엇을 저에게 가르쳐 주시려고 합니까?〉 范雎가 말하길: 〈예 예.〉 잠시 후 진왕이 다시 물으니 范雎는 여전히: 〈예 예.〉하였다. 이와 같이 세 번 반복하였다. 진소왕은 궁둥이를 든 채 무릎을 꿇고 말하길: 〈선생께서 저를 가르쳐 주시지 않으시겠습니까?〉"
>
> "秦王屛左右, 宮中虛無人, 秦王跪而請曰: 〈先生何以幸敎寡人?〉 范雎曰: 〈唯唯.〉有間, 秦王復請, 范雎曰: 〈唯唯.〉若是者三. 秦王跽曰: 〈先生不幸敎寡人乎?〉"

여기서 秦王은 좌우의 시종들을 물리치고 군왕의 신분으로 무릎을 꿇고 바른 정치에 대한 가르침을 요구하고 있다. 이렇게 세 번씩이나 요청한 후 다시 무릎을 꿇고 가르침을 구한다. 나아가 자신은 어리석고 못났다고 겸손히 말하며 심지어 선생을 만난 것은 하늘이 자신을 버리지 않았기 때문이라며 상대를 높이면서 계속해서 대소사를 막론하고 모두다 듣겠으니 가르침을 달라고 요청하고 있다. 그 결과 가르침을 듣고 모두 실행에 옮긴 후, 秦昭王은 范雎에게 다음과 같은 말을 한다: "昔者, 齊公得管仲, 時以爲仲父. 今吾得子, 亦以爲父." 이를 볼 때 당시 인재를 얻기 위한 군왕의 태도가 얼마나 겸손하였는지를 짐작할 수 있으며 이러한 인재중시사상은 《戰國策》 도처에 나타나 있음을 알 수 있다.

그러나 《韓非子》의 경우 인재를 중시하되 《戰國策》에서만큼 비중을 두고 있지 않으며 나아가 인재를 등용할 때는 반드시 검증과 능력을 확인한 후 등용할 것을 누누이 강조하고 있다. 이는 어느 누구도 검증과 시험을 거치기 전에는 능력 여하를 알 수 없기 때문이라고 한다:

"쇠를 단련시키는 과정을 관찰하여 달군 쇠의 색깔이 청황색인가만 살펴서는 歐冶子라 할지라도 검의 좋고 나쁨을 판단할 수 없지만 물 속에서 기러기를 벨 수 있고 땅에서는 말을 벨 수 있다면 우매한 노예라도 그 검이 날카롭고 무딤을 의심치 않고 가릴 수 있다. 말 이빨의 모양과 외모만을 관찰해서는 伯樂이라 할지라도 말이 좋고 나쁨을 판단할 수 없다. 그러나 마차를 끌게 하여 넘어지지 않는가 살펴보면 노예라도 말의 좋고 나쁨을 의심치 않고 판단할 수 있다. 용모와 복장을 살펴보고 언변만을 들어서는 仲尼라 할지라도 지혜로운 선비인지 판단할 수 없다. 그러나 시험삼아 관직을 맡겨 그 공적을 살펴보면 보통 사람이라도 그가 우매한지 지혜로운지 의심치 않고 판단할 수 있다."

"夫視鍛錫而察靑黃, 區冶不能以必劍; 水擊鵠雁, 陸斷駒馬; 則臧獲不疑鈍利. 發齒吻, 相形容, 伯樂不能以必馬; 授車就駕, 而觀其末塗, 則臧獲不疑駑良. 觀容服, 聽言辭, 則仲尼不能以必士; 試之官職, 課其功伐, 則庸人不疑於愚智."[21]

이는 시험하기 전에 외모만 가지고 판단할 경우 伯樂이나 孔子 같은 사람도 올바른 판단을 내리기 어려워 심지어는 실수하여 오판하는 결과를 초래할 수 있으나, 반대로 일정한 직책을 맡겨서 시험해보고 그 결과를 놓고 판단하면 일반인조차도 정확한 판단을 내릴 수 있다며 "명분과 실제를 따져 시비를 결정하고, 실증에 의거해 신하들의 소견을 심사한다.(循名實而定是非, 因參驗而審言辭.)"[22] "유사한 경우를 나열해 검증해 보고, 진

---

21) 《韓非子·顯學》

22) 《韓非子·姦劫弑臣》

언한 바의 실제결과에 대해 문책한다.(偶參伍之驗, 以責陳言之實.)"[23] "아무런 증거 없이 확정하려 하는 것은 어리석은 일이다.(無參驗而必之者, 愚也.)"[24]라고 하였다. 이는 모두 실험정신을 강조하고 있는 내용들이다. 아무튼 진정한 인재를 얻기 위한 방법을 강조했으나 인재를 중시하는 측면에는《戰國策》과는 상반되는 면이 있다고 볼 수 있다. 왜냐하면 인재를 통한 정치보다는 보편적인 효용성이 있는 法과 제도를 적용하여 정치를 하는 것이 실용성 면에서 훨씬 앞서는 것으로 간주하였기 때문이다.

## 3. 시기와 상황을 중시하는 시각

전쟁에 있어서 싸움을 승리로 이끄는 요소는 여러 가지가 있지만 그 중에 적절한 타이밍, 지리적인 형세, 인화 단결 등을 중요한 요소로 꼽고 있다. 나아가 덕이 있는 사람은 타인의 도움을 많이 받아 유리하며, 덕이 없는 사람은 타인의 도움을 받지 못해 불리하다고 본다. 이러한 것들은 모두 중요하다고 간주되나 어느 것이 상대적으로 더욱더 중요한지는 여러 사람의 관점에 따라 차이를 보이고 있다.

인의의 도를 중시하며 유가의 아성인 맹자는 앞에서 언급한 여러 요소 중에서 상대적으로 중요한 것은 인화 단결로 간주하고[25] 이를 위해 당시의 군주에게 德政을 펼쳐야 된다고 주장하였으며, 나아가 仁政을 베풀고 王道를 행하면 반드시 전쟁에서 승리를 할 수 있다고까지 하였다. 맹자의 이러한 배열과 우선 순위는 그의 仁政과 王道라는 정치적인 이상을 실현하기 위한 원칙에 부합한다고 볼 수 있다. 그러나 전국시대의 상황 하에서 天時·地利·人和 삼자 중에 어느 것이 더 중요한지를 가늠하거나 평가

23)《韓非子·備內》

24)《韓非子·顯學》

25)《韓非子·顯學》

하기가 어려운 일이다. 분명한 사실은 천시는 인화와 달리 개관적이며 상대적인 현상으로 주관적으로 좌우할 수 없는 특성이 있다. 그러므로 일단 객관적으로 유리한 시기가 전개되거나 도래할 경우 이를 십분 활용해야 함과 이를 상실해서는 안됨을《戰國策》에서는 자주 강조하고 있다. 예컨대,《趙策三·希寫見建信君》章에 보면:

"希寫가 말하길: 〈신의 생각에 오늘날 위정자들은 상인들만 못하다고 봅니다.〉 建信君이 대노하여 말하길: 〈당신은 위정자를 경시하고 오히려 상인을 높이 본단 말이오?〉 이에 답변하길: 〈그 뜻이 아닙니다. 훌륭한 상인은 타인과 매매의 가격을 논쟁하지 않고, 때를 잘 살핍니다. 귀하지 않을 때 사면, 비록 비싸다 할지라도 이미 값이 안 나갑니다. 또 귀할 때 팔면, 비록 싸게 판다고 할지라도 이미 값이 많이 나갑니다. …… 〉"

"希寫曰: '臣以爲今世用事者, 不如商賈.' 建信君悖然曰: '足下卑用事者而高商賈乎?' 曰: '不然. 夫良商不與人爭買賣之賈, 而謹司時. 時賤而買, 雖貴已賤矣; 時貴而賣, 雖賤已貴矣. …… '"

여기서 상인의 사업을 비유로 중요한 시기의 포착에 대한 중요성을 잘 보여주고 있다고 할 수 있다. 이는 또한 정치나 사업 모두 이로움을 추구하는 일면에 있어서는 동일하다는 점을 시사하고 있다. 이밖에,《趙策一·知伯帥趙韓魏而伐范中行氏》章에 다음과 같은 내용이 있다:

"장맹담이 이일을 전해 듣고 들어가 조양자를 만나서 말하길: 〈신이 군영의 문 밖에서 지과를 만났는데, 그의 눈빛이 신을 의심하는 듯 했습니다. 그는 곧 들어가 지백을 만나보고 나와서는 성씨를 바꾸었다고 합니다. 오늘 저녁 공격하지 않으면 반드시 후회할 것입니다.〉 이에 조양자 왈: 〈좋소.〉하고, 장맹담으로 하여금 한·위의 군주를 만나게 하였다. 그날 밤 거사하기로 약속하고 제방을 지키는 관리를 죽인 후, 제방을 터트려 지백의 군대를 수몰 시켰다."

"張孟談聞之, 入見襄子曰: '臣遇知過於轅門之外, 其視有疑臣之心. 入見知伯, 出更其姓.今暮不擊, 必後之矣.' 襄子曰: '諾.' 使張孟談見韓魏之君. 日夜期殺守堤之吏, 而決水灌知伯軍."

이는 조나라가 知伯에게 곧 망하게된 위급한 상황에서 조나라왕 趙襄子의 참모인 張孟談이 암암리에 韓·魏 두 나라 왕을 설득하여 함께 知伯을 공격하기로 약속하고 돌아왔다. 그러나 이러한 사실이 知伯의 참모인 知過에게 노출된 것을 알고, 곧 바로 지체 없이 그 날 밤에 거사를 서두르도록 촉구하는 내용이다. 오늘밤 거사하지 않으면 반드시 후회한다는 것이다. 조양자가 이를 받아들여 결국 知伯을 멸망시키고 풍전등화의 위기에 있는 나라를 가까스로 구하고 새로운 역사를 창출하는 결과를 초래하게 된다.

모두 상황은 항상 변화할 수 있는 것이기 때문에 시기를 놓치지 말라는 것으로, 당연히 이는 올바른 상황판단과 확실한 입장, 정확한 수단과 방법 등이 함께 해야할 것이다. 결론적으로 시기를 잘 포착하여 작전을 성공시켜 목적을 달성하고 이득을 취하는 것은 매우 주관적이라고 할 수 있지만, 국가의 존망과 진퇴여부, 사건의 성패 등과 밀접한 관계가 있어 그만큼 중요하다고 여기는 것이다.

## Ⅳ. 《韓非子》의 法 · 勢 · 術과 《戰國策》의 종횡가 사상

### 1. 《韓非子》의 法 · 勢 · 術

韓非子의 주요학술인 法·勢·術은 君主를 절대화하는 것이고, 또 한편으로는 현실주의를 추구하는 것이다. 周代의 경우 군주를 絕對視하지는 않았다. 이는 天子라는 명칭에서도 알 수 있듯이 하늘의 뜻을 따라야하는 것이다.

오늘의 법은 기본적으로 개인의 가치를 인정하는 것이지만, 과거의 법가는 개인의 가치를 인정하지 않고 있다. 오늘의 법은 반드시 먼저 국민의 의사를 묻고 그에 따르지만, 고대의 법은 그렇지 않았다. 周公·管仲·商鞅

모두 백성의 동의를 구하지 않았다. 그러나 이들의 차이점은 주공의 경우 禮樂을 중시하고, 관중의 경우 道德心과 人情을 근거로 삼았다. 법률적 행위는 개인적인 행위로 연좌제를 적용해서는 안 된다. 연좌제는 법을 중시한다고 하면서 법을 무시하는 것이다. 漢代 이후는 기본적으로 人情을 근거로 하여 법을 제정하였다는 견해가 있다.

韓非子는 법가의 사상을 종합하여 완성한(法家大成) 인물이지 창시자는 아니다. 백가쟁명의 시대에 모두들 인생의 실질적인 문제를 해결하려고 노력하였다. 이를 크게 둘로 나누면 自然主義派와 人文主義派로 나눌 수 있다. 전자는 국가와 사회의 발전은 시대적 환경의 변화와 관계가 있어 위정자는 자연에 순응하여 변화의 대세를 따르면 된다는 것이고; 후자는 정치와 사회의 발전은 성인의 가르침에 의한 결과로 정치를 하려면 원만하고 타당한 정치적 규범을 제정해야 한다고 보는 것이다. 예컨대, 道家는 우주와 자연을 탐구하며 無爲를 숭상하고, 儒家·墨家·法家는 인위적인 치리를 중시하였다. 인문주의의 법규는 자연의 법을 움직일 수가 있어 자연을 개량할 수 있다고 보는 것이다.

또한 실천면에 있어서는 수구파와 혁신파로 나눌 수가 있는데 이 경우 儒家는 수구파에 해당하고 道家·墨家·法家는 혁신파에 해당한다고 본다. 墨家는 儒家의 폐단에 대해 개량주의를 제기하고, 道家는 모든 제도를 파괴하자고 주장하며, 法家는 제도란 시대에 따라 다르다고 주장한다. 그러므로 새로운 제도로 구제도를 대신해야 한다고 말하는 개혁주의라고 볼 수 있다.

당시 춘추 전국시대의 혼란한 국면을 감안할 때 道家의 자연주의 또는 儒家의 요순시대와 周代의 황금시기로 회복시키자는 것도 실천하기 어렵다. 墨家는 너무 고생스러워 사람들이 받아들이기 힘들다. 단지 法家만이 당시의 시대조류에 순응하여 세력으로 혼란한 국면을 헤쳐 나갈 수 있었다. 法家도 애민을 근본으로 하며 방법에 있어 상벌을 수단으로 삼았다고 간주하기도 한다.

韓非子는 스승으로부터 儒家思想을 전수 받았으나 후에 儒家를 포기하고 刑名法術을 좋아하여 이전 法家의 모든 학술과 사상을 포괄하고 융합한 후 자신의 이론을 추가하여 《韓非子》를 지었다. 韓非子는 인성에 대해 절망하지 않고 백성은 法으로 다스리며, 군주는 신하를 다스릴 때 권세로 다스려야한다는 주장을 했는데 이는 儒·墨·道의 학설을 종합한 것으로도 볼 수 있다.

韓非子는 선배들의 이론을 집대성하고 나아가 그들의 결점과 부족한 부분을 보완하여 제왕에게 반드시 필요한 사상서를 저술하였다. 도처에 법치사상이 담겨 있으며 이러한 법치이론을 올바로 알리기 위해 그가 반대하는 변론을 사용하고 있다. 이로써 문장의 실용적인 면에 대해서는 배척하지 않는다고 봐야할 것이다. 그의 법치사상을 반영한 작품 속에서 法은 백성을 통제하는 준칙이 되며; 勢는 국가 최고의 권위이며; 術은 군주가 신하를 부리는 방법인 것이다.

법에 대한 《說文解字》의 설명을 보면 "刑也. 平之如水. 所以觸不直者去之."[26]라고 되어 있으며, 《尙書·周書·呂刑》에는 "苗民弗用靈, 制以刑, 惟作五虐之刑曰法."[27]라는 말이 있다. 이는 법의 명칭이 춘추전국시대 이전에 이미 있었음을 말한다. 이 법은 규범의 법이 아닌 범죄자를 다스리는 형벌의 법인 것이다. 다시 말해 죄과를 다스리는 법이다. 韓非子는 이러한 法을 術·勢와 함께 종합 응용하여 논하고 있으며, 이는 군주의 권력을 구성하는 일환이다. 그러나 法이 중심의 위치를 차지하고 있다. 왜냐하면 법이 없으면 術·勢의 응용에 있어 일정한 규범을 상실하기 때문이다. 〈定法〉편과 〈難勢〉편에서 다음과 같이 말하고 있다:

---

26) 淸·段玉裁撰《說文解字注》, 474면. (대만: 漢京文化事業有限公司, 1980. 3. 31)

27) 屈萬里著《尙書釋義》, 191면. (대만: 中國文化大學出版部, 1980.8)

"군주에게 術이 없으면 윗자리에 몽매하게 있을 뿐이고, 신하에게 法이 없으면 밑에서 소란을 피운다. 그래서 이 두 가지는 하나라도 없어서는 안되며 모두 제왕이 천하를 다스리는 도구이다."

"君無術則弊於上, 臣無法則亂於下, 此不可一無, 皆帝王之具也."[28]

"법도를 지키고 권세를 잘 사용하면 나라를 잘 다스릴 것이고, 법도를 어기고 권세를 남용한다면 나라가 소란스러워질 것이다."

"抱法處勢則治, 背法去勢則亂."[29]

여기서 언급된 법은 封建制度 아래의 습관법·비밀법·계급법과 다른 平等의 法理를 주장하고 있으며 전국의 질서를 유지하고 상하 모두의 행동 준칙으로 삼는 것으로 법령의 권위를 확립하였다. 이러한 법은 적극적이고 건설적인 것으로 중국정치사의 진보로 간주하고 있다.

勢는 통치권·주권을 의미하며 주권론에 해당하는 것으로, 최고의 억제력과 보편적인 억제력이 있다고 본다. 그러므로 〈難勢〉편에서 "勢之爲道也, 無不禁."이라 하였다.

또한 術은 법과 비교할 때 법은 공개적인 것이지만 술은 비밀스럽게 암행하는 것으로 간주하고 있다. 法은 백성을 대상으로 하지만, 術은 신하들을 대상으로 하고 있다. 法은 군신모두 지켜야 하지만 術은 군주 홀로 사용하는 것이다. 그러므로 〈難三〉에서 다음과 같이 논하고 있다:

"치술이라는 것은 흉중에 품고 있다가 여러 가지 상황에 대처하고 몰래 관리들을 제어해주는 것이다. 그래서 법도는 드러내는 것이 가장 좋고 치술은 감추는 것이 좋다. …… 치술을 운용할 때는 주위의 측근들조차도 듣지 못하게 한다."

---

28) 《韓非子·定法》

29) 《韓非子·難勢》

"術者, 藏之於胸中, 以偶衆端, 而潛御群臣者也. 故法莫如顯, 而術不欲見. …… 用術, 則親愛近習, 莫之得聞也."[30]

## 2.《戰國策》의 종횡가 사상

전국시대에 관한 역사서 중에서《戰國策》을 가장 중요한 전적으로 간주하고 있다. 그러나 이 전적은 또한 종횡가의 사상이 포함되어 있는 것으로 간주하는 것이 일반적인 견해다.

종횡가는 전국시대에 가장 활발했던 인물들이다.《戰國策》은 기본적으로 종횡활동의 역사를 담고 있으며 당시 종횡가들의 언사를 집약하고 있다. 그러므로《戰國策》에 내포된 사상은《左傳》또는《國語》와 다르며 商·周이래 전해져 내려온 전통적인 관념을 타파하고 있다. 다시 말해 상당한 부분에서 종횡가들의 인생관과 도덕관을 표출하고 있는데 이러한 인생관과 도덕관은 이전의 전적에 없었던 것들이다. 이들은 특히 "轉危爲安, 運亡爲存."[31]을 매우 중요시하였다.

縱橫家는 대개 고대 行人之官에서 나왔다.[32] 行人이란 천하의 일을 주지하고 각국의 民情·禮俗·政敎·刑禁 등을 살펴 賓客을 응대하고 외교를 돈독히 하는 일을 주된 업무로 삼는 사람들이다. 그러므로 행인은 博學하지 않을 수 없으며 揖讓과 進退에 능했다. 이들의 기본적인 수양은 儒家에 淵源한 것이나 외교방법의 교묘함과 음양의 개폐, 以退爲進 등은 道家에 가깝다. 功利와 效用의 중시는 墨家와 가까우며, 전쟁의 퇴치와 승리를 위한 합종과 연횡의 추구는 兵家와도 같다. 그러므로 縱橫家는 모든 학문과 사상을 도입하고 융화시켜 機智를 발휘하여 자국의 安寧과 발전을 도

---

30)《韓非子·難三》

31) 劉向,《戰國策書錄》.

32)《漢書·藝文志·諸子略》

모한다.

그러므로 당시 이러한 능력을 갖춘 책사를 군주가 영입하면 강해지고 잃으면 망하는 시대였다. 이러한 策士들의 언행이 《戰國策》에 실려 있는데 그의 외교 행각이 잘 묘사되어 있다. 무릇 외교는 정치의 중요한 일환이며 국방과 더불어 서로 표리 관계에 있다. 이로써 외교의 성패는 국가 민족의 安危와 관계가 있는 것이다. 당시 이러한 외교업무를 주로 담당한 인물들이 종횡가다. 《戰國策》은 바로 이러한 종횡가의 사상을 주로 담고 있지만 나아가 儒家·墨家·道家·法家의 사상도 내포하고 있다. 예컨대, 《齊策四·齊王使使者問趙威后》에서 威后가 使者에게 "歲亦无恙耶? 民亦无恙耶? 王亦无恙耶?"하고 묻는 것은 왕보다 백성을 중시하는 측면이 있어 기본적으로 유가사상이 반영된 것으로 간주할 수 있다. 그리고 《宋衛策·公輸般爲楚設機》는 묵가사상의 非攻을 그대로 표현하고 있다고 볼 수 있으며; 《齊策四·齊宣王見顔斶》에서 직접 老子의 말을 인용한 부분[33]이나 끝 부분에서 齊宣王의 호의를 사양하며 한 말은 도가사상을 반영한다고 볼 수 있다. 또한 《趙策二·武靈王平晝閑居》에서 趙武靈王이 公子成·趙造 등의 의견을 반박하는 부분[34]은 《韓非子》의 "古今異俗, 新故異備" "世異則事異, 事異則備變" 등의 주장을 그대로 표현하고 있어 이는 법가사상을 반영하고 있다고 볼 수 있다.

이와 같이 《戰國策》은 다양한 사상들을 흡수 융합하여 국가발전과 개인의 발전을 도모하고 있음을 알 수 있다.

---

33) "老子曰: 〈雖貴, 必以賤爲本; 雖高, 必以下爲基.〉"

34) "王曰: 〈古今不同俗, 何古之法? …… 諺曰: 《以書爲御者, 不盡于馬之情; 以古制今者, 不達于世之變.》 故循法之功, 不足以高世; 法古之學, 不足以制今.〉"

## V. 결론

《韓非子》는 선진제자산문 전적 가운데 중요한 작품 중 하나로 이는 기본적으로 韓非子가 지은 것이다. 전국시대 후기의 법가사상을 대표하고 있으며 내용이 매우 풍부하다. 그러나 그의 특징 중에 하나는 '시대에 대한 진보적 시각'을 가지고 있다는 것이다. 사회적으로 물질적으로 前代에 비해 인구가 증가하고 모든 면에서 매우 복잡한 가운데 분쟁과 혼란이 야기됨으로 이러한 문제를 해결하기 위해서는 '이기적인 인간의 심성'을 파악하고 "嚴刑峻法"을 적용해야 나라를 바로 이끌어 갈 수 있지, "仁義辯智"로는 전국시대를 이끌어 가기에는 어려움이 있음을 설명하고 법치를 강조하고 있다. 나아가 '실력과 功利를 중시하는 사고'야 말로 부국강병을 이룩할 수 있는 올바른 선택임을 역설하고 있다. 韓非子의 이러한 저술 내용은 역대 군주에게 커다란 영향을 미쳤다.

《戰國策》은 선진사전산문 전적 가운데 중요한 작품 중 하나로 이는 기본적으로 漢代 劉向이 궁중에 있는 《國策》《國事》《短長》《事語》《長書》《修書》 등의 자료들을 모아 정리하고 편찬한 후 '戰國策'이라 칭한 것이다. 이는 주로 전국시대 후기 종횡활동에 종사하던 인물들이 지은 것으로 史實적인 내용도 있고 虛構적인 내용도 있는 것으로 간주하고 있다. 특히 游士들의 策謀가 중점적으로 전개되어 있다. 그러므로 곳곳에 '책략을 중시하는 견해'가 내포되어 있으며, 이러한 책략을 성공적으로 수행하는 '인재를 중시하는 관점'이 함께 중시되고 있는 것을 알 수 있다. 그리고 나아가 부과된 중대업무나 커다란 문제점 등을 무난히 완수하거나 해결하기 위해서는 행동의 적절한 시기와 상황을 올바로 알아야 함으로 '시기와 상황을 중시하는 시각'이 표현되어 있는 것을 알 수 있다.

이상 《韓非子》와 《戰國策》의 기본사상을 비교해 볼 때 양자 모두 전국시대의 혼란한 국면에서 어떻게 위기에서 벗어나 안정을 도모하고, 멸망의 위기에서 생존할 수 있는지를 모색하는데 근본취지를 같이하고 있으며 나아가 국가발전과 부국강병을 추구하는데 있는 것을 알 수 있다. 이를 위해서는 당시의 군주를 설득하기 위한 유세내용이 매우 많은 것을 알 수 있다.

韓非子 중 〈說林上〉·〈說林下〉, 〈內儲說上〉·〈內儲說下〉, 〈外儲說左上〉·〈外儲說左下〉·〈外儲說右上〉·〈外儲說右下〉 및 〈十過〉 등은 韓非子가 모아 놓은 춘추전국시대의 유세자료로 보고 있으며, 그 중 '說林' '儲說'은 유세고사를 모으면서 자신의 생각을 정리한 것으로 간주하고 있다. 이로써 韓非子가 옛 사람들의 유세와 논쟁 내용을 정리하면서 교훈을 얻고 유세의 장점을 학습할 수 있었다고 볼 수 있다. 이러한 면에서 《韓非子》는 《戰國策》과 매우 상통하는 면이 있는 것을 알 수 있다. 그러므로 《韓非子》의 이러한 고사들과 《戰國策》의 내용을 비교해 보면 상당한 부분에서 같거나 비슷한 것을 알 수 있다. 이는 전국유세고사를 종횡가 만이 학습자료로 삼았을 뿐 아니라 韓非子도 연구자료로 삼은 것을 알 수 있다. 이밖에 司馬遷의 《史記》도 《戰國策》과 같은 자료를 참고하여 《史記》를 썼으므로 상당부분 《戰國策》과 같은 내용이 《史記》에 수록되어 있는 것을 알 수 있다.

또한 《韓非子》와 《戰國策》의 차이점을 간략히 언급하자면 《韓非子》는 내치에 치중을 두고 안정 속에서 국가이익을 도모하는데 주된 초점을 두었다면, 《戰國策》은 외교와 外事에 주안점을 두고 국가의 생존을 추구하였다. 그러므로 인재 등용에 대한 견해에 있어서 《韓非子》는 하급관리부터 테스트를 거쳐 발탁해야 한다고 하나, 《戰國策》은 군주와 직접적인 대화를 통해 인정을 받아 특채되는 것을 알 수 있다. 그러나 일면 說客들이 개인의 私利를 추구하는 모습은 부정적인 면으로 간주된다. 예컨대, 蘇秦의 개인의 영달을 위한 합종연횡의 추구와 전쟁을 앞두고 싸워서 승리를 해봤자 더 이상 진급할 수 없다는 이유로 전쟁을 포기하는 일은 전쟁이라는 대사는 개인의 이해관계 보다 선후에 있어 뒤짐을 알 수 있다. 그러나 모두 그런 것은 아니며 大義를 추구하는 경우도 있다.

## ✚ 참고문헌


國學整理社,《諸子集成(全八册)》 北京8版, 중국: 中華書局, 1993.

邵增樺 註譯,《韓非子今註今譯(上·下)》 臺2版, 대만: 臺灣商務印書館, 1983.

박건영·이원규 역해,《韓非子》, 청아출판사, 1993.

張素貞 著,《韓非子思想體系》, 대만: 黎明文化事業公司, 1985.

張素貞 著,《韓非子難篇硏究》, 대만: 學生書局, 1987.

蔡英文 著,《韓非子的法治思想及其歷史意義》, 대만: 文史哲出版社, 1986.

謝雲飛 著,《韓非子析論》, 대만: 東大圖書公司, 1989.

黎明 編著,《韓非子·帝王之術》, 중국: 中國社會出版社, 1999.

谷方 著,《韓非與中國文化》, 중국: 貴州人民出版社, 2001.

熊禮匯·茅穗穗 編著,《韓非與現代管理》, 중국: 學林出版社, 1999.

林茂 編著,《韓非子-法家的大成》, 중국: 春風文藝出版社, 1993.

漢·高誘 注,《戰國策》, 대만: 藝文印書館士禮居叢書

宋·.鮑彪 注,《戰國策》, 대만: 商務印書館四庫珍本六集

元·.吳師道 撰,《戰國策校注》, 대만: 藝文印書館惜陰軒叢書

郭希汾 輯註,《戰國策詳註》, 대만: 惠文出版社, 1972.

西漢·.劉向 集錄,《戰國策》, 대만: 里仁書局, 1990.

諸祖耿 撰,《戰國策集注彙考》, 중국: 江蘇古籍出版社, 1985.

張淸常·王延棟,《戰國策箋注》, 중국: 南開大學出版社, 1993.

鄭良樹 著,《戰國策硏究》, 대만: 學生書局, 1986.

尹冬 編著,《戰國策-脣槍舌劍錄》, 중국: 春風文藝出版社, 1993.

熊憲光 譯著,《戰國策硏究與選譯》, 중국: 重慶出版社, 1988.

晉·杜預 注. 唐·孔穎達 疏,《春秋左傳正義》, 대만: 藝文印書館, 1981.

周·左丘明 撰,《國語》, 대만: 漢京文化事業公司, 1983.

漢·司馬遷撰. 宋·裴駰 集解. 唐·司馬貞 索隱. 張守節 正義,《史記集解》, 대만: 藝文印書館
陳國慶 編,《漢書藝文志注釋彙編》, 대만: 木鐸出版社, 1983.
王弼 註,《老子註》, 대만: 藝文印書館, 1975.

# 張戒와 李奎報 詩論 비교 - 南宋《歲寒堂詩話》와 高麗《白雲小說》을 중심으로*

황선미**

## I. 들어가며

宋 왕조가 문치 정책을 제도화하자, 중국 지식인들은 대부분 과거시험의 주요과목인 유가 사상에 대한 지식과 고전문학에 대한 소양을 쌓기 위해 노력을 기울이기 시작하였다. 宋代에 들어와 새로운 상류계층으로 자리 잡은 문인사대부들의 신분적 자산인 성리학과 詩文은 과거제도의 핵심 과목이었으므로 성리학적 지식과 詩文 창작에 대한 뛰어난 능력이 없이는 관료 임용의 관문인 과거제도의 혜택을 누릴 수 없었다. 과거의 과목 가운데 중요한 항목이었던 詩 창작은 이런 이유로 말미암아 필연적으로 형식화의 방향으로 흘러가게 되었다. 詩가 개인적 세계관이나 정서의

* 이 글은 2007년 2월《中國語文論譯叢刊》제20집에 수록된 논문임.

** 한국외국어대학교 중국통번역학과 강사

표현이 아니라 우선적으로 과거시험의 답안으로서 학습되었기 때문에 빚어진 일이었다. 과거에 대비하여 詩를 공부해야 하는 문인사대부들은 이전 시기의 시인들 가운데 가장 모범적으로 인정받을 수 있는 사례를 기준으로 詩 창작을 준비할 수밖에 없었기 때문이다. 뿐만 아니라 과거시험 합격 이후에도 시험 준비 과정을 통해 보편화된 詩文 창작은 재능 여부를 불문하고 관료사대부들의 일상적인 의사소통과 사교 활동의 수단이 됨에 따라 일반적인 관료사대부들이 누구나 쉽게 詩를 창작할 수 있게 하는 창작 방식이 모색되기에 이르렀다. 이에 이전 시기에 활동했던 대시인들의 문학적 성취를 고루 소화하여 응용하기 위해 노력한 蘇軾과 黃庭堅의 詩作태도가 쉽게 받아들어져 蘇·黃 詩風을 형성하게 된다. 사실상 蘇軾, 黃庭堅 등 소문사학사 및 黃庭堅을 추종한 江西詩派의 詩論은 상당부분 유사성을 보이는데, 典故와 用事의 다용, 詩意와 詩語의 변용론인 換骨奪胎 및 點鐵成金의 이론 등이다.

중국의 영향으로 유교문화권을 형성한 한국 사회도 역시 문치주의로 흘러들어갔다. 유교가 한국에 전래된 연대는 문헌상으로 확실한 고증은 없으나, 당나라에 유학생을 보내고 국자감을 세운 것으로 미루어 삼국시대에 이미 유교가 상당히 보급되었다고 볼 수 있다. 관리의 등용시험으로 과거를 실시한 일은 이미 신라 때부터 있었지만 과거가 엄격한 의미에서 제도적으로 실시된 것은 高麗 초기부터였고 그 후 조선 후기까지 계속되었다. 高麗 광종(958년)때 당나라 제도를 모방하여 과거제도를 채택한 것이 문치정치의 제도적 도입이라 할 수 있으며, 과거에서도 다른 雜科에 비하여 문과의 大科가 중시되었는데, 응시과목으로는 詩, 賦, 頌, 策 등 詩歌 창작 또한 과거시험에 중요한 관건으로 작용하였다. 高麗 후기는 과거시험과 무관하게 자신의 문학적 활동을 해나갔던 사람이 비교적 적었던 시기였다. 그 당시 유행하던 文風이 송시라 하더라도 宋代 시인 전부를 말하는 것은 아니고, 순전히 蘇軾과 黃庭堅의 詩만을 숭상하였다. 물론 西崑體나 남송시인에 대한 好惡도 없을 것은 아니나 대부분의 시인들이 모

두 蘇·黃을 추종하고 있었던 것이다.[1)]

宋代와 高麗 시대는 이처럼 과거제도의 영향으로 蘇軾과 黃庭堅의 절대적 영향력이 행사되면서, 詩歌 창작에 있어 典故와 用事, 換骨奪胎 및 點鐵成金 등의 형식론적 이론이 그 시대 최고의 엘리트를 규정하는 가장 중요한 척도의 하나로 자리 잡게 되었다. 그러나 시간이 지남에 따라 서서히 蘇軾과 黃庭堅의 이러한 형식과 기교가 지나쳐 생기는 폐단을 문제시하는 작가와 이론가들이 나타나게 되었는데, '詩言志'의 관점으로 이러한 문제점을 비판한 대표적 작가로 宋代에는 張戒를, 高麗 시대에는 李奎報를 들 수 있다.

北宋末과 南北宋 교차기에 蘇·黃 詩風과 江西詩派를 강력히 비평한 詩話에는 張戒의《歲寒堂詩話》이외에 葉夢得의《石林詩話》등도 있으나,《石林詩話》는 그 형식에 있어 北宋詩話의 閑談이나 記事的 습관을 아직 벗어나지 못한 경향을 보이고 있다. 그에 비해 張戒의《歲寒堂詩話》는 閑談적인 隨筆 형식에서 일종의 문학비평의 양식으로 발전하여 논점이 선명하고, 主旨가 비교적 명확하며 詩에 관한 이야기와 詩에 관한 예거가 논증에서 의거하는 자료로 활용되어 詩論의 風格이 두드러지고, 이론적 가치를 가지고 있는 작품임에 틀림없으며, 또한 蔡鎮楚는《中國詩話史》에서 "張戒 이전, 宋代 문인 중 아무도 이처럼 선명하게 蘇·黃 詩風을 批判하며 반기를 든 사람이 없었으며, 詩歌理論의 批評을 이처럼 중시한 詩話도 없었다."[2)]라고 하였다.

또한 高麗시대 詩話集으로는 李奎報의《白雲小說》외에 李仁老의《破閑集》, 崔滋의《補閑集》등이 있다. 李仁老는 蘇軾과 黃庭堅이 주장한 '用事論'을 계승하여 李奎報와 대립적 관계에 있었으며, 崔滋는 李奎報를

---

1) 趙鍾業,《韓國詩話研究》, 太學社, 1991, 140쪽

2) 蔡鎮楚 著,《中國詩話史》, 湖南文藝出版社, 1988, 80쪽: "在張戒以前, 宋人有谁这样旗帜鲜明地批评蘇黃詩風? 没有! 有谁家之詩話如此重视诗歌理论的批评?"

계승하면서 양론을 더욱 대립시켰다. 또한 趙鍾業은 "蘇東坡의 詩風이 汎濫하여 유행되는 중, 黃庭堅의 換骨奪胎說, 즉 표절풍이 들어와서, 一時詩風이 모두 東坡 詩를 窃取하여 모방하기에 주력하여, 새로운 창의가 전혀 보이지 않음을 개탄하여, 李奎報가 이 폐단을 시정하려고 新意"[3]를 주창한다고 하였다.

《歲寒堂詩話》와 《白雲小說》의 저작시기가 약 80~90년 정도의 차이를 보이나[4], 張戒와 李奎報는 蘇軾과 黃庭堅의 詩風이 득세하던 시기에 '詩話'라는 문학 비평틀을 통해 蘇軾과 黃庭堅의 詩歌 창작 이론의 폐단을 시정해야 한다고 강력히 주장한 대표적 선구자로 꼽을 수 있다. 따라서 본고에서는 蘇軾과 黃庭堅을 중심으로 당시 형식주의 詩風에 반기를 든 張戒와 李奎報의 주장과 아울러 그들이 중요시하는 詩歌 창작 근본은 무엇이며, 좋은 詩를 쓰기 위해서는 어떤 기술적 요소를 기본적으로 갖추어야 하는지를 《歲寒堂詩話》와 《白雲小說》을 중심으로 고찰해 보고자 하며, 이는 한중시화 비교 문학 활동에 깊은 의의가 있다고 본다.

## Ⅱ. 張戒와 李奎報 문학적 생애

張戒의 生平 事跡에 관하여 세상에 알려진 사실은 많지 않다. 明代 錢士升《南宋書·趙鼎傳》 뒷 부분에 간략한 〈張戒傳〉이 있는데, 전체 문장

---

3) 趙鍾業, 앞의 책, 166쪽

4) 《歲寒堂詩話》와 《白雲小說》 집필시기에 대하여 정확하게 나와 있는 文獻은 없다. 그러나 《歲寒堂詩話》 중에 기록된 자료로 그 執筆時期를 紹興8년(1138) 이후에도 집필을 계속하고 있었음을 유추해 낼 수 있으나, 구체적인 시간에 대해서는 확정지을 수 없다. 《白雲小說》에는 李奎報(1168~1241)가 말년에 南軒長老로 自號하던 때의 작품이 수록되어 있는 것으로 보아 말년까지 집필을 하고 있었음을 추론해낼 수 있다.

이 300여자밖에 안되며, 내용에도 일부 오류가 발견되나, 張戒 生平에 관해 기술해 놓은 비교적 상세한 기록이다.

錢士升은《南宋書·趙鼎傳》에서 "張戒의 字는 定復이며 解州사람으로 監察御史의 벼슬을 맡았다."라고만 서술되어 있을 뿐, 그의 生卒 年月[5)]은 정확히 기록되어 있지 않으며, 紹興 8年(1138)에 張戒가 황제에게 거침없이 자신의 의견을 諫言하는 행적이 기록되어 있을 뿐이다.[6)]

李奎報(1168~1241)의 字는 春卿이며, 自號는 白雲居士, 南軒長老라 하였다. 李奎報의 初名은 仁氐였는데, 24세 되던 해에 奎報로 개명했다. 문장가로서의 역량과 문학 비평가로서 高麗 후기의 탁월한 문장가이며 비평가이다.

당시 張戒와 李奎報가 살았던 宋代와 高麗는 遼와 金의 끊임없는 위협과 침공을 받은 정치적 혼란기였다. 그때 당시 金나라는 宋나라에 사신을 보내어 '江南詔論使'와 '明威將軍'의 직위를 宋 황제에게 하사하려하자, 조정에서는 主戰派와 主和派로 나누어져 격렬한 분열이 일어났다. 이에 張戒는 金나라와 화친해서는 안 된다고 諫言하였으나 그 뜻이 조정에 받아들여지지 않았고, 오히려 이 일로 泉州로 쫓겨나게 되었으며 몇 달 후에

---

5) 陳應鸞은 張戒가 紹興 30年(1160)에 卒했을 것이라고 주장한다. 그 추측의 근거로 두 가지 이유를 제시하였는데, 그 첫 번째 이유로 그는《建炎以來繫年要錄》卷185 이후로 張戒에 대한 기록이 전혀 없다라는 것과 두 번째로는 만약《建炎以來繫年要錄》에서 張戒의 卒年을 기록하지 않은 것이라면, 張戒는 적어도 宋 孝宗이 왕위로 오른 후 까지는 생존한 것으로 본다. 孝宗이 왕위로 오른 후에 그는 主和派를 배척하고 主戰派를 중용하여, 和議를 반대하여 억울하게 유배당한 자들이 차츰 차츰 조정으로 돌아오게 되었다. 그러나 이 때 張戒는 보이지 않고 그 이름조차 기록되어 있지 않다. 이때에도 張戒가 아직 세상에 살아 있었다라는 것은 논리에 맞지 않는다. 이러한 판단으로 張戒가 아마도 紹興 30年(1160)쯤에 사망했을 것이라고 주장한다. (陳應鸞 著,《歲寒堂詩話校箋》, 巴蜀書旺, 2000, 4~6쪽 참조)

6) 錢士升,《四庫全書存目叢書》·〈南宋書〉卷9, 臺南, 莊嚴出版社, 1996, 31~214쪽 참조

면직까지 당하는 등[7] 정치 생활이 결코 순탄치 못했다. 이에 반해 李奎報는 31세 때에 첫 벼슬길에 올랐으며, 최충헌 무신정권시대인 1209년에 直翰林으로 발탁되어 비교적 순탄한 관료생활을 하다가 1237년(고종 24)에 門下侍郎平章事, 監修國史, 太子大保로 벼슬에서 물러났다. 한 명은 정치적으로 불운하였고, 다른 한 명은 정치적인 성공과 문인으로서의 명성을 한 몸에 누린 인물로, 이 두 작가의 정치적, 문학적 생애는 사뭇 다르지만, 문학의 본질문제와 문예이론의 탐색에 힘썼다는 점에서 동일하게 이해될 수 있을 것이다.

《歲寒堂詩話》는 丁福保가 편찬한 《歷代詩話續編》[8]에 수록되어 있으며, 上下 두 권, 上卷 36편, 下卷 33편, 총 69편으로 구성되어 있다. 上卷에서는 漢魏六朝에서 唐을 거쳐 北宋의 蘇軾과 黃庭堅에 이르기까지 歷代 詩人 및 작품에 대한 구체적인 평가를 내리고 있다. 또한 詩가 가져야하는 내용과 형식에 대한 張戒 자신의 견해를 밝히고 있으며, 詩人의 재능과 학습 방법 등 구체적인 실천 방안에 대해서도 언급하고 있다. 下卷은 고금을 통한 최고의 詩人인 杜甫의 詩 33首를 선택하여 詩歌가 내포하고 있는 의미와 표현에 대해 심도 있는 논증과 평론을 가미하고 있다.

張戒의 주요저서로는 《歲寒堂詩話》 한 권만이 전해져 내려오며, 詩歌로는 絕句 한 首만이 《歲寒堂詩話》 속에 수록되어 전해져 내려온다.

> 獨坐燒香靜室中　홀로 앉아 향을 피우며 정막한 방에 있는데,
> 雨聲初罷鳥聲空　빗소리가 막 그치자 새 울음소리가 하늘에 울려 퍼진다.
> 瓦溝柏子時時落　기왓고랑에 잣이 때때로 떨어지니
> 知有寒天木杪風　겨울나무 가지에 바람 이는 것 알 수 있네.[9]

---

7) 위의 책, 31~214쪽 참조

8) 丁福保 輯, 《歷代詩話續編》, 中華書局, 1983

9) 위의 책, 464쪽

상기에 제시한 작품에 대한 詩題와 저작 시기는 알 수 없다. 단지 張戒 자신은 이 絕句를 맘에 들어 하지 않았으나 陳與義[10]가 유독 이 詩를 좋아하며 칭송하였다[11]고 기록되어 있다. 또한 陳與義는 張戒의 이 작품을 보고 "기이한 언어가 심히 많으나, 오직 建安과 六朝 詩의 風格이 부족함이 아쉽다."[12]라고 평가하기도 했다.

李奎報의 《白雲小說》은 저자의 문집 《東國李相國集》에는 실리지 않고, 조선시대 효종 때 洪萬宗이 엮은 시화집 《詩話叢林》에 首篇으로 실려 전해지고 있다. 《白雲小說》은 총 31편으로 구성되어 있으며, 《歲寒堂詩話》와는 달리 31편 중 오직 5편(25, 26, 27, 28, 29편)만이 문학 이론에 관한 내용, 즉 문장을 지을 때 흔히 범하기 쉬운 9가지 잘못된 문체(九不宜體)와 詩에 있어서 작가의 사상과 감정이 가장 중요하다는 主意論 등이며, 나머지 26편은 대부분 李奎報 자작시에 대한 自評과 다른 작가 작품에 대한 詩評, 시인에 얽힌 일화로 엮어져 있다.

---

10) 陳與義(1090~1138): 字는 去非, 號는 簡齋이며 洛陽 사람이다. 宋代의 詩人이며 작품집으로는 文集 20卷과 詞 1卷이 전해진다.(譚正璧 編, 《中國文學家大辭典》, 上海書店, 1981, 671쪽)

11) 丁福保 輯, 앞의 책, 464쪽: "此絕句非余得意者, 而陳去非獨稱誦不已."

12) 위의 책, 464쪽: "陳去非初見余詩, 曰: "奇語甚多, 只欠建安六朝詩耳."

## Ⅲ. 《歲寒堂詩話》와 《白雲小說》 詩論 비교[13)]

### 1. 詩言志

'詩란 무엇인가'라는 질문에 대한 답은 시대와 시인, 詩의 종류 그리고 詩를 보는 안목에 따라 그 해답 또한 다르다. 李商燮은《문예비평용어사전》에서 "詩에 대한 가장 간단한 정의는 소설·희곡·일반 산문이 아닌 글" [14)]이라고 밝히고 있다. 이 말은 詩와 산문의 구별을 의미한다. 그러나 宋代는 詩와 산문의 대별이 모호하다. 嚴羽는 宋代 문인들의 作詩 풍격을 가리켜 "문자로 시를 짓고, 재주와 학식으로 시를 짓고, 의론으로 시를 짓는다."[15)]라고 하면서 宋代 詩歌를 산문화와 의론화로 특징지었다. 이렇듯 詩가 순수 詩로서의 모습을 잃고 산문화의 경향으로 치우치고 있을 때, 張戒와 李奎報는 '詩를 어떻게 지을까?' 라는 질문을 던진다. 이에 대한 해답으로 산문 형태로서의 詩가 아닌 詩의 본질에 입각한 詩 쓰기 방식, 즉 '작가의 주관적인 뜻'을 詩에 반영해야 한다고 주장한다.

좋은 詩는 작가의 주관적인 뜻을 운율이 있는 언어로 압축해서 짜임새 있고 아름답게 표현한 글로 詩의 내용과 형식이 잘 어우러져야 한다. 張戒와 李奎報는 내용과 형식의 조화를 중시하면서도 기본적으로는 내용, 즉 '작가의 주관적인 뜻(意)'을 중시했다. 詩에 있어 '작가의 주관적인 뜻'을 중시하는 관점은 역사적으로 그 뿌리가 깊다. 중국의 경우 일찍이 詩歌의 특징에 대하여《書經·虞書》에서 '詩言志'라고 하여 "詩란 작가의 뜻

13) 《白雲小說》과의 詩論 비교에 있어《歲寒堂詩話》下卷의 내용은 詩에 대한 詩評 및 例證에 불과하므로 본 소절의 비교부분에서는 그 내용을 제외시켰음을 밝혀 둔다.

14) 李商燮,《문예비평용어사전》, 민음사, 1976, 192쪽

15) 嚴羽,《滄浪詩話·詩辨》: "以文字爲詩, 以才學爲詩, 以議論爲詩."

을 펴는 것"[16]이라고 정의하였다. 이는 언어의 본질적인 임무는 감정과 뜻의 전달이라는 것으로, 언어 예술인 詩에서 가장 중요한 요소는 내면의 사상과 감정을 표현하는 것을 의미한다. 漢代에 이르러서는 《毛詩序》에서 좀 더 구체적이고 발전된 견해로서 "詩란 문자로 작가의 감정을 표현해 내는 것이며, 이로부터 음악과 무용이 함께 생성되었다"고 하였다.[17] 따라서 詩란 작가의 적극적인 생각이나 뜻을 나타내는 것으로 '詩言志'說은 오랫동안 傳統 文人學者들에 의해 詩의 본질에 대한 기본적 규정으로 인식되어져 왔다.

張戒가 주장한 '意'는 바로 儒家 전통적인 '言志' 理論이다. '言志' 理論을 계승하여 詩 본질의 방향을 설정하고 있다. 張戒는 《歲寒堂詩話》 第 1 條 첫머리에 詩의 본질에 대한 자신의 견해를 다음과 같이 밝히고 있다.

> 建安時代, 陶淵明, 阮籍 이전의 詩는 전적으로 詩人의 주관적인 뜻으로 詩를 지었는데, 潘岳과 陸機 이후의 詩는 전적으로 사물만을 노래하였다. 이 두 가지를 겸비한 자가 있는데 李白과 杜甫이다. 詩人의 주관적인 뜻은 바로 詩人의 근본이고, 사물을 노래함은 단지 詩人의 부차적인 일일 따름이다. …… (이들의 詩는) 그 정이 진실 되고 그 맛이 유장하며 그 기개가 뛰어나 《詩經》과 비교하여도 거의 부끄러움이 없으니, 모두 詩人의 本意를 얻었기 때문이다. 潘岳과 陸機 이후에는 특히 사물을 노래하는 것에만 뜻을 두어, 사물을 조각하고 새기는 기교가 날로 심화되어 詩人의 본뜻이 사라지게 되었다.[18]

---

16) 《左傳·襄公》: "詩以言志" (《十三經注疏》 卷6, 藝文印書館, 1985, 648쪽/ 《莊子·天下》: "詩以道志" (莊子 著, 《莊子》, 中華書局, 1985, 53쪽)/ 《荀子·儒效》, "詩言是其志也" (荀子 著, 荀況 撰, 《荀子》, 中華書局, 1985, 127쪽)

17) 郭紹虞 主編, 《中國歷代文論選》 제 1권, (上海, 上海古籍出版社, 1986), 63쪽: "詩者志之所之也。在心爲志, 發言爲詩, 情動於中而形於言, 言之不足。故嗟歎之, 嗟歎之不足, 故永歌之。永歌之不足, 不知手之舞之, 足之蹈之也。"

18) 丁福保 輯, 앞의 책, 450쪽: "建安陶阮以前詩, 專以言志; 潘陸以後詩, 專以詠物。兼而有之者, 李·杜也。言志乃詩人之本意, 詠物特詩人之餘事。…… 其情眞, 其味長, 其氣勝, 視《三百篇》幾于無愧, 凡以得詩人之本意也。潘陸以後, 專意詠物, 雕

詩歌 창작에 있어 '작가의 주관적인 뜻을 근본으로 삼는다(言志爲本)'와 '사물을 노래함에 기교로서 묘사한다(詠物爲工)'는 바로 張戒 論詩의 기본 주장이다. '言志'는 작가 자신이 마음에 품은 뜻 곧, 어떤 사물에 대하여 깊이 생각하고 선택, 판단하여 실행하려는 목적의식이 뚜렷한 적극적인 생각이나 마음가짐을 나타내는 것으로 詩人의 근본이며, 詩의 내용에 해당하는 것이다. '詠物'은 단지 자연 경치를 묘사하는 예술적 창작 기교, 즉 형식적인 측면에 불과한 것이다. '예술적 창작 기교'는 詩의 본질이 될 수 없는 것으로 '詩人의 부차적인 일'로 본 것이다. '작가의 주관적인 뜻'을 바탕으로 경치를 빌어 詩人의 뜻하는 바를 나타내면 내용이 충실할 뿐만 아니라 예술성 가치 또한 높아지게 되며 소멸되지 않는 생명력을 갖게 되나, 반대로 潘岳과 陸機와 같이 기교를 부려 단순히 자연 경치만을 묘사하게 되면 내용이 공허하여 詩가 생명력을 잃어 썩고 사라져버린다고 여긴 것이다.

작품에 있어서의 형식적인 부분은 그 문학의 내용을 효율적으로 전달하기 위한 수단이다. 따라서 문학 내용 속에서의 적절한 修辭 운용이나, 그 문학 유형만이 지니는 고유적 특징에 대한 활용은 작품이 호소하려는 메시지를 독자에게 설득하는 데 커다란 효용을 창출할 수 있다. 문학의 내용이 형식과 결코 분리될 수 없는 점에 주목한다면, 그 적절한 관계의 해석은 중요하다. 張戒는 내용과 형식 두 요소는 문학 창작에 없어서는 안 되는 것이며, 詩人은 외부의 사물을 통하여 자신의 사상과 감정을 표현함에 있어, 이 두 요소는 주, 객체의 구분이 있다고 여겼다.[19] 張戒는 詩歌 創作에 있어서 형식은 단지 창작의 객체로서 그 목적은 작가의 사상이나 감정을 나타내어주는 수단에 불과하며, 내용은 창작의 주체로서 문학 작품의 주요 내용이 되어야 비로소 "《詩經》과 비교하여도 아무런 손색이

鐫刻鏤之工日以增, 而詩人之本旨掃地盡矣."

19) 尙定, 〈《歲寒堂詩話》試論〉, 溫州師範學院學報, 1987, 306쪽

없는"[20] 경지에 이른다고 보았던 것이다. 이렇듯 내용과 형식은 창작의 주, 객체로 상호 융합하여 상승작용을 일으키는 개념이지 따로 떼어놓을 순 없는 개념이다. 내용은 형식을 포함할 수 있지만, 오로지 형식에만 관심을 기울여 내용을 소홀히 한다면 곧 詩人의 본의를 잃어버리는 것이다.

작가의 주관적인 뜻은 詩의 생명이자 원동력으로 예술 창조의 가장 기본적인 특징이기도 하다. 문학 작품 평가의 관점으로 가장 보편적인 형태는 내용과 형식으로 나누는 것인데, 張戒는 결국 이 두 가지 요소 중 형식보단 내용을 중시여기면서, 蘇軾과 黃庭堅을 거쳐 黃庭堅을 추종한 江西詩派에 이르기까지 '用事'와 '押韻' 등 형식과 기교만을 중시하고 내용을 경시하는 그들의 詩風을 일소하고자 '言志'를 핵심으로 하는 詩論을 주장한 것이다. 다음의 인용문에서 그의 이러한 주장을 엿볼 수 있다.

> 用事와 押韻을 어찌 말할 가치가 있단 말인가? 蘇軾, 黃庭堅의 用事와 押韻의 기교는 지극히 완벽할 정도로 뛰어나지만, 사실 내용을 살펴본다면 오히려 詩人들에게 또 다른 해악이 되어, 후생들로 하여금 오로지 用事와 押韻만을 하는 것이 詩가 된다고 여기게 하고, 사물을 노래함에 기교로서 묘사하게 하고, 작가의 주관적인 뜻을 근본으로 삼는 것을 모르게 하였다. 風雅의 정신이 이로부터 완전히 사라지게 된 것이다.[21]

'用事'와 '押韻' 등의 형식과 기교를 詩의 부차적인 문제로 인식한 張戒에게 蘇軾과 黃庭堅으로 대표되는 기교 위주의 江西詩派 詩體는 용납하기 어려운 것이었으며, 詩 본질에 관한 문제제기로 당시 詩壇에 팽배한 형식주의 作詩 풍조를 강한 어조로 비판하고 있다. 蘇·黃의 영향으로 인하여 作詩에 있어 '用事'와 '押韻', '換骨奪胎' 등을 사용하는 것이 당시 詩壇

---

20) 丁福保 輯, 앞의 책, 450쪽: "視《三首篇》幾于無愧。"

21) 위의 책, 452쪽: "用事押韻, 何足道哉! 蘇黃用事押韻之工, 至矣盡矣, 然究其實, 乃詩人中一害, 使後生只知用事押韻之爲詩, 而不知詠物之爲工, 言志之爲本也。風雅自此掃地矣。"

의 보편적인 분위기로 자리를 잡아가고 있었다. 우선 '押韻'에 대해 기술하자면, 그들의 詩는 和韻과 次韻의 詩가 주류를 이루었다. 《宋詩鈔》에 黃庭堅의 詩 218首가 실려 있는데, 그 중 和韻과 次韻의 詩가 58首이다. 《蘇軾詩集》 중에는 和韻과 次韻의 詩가 무려 625首가 실려 있을[22] 정도로 和韻과 次韻을 사용함에 있어 지나쳤음을 알 수 있다.

李奎報도 당시 문단이 개성, 독창성, 내용 등 詩의 서정적인 면이 무시된 채 형식주의와 외적 화려함을 숭상하며, 蘇軾과 黃庭堅의 옛것을 모방, 표절하는 작시 태도에 대한 시정 방안으로 '詩以意爲主'를 내건다.

> 무릇 詩는 뜻을 으뜸으로 삼는다. 뜻을 설정하는 것이 가장 어려우며, 말을 꾸미는 것은 그 다음이다. …… 그 속에 깊고 두터운 뜻이 함축되어 있지 않으면 처음에는 가히 볼만한 것처럼 보이기도 하지만, 거듭 음미함에 이르면 맛이 이미 다하여 버리는 것이다.[23]

李奎報는 作詩를 함에 있어 가장 먼저 고려되어야 되는 것은 뜻이며, 그 다음에 修辭의 과정으로 이루어져야 한다는 것이다. 李奎報는 뜻은 거의 염두에 두지 않고 修辭에만 매달려 외형적인 아름다움에만 치우치는 당시 문인들에게 가하는 한방의 일격인 것이다. 그렇다면 李奎報가 주장한 '뜻(意)' 또한 앞서 서술한 張戒가 주장한 '詩言志'와 같은 맥락일까? 이에 閔丙秀는 "李奎報의 主意論인 '詩以意爲主'의 '意'는 원초의 '詩言志'를 재천명한 것이다."[24]라고만 할 뿐, 구체적으로 설명하고 있진 않다. 李奎報의 사상을 계승했던 제자이자 詩文에 뛰어나 문명을 크게 떨쳤던 崔滋《補閑集》에서 '意'의미를 유추해낼 수 있다.

---

22) 尙定, 앞의 글, 306쪽

23) 洪萬宗, 《詩話叢林》, 國文學資料第5集, 1961, 1~12쪽: "夫詩以意爲主, 設意最難, 綴辭次之。…… 然中無含蓄深厚之意, 則初若可玩, 至在嚼則味已窮矣。"

24) 閔丙秀, 《韓國漢文學散藁》, 태학사, 2001, 118쪽

시문은 氣를 위주로 삼는다. 氣는 성정에서 발하고 意는 氣에 의지하며, 말은 情에서 나오므로 '情'이 곧 '意'이다. 그러나 신기한 뜻은 말을 만들기 어려우므로, 서두르면 더욱 생소하고 조잡해지는 것이다.[25)]

崔滋는 '情'이 곧 '意'라고 정의내리고 있다. '情'에 관한 정의는 漢代의 《毛詩序》에 보다 구체적으로 설명하고 있다.

詩란 뜻이 드러나는 바이다. 마음속에 품으면 뜻이 되고, 말로 표현되면 詩가 된다. '情'이 마음에서 일어나 말로 표현하는 것인데, 언어로 부족하기 때문에 한탄하게 되고, 한탄으로도 부족하기 때문에 길게 노래하게 되고, 길게 노래하여도 부족하기 때문에 자신도 모르게 손을 움직여 춤을 추고 발을 구르게 된다.[26)]

'詩言志'의 '志'는 《毛詩序》에서 '情'과 밀접한 관계를 갖는다. '詩란 뜻이 드러나는 바이다'의 '志'와 '감정이 마음에서 일어나 말로 표현한다.'의 '情'의 관계에 대해 孔穎達은 《春秋左傳正義》에서 "자신의 마음에 있으면 '情'이 되고, '情'이 움직이면 '志'가 되고, '情'과 '志'는 하나인 것이다."[27)]라고 정의내린바 있다. 따라서 張戒와 李奎報가 주장한 '意'는 모두 '詩言志'를 재천명한 것으로, 글을 지을 때 우선 작가의 주관적인 뜻이 詩歌에 반영되어야 하며, 修辭는 그 다음에 고려해야할 대상이어야 함을 주장하고 있다. 그러나 여기서 한 가지 간과해서 안 되는 것은 張戒와 李奎報에게

25) 崔滋 著, 《高麗名賢集》, 成均館大學校 大東文化硏究院, 1973, 132쪽: "詩文以氣為主, 氣發於性, 意憑於氣, 言出於情, 情卽意也。而新奇之意, 立語尤難, 輒爲生澁。"

26) 阮元 校勘, 《十三經注疏》 卷2·〈毛詩正義〉, 宏業書局, 1971, 563쪽: "詩者, 志之所之也。在心爲志, 發言爲詩。情動于中, 而形于言, 言之不足, 故嗟歎之, 嗟歎之不足, 故永歌之, 永歌之不足, 不知手之舞之, 足之蹈之也。"

27) 《左傳》 〈昭公二十五年〉; 孔穎達의 《春秋左傳正義》: "在己爲情, 情動爲志, 情、志一也。"

用事와 換骨奪胎 등 형식적인 修辭가 완전한 배척의 대상은 아니었다는 사실이다. 그 당시 유행했던 형식주의적 詩風을 '詩言志'의 관점으로 비판한 것이지, 결코 作詩에 있어 형식을 완전히 배제해야 함을 주장한 것은 아니다. 실제로 張戒는 蘇軾과 黃庭堅의 詩에는 장단점이 있다고 보았다. 단지 그는 蘇軾과 黃庭堅의 지나친 형식과 기교 중시와 그들의 폐단에 빠진 사람들에 대해서 강한 어조로 비판하고 있는 것이다. 작가의 뜻하는 바를 나타내기 위해 典故를 사용함은 고금을 통해 詩에 중요한 기교 중 하나임은 명확하나, 그것의 사용 자체가 목적이 될 수 없음을 설명한 것이다.

## 2. 文氣說

'詩言志'의 명확한 관점으로 蘇軾과 黃庭堅을 비판하고 있는 張戒와 李奎報는 단지 '詩言志'하나의 요소에 의해 작품의 풍격이 단독으로 결정되는 것은 아니라고 본다. 張戒는 '味'·'韻'·'氣'가 동일하게 고려되어야 한다는 입장을, 李奎報는 '氣'를 갖추고 있어야 한다고 주장한다.

張戒는 "끊임없이 심도 있게 그 詩를 감상하는 방법으로, 詩語가 아닌 그 안에 풍기는 향으로 독자가 詩를 읽은 후에 一唱三嘆할 정도로 오랫동안 음미할 수 있는 것으로, 읽으면 읽을수록 더 깊은 맛을 느끼는 것이다. 그것은 감추어져 있는 것으로 직접적으로 표현하면 안된다." 라고 하면서, 詩에 '味'의 요소가 가미되기를 주장한다. '味'는 함축과 여운을 남기는 詩歌의 요소로, 詩歌 창작에 있어 함축과 상징을 나타내는 것이다. '韻'에 관하여 張戒는 '韻'에 높고 낮음이 있어 후세 시인들이 쉽게 이르기 어려운 경지라고하면서, '韻'에 뛰어난 시인으로 曹植을 꼽고 있을 뿐 그 의미에 대해서 구체적으로 설명하고 있지 않다. 曹植의 작품에 대한 평가를 살펴본다면 張戒가 언급한 '韻'은 文采의 藻飾으로 修辭를 뜻함을 알 수 있다. 마지막으로 張戒는 詩 쓰기 방식으로 '氣'를 주장한다. '氣'의 의미에 대해서는 여러 가지가 있겠으나, 원래 '氣'는 古字에서는 '气'로 사용하였는데, 이 글자는 원래 雲氣가 피어오르는 氣運을 본 딴 象形字이다. '氣'는 고대철학에서 사용하는 개념으로 일반적으로 우주만물을 구성하는 본체를 가리킨다. 이러한 철학적 의미의 '氣'를 문학적인 개념으로 차용하여, 중국문학사상 최초로 이른바 文氣說을 제기한 曹丕는 '氣'에 대하여 다음과 같이 말하였다.

> 문장은 氣를 위주로 삼는데, 氣에는 맑고 탁함의 분별이 있어 억지로 이루어지는 것이 아니다. 이를 음악에 비유하면, 곡조와 박자가 비록 균일하고, 리듬이 똑같은 법도에 따른다고 할지라도, 氣를 끌어들임이 같지 아니하면 능숙함과 서투름에 타고난 바탕이 있기에 비록 부모와 형제지간일지라도 아들이나 동생에게 옮겨줄 수 없는 것이다.[28]

曹丕는 작품의 우열은 '氣'에 의해 결정되며, '氣'는 부모에게서도 물려받을 수 없으며, 형제간이라도 전해줄 수 없는 것으로 설명하고 있다. 이는 선천적인 기질과 천부적 재능을 중시하는 그의 관점에서 비롯된 것으로, 曹丕에게 있어서 '氣'는 작가의 개성이나 기질 또는 천부적 재능 등을 내포하고 있음을 알 수 있다. 이러한 曹丕의 관점이 張戒에게 그대로 이어져 張戒 또한 '氣'를 "氣에는 강하고 약한 것이 있기에 즉, 억지로 되는 것이 아니다."[29]라고 하면서, 선천적인 요소로 파악하여 후천적으로 배워서 완전히 변화시킬 수는 없다고 여겼다. 李奎報도 '氣'에 대해서 짤막하게 언급하면서 후천적으로 배울 수 없음을 주장한다.

---

28) 曹丕, 《典論》·〈論文〉: "文以氣爲主, 氣之淸濁有體, 不可力强而致。譬諸音樂, 曲度雖均, 節奏同檢, 至於引氣不齊, 巧拙有素, 雖在父兄, 不能以移子弟。" (曹丕 著, 魏文帝 撰, 《典論》, 中華書局, 1985, 1쪽)

29) 丁福保 輯, 앞의 책, 450쪽: "氣有强弱, 則不可强矣。"

뜻은 또 氣가 중심이 된다. 氣의 우열에 따라 詩가 깊어지기도 하고 얕아지기도 한다. 그러나 氣는 하늘에서 나온 것이어서 배워서 얻을 수는 없다. 그래서 氣가 저열한 자는 글을 꾸미는 것을 잘하는 것으로 알고, 뜻을 앞세우는 법이 없다. 대개 그 글을 아로새기고, 그 구절을 꾸미면 어여쁘기는 하겠지만, 그 속에 함축하여 깊고 두터운 뜻이 없고 보면 처음엔 볼만해도 두 번만 읽으면 맛이 다하고 만다.[30)]

詩의 출발은 뜻에 있다. 그러나 그 뜻은 천부적인 재능의 우열에 따라 깊이가 달라지며, 그 천부적 재능은 하늘로부터 부여받는 선천적인 것으로, 배워서 얻을 수 없다고 단정하면서, 천부적 재능의 우열에 따라 작품이 깊어지기도 하고 얕아지기도 한다고 주장한다. 천부적 재능을 뜻보다 한 단계 위로 설정하고 있다. 이러한 사상은 張戒에게도 동일하게 나타난다. 張戒 또한 선천적인 기질과 천부적 재능을 작가의 주관적인 뜻보다 한 단계 높게 보면서, 천부적 재능이 창작에 결정적인 영향을 줄 수 있다고 보았다.

張戒와 李奎報의 말대로 '氣'가 일종의 천부적인 요소라면, 그것에 의거한 글쓰기는 자연히 학습에 의한 글쓰기라기보다는 선천적인 요소가 강한 천부적 재능과 창조적 직관에 의한 글쓰기일 것이다. 그러나 氣가 타고나는 것이라도 詩는 천부적인 재능 있는 사람만 쓸 수 있는 것은 아니다. 인간의 후천적 노력으로 충분히 극복할 수 있으며, 천재적인 시인도 각기 나름대로 각고의 노력 끝에 얻은 결과이다. 선천적인 능력이 다른 사람에 비해 떨어진다고 생각하는 사람은 뛰어난 표현력을 인위적으로 획득하거나, 좋은 소재를 개발해서 작품화하거나, 작품의 구성을 절묘하게 하는 등, 주로 기술적인 측면에 국한된 노력을 하게 마련이다. 이에 李奎

---

30) 洪萬宗, 앞의 책, 1~12쪽: "夫詩以意爲主, 設意最難, 輟辭次之。意亦以氣爲主, 由氣之優劣, 乃有深淺耳, 然氣本乎天, 不可學得。故氣之劣者, 以雕文爲工, 未嘗以意爲先也。蓋雕鏤其文, 丹靑其句, 信麗矣。然中無含蓄深厚之意, 則初若可翫, 至再嚼則味已窮矣。"

報는 기술적인 측면으로 '문장을 지을 때 흔히 범하기 쉬운 9가지 잘못된 문체(九不宜體)'를, 張戒는 '학습론'을 각각 제시한다. 그렇다면 李奎報가 제시한 '문장을 지을 때 흔히 범하기 쉬운 9가지 잘못된 문체'란 무엇인지 그 내용을 보도록 한다.

> 詩에는 아홉 가지 좋지 않은 문체가 있다. 이것은 내가 깊이 생각해서 스스로 깨달은 것이다. ① 한 편의 작품 속에 옛 사람의 이름을 많이 쓰는 것은 '귀신을 수레에 가득 실은 문체'이다. ② 옛 사람의 뜻을 취하는 것은 잘 훔쳐 쓰는 것도 안 되는데, 훔쳐 쓴 것도 제대로 되지 않은 것은 '선 도둑이 쉽게 잡히는 문체'이다. ③ 强韻으로 압운을 근거 없이 쓰는 것은 '센 화살을 당겨 이기지 못하는 문체'이다. ④ 자기 재주를 헤아리지 않고 압운을 지나치게 하는 것은 '술을 지나치게 마신 문체'이다. ⑤ 험자를 쓰기 좋아하여 사람을 쉽게 미혹시키는 것은 '함정을 만들어 소경을 이끄는 문체'이다. ⑥ 말이 순탄하지 않은데 억지로 인용하는 것은 '남을 강요해서 자기를 따르게 하는 문체'이다. ⑦ 일상용어를 많이 쓰는 것은 '시골 사람이 모여서 떠드는 문체'이다. ⑧ 공자와 맹자를 범하기를 좋아하는 것은 '존귀한 분을 범하는 문체'이다. ⑨ 글이 거칠어도 삭제하지 않는 것은 '잡초가 밭에 가득한 문체'이다. 이러한 좋지 않은 문체들을 면한 뒤에야 함께 詩를 논할 수 있다.[31]

①, ⑥, ⑧은 用事論이고, ②는 換骨奪胎論, ③, ④는 聲律論, ⑤, ⑦, ⑨는 修辭論으로 분류할 수 있다. 위의 九不宜體는 용사를 지나치게 과용하지 말 것, 換骨奪胎를 피할 것, 압운법에 집착하지 말되 지나치게 벗어나지 말 것, 修辭에 민어 險字와 상말을 피할 것으로 요약된다.[32] 李奎報

---

31) 위의 책, 1~12쪽: "詩有九不宜體, 是余之所深思而自得之者也。一篇內多用古人之名, 是載鬼盈車體也。撓取古人之意, 善盜獨不可, 盜亦不善, 是拙盜易擒體也。押强韻無根據, 是挽弩不勝賤也。不揆其才, 押韻過差, 是飲酒過量也。好用險字使人易惑, 是設抗導盲體也。語末順而勉引用之, 是强人從己體也。多用常語, 是村父會談體也。好犯丘軻, 是凌能犯尊貴體也。詞荒不删, 是莨莠滿田體也。能免此不宜體格而後, 可與言詩矣。"

32) 김동욱, 《동국이상국집 해제》, 국역동국이상국집 1, 민족문화추진회, 15면

는 作詩에 있어 옛 대시인들의 문구를 모방하거나 표절하는 태도를 버리고, 스스로 창의성을 가지고 詩文을 창출해 내기를 강조하였다.

천부적인 '氣'를 보완하는 방법으로 李奎報가 '흔히 범하기 쉬운 9가지 잘못된 문체'를 제시했다면, 張戒는 이에 대한 방안으로 학습론을 강조한다. 張戒는 詩人의 재능과 함께 학습의 의의에 대해서 다음과 같이 지적하면서 학습의 중요성을 간과하지 않는다.

> 詩人의 재능에는 높고 낮음이 있고 물론 한계도 있을 수 있으나, 배움에 있어 신중하지 않으면 안 된다.[33)]

천부적 재능은 고정된 작가의 기본 조건이지만 학습을 통해 그것에 날개를 달아 주어야 한다. 재능의 발굴, 연마, 발전 등 일련의 예술적 성취가 학습이라는 계기와 자극 없이는 이루어내기 어려운 것은 자명한 일이다. 일찍이 劉勰은《文心雕龍》에서 "재능을 盟主로 삼고 학습을 輔佐로 삼는다."[34)]고 하였으니, 이는 비록 詩적 재능이 중요하기는 하지만 학습을 병행해야 된다는 의미를 내포하고 있다. 詩人은 학습을 통해 사상과 예술의 수준을 향상시킬 수 있는 것이다. 張戒는 학습에는 순서가 있다고 하면서, 시대 發展에 따라 詩歌를 다음과 같이 5가지 분기 '先秦'·'漢魏'·'六朝'·'唐'·'宋'으로 나누었다.

> 宋代 詩人들의 詩를 한 등급으로 삼고, 唐代 詩人들의 詩를 한 등급으로 삼고, 六朝 시대의 詩를 한 등급으로 삼고, 陶淵明, 阮籍, 建安七子, 兩漢의 詩를 한 등급으로 삼고, 詩經과 楚辭를 한 등급으로 삼는다.[35)]

---

33) 丁福保 輯, 앞의 책, 452쪽: "人才高下, 固有分限, 然亦在所習, 不可不謹."

34) 劉勰 著,《文心雕龍》·〈事類〉: "才爲盟主, 學爲輔佐."(劉勰 著,《文心雕龍》, 中華書局, 1985, 52쪽)

35) 丁福保 輯, 앞의 책, 451쪽: "國朝諸人詩爲一等, 唐人詩爲一等, 六朝詩爲一等, 陶、阮、建安七子、兩漢爲一等,《風》《騷》爲一等."

張戒는 '詩言志'의 儒家 전통사상을 중심으로 《詩經》을 으뜸으로 삼아, 형식과 기교에 얽매어 詩人의 근본을 잃고 문학 창작을 하는 當代의 詩人들에게 학습의 지침을 제공하고자 노력하였다. 張戒는 학습의 방법으로 前代 詩人들의 詩歌 창작 중 규율을 취하되 그들이 성공할 수 있었던 역사적 원인은 무엇이고 그들이 前代의 어떠한 면들을 계승했는지 연구함이 옳다고 보았다. 張戒는 詩人의 재능과 학습에 대한 견해를 통해 詩人이 갖추어할 덕목을 열거하고 나름대로 詩의 학습방법을 제시하였다. 특히 그 방법이 구체적이고 논리가 정연하여 作詩를 위한 유용한 지침서로 손색이 없다. 이러한 그의 생각은 '詩言志' 관점에서 사상과 철학이 밑바탕 되지 않은 작가에게서 좋은 詩가 나올 수 없음을 일관되게 주장하는 것이라 하겠다.

## Ⅳ. 나오며

蘇軾과 黃庭堅이 내세운 문학 이론인 用事와 換骨奪胎는 단순히 남의 글을 표절하는 것이 아니라, 이러한 作法으로 옛날부터 내려오는 표현을 익히고 활용하여 창조적인 글을 쓰자는 것이었다. 그러나 당시 張戒와 李奎報가 활동하던 宋代와 高麗문단은 과거 시험을 중심으로 짜여져 있었다. 과거시험에 합격하기 위해서는 詩歌 창작에 뛰어난 감각을 지니거나 타고난 소질이 있어야 가능한 일이었다. 그러나 상대적으로 재능이 부족한 문인들은 用事와 換骨奪胎등 詩歌 창작 이론을 이용하여 옛 사람들의 詩文을 익혀서 마치 자신이 창작한 듯이 교묘하게 자기글 속에 사용하게 되었으며, 이러한 분위기는 관행적으로 이루어졌다. 당시 문단이 蘇軾과 黃庭堅 문풍 득세로 인하여 표절과 斷章取義가 관행적으로 이루어지면서 詩歌 창작에 있어 예술적 창작 기교만을 부리며 형식적인 면만을 추구할 때, 張戒와 李奎報는 '詩言志'의 관점으로 蘇軾과 黃庭堅 詩의 폐단을 지적하는 등 비판적 입장을 취하면서 글을 지음에 원론으로 돌아가 근본에 충실하기를 주장하였다.

張戒는 정치적으로 불운하였고, 李奎報는 정치적인 성공과 문인으로서의 명성을 한 몸에 누린 인물로, 이 두 작가의 정치적, 문학적 생애는 사뭇 다르지만, 문학의 본질문제와 문예이론의 탐색에 힘썼다. 이 두 작가는 '詩話'라는 문학비평 양식을 통해 당시 詩作 풍토에 대한 경종을 울리며 아울러 자신들이 생각하는 詩歌 창작에 대한 이론을 구체적으로 제시하였다.

좋은 詩는 작가의 주관적인 뜻을 아름답게 표현한 글로 내용과 형식이 잘 어우러져야 한다. 張戒와 李奎報는 내용과 형식의 조화를 중시하면서 기본적으로는 내용, 즉 '작가의 주관적인 뜻'을 중시하여 儒家가 창시한 詩歌 전통이론인 '詩言志'로 詩歌 창작하기를 주장했으며, 그 다음에 修辭적인 아름다움을 고려해야 한다고 주창했다. 또한 하늘에서 부여받은 천부적인 재능이 있어야만 인간의 내면에서 솟아나는 주관적인 감정과 의도를 깊이 있게 표현해 낼 수 있다고 보았다. 張戒는 '천부적 재능'의 높고 낮음에 따라 작품 심도와 표현력에 지대한 영향을 준다고 보았으며, 李奎報는 '천부적 재능'의 우열에 따라 작품의 심도에 깊은 영향을 준다고 보았다. 그러나 詩란 천부적 재능을 갖고 있는 사람만이 쓸 수 있는 것은 아니다. 천부적인 재능과 후천적인 노력이 조화를 이룰 때 비로소 문학성을 갖춘 작품이라는 평가를 받을 수 있을 것이다. 이에 張戒와 李奎報는 천부적인 재능을 보완하는 방법으로 각각 학습론과 '詩歌 창작시 흔히 범하기 쉬운 9가지 잘못된 문체'를 제시했다.

《歲寒堂詩話》와 《白雲小說》은 당시 비판적인 시각과 사고로 詩話가 전문적 체계를 갖춘 문학평론서로서 거듭나게 하는 계기를 마련했으며, 또한 당시 蘇軾과 黃庭堅의 형식주의적인 詩風 개선에 대한 시정방안을 모색하면서, 詩歌 창작시 필요한 새로운 모델을 제시하는 등 詩理論批評書로서 손색이 없다.

詩話가 문학에 차지하는 부분은 크다 할 것이다. 張戒의 《歲寒堂詩話》는 중국 비평문학의 한복판을 지키고 있으며, 《白雲小說》은 한국 詩話를 이끈 선두주자라 할 수 있다. 이 두 詩話集은 詩話 문학의 물결을 새로운 방향으로 몰고 갔으며, 높은 평가를 받아야 할 비평서적임을 의심치 않는다.

### ✚ 참고문헌

김동욱, 《동국이상국집 해제》, 국역동국이상국집 1, 민족문화추진회
郭紹虞 主編, 《中國歷代文論選》, 上海, 上海古籍出版社, 1986
譚正璧 編, 《中國文學家大辭典》, 上海書店, 1981
閔丙秀, 《韓國漢文學散藁》, 태학사, 2001
《十三經注疏》, 藝文印書館, 1985
荀子 著, 荀況 撰, 《荀子》, 中華書局, 1985
尙定, 〈《歲寒堂詩話》 試論〉, 溫州師範學院學報, 1987
嚴羽, 《滄浪詩話》
劉勰 著, 《文心雕龍》, 中華書局, 1985
阮元 校勘, 《十三經注疏》, 宏業書局, 1971
李商燮, 《문예비평용어사전》, 민음사, 1976
丁福保 輯, 《歷代詩話續編》, 中華書局, 1983
曹丕 著, 魏文帝 撰, 《典論》, 中華書局, 1985
莊子 著, 《莊子》, 中華書局, 1985
趙鍾業, 《韓國詩話研究》, 太學社, 1991
錢士升, 《四庫全書存目叢書》, 臺南, 莊嚴出版社, 1996
陳應鸞 著, 《歲寒堂詩話校箋》, 巴蜀書肆, 2000
蔡鎭楚 著, 《中國詩話史》, 湖南文藝出版社, 1988

崔滋 著,《高麗名賢集》, 成均館大學校 大東文化硏究院, 1973
洪萬宗,《詩話叢林》, 國文學資料 第 5集, 1961

# 16~7세기 간 중국 '소품(문)'과 서구 '에세이'의 초보형식 비교*

이제우**

## I. 서언

장르연구는 문학 자체의 특징에 따라 문학을 분류하고 각종 장르의 특징과 그 상호관계를 설명하는 것을 주요 내용으로 한다. 그러나 문학은 민족적인 것이어서 각 민족 문학의 발전 역사는 서로 다르고 장르의 양식 또한 같지 않기 때문에 그 분류의 기준과 종류의 구분 또한 서로 일치하지 않는다. 오늘날 중국의 비교문학연구자들은 중국과 외국의 문학이론의 틀을 짜기 위해 중국과 외국의 문학의 차이를 비교하고 중국과 외국의 문학양식을 同位의 것으로 간주하고 대응시킨다. 그러나 여기에는 반드시 외국문학과는 다른 특징을 가지고 있는 중국문학의 형식에 대한 전문적이고도 체계적인 연구가 선행되어야 한다. 이러한 점에서 이 방면의 연구

---

* 이 글은 2008년 1월《中國語文論譯叢刊》제22집에 수록된 논문임.

** 숭실대학교 중어중문학과 교수

는 현재 충분하지 못한 실정이다. 예를 들면, 중국 고대 장르발전사의 체계적인 연구, 중국문학 장르 분류의 연구, 중국문학의 장르와 특징의 연구, 중국 고대장르론 성과의 정리와 종합 등과 같은 문제들은 오늘날 더욱 진일보한 연구를 요구하고 있다. 이러한 연구는 중국문학 자체의 발전을 위해서도 필요한 것이지만, 오래 전부터 漢字를 차용 내지 공유하고 있는 동양의 여러 나라들이 비교와 소통·교류를 통해 진정한 동아시아 문화를 정립함과 동시에 나아가 세계문학으로 발돋움하는 데도 일조할 수 있을 것으로 본다.

비교문학방법론[1)]의 한 범주로서의 문학형태, 곧 '장르'는 관습적 유형에 관한 문학작품의 구조를 언급하며 諸장르들의 형태를 나타낸다. 비교문학에서는 한 나라의 문학에 존재하는 문학장르가 다른 나라 문학에 있는 대응장르와 비교된다. 비교문학의 방법 속에는 영향연구와 함께 유사성이나 친화성에 관한 연구도 포함된다. 유사성 연구란 연관이 없는 두 작품의 문체·구조·어법·사상 등에 보이는 동질성에 관한 비교를 의미하며, 또 어떤 작품들의 테마나 장르, 시대정신 등이 어떤 친화성을 보인다면 그것들의 유추 또는 대조를 통해 문학비평과 미학적 평가까지도 함께 포함되어져야 한다.[2)]

---

1) 가능한 비교문학의 방법을 모두 포괄한 것으로 인정받는 오엔 알드릿지의 다섯 가지 범주에서는 첫 번째 범주로서 "문학에 미학적 가치를 적용한 문학비평과 이론이 자국문학과 비교문학의 연구에 본질적이다"라고 규정했다. 두 번째 범주는 충분히 강력한 영향을 미치는 문학사조가 나타난 全시대를 특징짓는 심리적·지적·문체적 경향에 대해 언급한다. 세 번째 범주는 문학의 주제로서 이것은 다양한 문학에서 많은 異本과 여러 가지 관점으로 표현되어 왔던 인물과 추상적인 사상을 나타낸다. 그리고 네 번째 범주가 바로 문학형태, 즉 장르이며, 다섯 번째 범주인 문학관계의 연구는 문학현상의 고찰을 위한 방법론의 가장 광범위한 다양성을 제공하는데, 이 중에서 문학과 인간 지식의 다른 양식 사이의 관계의 고찰과 원천과 영향의 추적이 가장 중요하다고 보고 있다.

2) 鄭漢模·金容稷,《文學概說》, 重版(서울: 博英社, 1997), 374-377쪽 참고.

이 글은 중국의 '소품(문)'과 서구의 '에세이'를 어떤 유사성 또는 친화성을 가진 대응장르로 간주하고, 작품 간의 본격적인 비교 연구에 앞선 선행연구로서 16~7세기 간 출현했던 장르로서의 작품(또는 문집)의 초보형식을 통한 개념 형성의 과정과 창작태도의 유사성을 비교해 보고자함이 주요 목적이다. 또 우리 국문학의 '수필'과 대응장르를 이루는 것이 중국의 이른바 '소품(문)'이라고 본다면, 우리 '수필'의 정의는 우선 어원상으로 중국 南宋 洪邁(1123~1202)의 《容齋隨筆》에 근거하고, 홍매의 권두언이 말해주는 작자의 겸양의 태도, 1인칭의 글, 형식의 파격성에서 그 유형을 생각하는 것이 일반적인데 비해 중국에서는 '수필'이란 용어가 자국의 고대 문인 홍매의 《용재수필》에서 기원했음에도 현재 이 용어는 보편적으로 사용되지 못하고 오히려 '소품(문)'이란 용어가 우리의 '수필'과 동일한 개념으로 널리 통용되고 있다. 이러한 사실로 미루어 본다면, 근대에 들어와 우리와 중국이 똑같이 서구의 '에세이'를 수용하면서 그 수용과정에 어떤 인식상의 차이가 존재했을 것으로 짐작된다. 만약 그렇다면 중국의 이른바 '소품(문)'이란 개념과 용어는 도대체 어디서 온 것일까? 또 우리의 '수필'과 중국의 '소품(문)'은 과연 같은 장르로 간주될 수 있는 것인가? 만약 중국인들이 서구의 에세이를 수용하면서 작품 성질로 볼 때 그들의 '수필'보다는 '소품(문)'이 에세이에 더욱 근접한다고 보았다면 그 이유는 무엇일까? 이 글의 논의과정에서 이러한 문제들에 대한 해명도 어느 정도 이루어질 수 있으리라 기대해 본다.[3)]

---

3) 여기서 더 나아가 "과거 우리나라에는 중국문학의 거의 모든 장르가 다 전래되었을 것이라고 보는데, 중국과 같은 '소품(문)'의 전통은 없었는가? 만약 있었다면 어떠했는가?"하는 한중비교문학의 문제까지도 제기해 볼 수 있을 것이다. 이 문제에 관해서는 이미 金榮鎭의 《朝鮮後期의 明淸小品 수용과 小品文의 전개 양상》(高麗大學校 大學院 國語國文學科 博士學位論文, 2003·12)과 같은 연구논문이 보이는 것으로 보아 현재 우리 국문학계에서도 이 방면에 대한 논의가 진행 중임을 알 수 있다.

이글을 작성하는 과정에서 서양문학 연구자와 번역자들의 저·역서를 통해 도움을 많이 받았다. 여기서 감사의 마음을 표하고 아울러 叱正을 懇求한다.

## Ⅱ. 용어와 관련한 현상과 문제 – '에세이'와 '수필' 그리고 '소품(문)'

앞서 말한 바와 같이, 우리나라에서 '수필'의 정의는 우선 어원상으로 중국 南宋의 문학가 洪邁(1123~1202)의 《容齋隨筆》에 근거하고, 홍매의 권두언이 말해주는 작자의 겸양의 태도, 1인칭의 글, 형식의 파격성에서 그 유형을 생각하는 것이 일반적이다.[4] 그리고 이러한 성질은 프랑스의 몽테뉴(Michel Seigneur de Montaigne 1533~1592)가 그의 《隨想錄 Les Essais》에서 '에세이'라는 말을 작품 제목으로 처음 쓰고, 서문에서 보여준 '그대가 한가한 시간을 허비할 거리도 못될 것'이라는 겸양의 태도, '내가 묘사하는 것은 내 자신'이라는 1인칭의 글, '자연스럽고 평범하고 꾸밈

---

4) (宋)洪邁, 《容齋隨筆》, 全2册(臺北: 商務印書館, 1979), 上册: 1쪽, 卷第一, 卷首: "予老去習懶, 讀書不多, 意之所之, 隨卽紀錄, 因其後先, 無復詮次, 故目之曰隨筆." 참고. 우리나라에서 '隨筆'이란 명칭이 처음 나타난 것은 1652년 東州 李敏求의 《讀史隨筆》이다. 그러나 이것은 문학적인 장르의 수필이 아니라 史實에 대한 選者의 評을 붙인 것으로 본격적인 史書가 되지 못한다는 의미의 謙辭로 생각된다. 문학적인 글에 '隨筆'이란 제목이 달린 것으로는 燕巖 朴趾源(1737~1805)의 《熱河日記》에 〈馹迅隨筆〉이라는 日記 형식의 글들을 모은 것이 최초라고 알려져 왔다. 근년에 발표된 자료에 의하면 숙종 9년(1688년)에 號가 '歸晚'이라는 사람이 지은 《閑居隨筆》이 더 오래된 수필 자료로 알려졌다. 그러나 모두 '隨筆'이란 제목에 대한 언급이 없으므로 당시에 얼마나 통용되던 의미인지는 알 수 없다. 따라서 '隨筆'이란 용어가 보편적으로 통용되는 개념을 가지고 사용된 것은 新文學 이후라고 보는 것이 일반적인 견해이다.

없는' 無技巧의 진실성 등에서 어느 정도 유사성을 인정해 왔다.[5] 더욱이 수필이나 에세이가 모두 애초에 어떤 '서적'의 명칭으로 쓰여 그것이 나중에 '장르'의 이름으로 발전한 점은 그 역사적 연원이나 시발의 성격이 우연의 일치인지는 모르나 분명 많이 닮았다고 보는 것이다.

그러나 "서양의 에세이가 우리의 수필과 등식관계가 성립하느냐 그렇지 않느냐" 하는 문제에 대해서는 그동안 적지 않은 논의가 있어 왔다. 즉 "수필과 에세이는 동일 개념이 아니요, 에세이가 보다 광역적인 것이다", "우리의 수필은 informal essay에 해당한다.", "우리 수필은 miscellany에 속한다"고 하는 차별성의 규명에서부터 "문학의 수준에서 귀납되는 語義의 差를 해소하기 위해 우리 수필의 지위를 에세이와 同位의 문학으로 끌어올려야 한다"는 목표치의 설정에 이르기까지 다양한 분석과 전망이 제시되었다.[6] 그러나 이러한 논의는 그렇게 될 수도 없고 또 꼭 그럴 필요도 없는 것이지만, 반드시 등식관계가 성립되어야 한다는 당위의 문제라기보다는 우리 수필이 더 나은 방향으로 발전하기 위한 진단과 모색의 노력으로 보아야 할 것이다.

이러한 東西의 문제에다 古今의 문제까지 섞이면 상황은 더욱 복잡해진다. 수필의 명칭과 개념의 모호성에 대해 尹五榮은 일찍이 그의 《隨筆文學入門》에서 다음과 같이 밝힌 바 있다.

---

5) 몽테뉴, 〈지은이로부터〉, 《수상록 ESSAIS》, 윤지선 역(서울: 靑木, 1996), 7쪽.

6) 申尙澈, 《隨筆文學의 理論》, 1版2刷(서울: 三英社, 1986), 19-26쪽 참고. 저자는 이 책에서 "우리의 수필이 비교적 짧은 산문 형식인데 비해 저쪽의 에세이는 적당한 길이의 작문이요, 우리의 것이 형식의 구애를 받지 않고 개성적 서정적인 특성을 갖는 것에 반해 저쪽의 것은 완결성의 부족을 내포하지만 어떤 주제에 대한 관점의 표현이라 한 것만큼 얼마간의 차이가 있음을 보게 된다."는 우리 수필과 에세이의 개념 규정상의 차이를 지적하고 그러한 차이가 발생하게 된 원인과 금후의 과제를 제시했다.

흔히들 隨筆이란 말을 隨錄、隨想、隨記、隨評 等의 혼잡된 槪念으로 사용하고 있는 것 같다。一部 國文學者들이 破閑集、白雲小說과 같은 詩話 雜著類를 우리 나라 隨筆이라고 할 때、이는 隨錄이란 뜻이 될 것이니、그 기원을 南宋 때의 홍 매(洪邁)의 容齋隨筆에서 생각하는 것이리라。그러나、容齋隨筆 자체가 곧 隨錄이요、文學作品으로서의 隨筆은 아니다。또 高麗時代에 패관문학(稗官文學)은 說話文學이요、隨筆과는 거리가 멀다。

癸丑錄이나 閑中錄을 古典隨筆이라고 할 때、그것은 隨記의 뜻이요、創作으로서의 隨筆은 아니다。

一部 評論家들이 隨筆은 반드시 哲學的 깊이나、思索과 觀照가 있어야 한다거나、人生問題、社會問題 乃至 文化批評的 태도가 요구된다고 할 때、그것은 隨想·隨評의 뜻이다。흔히 그 기원을 몽테뉴의 Les Essais 내지 베이컨의 The Essays에서 찾거나 近來 西歐의 評論的 類文을 머리에 두고 생각하는 듯하나、그것은 정확하게 말해서 現代 隨筆文學의 본격적인 작품이 아니다。[7]

윤오영은 수필이란 개념을 이처럼 애매하고 부정확하게 사용하게 된 원인은 우리가 현재 사용하고 있는 '수필'이란 말이 일본에서 들여온 박래품임을 지적하고, 당초 일본에서도 수필은 고전적인 에세이, 현대의 서구적인 문장, 재래의 동양적인 문장, 저널리스트의 行文, 기타 雜著를 개괄하여 막연하게 '수필'이라 불렀다는 것이다.[8]

우리와 일본이 이와 같이 거의 같은 사정이라면, 정작 중국의 상황은 어떠한가? 수필은 자유로운 형식의 산문이다. 중국에 있어 산문의 개념은 서구와 다르다. 서구에서의 산문은 운문과 상대되는 것으로 소설·희극·산문시·논문 등을 포괄하는 'prose'가 있고, 그 외에 'essay'라고 부르는 산문이 있어 이를 중국에서는 5·4 新文學運動期에 '隨筆' 또는 '小品(文)'이라 번역했다. 그러나 중국 고전산문은 운문뿐만 아니라 '騈文'과도 상대되며, 그 범위도 소설과 희극은 제외하고 단지 산문체의 문장만 포함할

7) 尹五榮,《隨筆文學入門》(서울: 關東出版社, 1975), 152-153쪽.

8) 尹五榮. 위의 책, 154쪽 참고.

뿐이다. 중국에서는 5·4 시기 이후에 문학산문이 광의의 산문체 문장에서 독립되고 다시 서구 에세이의 영향을 받아 이 '소품(문)'이란 개념을 보편적으로 사용했다.

그러나 'essay'의 번역어로서의 '隨筆'이 서구의 에세이의 전모를 포괄하지 못한다는 이유 때문에 한국이나 일본에서도 그 용어의 적절성에 대해 전폭적인 지지를 받지는 못했으나,[9] '隨筆'과 'essai'나 'essay'가 다같이 '시험하다', '시도하다'의 어원을 가지고 있고, 둘 다 '試筆' 정도의 가벼운 의미를 지닌다는 점에서 한국과 일본 두 나라에서의 '隨筆'이란 말은 번역어 내지는 대응어로서 그동안 별 무리 없이 보편적으로 사용되어 온 것도 사실이다. 이에 반해, 중국에서는 '隨筆'이란 용어가 자국의 고대 문인 洪邁의 《容齋隨筆》에서 기원했음에도 현재의 상황은 '隨筆' 대신 '小品(文)'이란 용어가 널리 통용되고 있기는 하나 그 타당성에 대한 중국학자들의 견해에는 여전히 회의적인 면이 없지 않다.

현대문학 초기 新月派 저명 시인 朱湘(1904~1933)은 문학을 시가·산문·소설·희본·문학비평·전기·문장으로 분류하고, 그중의 문장, 즉 'essay'를 '愛瑣[aisuo]'文으로 번역했다. 그는 몽테뉴의 에세이 중 어떤 것은 수만 자에 달하는 것도 있고 더욱이 그 품격은 전체적으로 매우 근엄하여 '小品(文)'이란 말은 적합하지 않다고 생각하고, 그 대신 '愛瑣文'이란 명칭을 사용했다. 그가 사용한 '愛瑣文'은 '자질구레한 것을 말하기 좋아하는 글'이란 뜻으로 그 의미를 고려한 음역어이다.[10]

---

9) 근대 일본의 문학가·사상가이자 영문학자인 厨川白村(1880~1923) 역시 그의 잡문집 《出了象牙之塔》(1920)에서 德川시대의 수필은 대부분 박학자의 비망록이거나 현학자의 단편적 연구와 같은 것이어서 'essay'를 '수필'로 번역하는 것은 적합하지 않다고 지적한 바 있다. 또한 그는 essay의 가장 중요한 요건으로 작자 자신의 개인적 인격적 색채가 짙게 배여 있어야함을 강조했다. 厨川白村, 《出了象牙之塔》, 金溟若 譯, 再版(臺北: 志文出版社, 1984), 4-5쪽 참고.

10) 朱湘, 《文學閒談》, 再版(臺北: 洪範書店, 1984), 46-47쪽: "有一種最重要的〈文

이러한 현상은 현재에 있어서도 마찬가지다. 대만의 영문학자 董崇選(1947~ )도 영어의 'essay' 나 불어의 'essai'의 번역어로 현재 사용하고 있는 '小品(文)'·'論文'·'文章' 등이 모두 적절하지 않고 현재로서는 적당한 번역어를 찾기도 어려우므로 '艾寫[aixie]'로 음역할 것을 제안했다. 그는 'essay' 또는 'essai'는 그 전부가 단편도, 논설문도, 보통의 문장도 아니기 때문에 '小品(文)'·'論文'·'文章'이란 번역으로 전체 작품을 포괄할 수 없다는 것이다. 그가 제안한 'essay'의 중국어 譯名 '艾寫'는 '쉽게 말하기 어려운 나의 생각이나 마음을 아름답게 써낸 글'이란 의미이다.[11)]

중국 현대문학 발생 초기 1920년대를 전후한 시기에 있어서의 소품(문)은 고전문학 중의 '晚明小品'에서 따온 용어가 분명한데도, 당시 서구문학의 영향으로 그것은 오히려 '에세이'의 번역어로서 거의 현대산문의 대용어로 사용되었다. 현대 소품(문)은 대개 편폭이 短小한 雜體 산문을 통칭

---

章〉; 〈愛瑣〉文。這便是普通稱爲〈小品文〉的那種文章; 不過我個人不滿意於〈小品文〉這個名稱, 因爲孟坦(Montaigne), 在西方文學內是正式的寫這種文章的第一人, 他有許多Essais在篇幅上一毫不小, 有的甚至大到數萬字的篇幅, 至於在品格上, 他的Essais的整體是偉大的, 更是公認的事實。他, 以及西方的另一個偉大的〈愛瑣〉文作家藍姆(Lamb), 都是喜歡說瑣碎話的。至於培根(Bacon), 他的Essays, 在文筆上, 自然沒有那種母親式的瑣碎, 不過, 在題材上, 牠們豈不也有一種父親式的瑣碎麼?"

11) 董崇選,《西洋散文的面貌》(臺北: 中央文物供應社, 1983), 11쪽: "英文essay或法文essai一字, 按其原意很難翻成中文。有人將之翻爲〈小品文〉, 但西洋的essay有時是長篇的論著。有人將之翻爲〈論文〉, 但西洋的essay有的根本不是論說文, 而是抒情文或記敍文。也有人將之翻爲〈文章〉, 但西洋的essay並不只是文章, 而是某種特殊形式與內容的文章。因爲找不到適當的譯名, 今姑且音譯, 將之譯爲〈艾寫〉。〈艾〉有〈美好〉與〈欲語難出〉之語, 〈艾寫〉似可暗指抒懷論述的苦衷, 兼指文美句好的結果。同時〈艾〉音同英文I(我), 更可暗指此類作品, 常是個人描寫胸懷觀念的結晶, 迎合蒙田(Montaigne)當初稱自己文章爲Essai(試探)的原意。" 저자가 설명한 '艾'字의 의미 중 '欲語難出'은 '말을 하려 하나 쉽게 할 수 없음'의 뜻이다. 이는 魏의 名將인 鄧艾의 고사에서 유래한 의미이다. 즉 鄧艾가 말더듬이였기 때문에 말을 할 때마다 '艾艾'라고 하여 '艾艾'는 곧 '말더듬이가 하는 말'을 이른다.

하는 것으로, 그 중에는 서사·서정성 '산문'과 논설성 '잡문'이 포괄되어 있었다. 그러나 이러한 소품(문) 용어의 사용은 그후 30년대 서구문학의 창작과 이론이 비교적 정확하게 파악되면서 중국 현대문학 내에 많은 개념상의 문제를 불러 왔다.

당시 중국의 新文學家 郁達夫(1896~1945)는 중국 新文學運動期의 초기 10년(1917~1927) 동안의 文壇 상황을 다음과 같이 보고했다.

> 근래 많은 사람들이 중국의 현대적 산문을 말할 때면 곧 프랑스 몽테뉴의 Essais나 영국 베이컨의 Essays 같은 종류의 장르를 가리켜 말하고 있다. 그것은 新文學 발달 이후에 비로소 흥기되어 나온 장르인데, 그래서 번역에 번역을 거듭하고 거꾸로 돌아 다시 영국의 Essays 같은 종류의 문장을 小品이라 부른다. 가끔 좀 애매모호한 사람들은 더욱 小品散文 혹은 散文小品이라는 네 글자를 단숨에 연이어, 이 명칭이 견고하고 순조롭기를 바란다. 또 몇몇 분석하고 宗派를 세우기 좋아하는 사람들은 좀 긴 문장은 散文이라 일컫고, 좀 짧은 것은 小品이라 부른다. 사실 이러한 견해나 번역의 苦心은 모두 쓸데없는 애를 쓴 것이다. 중국의 모든 물건이 반드시 서양과 꼭 같아야 할 필요가 있겠는가? 서양 고유의 기질과 문화가 또한 어떻게 완전히 중국어로 번역될 수 있겠는가? 그러므로 우리의 散文은 Prose의 번역명으로 Essay와 좀 닮은, 소설·희극 이외의 일종의 장르라고 대략 말할 수 있을 뿐인 것이다. 만약 한마디로 내용을 설파하려 한다거나, 하나의 이름으로 특점을 다 말하려 한다는 것은 절대로 할 수 없는 일이다.[12)]

---

12) 趙家璧(編), 《中國新文學大系》, 全10冊(1935~36年 上海良友圖書印刷公司 初版發行; 臺北: 業強出版社, 1990), 郁達夫(編), 《中國新文學大系·散文二集》, 〈導言〉, 第7集: 3쪽: "近來有許多人說, 中國現代的散文, 就是指法國蒙泰紐Montaigne的Essais, 英國培根Bacon的Essays之類的文體在說, 是新文學發達之後纔興起來的一種文體, 於是乎一譯再譯, 反轉來又把像英國Essays之類的文字, 稱作了小品。有時候含糊一點的人, 更把小品散文或散文小品的四箇字連接在一氣, 以祈這一箇名字的顚撲不破, 左右逢源; 有幾箇喜歡分析, 自立門戶的人, 就把長一點的文字稱作散文, 而把短一點的叫作了小品, 其實這一種說法, 這一種翻譯名義的苦心, 都是白費的心思, 中國所有的東西, 又何必完全和西洋一樣? 西洋所獨有的氣

1935년에 발표된 이 글은 현대산문에 대한 郁達夫(1896~1945)의 종합적 보고서 격인 견해로서 譯語로서의 '小品(文)' 사용에 대한 애로와 중국 현대산문과 서구 에세이와의 관계 설정에 대한 고민을 잘 말해 주고 있다. 이듬해 1936년 중국의 문학이론가 朱光潛(1897~1986) 역시 1930년대 당시 '小品(文)' 용어 사용과 관련한 문제점을 고전문학의 관점에서 다음과 같이 지적했다.

> '소품문'은 여태껏 정의가 없었다. 어떤 사람은 그것이 서양의 Essay에 해당한다고 말한다. 이 글자의 원래 뜻은 〈시험하다〉인데, 아마 비교적 적당한 번역명은 '試筆'일 것으로 대개 일시적으로 흥취가 일 때 본 것을 우연히 적은 문장은 모두 '試筆'이라 부를 수 있다. 서양에서 이러한 부류의 문장에는 때로 사상을 나타낸 것도 있고, 때로 정취를 편 것도 있고, 또 때로는 故事를 기술한 것도 있다. 中文의 '소품문'은 함의가 비교적 넓은 것 같다. 대개 편폭이 비교적 짧고 성질이 그리 심각하지 않으며 일시적으로 일어나는 감흥을 적은 문장은 모두 소품문에 속하는 것 같다. 그러므로 書信·遊記·書序·語錄 및 雜感이 모두 그 속에 포함된다. 만약 이런 식으로 친다면, 중국책에서 '集'部에 속하는 산문은 대부분 모두 소품문이라 말할 수 있다.[13)]

---

質文化, 又那裏能完全翻譯到中國來?所以我們的散文, 只能約略的說, 是Prose的譯名, 和Essay有些相像, 係除小說, 戲劇之外的一種文體; 至於要想以一語來道破內容, 或以一箇名字來說盡特點, 却是萬萬辦不到的事情."

13) 朱光潛, 〈論小品文〉, 《我與文學》(原名《我與文學及其他》, 開明書店 1943年版; 臺北: 大漢出版社, 1989), 146쪽: "〈小品文〉向來沒有定義, 有人說它相當於西方的Essay。這個字的原義是〈嘗試〉, 或許較恰當的譯名是〈試筆〉, 凡是一時興到, 偶書所見的文字都可以叫做〈試筆〉。這一類文字在西方有時是發揮思想, 有時是抒寫情趣, 也有時是敘述故事, 中文的〈小品文〉似乎涵義較廣。凡是篇幅較短, 性質不甚嚴重, 起於一時興會的文字似乎都屬於小品文, 所以書信遊記書序語錄以至於雜感都包含在內。如果照這樣看, 中國書屬於〈集〉部的散文可以說大部分都是小品文."

주광잠이 우려하는 것은 중국문학에서 설사 과거에도 문학의 형식과 기호에 있어 소품(문)과 유사한 많은 작품이 있었음을 인정한다 하더라도 전체 중국문학사상의 모든 형식의 산문작품을 후대에 나온 이 '소품(문)'이라는 용어 하나에 전부 떠맡기게 된다면 이것도 우스꽝스러운 일이 아니겠느냐는 것이다.

근대 중국의 문인·학자들의 이러한 '소품(문)' 용어를 둘러싼 그 형식·내용·성질·범위 등의 기본 개념에 관한 논의는 고전과 현대 및 중국과 서구의 문학전통의 계승과 혁신을 동시에 반영한 것이었기 때문에 그 시기의 이러한 新舊·東西의 부조화 현상은 어쩌면 반드시 거쳐 가야 할 하나의 과정이었을지 모른다. 그후 중국의 현대 소품문은 이제 서구 에세이 성질의 장르를 기초로 하여 자유로운 형식과 내용 및 특수한 정취와 풍치를 지닌 현대산문 체재의 일종으로 자리 잡고, 雜文·速寫·通訊·報告文學 등 다른 산문 체재와 함께 그 독특한 문학적 특징을 점차 구체화해 나가기 시작했다.

## Ⅲ. 고전과 현대 – 晩明 '小品'과 현대 '소품(문)'

앞에서 중국은 5·4 新文學運動期로부터 서구의 'essay'를 그들의 '隨筆' 또는 '小品(文)'의 개념으로 보았다고 했다. 현재 중국은 그들의 문학전통에 따라 현대문학을 분류할 때 산문을 시가·소설·희극 문학체재와 병렬되는 상위 양식으로 분류하고, 다시 산문작품 자체의 내용과 형식에 따라 雜文·小品·隨筆·報告文學 등의 체재를 그 하위분류로 편입시키고 있다. 그러나 산문의 하위 장르로서의 '隨筆'과 '小品'의 개념과 의미는 그 실제 용법에 있어 명확히 구분 짓기가 어려운 경우가 많다. 한 예로서, 대만의 中國文化大學과 中華學術院에서 공동 편찬한 《中華百科全書》에서는 '隨筆'과 '小品'을 각각 다음과 같이 설명하고 있다.

〔隨筆〕隨筆은 흥미에 따라 지은 것으로, 일정한 체계와 규격이 없는 문장이라 隨筆이라 부르고 漫筆·散記라고도 부른다. 宋 洪邁의 《容齋隨筆》 序文에 "나는 습성이 나태하여 책을 많이 읽지는 않았으나 뜻이 가는 바를 수시로 기록해 두었는데 그 선후에 차례가 없어 이를 이름하여 隨筆이라 했다."고 했다. 宋 이래의 대개 견문을 잡다하게 기록한 것으로 예를 들면 宋 程大昌의 《演繁露》, 羅大經의 《鶴林玉露》, 王得臣의 《麈史》와 何薳의 《春渚紀聞》 등, 明 周暉의 《金陵瑣事》, 陸粲의 《庚巳編》, 焦竑의 《焦氏筆乘》, 葉盛의 《水東日記》와 沈德符의 《野獲編》 등, 清 汪師韓의 《韓門綴學》, 吳榮光의 《吾學錄初編》, 徐珂의 《清稗類鈔》, 錢泳의 《梅溪叢話》와 梁章鉅의 《浪蹟叢譚》 등과 같은 것들이 모두 여기에 속한다. …… 오늘날에 이르기까지 隨筆이라 이름한 것은 더욱 광범위하여 대개 讀書雜誌, 見聞筆記 또는 흥미에 따라 적은 小品文, 우연한 감흥을 펴낸 議論, 신문의 칼럼 등을 모두 隨筆이라 부를 수 있다.[14)]

〔小品〕 '小品'의 명칭은 佛經에서 비롯되었다. 대개 佛經은 詳細本을 일컬어 '大品'이라 하고 簡略本을 '小品'이라 한다. 때문에 今人은 인물사건·자연풍경 및 개인감흥으로 이루어진 短小한 문장, 예를 들어 書信·遊記·書序·隨筆·雜感 등을 총칭하여 〈小品文〉이라고 하는데 매우 성행하여 일종의 문체가 되었다. 실은 漢朝 이래 일시적인 감흥으로 우연히 집필한 수많은 문인들의 작품들이 모두 小品文으로 일컬어질 수 있다. 다만 지금까지 정의된 바가 없어 혹자는 서양의 Essay에 해당한다고 말하는데 역시 試筆·偶記의 의미인 것이다. …… 예를 들면 魏晉人의 清談을 기록한 《世說新語》, 唐 陸龜蒙의 《笠澤叢書》와 明末 袁宏道 3형제, 張岱·鍾惺 등의 작품들이 모두 精美한 小品文이다. 民國 이래 一群의 작가들은 특별히 晩明小品文을 애호하여 《人間世》·《宇宙風》에서 대거 고

14) 中國文化大學·中華學術院 (共編), 《中華百科全書》, 全10冊(臺北: 中國文化大學出版部, 1983), 第9冊: 124쪽: "隨筆, 隨興寫作, 並無一定系統與規格的文章, 叫隨筆, 也稱漫筆、散記。宋洪邁容齋隨筆序云: 〈予習懶, 讀書不多, 意之所之, 隨即記錄, 因其後先, 無復詮次, 故目之曰隨筆。〉宋以來凡雜記見聞, 如宋程大昌之演繁露、羅大經之鶴林玉露、王得臣之麈史與何薳之春渚紀聞等, 明周暉之金陵瑣事、陸粲之庚巳編、焦竑之焦氏筆乘、葉盛之水東日記與沈德符之野獲編等, 清汪師韓之韓門綴學、吳榮光之吾學錄初編、徐珂之清稗類鈔、錢泳之梅溪叢話與梁章鉅之浪蹟叢譚等均屬之。…… 時至今日, 隨筆爲名者, 尤爲廣泛, 凡讀書雜誌、見聞筆記, 或隨興所寫之小品文, 發抒偶感之議論, 報刊之方塊文章, 均可稱之爲隨筆。"

취하고 선양하여 일시적으로 많은 작가들이 배출되고 풍기를 형성하여 小品文은 더욱 小說·戱曲·詩歌를 능가하는 찬란한 성취를 이루었다.[15)]

이처럼 '隨筆'과 '小品'은 사전적 의미에 있어서도 창작태도나 내용과 형식이 많이 중첩되어 있어 이 두 용어의 개념적 차이를 명확하게 구분하기란 쉽지 않다. 그러나 이 辭書에서 한 가지 주목할 만한 점은 '小品'을 서양의 Essay에 해당하는 '試筆'·'偶記'의 의미로 보고 있다는 것이다. 따라서 영국의 베이컨(Francis Bacon, 1561~1626)의 최초의 수필집 《Essays》(1597~1625)를 영국 'Essay'의 始祖로 설명하면서 그것을 《小品文集》으로 中譯한 것으로 미루어 보면 중국인이 서구의 에세이를 말할 때는 역시 그들의 '隨筆'보다는 '小品' 쪽이 문학적 관습에 훨씬 더 근접한다고 생각한 것 같다.[16)]

닌하우저(William H. Nienhauser, Jr.)가 1986年 편집한 《The Indiana Companion to Traditional Chinese Literature》는 전 세계 200餘 中文學者가 기고하여 前後 7년여의 시간을 들여 완성한 辭書 겸 目錄書 성질의 영문 저작으로 先秦에서 淸代까지의 문학의 배경·분석·전기·자료 등을 포괄하는 중국 고전문학 연구의 지침·참고용 도서이다. 그 관련 부분을 보면, 중국의 고전 또는 현대 문학을 불문하고 '小品(文)[hsiao-p'in(wen)]'

---

15) 《中華百科全書》, 第1册: 311-312쪽: "〈小品〉之名, 始於佛經; 蓋佛經稱詳本爲〈大品〉, 簡本爲〈小品〉。故今人以描寫人物事件、自然風景, 及個人感物興懷所成之短小文章, 如書信、遊記、書序、隨筆、雜感等, 通稱爲〈小品文〉, 蔚成文體之一種。其實, 自漢朝以來, 許多文人一時興會所至, 偶書於筆之作品, 皆可稱之小品文也。惟向無定義, 或謂其相當於西方之Essay, 亦試筆偶記之意也。…… 如記魏晉人淸談之〈世說新語〉, 唐陸龜蒙之〈笠澤叢書〉, 與明末袁宏道三兄弟、張岱、鍾惺等人之作, 皆精美之小品文也。民國以來, 有一些作家特別雅好晩明小品文, 而在〈人間世〉、〈宇宙風〉, 多加鼓吹宣揚, 一時作者甚多, 形成風氣, 小品文尤有凌越小說、戱曲、詩歌以上之輝煌成就也。"

16) 《中華百科全書》, 第6册: 259쪽.

을 모두 'informal essays'로 번역하고 있다.[17] 이러한 사실들은 결국 중국인이든 외국인이든 '隨筆'보다는 '小品(文)'에 그 문학적 성격이 더욱 강하게 배어 있는 것으로 이해했다고 보아야 할 것이다.[18]

사실 중국 5·4 시기의 현대 소품(문)은 그들의 전통문학을 계승함과 동시에 주로 일본문학과 서구문학의 영향을 받아 탄생한 것이다. 중국에서 당초 서구의 'essay'를 '수필'이라 한 것은 일본이 먼저 서구의 'essay'를 '수필'이라 번역한 것을 중국이 역수입한 것으로 보이며, '소품(문)'이라 한 것은 중국 전통문학 중에서 현대 소품(문)의 발전에 가장 큰 영향을 미친 晚明 '小品'의 영향이 지대했던 것으로 짐작된다.[19]

1934년 중국의 저명한 수필가 林語堂(1895~1976)은 당시의 대표적 소품(문) 동인지였던 《人間世》에 현대 '소품(문)'을 만명 '소품'과 비교하여 그 범위와 성격을 다음과 같이 설명했다.

---

17) William H. Nienhauser, Jr. (編), 《The Indiana Companion to Traditional Chinese Literature》(臺北: 南天書局, 1988), 99쪽, 104쪽, 110쪽, 497쪽 참고.

18) 중국에서 '隨筆'이란 용어의 기원으로 보는 南宋 洪邁의 《容齋隨筆》은 宋代의 대표적 考據辨證類의 筆記 著作으로 평가받고 있다. 이는 《容齋隨筆》이 經史百家·문학예술 및 宋代掌故·인물평가 등을 두루 수록하고 있지만, 저자 자신이 박학다식하며 특히 史學에 정통했던 관계로 수록된 내용 중에서도 역사에 관한 기록이 가장 뛰어났기 때문이다.

19) 이러한 견해를 가진 대표적 문학가로 周作人을 들 수 있다. 周作人의 《中國新文學的源流》(1934년 上海 生活書店 初版)는 원래 저자가 1932년 3월과 4월에 輔仁大學에서 8번에 걸쳐 행한 '什麽是新文學'란 제목의 학술강연을 정리한 것인데, 이 저서의 여러 곳에서 明末의 公安·竟陵派 문학과 5·4 시기의 新文學을 그 배경과 성격면에서 연계시켜 설명하면서 "현대 小品文은 晚明 公安·竟陵派 小品의 부활이다."라고 주장함으로써 현대 小品(文)과 晚明小品을 계승과 발전의 관계로 규정했다. 周作人, 《中國新文學的源流》, 《周作人全集》, 全5册(臺中: 藍燈文化事業公司, 1982), 第5册: 331-32, 335-36, 337, 352, 356-57쪽 참고.

…… 현대 소품문은 옛날 사람들의 백화점식 茶經·酒譜의 이른바 〈小品〉과는 물론 다시 같지 않다. 내가 말하는 소품문은 바로 이러한 것을 가리킨다. 또 현대 소품문은 옛날의 筆記小說과도 같지 않다. 옛사람 중에는 간혹 廟堂文學을 혐오하여 물러나 〈小品〉으로 자처한 자들이 있었는데, 그들이 기록한 것이 대략 모두 筆談·漫錄이나 시골 노인들의 잡담 같은 것으로서 經世 문장을 기피하여 말한 것들이다. 이에 經濟 문장은 금기가 아주 많고 일상적인 것과 이전의 것을 답습함으로써 어떤 큰 道理도 말해 낼 수 없었기 때문에 筆記文學은 도리어 중국문학의 저작에 있어 하나의 큰 조류가 되었던 것이다. 지금의 이른바 소품문이라고 하는 것은 그릇된 朝廷 안의 존귀한 기품과 같은 성질은 옛사람들의 筆記와 상통하나, (현대) 소품문의 범위는 오히려 이미 크게 확대되었고 용도와 체계 역시 이미 그것을 따라 변하여 다시 前人의 筆記 형식을 주워 모아 만족할 수 있는 것은 아니다. …… (현대 소품문에 대한) 나의 생각은 정원훈의 《문오》, 유사린의 《고금문치》, 진계유의 《고문품외록》 등의 明代人이 편찬한 〈外道〉 문장 같은 것으로 그 중에는 역시 佳作이 많으므로 (현대) 소품문의 용도와 범위는 筆記·偶談·漫鈔·叢錄 등으로 그 한계를 그을 수 있는 것이 아니라는 것을 충분히 알 수 있다.[20]

임어당의 이른바 '古人小擺設式之茶經酒譜之所謂《小品》'이란 田藝蘅의 《煮泉小品》과 같은 저작을 말하는 것으로 설사 자유로운 창작의식을 가지고 지어졌으나 그 문학적 가치가 떨어지는 것이며, 이른바 '古人或有嫉郞廟文學而退以《小》自居者, 所記類皆筆談漫錄野老談天之屬'이란 바로 옛사람들의 '筆記'저작을 가리키는 것으로 朱國禎의 《湧幢小品》과 같

20) 語堂, 〈論小品文筆調〉, 《人閒世》, 第6期(1934·6), 11쪽: "…… 現代小品文與古人小擺設式之茶經酒譜之所謂《小品》, 自復不同。余所謂小品文, 即係指此。且現代小品文亦與古時筆記小說不同。古人或有嫉郞廟文學而退以《小》自居者, 所記類皆筆談漫錄野老談天之屬, 避經世文章而言也。乃因經濟文章, 禁忌甚多, 蹈常襲故, 談不出什麼大道理來, 筆記文學反成為中國文學著作上之一大潮流。今之所謂小品文者, 惡朝貴氣與古人筆記相同, 而小品文之範圍, 卻已放大許多, 用途體裁, 亦已隨之而變, 非復拾前人筆記形式, 便可自足。…… 余意若鄭元勳《文娛.》, 劉士鏻《古今文致》, 陳繼儒《古文品外錄》等明人所選, 《外道》文章, 內中亦大有佳品, 差足見出《小品文》之用途及範圍非可以筆記偶談漫鈔叢錄等畫之也。"

은 저작을 말하는 것이라 할 수 있다. 그러나 임어당이 볼 때, 이른바 소품(문)으로 취할 만한 가치를 지닌 것은 단지 '惡朝貴氣'의 '筆記' 작품뿐이라는 것이다. 임어당은 이 글의 말미에서 '明人所選外道文章', 즉 정원훈의 《문오》, 유사린의 《고금문치》, 진계유의 《고문품외록》 등과 같은 작품은 "겉보기는 大品文章 만큼 훌륭하지 못하나 도리어 사람을 깊이 감동시키고(場面似不如大品文章好看, 而其入人處反深)", 그 멋을 말해 낼 수 있어 비로소 소품문의 '佳作'으로 삼을 수 있다고 했다. 임어당의 이 글의 主旨는 현대 소품(문)의 성격과 범위를 밝히기 위한 것이지만, 논의 과정에서 현대 '소품(문)'과 고전문학 중의 만명 '소품'과의 차별성도 자연스럽게 지적되었다 하겠다.[21]

사실 중국 고전문학 중의 '小品'이란 명칭은 晩明 崇禎年間(1628~1644)의 실지 상황으로 볼 때 확실히 某種의 문학작품을 두루 지칭하는 것이어서, 그것은 詩文詞賦·子史小說은 물론, 심지어 論策制辭·賀序壽序·奏疏詔令·箴銘頌贊 등 거의 모든 문학체재를 다 포괄하는 것이었다. 따라서 晩明의 이른바 '小品'은 현대의 '小品(文)'이 단지 일종의 산문체재의 명칭인 것과는 달리, 그것은 단순한 형식상의 명명이 아니라, '晩明'이라는 특수한 시대적 의의를 지닌 某種의 문학의 총칭으로 보아야 한다.

---

21) 田藝蘅의 《煮泉小品》(1554)은 一.源泉, 二.石流, 三.清寒, 四.甘香, 五.宜茶, 六.靈水, 七.異泉, 八.江水, 九.井中, 十.緒談 등 10類를 기술하고 있는데, 隨筆箚記性의 문장으로 水品茶經類에 속한다. 朱國禎의 《湧幢小品》(1619)은 雜記叢考類의 筆記 중 비교적 유명한 것으로, 歷代 掌故를 잡다하게 기록하고 더러 고증을 겸한 歷史瑣文類에 속한다. 鄭元勳의 《文娛》(1630)는 性情과 興趣 중심의 문장관을 발휘한 晩明 당대 작가의 小品選集으로 이러한 性情에 치중한 審美觀念과 興趣 위주의 審美的 문학취미는 바로 당시 문단이 추구했던 창작의 중점이었고, 또 동시에 당시의 독자들이 기울였던 관심의 초점이기도 했다. 따라서 晩明에 유행했던 이른바 '小品' 저작은 그 편찬의 동기와 취향에 있어 모두 이러한 경향을 띠고 있는 것이 일반적이다. 劉士鏻의 《古今文致》와 陳繼儒의 《古文品外錄》도 이러한 경향의 대표적 저작들이다.

필자는 晩明의 小品과 현대의 小品(文)의 문학적 본질 및 장르의 위치 해석학적인 근본 차이는, 우선 晩明의 小品은 고전산문 범주 내에서 관념적으로 정통문장과 대립되는 개념이나 정통문장과의 유형상의 차등개념은 없다고 본다. 왜냐하면 晩明小品의 작가들은 그들의 작품을 '大篇', 즉 정통문학과 상대되는 '작은 것(小)', 즉 非정통문학이라 여기고 창작에 임했을 뿐 유형적으로는 정통문학과 별반 다름이 없었기 때문이다. 이에 비해 현대의 小品(文)은 현대산문의 하위분류에 속하여 현대산문 범주 내의 하나의 유형인 것이며, 다른 범주와의 사이에 어떠한 관념적 대립개념은 존재하지 않는다.

이상의 논의를 토대로 이제 다음 절에서 중국의 소품(문) 발생 당시의 시대적 배경과 개념을 살펴보고 이어 서구의 에세이의 초보형식과 관련한 비교를 진행하기로 한다.

## Ⅳ. 역사상의 초보형식 - 小品(文)과 에세이

일생을 문학연구에 바친 존 메이시(John Macy, 1887~1933)는 그의 《세계문학사 The Stories of World Literature》에서 "수필(에세이)은 그 혈통과 생일이 정확히 알려진 유일한 문학 형태다. 연극, 서정시, 단편적인 이야기, 소설들의 기원은 과거 속으로 희미하게 사라진다. 어느 누구도 이러한 형태들의 아버지로서나 발명자로서 분명하게 앞장 서는 천재는 없다. 수필(에세이)만은 혼자 그 날짜가 기록되어 있어서, 그 이전에는 기록된 바가 없고, 그 이후는 계속하여 쓰여지고 있다."라 지적하고, 몽테뉴의 《에세 Les Essais》의 첫판이 발간된 1580년에 에세이는 잉태되었으며, 몽테뉴는 오늘날까지 에세이를 지휘하는 대장격이라고 말했다.[22]

---

22) 존 메이시, 《세계문학사》, 2판, 박준황 옮김(서울: 종로서적, 1983), 187쪽.

이와 같이 서구 에세이의 역사에서 그 초보형식은 몽테뉴(Michel Seigneur de Montaigne 1533~1592)의 《에세 Essais》(1580)와 그 뒤를 이은 베이컨(Francis Bacon 1561~1626)의 《에세이 Essayes》(1597)에서 비롯한다고 본다.

몽테뉴는 부친이 죽자 법관직을 버리고 영지에 은퇴하여 자유로운 생활을 보냈다. 이런 생활은 1580년까지 계속되었고, 그동안 그는 많은 독서를 하면서 일상생활의 사소한 일들에 관한 성찰을 써 나갔는데 이렇게 하여 이루어진 것이 그의 《에세》 2권이다.[23] '에세 essais'란 표제는 '試圖'라는 뜻으로, 이 말이 아직 문학의 한 장르가 되기 이전에 저자 자신의 판단·방법·경험 등을 써나가며 음미해 본다는 정도의 겸허한 자세에 의해 붙여진 것으로 보인다. 그러므로 '에세 essais'는 우선 방법상의 개념이지 문예상의 개념이 아니었다. 이 말이 문예상의 장르로 불리게 된 것은 영국에서 베이컨(Bacon), 콘윌리스(Cornwallis), 벤 존슨(Ben Jonson), 코울리(Cowley) 등이 체계 없이 느슨하게 구성된 인생 문제와 면모에 대한 성찰록에다 이러한 표제를 붙인 데서 비롯한 것이다.[24]

우리나라에서는 거의 언제나 '수필'이란 말로 서구의 'essay'를 대신한다. 우리의 '수필'은 'essay'의 번역어가 아니라고 말하면서도 '수필'이나 'essay'가 모두 애초에 어떤 서적의 명칭으로 쓰였다가 나중에 그것이 장르의 이름이 된 점에서 그 역사적 연원이나 출발의 성격이 유사하다고 보는 것이다. 그러면 우리의 '수필'에 대응되는 중국의 '소품(문)'의 경우는 어

---

23) 몽테뉴는 1580년에 《에세》의 첫 2권을 내고, 1588년에 그 新版(가필하고 제3권을 추가)을 냈으며, 여기에 다시 손질을 가하다가 죽었다. 사후 그의 수양딸 마리 드 구르네 Marie de Gournay가 가필 부분을 삽입하고 정정을 가해 1595년에 수정판을 냈다. 이 텍스트가 오랫동안 결정판으로 인정되어 왔으나 20세기 이후 보르도 시립도서판에 있는 저자 자필의 가필본에 외한 정확한 텍스트(1906~1920)가 공표됐다.

24) 베이컨의 《에세이》 또한 1597년, 1612년, 1625년 3판이 있다. 지금 세상에 유포되고 있는 것은 1625년판이다.

떠한가? 이 문제를 규명하기 위해서는 현대 소품(문)의 발원으로 보는 晩明 '小品'의 발생과정을 먼저 살펴보아야 한다.

중국에서의 '小品'도 일정한 형식의 특성과 표현자세를 가진 작품경향과 특수한 편집취향을 대표하는 문집의 표제로부터 출발하여 현대 초기에 문예상의 장르의 명칭으로 불리게 된 과정이 서구의 '에세이'와 흡사하고, 그 발생연도도 거의 같은 시기인 점은 우연의 일치라고 보기에는 너무 공교롭다. 다만 중국의 '소품'이 타인의 작품선집으로부터 출발했다는 점은 처음부터 자신의 독자적인 견해를 적은 서구의 '에세이'와는 상이하다.[25] 그러나 그 지향하는 정신은 처음부터 많은 유사성을 지니고 있는 듯하다.

'小品'은 원래 중국의 西晉(265~420)으로부터 漢譯《般若經》의 詳細本인《放光般若經》을 일컫는 '大品'에 대하여 簡略本인《道行般若經》을 일컫는 佛家經典語로서,[26] 그후 唐(618~907)·宋(960~1279)에 이르기까지 佛家의 전문용어 외의 다른 용법으로는 사용된 적이 없었던 것으로 추정된다.

이러한 '소품' 용어가 문학 범주로 유입되어 某種의 문학작품을 지칭하는 특수한 용어로 사용되기 시작한 것은 대체로 明(1368~1644) 중엽 이후로 본다. 문학범주 내에서의 '소품'의 개념은 明 萬曆 39年(1611)에 王納諫(字 聖俞, 號 觀濤, 萬曆 35年 進士)이 작품의 편폭이 비교적 짧은 宋人 蘇軾(字 子瞻, 號 東坡居士; 1036~1101, 嘉祐 進士)의 각종 체재의 문장

25) 그러나 晩明小品도 나중에 가면 작가 개인 작품집의 명칭으로 사용되고 있음은 주목할 만한 일이다. 예를 들면 翁吉火鼎의《権倀小品》(1633), 陳繼儒의《晩香堂小品》(1628~1644), 王思任의《文飯小品》(1661) 등과 같은 것이다.

26)《世說新語》,〈文學〉第四, 第四十三條 '殷中軍讀小品'句의 劉孝標 註에 "釋氏辨空經,有詳者焉,有略者焉,詳者爲大品,略者爲小品."이라는 해설이 보인다.《世說新語箋疏》, 余嘉錫 選注(臺北: 王記書坊, 1984). 229쪽 참고.

167편을 모은 산문선집인 《蘇長公小品》 2卷本[27]에서 비롯되었다. 따라서 최초로 어떤 특정의 문학선집을 '小品'으로 명명한 편자 왕납간의 서문을 주의 깊게 살펴볼 필요가 있다.

> 사람은 만물에 있어 큰 사람은 큰 것을 취하고 작은 사람은 작은 것을 취하는 법인데 詩文 또한 그러하다. 오늘의 文人들은 모두 세상에 머물면서 永久한 대업을 이야기하나, 이는 내가 의문을 두는 바가 아니다. 나는 문장에서 무엇을 얻겠는가? 대답하자면, 졸릴 때 맑은 정신을 얻고, 피로할 때 편안함을 얻고, 괴로울 때 즐거움을 얻고, 한가할 때 소일거리를 얻는다. 이것이 내가 문장에서 얻는 것인데, 모두 먼 훗날의 희망이 아니라 잠깐 동안의 환락일 뿐이다. 옛말에 작은 종이는 大作을 품을 수 없고, 짧은 두레박줄은 깊은 우물의 물을 길을 수 없다고 했다. 나는 옛날의 文辭 중, 여러 점잖고 우아한 大作들을 읽을 때마다 번번이 끝까지 다 본 적이 없었으니, 아! 이것이야말로 내가 小品을 편집하게 된 까닭인 것이다. 처음에 나는 諸子書와 歷史書를 엮어 보고 그 小言을 가려 모으려 했으나 힘이 미치지 못했다. 蘇長公(蘇軾)은 운치가 많고 해학에 뛰어나며 때로 또 微言이 섞여 있는 까닭으로 먼저 편집이 이루어졌다. 友人 章古生(章萬椿)이 이를 보고 上梓했으나, 나는 병으로 자주 앓았던데다 또 중요한 것을 버리고 사소한 것을 논했으니 이는 끊임없이 솟아나는 샘에서 튀어 흩어지는 구슬을 줍는 격이 아닌가? 그런대도 古生氏는 내 구슬을 꿰어 귀에 걸고 띠에 차려하는 구나.[28]

---

27) 明 王納諫의 《蘇長公小品》 上·下 二卷에는 宋人 蘇軾의 題跋 54편, 雜記 30편, 尺牘 25편 등의 短小한 文章 176篇이 수록되었는데, 그중 詞體인 〈傷春詞〉 1首를 제외하고는 전부가 散文體이다.

28) (明)王納諫, 〈敘蘇文小品〉, 蘇軾, 《蘇長公小品》二卷, 王納諫 編(明 萬曆39年 章萬椿 心遠軒刊本; 臺北: 國立中央圖書館, M10214), 卷首: "人于萬物, 大者取大, 小者取小, 詩文亦然。今之文人皆譚駐世千秋之業, 而非余所存問。余于文何得?對曰: "寐得之醒焉, 倦得之舒焉, 慍得之喜焉, 暇得之銷日焉, 是其所得于文者, 皆一餉之驩也, 而非千秋之志也。"古語有之: "楮小者不可以懷大; 綆短者不可以汲深。"余讀古文辭諸春容大篇者, 輒覽弗竟去之。噫嘻! 此小品之所以輯也。始余欲編閱子史而掇其小言, 而力未之逮也。以長公多韻且善謔, 時復參微言, 故輯先成。"

이 서문이 말해 주는 것처럼 왕납간은 '小品'을 '점잖고 우아한 大作(古文辭諸春容大篇者)', 즉 정통산문 중의 경세·실용의 문장과 상대되는 의미로 사용했다. 왕납간의 《소장공소품》을 晩明의 '小品'과 관련한 최초의 문헌으로 본다면, 이는 중국문학사상 소품의 출현은 곧 당시의 '載道' 목적의 정통산문과 상대되는 개인주의 색채와 쾌락가치 지향의 순수 취미성 문장관을 반영한 것임을 알 수 있다. 왕납간은 정작 자신이 사용한 '小品' 용어에 대해서는 더 이상의 직접적인 해설을 하지 않고 있으나, 자신의 소품선집은 蘇軾의 다양한 운치와 뛰어난 해학, 그러면서도 미묘한 뜻을 지닌 말들 때문에 다른 것에 앞서 먼저 편집하게 됐다고 진술한 것으로 보아 그가 생각한 '小品' 역시 바로 그러한 성질의 문학작품을 의미한다고 보겠다.

왕납간은 《소장공소품》의 편자이자 독자요, 몽테뉴는 《에세》의 저작자로서 각자의 편·저서에 대한 두 사람의 입장은 차이가 없을 수 없겠지만, 이전 시대의 학문적·문학적 전통을 대하는 그들의 태도에는 분명 유사성도 있을 것이라 본다. 더욱이 몽테뉴에게서 볼 수 있는 휴머니즘이 근본적으로 고대 철학자와 역사가들의 저서에 대한 깊은 반성과 비판을 수반한 독서의 형태로 나타났다는 점에서 몽테뉴를 비롯한 에세이의 초보형식의 저작자들은 작자임과 동시에 광범한 영역에 걸친 열렬한 독자였다는 사실을 간과해서는 안 될 것이다. 위 왕납간의 《소장공소품》과 몽테뉴의 《에세》의 두 서문을 비교해 보면 그러한 관계를 찾아볼 수 있다.

독자여! 이 책은 내가 성실한 마음으로 쓴 것이다. 이 글들은 오로지 내 집안일이나 사실을 말해 보는 것밖에는 다른 어떤 목적도 있지 않음을 말해 둔다. 이것은 그대를 위해서 봉사하거나, 내 영광을 도모해서 한 일은 추호도 아니다. 그런 생각은 내 힘에 겨운 일이다. 다만 이것은 나의 일가권속이나 친구들의 편의를 도모하기 위한 것으로, 내가 세상을 떠난 뒤에(머지않아 그렇게 되겠지만), 그들이 내 어떤 모습이나 기분의 특징을 몇 가지 이 책에서 찾아봄으로써, 나에 관해 알고 있는 지식을 더 온전하고 생생하게 간직하도록 하려는 것이다.

이것이 세상 사람들의 호평을 사기 위한 시도였다면, 나는 내 자신을 좀더 잘 장식하고 조심스레 연구해서 내보였을 것이다. 모두들 여기서 내 생긴 그대로의 모습, 자연스럽고 평범하고 꾸밈없는, 별것 아닌 나를 보아 주기 바란다. 왜냐하면 내가 묘사하는 것은 내 자신이기 때문이다. 여기서는 내 결점들이 있는 그대로 나온다. 터놓고 보여 줄 수 있는 한도에서 천품(天稟) 그대로의 내 모습을 내놓는다. 만일 내가 아직도 대자연의 태초의 법칙 아래 감미로운 자유를 누리며 살고 있는 국민 속에서 태어났다면, 나는 기꺼이 내 자신을 적나라하게 그렸으리라는 것을 장담한다.

그러니 독자여, 여기서는 내 자신이 내 책자의 재료이다. 이렇게도 경박하고 헛된 일이니, 그대가 한가한 시간을 허비할 거리도 못 될 것이다. 그러면 안녕![29]

먼저 문집의 '편찬' 또는 '창작'의 동기가 세상에서의 자신의 '대업'이나 '영광'을 도모하기 위한 것이 아니라는 점, 다음으로 수록한 내용이 '중요한 것을 버리고 사소한 것을 논한' 것이라거나 '그대가 한가한 시간을 허비할 거리도 못 될' 것이라는 점, 그리고 '나는 …… 大作들을 읽을 때마다 번번이 끝까지 다 본 적이 없었다'거나 '자연스럽고 평범하고 꾸밈없는, 별것 아닌 나'와 같은 겸손하면도 진솔한 표현 등에서 두 사람이 가진 마음의 자세는 거의 동일하게 느껴진다.

왕납간의 《소장공소품》 問世 후 10년 동안, 蘇軾의 '小品'은 당시 출판계와 문예계에 큰 반향을 불러일으켰던 듯하다. 이러한 사실은 天啓元年(1621), 明代의 저명한 출판가 毛晉(原名 鳳苞, 字 子晉; 1599~1659)이 간행한 《蘇米志林》의 跋文 중에 明初로부터 그 당시까지 蘇軾 관련 저작의 출판 상황을 보고한 다음 글에서 입증된다.

唐·宋의 이름난 문집 중 가장 두드러진 것으로는 唐宋八大家 만한 이가 없고, 唐宋八大家 중 가장 두드러진 이로는 蘇長公(蘇軾) 만한 이가 없다. 대

---

29) 주5)와 같음.

략 문집·시집·전집·선집이 千百億本에 달할 뿐만 아니라, 寓黃·寓惠·寓儋·志林·小品·艾子·禪喜 같은 것 또한 千百億本 뿐만이 아니다.[30)]

明 중엽 이후, 前後七子의 복고적 모방 풍조는 문단 일반의 전면적 반감에 직면했고, 이어서 歸有光·唐順之·王愼中·茅坤 등의 '唐宋派'와 袁宗道·袁宏道·袁中道 등의 '公安派', 그리고 鍾惺·譚元春 등의 '竟陵派'는 차례로 反復古의 기치를 들고, 당시 문학의 새로운 변신을 주장했다. 이러한 과정에서 그들은 점차 풍부하면서도 다채롭고 行雲流水와 같은 前代 문인 蘇軾의 문학표현을 그들 문학의 이상적 모델로 삼게 되었다. 이 시기에는 인쇄술 또한 장족의 발전이 있어 화려하고 정교하게 인쇄된 다양한 편찬취지의 蘇軾選集이 우후죽순처럼 생겨나 수많은 독자들의 환영을 받았다. 이러한 현상은 바로 萬曆 이래 반복고의 조류 속에서 독자들의 문학에 대한 時尙의 변화를 반영한 것으로, 그러한 변화의 모습이 선집의 표제와 취향에 가장 직접적으로 표출된 것이 바로 왕납간의 《소장공소품》이었다. 위 毛晉의 跋語가 지칭하는 '小品'이란 바로 왕납간의 《소장공소품》과 같은 부류의 선집을 가리키는 것으로, 毛晉이 '小品'을 예전부터 있어 왔던 일반적인 선집과 구별하여 별도로 취급했다는 것은 시사하는 바가 크다. 이로써 당시에 있어 '小品'은 '舂容大篇' 과 상대되는 의미의 개개의 작품을 지칭하는 용어일 뿐만 아니라, 동시에 특수한 편집취향을 대표하는 문집의 명칭이었음을 알 수 있다.

왕납간의 《소장공소품》이 당시 독자들의 큰 환영을 받자 '小品' 용어는 蘇軾의 小品과 같은 취향을 지닌 만명 당대의 작가의 작품을 지칭하는 용어로 발전하여 崇禎3年(1630)에는 당시 작가의 小品選集 《文娛》(一名

---

30) (宋)蘇軾·米芾, 《蘇米志林》三卷, 毛晉 編(明 天啓元年 虞山 毛氏 綠君亭刊本; 臺北: 國立中央圖書館, M7280), 卷末, 〈跋語〉: "唐宋名集之最著者, 無如八大家, 八大家之尤著者, 無如蘇長公。凡文集、詩集、全集、選集, 不啻千百億本, 而寓黃、寓惠、寓儋、志林、小品、艾子、禪喜之類, 又不啻千百億本。"

《時賢雜作小品》)가 처음으로 간행되기에 이르렀다.[31] 《文娛》의 또 다른 판본의 하나인 《媚幽閣文娛》의 서문 중에는 편자 鄭元勳(1604~1645, 숭정 16년 進士)의 말을 인용하여 만명소품의 창작배경과 작품성격에 대해 논평한 唐顯悅(天啓 2年 進士)의 견해가 돋보이는데 그 일단을 보면 다음과 같다.

> 小品 一派는 明代에 성행하였다. 편폭은 단소하나 정신은 멀고, 필묵은 희소하나 취지는 깊다. 野鶴이 홀로 울면 뭇 닭은 소리를 죽이고, 寒瓊이 홀로 피어오르면 뭇 풀은 姿色을 감춘다. 이런 까닭으로 하나의 글자로 스승을 삼을 만하고 세 마디 말로 관리로 등용할 만하다. 이 글과 함께 하면 즐거움이 어찌 그 끝을 다하겠는가?[32]

당현열은 '소품'을 明代에 성행하기 시작한 새로운 文風의 一派로 파악하고, '幅短而神遙, 墨希而旨永'이란 말로 소품창작의 전반적 특징을 강조함으로써 매우 긍정적인 평가를 내렸다. 더구나 "野鶴孤唳, 群雞禁聲; 寒瓊獨朵, 衆卉避色"이란 묘사는 만명소품 작가들의 신분과 성격을 규정함과 동시에 그들 소품창작의 예술적 감화력을 극찬한 것으로, 이로써 만명

---

31) (明)鄭元勳 (編), 《文娛》不分卷(明 崇禎3年刊本; 臺北國立中央研究院 歷史語言研究所藏 善本)에 의하면 鄭元勳이 편집한 《文娛》는 崇禎 3年(1630)에 初集이, 崇禎 12年(1639)에 二集이 각각 간행되었다. 《文娛》 初集의 수차례에 걸친 重印과 初刻에 이은 重刻의 사실로 미루어 볼 때, 晚明 문단에 있어서의 이 문집의 전파와 수용의 정도를 충분히 짐작할 수 있다. 그 내용은 倪元璐·王季重·陳眉公·董其昌 등 당시의 대표적 소품 작가들의 序·跋·傳·記·制辭·奏疏·疏·議·策·雜文·贊·讚·說·頌·評·疏·語·駢語 등의 체재를 수록했다.

32) 朱劍心 (編), 《晚明小品選注》, 臺9版(臺北: 商務印書館, 1987), 67-68쪽에서 轉載: "小品一派, 盛於昭代, 幅短而神遙, 墨希而旨永。野鶴孤唳, 群雞禁聲；寒瓊獨朵, 衆卉避色。是以一字可師, 三語可掾；與於斯文, 樂曷其極?"王重民(編), 《美國國會圖書館藏中國善本書目》(永和: 文海出版社, 1973), 111-112쪽에 의하면 唐顯悅, 〈文娛序〉가 수록된 明 崇禎間 鄭元化刊本 《媚幽閣文娛》 八卷은 미국 국회도서관에 소장되어 있다.

문단에 있어서의 소품문학의 효용과 영향을 충분히 짐작할 수 있다. 이른바 '幅短而神遙, 墨希而旨永'은 만명소품의 창작과 전파에 절대적인 공헌을 했던 陳繼儒(1558~1639)도 언급한 바 있는 '短而雋異'와 동일한 표현인데,[33] 만명소품의 형식과 내용상의 특징을 가장 잘 요약한 것으로 '幅短'·'墨希'는 작품 형식의 短小한 경향을 말한 것이고 '神遙'·'旨永'은 풍격 내용의 神奇·雋永한 특징을 말한 것이다.

만명시대는 주관과 객관의 진실이 충돌을 일으킨 사회질서의 위기시대였다. 이러한 시대에 처했던 만명의 지식인들이 사회로부터 받았던 중압감과 좌절감은 아마 다른 어느 시대보다도 감내하기 어려운 정도였을 것이다. 그들은 기존의 권위와 전통을 부정하면서도 객관사물과 인간사회에 대해 모든 것을 용인하려는 아량을 지녔으며, 그들의 소품은 작자의 진실한 情感을 원천으로 하고 전통적 禮敎의 속박을 받지 않아 형식과 내용 모든 면에서 타인으로서는 감히 모방하지 못하고 또 능히 모방할 수도 없는 독특한 경지에 이르렀다. 그리고 그들의 이러한 경향은 중국의 新文學家들에게 부흥과 혁신의 불씨를 남겨주었다.

또 만명소품의 언어는 평이한 文言을 기초로 구어 성분을 많이 흡수하였을 뿐만 아니라 방언과 속어도 회피하지 않아 전통산문의 규범을 탈피하고 정통산문에 비해 다분히 통속적인 경향을 띠었다. 당시의 소품 작가들은 제재의 선택을 옛 것으로 한정하지 않고 현재의 사물로 확대했으며, 언어의 사용은 古雅한 문자로 제한하지 않고 익숙하고 자연스러운 언어를 포함시키고 古今과 雅俗이 다른 莊語와 諧語를 함께 아우르며 문학표현의 영역을 확대함으로써 창작에 있어 폭넓은 자유를 획득했다. 그리하여 그들이 실천했던 문학언어의 구어화와 통속화는 중국문학비평사상

---

33) (明)陳繼儒, 〈蘇長公集選敘〉, 陳夢槐 (編), 《東坡集選》五十卷(明刊本; 臺北: 國立中央圖書館, M10203), 卷首: "如欲選長公之集, 宜拈其短而雋異者置前, 其論策封事, 多至數萬言, 爲經生之所恒誦習者, 稍後之。如讀佛藏者, 先讀阿含小品, 而後徐及於五千四十八卷, 未晚也。此讀長公集法也。"

새로운 차원을 열었다.

16세기 후반의 프랑스 산문은 가장 독창적이고도 유쾌한 사상가인 몽테뉴에 의해 지배되었다. 몽테뉴는 반성적인 자세로 무언가 순수하게 프랑스적인 사물을 경멸한 학자풍의 고전주의자였다. 그러나 그는 개인으로서 창조할 수 있는 데까지의 프랑스 산문을 창조했다. 그는 영국의 수필가들이나 풍자가들에게 커다란 영향을 끼쳤으며, 그가 확립한 전통은 프랑스 현대 작가들 안에 뚜렷이 살아 있다.[34)]

《에세》를 통해 본 몽테뉴의 사상이 스토아주의와 회의주의를 거쳐 적극적인 긍정의 자기완성으로 나아감으로써 자유를 구하고 인생을 즐기고 만족을 얻도록 힘쓴 점, 또 "나는 파리의 장터에서 사람들이 지껄이는 말만을 쓰고 싶다."라고 말한 것처럼 평이하고 서민적인 말을 중시한 점, 문체에 있어서도 말하는 듯한 자연스러움을 주장한 점, 그리고 진실한 것만이 아름답다는 미학의 원리를 실천한 점 등은 인성의 해방과 문체의 혁신을 시도한 만명의 소품과 그 궤를 같이 한다. 실천적 쾌락주의로 불리는 몽테뉴의 행복의 철학은 자기를 주장하면서도 타인을 포용할 줄 알고 나아가 자연과의 합치를 희구하며, 겉으로는 가장 유연함으로써 대처하나 속으로는 가장 강인함을 유지하며 자기의 존재를 정당하게 지켜나가는 것이다.[35)]

베이컨은 근대 영국 철학을 자리 잡게 한 독립심이 강했던 독특한 사상가 중의 한 사람이었다. 그는 세상의 모든 지혜를 다 읽고 말해야 할 모든 내용을 압축하여 《에세이》를 지었다. 그의 문체는 풍자적이고 유창하며 비유가 풍부한데다가 또한 당시의 지나친 환상적 산문과는 크게 구별되는 평이한 상식의 형태로 이루어졌다. 베이컨의 에세이는 몽테뉴와는 달리 자신의 주관적 독백 서술이 아니라 독자들의 교육을 위한 객관적 교

---

34) 존 메이시, 앞의 책, 185쪽.

35) 金鵬九 외, 《프랑스문학사》, 重版(서울: 一潮閣, 1984), 54-55쪽.

훈을 결정론적으로 직언하는 논문적 성격이 강했으며 경구적 기능이 많았다.[36)]

베이컨은 그의《에세이》에 대해 "세밀한 것보다 뜻이 깊은 것을 쓰려고 했으며, 그것을 에세이라고 불렀습니다."라고 말하면서 에세이적인 저술의 원형으로서 세네카의 서한을 언급하고, 그것은 서한의 형태로 서술되어 있기는 하지만 그 속에는 여러 가지 명상 같은 것이 들어 있기 때문이라고 했다.[37)] 중국의 '小品'이 산문선집으로서 다양한 하위 장르를 포함한 것은 그들의 산문 전통에 따른 것이지만 그중에서 특히 尺牘, 즉 서간문이 다른 체재에 비해 상대적으로 많다는 것은 에세이 형식은 서한 형식으로부터 발전한다는 프리드리히의 주장과도 연관이 있을 것이라 본다.

또한 '笑話'·'寓言'·'語錄'·'清言'[38)]등의 체재는 모두 만명시기에 특별히 성행했던 독창적인 문학형식인데, 그중 어떤 것은 그 기원이 만명 이전인 것으로 매우 일렀지만 明代에 와서 더욱 성행하고 특히 세련되었다. 서구 에세이의 역사상의 초보형식이 여러 귀감·격언·대화록·속담·토론문·서한집·인용문 등이 서로 화합되어 독특한 언어형태를 함께 형성했던 것처럼, 만명시대에 유행했던 이러한 문학형식들 역시 관념상 만명소품과 상통하며 창작상 서로 긴밀히 연계되어 있다.

---

36) 오한진,《독일에세이론》(서울: 한울림, 1998), 31쪽.

37) 베이컨,《隨筆集/學問의 進步》, 李鍾求 譯(서울: 汎韓出版社, 1982), 26쪽 참고.

38) '語錄'이란 대부분 스승의 말을 제자가 기록한 것으로 先秦시대의《論語》·《孟子》와 같은 책이 그 시초로 볼 수 있다. 그것은 일정한 형식이 없이 친근한 문자로 충실한 내용을 담는다. 明代에 '語錄'이 성행한 것은 王陽明의 心學의 발전과 밀접한 관련이 있다. 晚明시기에 특별히 성행한 '清言'이란 주로 三敎(儒·佛·道) 合一 사상의 産物로서 인생에 대한 無常·自然·無慾의 경지를 동경하고, 또 때로는 세상에서의 道德의 가치를 강조하기도 한다. 형식과 내용 모두 전통문장이 가진 규범의 구속을 받지 않아 晚明小品의 발전에 적지 않은 영향을 주었다.

## V. 결어

중국 고대 장르발전사로 볼 때, 중국산문은 唐宋에 이르러 이미 성숙단계를 거쳐 그 절정에 도달했다. 唐宋 이래로 산문창작의 방법과 규범을 종합하려는 기풍이 성행함에 따라 秦漢과 唐宋의 산문을 창작의 철칙으로 여기게 되면서 그 체제는 오직 본받아야만 할 완전한 본보기로서 뛰어넘을 수 없었으며 그 법식은 오직 지켜져야만 할 황금률로서 깨뜨릴 수 없었다. 만명소품의 작가들은 그러한 격식에 얽매이지 않고 문학표현상의 혁신을 추구하여 그들 작품 전반에 나타나는 일반적 특징은 일정한 體式을 갖추지 않은 채, 부단히 변화를 모색하고 있다는 점이다. 체제와 풍격이 지속적인 변화 중에 있었기 때문에 참신하고 경쾌한 작품으로부터 다소 근엄하고 함축적인 작품과 함께 웅대하고 심오한 작품도 지어졌다. 그 문장 표현도 편폭에 구애받지 않아 어떤 작품은 고도로 개괄되기도 하고, 또 어떤 작품은 상세하게 묘사되기도 했다. 창작실천 중 진실을 전달하고, 자아를 표현하고, 고정된 격식을 따르지 않는 이러한 특징들은 당시의 작가들이 탐색한 산문창작의 새로운 출로였으며, 이는 전통산문의 실용성과 논리성 외로 그들 작품에 고도의 예술성을 부가함으로써 중국산문 발전의 새로운 영역을 개척하였던 바, 이것이 바로 오늘날 중국 고전문학사에서 일컫는 만명소품이며, 그것은 중국 현대소품(문)의 발전에 지대한 영향을 미쳤다.

소품(문)·에세이·수필 ——이들 대응장르들은 각자의 나라에서 가장 오래된 문학형식인 동시에 가장 새로운 문학체재요, 아직 고정되지 않은 미래의 문학형태라 하겠다. 이들은 과거의 모든 문학의 형식이나 인습의 속박을 탈피하려는 끊임없는 노력의 산물이었으니, 현재도 그러한 것처럼 미래에도 영원히 열린 문학의 형태로 남아 계속 변화를 모색해 나갈 것이다.

## ✚ 참고문헌

世說新語箋疏,《余嘉錫 選注》, 臺北: 王記書坊, 1984.

洪邁,《容齋隨筆》 全2冊, 臺北: 臺灣商務印書館, 1979.

蘇軾,《蘇長公小品》 二卷, 王納諫 編, 明 萬曆39年 章萬椿 心遠軒刊本; 臺北: 國立中央圖書館, M10214.

蘇軾·米芾,《蘇米志林 三卷》, 毛晉 編, 明 天啓元年 虞山 毛氏 綠君亭刊本; 臺北: 國立中央圖書館, M7280.

陳夢槐 編,《東坡集選 五十卷》 明刊本; 臺北: 國立中央圖書館, M10203.

鄭元勳 編,《文娛 不分卷》 明 崇禎3年刊本; 臺北國立中央研究院 歷史語言研究所藏 善本.

朱劍心 編,《晚明小品選注》 臺9版, 臺北: 商務印書館, 1987.

몽테뉴,《수상록 ESSAIS》, 윤지선 역. 서울: 青木, 1996.

베이컨,《隨筆集/學問의 進步》, 李鍾求 譯. 서울: 汎韓出版社, 1982.

王重民 編,《美國國會圖書館藏中國善本書目》, 永和: 文海出版社, 1973.

William H. Nienhauser, Jr. 編,《The Indiana Companion to Traditional Chinese Literature》, 臺北: 南天書局, 1988.

中國文化大學·中華學術院 共編,《中華百科全書》 全10冊, 臺北: 中國文化大學出版部, 1982.

厨川白村,《出了象牙之塔》, 金溟若 譯, 再版. 臺北: 志文出版社, 1984.

朱湘,《文學閒談》 再版, 臺北: 洪範書店, 1984.

周作人,《周作人全集》 全5冊, 臺中: 藍燈文化事業公司, 1982

趙家璧 編,《中國新文學大系》 全10冊, 1935~36年 上海 良友圖書印刷公司 初版; 臺北: 業强出版社, 1990.

張沅長 外,《英國小品文的演進與藝術》, 臺北: 學生書局, 1971.
尹五榮,《隨筆文學入門》, 서울: 關東出版社, 1975.
李彙榮 外,《佛文學槪論》 重版, 서울: 正音社, 1980.
金鵬九 外,《프랑스문학사》 重版, 서울: 一潮閣, 1984.
존 메이시,《세계문학사》 2판, 박준황 옮김. 서울: 종로서적, 1983.
董崇選,《西洋散文的面貌》, 臺北: 中央文物供應社, 1983.
申尙澈,《隨筆文學의 理論》 1版2刷, 서울: 三英社, 1986.
Gerhard Hass,《현대에세이론》, 吳賢一 譯, 서울: 三中堂, 1987
鄭漢模·金容稷,《文學槪說》 重版, 서울: 博英社, 1997.
陳萬益,《晚明小品與明季文人生活》, 臺北: 大安出版社, 1988.
오한진,《독일에세이론》, 서울: 한울림, 1998.
이환,《몽테뉴의 엣세》 제2쇄, 서울: 서울대학교출판부, 2005.

語堂,〈論小品文筆調〉,《人間世》, 第6期. 1934. 6.
朱光潛,《論小品文. 我與文學》, 原名《我與文學及其他》, 開明書店 1943年版; 臺北: 大漢出版社, 1989.
拙稿,〈晚明小品 關係 主要著述 板本攷〉,《中國學硏究》 第9輯, 1994. 12.
拙稿,〈1930년대 小品文論爭을 통해서 본 晚明小品의 인식과 평가〉,《中國硏究》 第18卷, 1996. 12.
拙稿,〈晚明小品 批評의 歷史〉,《中語中文學》 第31輯, 2002. 12.
拙稿,〈晚明小品 창작의 이론 배경과 실천〉,《中語中文學》 第33輯, 2003. 12.
拙稿,〈晚明小品의 文學理想〉,《中國學硏究》 第30輯, 2004. 12.
金榮鎭,〈朝鮮後期의 明淸小品 수용과 小品文의 전개 양상〉, 高麗大學校 大學院 國語國文學科 博士學位論文, 2003. 12.

# 장아이링과 전혜린의 글쓰기와 '일상'*

진성희**

## I. 들어가며

1930~60년대 중국과 한국은 전쟁과 식민시기를 체험하고 전통과의 단절 및 근대사회로의 도입이라는 새로운 자각이 중첩적으로 대두되던 시기라 할 수 있다. 전후세대인 젊은 지식인들은 스스로 전쟁이라는 한계상황과 대치하고 있었기 때문에 그들의 내면의식에는 항상 불안함과 강박관념이 내재되어 있다. 이와 동시에 그들은 의식적으로 새로운 미래 세계에 대한 이상향을 그린다.

이 글은 1930~60년대 소소한 개인으로 살아갔던 장아이링(張愛玲)과 삶의 매순간마다 타오르는 열정을 '고독'·'실존'으로 대변하다 산화해간 전혜린(田惠麟)이 위와 같은 현실에 대한 대응방식을 어떻게 그들의 글쓰기에 접

---

* 이 글은 2008년 1월 《中國語文論譯叢刊》 제22집에 수록된 논문임.

** 숭실대학교 중어중문학과 연구교수

목시켰는지를 고찰하고, 대중에게 소비된 양상을 살펴본 것이다. 그들은 당시의 주류문단과 섞이지 못하고 문학사의 외부로 비껴나야만 했던 것, 시대를 앞선 인텔리 여성으로서 돌출된 개인사가 신화화된 채 대중에게 소비되었다는 점에서 비슷하나 여전히 존재하는 봉건적 세계와 급격히 형성된 남성중심의 '근대적 질서'라는 교착지 안에서 삶의 방식은 달랐다.

부연하면, 장아이링은 당시 만연해 있던 국가와 민족, 혁명과 같은 거대담론과 결별하고 더욱 '세속화·일상화' 될 것을 요구한 반면, 전혜린은 속물화된 욕망이 지배하는 문학의 영토에 안주하지 않고 '가장 진실한 것'인 실존을 쫓기 위해 짧은 생 내내 필사적으로 노력했다.

이와 같은 두 여성작가의 삶의 행적을 고찰해보기 위해 먼저 주류문학사의 경계 밖에 있었던 그들이 경계 안으로 이동하게 되는 과정을 살펴보고 두 작가에게 문학적 기저인 '집'이 어떻게 그들에게 인식되고 새로운 지향점을 찾게 했는지를 분석해 볼 것이다. 더하여 시대적 사상조류와 결별하고 보다 진일보한 근대적 세계에 이르기 위한 장아이링과 전혜린의 방법적 태세는 어떤 것이었는지를 살펴보기로 한다.

## Ⅱ. 문학사로의 진입과 대중으로부터 부여받은 위치

1940년대 상하이에서 활발히 작품 활동을 펼치다 홀연히 사라진 장아이링(張愛玲, 1920-1995)은 반세기가 지난 오늘날 '張迷(장아이링 마니아)'를 이끌고 돌아왔다. 그녀는 '자산계급 부르주아의 퇴폐문학'이라는 오명을 얻고, 중국 문학사 내에서 자리매김 되지 못했다. 1953년 장아이링이 상하이를 떠난 지 1년 후 발행된 왕야오(王瑤)의 중국의 첫 현대문학사 저작인《中國新文學史稿》에서는 장아이링의 작품을 포함한 윤함구(淪陷區)의 문학사적 사실이 모두 공백으로 처리되었다. 이는 한국에서 친일문학이 배척받은 원인과 유사한 것으로 당시 윤함구 문학에 대한 망각과 배제는 포스트식민

시기 중국의 민족문학형성과정에서 당연한 것으로 여겨졌다. 이렇듯 포스트식민과 냉전이라는 정치적 혼돈의 기원 속에서 배제된 장아이링이 다시 문학사의 수면위로 떠오르게 된 것은 문혁종결 후 개혁개방의 물결이 거세던 1980년대부터이다. 대표적 장아이링 연구자 샤즈칭(夏志淸)[1]의 《중국현대소설사》(1961)의 번역본에서 장아이링을 '오늘날 중국에서 가장 우수하고 중요한 작가'로 주목하며 루쉰보다도 그녀를 소개하는데 20여 쪽을 더 할애했다는 사실이 훗날 많은 논자들의 관심과 논쟁을 불러일으키고 이 관심과 논쟁의 연장선상에서 그녀에 관한 저작과 논문은 쏟아져 나오게 된다.

이른바 '장아이링 열풍'은 1990년대 중반 이후 사회주의 이전의 1920~30년대의 올드 상하이에 대한 노스탤지어 현상과도 연관시킬 수 있는 것이었는데, 전쟁과 혁명을 겪은 중국인들에게 1920~30년대의 상하이의 모습은 비정치적인 순수의 시대로 재구성되어 그들을 자극했기 때문이었다.[2] 비록 당시의 상하이는 조계지로 반식민지 상태에 있었지만 이 시기

---

1) 샤즈칭은 상하이 출신으로 미국 예일대에서 영문학을 전공했다. 철저한 반공주의자였던 그는 문학이 정치적 목표에 이용되는 것을 반대하였고 영문학자로서 근대 서구의 부르주아 휴머니즘적 문학관을 표방했다. 때문에 왕야오의 《中國新文學史稿》를 비롯한 당시 중국현대문학사 저술들과 비교할 때 그의 《중국현대소설사》가 많은 부분에서 그들과 시각을 달리했다는 것은 당연지사다. 그런 까닭에 미국과 홍콩, 타이완의 반공 분위기 속에서 그의 저서는 중국의 이데올로기적 문학사에 대한 저항저술로 높이 평가되고 환영받았다. 임우경, 〈민족의 경계와 문학사- 타이완 신문학사와 張愛玲을 중심으로〉, 《중국어문학논집 제25호》, 2003. p299.

2) 1990년대 중반 이후 전 세계적으로 일고 있는 상하이 노스탤지어 붐에는 사회주의 이전의 상하이, 특히 자본주의가 번성했던 1920, 30년대의 상하이를 적극적인 상상의 대상으로 삼아 대중적으로 전유하고 있는 양상을 띠고 있다. 이러한 상하이(상상)의 부상은 다이진화(戴錦華)가 포착한대로 1980년대 문학과 예술 표상에서 북방이미지가 충만했던 것과 비교한다면 인식과 상상에 있어 도드라진 전환을 보여주는 현상이다. 상하이 상상은 '전쟁'과 '혁명'의 연대를 막 통과한 1990년대 중국인에게 부재하는 순정한 것으로 상상된 '중국역사'의 기억의 구상(具象)을 제공하면서 1990년대 이래 중국 전역을 풍미한 중요한 문화현상 중의 하나로 자리

에도 이미 세계에 어떤 대도시에도 뒤쳐지지 않을 만큼의 코스모폴리스였고 상하이 밖에서 이주해온 이민자들, 상하이인들, 영국, 러시아, 일본 등 다양한 민족들이 모여 사는 거대한 도시였다. 영어와 중국어가 뒤섞인 상점, 거리에 즐비한 카페와 보석상, 옷가게, 쇼핑과 여유를 즐기는 외국인들과 현지인들의 기이한 생활상을 볼 수 있는 상하이는 이로 인해 역설적으로 '동방의 파리'로 불리며 화려하게 자본주의를 꽃피웠었고 정치의 소용돌이 속에서 비교적 자유로울 수 있는 곳이었다. 따라서 중국인들은 상하이가 '완전한 중국'이 아니었음에도 불구하고 이 시기의 상하이를 그나마 중국적인 곳으로 인식했다. 장아이링의 작품에는 이와 같은 상하이가 잘 반영되어 있었고, 연구자들이 상하이를 떠난 후의 그녀의 작품은 색을 잃어버렸다고 할 정도로 상하이는 장아이링에게 있어 특별한 곳이었으며 대중들은 상하이와 장아이링을 연결시켜 생각하게 되었다.

위와 같은 현상에 힘입어 다시 불러일으켜진 장아이링은 사망이후 '張迷' 열풍의 최고조를 맞이하게 된다. 이미 그녀의 죽음은 세간의 이목을 끌기에 충분했다. 1995년 9월 8일, 장아이링은 LA에서 세상을 떠났다. 그녀의 죽음은 신속하게 중국의 모든 신문에 보도되고 타이완·홍콩·대륙을 포함한 중국어권에서는 대중매체와 그녀의 추종자들이 신비스런 분위기를 만들어내고 있었다. 그녀는 마지막 23년 동안 LA사교계에 모습을 드러내지 않은 채 조용한 나날을 보냈다. 끊임없이 이사를 다녔고 수없이 많은 호텔과 모텔, 소형 아파트를 전전하다 결국 LA 거리에 있는 작은 아파트에서 숨을 거두었다. 이 '신비'한 말년은 그녀의 전설에 매력을 더해주었다.[3)]

---

매김 된다. 이러한 올드 상하이 상상은 전 세계적으로 각별한 반응을 얻는다. 박자영, 〈상하이 노스탤지어: 중국 대도시 문화현상사례와 관련담론 분석〉, 《중국현대문학 제30호》, 2004. p93.

3) 林武同, 〈有綠得識張愛玲〉, 《黃冠 504期》, 1996. p98.

상하이의 명문가에서 화려하게 태어나 홀로 죽어간, 역사의 화려함 속에서 차라리 진정으로 평범하기를 원했던 여인이었다. 세상은 쓸쓸하게 죽어간 베스트셀러 작가의 최후를 보며 그녀가 다수의 작품을 끊임없이 생산해낸 천재적 기질에 주목했고 더하여 상하이에 머물던 시절 왕징웨이(汪精衛) 친일 정부[4]의 고위관료 후란청(胡蘭成)[5]과의 결혼과 이별, 미국에서의 생활과 재혼 등과 같은 사생활에 관심을 보였다.

2000년대에 이르기까지 장아이링에 대한 회고는 계속되고 있으며 중화권을 벗어나 세계무대에서도 그 이름을 찾아볼 수 있다. 대만출신의 세계적인 영화감독 이안(Lee Ang)은 장아이링이 말년에 10년에 걸쳐 완성한 〈色·戒〉를 영화화 한 동명의 영화로 올해 제64회 베니스국제영화제의 황금사자상을 받았고 이로 인해 그녀와 그녀의 텍스트에 대한 세상의 관심은 한층 높아졌다. 장아이링의 소설들은 이미 여러 차례 영화화됐는데 〈紅玫

---

4) 1920년대 중국혁명시기에 국민당의 정치지도자로 활동했던 중요한 인물. 그는 1905년 일본에서 조직된 중국동맹회(中國同盟會)에 참여한 이래 쑨원(孫文)과 긴밀한 관계를 가지면서 청조(淸朝)타도의 혁명과 반제·반군벌을 위한 국민혁명에 투신하였다. 1925년 쑨원이 사망한 후 그는 광저우(廣州)국민정부와 우한(武漢)국민정부의 정치지도자로서 국공합작 시기 국민당을 이끌었다. 제1차 국공합작이 실패로 끝난 이후 국민당내에서 장제스(蔣介石)와 정치적 경쟁자로 협력과 대립관계에 있었다. 만주사변(滿洲事變)으로 항일 전쟁이 본격화되자 왕징웨이는 남경의 친일괴뢰정부 수반이 되어 매국활동을 전개한다.

5) 후란청(胡蘭成)은 1944년 왕정웨이 정권 선전부 차장으로 있었던 친일파 관료였다. 그와 장아이링이 결혼할 당시 그녀의 나이 23세, 후란청은 38세의 유부남이었다. 그들의 결혼생활은 몇 개월에 걸친 것이었고, 일본이 패망한 후 온저우(溫州)로 낙향한 뒤 후란청은 다른 여인과 혼인해 장아이링을 배신한다. 그는 젊은 여성들에게 인기가 많아 여러 차례 젊은 여성들과 결혼했다고 한다. 그러나 그는 유약한 지식인은 아니어서 이미 자신이 친일 정부에 몸담고 있을 때도 "일본은 반드시 망한다(日本必敗), 난징정권은 반드시 망한다(南京正權必亡)"이라는 글을 써서 필화사건을 일으키기도 한다. 전쟁 말기에 우한으로 가서 신문사를 만들고 사관학교 창설준비를 시작했다.

瑰與白玫瑰〉, 〈海上花〉, 〈半生緣〉, 〈傾城之戀〉[6]의 작품들이 그것들이다. 그녀의 소설이 자주 영화화되는 것은 '장아이링의 소설'이라는 텍스트가 영화라는 시각적 문체로 대치될 수 있는 가능성이 높기[7] 때문일 것이다. 문학작품 뿐 아니라 영화를 통하여서도 전세계에 알려진 장아이링은 엘렌 창(Eileen Cheung)이란 이름으로 명명되며 서구의 혹자는 장아이링을 보며 동양의 제인 오스틴이라고 명명하기[8]도 한다.

한국 최초의 여성 독문학자 전혜린(田惠麟, 1934~1965)은 해방과 전쟁을 체험하고 당시 여성으로서는 최초로 독일 유학을 경험했고 일찍이 서구 근대문물을 접한 전후세대 인 1960년대 지식인이었다. 50여 편의 수필

---

6) 〈紅玫瑰與白玫瑰〉: 〈레드로즈 화이트로즈〉, 관진펑(關錦鵬), 1996
〈海上花〉: 〈해상화〉, 허우샤오시엔(侯孝賢), 1998
〈半生緣〉: 〈반생연〉, 쉬안화(許鞍華), 1997
〈傾城之戀〉: 〈경성지련〉, 쉬안화(許鞍華), 1984

7) 장아이링은 철두철미한 영화광이었다. 동생의 회고에 따르면 학창시절에도 영어 영화 잡지를 정기 구독하였다고 한다. 그녀는 일찍이 영어로 영화평을 쓰기도 했고, 나중에는 상하이와 홍콩에서 촬영한 유명한 영화의 시나리오를 쓰기도 했다. 그녀의 이러한 개인적인 취미는 소설로 흘러들어가 소설 기교의 중요한 요소가 되었다. 리어우판(李歐梵), 장동천 외 역, 《상하이 모던》, 고려대학교 출판부, 2007. p.444.

8) 샤즈칭이 장아이링을 중국의 가장 우수한 작가로 평가한 것은 그녀가 가장 보편적인 서구적 문학기준에 근접했다는 판단 때문이었다. 그의 《중국현대소설사》에서 "그녀의 작품이 캐서린 맨스필드, 포터, 웰티, 맥컬러스와 비견되며 심지어 더 나을지도 모른다."라고 말한 것이나, 연이어 장아이링의 우수성을 강조하기 위해 브론테 자매, 제인 오스틴, 도스토예프스키와 같은 서구 정전작가들을 준거로 등장시키는 반복적 서술을 보여준다. 임우경, 위의 논문, p301.
그러나 이러한 샤즈칭의 서술은 서구 근대성에 대한 열등감과 강박증을 드러내는 것으로써 그러한 심리를 장아이링을 가치절상시킴으로 인해 보상받으려는 동양인 샤즈칭의 노력으로 보이기도 한다. 그러나 영화화된 〈色·戒〉의 수상으로 인해 서구 영화계에 적지 않은 파장을 준 장아이링의 텍스트를 본 평론가들이 그녀의 텍스트에서 제인 오스틴의 면모를 본 것은 오랫동안 간직해 온 서구사회의 문학관과 장아이링의 문학이 맞닿는 부분이 있어서일까.

과 평론, 10편의 번역 작품, 일기, 서간, 몇 편의 시를 쏟아 놓은 전혜린은 '완벽한 문학작품'인 소설을 집필하고 싶어 했으나 하지 못하고 31세의 젊은 나이로 요절하였다. 전혜린에 대해서는 '60년대를 온몸으로 살았던' 걸출한 문인[9]이라는 긍정적 평가와 시민의식의 지적 방황[10], 맹목적인 섬세한 촉각[11]등의 부정적 평가가 엇갈리고 있다.

전혜린은 짧은 생애 동안 10여 편에 이르는 외국문학작품을 번역 출간했고, 독문학자로서 19세기 독일 리얼리즘의 선구자로 손꼽히는 프란츠 그릴파르처에 대한 연구 논문을 남겼다. 루이자 린저의 《생의 한가운데》와 하인리히 뵐의 《그리고 아무 말도 하지 않았다》 등은 전혜린이 최초로 번역 소개한 작품들로, 독문학과 관련하여 이후 한국 출판계에서 가장 많이 반복되어 번역된 작품이다. 뿐만 아니라 그녀의 산문을 통해 간접적으로 소개된 외국작가의 작품들은 전혜린의 사후 번역되어 애독서가 되기도 하였다. 또한 단 두 권의 유고 수필집은 1960~70년대 젊은 세대에게 깊은 감성적·정신적 울림을 주었고, 60년대 최고 베스트셀러가 된 것은 물론이며 현재까지도 스테디셀러로 남아있다.[12] 이와 같이 한국 문학계에

---

9) 김윤식, 《교재용 한국현대문학사》, 서울대출판부, 1992. p.615.

10) 김윤식, 앞의 책, p.617.

11) 김윤식, 〈침묵하기 위해 말해진 언어-전혜린론〉, 《한국근대작가론고》, 일지사, 1982. p.401.

12) 전혜린의 유고집은 그녀가 죽은 이듬해인 1966년에 《그리고 아무 말도 하지 않았다》와 《미래 완료의 시간 속에서》(이 책은 내용을 다소 수정하여 1981년 《이 모든 괴로움을 또다시》로 출간됨)라는 제목으로 출간되었다. 교보문고가 만든 '광복 이후 50년간의 베스트셀러 선정'에서 전혜린의 수필집 《그리고 아무 말도 하지 않았다》는 6-70년대 작품으로 선정됐다. 이 조사에 의하면, 전혜린이 그렇게 예찬했던 헤르만 헤세는 "한국인이 제일 좋아하는 작가 베스트3"에 올랐고 그의 《데미안》도 스테디셀러로 선정되었으며, 전혜린이 최초로 번역한 루이제 린저의 《생의 한가운데》도 70년대 베스트셀러 목록에 올랐다. 서은주, 〈경계 밖의 문학인- '전혜린'이라는 텍스트〉, 《여성문학연구11》, 2006. pp.35-36.

서 그녀의 영향력은 지속적이라 할 수 있다.

그러나 전혜린이 우리 문학계에서 미치는 영향력은 그녀의 문학적 성과와 객관적인 작품에 대한 판단에 근거한 것이라기보다 그녀의 삶과 죽음을 감싸고 이루어진 대중의 호기심, 막연한 선망에 의한 것이라고 할 수 있다. 1950~60년대는 전쟁이라는 한계상황을 겪어내기는 했지만, 사회 전반적으로 피폐한 시기였다. 그런데 전혜린은 당시 상황으로 보아 획기적이라 할 수 있는 대학 재학 중 독일 뮌헨으로 유학하여 4년 동안 독문학을 전공하고, 1959년 귀국하여 독문학 강의와 번역에 몰두한다. 그러다 집안에서 정해준 정혼자와 혼인하고 아이를 낳았으나 전형적인 결혼생활의 환멸을 느끼고 이혼했다. 1964년 성균관대 교수로 부임하여 번역을 하고 산문집을 써내는 등 자신이 원하던 생활로 돌아갔지만 실존에 대한 고민, 고독함을 이기지 못하고 31세로 요절한다. 약물중독에 의한 죽음이나 자살로 추정되는 그녀의 돌연사는 전혜린이 보여주었던 비범성과 어우러져 '전혜린 텍스트'로 완성된다. 따라서 대중은 신비화된 전혜린을 먼저 접하게 된 뒤 그녀의 작품을 찾게 되었던 것이다.

그러나 '전혜린 텍스트'는 다수의 대중이 소비함에도 불구하고 한국 문학제도 내에서 주변일 수밖에 없었다. 그 이유는 첫째로 전혜린이 '한국문학'이라는 제도 속에서 주류장르의 글쓰기를 하지 않은 것이다. 주류 장르는 아무래도 장편·단편소설, 시라고 할 수 있을 터인데 그녀는 보편적 문학제도의 장(場) 안에서 글쓰기가 진행시키지 않았기 때문에 제도권 문학사의 경계 안으로 진입할 수 없었다.

두 번째로 1950년대 한국 문단은 식민지와 전쟁시기로부터 이어지는 문단의 권력화가 강했던 시기로, 문학 활동이 순수문예지를 중심으로 이루어지고 문예지의 성격도 문학단체나 문단의 실세들과 유착되어 결정지어졌다. 신진작가의 등단과 관련한 문예지의 추천제도는 당대 젊은 문학인들에게 거부감을 심어주었고, 이와 같은 제도에 대한 문제의식이 표면화되어 60년대는 일간지의 '신춘문예'가 등단의 새로운 창구로 부상한다.

그러나 전쟁 이후 사회의 가난과 정신적 피폐함을 보상받으려는 문학인들에게 입신출세의 길이 되는 신춘문예 또한 문단에 진입하려는 문학인들의 가시성만 짙고 실은 없는 제도로 전락하게 된다. 이러한 상황을 고려해볼 때, 부유한 환경 속에서 생활고를 모르고 자란 전혜린은 유학을 하며 영향을 받은 서구의 자유로운 사상으로 인해 제도적 입문형식에 더더욱 다가가지 않았을 것이고, 남성 중심적·정치적인 한국문단이 전혜린과 같은 선진 여성 엘리트를 받아들이기란 쉽지 않았을 것으로, 독립적이고 자유분방한 비범함으로 인해 그녀는 주류 문단으로 편입될 수 없었던 것이다.[13)]

문학적 열망은 강했지만 처해있던 사회적 상황과 개인적 기질로 인해 문학사라는 틀 속에 포섭되지 못했던 전혜린과 정치성을 스스로 배제시켜 기존 문단에서 배척당했던 장아이링은 다수의 대중이 그들의 문학을 소비한다하더라도 그들에게 씌워진 '시대성을 스스로 벗어난 부르주아 출신의 여성작가'라는 굴레로 인해 문학 활동의 중심부로 진입하지 못하였다.

그러나 장아이링과 전혜린은 '그들의 문학을 향유하는 소비자와의 장(場)' 이라는 진정한 중심부를 형성했다. 상하이 구세도가 가문 출신으로 친일파 관료와의 결혼, 당시에는 드물었던 외국유학이라는 이력은 부르주아 인텔리 여성의 이미지로 포장되어 대중들의 호기심을 불러일으켰고, 이혼과 자살이라는 돌출된 개인사가 신화화되어 소녀 취향의 대중에게

---

13) 당시의 '여류문단' 또한 전후 문단에 보수성에 위배되지 않는 부르주아 중산층출신의 여성작가를 중심으로 형성되었으므로, 정치적 보수주의의 체화(體化), 가부장제 의식의 내면화로 그 성격을 요약할 수 있다. 전혜린이 부르주아 중산층 출신이었다는 점에서 1950~60년대 여류작가들과 환경으로부터 부여되는 사회적 지위는 그 다지 다를 것이 없지만 기질과 의식은 그들의 '안정적임'과는 분명 거리가 있다. 박정애, 《'여류'의 기원과 정체성-50~60년대 여성문학을 중심으로》, 인하대학교 국문과 박사논문, 2003. p.52.

향수되었다. 그러나 그들이 문학 소비자와 당시 문단의 어떤 작가보다도 친밀한 거리를 유지할 수 있었던 것은 역사의 거대한 흐름 아래 시대성과 정치성을 드러내지 않았다는 데 그 원인이 있을 것이다.

근대적 질서체계의 허상을 알고 있는 장아이링의 작품은 대부분이 개인의 私的인 이야기로 채워져 있다. 장아이링은 자신은 결코 영웅의 이야기를 쓸 수 없다고 했고, 범인의 이야기를 쓰는 것이 진실하고 한층 보편적인 것이라 보았다. "나는 남녀 사이의 작은 일들을 쓸 뿐이다. 내 작품에는 전쟁이 없고 또 혁명이 없다. 나는 인간이 사랑할 때가 전쟁이나 혁명을 할 때보다 더욱 소박하고 자율적이라고 여긴다."[14] 즉 장아이링은 대중을 계몽하려는 의도성 짙은 글이 아닌 그 자신들의 일상을 다시 그 자신에게 돌려주는 글쓰기[15]를 진행한 것이었다.

전혜린의 문학은 계시성과 목적성이 아닌 '자기적 존재·현존하는 순간의 중요성'에 대한 것으로 채워져 있다. 이는 식민지와 전쟁을 겪은 후 더 이상 잃을 것이 없었던 대중적 감성의 빈 공간을 채워줬고, 시대를 뛰어 넘는 보편성을 지니게 되었다.

위에서 살펴본 바와 같이 장아이링은 중국현대사의 격동기가 지난 후 '張迷'열풍에 힘입어, 전혜린은 신비화된 이미지로 오랜 기간 다수 대중에게 소비됨으로써 문학사의 주변부에서 경계 안으로 진입했다.

---

14) 張愛玲, 〈自己的文章〉, 《張愛玲文集(四)》, 安徽文藝出版社, 1992. p.174.

15) 장아이링은 "자신을 독자로 생각하면, 자연스럽게 그들이 무엇을 원하는지 알게 된다. 원하는 것을 주고 나서, 그 밖의 다른 것을 좀 더 준다." 張愛玲, 〈論寫作〉, 《張看》, 皇冠出版社, 1976. p.271. 고 말한 것처럼 소설이 어떻게 독자를 매료하는가에 대해서 마음속에 있는 생각을 그대로 이야기하였다.

## Ⅲ. 회귀와 탈출의 공간에서
### - 두 여성 작가의 문학적 기저, '집'-

장아이링과 전혜린 문학의 내적 출발점은 집이라 할 수 있다. 장아이링은 신구문화가 충돌하는 공간인 집에서 '중국의 제1세대 노라'라고 할 수 있었던 어머니의 영향을 받았고[16] 전통구습의 계승자였던 몰락한 귀족 아버지를 통해 현실을 첨예하게 인식할 수 있게 되었다. 전혜린은 1940~50년대 당시로서는 신식이라 할 수 있었던 딸에게 행해지는 아버지의 높은 교육열로 인한 수혜를 입었으나 바로 그 아버지라는 그늘을 벗어나지 못하여 생애 내내 고뇌하였다. 이러한 그들 문학 배경의 가장 기저라 할 수 있는 '집'은 두 여성이 각기 다른 정신세계를 형성하는 근간이 된다.

장아이링의 집안은 아버지 때 약해지기는 했지만 여전히 구세도가의 이름 있는 가문으로 봉건식 생활을 유지하고 있었다. 어머니는 정략결혼을 하였지만 늘 탈출을 꿈꾸던 신여성이었고, 아버지는 청 왕조의 관리가 되고자 하였으나 실패하고 시대적격변기 속에서 도태된 봉건적 지식인이었고, 자신의 꿈을 이루지 못하자 아편을 피우며 첩을 들이고, 과도하게 모르핀 주사를 맞아 늘 죽음을 목전에 두고 있었다. 애정 없는 정략결혼으로 인해 늘 불만에 차있었던 어머니는 동생과 장아이링을 놔두고 외국으로 떠난다. 아버지와 어머니는 각각 장아이링에게 익숙하면서도 암흑으로 둘러싸인 집과 미래적이지만 공포스러운 공간의 집을 부여한다. 익숙함을 느끼면서도 욕망을 해소할 수 없고, 신문화적이지만 왠지 거북하고 불안한 양가적인 감정은 장아이링 문학의 전반적 분위기인 '황량(荒凉)'함을 형성한다. 그녀의 중단편 소설집 《전기(傳奇)》에는 신구문화의 교착점에 서있는 불안한 여성의 삶이 드러난다. 이러한 여성의 심경은 《전기(傳奇)》增

---

16) 김순진, 〈화려한 혁명과 쓸쓸한 개인, 그리고 그녀의 광기〉, 《중국문학연구 제32집》, 2006. p301.

訂本의 표지에서도 표현되고 있다. 장아이링과 절친했던 친구 옌잉(炎櫻)이 그린 이 표지에는 청말의 여인들이 조용히 골패놀이를 하며 아이를 돌보고 있는 모습이 보이고, 난간 밖으로는 눈코입이 없이 얼굴의 윤곽만 있는 다소 거대한 사람이 튀어나와 있다. 이는 집안을 들여다보고 있는 현대인의 형상인데 사람들이 장아이링으로 하여금 불안함을 느낀다면 그것이 바로 자신이 의도했던 바라고 말하고 있고[17] 눈코입이 없는 현대인의 형상은 자기 존재에 대한 확신이 없어 불안하기만 한 모습이다. 장아이링이 불안함을 느끼게 하는 대상은 신·구 문화의 충돌 속에서 곧 도래할 신문화이다. 미래는 그 자체로써 신비스러움을 부여하지만 그에 적응하지 못하는 개인은 인간적 회귀본성을 드러낸다. 《전기(傳奇)》의 표지 그림은 도래한 신문화의 무대 속에서 자신이 처할 곳을 찾지 못한 현대인이 과거의 안온했던 곳으로 회귀하고 싶은 욕망을 보여주고 있는 것이며, 현대인의 거대한 형상은 불안정한 사회 속에서 자기 존재의 본질적 의미를 찾지 못하고 있는 것이라고 할 수 있다. 이와 같이 돌아가고 싶은 집은 장아이링에게는 '아버지와 어머니의 형상이 중첩된 집'이 아닌 '과거의 평온한 집'이었다.[18]

---

17) 표지 디자인은 옌잉(炎櫻)에게 부탁했다. 청말에 유행한 복장을 한 부녀도를 빌어 왔다. 저녁 식사 후 여인은 조용히 골패놀이를 하고 옆에는 유모가 앉아 아이를 안고 있는 일반적인 가정의 모습을 그렸다. 그러나 난간 밖에는 툭 튀어나온 마치 귀신이 나타난 것 같은 비례가 맞지 않는 인간의 형상이 있다. 그것은 아주 호기심 있게 열심히 안을 들여다보는 현대인이다. 만약 이 그림이 사람들로 하여금 불안함을 느끼게 했다면 그것은 바로 내가 만들고자 한 분위기이다. 張愛玲, 〈有幾句話同讀者說〉, 《張愛玲文集(四)》, 安徽文藝出版社, 1992. p.259.

18) 아버지의 집과 어머니의 집을 모두 상실한 장아이링에게 유일하게 남은 안식처가 있다면, 그것은 과거의 화려한 역사였으며 아버지의 가신이자 친구인 張佩綸과 결혼했던 할머니의 이야기였다. 장아이링은 할머니의 결혼에 낭만적 사랑 이야기가 숨어 있으리라 믿었기에 이들의 이야기가 실린 《얼해화(孽海花)》에 강한 애착을 보이기도 한다. 나아가 과거 시대에 대한 아련한 향수가 《해상화(海上花)》와 《홍루몽(紅樓夢)》을 다시 쓰도록 하지 않았을까 한다. 김순진, 앞의 논문, p.305.

이러한 장아이링의 심리가 반영된 소설 속 대부분의 여성들은 집이라는 공간을 떠나고 싶어 하면서도 한편으로는 그 속에서 자신의 위치를 더욱 공고히 하기 위해 노력하고 있다. 《半生緣》 안의 만루(曼璐)는 자신을 첩으로 들이고도 동생인 만전(曼楨)에게 관심을 보이는 홍차이(鴻才)에게 배신감을 느낀다. 그러나 이제껏 남편과 결혼하여 그의 돈으로 가족을 살려왔는데, 병으로 죽어 자신이 없어진 후 가족이 살아남기 위한 방편은 남편의 돈이 친정으로 들어가게 하는 것임을 깨닫고는 스스로 친동생을 자신의 남편과 이어주는 패륜을 저지르면서까지 어머니와 할머니, 어린 동생들이 살고 있는 집을 지켜낸다. 당시 문단의 주류였던 '5·4 시기' 작가들의 주장[19]은 가정 속에서 여성이 주체적인 삶을 영위할 수 없다면 과감히 집을 떠나라는 것인데, 장아이링은 이러한 작가들과는 다른 견해를 보인다. 여성을 위한 사회적 제도가 성숙하지 않은 상태에서 가정으로부터의 대책 없는 탈출은 여성들을 결국 죽음으로 내모는 것 밖에 되지 못하기 때문에 장아이링은 여성들이 어떠한 방법을 써서라도 집 안에서 살아가고 생존해가기를 바랬다. 그녀가 보았던 집 밖의 현실은 오히려 집 안에서 얻을 수 있는 최소한의 어떤 것도 담보해줄 수 없는 곳이기 때문이었다. 그래서 장아이링은 여성들에게 섣불리 나가지 말고 본래의 집으로 회귀하라고 한다.[20] 이처럼 억압받지만 그렇기 때문에 또 안온할 수 있는

19) 이 시기의 작가들은 애정 없는 결혼생활은 불합리하고 인간적이지 못하다고 보았고 '5·4'운동을 겪은 중국의 신여성들은 입센의 '노라'의 영향 속에서 집이란 탈출하고프기만 한 억압적 공간으로 인식했다. 여성이 인간적 삶을 영위하기 위해서 필요한 것은 주체적 각성인데 노라와 같이 집을 나가는 행위는 여성이 비로소 자신의 삶에 대해 자각한 것으로 여겨졌다. 그러나 이러한 담론들도 이야기의 주인공인 여성이 아닌 남성 작가들에 손에 의해 이루어졌기 때문에 당시의 현실적 여성의 삶과는 괴리되는 부분이 있었다.

20) 장아이링은 여성들에게 가정을 떠나지 말고 그 속에서 새로운 관계를 형성할 것을 주장한다. 그리고 그 자신은 '검은 집'의 탈출을 통해 자아의 정체성 회복을 욕망하는 글쓰기 방식보다는 예교로 구성된 가부장적 '집'안에서 그 권력의 구조

'양가적 성질의 집'은 장아이링과 동시대의 여성들에게 돌아가야만 하는 회귀의 공간이었다.

전혜린의 아버지는 식민지 치하의 고급관료로서 그녀를 서 너 살 때부터 직접 일본어와 한국어를 가르쳤다. 고등교육을 받은 아버지는 여성도 교육을 통한다면 남성과 동등한 사회적 지위와 명성을 얻게 될 것이라고 기대하며 장녀인 전혜린에게 교육에 관한 지원을 아끼지 않았다. 그러나 아버지의 관심과 기대에도 불구하고 유년기부터 공부에만 매달려온 전혜린은 언제나 채워지지 않은 그 무엇에 대한 그리움이 있었는데 그것은 자신의 현존재에 대한 무의식적 자각이었다. 그녀는 비록 "손에 물 하나 안 튀기고 방에서 공부만"[21] 할 수 있는 당시 대다수의 한국 여성들이 누리지 못하는 특권을 지녔으나, 명백히 가부장적 사회의 한계를 벗어나지는 못했다. 전혜린의 유년시절은 자신의 든든한 후원자이지만 동시에 막강한 권위의 행사했던 아버지에 의해 통제되었다.

> "흔히 딸이 그렇듯 아버지를 숭배하고 있었고 두려워하고 있었다. 아버지 마음에 들고 싶다는 욕망이 의식 밑에서도 또 의식표면에도 언제나 있었다. (…) 이 욕망은 아직도 내 의식의 심층에 남아있다. 아마 일생동안 나는 이런 의미로 아버지로부터 완전히 독립할 수 없으리라고 생각한다. (…) 의식의 세계에서 나는 결국 언제나 아버지를 대상으로 지식을 쌓아올렸던 것 같다. 마치 제단 앞에 향불을 갖다 쌓듯."[22]

---

를 모방함으로써 여성의 실존성을 찾는 글쓰기를 하였다. 이 때 모방은 의도적 모방으로 기존 권력 주체에 대한 저항과 해체의 의미가 숨어져 있기 때문이다. 김순진, 앞의 논문, p.313.

21) 전혜린, 〈홀로 걸어온 길〉, 《그리고 아무 말도 하지 않았다》, 민서출판, 2002. p.27.

22) 전혜린, 〈목마른 계절〉, 앞의 책, p.136.

여성으로서의 전혜린은 가장의 권위가 절대적이었던 한국의 전근대적 가부장 사회에서 '타자'였고, '타자'적 위치[23]에 있다는 것을 인식한 그녀는 자기가 있는 이곳이 아닌 미지의 세계-이상향을 꿈꾼다.[24]따라서 그토록 가고 싶어 했던 독일로 유학을 다녀온 후 전혜린은 그곳을 자신에게 지적·사상적 자유를 갖게 하는 가장 완결한 곳으로 여기게 된다. 아버지로부터 벗어나 조금은 자유로웠던 그녀는 인습적 결혼에 의한 남편이라는 또 다른 아버지에게 종속됨으로써 다시 불행해진다. 결혼 생활에 대한 공개적 글을 통해 그녀가 결혼에 대해 회의적 시각을 가졌다는 것을 알 수 있다.

> "이국에서의 결혼 후에 계속해서 공부를 해야 했고 귀국 후에도 소위 '맞벌이'인가를 하고 있는 우리는 얼굴을 보는 시간이 서로 적다. (…) 그러나 이것은 어디까지나 생활면에서의 이야기이고 정신면에서 한 남자를 완전히 포괄적인 의미로 알게 되고 공존하게 된 것은 물론 커다란 내적 변화를 나에게 않았을 리가 없다. 좀 더 나은 결혼생활이 흘러감에 따라 이윽고 일반적인 만사에 대한 관용과 타협과 비속화와 체념 … 그리고 숙명론과 마침내는 '몇 번이라도 좋다. 이 끔찍한 생이여, 다시!'의 운명에 … "[25]

---

23) 이처럼 남성의 존재에 의존해서만 존재할 수 있는 여성의 의존적 존재를 보부아르는 '타자(他者)'의 범주를 사용하여 설명한다. 《제2의 성》에서 그녀는 가부장제 사회에서 여성(혹은 여성성)이 어떻게 남성성과의 대립 속에서 늘 타자로 존재해 왔는지를 제시해 주고 있다. 그녀에 따르면, 어떠한 집단도 '타자(他者)와 직접 대립하지 않고는 자기 자신을 '주체'로서 파악하지 못하며, 이 주체는 자신을 본질적인 것으로 주장하고 타자를 비본질적인 객체로 설정함으로써 자신을 확립시켜 나간다. 자기를 주체로 설정한 남성에 의해 여성은 타자로 정의되어졌다. 남녀관계는 상호성이나 상대성이 인정되지 않았기에 남성만이 오로지 유일한 본질로서 긍정되고 여성은 순수한 타성으로 규정된다. 그리고 타자를 자아가 소유하고 싶지 않는 모든 부정적인 자질을 갖는 것으로 보는 인식에 따라 배제되고 폄하되어졌다. 시몬 드 보부아르/ 조홍식 옮김, 《제2의 성·上》, 을유문화사, 1997. pp.15-16.

24) "먼 데에 대한 그리움, 어디론지 멀리멀리 미지의 곳으로 가고 싶은 충동은 그 때부터 내 마음속에 싹튼 것 같다." 전혜린, 〈홀로 걸어온 길〉, p.30.

25) 전혜린, 〈남자와 남편은 다르다〉, 《그리고 아무 말도 하지 않았다》, p207.

위와 같은 언급에서 전혜린에게 결혼은 여성을 속되고 타율적으로 만드는 제도로 인식되었음을 볼 수 있다. 그녀는 "관념에 투철한 맑은 생활을 하기 위해서는 결혼이나 시민적 생활을 피해야 한다."[26]고 확신했다. 또한 임신, 출산의 과정에서 여성의 고유한 생산적 능력을 체험하면서 모성의 가치를 인정하지만 그 모성으로 인해 다시 안주함에 회의적 시각을 갖는다. 전혜린은 자신의 일기에서 "결혼이란 확실히 인간을 좁힌다. (…) 여자의 생은 모방이지 참 생은 아니다. 여자는 자기를 잊을 수도 초월할 수도 없으므로 위대함에는 부적당하다. (…) 나 자신 속에서 발견한 여자가 나를 절망케 한다."[27]라고 말하며 어머니라는 전통적 여성의 역할에서, 일상의 속박에서 벗어나고픈 내면적 갈등을 온몸으로 겪으며 여성에게 자연스럽게 주어지는 모성을 두려워하고 거부하게 된다.

이처럼 전혜린은 유년시절 '아버지의 집'을 떠나 오로지 자신만 충만할 수 있는 이상향을 꿈꾸었고, 그 이상향인 독일에 가서 지적·사상적 자유를 맛보나 곧 결혼이라는 제도 속에서 제2의 아버지인 남편에 의해 그 자유를 상실한다. 따라서 생전에 전혜린은 '유년시절의 집'과 결혼을 통해 이루어진 '제2의 집'에서 아버지와 남편과의 관계, 아이로 인해 발생한 모성 본능에 의해 '본래의 自己' 찾기를 실패한다. 이러한 그녀에게 집을 언제나 탈출하고픈 대상이었다.

앞에서 살펴본 바와 같이 두 여성작가에게 있어 '집'은 글쓰기의 모태를 형성하는 구심점으로 비슷한 시기를 살았던 그들에게 현실의 '집'은 각각 '회귀'와 '탈출'의 욕망을 발산하게 했던 공간으로 상이하게 인식되었다.

---

26) 전혜린, 〈목마른 계절〉, pp.139-140.

27) 이덕희, 〈일기(1958.2.23)〉, 《전혜린》, 작가정신, 1998. p.284.

## Ⅳ. 범속과 비범의 글쓰기로
### -상이한 현실대응기제-

장아이링과 전혜린은 그들이 처한 시·공간 속에서 확연히 이질적인 존재라 할 수 있었다. 주류 문단과도 친하지 못했고 그 시기의 보편적 여성들과도 구분되었다. 그렇기 때문에 그들은 세간의 관심을 불러일으키기에 충분했고, 그들이 체화(體化)한 모든 것이 녹아 있는 작품은 대중에게 소비되며 깊은 감정적 울림을 전했다. 이러한 두 여성이 현실의 대중에게 인식되는 형태는 유사하지만, 그들 자신이 작품을 통해 대중에게 전하는 현실대응의 방법은 확연한 차이를 보인다. 장아이링은 여성이 '범속'함을 무기 삼아 현실에서 상처받지 않기를 원했고, 전혜린은 속물적 세계에서 벗어나 관념적인 것을 사랑하고 고독함 속에서 실존을 찾는 '비범'의 태세를 갖추길 원했다.

장아이링의 작품 전반에서 느껴지는 '불안'은 앞에서도 언급한 바 있듯이 당시 사회 도처에 깔려 있는 분위기이다. 그러한 '불안의 장(場)'을 탈피하는 것은 이미 지금 여기에 안착되어진 제도 속에서 의연히 '사적(私的) 생활'을 향유하는 것이다. 그녀는 사람들이 불안을 형성하는 공포스러운 분위기를 벗어나기 위해 사적이고 주변적인 것에 집착한다고 보았다. 일본과의 전쟁 시기 홍콩이 함락된 후에도 그녀는 쇼핑을 위해 거리를 쏘다니고, 의도적으로 일상적인 행동을 하며 대중이 공포를 느끼는 모습을 주시하기도 한다. 또한 장아이링 소설 속 인물은 대부분이 사랑과 물질에 집착하는데[28] 이와 같이 집착하게 되는 대상은 모두 범속한 것들로 개인이 내적 욕망을 해소하기 위해서 '일상의 속된 것'에 기대고 있음을 볼 수 있다. 일상의 속된 것은 사랑, 연애, 혼인, 물질과 같은 인간 삶을 형성하고 있는 근본적인 것이다. 그러나 장아이링이 살았던 전쟁과 혁명의 시기에 이 근

28) 김순진, 위의 논문, p.306.

본적인 것들은 거대담론의 무대에서 퇴장당하여 곧 주변적인 것들로 여겨졌다. 이 주변부의 것들은 사실 인간과 가장 가까운 거리를 유지하고 있기에 본능적 욕구를 채워주는 가장 본질적인 것들이다. 장아이링은 개인은 자신이 감당할 수 있을 만큼의 환경에만 집착한다고 보았고 정치와 시대는 대부분의 개인에게는 해당되지 않은 사항이라고 인식했다. 따라서 그녀의 소설에는 연애와 이별을 하는 남녀와 물질에 집착하다 미쳐가는 광기어린 여성들이 등장한다. 장아이링이 이와 같이 소소한 이야기에 집중한 이유는 현실을 계몽시키려는 목적성 짙은 영웅보다 표면적으로 건강해 보이는 보통사람들의 '용속적'[29]인 이야기가 더욱 진실하다[30]고 보았기 때문이다. 근대적 질서는 합리성·논리성·이성과 같은 체계에 맞추어 가는 사람이 문명인이며 계몽되었다고 하지만 이러한 문명의 이면에는 소통 부재와 단절의 문제가 존재하고, 이러한 문제를 양산해낸 근대적 '질서'에 균열을 낼 수 있는 것은 연애, 사랑과 같은 비논리적·비합리적인 인간 본연의 욕망이다. 이 욕망의 논리에 맞춰 범속하게 때로는 나약하게 세상에 자신을 내던지는 것은 영웅이 아닌 다수의 개개인 모두에게 가능한 것이기 때문에 소수의 영웅이 말하는 혁명이나 계몽보다 더욱 진실하다. 장아이링은 비논리적·비합리적인 '범속'함을 기반으로 허위적인 근대 문명에 균열을 내고자 했고 범속적 세계의 추구자로서 '세속의 서술자'가 되기를 희망했다.

---

29) 張愛玲, 〈自己的文章〉, 《張愛玲文集(四)》, 安徽文藝出版社, 1992. p.173.

30) 이러한 범속적인 인물들의 모습을 작가가 사랑하는 상하이 사람들에게서 볼 수 있다.
"사람들은 모두 상하이 사람들이 나쁘다고 하지만 분수 있게 나쁘다. 상하이 사람들은 아첨할 줄 알고, 권세 있는 자들에게 빌붙을 줄 알고, 혼란스러운 상황에서 한 몫을 챙길 줄 안다. 그러나 그들은 처세술이 있기 때문에 지나치지는 않는다. (…) 이 안에는 어쩔 수 없는 용인과 방임, 피곤에서 산생된 방임이 있다. 다른 사람을 무시하면서도 자신을 크게 높이지도 않는다. 張愛玲, 〈到底是上海人〉, 《張愛玲文集(四)》, 安徽文藝出版社, 1992. p.20.

이에 반해 전혜린은 평생 '절대 평범해서는 안 된다.'[31]라는 명제를 안고 있었다.

"중학교 때 나의 글에 역설을 이루려는 듯, 나는 지금 가장 평범한 과정을 밟은 가장 평범한 직업인의 아내, 어머니로서의 평범한 나날을 보내고 있는 것이다."[32]

결혼 이후 평범하게 변화된 삶에 대해 체념적으로 토로하고 있는 전혜린은 '전형적인 여성의 삶'에 익숙해지는 것을 두려워했다. 어쩌면 전혜린에 대해 대중들이 만들어낸 신화는 평범함과 속물성에 길들여져 살아가는 그들의 욕망을 반증하고 있다고 할 수도 있다. 전혜린은 분명 평범하지도 속물적이지도 못했다. 그녀가 열망하는 자유와 열정적 체험이라는 것은 철저히 관념적인 비가시적인 세계에 속하는 것으로 이는 독일 유학 시절 보았던 유럽인들이 지닌, 남루한 옷을 입고도 '정신의 자유'를 누릴 수 있는 그들의 정신세계를 예찬하며 형성된 것이다.

그녀가 뮌헨에 있을 시기의 한국은 해방과 전쟁을 거친 후 미군이 주둔했던 시기였고 당시의 젊은이들은 원조경제의 흐름 속에서 물질적 풍요와 선진 과학을 전수해주던 미국을 근대 문명의 이기를 양산한 '서양'의 이미지로 대체시켰다. 그러면서 '서양문화'의 본질을 운운할 때는 유럽의 표상을 떠올렸다. 즉 유럽은 철학과 예술로 대표되는 '정신적 세계'이며 미국은 역사적 조건의 한계로 인해 주로 자본과 기술로 대표되는 '물질적 세계'로 인식한 것이다. 이러한 이분법적 표상화는 한국의 젊은 지식인들이 고안해 낸 것이 아닌 유럽의 지식인들에 의해 끊임없이 재생산되어온 그들의 담론 방식으로서, 유럽의 사상과 문화를 자신의 것으로 동일화하는 과

31) 전혜린, 〈목마른 계절〉, p.139.

32) 전혜린, 〈목마른 계절〉, p.140.

정 속에서 한국의 지식인들이 그러한 의식을 모방·이식한 것이라고 볼 수 있다.[33] 따라서 독일에서 일찍이 '본질적 서양' 문화에 탐닉한 전혜린의 사고체계 속에서 유럽중심의 의식과 문화는 '고급'한 것으로, '미국적인' 물질주의·자본주의 등은 속물적인 '저급'한 것으로 자리 매김 되었다. 그녀는 독일로 유학 온 한국인들이 쇼핑과 사치, 사교에 신경 쓰는 것을 보며 어리석은 민족이라 비난하였고, 한국으로 돌아와서도 물질적·세속적 욕구를 좇는 여성들은 감상적 자아에 빠져있다고 지적하였다. 전혜린은 이국적인 풍물이나 사상(事象)에 탐닉하며 비가시적인 것과 관념적인 것이 본래적인 것이라고 인식했다. 이러한 그녀의 사상은 근대적 퇴폐의 절망과 닿아 있으며 현실도피 낭만주의와도 연결된다. 전혜린은 이러한 '속물을 향한 부정'이 근대문명의 이기 속에서 비본질적 자아가 '본래의 自己'를 찾을 수 있는 길이라고 보았다.[34] 따라서 자연히 그녀의 삶과 문학은 구체적 현실의 바깥에 위치하게 되었는데 순수한 정신주의·금욕주의로 요약할 수 있는 그녀의 문학성은 관념의 세계에 대한 맹목적 추종이라는 인상을 거두어버리기 쉽지 않으나, 그럼에도 불구하고 전후의 황폐함과 물질만능의 사회 속에서 혼란스러운 대중들에게 그녀가 끼친 매혹은 결코 폄하될 수 없을 것이다. 질서로 세워진 세계 속에서 분명 그 '획일화 된 질서' 속으로 편입될 수 없는 개인이 존재했을 터, 그녀의 문학은 이러한 개인들에게 질서의 경계 밖으로 탈출해 관념적인 세계 속으로 진입할 수 있도록 한다. 이와 같은 '비가시·관념·정신'은 전혜린 문학 전반부를 이루는 대표적 의미체계라 할 수 있을 것이다.

---

33) 유선영, 〈황색 식민지의 문화정체성 - 아메리카 나이즈드 모더니티〉, 《언론과 사회》, 1997. p88-91.

34) 당시 한국의 인문학 엘리트들의 내면에는, 분단과 전쟁, 4·19혁명과 군사쿠테타, 미국의 신식민주의, 그리고 군사 독재로 이어지는 엄혹한 시대 속에서 현실의 속물성으로부터 스스로를 방어하려는 심리 기제가 작용했다고 볼 수 있다. 서은주, 위의 논문, p11.

위에서 살펴본 바와 같이 개인의 사소하지만 절박한 일상에 대해서도 소중한 가치를 인정하는 '범속'함과 일체의 세속을 거부하고 관념의 정신적 세계로 진입하는 '비범'함으로 압축될 수 있는 장아이링과 전혜린의 상이한 현실대응기제는 그들의 문학이 끊임없이 소비되는 대중적인 텍스트로 자리 잡게 된 근본적 원인이 되었다고 할 수 있을 것이다. '범속'과 '비범'으로 정치적·역사적인 것과 고의적으로 결별하는 그들의 대응체계는 남성중심의 역사, 제도에 대한 불신의 표현이자 당시 민족주의적 담론에 대한 거리 두기 혹은 저항의 표현이었다고 볼 수 있다.

## V. 글을 마치며

일반적으로 근대적 질서가 황급히 세워짐에 따라 남성의 역사가 이루어지고 여성은 그 근대의 기획에서 배제된 것으로 인식되고 있다. 중국의 근대화는 열강의 침략에 맞서기 위해 더욱 합리성·이성·논리성 등의 의미를 내포하는 남성성을 만들어갈 필요가 있었기 때문에 자연히 여성이 타자화 될 수밖에 없었고, 타자화 된 여성이 근대계몽이나 혁명·독립과 같은 거대담론의 장으로 진입할 수는 없었다.

1930~40년대의 코스모폴리스 상하이에서 이를 체험한 장아이링은 거대담론의 장이 개개인에게는 실속 없는 허구적 공간이라 말하고, 그 속에서 여성이 살아남기 위해 일상으로 젖어드는 '범속'함을 발휘하라고 한다. 그리고 그 자신은 대중에게 그 길을 놓아주기 위해 세속의 서술자가 되었다. 이러한 글쓰기 특징으로 인해 장아이링은 정치성 짙은 주류문단 중심의 문학사 안으로 포섭되지 못했다.

전혜린은 한국 전쟁 이후 국가 재건이 본격적으로 수행되던 시기 유학을 통해 유럽중심의 의식과 문화의 영향을 받고 제도의 보수성과 편협성이 작동하는 한국 문단에서 스스로 자신을 배제시켰다. 스스로 주변부로 나간 그녀는 세속을 거부하고 존재에 몰입했고 고독함을 유지시키는 관념의 세계로 빠져들었다. 언제나 속물적 근성을 버리고 매순간을 온전한 주체로서 살고 싶었던 전혜린은 일정 정도 대중성과 타협하지 않은 글쓰기를 보여준다. 이는 그녀의 문학이 고독·서구를 향한 향수·존재·순간의 시학으로 구조화 되어있어 대중에게 실체적으로 다가가지 못하는 경향이 있다는 것을 말해준다. 그러나 전혜린은 범상치 않은 삶의 행적으로 생성된 신비화된 이미지로 마니아 독자층을 양산하여 면면히 대중에게 수용될 수 있었다.

장아이링은 세계를 중심과 주변, 남성과 여성의 이항대립으로 구분하는 질서 속에서 철저히 일상이라는 경계 밖을 걸어갔고 전혜린은 내면적 침잠과 고뇌를 실존의식으로 승화시켜 삶의 구원을 얻으려 했다. 그들의 문학은 분명 시대적 전망을 추구하는 리얼리즘과는 다른 방식을 취하고 있으나 허구적 거대담론의 세계를 '범속'하게 무너뜨리고, 낭만적 일상으로의 매몰을 거부하는 '비범'함으로 현존재를 획득하는 그들의 태세는 현실에서의 숨공기를 터주는 것과 같은 진실한 전망을 추구한다.

## ✚ 참고문헌


張愛玲,《張愛玲文集》(一-四), 安徽文藝出版社, 1992

張愛玲,《張看》, 皇冠出版社, 1976

唐文標,《張愛玲研究》, 聯經出版產業公司, 1983

于青,《張愛玲傳》, 中國華僑出版社, 2003

余斌,《張愛玲傳》, 南京大學出版社, 2007

刘鋒杰,《想像張愛玲》, 安徽教育出版社, 2005

林幸謙,《女性主體的祭奠》, 廣西師範大學出版社, 2003

夏志清,《中國現代小說史》, 傳記文學出版社, 1979

王瑤,《中國新文學史稿》, 上海文藝出版社, 1982
전혜린,《그리고 아무 말도 하지 않았다》, 민서출판, 2002
이덕희,《전혜린》, 작가정신, 1998
김윤식,《교재용 한국현대문학사》, 서울대출판부, 1992
김윤식,《한국근대작가론고》, 일지사, 1982
리어우판(李歐梵), 장동천 외 역,《상하이 모던》, 고려대학교 출판부, 2007
시몬 드 보부아르/ 조홍식 옮김,《제2의 성·上》, 을유문화사, 1997
박정애,《'여류'의 기원과 정체성-50·60년대 여성문학을 중심으로》, 인하대학교 국문과 박사논문, 2003
林武同,〈有緣得識張愛玲〉,《黃冠 504期》, 1996
王劍叢,〈張愛玲上海小說創作述評〉,《中山大學學報 第3期》, 1988
김순진,〈화려한 혁명과 쓸쓸한 개인, 그리고 그녀의 광기〉,《중국문학연구 제32집》, 2006
임우경,〈노라의 자살: 현대 민족서사와 張愛玲의〈霸王別姬〉〉,《中國現代文學 제38호》, 2006
임우경,〈민족의 경계와 문학사- 타이완 신문학사와 張愛玲을 중심으로〉,《중국어문학논집-제25호》, 2003
박자영,〈상하이 노스탤지어: 중국 대도시 문화현상사례와 관련담론 분석〉,《중국현대문학 제30호》
서은주,〈경계 밖의 문학인- '전혜린'이라는 텍스트〉,《여성문학연구 11》, 2006
장순란,〈한국 최초의 여성 독문학자 전혜린의 삶과 글쓰기에 대한 조명〉,《독일어문학 제21집》, 2003
한점돌,〈한국 현대문학의 비교문학적 일 고찰- 전혜린 구조시학과 그 기원〉,《한국문학이론과 비평 21》, 2004
유선영,〈황색 식민지의 문화정체성-아메리카 나이즈드 모더니티〉,《언론과 사회》, 1997

# 金芝河와 北島의 抒情詩에 드러난 "抵抗意識" 比較試論

배도임*

## I. 들어가며

한국과 중국에서 金芝河(본명 金英一, 1941~ )와 北島(본명 趙振開, 1949~ )는 대표적인 저항시인으로 일컬어진다. 두 시인의 삶과 詩는 '행동적인 삶과 실천적인 문학'[1]의 길이었다고 할 수 있다. '행동적인 삶'이란 정치적 저항, 요컨대 인권운동에 투신한 것이고, '실천적인 문학'이란 침묵하는 언어에 행동적인 삶의 저항정신을 담은 것이다. 저항의 대가는 한 시인에게는 투옥—출옥의 반복이었고, 80년대 초 석방 이후에는 沈潛 속에서 화해를 모색하고 승화된 생명운동으로 전향, 초월적 정신세계를 보여주며, 또 한 시인에게는 추방이라는 변형된 수감이었고, 실어증에 걸리게 하

---

* 이 글은 2007년 2월《中國語文論譯叢刊》제20집에 수록된 논문임.

** 한국외국어대학교 중국어대학 강사

1) 任軒永 외, 편집자 서문〈최근의 "김지하 現狀"과 관련해서〉,《김지하: 그의 문학과 사상》, (서울: 世界, 1984.), 5쪽.

는 낯선 땅에서의 유랑이었다. 따라서 본고에서는 金芝河와 北島의 서정시에 반영된 저항의식을 비교하여 살펴보고, 더불어 두 시인의 작품이 보여주는 저항담론의 현재적 의미를 살펴보고자 한다.

## Ⅱ. 창작배경

金芝河는 일제의 식민지 수탈이 막바지 극에 달했던 때인 1941년 전라남도 목포에서 태어났다. 시인은 8·15 해방 이후 우리글을 자유로이 사용할 수 있는 첫 번째 한글세대에 속하며, 자유당의 失政과 3·15 부정선거에 항의, 4·19 학생운동에 투신한 4·19세대이자, 1961년 5·16 군사쿠데타부터 1979년 10·26으로 막을 내릴 때까지, 20여 년 간 파쇼 정권의 폭력과 억압 지배를 규탄하는데 앞장 선 민주화 운동의 투사였다. 한편으로 그는 1969년 11월 시인 趙泰一(1941~1999)이 주재하던 詩 전문지《詩人》(11월호)에 문학평론가 金顯(1942~1990)의 소개로 〈비〉, 〈황톳길〉등 서정시 5수를 '지하'라는 필명으로 발표하고, 이후 한국 현대시에 첨예한 저항성을 담아냈다. 그는 군사 독재정권 하에서 8년여 동안 囹圄의 세월을 보내면서도, 민주화운동을 전개함과 더불어 꾸준히 민중의 소리를 냄으로써, 70년대에 노벨 문학상 후보에 올라 한국사회뿐만 아니라 한국문학의 위상을 높였고, 아울러 세계적인 저항시인으로 자리 매김 하였다.

중화인민공화국 건국동이인 北島는 중국 제일의 명문인 베이징 제4중학 재학 중일 때, 문화대혁명(1966~1976, 이하 '문혁')이 발발하여 홍위병에 적극적으로 앞장섰으나, 재교육 명목으로 '下放'되었다. 이 시기에 그는 베이징, 푸젠 등지의 소규모 문학 살롱에서 江河(1949~ ), 楊煉(1955~ ), 嚴力(1954~ ), 舒婷(1952~ ), 顧城(1956~1993) 등과 교류하며 문학성향을 공유하게 되었고, 작품을 공개적으로 출판할 수 없었던 상태에서 단편소설 〈폐허에서(在廢墟上)〉, 중편소설 〈파동(波動)〉등을 썼고, 〈대답(回

答)〉 등 저항성이 강한 서정시를 썼다. 그는 문혁이 종결된 후 '문학을 위한 문학'을 모토로 순수한 문학 작품만을 게재한 민간간행물 《오늘(今天)》(1978.12~1980.9)을 발간하였다. 北島는 문단에 나온 이후 인권운동에 적극 투신하였고, 1989년 6·4 텐안먼사건을 계기로 해외를 떠돌면서, 중국 내에서보다 해외에서 저항시인으로서 독창성과 예술성을 인정받고 세계 문학의 거장으로 높이 평가받고 있다.

## Ⅲ. 서정시에 드러난 저항의식

본고에서 金芝河와 北島 두 시인의 서정시에 드러난 저항의식을 비교하기 위하여, 1993년 솔출판사에서 출판된 金芝河의 《김지하 시전집·1: 1963~1986》과 九歌出版社(臺北)에서 출판된 北島의 《한밤의 가수(午夜歌手)》(1995), 《영도이상의 풍경(零度以上的風景)》(1996), 《자물쇠를 열다(開鎖)》(1999)를 기초 참고 자료로 삼았다. 이들 시집에 수록된 金芝河의 131수와 北島의 191수 가운데 시인들의 세계관을 대표하면서 可比性이 있는 서정시 5수를 각기 선별하여, 시인들의 저항→감옥/유랑 체험의 여정을 따라가며 비교 분석하고자 한다.

金芝河는 1963년 서정시 〈저녁이야기〉로 우리사회에 이름을 알린 이후 《黃土》, 《타는 목마름으로》(창작과 비평, 1982) 등 서정시집과 〈五賊〉(《思想界》5월호, 1970) 등 譚詩와 여러 권의 미학강의서를 썼다.[2] 특히 譚詩는

2) 譚詩와 유사한 개념으로 지금까지 일반 서정시보다 길이가 긴 장형화 된 시들에 사용된 명칭들은 단편서사시, 서술시, 장시, 연작 장시, 장편서사시, 이야기 시 등으로 창작자 자신이 명명하기도 하고 평자나 연구자들이 붙인 이름들이기도 하다.(김기림, 〈단편서사시의 길로〉, 《조선문예》5월호(1929). 김종길, 〈한국에 있어서의 장시의 가능성〉, 《문화비평》2집(1969). 서준섭, 〈한국 현대시에 있어서 장시의

먼저 저항성격이 강한 잡지를 통하여 발표되었다가 한국판 문자옥을 거친 후에 판화가 吳潤(1946~1986)의 판화로, 판소리 명창 林賑澤(1950~ )의 實演을 통하여 전통의 계승과 다른 예술과의 접목까지도 이끌어내는 폭넓은 문학적 성숙에 도달한다.

北島의 詩는 70년대 후반부터 주로 광장, 거리의 시위, 집회나 詩歌 페스티발에서 낭송되었고, 일부는 《오늘》을 통하여 독자에게 수용되었다. 현실에 대한 도전과 저항에 추호도 망설임이 없었던 시인은 1989년을 계기로 하여 개인적인 정서를 토로하는 내용을 첨가하였다.

金芝河의 〈황톳길〉[3]

| | |
|---|---|
| 황톳길에 선연한 | 在黃土路上鮮明的 |
| 핏자욱 핏자욱 따라 | 踏着血痕 血痕 |
| 나는 간다 애비야 | 我去了 爹 |
| 네가 죽었고 | 你死去了的 |
| 지금은 검고 해만 타는 곳 | 現在只有黑暗并燃燒太陽的地方 |
| 두 손엔 철삿줄 | 兩手上的鐵絲 |
| 뜨거운 해가 | 炙熱的太陽 |
| 땀과 눈물과 모밀밭을 태우는 | 燃燒着汗和淚還有蕎麥田 |
| 총부리 칼날 아래 더위 속으로 | 槍口刀刃下的暑氣裡 |
| 나는 간다 애비야 | 我去了 爹 |

---

문제〉, 《심상》5호(1982). 홍기삼, 〈한국 서사시의 실제와 가능성〉, 《문학사상》3월호(1975). 오세영, 〈국경의 밤과 서사시의 문제〉, 《국어국문학》75집(1977). 염무웅, 〈서사시의 가능성과 문제점〉, 《한국 현대시 탐구》(1983). 장윤익, 〈한국 서사시의 장르에 대한 연구〉, 《인천대학 논문집》6집(1984)) 김홍진, 〈《오적》의 판소리 패러디와 비판적 사회풍자〉(《韓南語文學》제26집, 132쪽, 재인용.) 본고에서는 金芝河 시인의 고유성을 중시하여 '譚詩'라는 용어를 사용한다.

3) 金芝河, 〈황톳길〉, 《김지하 시전집·1: 1963~1986》, (서울, 솔, 1993), 47~49쪽. (〈黃土路〉 번역은 필자.)

네가 죽은 곳
부줏머리 갯가에 숭어가 뛸 때
가마니 속에서 네가 죽은 곳

밤마다 오포산에 불이 오를 때
울타리 탱자도 서슬 푸른 속니파리
뻗시디 뻗신 성장처럼 억세인
황토에 대낮 빛나던 그날
그날의 만세라도 부르랴
노래라도 부르랴
대삽에 대가 성긴 동그만 화당골
우물마다 십 년마다 피가 솟아도
아아 척박한 식민지에 태어나
총칼 아래 쓰러져간 나의 애비야
어이 죽순에 괴는 물방울
수정처럼 맑은 오월을 모르리
모르리마는

작은 꼬막마저 아사하는
길고 잔인한 여름
하늘도 없는 폭정의 뜨거운
여름이었다
끝끝내
조국의 모든 세월은 황톳길은
우리들의 희망은

낡은 짝배들 햇볕에 바스라진
뻘길을 지나면 다시 모밀밭
희디흰 고랑 너머
청천 드높은 하늘에 갈리든
아아 그날의 만세는 십 년을 지나

你死去了的地方
扶州頭溪邊鯔魚跳躍的時候
草袋裡你死去的地方

每夜午砲山上起烽火的時候
籬笆枸橘也憤怒的內芽
像成長一樣伸展 伸展堅硬的
黃土上白晝照耀的那天
那天也要高呼萬歲嗎
也要歌唱嗎
孤零零幾棵孤竹立着的화당골竹林
每口井每十年也會湧出血
啊 生於荒蕪的殖民地的
槍刀下倒下的我的爹啊
唉 積聚在竹筍裡的水珠
全然不知水晶般晶瑩的五月

連孩兒也被餓死的
漫長又殘酷的夏天
沒有天理的暴政的酷熱的夏天

最終
祖國的歲月 黃土路
我們的希望

走過破舊的扁舟 被陽光風干的
游泥路 來到蕎麥田
跨過白白的壟溝
被高高晴天抹去的
啊 那天的萬歲聲已過了十年

| | |
|---|---|
| 철삿줄 파고드는 살결에 숨결 속에 | 在被鐵絲捆綁的皮肉的呼吸中 |
| 너의 목소리를 느끼며 흐느끼며 | 感受着你的聲音 你的哭泣 |
| 나는 간다 애비야 | 我去了 爹 |
| 네가 죽은 곳 | 你死去的地方 |
| 부줏머리 갯가에 숭어가 뛸 때 | 扶州頭溪邊鯔魚跳躍的時候 |
| 가마니 속에서 네가 죽은 곳. | 草袋裡你死去的地方。 |

金芝河의 고향은 반란과 저항의 땅이었다. 근대 격변기에 동학민중운동(1894)이 일어난 곳이 바로 전라도 땅이고, 1929년 11월 3일 일본의 식민지배에 항의하는 광주학생운동이 일어났던 지역이다. '화당골'의 대나무 숲이 베어져 李承晩(1875~1965) 정부의 토벌대에 저항할 죽창으로 쓰였고, '午砲山'에 불이 붙어 봉기의 시작을 알렸으며, 마을 인구의 3분의 1인 6백 여 명이 '扶州' 근처에서 학살당했다.[4] 위의 〈황톳길〉이 金芝河의 문학적 뿌리가 《黃土》(풀빛, 1970)에 있음을 알리는 서정시였다면, 北島의 〈대답〉은 도전의 제일성이었고, 중국 現代詩史에서 대표적인 저항시로 평가되고 있으며, 시인의 저항의식을 가장 강렬하고 선명하게 반영한 서정시이다. 따라서 金芝河의 〈황톳길〉이 시인의 고향인 '핏자욱 선연한 황토길'을 중심 소재로 하여 대물림되는 억압현실에 대한 저항과 민중의 한을 폭로하는 주제를 표현한다면, 다음의 北島의 〈대답〉은 도전자 형상을 통하여 억압현실에 대한 부정과 회의, 저항과 도전이란 주제를 표현한다.

4) 푸미오 타부치, 정지련 옮김, 《김지하論: 神과 혁명의 통일》, (서울, 다산글방, 1991.), 17~18쪽.

北島의 〈대답〉[5]

| | |
|---|---|
| 卑鄙是卑鄙者的通行證, | 비열함은 비열한 사람의 통행증, |
| 高尚是高尚者的墓誌銘。 | 고상함은 고상한 사람의 묘비명, |
| 看吧, 在那鍍金的天空中, | 자 봐라, 저 도금된 하늘에는, |
| 飄滿了死者彎曲的倒影。 | 죽은 자들의 거꾸로 비틀린 그림자가 가득 휘날린다. |
| | |
| 冰川紀過去了, | 빙하기가 지났는데, |
| 爲什麽到處都是冰凌? | 왜 도처에 얼음 덩어리인가? |
| 好望角發現了, | 희망봉은 발견되었는데, |
| 爲什麽死海裡千帆相競? | 왜 사해에는 수많은 돛들이 서로 경쟁하는가? |
| | |
| 我來到這個世界上, | 내가 이 세상에 올 때, |
| 只帶著紙､繩索和身影, | 종이와 밧줄과 그림자만 가져왔다, |
| 爲了在審判之前, | 심판을 받기 전에, |
| 宣讀那被判決了的聲音: | 판결 받을 목소리를 먼저 낭독하기 위해: |
| | |
| 告訴你吧, 世界, | 너에게 고하노니 세계여, |
| 我——不——相——信! | 나는——믿지——않아! |
| 縱使你腳下有一千名挑戰者, | 너의 발아래 1천 명의 도전자가 있었다 할지라도, |
| 那就把我算做第一千零一名。 | 그렇다면 나를 천한 번째 도전자로 삼아다오. |
| | |
| 我不相信天是藍的; | 나는 하늘이 파랗다는 것을 믿지 않는다; |

5) 北島, 〈回答〉, 《午夜歌手: 1972~1994》, (臺北, 九歌出版社, 1995.), 26~28쪽. 〈대답〉 번역은 졸고, 《한밤의 가수》, (서울, 문학과 지성사, 2005.), 14~15쪽.

我不相信雷的回聲;
我不相信夢是假的;
我不相信死無報應。

나는 천둥의 메아리를 믿지 않는다;
나는 꿈이 가짜라는 것을 믿지 않는다;
나는 죽음에 보응이 없다는 것을 믿지 않는다.

如果海洋注定要決堤,
就讓所有的苦水都注入我心中;
如果陸地注定要上昇,
就讓人類重新選擇生存的峰頂。

만약 바다가 제방을 무너뜨리기로 되어 있다면,
모든 쓴물을 나의 마음속에 쏟아 붓게 하리;
만약 땅이 솟아오르기로 되어 있다면,
인류로 하여금 다시 생존의 봉우리를 선택하게 하리.

新的轉機和閃閃的星斗,
正在綴滿沒有遮攔的天空,
那是五千年的象形文字,
那是未來人們凝視的眼睛。

새로운 전환점과 반짝이는 별들이,
탁 트인 하늘에 가득 찼구나,
그것은 5천 년의 상형문자,
그것은 미래의 사람들이 응시하는 눈동자.

金芝河에게 '황톳길'은 참혹한 현실상황을 각인시키는 공간이다. 〈황톳길〉의 1연에서 애비의 고통과 죽음을 확인한 후에 시의 화자도 역시 그 '철삿줄'에 묶여 '총부리 칼날' 아래로 끌려간다면, 2연에서 '식민지→失政→군부쿠데타'에 짓밟힌 이 땅의 역사는 바로 황톳길에 아로 새겨진 억압당한 역사로 서술되며, 3연에서는 그 기나긴 억압의 세월동안 해방이란 희망을 걸어야할 '꼬막'마저도 굶주림에 죽임을 당해야 하는 이 조국, 그 황톳길의 현실로 표현된다. 4연에서 애비는 식민자에게 저항하다 그들의 총부리 칼날에 살해당했고, 그 주검은 가마니에 덮여 황톳길에 버려졌다. 또한 똑같은 장소에서 내가 죽임을 당하러 끌려간다. 이러한 '황톳길'은 '外

侵(식민)—폭정—기아' 때문에 만들어진 '애비—나—꼬막'의 대물림된, 한 서린 죽음의 공간이다.

北島의 〈대답〉의 1연에서의 비열함/고상함의 대비는 비저항/저항을 은유한다. 고상한 사람은 이 부조리한 현실(도금된 하늘)에서 살 수 없다. 또한 무고한 사람의 한 맺힌 죽음은 주검마저도 安居하지 못한다. 2연에서 '희망봉'의 발견은 시대가 바뀌었음을 암시하지만, 과거의 사람들이 반성 없이 권력을 잡기 위해 암투를 벌이고 있다. 시인은, 가까이는 문혁 10년 역사에 대해, '빙하기', '사해'라는 직설적인 어휘를 통하여 집단 실어증에 걸린 시대와 암울했던 역사를 해부하면서, 부조리한 당대현실을 비판한다. 3연에서 화자는 자아에 대한 자각과 부조리한 현실세계를 향한 도전을 선언한다. 이 운명적으로 정해진 '도전자'는 4연에서의 기존질서, 자연의 섭리마저도 믿지 않는 철저한 부정과 회의를 거쳐서, 5연에 이르러 저항과 도전이 숙명이라면, 그 운명을 받아들이겠다는 각오를 새로이 다진다. 또한 화자는 유구한 역사와 전통을 가진 '5천 년 상형문자'인 한자로 쓴 역사와 미래에 그 역사를 평가해줄 눈들이 주시하고 있음을 서술하면서, 새로운 시대의 도래와 희망을 상정하고, 그 시대적 사명감에 불타는 시인의 도전자로서의 당위성을 각인시키고 있다. 시인은 이 세상에 올 때, 글을 쓸 종이와 이미 운명적으로 그렇게 되어져 있는, 스스로를 묶을 밧줄과 그림자만 가져왔다. 그는 체제, 역사, 운명이 저항의 대상임을 밝히며, "나는—믿지—않아!"하고 외침으로써, 도전자가 되기를 선언한다. 北島에게서 중국사회의 기존의 언어로는, 기존의 표현방식으로는 그 사회의 어둠을 폭로할 수 없었다. 때문에 시인은 철저하게 회의하고 모든 것을 부정해야 했던 것이다.

金芝河가 말한바 '어둠 속에 감춰진 진실을 빛 속에 드러내는 일'[6]의 실천으로써, 〈황톳길〉이 대물린 억압과 비극적 현실을 고발한다면, 진정한

6) 푸미오 타부치, 정지련 옮김, 앞의 책, 53쪽.

자유와 해방에 대한 간절한 소망을 주제로 하고 있는 서정시 〈푸른 옷〉은 60~70년대 억압적인 정치현실에서 태어난 작품이다. 시인의 囹圄 체험은 이 詩를 시작으로 긴 서사적 連續詩를 이루게 된다. 여기서 '갇힌' 공간은 시적 화자의 민주와 자유에 대한 갈망을 극대화시켜준다. 金芝河의 〈푸른 옷〉이 '수감'으로 인해 갇힌 공간을 소재로 취했다면, 北島의 〈고향의 소리〉는 '추방'으로 인해 갇힌 공간을 소재로 취하고 있다.

金芝河의 〈푸른 옷〉[7)]

새라면 좋겠네
물이라면 혹시는 바람이라면

여윈 알몸을 가둔 옷
푸른 빛이여 바다라면
바다의 한때나마 꿈일 수나마 있다면

가슴에 꽂히어 아프게 피 흐르다
굳어버린 네모의 붉은 표지여 네가
없다면 네가 없다면
아아 죽어도 좋겠네
재 되어 흩날리는 운명이라도 나는
좋겠네

캄캄한 밤에 그토록
새벽이 오길 애가 타도록
기다리던 눈들에 흘러넘치는 맑은
눈물들에

作鳥該多好
作水或作風的話

緊鎖着瘦瘦身體的衣服
藍光啊 作海的話
大海的一段能做夢的話

被插在心裡 痛苦地流血的
變硬了的紅色方壞標志啊 如果沒有
你如果沒有你的話
啊 卽便死 也很好
卽便命中注定作微塵飛散 也很好

那樣漆黑的夜晚
那樣企盼晨光到來的心焦
盼望的眼睛裡溢出的清亮的淚水

---

7) 金芝河, 〈푸른 옷〉, 앞의 책, 58~59쪽.(《藍衣》 번역은 필자.)

| | |
|---|---|
| 영롱한 나팔꽃 한번이나마 어릴 수 있다면 | 如果能照亮一次玲瓏的喇叭花的話 |
| 햇살이 빛날 수만 있다면 | 如果能閃耀一絲陽光的話 |
| | |
| 꿈마다 먹구름 뚫고 열리든 새푸른 하늘 | 每次夢中穿過烏雲展現的藍色天空 |
| | |
| 쏟아지는 햇살 아래 잠시나마 | 能在傾瀉的陽光下 |
| 서 있을 수만 있다면 | 站一會兒的話 |
| 좋겠네 | 該多好 |
| 푸른 옷에 갇힌 채 죽더라도 좋겠네 | 被藍衣緊鎖到死也很好 |
| | |
| 그것이 생시라면 | 如果 那是生時 |
| 그것이 지금이라면 | 那是現在 |
| 그것이 끝끝내 끝끝내 | 那是最終 最終 |
| 가리워지지만 않는다면. | 不被遮掩的話。 |

北島는 인권운동에 투신함으로써, 시인 자신이 말한 바와 같이 국가에서 해고 당한 신분으로 해외를 떠돌게 되었다. 변형된 監獄, 즉 낯선 땅에서 살아가야 하는 이방인으로서의 향수, 실어증, 불면, 소통의 부재는 시인을 고립시키며, 억압과 같은 무게의 공포로 시인에게 인지된다. 그는 디아스포라의 고단한 삶의 흔적과 조국, 가족, 고향에 대한 그리움을 통해 민주와 자유에 대한 갈망과 의지를 짧은 行間에서 극대화시키고 있다.

北島의 〈고향의 소리〉[8)]

| | |
|---|---|
| 我對著鏡子說中文 | 나는 거울을 마주보고 중국어로 말한다 |
| 一個公園有自己的冬天 | 공원에는 자신의 겨울이 있다 |
| 我放上音樂 | 나는 음악을 튼다 |
| 冬天沒有蒼蠅 | 겨울엔 파리가 없다 |
| 我優閑地煮著咖啡 | 나는 유유히 커피를 끓인다 |
| 蒼蠅不懂甚麽是祖國 | 파리는 무엇이 조국인지 모른다 |
| 我加了點兒糖 | 나는 설탕을 좀 넣었다 |
| 祖國是一種鄕音 | 조국은 일종의 고향의 소리이다 |
| 我在電話線的另一端 | 나는 전화선의 다른 쪽에서 |
| 聽見了我的恐懼 | 나의 공포를 들었다 |

〈고향의 소리〉에서는 北島의 해외를 떠도는 유랑자의 소통의 부재, 고립된 외로움, 그로 인한 고통이 8행의 구절에서 절절하게 묻어난다. 첫 1행에서 화자는 단도직입적으로 소통의 부재와 고립된 상황을 제시한다. 외로움을 감추고자, 여느 평범한 사람들처럼 감미로운 음악을 틀고, 유유히 커피를 끓이며 설탕을 더 넣고, 일상의 여유를 가장해보지만, 끓어오르는 향수와 그리움을 억제할 수 없어서 고향에 전화를 건다. 하지만 떨어진 거리만큼이나 母國語를 사용하지 못한 시간만큼이나 먼 전화선의 상대 쪽에서 들려오는 중국어는 외로움을 달래주기는커녕 화자에게 현실의 '공포'로 치환된다. 반면에 金芝河의 〈푸른 옷〉의 1~3연은 자유에 대한 갈망과 독재체제에 대한 저항의지를 지닌 화자의 發願을 표현하고 있다. 이중삼중의 갇힌 공간에서 고립된 화자의 유일한 소망은 창살 밖으로 나가는 것이다. 4~6연에서의 화자는 죽어 산화할지라도 자유롭다면, 갇힌 공간에서 벗어날 수 있다면, 죽음도 불사하리라는 의지를 다짐하지만, 그

8) 北島, 〈鄕音〉, 《午夜歌手: 1972~1994》, 137쪽. 〈고향의 소리〉 번역은 졸고, 《한밤의 가수》, 114쪽.

러나 진정한 자유의 세계가 이루어질 수 없음을 예감하는 암울한 심정도 담아내고 있다.

1) 金芝河의 〈푸른 옷〉

① 가둔: 죄수복에 갇힘, 감방에 갇힘, 외부세계와의 단절
② 푸른: 죄수복, 바다, 하늘, 햇살
③ 네모의 붉은 표지: 푸른 옷에 붙은 수인번호표, 숫자에 갇힘
④ 캄캄한 밤: 시간적 배경, 실제적 시간, 정치적 현실
⑤ 새벽: (여명, 햇살, 영롱한, 나팔꽃, 하늘, 눈물, 자유) 기다림과 희망의 시간
⑥ 기다리던 눈들: 새벽을, 자유를, 억압현실에서 해방되기를 기다림
⑦ 바다, 흘러넘치는, 눈물: 자유의 물결
⑧ 먹구름: 抑壓, 監禁, 孤立, 斷絕
⑨ 푸른 옷: 죄수복, 감옥, 창살 안, 억압현실, 갇힌 공간과 고립된 화자의 고독과 자유에 대한 갈망을 대변,

2) 北島의 〈고향의 소리〉

① 中文, 蒼蠅, 優閑, 祖國, 鄕音, 另, 一端, 恐懼: 농축된 디아스포라의 고단한 삶과 그리움과 공포
② 中文, 鏡子: 실어증에 걸린 화자가 의사를 소통할 수 있는 유일한 행위는 거울에 대고 중국어로 말하는 것뿐
③ 恐懼: 소통의 부재가 주는 외로움은 '공포'
④ 鄕音: 낯선 땅에서 살아가야하는 이방인으로서의 향수, 실어증, 불면, 소통의 부재는 화자를 고립시키며, 그것은 변형된 감옥이며, '갇힌' 공간이다.

이상과 같이 〈푸른 옷〉과 〈고향의 소리〉에 수록된 시어의 다중의미로부터 보면, 갇힌 공간에서 고립된 화자에게 유일한 희망은 갇힌 공간인 화자를 옥죄는 창살 밖으로 나가는 것이다. 그러나 창살이 '있다'/ '없다'를 떠나서 이 부조리한 현실세계는 두 시인에게는 육체적·정신적 감옥이었다.

金芝河의 〈타는 목마름으로〉[9]

신새벽 뒷골목에
네 이름을 쓴다 민주주의여
내 머리는 너를 잊은 지 오래
내 발길은 너를 잊은 지 너무도
너무도 오래
오직 한 가닥 있어
타는 가슴속 목마름의 기억이
네 이름을 남몰래 쓴다 민주주의여

아직 동트지 않은 뒷골목의 어딘가
발자욱 소리 호르락 소리 문
두드리는 소리
외마디 길고 긴 누군가의 비명 소리
신음 소리 통곡 소리 탄식 소리 그
속에 내 가슴팍 속에
깊이깊이 새겨지는 네 이름 위에
네 이름의 외로운 눈부심 위에
살아오는 삶의 아픔
살아오는 저 푸르른 자유의 추억
되살아오는 끌려가던 벗들의 피묻은
얼굴
떨리는 손 떨리는 가슴
떨리는 치떨리는 노여움으로
나무판자에
백묵으로 서툰 솜씨로
쓴다.

凌晨 在背巷裡
寫下你的名字啊 民主主義
我頭腦中 忘了你很久
我足印裡 也忘了你很久 很久

只有一絲
燃燒着的心胸裡 飢渴的記憶
偷寫你的名字啊 民主主義

天還沒亮的 背巷的某個地方
腳步聲 哨子聲 鼓門聲

不知是誰的長長的悲鳴
我心中呻吟的聲音 痛苦的聲音 嘆息
的聲音
在深深銘刻於心的 你的名字上
在孤獨的 耀眼的 你的名字上
活下去的痛苦
活下去的那藍色自由的回憶裡
浮現出被拉走的朋友們的血污的臉

顫抖的手 顫抖的胸
以充滿顫抖着 以悲憤在木板上

用粉筆 笨拙地
書寫。

9) 金芝河, 〈타는 목마름으로〉, 앞의 책, 156~157쪽.(〈飢渴〉 번역은 필자.)

| | |
|---|---|
| 숨죽여 흐느끼며 | 屏息着 哭泣着 |
| 네 이름을 남몰래 쓴다. | 偷寫你的名字。 |
| 타는 목마름으로 | 飢渴 |
| 타는 목마름으로 | 飢渴 |
| 민주주의여 만세. | 民主主義啊 萬歲。 |

위의 서정시 〈타는 목마름으로〉는 金芝河를 저항시인으로 자리매김하게 한 대표적인 詩이자, 70년대 당시 민주화된 세상을 꿈꾸는 염원을 담은 민중의 노래이다. 1연의 민주주의—그것은 너무도 오래도록 잊혀 진 이름이자, 남들이 곤히 잠든 시간의 뒷골목에서, 지명수배 되어 도피하던 중에 어느 후미진 뒷골목으로 숨어들었을 때, 무의식중에, 무언중에 가슴 한 구석, 입안 한 가득 채워진 '타는 목마름'을 억누르며 몰래몰래 쓰는 이름이다. 2연에서 저항자는 도피해야 했고, 신분을 드러내지 못하고 숨어살던 때, 느닷없이 발각된다. 때와 장소를 가리지 않고, 색출당하는, 폭력과 무력 앞에서 신음하는 억압현실 속에서 남몰래 '민주주의'를 쓴다면, 3연에서는 발각될 것이 두려워 소리를 내지 못하고 숨죽인 채로 눈물을 삼키며, 그래도 써야했기에, 남몰래 쓰는 '민주주의'이다. 그 시대에 그것은 공개적으로 쓸 수 있는 어휘가 아니었다. 억눌림 속에서 신음처럼 배어나오는, 새어나오는 소리였다.

北島의 〈한 폭의 초상〉[10)]

| | |
|---|---|
| 爲信念所傷, 他來自八月 | 신념에게 상처를 입은, 그가 8월에서 온다 |
| 那危險的母愛 | 그 위험한 모성애 |

10) 北島, 〈一幅肖像〉, 《午夜歌手: 1972~1994》, 182쪽. 〈한 폭의 초상〉 번역은 졸고, 《한밤의 가수》, 151쪽.

| | |
|---|---|
| 被一面鏡子奪去 | 겨울에게 빼앗긴다 |
| 他側身於犀牛與政治之間 | 그가 코뿔소와 정치 사이에 끼어든다 |
| 像裂縫隔開時代 | 갈라진 틈이 시대를 쪼개듯이 |
| | |
| 哦同謀者, 我此刻 | 어이! 공모자, 나는 그때 |
| 只是一個普通的遊客 | 보통 관광객이었을 뿐이다 |
| 在博物館大廳的棋盤上 | 박물관 로비의 바둑판 위에서 |
| 和別人交叉走動 | 남들과 엇갈려서 움직인다 |
| | |
| 激情不會過時 | 열정은 시대에 뒤떨어질 수 없지만 |
| 但訪問必須秘密進行 | 그러나 방문은 반드시 비밀스럽게 해야 한다 |
| 我突然感到那琴弦的疼痛 | 나는 갑자기 그 악기 줄의 아픔을 느낀다 |
| 你調音, 爲我奏一曲 | 네가 조율하여, 나를 위해 한 곡을 연주하게 |
| | |
| 在衆獸湧入歷史之前 | 온갖 짐승들이 역사로 몰려 들어가기 전에 |

金芝河가 〈타는 목마름으로〉에서 타는 목마름으로 쓴 민주주의란 소재를 통해서 민주와 자유에 대한 열정과 갈망이란 주제를 드러냈다면, 北島는 〈한 폭의 초상〉에서 시인 자신의 자화상을 통하여 그러한 주제를 드러낸다. 1연에서 자유와 민주를 추구하고자 하는 행동파이자 전위파 시인이고자 하는 신념 때문에 해고당한(상처 입은) 화자는 2연에서 자신은 그때 정치적 이유, 그 신념 때문에 해외에 나간 것은 아니며, 보통 관광객이었을 뿐이라고 항변한다. 하지만 그것은 역사의 현장에서 미리 자리를 뜨게 된 이유이기도 하다. 3연에서의 화자는 뜨거운 가슴과 끓는 피를 갖고 있지만, 광란의 역사가 되기 전에 막아야 하지만, 그것이 자신의 소임이건만, 그래서 한시바삐 조국으로 돌아가야 하지만, 마음대로 조국으로 돌아갈 수 없다. 그는 돌아갈 집이 없을 뿐만 아니라, 집이 있다 해도 돌아갈 수 없기 때문이다.

金芝河가 〈타는 목마름으로〉에서 직접화법으로 민주주의를 사용하여

비자유적이고 비민주적인 억압현실을 극대화시켜, 시인의 저항 신념을 돌출시켰다면, 北島의 〈한 폭의 초상〉은 역사의 현장에 있지 못한, 지성인의 몫을 다해야 하지만, 그렇지 못 한 자신의 심경을 드러내고, 아울러 자신에 대한 평가와 더불어 자신의 신념이 여전함을 토로하고 있다.

金芝河의 〈1974년 1월〉과 北島의 〈6월〉은 구체적인 역사적 사건을 배경으로 하고 있다. 시인의 추방과 1989년 6월의 시국에서 소재를 취하여, 당시 역사를 폭로하고 자기반성을 이끌어내는 주제의 〈6월〉은 6·4 톈안먼 사건이란 억압정치 현실에서의 시인의 시대체험을 그대로 반영한 詩이다.

北島의 〈6월〉[11)]

| | |
|---|---|
| 風在耳邊說, 六月 | 바람이 귓가에서 말했다, 6월 |
| 六月是張黑名單 | 6월은 블랙리스트 |
| 我提前離席 | 나는 미리 자리를 떴다 |
| | |
| 請注意告別方式 | 고별 방식을 주의하시오 |
| 那些詞的嘆息 | 그 어휘의 탄식들을 |
| | |
| 請注意那些詮釋: | 그 해석들을 주의하시오: |
| 無邊的塑料花 | 끝없는 플라스틱 조화(造花)는 |
| 在死亡左岸 | 죽음의 왼쪽 기슭에 있다 |
| 水泥廣場 | 시멘트 광장 |
| 從寫作中延伸 | 글쓰기로부터 뻗어나간다 |
| | |
| 到此刻 | 지금까지 |
| 我從寫作中逃跑 | 나는 글쓰기로부터 달아났다 |

11) 北島, 〈六月〉, 《開鎖: 1996~1998》, (臺北, 九歌出版社, 1999.), 33~35쪽. 〈6월〉 번역은 졸고, 《한밤의 가수》, 212쪽.

當黎明被鍛造 　　여명이 단조(鍛造)될 때
旗幟蓋住大海 　　깃발이 바다를 덮었다

而忠實於大海的 　　바다에 충실한
低音喇叭說, 六月 　　저음나팔이 말했다, 6월

'바람'은 조국에서 들려온 6월의 소식이다. 詩의 화자는 거론해서는 안 되는, 민감한 사항을 거론하였으며, 그래서 블랙리스트에 올랐다. 역사의 현장인 톈안먼광장, 그 시멘트광장에서 수많은 학생들과 민중이 목이 터져라, 목 놓아 민주와 자유를 외칠 때, 그는 미리 자리를 떴기 때문에 현장에 있을 수 없었다. 그것은 그의 회한의 원인이다. 비겁자인가? 아닌가? 그 탄식마저도 화자에게 수상한 것은, '바다(역사의 소용돌이)'에 묻혀서 개인이 내는 소리는 저음나팔 소리에 불과하기 때문이다. 역사의 뒤안길로 사라져 언급되지 못하고 있는 그 민주와 자유의 함성이 울리던 6월에 대한 자기반성이 짧은 구절에 담겨있다. 추방은 시인에게서 보면, 현장에서의 글쓰기를 포기케 하고, 저항적 글쓰기로부터 달아나게 한 것이다. 그것은 행동파 시인으로서의 자조와 추방의 반어적 표현이기도 하다.

1974년 1월 7일 문인 61인의 명의로 작성한 개헌청원 서명운동 지지성명서가 발표되었다. 이튿날 1월 8일, 군사독재정권의 긴급조치 제1~2호가 연달아 선포되었다. 이러한 시국에서 소재를 취하여, 군부정권의 독재가 극에 달한 현실에 대한 직설적인 폭로를 주제로 하고 있는 金芝河의 〈1974년 1월〉에서 보면, 독재체제에 대한 저항의지의 화자로서 시인에게 '1974년 1월'의 한국사회는 '죽음'과 마찬가지이다.

金芝河의 〈1974년 1월〉[12)]

1974년 1월을 죽음이라 부르자
오후의 거리, 방송을 듣고 사라지던

네 눈 속의 빛을 죽음이라 부르자
좁고 추운 네 가슴에 얼어붙은 피가 터져

따스하게 이제 막 흐르기 시작하던
그 시간
다시 쳐온 눈보라를 죽음이라 부르자
모두들 끌려가고 서투른 너 홀로 뒤에 남긴 채
먼 바다로 나만이 몸을 숨긴 날
낯선 술집 벽 흐린 거울 조각 속에서

어두운 시대의 예리한 비수를
등에 꽂은 초라한 한 사내의
겁먹은 얼굴
그 지친 주름살을 죽음이라 부르자
그토록 어렵게
사랑을 시작했던 날
찬바람 속에 너의 손을 처음으로 잡았던 날
두려움을 넘어
너의 얼굴을 처음으로 처음으로
바라보던 날 그날

把一九七四年一月叫做死亡吧
把午後的假頭 聽到廣播後你眼睛裡消失的
光叫做死亡吧
狹窄又寒凉的你的心胸裡凍結的血

暖暖地開始流動了
那時
把再次襲來的暴雪叫做死亡吧
大家被拉走後你孤零零地留在後邊
我獨自躱在遙遠海邊的那天
在陌生的酒店墻上的殘缺的鏡子裡

把黑暗時代的銳利的匕首
挿在寒磣的漢子的背上
畏怯的臉上
把那疲倦的皺紋叫做死亡吧
那麽艱難地
愛開始的那天
在寒風裡初握你手的那天

超越了恐懼
第一次 第一次
看到你臉的那天 那天

---

12) 金芝河, 〈1974년 1월〉, 앞의 책, 158~159쪽.(〈一九七四年一月〉 번역은 필자.)

| 그날 너와의 헤어짐을 죽음이라 부르자 | 把跟你的分手的那天叫做死亡吧 |
|---|---|
| | |
| 바람 찬 저 거리에도 | 吹着寒風的那街頭上 |
| 언젠가는 돌아올 봄날의 하늬 꽃샘을 뚫고 | 透過不知道什麽時候回來的西風春寒 |
| 나올 꽃들의 잎새들의 | 將生出些花葉的 |
| 언젠가는 터져 나올 그 함성을 | 不知道什麽時候暴發的吶喊 |
| 못 믿는 이 마음을 죽음이라 부르자 | 把不相信的心叫做死亡吧 |
| 아니면 믿어 의심치 않기에 | 或毫無懷疑 |
| 두려워하는 두려워하는 | 畏惧 畏惧 |
| 저 모든 눈빛들을 죽음이라 부르자 | 把所有的目光叫做死亡吧 |
| | |
| 아아 1974년 1월의 죽음을 두고 | 啊 把一九七四年一月的死亡 |
| 우리 그것을 배신이라 부르자 | 叫做死亡吧 |
| 온몸을 흔들어 | 全身震顫 |
| 온몸을 흔들어 | 全身震顫 |
| 거절하자 | 拒絕吧 |
| 네 손과 | 你的手 |
| 내 손에 남은 마지막 | 和我的手 最後留下的 |
| 따뜻한 땀방울의 기억이 | 暖暖的汗水的記憶 |
| 식을 때까지. | 一直到凉。 |

사람이 자유로이 말을 할 수 없다면, 그것은 진정으로 '살아있음'이 아닐 것이다. 金芝河의 〈1974년 1월〉의 화자는 단숨에 뱉어내는 빠른 호흡 속에서 한달음에 죽음의 시국에 대한 분노를 토해낸다. '1974년 1월'은 과거의 역사를 모두 함의하고 현재에 이른 시간이다. 죽음과 같은 암흑시대, 모든 것이 숨죽인 시대에 한 가지 염원으로 죽음을 불사하고 뛰어들었던 인권운동, 그러나 화자는 먼 바닷가로 도피하였다. 그는, 행동파시인으로서, 비판적 지성으로서 몫을 하지 못하고 도망친 자신의 초라한 모습을 낮

선 술집 벽, 깨진 거울조각 속에서 발견하고 자조한다.

다음의 金芝河의 〈詩〉와 北島의 〈시의 예술〉에서는 詩, 즉 글쓰기에 대한 두 시인의 세계관과 현실적인 저항의식의 접목관계를 볼 수 있다. 이 두 詩에서 시인들은 각자 詩에 대해 詩로써 논하면서 시인으로서의 자기 반성과 비판적 知性으로서의 사명감을 직시하는 주제를 이끌어낸다.

金芝河의 〈詩〉[13)]

| | |
|---|---|
| 詩가 내게로 올 때<br>나는 침을 뱉었고<br>떠나갈 때<br>붙잡았다 너는 아름답다고 | 詩向我來到的時候<br>我吐了口唾沫<br>離開的時候<br>去因你的眞美而抓住你 |
| 詩가 저만치서 머뭇거릴 때<br>나는 오만한 낮은 소리로<br>가라지! | 遠遠的 詩躊躇的時候<br>我用傲慢而低沉的聲音說<br>去吧! |
| 가라지!<br>아직은 그렇다 가까운 친구여!<br>어쩔 수도 없는 일 | 去吧!<br>盡管還是親近的朋友呀!<br>却沒有辦法 |
| 詩가 한번 떠나면<br>다시 오지 않는 걸<br>알기 때문에, 가라지! | 詩離開一次的話<br>因爲知道<br>不會再回來, 那麽去吧! |
| 난 그랬어<br>돌아올까봐 행여 올까봐<br>가라지! | 我那樣做<br>也許回來 或許回來<br>去吧! |

13) 金芝河, 〈詩〉, 앞의 책, 196~197쪽.(〈詩〉 번역은 필자.)

몇 번이고 가라지! 幾次也去吧!
가라지! 去吧!

새벽까지 눈을 흡떠도 眼睛瞪得大大的 直到凌晨
감옥 속에 몸부림쳐도 오지 않는 詩 在獄裡掙扎也不回來的詩
나는 서른 셋 我 三十三歲
부패할 나이 이젠 진정으로 眞的是開始消沉的年齡了
가까운 친구여! 好朋友呀!
어쩔 수도 없는 일 沒辨法
가라지! 去吧!

〈詩〉의 1~5연에서 보면, 金芝河에게 詩란 가까이하기엔 금지된 유혹이었고, 멀리하기엔 그것은 너무도 달콤한 유혹이었다. 화자는 갈 테면 가라고, 꺼져버리라고 "가라지!"하고 큰소리친다. 그것은 내심으론 떠나지 않기를 바라면서 괜히 부려본 오기였다. 그럼으로써 시인은 이 어두운 현실에서 글쓰기를 포기해서는 안 되는 당위성을 토로한다. 6연의 화자에게 詩, 그 창작에 대한 갈망은 때와 장소를 가리지 않는 것이지만, 자신은 이제 생활의 때가 묻어날 연배이고, 그러기에 글쓰기의 사명감을 버려도 될 때가 되지 않았는가? 자문하면서도 그것을 포기하지 못한다. 詩가 가려고 한다면, 어쩔 수 없이 보내주어야 하는가? 아니다! 감옥 속에서, 온밤을 밝히면서, 몸부림쳤던 건 '이 시대의 글쓰기를 위하여', 그 때문이 아니었던가.

北島의 〈시의 예술〉[14)]

我所從屬的那座巨大的房舍 내가 종속한 그 거대한 집
只剩下卓子, 周圍 가까스로 책상 하나만 남았다, 주변은

14) 北島, 〈詩藝〉, 《午夜歌手: 1972~1994》, 83쪽. 〈시의 예술〉 번역은 졸고, 《한밤의 가수》, 57쪽.

| | |
|---|---|
| 是無邊的沼澤地 | 끝없는 소택지 |
| 明月從不同的角度照亮我 | 달빛이 다른 각도에서 나를 비춘다 |
| 骨格鬆脆的夢依舊立在 | 뼈대가 연한 꿈이 예전처럼 서 있다 |
| 遠方, 如尚未拆除的脚手架 | 먼 곳에, 아직 뜯어내지 못한 비계(飛階)와 |
| 還有白紙上泥濘的足印 | 백지 위에서 질퍽거리는 발자국같이 |
| 那隻餵養多年的狐狸 | 그 오랫동안 사육한 여우 |
| 揮舞著火紅的尾巴 | 시뻘건 꼬리를 친다 |
| 讚美我, 傷害我 | 나를 찬미한다, 나를 해친다 |
| | |
| 當然, 還有你, 坐在我的對面 | 물론, 또한 너는, 나의 맞은편에 앉아 있다 |
| 炫耀於你掌中的晴天的閃電 | 너의 손바닥에서 번뜩이는 마른하늘의 번개 |
| 變成乾柴, 又化爲灰燼 | 땔나무가 된다, 또 잿더미가 된다 |

北島의 〈시의 예술〉에서 보면, 1연의 '거대한 집'은 화자를 통제하고 감금하는 중국의 역사, 사회, 문학 내지는 문단이다. 거기에 화자가 詩를 쓸, 저항언어를 쏟아낼 '책상' 하나만 가까스로 남았다. 마치 주변은 '끝없는 소택지'에 고립된 시인 자신처럼. 多角度의 '달빛' 스펙트럼 속에서 굴절되는 민주와 자유를 열망하는 화자의 꿈은 변함없이 예전대로이지만, 완벽한 구조를 갖지 못하는, 위태로운 '뼈대가 연한 꿈'이다. 2연에서의 詩는 화자와 언제나 동반자이면서 적대자이다. 시적 영감, 창조력, 예술혼은 마른하늘의 번개처럼 번뜩이며, 불타는 땔나무가 되고 산화하여 재가 된다. '맞은편'은 그러한 시와 화자가 처한 양면성을 드러낸다.

## Ⅳ. 저항담론의 현재적 의미

우리는 20세기 전반부를 일본 제국주의의 억압과 착취 아래 신음하였고, 그러한 역사적 시대적 배경 하에서, 특히 詩 영역에서, 韓龍雲

(1879~1944), 李相和(1900~1943), 金素月(1902~1934), 鄭芝容(1903~?), 尹東柱(1917~1945), 金永郎(1903~1950), 李陸史(1904~1944) 등이 저항을 노래하였다. 해방 공간에서, 50년대 작가들은, 탈식민의 기쁨도 표현의 자유도 잠시, 6·25의 전화와 이데올로기의 첨예한 대립 속에서, 새로운 외세와 정권에 또다시 대항해야만 하는 아픔을 안은 채 부침하였다. 60년대 정치적 상황에서, 金洙暎(1921~1968)은 현실과 타협하지 않고, 새롭게 현실을 인식하자는 참여시를 씀으로써, 60년대 한국 문단의 저항시를 이끌었다. 그의 완전을 추구하는, 끊임없는 자기부정의 詩 정신은 70년대 저항시의 대표적 시인 金芝河로, 80년대의 奇亨度(1960~1989), 金南柱(1946~1994) 등으로 계승되었다.

중국에서 현대시에 현실에 대한 '이단성'과 '저항성'이 스며들기 시작한 것은 魯迅(1881~1936)이 1927년에 발간한 산문시집 《들풀(野草)》부터라고 할 수 있다.[15] 이후 진보적인 문인들은 사회주의혁명에 가담하고, 혁명문학을 제창하였다. 30~40년대 反日·抗戰 주제와 함께 일기 시작한 민족주의(nationalism)와 리얼리즘(realism) 물결을 타고, 문학에서는 예술성보다는 참여성·혁명성·전투성이 더욱 강조되었다. 1942년 毛澤東(1893~1976)의 〈옌안 문예좌담회에서의 연설(在延安文藝座談會上的講話)〉는 인민문학의 선언서이자 창작과 비평을 결정짓는 도그마였다. 중화인민공화국 성립을 거쳐 문혁이 끝날 때까지, 문학과 예술은 '정치를 위한' 길을 걸었다. 1976년 정국변화 속에서, 劉心武(1942~ )의 《담임선생님(班主任)》(1977), 盧新華(1954~ )의 《상흔(傷痕)》(1978), 白樺(1929~ )의 시나리오 《슬픈 사랑(苦戀)》(1979), 諶容(1936~ )의 《중년이 되어(人到中年)》와 戴厚英(1938~1996)의 《사람아 아, 사람아!(人啊, 人)》(1980) 등 문혁의 傷痕과 反思의 기록이 발표될 때, '모든 것을 회의하며, 모든 것을 부정한' 시인 北島

---

15) 許世旭, 〈해설: 중국 현대시 연구〉, 《中國 現代詩 研究》, (서울, 明文堂, 1992.), 1~2쪽, 25쪽.

가 나왔다.

北島의, 다양한 예술적 수법의 활용을 떠나서, 얼마나 '朦朧'한가를 떠나서,[16] 체제에 대한 저항을 위하여, 신출내기 시인이 저항언어로 자신의 목소리를 내었다는 것만으로도, 중국의 기존의 가치관과 문학의 테두리를 완전히 벗어나고자 하는 도전이었다는 점만으로도, 그의 詩는 충분히 가치가 있었다. 한국에서 金芝河 시인의 탄생이 그 시대의 필연이었다면, 중국에서 北島라는 시인의 탄생 또한 시대적 필연이었다. 때문에 한국에서 金芝河가 70년대 군부 개발독재의 현대화 과정에서의 저항성을, 北島는 중국의 문혁이라는 관제혁명 과정 속에서의 저항성을 상징한다. 두 시인은 억압체제의 폭력 앞에서 표현의 자유를 강조하였고, 피억압자의 인권을 추구하였을 뿐만 아니라, 모두 자신들이 꿈꾸는 유토피아를 향하여 行路難을 멈추지 않았다. 그들에게 詩는 철저한 현실부정과 그것의 실질적 결과로 겪은 수난 너머 열린 공간이었다. 그들은 10년의 나이차와 時差를 갖지만, 창작배경이 되는 체제의 억압이란 시대적 상황과 세계관과 삶의 방식은 그다지 다르지 않다. 두 시인은 다른 역사경험과 창작배경 속에서 서로 다른 삶을 살았지만, 그 '행동적인 삶과 실천적인 문학'이란 接點에서 만난다.

## V. 나오며

현재는 저항담론이 희석된 시대다. 행동적인 삶이니 실천적인 문학이니 하는 데에 예전처럼 열광하는 사람도 없다. 어떤 의미에서 보면 저항의 대상이 없어졌기 때문에 저항담론이 사라진 것이 아니라 저항담론이 설 자

16) 文革의 종결과 더불어 새로운 詩風을 추구했던 北島들에게 기존의 詩人들은 그들의 시를 '朦朧詩'라는 이름으로 배척하였다.

리가 없어진 것은 아닐까? 지구촌의 운명공동체라는 美名 하에서, 우리는 우리의 불투명한 미래에 대해 무조건 낙관할 수만은 없다. 세계의 지성들이 현재를 위기의 시대로 감지하기는 하지만, 그 누구도 적절한 대안과 해답을 제시하지 못하고 있다. 극성스러운 자본과 기술의 지배는 개인주의와 배타주의를 부추긴다. 사람과 사람 사이에 나누는 훈훈한 정은 어느 결에 사라지고 고립된 채로 살아가는 현대인의 정신세계는 소통의 부재를 호소하지만 枯死가 멀지 않았다고 할 것이다. 그것은 北島의 말로 하면 '현대성의 함정'이다. 인류 자신이 스스로 비판적 지성과 저항 정신을 잃어가고 있는 것이다. 그래서 역설적으로 치열한 문학이 절실한 시대라고 말할 수 있다. 저항의 대상이 사라진다면 그것은 우리 자신에게 다행한 일인가? 저항시는 지진과 같다. 안일에 빠지고 타성에 젖은 우리의 정신세계를 뒤흔드는 지진이라면 더욱 환영해야 한다.

창작이란, 특히 위대한 문학은 고통 속에서 탄생한다. 육체적·정신적 억압체험에 대한 저항은 金芝河에게서 구수한 남도사투리가 쏟아내는 직설화법으로써 반복, 강조를 통하여 리얼리티가 강화된다면, 北島의 저항언어가 갖는 상징성—희망의 부재, 출로가 없는 암흑, 비인간성에 대한 폭로와 명징한 사회주의혁명에 대한 치열한 대항—은 精潔한 언어, 이미지의 도약을 통하여 선명하게 부각된다.

金芝河와 北島는 이제 각자의 삶을 살아가고 있다. 그렇다고 해서 한국과 중국의 現代詩史에서 두 시인의 서정시와 시 정신을, 저항시와 저항정신을 시대가 지났다고, 유행이 지났다고, 향수일 뿐이라고 말하기에는 아직 이르지 않은가. 北島가 말한바, 불려나온 마귀는 다시 병속으로 들어갈 수 없다. 적어도 두 시인의 저항과 도전을 담은 서정시는 각기 시대의 획을 긋는 비판정신과 문학적 성취를 보여주었다.

## ✚ 참고문헌

金芝河,《김지하 시전집》1~3, 서울, 솔, 1993.

北 島,《午夜歌手: 1972~1994》, 臺北, 九歌出版社, 1995.

_____,《零度以上的風景: 1993~1996), 臺北, 九歌出版社, 1996.

_____,《開鎖: 1996~1998》, 臺北, 九歌出版社, 1999.

_____, 배도임 옮김,《한밤의 가수》, 서울, 문학과 지성사, 2005.

魯 迅,《野草》, 北1版2刷, 北京, 人民文學出版社, 2002.

任軒永 외,《김지하: 그의 문학과 사상》, 서울, 世界, 1984.

푸미오 타부치, 정지련 옮김,《김지하論: 神과 혁명의 통일》, 서울, 다산글방, 1991.

許世旭,《中國 現代詩 研究》, 서울, 明文堂, 1992.

# 漢字의 '탈영토화'에 관한 방법론적 탐색: 이미지, 위상학, 그리고 공간적 상상력*

공상철**

## I. 글을 시작하며

에셔(M.C.Escher)라는 화가가 있다. 그는 "모든 시대를 통틀어 지적으로 가장 자극적인 그림들 중의 몇 가지를 창출해 낸 장본인이다. 그의 작품은 대부분 이율배반, 착시 또는 중의성에 기반을 두고 있다. 에셔의 그림을 보고 처음으로 경탄한 사람들은 수학자들이었는데, 그의 작품이 종종 대칭 또는 패턴……이라는 수학적 원리에 기인하는 것으로 볼 때 놀라운 일은 아니다. 그런데 에셔의 그림의 전형적인 특징은 그런 대칭이나 패턴 그 이상의 무엇을 함축하고 있다는 점이다. 종종 그의 그림 속에는 예술적인 형태로 실현된 기저 관념이 배어 있다."[1] 그 가운데 〈해방(Liberation)〉

---

* 이 글은 2007년 1월《中國語文論譯叢刊》제19집에 수록된 논문임.

** 숭실대학교 중어중문학과 교수

1) 더글러스 호프스태터,《괴델, 에셔, 바흐》상권 14쪽, 박여성 옮김, 까치, 1999.

【도판1】 【도판2】

이라는 제목의 판화가 한 점 있다. 두루마리 양피지로부터 음각 양각의 삼각 대칭 문양이 희붐하니 현전하는가 싶더니 점차 새의 모습으로 변형(metamorphosis)되다가, 마침내 온전한 새의 형상으로 하늘을 비상해 간다는 내용이다.【도판1】에서의 작품에는 문양에서 형상으로의 변형 밖에 없다. 여기서 이들 현전하는 삼각 문양과 '해방'의 날개 짓을 하는 새의 형상 위에 몇 개의 한자 이미지를 덧새겨 봄으로써 이 논의의 시발점으로 삼아보기로 하자.【도판2】

두루마리의 하단에 단아한 전서로 덧씌운 題字는 〈說文解字〉다. 삼각 문양과 새의 형상에 새겨진 글자 역시 《說文解字》 각 항목의 표제자다. 여기서 굳이 《說文解字》를 문제 삼는 것은, 우선 그것이 한자적 세계관의 범형(matrix)이라 판단되기 때문이다. 또 하나의 이유는 《說文解字》로 대변되는 古文經學적 세계관과 청대 公羊家의 서늘한 시선 사이에 가로놓인 '해석학적 거리'를 환기해 보기 위해서다.[2) ]'아담의 언어'(Lingua of Adam)가 깃들었을 법한 영토(territory)의 각질을 뚫고 나와 저 이미지들은 어디로 비상하려는 것일까? 이미지의 지향처를 헤아릴 순 없지만, 이들 이미지는 문양

2) 영상과 미디어의 범람과 함께 최근 자주 거론되는 '도상학'(iconology) 역시 '해석학적 거리'에 관한 물음에 다름 아니다.

의 현전화에 따라 점차 삼각 도형에서 새의 형상으로, 象에서 意로, 사물에서 기호로, semantics에서 semiotics로, 그리고 篆書에서 楷書로 날개짓을 계속하게 될 것이다.

프로이트는 아이들의 세계 전유방식을 '놀이'로 이야기한 바 있다. "놀고 있는 아이야말로 자기만의 세계를 창조하고 있다는 면에서, 혹은 좀 더 정확히 말하자면, 그 세계의 사물들을 새로운 질서에 맞추어 자신의 취향에 따라 배치하고 있다는 면에서 마치 한 사람의 시인처럼 행동한다"는 것이다. 이때 "아이는 자신의 놀이를 진지하게 여기고 있으며 엄청난 양의 情意的 움직임을 놀이 속에 쏟아 붓게 된다."[3] 그렇다면 아이들의 이 '진지한 놀이' 세계 속에 이미지나 무늬(文) 같은 것을 밀어 넣어 볼 수 없을까? 그리하여 漢字(文)라는 문명사적 화두를 좀 다른 방식으로 생각해 볼 수는 없을까? 그저 '옛부터 있어 온'(古已有之) 그런 자명성으로서가 아니라, 사이버와 디지털이 소위 '하이퍼 리얼리티'[4]라는 이름으로 우리들 일상 속에 버젓이 자리한 이 시대에 문제를 좀 더 근본적인 방식으로 되짚어 볼 수는 없는 것일까?

이 글은 에셔를 비롯한 몇몇 작가들의 작품을 뒤적거리면서 떠올렸던 이 같은 물음으로부터 출발하고 있다. 요약하자면, 漢字(文)의 하이퍼텍스트적 가능성에 대한 물음 쯤 된다. 그러나 아직은 생각의 그물이 성긴 탓에 대개의 문제의식이 '점'과 '그림'의 수준을 벗어나지 못하고 있다. 그러니 부제에 매달린 '상상력'운운한 꼬리표는 이런 고충에 대한 일종의 고백이자 어수룩한 필경에 대한 일종의 변명인 셈이다. 보다 촘촘한 논의는 나중을 기약키로 한다.

---

3) 지그문트 프로이트, 〈창조적인 작가와 몽상〉, 《프로이트전집》 18권 82-3쪽, 정장진 옮김, 열린책들, 1996.

4) '하이퍼 리얼리티'란 용어는 장 보들리야르의 것이다.

## Ⅱ. 참조체계를 찾아서

쉬빙(徐氷)이라는 미술가가 있다. 1955년 어느 지식인 가정에서 태어나 문혁의 고초를 겪다가, 1977년 중앙미술학원에 입학, 석사 졸업과 동시에 모교의 교수가 되어 85년 전후의 아방가르드 운동 '차이니스 뉴웨이브(新潮美術)'의 일원이 되었다가, 천안문사태 당시 걸개 제작에 관여한 혐의로 취조를 받고는 이듬해 미국행을 택했던 인물이다.[5)]

또 한 사람, 李應魯라는 화가가 있다. 일제 강점기 김규진의 문하에서 그림을 배운 뒤 프랑스로 건너가 '파피에 콜레'등 다양한 실험에 몰입하다가, 이른바 '東伯林事件'에 연루되어 옥고를 치른 뒤 고국을 영영 떠나 만년 파리에서 한지에 수묵으로 인간 〈群像〉의 모습들을 점점이 찍어가다가, 끝내 낯선 강토의 귀객이 되고 만 인물이다.

글의 초입에서 이 두 인물을 거론하는 것은 이 글의 문제의식에 관한 방법론적 참조체계가 그들의 작품 속에 어른거리고 있기 때문이다. 아래에서 일단 그것들을 적출해 보기로 한다.

### (1) 계기 하나: 탈영토화(deterritorialization)

쉬빙이 우리에게 일차적으로 던지는 시사점은 전통문화의 담지체인 한자에 대한 그의 태도다. 먼저【도판3】을 보자. 흡사 에셔의 〈해방〉을 떠올리게 만드는 이 작품은 익명의 중국어 사전의 〈鸟〉항목을 모티프로 삼아 제작한 설치미술의 한 장면이다. 바닥에는 鸟에 관한 발음기호—한어병음과 주음부호—에서부터 새의 형상과 생리, 속성을 설명하는 글씨가 판 위에 깔려있고, 거기서 표제자 鸟는 개념의 지상으로부터 이륙하여 왼쪽 허

5) 쉬빙의 이력과 작품세계에 관한 구체적인 정보는 이지은, 〈노동과 글쓰기--슈빙의 슬로우 테크놀러지〉, 《현대미술사연구》 15집(2005)으로부터 많은 도움을 받았다.

【도판3】

공으로 떨면서 비상을 시도한다. 이윽고 鸟는 사전의 영토를 벗어나 허공을 날아오르고, 비상이 진행됨에 따라 簡體字는 점차 繁體字로 변양되면서 鸟는 鳥 자체가 된다.

사전(encyclopedia)이란 문자 그대로 圓環적 기호체계다. 이는 17세기 유럽 계몽기 사유의 토대이자 전형이다.[6] 비유하자면 이는 "사고로 하여금 우리 세계의 존재들에 대해 작용할 수 있게 해주고, 그 존재들을 질서 있게 배열하고, 계층별로 분류하며, 유사성과 상이성을 지시하는 명칭에 따라 구분할 수 있게 해주는 臺(tabula, 즉 해부용 수술대)—태초 이래로 언어가 공간과 교차해 온 무대로서의 臺—이다." 그러나 "우리가 절대적인 확신을 가지고 이 분류의 정당성을 보증할 수 있는 근거는 무엇인가? 어떤 '臺'(table) 위에서, 즉 동일성과 유사성과 유비성의 어떤 여과 구조에 따라 우리가 그 많은 유사한 사물 및 상이한 사물을 분류해 왔는가? 금방 알 수 있는 바와 같이 아프리오리(a priori)하고 필연적인 연쇄에 의해 결정되지도 않으며, 직접 지각 가능한 내용에 의해 우리에게 주어지지도 않는 이러한 정합성은 무엇인가?"[7]

푸코의 이 '수술대'의 비유 위에 가설해 볼 수 있는 한 권의 책이 존재한다. '하늘로부터 온 책'이란 제목을 달고 있는 쉬빙의 설치작 〈天書(Book from the Sky)〉가 그것이다.【도판4】 흡사 河圖와 洛書를 연상시키는 이 작

---

6) 계몽주의 사유의 원환적 지식체계가 《說文解字》 등 중국적 전통의 원환적 지식체계와 갖는 흥미로운 대화 양상에 대해서는 다케다 마사야, 《창힐의 향연》 4장(서은숙 옮김, 이산, 2004)을 참조 바람.

7) 미셸 푸코, 《말과 사물》 14-6쪽, 이광래 옮김, 민음사, 1987.

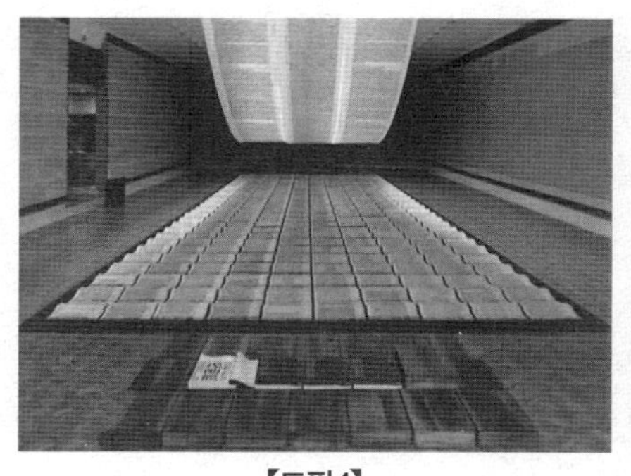
【도판4】

품은, 《康熙字典》을 저본으로 삼아 꼬박 1여 년의 시간을 투자해서 만든 1,250여자의 유사 한자를 1천자씩 인쇄용 목판활자에 새겨 책과 두루마리 형태로 찍어서 가설한 것이다. 유사 한자란 기존 한자의 필획을 바꾸고 재조합한 것으로, 외형은 실제로 사용하는 한자들과 비슷하지만 아무런 의미나 음소도 포함하고 있지 않다. 그러므로 그저 볼 수만 있을 뿐 읽을 수도 없다.

우주적 책 내지 책의 우주를 상기시킴으로써 쉬빙은 무엇을 말하고 싶었던 것일까? 우리가 일단 이 작품을 통해 추론해 볼 수 있는 것은 다음과 같은 어떤 사태(sache)다. "다른 모든 것들처럼 책에도 분절선, 분할선, 지층, 영토성 등이 있다. 하지만 책에는 도주선, 탈영토화 운동, 지각 변동(= 탈지층화) 운동들도 있다. 이 선들을 좇는 흐름이 갖는 서로 다른 속도들 때문에, 책은 상대적으로 느려지고 엉겨 붙거나 아니면 반대로 가속화되거나 단절된다. 이 모든 것들, 즉 선들과 측정 가능한 속도들이 하나의 배치물을 구성한다. 책은 그러한 배치물이며, 그렇기에 특정한 누군가의 것이 될 수 없다. 책은 하나의 다양체이다."[8]

이 거대한 배치물은, 일견하기에, 고래의 天圓地方론을 연상시킨다. 하늘은 둥글고 땅은 모나되, 그러나 그 하늘과 땅은 의미 없는 이미지와 기의 없는 기표들로 가득하다. 신 天圓地方론—혹은 하이퍼 天圓地方론—을 말하고 싶었던 것일까?

그런데 쉬빙의 말은 이렇다. "天書란 원래 벼락 맞아 죽은 사람의 살갗에 남겨진 문양을 의미합니다. 옛날 사람들은 이를 보고는 그들이 이해하

8) 질 들뢰즈/펠릭스 가타리, 《천개의 고원》 12쪽, 김재인 옮김, 새물결, 2001.

지 못하는 하늘에서 내려온 글자들이라 여겼습니다. 내가 작품에 붙인 제목은 〈세계를 분석하는 책(分析世界的書)〉이었지만, 사람들은 모두 이를 〈天書〉라 불렀습니다."[9] 의미도 없는 이미지에 내포된 인식론적 소여(分析)와 존재론적 위상(天書)의 마찰 혹은 뒤틀림 같은 것, 어쩌면 보이지 않는 이 '隔膜'에 이 작품의 화용론적 컨텍스트가 드리워져 있는 것은 아닐까?[10]

## (2) 계기 둘: 시각적인 것과 청각적인 것

【도판5】는 옛날 시골 난장 어귀에서 마술과도 같은 손놀림으로 우리네 동심의 넋을 희롱하던 바로 그 革筆畵다. 그림과 문자의 중간태쯤 되는 거기서 새가 기호를 낳고 있는 것인지 기호가 비상하려는 새의 발목을 부여잡고 있는 것인지 가늠할 수 없지만, 이 탈변 과정이 그림에서 기호의 방향으로, 시각성에서 청각성의 방향으로 이루어지고 있다는 점은 분명해 보인다.

【도판5】

9) 이지은, 앞의 글에서 재인용.

10) 〈天書〉에 대해 중국 당국이 보인 반응은 다음 구절에 집약되어 있다. "그것은 형식주의적이고 추상적이고 주관적이며, 비이성적이고 反미술이며 反전통적인 뉴웨이브의 모든 요소를 가지고 있다. 그것은 중국의 오랜 숙어인 '귀신이 세운 벽'을 생각나게 한다. 귀신이 세운 벽은 여행자를 현혹시키는 눈에 보이지 않는 벽으로, 여기에 갇힌 여행자들은 방향감각을 잃고 끊임없이 가던 길을 반복하며, 앞으로 나가지 못하게 된다."(《文藝報》에 실린 揚成寅의 비평 중에서)(이지은, 앞의 글에서 재인용)
이 같은 정부 당국의 신경질적인 반응을, 1930년대 출판검열제도의 현실을 청대 필화사건으로 풍자한 魯迅의 잡문 〈隔膜〉(《且介亭雜文》, 《魯迅全集》 第6卷 42-6쪽, 人民文學出版社, 1998)에 빗대어 보는 것도 무익한 일만은 아닐 것이다.

그런데 맥루한은 이런 말을 하고 있다. "중국 사회는 수 세기 동안 표의 문자를 사용해 왔지만 그 가족이나 부족의 이음새 없는 망이 위협을 받은 적은 없었다. 다른 한편 오늘날의 아프리카에서는, 2천 년 전 고대 로마의 속령이었던 골이 그랬던 것처럼, 알파벳 글자를 익혀 한 세대가 경과하면 우선 적어도 개인이 부족의 그물로부터 해방되는 일이 충분히 가능하다. 이런 사실은 알파벳으로 씌어진 '내용'과는 아무런 관계가 없다. 그것은 인간의 청각 경험과 시각 경험 간의 갑작스런 분열에 따른 결과이다. 오직 표음 알파벳만이 그 사용자에게 귀를 대신할 눈을 주고, 또 전 부족이 도취되어 있는 공명하는 말의 마력과 친족의 굴레로부터 해방시킴으로써 이 같은 경험상의 예리한 구분을 할 수 있게 해 준다."[11]

【도판6】

사람과 돼지가 벌이는 행위예술의 한 장면을 통해 쉬빙은 맥루한의 이런 견해를 수긍하면서 한 걸음 더 밀고 나간다. 【도판6】 사람의 육체에는 한자 아닌 한자들이 가지런히 찍혀있고, 돼지의 육신에는 화용되는 영어 알파벳이 가지런히 찍혀 있다. 마치 몸의 문자가 물화(fetish)되다 보면 문자의 몸으로 된다는 듯이. 그는 인간-한자-옥시덴탈리즘-기표의 다발과 돼지-알파벳-오리엔탈리즘-기의의 다발을 이런 식으로 맞세움으로써 두 세계의 화해에 대해 조심스런 질문을 던지고 있는 것처럼 보인다. 그런데 맥루한은 위의 논의를 다음과 같은 야멸찬 결론으로 못박는다. "따라서 알파벳만이 〈문명화된 인간〉—즉 문자로 된 법전 앞에서 평등한 독립적 개인들—을 만들어내는 수단이 되어온 기술이라고." 그렇

11) 마셜 맥루한, 《미디어의 이해》 136쪽, 김성기·이한우 옮김, 민음사, 2002.

다면 이들 '문명화된 동물'(Cultural Animal) 간의 부름과 몸짓은 과연 불가능한 것일까?

### (3) 계기 셋: 말놀이(Word Play)

【도판7】

쉬빙이 우리에게 던지는 또 하나의 시사점은 유사 한자를 통한 '말놀이'다. 【도판7】의 종이에 적힌 두 글자 역시 실재하는 한자가 아니다. (그럼에도 한자를 잘 모르는 서양인들은 이를 한자로 인식한다.) 그것은 쉬빙 식 '말장난'을 설명하기 위한 범례로 만든 알파벳 한자다. 영어 W-O-R-D의 스펠링을 쌓아 첫 문자를 만들고 P-L-A-Y의 스펠링을 집적하여 두 번째 문자를 만들면 한자와 알파벳이 동거하는 '공동의 집'이 만들어진다.

한자와 알파벳의 대화라는 그의 문제의식은 〈方塊字 서예(Square Word Calligraphy)〉시리즈(1994), 〈교실 서예(Classroom Calligraphy)〉시리즈(1995), 〈姓을 말씀해 주세요(Your Surname, Please)〉와 〈새로운 영어 서예(New English Calligraphy)〉(1998), 〈인민을 위한 미술(Art for the People)〉(1999) 로 이어진다. 예를 들어 〈方塊字 서예〉에서는 영어 알파벳을 조합하여 方塊字 형태로 정형화시키고, 〈姓을 말씀해 주세요〉는 컴퓨터에 대고 영어로 자신의 성을 말하면 컴퓨터가 즉석에서 그것을 方塊字 서예로 조합해서 출력해주는 방식이다.

### (4) 계기 넷: 꼴라쥬(collage)

【도판8】의 '말놀이'에는 문제의식을 좀 다른 각도에서 환기시키는 어떤 측면이 존재한다. '黃金萬兩'이라는 祈福적 成句를 집적하여 재배치하면

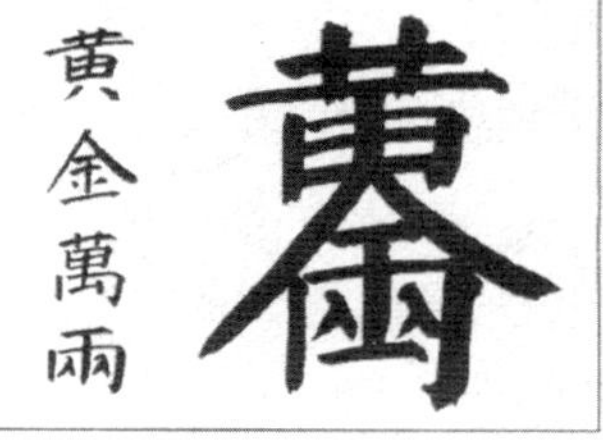

【도판8】

부적 같은 형태의 전혀 새로운 문자가 만들어진다. 네 개의 글자가 한 글자로 포개지고 통합되면서도 각각의 글자와 필획들은 각자 의미론적·통사론적·육체적 수행력을 잃지 않는다. 필획 하나를 따라가다 보면 어디서나 복수의 갈림길을 만난다. 어떻게 이것이 가능할까? 여기에서 일단 지적할 수 있는 것은 '분해'와 '조립'이라는 두 계기다.[12)]

이 기이한 글자를 통해 떠올리게 되는 것은 보르헤스(J.L.Borges)가 假構한 축조물, '끝없이 두 갈래로 갈라지는 길들이 있는 정원'이다. 여느 정원에서 갈림길을 만나면 散行者는 하나의 길만을 남기고 다른 길들을 포기하기 마련인데, 이 정원에서 산행자는 모든 길—즉, 다양한 미래들과 다양한 시간들—을 동시에 선택하게 된다. 거기서 그것들은 또 무한히 두 갈래로 갈라지면서 증식한다. 서로 접근하기도 하고, 서로 갈라지기도 하고, 서로 단절되기도 하고, 또는 수백 년 동안 서로에 대해 알지 못하기도 하는 시간의 구조는 이리하여 모든 가능성을 포괄하게 된다.[13)]

이 낯선 정원 위에 보르헤스는 '시간적으로 거꾸로 쓰여 있고, 가지처럼 갈라지는 구조를 가지고 있는 소설'하나를 포개어 얹는다. 그런데 이 '소설'은 한 술을 더 뜬다. 예를 들면 이런 식이다. "제1장은 길을 가는 낯선 사람

---

12) 어쩌면 이런 점으로부터 유럽 계몽주의 사유의 한복판에서 미적분학을 창도했던 라이프니쯔 같은 인물이 왜《周易》과 한자에 지대한 관심을 보일 수밖에 없었는지에 관해 인식을 환기해 볼 수는 있을 지도 모르겠다. 더구나 그가 중국적 이진법--陽爻와 陰爻--을 0와 1로 치환함으로써 한자를 시스템적으로 파악하려 했던 시도는 디지털 시대 한자의 미래성과 관련해서 적지 않은 시사점을 던져주는 것 같다.

13) 보르헤스, 〈끝없이 두 갈래로 갈라지는 길들이 있는 정원〉,《보르헤스전집2·픽션들》, 황병하 옮김, 민음사, 1994.

들 사이에서 벌어지는 아리송한 대화에 대해 언급하고 있다. 제2장은 제1장에 나오는 날의 전날 밤에 일어난 사건들에 대해 언급하고 있다. 마찬가지로 그 전에 해당하는 제3장 역시 제1장에 나오는 날의 전날 밤에 일어날 수 있는 또 다른 사건에 대해 언급하고 있다. 제4장은 전날 밤의 또 다른 사건. (서로 전혀 관계가 없는) 이 세 개의 전날 밤 중 각기 하나하나의 전날 밤은 다양한 성격을 가진 또 다른 세 개의 그 전날 밤들로 파편화된다. 따라서 이 작품 전체는 아홉 개의 소설을 구성하게 된다. 그리고 각 소설은 세 개의 긴 장들로 구성된다.(당연히 제1장은 아홉 개의 소설에서 모두 공통적이다.)"[14]

## (5) 계기 다섯: hypertext

한스 홀바인(Hans Holbein)의 〈대사들(The Ambassadors)〉이란 그림 하나에는 16세기 '대항해 시대'의 정치·사회·문화적 표상들이 빼곡히 자리 잡고 있다.【도판9】 만약 이 그림을 비주얼 메뉴로 활용한다고 가정해 보자. 여기에는 "천문학, 항해술, 음악, 패션, 歪像원근법, 외에도 르네상스 미술, 홀바인 그 자신, 그리고 16세기 정치 및 종교적인 상황에 이르기까지 다양한 정보들을 담게 될 것이다.

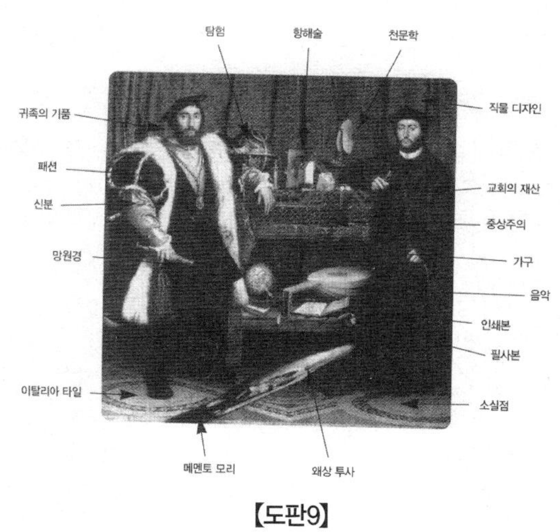


【도판9】

14) 보르헤스, 〈허버트 쾌인의 작품에 대한 연구〉, 앞의 책.

그리고 사용자는 이 그림 속에서 어떤 대상을 선택하여 다양한 관점에서 그 이미지의 맥락이나 내용을 살펴볼 수 있을 것이다. 가령 사용자가 그림의 밑 부분에 비스듬하게 놓인 해골 모양의 메멘토 모리(죽음의 회상물)를 클릭했을 때, 르네상스 회화에 나타나는 죽음에 관한 도상학이나 왜상투사 기하학 등 보다 깊이 있는 정보를 추적할 수 있는 기회를 제공하는 식이다."[15]

그렇다면 이런 경우를 한자에 적용해 보면 어떤 결과가 산출될 수 있을까? 가령 〈나라 國〉자를 확대해서 컴퓨터 바탕화면으로 깔았다 치자. 이 때 필획 하나하나는 그 자체가 아이콘이 될 것이다. 그러면 이 아이콘 하나하나를 클릭--즉, 분절화된 손장난--할 때 어떤 상황이 발생할까? 그 속에 잠재된 '태세들, 운동들, 모색되는 모순들, 대립들, 조화들'은 어떤 양상으로 현현할까?

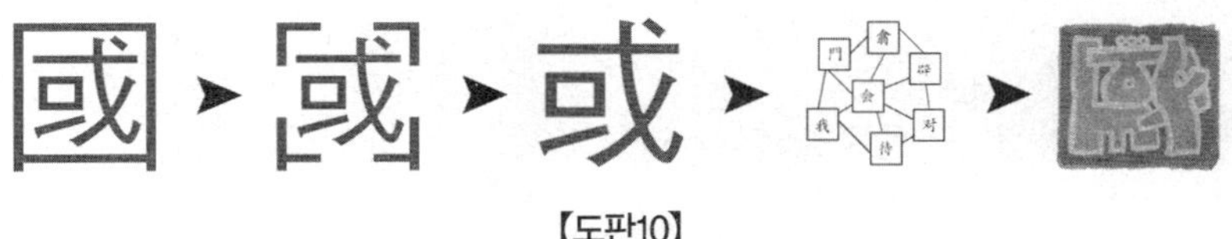

【도판10】

주지하는 대로, 【도판10】의 첫 글자는 겹겹이 둘러싼 성벽 위에서 秦漢 제국 보병의 개인무기 戈를 든 병사들이 주밀한 시선을 투사하며 파수를 보고 있는 모습이다. 시각적으로도 그렇지만, 이는 영락없이 라이프니쯔(G. Leibniz)적 의미에서의 單子(monad)를 연상시킨다. 이 단자에는 창문이 없다.(windowless) 그래서 거기에 바람이라도 소통시키기 위해(風流) 바깥 성벽을 한 번 클릭해 보자. 그러면 동남서북으로 네 개의 대문이 생긴다. 이 세계는 분명 앞의 세계보다는 좀 더 허허롭고 살가운 느낌을 가져다준다. 남

15) 밥 코튼, 리처드 올리버 지음/말콤 캐럿 디자인, 《하이퍼미디어는 어디로 가는가》 64쪽, 박해천 외 옮김, 디자인하우스, 2002.

은 이 성벽마저 거추장스럽다면 다시 그것을 클릭하면 된다. 그러면 새로운 가능성의 지평이 열린다. 아마도, 혹시, 어쩌면……? "어쩌면 우리가 생각하는 대로"(As we may think)[16] 이 지상의 질서를 새롭게 만들어 갈 수 있을까? 그러기 위해서는 무수한 '합리적 의사소통'의 회로가 요구될 것이다. 그래서 或의 戈 부분을 다시 클릭하면 의미론적 연쇄에 따라 我와 待와 對와 會 등등의 세계가 무한히 연접되어 나오고, 다시 작은 성벽 口를 클릭하면 門과 翕과 闔 등등의 세계가 무한히 결속되어 나온다. 이 같은 무한한 연쇄를 거쳐 도달할 수 있는 곳이 바로 제일 마지막의 세계다. 바깥 성벽을 시원스레 걷어버렸고 안쪽 성벽 자리에는 기린 같이 생긴 동물이 서 있고, 그 오른쪽으로 살벌한 무기가 위치하던 곳에 아름드리 나무를 심고, 동물의 등에선 아이들의 초롱초롱한 눈망울 세 개가 하이 톤으로 재잘거리고 있는 나라, 이는 작가 이응로가 가슴 속에 품고 가꾸던 〈나라 國〉, 즉 '갈 수 없는 나라'國이다.

### (6) 계기 여섯: 프로토콜(protocol)

사전적 의미의 프로토콜이란 격식을 갖춘 만남에서 그 만남의 절차 및 갖추어야 할 예의 등을 상세히 적어놓은 것, 즉 만남을 위한 규약 내지 의정서를 말한다. 동양의 전통적인 용어로는 아마도 '禮'가 여기에 근사할 것이다.

【도판11】은 고암 이응로의 〈문자추상〉[17] 시리즈 중 한 작품이다. 필획의

16) 이는 2차 대전 당시 미국의 맨해턴 프로젝트(원폭 제작 프로젝트)를 지휘했던 배니바르 부시(V. Bush)가 1945년 7월 오늘날의 하이퍼텍스트 개념을 처음으로 분명하게 제안하면서 쓴 논문의 제목이다.(배식한, 《인터넷, 하이퍼텍스트, 그리고 책의 종말》, 58쪽, 책세상, 2000)

17) '문자추상'이란 개념에 대해 이응로 자신은 이렇게 말한 적이 있다. "이미 동양화의 한문자 자체가 지니고 있는 서예적 추상은 그 자원(문자의 근원)이 자연사

【도판11】

끝단이 모두 중절모를 쓴 얼굴로 현상하고 있다. 가령 이 그림에서 왼쪽 제일 상단의 존재자와 오른쪽 제일 하단의 존재자가 만나거나 상거래를 해야 할 경우 어떤 프로토콜이 요구되는 것일까? 먼저 서로가 어디 사는 누구이며 무엇을 하는 사람임이 밝혀져야 할 것이다. 그리고 취급하고 물목의 내용이나 거래 방식에 관한 기본 정보가 공유되어야 한다. 이것이 이루어지고 나면 본격적인 거래를 위한 구체적 협의가 필요하다. 이 협의가 마무리되고 나면 본격적인 거래가 이루어질 것이다.

인간 세상에서 벌어지는 離合集散과 離歡悲合의 양식을 컴퓨터는 보다 확실하게 경로화하고 제도화한다. 왜냐하면 사람은 이전에 만난 사람, 거래한 사람을 기억할 수 있지만, 컴퓨터는 그러지 못하기 때문이다. 그래서 컴퓨터는 다음과 같은 만남의 규약을 둔다. 먼저, 인터넷 프로토콜(IP)라는 것이 있어 여기에 '146.112.123.111'처럼 네 마디 열두 자리 숫자로 각 컴퓨터들의 주소가 명기된다. 그러면 이 주소를 통해 찾아가 서로 통성명을 한다. 그 다음에는 서로 간의 정보를 전달하는 절차를 정해야 한다. 이것이 바로 전송 제어 프로토콜(TCP)이 하는 일이다. 이 절차가 마무리되면 이제 본론으로 들어가 서로의 정보를 어떻게 주고받을 지를 협의해야 한다. 파일을 주고받기 위해 정해놓은 규약이 파일 전송 프로토콜(FTP)이고, 문서를 바로 볼 수 있도록 우리가 현재 널리 쓰고 있는 규약이 바로 하이

---

물의 형(태)를 빌린 것과, 음과 뜻을 형태로 표현한 것이니 한자 자체가 바로 동양의 추상화적 바탕이 되어 있는 것으로 안다."(유재길, 〈고암 이응로의 문자추상(1960-1980) 작품세계〉, 《고암 이응노의 문자추상 1960-1980》, 현대갤러리, 1997.2.25-3.9)

퍼텍스트 프로토콜(HTTP)이다.[18] 그래서 〈http://www.ssu.ac.kr〉과 같은 가상의 공동체가 만들어질 수 있는 것이다.

## (7) 계기 일곱: 집합표상

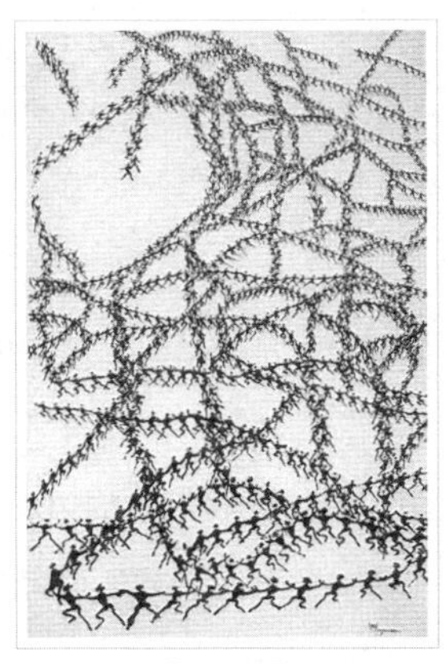
【도판12】

"고암의 〈群像〉은 화엄법계의 인드라 그물망이다."[19] 이 그물망은 "다름 아닌 인간의 형상이다. 그것도 군중의 형상이요, 뛰고 달리고 춤추는 등 각양각색의 몸짓으로 움직이고 있는 군중의 형상이다. 그러한 군중의 크고 작은 모습들이 각기 일정한 리듬을 따라 화면을 가득 메우고 있는 것이다. 물론 여기에서 인간 형상은 하나의 개체로서 파악된 것은 아니며, 한 전체로서의 군중 내지는 군중의 움직임 속에 통합된 인간 군상이다. 그리고 이때 그 군상의 단위인 인간은 전체 속의 미세한 因子로 환원되거니와, 그러한 의미에서 나는 이 군상 시리즈를 '기호 = 형상'의 세계로 이해하는 것이다. 기호로 환원된 이 군중들의 모습들. 그 모습들은 때로는 규칙적으로 나열되어 반복적인 동작을 취하고 있기도 하고 또 때로는 파도 또는 물줄기처럼 일정한 방향을 향해 치닫기도 한다. 그것은 다시 말해서 수를 헤아릴 수 없는 군상들 하나하나가 흐트러짐 없이 하나의 전체적인 흐름 속에서 혼연일체가 되고 있다는 이야기이다. 일견 혼란스럽게 보이는 군중의 움직임에 있어서도 그 움직임은 마치 그 어떤 강력한 磁力에 이끌리기라도 하듯 밀물처럼 한 곳을 지향하고 있는 것이다. 그 한 곳, 그것은 곧 동양에서 말하

18) 배식한, 앞의 책 56쪽을 참조.

19) 손병철, 〈顧菴書藝와 書體抽象〉, 《고암미술》10권 110쪽, 이응노미술관, 2005.

【도판13】

는 여백과 같은 그 어떠한 것으로도 규제되거나 규정지어질 수 없는 저 너머의 정신 공간이다."[20]

만년의 〈群像〉시리즈에 대해 고암 자신은 이렇게 말했다. "나의 그림은 추상적 표현이었으나, 1980년 5월의 광주사태가 있고나서부터 좀 더 사람들에게 호소되는 구상적인 요소를 그림 속에 가져 왔다. 2백호의 화면에 수천 명 군중의 움직임을 그려 넣었다. 우리나라 사람들은 이 그림을 보고 이내 광주를 연상하거나, 서울의 학생 데모라고 했다. 유럽 사람들은 반핵운동으로 보았지만, 양쪽 모두 나의 심정을 잘 파악해 준 것이다."[21]

魯迅은 소설 〈示衆〉에서 전통사회의 위상학을 동심원 모형—이런 중세적 모형을 푸코는 '스펙터클의 사회'라 부른다—으로 제시한다. 여기서 주변은 중심을 향해 구심력의 시선을 집중적으로 쏘아댄다. 이 건너편으로 공리주의자 벤담이 구상한 파놉티콘(panopticon) 모형—푸코는 이런 근대적 모형을 '감시 사회'라 부른다—이 있다. 여기서 동일자는 타자를 향해 원심력의 시선을 끝없이 번득거린다.

그런데 고암의 〈群像〉들은 示와 視의 좌표를 한껏 고도화 한다. 이 속에서 작품의 표면은 일종의 '全域的 공간'이 되는데, 이 "전역적 공간상에는

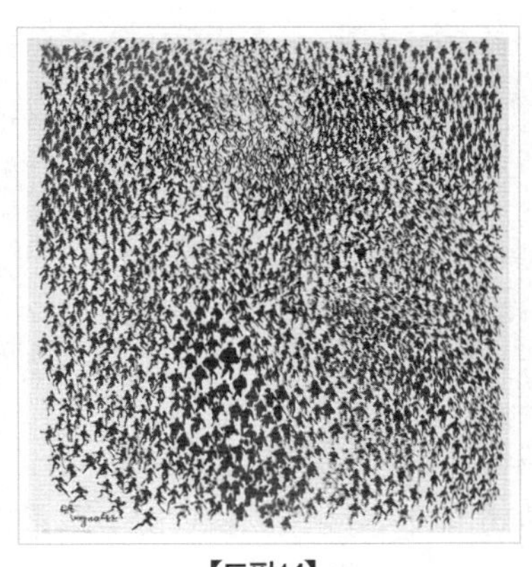

【도판14】

---

20) 이일, 〈顧菴의 예술세계〉, 《이응노》, 갤러리현대, 1997.

21) 윤범모, 〈이응노의 統一舞를 생각함〉(《고암 이응노 10주기전》, 가나아트, 1999)에서 재인용.

타자와의 커뮤니케이션의 가능성이 내재해 있다. 이러한 전달가능성에 의해 전역적 공간상은 자기에게만이 아니라, 자기를 포함하는 복수의 신체로 이루어진 집합으로서의 '사회'에 속하는 공간으로 현상한다. 더욱이 그것은 자기뿐만 아니라 자기로부터 독립하여 존재하는 타자들에게도 보편적으로 타당한 공간상이기 때문에, 자기에 대하여 외재적이면서 동시에 규범적으로 자기의 의식이나 존재에 선행하는 事象인 것처럼 현상할 것이다. 에밀 뒤르켕의 고전적인 개념을 사용하면, 여기에서 말하는 전역적 공간상은 사회적으로 공유된 관념을 표상하고 있다는 의미에서 '집합표상'이고, 개인에 외재하는 규범적인 존재이며, 사회적인 경험에 대하여 선행하는 것으로 나타난다는 의미에서 '사회적 사실'이다."[22)]

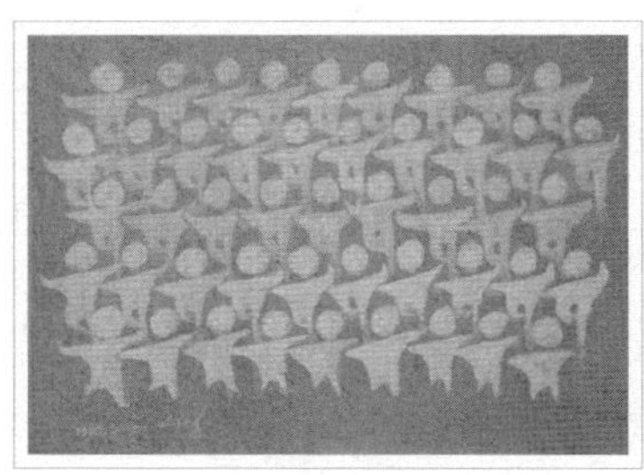
【도판15】

"공동의 전체 힘으로부터 개인의 신체를 그리고 구성원 각자의 재산을 방어하고 보호해주는 연합 형태, 그리고 이에 의해 각 개인을 전체와 결합되어 있으나 자기 자신에게만 복종하는, 그래서 종전과 마찬가지로 자유롭게 남아있을 수 있는 그러한 연합 형태를 발견하는 것,"[23)] 이는 17세기 유럽 계몽주의 사유가 당면했던 과제이면서, 우리 사회가 아직 이룩하지 못하고 있는 과제이다.[24)] 동시에 이는 모든 이미지들의 꿈이자 피안인지도 모른다. 하늘과 땅 사이에, 사람과 사람 사이에

22) 와카바야시 미키오, 《지도의 상상력》 63쪽, 정선태 옮김, 산처럼, 2006.

23) 루소, 《사회계약론》 제6장〈사회계약에 관하여〉, 《세계사상전집》 33권, 李桓 옮김, 삼성출판사, 1977.

24) 공동체 형성을 둘러싼 17세기 계몽주의적 과제와 '지금, 여기' 사이에는 魯迅 식의 동심원의 세계가 존재하는가 하면, 벤담 식의 원형감옥의 세계가 존재한다. 이 양자의 공존과 중첩이 한국적 '모더니티' 문제의 특수성 가운데 하나를 구성한다.

아슬아슬하게 긴장하는 '기우뚱한균형'[25], 그리고 '조응'(correspondence). 【도판15】

다음 장에서는 한자라는 이미지가 추구했던 공동체의 질서와 꿈에 관해 생각해 보기로 한다.

## Ⅲ. 이미지의 위상학(topology)

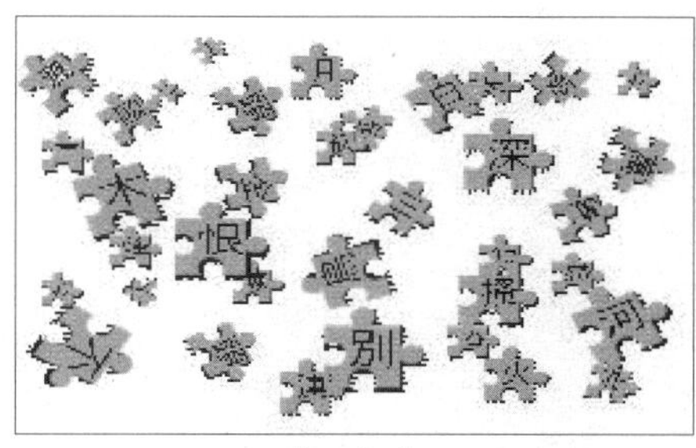

【도판16】

여기 어떤 공간에 마흔 명의 존재자가 거주한다. 어떤 이는 더 크고 어떤 이는 덜 작고, 어떤 이는 직립해 있고 또 어떤 이는 뒤집어져 있으며, 어떤 이는 고독히 거하고 있고 또 어떤 이는 벗하고 살고 있다. 개별자로서 그들은 크기와 양상, 입장과 태도가 제각각이지만, 전체로서 그들은 일종의 '가족적 유사성'을 공유한다. 여기서 "우리는 겹치고 교차하는 유사성들의 복잡한 네트워크를 본다. 가끔은 전체적인 유사성을 가끔은 세부적인 유사성들을 본다."[26]

이 다양한 존재자들이 빚어내는 親密과 疏遠의 위상학은 한 시인의 표현 속에서 이렇게 구체성을 입는다. "이렇게 많은 식구들이 / 아침이면 눈을 부비고 나가서 / 저녁에 들어올 때마다 / 먼지처럼 인색하게 묻혀가지고 들어 온 것 /……/ 누구 한 사람의 입김이 아니라 / 모든 家族의 입김이

---

25) 이는 김지하의 용어다.

26) 비트겐슈타인의 이 말은 R.수터, 《비트겐슈타인과 철학》 57쪽(남기창 옮김, 서광사, 1998)에서 재인용.

합치어 진 것 /……/ 제각각 자기 생각에 빠져 있으면서 / 그래도 조금이나 不自然한 곳이 없는 / 이 家族의 調和와 統一을 / 나는 무엇이라 불러야 할 것이냐 / 차라리 偉大한 것을 바라지 말았으면 / 柔順한 家族들이 모여서 / 罪없는 말을 주고받는 / 좁아도 좋고 넓어도 좋은 房안에서 /……/ 거칠기 짝이 없는 우리집안의 / 한없이 순하고 아득한 바람과 물결…/ 이것이 사랑이냐 / 낡아도 좋은 것은 사랑뿐이냐"[27]

이 존재자들이 거하는 자리와 자리의 추이 및 변동에 따라 위상학적 엔트로피(entropy)는 승강하고 기복하게 될 것이다. 인류 고대문명이 만들어낸 존재자의 위상학 가운데 가장 정형적인 것으로 '놀이'(ludus)가 있다.[28] 고대 중국어에서 '爭'으로 표현된 이 원리는 종종 제례 음악에 쓰이는 용종(甬)을 뺏기 위해 위아래 손 두 개가 밀고 당기는 양상으로 현상된다. 고대 중국문명—나아가 문명 일반—이 만들어낸 '놀이'의 원형은 대체로【도판17】과 같은 양상에 가깝다.[29]

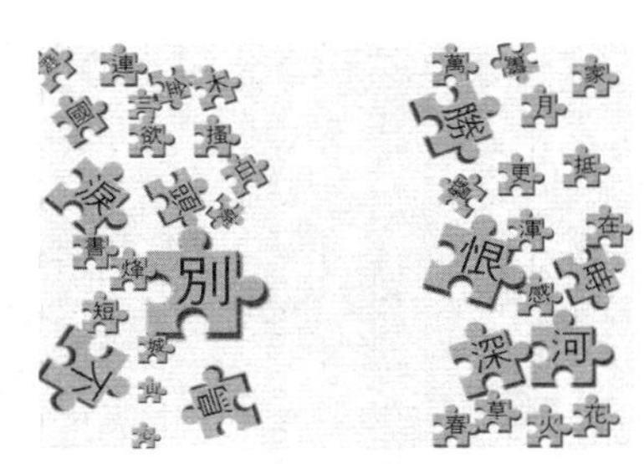
【도판17】

27) 김수영, 〈나의 家族〉, 《사랑의 변주곡》 20-2쪽, 백낙청 엮음, 창작과비평사, 1990.

28) 이 개념의 의미론적 높이와 폭에 관해서는 요한 호이징하의 《호모 루덴스》(김윤수 옮김, 까치, 1993), 로제 카이와의 《놀이와 인간》(이상률 옮김, 문예출판사, 1994)등에 잘 나타나 있다.

29) 이 점과 관련해서 마르셀 그라네는 다음과 같이 말하고 있다. "중국인이 자신들의 이론을 적용시켰던 악기들은 종경이었던 것 같다. 그런데 이 악기들에 의한 박자는 지극히 미묘해서 거기서 수 비율을 감식하기란 거의 불가능하다. 이 경우 적용된 이론은 이미 정립되어버린 이론이었을 것이며, 또 분명 중국인은 그리스인들로부터 이 이론을 받아들였을 것이다. 사실 중국 전통은 악기발명의 기원을 현악기 혹은 관악기에 두고 있다. 12율을 6律과 6呂로 나누는 이 근본적인 분할에 대해 설명해주는 신화 속에서 사실 우리는 지리를 가리키는 한 표현이 사용되고 있음을 볼 수 있다. …… 陰律(6呂)와 陽律(6律)의 분할은 특히 하늘과 땅의 비율(2:3 또는 3:4)을 그 토대로 하고 있는 경우에 있어 중국인 특유의 신화적 또는 기

《詩經》에는 이 양상이 좀 더 실감나게 나타나고 있다. "청춘 남녀의 두 합창대 안에서 각 연기자는 가장 강렬한 감정을 분출하면서 서로를 향해 나아갔다. 그들은 점점 더 민감해 지면서 대립과 접근을 통해 자신들을 완전히 사로잡고 있는 감정을 분출시켰는데, 그러한 감정은 모두 그들의 행동, 곧 동작과 음성으로, 동작과 음성을 동반한 흉내내기로 표현되었다. 아직 서로가 낯선 그들이 서로 마주 보고 서면, 모든 참석자들은 그들의 만남을 지켜보았다. 그들이 속한 집안의 평판이 그들의 거동에 달려 있었기 때문이다. 경쟁심을 자극받은 두 합창대는 서로 동작과 말로 화답하는 경쟁을 시작한다. 그것은 두 군대가 쏜 화살이 공중에서 교차하는 것과 같은 것이다. 각 합창대는 차례가 돌아오면 몸짓으로 응수했다. 그것은 마치 두 편으로 나뉘어 선 선수들이 공을 서로 던지고 받는 것과 같았다. 공이 돌아오면 처음 시작한 편이 다시 공을 보내고, 그러면 상대편이 다시 그쪽으로 보내는 식으로 번갈아 가면서 끝까지 놀이를 진행한다. 경쟁이 진행되는 동안 즉흥적인 흉내내기가 반복된다. 이 반복된 응수야말로 시어의 특징인 리듬의 원리이다."[30](강조는 원저자)

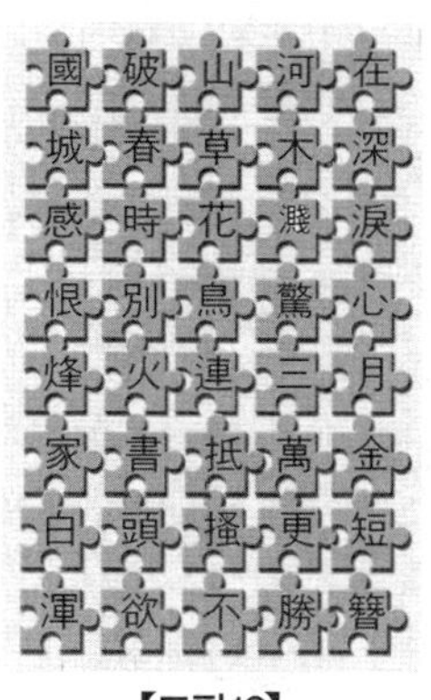

【도판18】

이 원리는, 문학사가 증언하는 대로, 唐代에 이르러 근체시라는 양식으로 정형화 된다. 앞서 등장한 '마흔 명의 賢者'를 불러내어 律詩라는 최고

---

술적으로 정립된 우주관과도 너무나 완벽하게 일치하고 있다. 또 한편으로, 12율에 관련된 신화는 분명히 그리고 함축적으로 양성간의 춤을 암시하고 있다. 다시 말해 잘라낸 대나무로 12개의 죽관이 결합되면, 그 소리에 맞춰 한 쌍의 봉황은 춤을 추기 시작하였다."(Marcel Granet, 《La Pensee Chinoise》)(국내에 아직 미출간된 이 책에 관한 인용은 유병태의 번역을 따랐다.)

30) 마르셀 그라네, 《중국의 고대 축제와 가요》 261쪽, 신하령·김태완 옮김, 살림, 2005.

도 양식에 '배치'해 보면, 그 양상은【도판18】과 같은 형태가 된다. 주지하다시피, 이는 杜甫의 〈春望〉이다.

일견하기에 이 시 한 수는 마흔 개의 이미지를 섬세하게 활용하여 구축한 迷路 내지 陣 같다는 느낌이 든다. 중세 중국인들이 고안해 낸 이 특이한 미로(진법) 속에서 '마흔 명의 賢者'들은 어떻게 '이 家族의 調和와 統一'을 구현할 수 있는 것일까? 예를 들어, 왼쪽 제일 상단의 〈國〉은 제일 오른쪽 중간 끝단의 〈心〉과 상당한 '존재론적 거리'를 드러내고 있을 뿐 아니라 양자 간에는 상당한 엔트로피가 작용하고 있는 것으로 보이는데, 어떤 관계의 회로(그물망)를 통해 서로를 부르고 화답하고 소통하고 더불 수 있는 것일까?

아래에서는 중국 시학이 가르쳐주는 기본 지침에 따라 이 미로(진법)의 구성 원리를 한 겹 씩 걷어 내어 보기로 한다. 문학 개론서의 상식이 막상 群像의 퍼즐로 肉化되면, 그 의미가 그리 만만치만은 않게 된다.

### (1) 聯의 관점에서

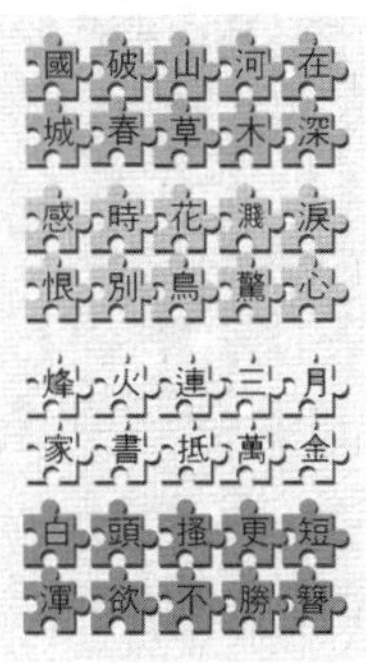

【도판19】

먼저, 다섯 씩 여덟 줄로 늘어선 대오에서 각각의 두 행이 하나의 짝을 이룬다.(聯) 그러면 그 짝은 넷이 되는데, 이를 포유류 동물의 형상에 빗대어 머리(首), 턱(頷), 목(頸), 꼬리(尾)라 부른다. 머리는 들이밀고, 턱은 받치며, 목은 지탱하고, 꼬리는 균형을 잡는다. 물론 이 짝 내부에서도 엄연한 차이는 존재한다. 앞줄의 다섯은 세계를 불러내고(出句), 뒷줄의 다섯은 이에 응대한다.(對句) 그러므로 하나의 짝 내부에서도 주고-받고, 밀고-당기고, 치고-되먹이는 놀이가 수행되고 있다. 〈國〉과 〈城〉, 〈破〉와 〈春〉의 관계가 그렇고, 〈山〉과 〈草〉, 〈河〉

와 〈木〉, 〈在〉와 〈深〉의 관계가 그렇다. 마흔 명의 大家族 내에서 이루어지는 열 명씩의 朋黨, 그리고 동아리와 동아리간의 위상, 역할, 관계.

### (2) 對句의 관점에서

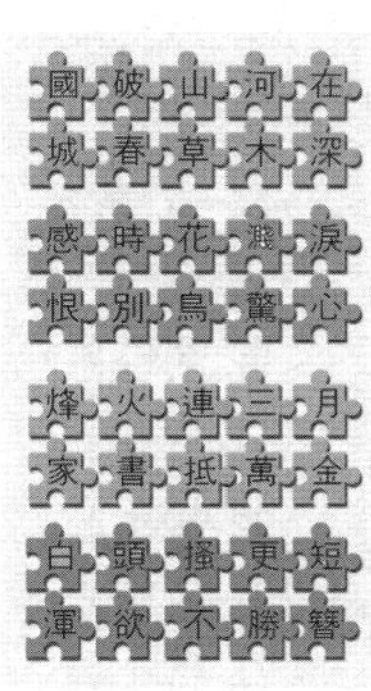

【도판20】

놀이는 하나의 연 내부에서만 이루어지는 것이 아니다. 연들 간에도 이루어지고 있다. 머리(首)와 꼬리(尾)가 한 편을 이루고, 턱(頷)과 목(頸)이 또 한 편을 이룬다. 이 두 편은 음성, 어휘, 구문, 상징 등 제 차원에서 대조를 이룬다. 이 경우 붕당의 양상은 한층 복잡하고 미묘해져서 어제의 다른 편이 오늘은 같은 편이 된다. 예를 들어 세 번째 행의 〈感〉, 〈時〉, 〈花〉, 〈濺〉, 〈淚〉는 '존재론적 거리'상으로는 두 번째 행의 〈城〉, 〈春〉, 〈草〉, 〈木〉, 〈深〉과 훨씬 더 가깝지만, 이 경우 위상학적으로는 저 멀리 있는 여섯 번째 행의 〈家〉, 〈書〉, 〈抵〉, 〈萬〉, 〈金〉과 훨씬 더 친밀한 관계를 형상하게 된다. 【도판20】에서 색상의 미묘한 변화를 통해 드러나는 것처럼, 위상의 변화에 따라 잡종화·혼종화 정도가 더 강화된다.

### (3) 脚韻의 관점에서

"각운은 하나의 단순한 정확성을 요구한다. 고려될 수 있는 첫 행을 제외하고는 각운은 항상 짝수 행에서 이루어진다. 홀수 행은 각운이 놓일 수 없고—이것이 중국시의 중요한 특징이다—이리하여 홀수 행과 짝수 행 사이에는 보다 많은 구조적 대립이 형성된다. 하나의 율시 안에서 각운의 변화는 없다. 오직 하나의 각운이 짝수 행에서 짝수 행으로 시 전체를

'주행'한다."[31]

【도판21】에서 각운으로 쓰인 〈深〉, 〈心〉, 〈金〉, 〈簪〉은 짙은 색으로 덧씌워져 각 연을 안정되고 단단하게 떠받치고 있다. 그래서 각운은 '평성'의 단어를 쓴다. 음성학적 측면에서 볼 때, 이 네 글자는 [in/an]의 운을 갖고 있다. 이는 결코 우연이 아니다. 이 시의 내용이나 침중한 정조가 예를 들어[ing]/[ang]계열의 경쾌하고 발랄한 정조와는 상응할 수 없기 때문이다. 그런데 왜 각운은 홀수행에는 쓰면 안 되는 것일까? 이는 자연(天)의 리듬에 대한 문명화된(人) 리듬의 창조와 관련이 있다. 다리(脚)는 땅과 인간을 연접하는 기관이다. 전통적 사유에서 땅(地)은 陰이다. 그리고 陰數는 짝수이기 때문이다.

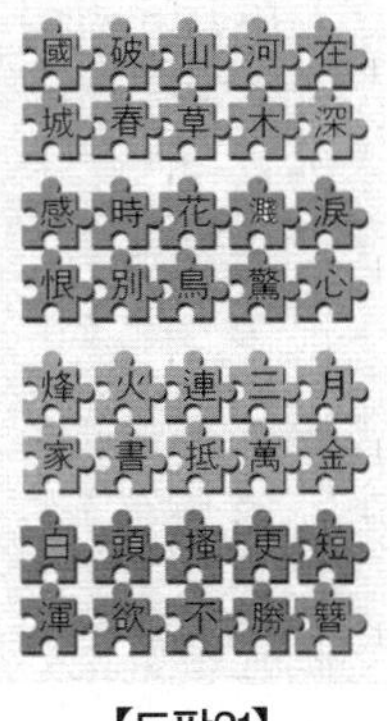

【도판21】

## (4) 平仄의 관점에서

여기서는 높이의 위상학이 등장한다. 높고 긴 소리(平聲)와 떨어지면서 짧은 소리(仄聲)의 代位가 그 핵심이다. 【도판22】에서 짙게 표시된 퍼즐은 측성이고 나머지는 평성이다. 이 경우 '마흔 명의 현자'의 위상학에는 일대 변혁이 일어난다. 기존의 붕당(行/聯)을 아예 무시하면서 가족 전반에 걸친 새로운 사슬이 드러나기 때문이다.

【도판22】

여기에다 성조들의 교체 패턴이 한 겹 더 덧대어진다. 〈측측측평평〉을 A, 〈측측평평측〉을 a 패턴으로 놓고 〈평평측측평〉을 B, 〈평평평측측〉을 b 패턴으로 놓을 때, 이 시

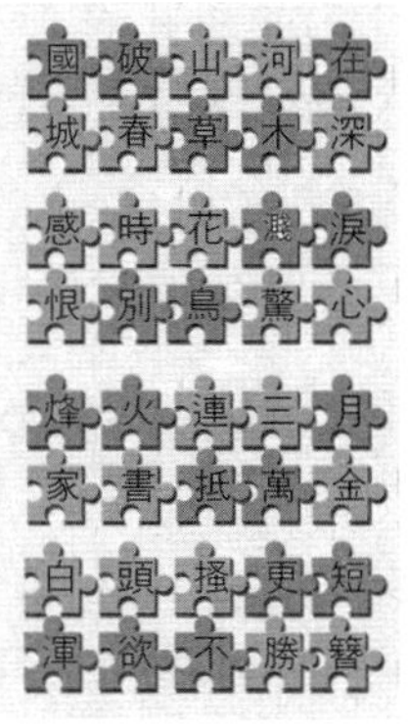

31) Francois Cheng, 《Ecriture Chinoise》(이 책의 번역 역시 유병태의 것을 따랐다.)

는 1행부터 〈a-B-b-A-a-B-b-A〉의 패턴의 교체를 보인다. 이때 〈1행-4행-5행-8행〉의 사슬과 〈2행-3행-6행-7행〉의 사슬이 새로 만들어진다. 그리고 이 사슬의 내부에서도 〈1행-5행〉, 〈2행-6행〉, 〈3행-7행〉, 〈4행-8행〉의 새로운 하위 사슬이 만들어진다.

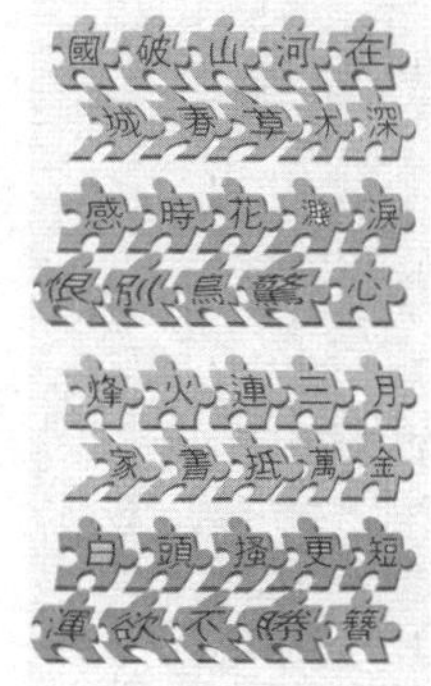


【도판23】

【도판23】은 이 관계를 나타낸 것이다. 측성으로 시작하는 〈A-a〉패턴을 돌출시키고, 평성으로 시작하는 〈B-b〉패턴을 후퇴시켰다. 이때 각 연의 토대에서 패턴의 교체가 야기한 뒤틀림을 감당하면서 간신히 버티고 있는 네 개 韻字의 역할이 한층 선명히 드러난다.

## (5) 休止의 관점에서

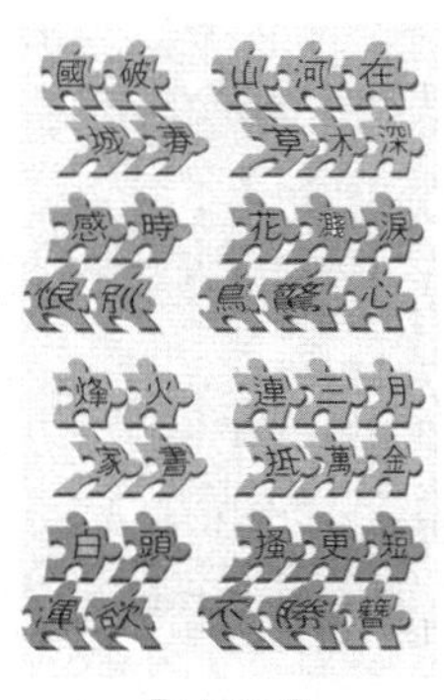


【도판24】

"오언 절구와 같은 짧은 시구는 사실 두 가지의 규칙만 준수하면 된다. 즉 수식어는 피수식어 앞에 온다는 것과 타동사를 동사로 취하는 술어 문장은 주어+동사+목적어의 도식을 준수한다는 것으로 충분하다. 여기서 또 중요한 것은 리듬으로, 이는 단어들을 다시 결집시켜주는 기능을 한다. 단어들 중에서 명사와 동사(동작 동사와 상태 동사) 및 약간의 부사들 역시 상당한 조합의 유동성을 얻는다. 오언시들은 그 간결성을 토대로 명사태 와 동사태 사이를 '진동'한다. (어떤 조합들은 예측할 수 있다. 休止 이전에 NN, NV, VV, VN로, 휴지 이후엔 NVN, NNV, VNV, VNN로 된다.)"[32]

호흡의 휴지로 인해 【도판24】에서는 세로축으로 커다란 균열이 발생한

32) Francois Cheng, 앞의 책.

다. 앞의 조각은 음의 세계고 뒤의 조각은 양의 세계로, 이 두 세계는 흔히 대립이나 인과의 관계로 나타난다. 그런데 세로축에는 기왕의 또 다른 질서가 존재하고 있었다. 〈1줄-3줄-5줄〉의 사슬과 〈2줄-4줄〉의 사슬이 그것이다. 이 역시 양의 세계와 음의 세계의 대조다. 그렇다면 여기서는 음과 양이라는 두 세계가 이중으로 뒤틀리면서 새로운 위상학적 질서가 만들어지고 있는 셈이다.

### (6) 强勢의 관점에서

"짝 순과 홀 순의 음절이 번갈아 가며 강조되는 이 리듬은 일종의 작은 충돌들로부터 만들어진다. 이해를 용이하게 하기 위해 비유적으로 말하자면 이 휴지는 리듬을 지닌 파도들이 부딪치는 절벽과도 같은 것이다. 약과 강의 리듬은 돌아오는 파도를 수반하고 또 그것은 강, 약, 강인 반대의 리듬을 만들어낸다. 이러한 대조적인 운율은 행의 모든 동적 운동을 일으킨다. 여기서 짝 순과 홀 순 사이의 대립은 음양의 관념에 입각한다.(짝수: 음, 홀수: 양). 그리고 음과 양의 교체는 주지하듯 중국인에게는 우주의 근본 리듬을 표상한다."[33]

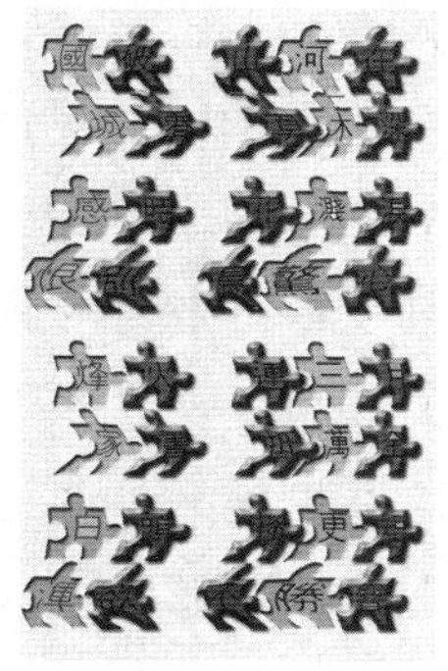

【도판25】

【도판25】는 강약의 리듬을 각각 양각과 음각의 형태로 도상화해 본 것이다. 陰을 의미하는 앞의 세계는 弱强格에 근거해 있고, 陽을 의미하는 뒤의 세계는 强弱格에 근거해 있다. 그러니까 이 시의 리듬은 〈약-강〉으로 절벽에 부딪쳤다가 다시 그 반동력으로 〈강-약-강〉의 리듬으로 되돌아오는 것이다.(返者道之動). 이때 〈1줄-4줄〉과 〈1줄-3줄-5줄〉의 유사성/대립이라는 질서가 새로이 창출된다.

33) Francois Cheng, 앞의 책

## (7) 意味의 관점에서

지금까지 살펴본 최소 여섯 겹의 審級에, 이제 마지막으로 마흔 개의 각 글자에 각인된 고유한 의미의 심급—여기에 존재자의 개별성과 독자성이 가장 명증하게 새겨져 있다—을 덧씌워 보는 일이 남았다. 이때 '마흔 명의 현자'들이 이룩해 내는 질서의 그물망은 다시 한 번 크게 요동치면서 각각의 위상으로부터 '끝없이 두 갈래로 갈라'지게 될 것이다. 이리하여 이들은 종으로 횡으로, 높이와 폭으로, 두께와 깊이로 運散되면서, 하나의 '和而不同'한 회로가 된다.

이런 상황성을 푸코는 '지식의 고고학'이라 부르고 있다. 이때의, "고고학은, 언설이 등질적인 사건들(개별적인 언어표현들)의 계열로 이루어져 있다고 생각하는 대신, 언설의 두께 속에서 가능한 다수의 사건들의 평면을 구분하고자 한다: 단일한 출현에 있어서의 언표들 자체의 평면. 대상들의, 언표행위적 유형들의, 개념들의, 전략적 선택들의(또는 이미 존재하는 전략들에 영향을 주는 변환들의) 출현의 평면. 이미 작동하고 있는—그러나 하나의 유일하고 동일한 실증성의 요소 속에서—규칙들로부터 출발하는 새로운 형성규칙들의 파생의 평면. 마지막으로, 네 번째의 수준에 있어, 한 언설적 형성의 다른 언설적 형성에로의 치환(또는 한 실증성의 순수하고 단순한 출현과 소멸)이 실행되는 평면. 극도로 희박한 이 사건들이 고고학에 대해서는 가장 중요한 것들이다: 결국 고고학만이 그들을 나타나게 할 수 있는 것이다…… 언설의 두께 속에서 생산되는 모든 사건들은 서로 수직적이지 않다. 분명, 한 언설적 형성의 출현은 종종 대상들의, 언표행위의 양태들의, 개념들과 전략들의 방대한 쇄신과 상호적으로 일어난다."[34)]

【도판26】은 〈春望〉의 심층(혹은 이면)에 존재함직한 의사소통의 회로

---

34) 미셸 푸코, 《지식의 고고학》 237-8쪽, 이정우 옮김, 민음사, 2000.

도다. 이 회로도가 우리가 발 디딘 서울의 땅 속으로 '비평행적 진화'를 거듭하다 보면, 【도판27】의 〈서울시 지하철 노선도〉같은 것으로 된다.

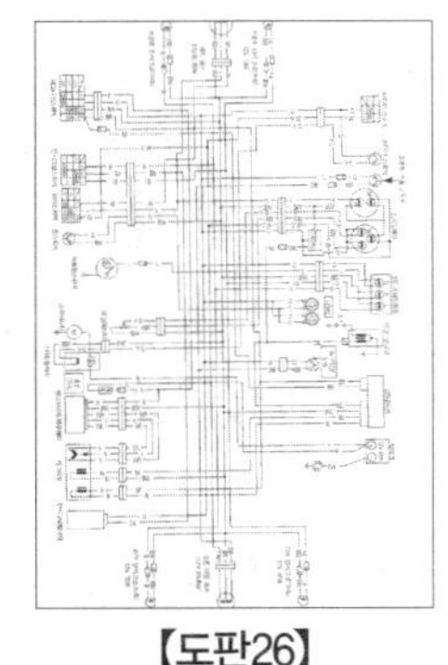

【도판26】

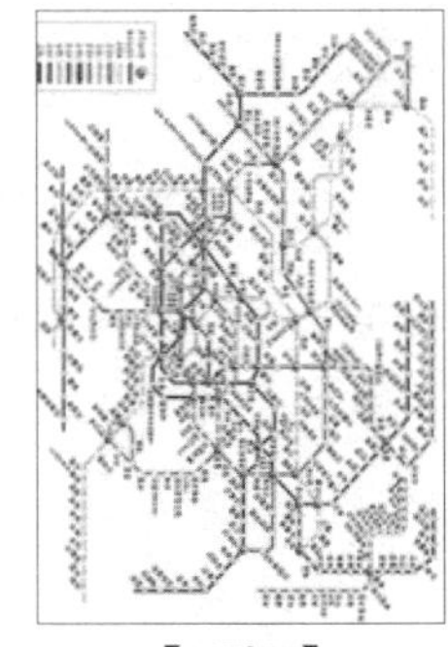

【도판27】

오가는 발길들이 交叉하고 제 각각의 방향들이 錯綜하는 환승처 시청 앞 지하철역, 그 군상의 물결 속에 '마흔 명의 현자'를 불러내어 보는 일. 그것이 어떻게 가능할까……

## Ⅳ. 맺으면서

〈春望〉을 素月은 이런 언어로 읽는다.

> 봄
> 이 나라 나라는 부서졌는데
> 이 山川 여태 山川은 남아있더냐
> 봄은 왔다 하건만
> 풀과 나무에 뿐이어
>
> 오! 서럽다 이를 두고 봄이냐
> 치어라 꽃잎에도 눈물뿐 흩으며
> 새무리는 지저귀며 울지만
> 쉬어라 이 두군거리는 가슴아
>
> 못보느냐 벌겋게 솟구는 봉숫불이
> 끝끝내 그 무엇을 태우려 함이료

그리워라 내 집은
하늘밖에 있나니

애닯다 긁어 쥐어뜯어서
다시금 떨어졌다고
다만 이 희끗희끗한 머리칼 뿐
인제는 빗질할 것도 없구나[35]

자의적인 행갈이는 물론, 원문의 의도적인 무시와 첨삭을 서슴치 않는다. 그럼에도 그의 〈봄〉은 '번역'(translation)의 장관을 연출한다. 杜甫의 〈春望〉에 素月의 〈봄〉을 포개어 본다면 문제는 또 얼마나 어려워질 것인가……

이 글은 애초 文의 위상학을 통해 人의 위상학을 간취해 보고자 하는 의도로 구상되었다. 이런 측면에서 이 글은, '人文'의 본원적 의미에 대한 물음이나 공동체(community)의 원초적 조건에 대한 물음의 성격을 어느 정도 겸하고 있는 셈이다. 그러나 文의 위상학에서 人의 위상학으로의 비평행적 진화에는 논증과 상상력의 구분을 無化시키고 가로지르는 어떤 몫이 존재하고 있는 것처럼 보인다. 그 몫을 불러내고 빚어내어 대면하는 일, 어쩌면 오늘날 인문학이 자리해야 하는 거소(topos)도 바로 이 언저리쯤이 될런지도 모른다.

## ✚ 참고문헌

미셸 푸코, 《말과 사물》, 이광래 옮김, 민음사, 1987.
미셸 푸코, 《지식의 고고학》, 이정우 옮김, 민음사, 2000.
질 들뢰즈/펠릭스 가타리, 《천개의 고원》, 김재인 옮김, 새물결, 2001.

35) 오하근 편저, 《원본 김소월전집》 337쪽, 집문당, 1995.

더글러스 호프스태터, 《괴델, 에셔, 바흐》, 박여성 옮김, 까치, 1999.
보르헤스, 《보르헤스전집2 · 픽션들》, 황병하 옮김, 민음사, 1994.
마셜 맥루한, 《미디어의 이해》, 김성기 · 이한우 옮김, 민음사, 2002.
다케다 마사야, 《창힐의 향연》, 서은숙 옮김, 이산, 2004.
와카바야시 미키오, 《지도의 상상력》, 정선태 옮김, 산처럼, 2006.
마르셀 그라네, 《중국의 고대 축제와 가요》, 신하령 · 김태완 옮김, 살림, 2005.
Marcel Granet, 《La Pensee Chinoise》 (미 번역 출간)
Francois Cheng, 《Ecriture Chinoise》 (미 번역 출간)
루소, 《사회계약론》, 《세계사상전집》 33권, 李桓 옮김, 삼성출판사, 1977.
지그문트 프로이트, 《프로이트전집》 18권, 정장진 옮김, 열린책들, 1996.
R.수터, 《비트겐슈타인과 철학》, 남기창 옮김, 서광사, 1998.
밥 코튼, 리처드 올리버, 《하이퍼미디어는 어디로 가는가》, 박해천 외 옮김, 디자인하우스, 2002.
배식한, 《인터넷, 하이퍼텍스트, 그리고 책의 종말》, 책세상, 2000.
오하근 편저, 《원본 김소월전집》, 집문당, 1995.
김수영, 《사랑의 변주곡》, 백낙청 엮음, 창작과비평사, 1990.
이지은, 〈노동과 글쓰기－슈빙의 슬로우 테크놀러지〉, 《현대미술사연구》 15집, 2005.
손병철, 〈顧菴書藝와 書體抽象〉, 《고암미술》 10권 110쪽, 이응노미술관, 2005.
이일, 〈顧菴의 예술세계〉, 《이응노》, 갤러리현대, 1997.
윤범모, 〈이응노의 統一舞를 생각함〉, 《고암 이응노 10주기전》, 가나아트, 1999.

# Ⅲ. 한중 번역 연구의 과제와 모색

# 언어연구에 근거한 고전번역의 탐색
## -《論語》吾日三省吾身章의 예 -*

이강재**

## I. 들어가는 글

일반적으로 선진시대의 문헌은 그 문헌이 작성된 시기가 오래되어 현재와는 시대적으로 많은 차이가 있기 때문에 그 의미를 정확하게 해석하기 어려운 경우가 많다. 이때 도움이 되는 것이 그 문헌에 대해 이전의 학자들이 행한 주소(注疏)이다. 우리는 주소가 현재의 우리보다 원래의 문헌에 더 가까운 시기에 이루어진 것이므로, 현재의 우리보다 원래의 문헌을 더

---

* 이 글은 처음 1999년 11월 6일 중국어문논역학회 학술발표회에서 필자의 박사학위논문 "《논어》上十篇의 解釋에 대한 硏究"를 간략하게 소개하기 위한 목적으로 작성되었다. 발표 당시의 제목은 〈고전번역과 언어연구〉인데, 이번에 중국어문논역학회의 논문집 발간을 위해 다시 작성하면서 제목을 수정하였다. 이에 따라 본론 역시 논어 구절의 해석상의 차이를 해결하는 과정에서 언어연구가 어떤 도움을 주고 있는지를 중심으로 일부 수정하여 작성하였다.(이 글은 2000년 6월《中國語文論譯叢刊》제5집에 수록된 논문임.)

** 서울대학교 중어중문학과 교수

잘 이해하고 있을 것으로 기대된다. 그렇지만 문헌에 대한 주소는 그 주소를 쓴 사람의 사상적, 역사적 입장이 개재되어 있어 원문 파악의 방법에 차이를 보인다는 문제가 있다 이러한 차이는 대부분 주소 작성자가 속한 학파의 사상적 경향 내지 방법론적 취향에 의해 발생하는 경우가 많다.

예컨대 한대(漢代)의 주를 모아 편찬한 하안(何晏)의 《논어집해(論語集解)》는 하안이 해석한 공자의 사상을 기록한 것일 수 있으며, 송대(宋代) 주희(朱熹)의 《논어집주(論語集註)》는 주희가 바라본 공자의 사상일 수 있다. 또한 유가 문헌의 해석에 대한 한대 유학자와 송대 유학자의 접근 방법을 비교해보면, 한대의 학자들은 단어와 사물에 대한 훈고(訓詁) 또는 문자의 이동(異同)을 중시한다. 이에 반하여 송대의 학자들은 문헌에 담겨 있는 미언대의(微言大義)를 찾기 위하여 노력한다.[1] 그러므로 고전 문헌을 해석할 때에 어느 한 가지 주소에만 의지한다는 것은 매우 위험한 일이다.

그런데 한 가지 주소에 대한 의존 현상은 우리나라에서도 발견된다. 우리나라의 경우 조선시대 이후의 유가 문헌에 대한 해석은 주로 송대 학자들의 방법을 수용해 왔다. 이는 주희로 대표되는 송학(宋學) 및 주희에 의하여 부흥했던 성리학(性理學)의 영향을 많이 받았기 때문이다. 《논어》를 보는 경우에도 주희의 《논어집주》를 저본(底本)으로 했던 것은 이러한 상황에 기인한 것이다. 물론 조선시대에는 실학(實學)의 흥성과 함께 이익(李瀷), 정약용(丁若鏞) 등의 경학가들이 한학의 전통을 수용한 것도 사실이다. 그러나 그들의 학문적 업적이 그 당시 학계를 주도하지는 못하였으며, 유가 문헌에 대한 그들의 해석도 학계에 절대적인 영향을 주지 못하였다. 이러한 상황으로 말미암아 우리나라에는 현재까지도 주희에 의해 제시된 해석 방법이 유가 문헌 해석 방법의 중심으로 자리 잡고 있다. 이처럼 이미 수많은 주소가 있어 그것들이 제각기 상이한 관점을 보일 수 있는데,

---

1) 程樹德의 《論語集釋》 凡例 참고. "研究論語之法, 漢儒與宋儒不同. 漢儒所重者, 名物之訓詁, 文字之異同. 宋儒則否, 一以大義微言爲主."

그 중에서 유독 어떤 한 가지의 학문적 경향을 대표하는 주소에만 의지하여 고전을 이해한다는 것은 고전의 원래 의미에 접근하는 것을 방해할 가능성이 있다는 점에서 문제가 있다.

이에 대한 구체적인 예를 살펴보자. 〈술이(述而)〉의 "子在齊, 聞韶三月不知肉味, 曰不圖爲樂之至於斯也."에 대한 해석은 학자에 따라 다르다. 황간의소(皇侃義疏)에서는 "공자가 제(齊)나라에서 순(舜)의 음악인 소(韶)를 듣고는, 제후국인 제나라에서 연주될 수 없는 음악이 연주되는 것에 대하여 매우 가슴 아파하였다. 그리하여 공자는 삼 개월 동안이나 고기 맛을 모를 정도였으며, 또한 순의 음악이 이곳 제나라에까지 이르렀구나."라고 탄식하는 내용이라는 해석을 하고 있다. 이에 반해 《논어집주》에서는 "공자가 제나라에서 소 음악을 듣고 너무나 좋아한 나머지 삼 개월 동안 고기 맛을 모를 정도였으며, 또한 음악을 연주한다는 것이 이처럼 아름다운 경지에 이를 수 있다는 것을 미처 몰랐다."라고 감탄하는 내용이라는 해석을 하고 있다. 이것은 하나의 문장이 서로 상반된 두 가지 의미로 해석될 수 있다는 사실과 아울러 경전의 해석에 있어서 한 종류의 주소에 의지한다는 것이 갖는 위험성을 보여준다.

문제는 여기에서 그치는 것이 아니다. 위에 제시한 예에서 '爲'는 판본에 따라 '嬀'로 기록되어 있기도 하다. '嬀'는 순의 후손인 진(陳)나라를 의미하는 지명이다. 이 판본에 의하면, '爲樂'의 의미는 '음악을 연주한다.'가 아니라 '진나라의 음악'이 된다. 그렇다면 "不圖爲樂之至於斯也."는 "진나라 음악이 이곳에까지 이른 것을 생각하지 못했다."로 해석된다. 그리고 '斯'는 '이곳'의 의미로서 '제나라'를 가리킨다. 판본의 차이에 따라 그 구절에 대한 해석이 완전히 달라지는 것이다. 결국 《논어》를 제대로 이해하기 위해서는 주소와 관련된 문제뿐만 아니라 판본의 문제도 적절하게 처리해야 함을 알 수 있다.

본고는 이상과 같은 문제의식을 가지고 여러 가지 주소와 판본에 근거하여 《논어》를 다시 분석 고찰하고자 한다. 본고에서는 하나하나의 구절에 대하여, 첫째, 각 구절에 대한 과거의 다양한 해석에는 어떠한 것이 있는가? 둘째, 다양한 해석이 제시된 근거는 무엇인가? 셋째, 공자 당시의 언어적 특성과 역사적 배경에 근거할 때 그 구절을 어떻게 해석하는 것이 가장 타당한가라는 세 가지 문제를 논의할 것이다. 각 구절에 대한 가장 타당한 해석을 추론하는 이러한 작업은, 《논어》의 문장들을 분석하고 이해하는 데 지침이 될 것이며, 나아가 《논어》 이외의 다른 고전 문헌들을 분석하고 이해하는 데에도 도움을 줄 것으로 생각한다.

## Ⅱ. 언어연구에 근거한 번역 방법론

위에서 언급한 것처럼 고전에 대한 타당한 번역은 각 구절에 대한 판본상의 차이와 해석상의 차이에 추목하고 다시 여기에 선진시기 언어 특성에 근거한 해석을 시도하는 것이다. 이 때문에 이 글에서는 고전의 각 구절에 대해 다음과 같이 '판본상의 차이'와 '해석상의 문제'라는 두 부분으로 나누어 접근하는 것이 타당하다고 생각한다. 이 두 부분에 대한 각각의 논의 과정은 아래와 같다.

### 2.1 판본상의 차이

이 부분에서는 본인의 번역에서 저본(底本)으로 삼은 판본과 다른 판본을 비교하여, 다른 판본에 나타나는 차이를 모두 기술한다. 그리고 이 과정에서 문자상의 차이가 발생하게 된 원인이나 다양한 문자 중 어느 문자를 쓰는 것이 《논어》의 원래 의도에 가장 합치되는 지에 대해 필자의 견해를 논한다. 또 간혹 장절의 구분에 대해 견해가 다른 것도 이 부분에서 논의하였다.

본고는 다음을 원칙으로 하여 판본상의 차이를 기술하였다.

첫째, 판본에 따른 《논어》 본문의 차이를 모두 소개한다.

둘째, 육덕명(陸德明)의 《경전석문(經典釋文)》, 적호(翟灝)의 《사서고이(四書考異)》, 진전(陳鱣)의 《논어고훈(論語古訓)》, 완원(阮元)의 《논어주소교감기(論語注疏校勘記)》, 풍등부(馮登府)의 《논어이문고증(論語異文考證)》 등에 수록된 내용을 통해 각 구절에 대한 이전의 연구를 보여준다.

셋째, 《설문해자(說文解字)》나 《이아(爾雅)》 등에 쓰인 용례를 참고하여 각 글자들의 원래 의미는 무엇이고 《논어》의 본문에서는 어떤 글자를 쓰는 것이 가장 옳은지 필자의 견해를 기술한다. 그러나 경우에 따라 단순히 몇 글자가 더 쓰여 있고 빠져 있는 등의 차이에 대하여는 이러한 내용을 지적만 하고 필자의 견해를 생략하기도 하였다. 판본상의 차이 가운데 가장 많은 부분을 차지하는 것은 문미의 어기사(語氣詞)에 대한 것이다. 본고에서는 그 어기사에 의해 문장의 의미나 기능이 달라질 때에만 어떤 어기사를 쓰는 것이 가장 옳은지 필자의 견해를 기술하였다.

넷째, 판본상의 차이가 해석상의 중요한 문제를 일으키는 경우에 이곳에서는 그러한 차이가 있음만을 기술하고 자세한 논의는 '해석상의 문제'에서 다루었다. 그리고 판본에 따라 장절의 나눔이 다른 경우에는 이에 대한 논의를 자세히 진행하였다.

본고의 경문(經文)은 청(淸) 가경(嘉慶) 20년, 즉 1815년 강서(江西) 남창부학(南昌府學)에서 간행한 《중간송본논어주소교감기(重栞宋本論語注疏校勘記)》에 실린 형병(邢昺)의 《논어주소(論語注疏)》를 저본으로 삼았다. 이를 저본으로 택한 것은 송대에 간행된 형병의 《논어주소》가 한학과 송학의 중간에 위치한 주소이기 때문에 어느 한 유파의 학술적 경향에만 치우쳐 있지 않을 것이라고 생각하였기 때문이다. 또한 이 판본이 송대 이후 현재까지 《논어》의 연구에서 가장 많이 채택되는 판본이라는 점도 중요한 이유가 되었다.

그밖에 본고에서 참고한 판본을 소개하면 다음과 같다.

(1) 한석경(漢石經), (2) 당석경(唐石經), (3) 송석경(宋石經), (4) 황간본(皇侃

本),[2] (5) 정평본(正平本), (6) 천문본(天文本), (7) 원간본(元刊本), (8) 진번본(津藩本), (9) 집주본(集註本), (10) 민본(閩本), (11) 북감본(北監本), (12) 모본(毛本), (13) 고려본(高麗本)[3]

또한 본 번역을 행하는 과정에서 《논어》의 원문과 주소의 문장을 교감할 때 아래의 서적에 수록된 교감 내용을 참고로 하였다.

(1) 《사서고이(四書考異)》(清 翟灝 乾隆34年 1769년)
(2) 《당석경논어고정(唐石經論語考正)》(清 王朝琚)
(3) 《논어고문보유(論語考文補遺)》(日本 山井鼎 1680-1728)
(4) 《논어고훈(論語古訓)》(清 陳鱣 嘉慶元年 1794年 阮元 敍文)
(5) 《논어교감기(論語校勘記)》(清 阮元 嘉慶20年 1815年)
(6) 《논어이문고증(論語異文考證)》(清 馮登府 道光14年 1834年)
(7) 《천문본교감기(天文本校勘記)》(清 葉德輝 光緒28年 1902년)
(8) 《논어의소교감기(論語義疏校勘記)》(日本 武內義雄 大正12年 1923年)

---

2) 황간본은 '지부족재본(知不足齋本)'과 '회덕당본(懷德堂本)'의 두 종류가 전해지는데, 본고에서는 두 판본이 모두 같은 경우에는 '황간본'이라고만 하였고, 두 판본이 다른 경우에는 '지부족재황간본' 또는 '회덕당황간본'으로 구분하여 기술하였다.

3) 고려본 《논어집해》는 일본의 정평본(正平本)이 전해지는 과정에서 잘못 알려진 것이라는 주장이 제기되었고, 이것이 중국과 일본의 학계에서 받아들여진 바 있다. 그러나 고려본에는 정평본과 완전히 일치하지 않는 내용이 있는데 필자는 그것이 단순한 필사의 과정에서 생긴 잘못이라고 생각하지 않는다. 따라서 두 가지는 서로 다른 판본일 가능성을 완전히 배제할 수 없다. 이러한 이유로 본고에서는 일단 고려본도 별도의 판본으로 인용하였다. 이에 대한 구체적 논의는 필자의 《고려본 논어집해의 재구성》(2010년, 학고방)을 참고할 것.

## 2.2 해석상의 문제

이 부분에서는 《논어》 각 구절의 해석에 대한 여러 학자의 견해를 동일한 주장별로 분류하고, 이에 대한 필자의 견해를 밝혔다. 《논어》에 대한 여러 학자의 주소는 수를 헤아릴 수 없을 정도로 많다.[4] 여기에서는 《논어》에 대한 중요한 서적을 중심으로 여러 학자의 견해를 소개하기로 한다.

하안의 《논어집해》, 황간의 《논어의소》, 형병의 《논어주소》, 주희의 《논어집주》는 흔히 4대주소로 인정되고 있으므로 모두 참고하거나 인용하였다. 《논어집해》는 한위(漢魏) 시대의 주가 수록되어 있다는 측면에서 중요하다. 《논어의소》는 양대(梁代)까지의 주를 수록해 놓은 것으로써 《논어집해》 이후의 변화된 견해를 찾아보기에 적절하다. 송대에 간행된 《논어주소》는 《논어의소》의 번잡함을 제거한 책으로 평가받지만 독창적인 견해가 많지는 않다. 따라서 《논어주소》는 《논어집해》, 《논어의소》와 다른 경우에 한하여 인용하였다. 《논어집주》는 송학의 대표자인 주희의 견해를 잘 알 수 있으므로 대부분 인용 참고하였다.

청대(清代)의 주소는 황청경해(皇清經解)의 정편(正編)과 속편(續編)에 비교적 완벽하게 모아져 있기 때문에 이를 활용하였다. 이에 수록되어 있지 않은 경우에는 무구비재논어집성(無求備齋論語集成)에 수록된 자료를 참고하였다.

조선시대 자료로는, 선조(宣祖) 때 간행된 언해본(諺解本)과 이이(李珥)의 언해본(諺解本), 그리고 박세당(朴世堂), 이익, 丁若 등의 조선 후기 실학자들의 견해를 중심으로 참고하였다. 이는 실학자들의 견해에서 주희와 다른 견해가 많이 발견되기 때문이다.

또한 현대에 이르러 대만(臺灣) 중국에서 간행된 《논어》에 대한 주와 한

4) 《논어》에 대한 주석서의 수를 정확히 헤아린다는 것은 불가능하다. 현대 중국의 楊伯峻(1980:37)의 조사에 의하면, 일본학자 林泰輔의 《논어연보(論語年譜)》에 쓰인 것만 3천여 종이며 程樹德의 《논어집석(論語集釋)》에 인용된 책만도 680종에 달한다고 한다.

국에서 간행된 《논어》의 역주는 물론 《논어》의 문법이나 가차자(假借字)만을 다룬 책도 참고 대상에 포함하였다.

본고는 다음을 원칙으로 하여 해석상의 문제를 기술하였다.

첫째, 《논어》의 본문에 대한 다양한 해석의 방법을 모두 정리, 소개하였다. 본고의 참고문헌에서 제외되었거나 필자가 미처 보지 못한 자료에서 제시된 견해는 앞으로의 과제로 남겨 두었다. 다만 춘추시대의 지리(地理)에 대한 논의, 문자의 해석과는 거리가 먼 '이치[理]'에 대한 논의는 다루지 않았다. 이는 《논어》의 본문 이해와는 큰 관련이 없다고 판단한 부분에 한하였다.

둘째, 과거 《논어》의 본문에 대하여 다양한 해석이 제시된 이유를 설명하였다. 여러 학자의 견해는 대부분 근거가 전혀 없이 제시된 것이 없다고 여겨진다. 따라서 각 견해가 근거로 삼고 있는 것이 무엇인지 고대 중국어라는 언어적인 측면과 공자의 사유 체계라는 내용적인 측면에서 의거하여 밝혔다.

셋째, 본문에 대한 언어와 내용상의 검토를 통하여 어떠한 견해가 가장 타당한지에 대한 필자의 판단을 제시하였다. 간혹 언어적인 측면의 타당성과 내용적인 측면의 타당성이 일치하지 않는 경우, 대체로 언어적인 측면의 타당성을 우선적으로 고려하였다. 이 점이 언어연구에 근거한 고전번역의 중요성을 강조하는 본고의 특징이라고 할 수 있다.

넷째, 단어의 본래 의미에 대한 연구는, 《설문해자》와 《이아》를 우선적으로 참고하였고 그 후에 다른 자서나 운서를 참고하였다. 이 과정에서 《사원(辭源)》, 《중문대자전(中文大字典)》, 《한어대자전(漢語大字典)》, 《한어대사전(漢語大詞典)》에 실린 용례도 참고하였으며 유가의 13경에 속하는 다른 문헌과 선진 시대의 제자서는 물론 《설원(說苑)》, 《백호통(白虎通)》과 같은 한대의 서적과 《사기(史記)》, 《한서(漢書)》, 《전국책(戰國策)》 등의 역사서도 참고하였다.

다섯째, 본문에 쓰인 단어의 용례를 검토할 때 먼저 《논어》 속에 쓰인

해당 단어의 용례를 가장 중시하였다. 이는 단어와 문장의 용례는 역사적으로 변천하는 것이므로, 동일한 서적인 《논어》에 쓰인 용례를 통하여 설명하는 것이 가장 합리적이라고 판단하였기 때문이다. 물론 여기에는 《논어》의 전반부 10편과 후반부 10편의 편찬 년대가 시대적으로 다르다는 문제가 있다. 그러나 전반부와 후반부의 편찬 시기가 동일하지는 않다는 문제에도 불구하고, 전후 각 10편은 여전히 모두 선진 시기의 문장이라는 측면에서 동일한 문법체계를 갖고 있다고 간주할 수 있다. 따라서 먼저 《논어》에 쓰인 해당 단어의 용례를 검토하는 것이 타당하다고 생각하였다.

여섯째, 다방면에 걸친 검토에도 불구하고 본문의 해석에 대한 확정적인 결론을 내리기가 어려운 경우에는 그 동안 제시된 여러 학자의 견해를 소개하고 이러한 해석상의 차이가 발생한 원인을 밝히는 데에 그쳤다. 또 때로 둘 이상의 견해가 모두 통한다고 판단될 경우, 그 이유를 설명하였다. 물론 논어에 보이는 공자의 언설이 원래부터 두 가지 의미를 다 가졌다고 볼 수는 없다. 그렇지만 현재의 입장에서 이미 어느 것 하나만이 옳다고 주장할 강력한 근거가 없고 두 가지 모두 공자의 사상이나 언어 사용 용례에 어긋나지 않기 때문에 두 가지 주장을 모두 남겨두는 것이 후학들의 연구나 독자들의 열린 사유를 위해 타당하다는 입장에서 이렇게 한 것이다.

## Ⅲ. 구체적 사례 – 吾日三省吾身章[5]의 경우

본문: 曾子曰吾日三省吾身爲人謀而不忠乎與朋友交而不信乎傳不習乎

### 3.1 판본상의 차이

#### 1) "言"의 有無

고본(古本), 황간본, 당본, 고려본, 정평본, 진번본에는 "與朋友交" 다음에 '言'자가 더 쓰여 있다. 이렇게 되면 본문은 "與朋友交言而不信乎"가 되는데, 그 내용이 벗과의 총체적인 사귐에 대한 언급이 아니라 벗과 대화를 하는 경우로 축소된다.

### 3.2 해석상의 문제

#### 1) '三省'에서 '三'의 의미

"吾日三省吾身"은 "나는 매일 내 자신에 대하여 三省하였다"는 뜻이다. 그런데 이 가운데 '三'이 횟수를 나타내어 "세 번 반성하였다"는 뜻인지, '세 가지'라는 반성의 종류를 나타내어 "세 가지에 대하여 반성하였다"는 뜻인지가 분명하지 않다. 이로 말미암아 '三'에 대하여 다양한 해석들이 제시되어 왔다. 아래에서 이에 관한 여러 학자의 주장을 살펴보기로 한다.

---

5) 본고에서 사용한 장(章)의 명칭은 필자가 임의로 정한 것이다. 각 장의 첫 구절을 각 장의 명칭으로 삼는 것을 원칙으로 하였다. 다만 첫 구절이 '子曰'이나 '曾子曰' 등으로 시작하는 경우, 그 다음 구절을 장의 명칭으로 삼았다. 또한 〈향당(鄕黨)〉은 전체가 하나의 장으로 이루어져 있으므로 장이라는 명칭 대신에 구(句)라는 명칭을 이용하였다.

(1) '三省'을 "세 가지에 대하여 반성하였다"로 해석한 견해

논어집해에는 '三省'에 대한 설명이 없다.

'三'에 대한 설명은 황간의소에서 처음 발견된다. 황간의소에서는 "曾子는 '나는 평소 매일 세 가지 잘못[三過]을 조심하여, 스스로 내 몸에 잘못이 있는지 없는지를 살폈다'고 말했다."[6]고 설명하고 있다.

'三過'는 '세 가지 잘못'이라는 뜻이므로, '三'을 '잘못된 것 세 가지'를 가리키는 것으로 이해하였음을 알 수 있다. 이러한 견해는 아마도 본문의 바로 뒤에 "爲人謀而不忠乎, 與朋友交而不信乎, 傳不習乎"라는 반성하는 세 가지 사항이 출현한 것에서 비롯된 것으로 볼 수 있다.

논어집주도 이와 같은 견해를 취하고 있다. 집주에서는 "증자는 이 세 가지[此三者]에 대하여 날마다 자신을 반성하여, 잘못이 있으면 그것을 고치고, 없으면 더욱 노력하였다."[7]고 설명하였다. 이 설명에는 '此三者'라는 말이 언급되어 있다. 이는 '이 세 가지 것'이라는 뜻이므로, 집주 역시 황간의소와 마찬가지로 '三省'의 '三'을 '세 가지 종류의 잘못'으로 해석하였음을 알 수 있다.

현대의 許世瑛(1973:3)은 다음과 같이 주장하였다.

> '三'은 목적어이지 부사가 아니다. 이는 曾子가 매일 아래에서 말한 세 가지 일을 생각하는 것으로서, 이 '三'은 세 가지 일이라는 뜻을 가지며, 세 차례라는 뜻이 아니다. 목적어 '三'의 위치는 본래 '省' 뒤에 있어야 하지만, '省' 아래에 처소를 나타내는 '吾身'이 있기 때문에 목적어 '三'이 부득이하게 동사의 앞에 위치한 것이다.

만약 '三'이 '세 차례'라는 뜻이라면 문장에서 부사의 기능을 하고 있지만, '세 가지'라는 뜻이라면 의미상 동사 '省'의 목적어가 된다. 그런데 許世

---

6) "曾子言, 我生平戒愼每一日之中三過, 自視察我身有過失否也."

7) "曾子以此三者, 日省其身, 有則改之, 無則加勉."

瑛은 '三'이 원래 목적어로서 '省'의 뒤에 위치해야 하지만 '省' 뒤에 '吾身'이라는 처소를 나타내는 말이 있으므로 '三'이 동사의 앞으로 이동하였다고 주장한 것이다.

이상의 견해는 모두 '三'을 '세 가지'로 해석한 것이다. 이러한 견해에 의하면 본문은 "나는 매일 내 자신에 대하여 세 가지 사항을 반성하였다."로 해석된다.

(2) '三省'을 "세 차례 반성하였다"로 해석한 견해

당(唐) 나라 때 육덕명(陸德明)은 《경전석문》에서 '三'에 대한 두 가지 견해를 소개하였다. 그는 본문 '三'자의 音을 설명하면서 "息과 暫의 反切音이다. 또한 본래의 글자로도 읽는다."[8]라고 설명하였다. "息과 暫의 反切音"이란 '三'을 거성(去聲)으로 읽는다는 것을 의미하는데, '三'을 거성으로 읽으면 그 의미는 '여러 차례', '몇 번'이 된다. 이는 '三'을 정확한 실제의 '셋'이 아닌 대략적인 수로서의 '셋'이라는 뜻을 갖는다고 해석한 것이기도 하다. 본래의 글자는 '셋'이라는 숫자를 나타낸다. 따라서 이는 '三'에 대하여 원칙적으로 '여러 차례'라는 뜻으로 해석해야 하지만, '셋'으로 해석되기도 한다고 주장한 것임을 알 수 있다. 본래의 글자라고 설명한 '셋'이라는 말에는 '세 차례'라는 횟수와 '세 가지'라는 뜻이 모두 포함될 수 있다고 여겨진다. 현대 중국어에서는 '三'의 발음은 어느 경우에나 평성(平聲)이지만, 예전에는 그것이 '여러 번', '몇 번'의 뜻인 경우에 거성으로 발음하였다.

정약용의 《논어고금주(論語古今註)》에도 '三'을 '세 차례'로 해석한 藤과 純의 견해[9]가 다음과 같이 소개되어 있다.[10]

---

8) "息暫反, 又如字."

9) 《論語古今註》에 보이는 '藤'과 '純'이 누구를 가리키는 지 명확하지 않다. 다만 鄭瑽(1986:166-231)에 의하면, '藤'은 日本의 '伊藤仁齋(1627-1705)'를, '純'은 일본의 '太宰春臺(1680-1747)'를 가리키는 듯하다.

10) 정약용은 藤과 純의 견해를 소개하였을 뿐, 이들의 견해에 동의하지 않았다. 그

藤은 "무릇 '三'자가 문장의 앞에 있으면 '세 차례'를 말한다. 가령 '三復白圭[白圭詩를 세 차례 반복하여 읊조리다]', '三以天下讓[천하를 세 차례 양보하다]'이 이러한 예이다. 문장의 끝에 있다면 숫자를 나타내는데 가령 '君子所貴乎者三[군자가 귀하게 여기는 것이 세 가지이다]', '君子之道三[군자의 도리는 세 가지이다]'이 그러한 예이다."고 하였다. 純은 "주희는 증자가 반성하는 것이 우연히 세 가지 일인 것을 보고 마침내 '이 세 가지로 날마다 반성하였다'고 말하였다."고 하였다.[11)]

이상에서 살펴본 여러 견해는 크게 두 가지로 나뉜다. 첫째는 '三省'을 "세 가지에 대하여 반성하였다"고 해석한 견해이다. 이는 황간의소, 집주, 許世瑛의 주장이다. 둘째는 '三省'을 "세 차례 반성하였다"고 해석한 견해이다. 이는《경전석문》및 정약용이 소개한 藤과 純의 주장이다.

이제 위의 두 견해에 대하여 보다 객관적인 검토를 진행하기로 한다.

먼저 이러한 해석상의 문제는《논어》에서 수를 나타내는 글자가 어떻게 쓰이는 지와 관련이 있다. 필자의 조사에 의하면,《논어》에서 '一'부터 '十'까지의 수를 나타내는 한자가 명사 앞에 쓰이거나 문장의 맨 끝에 쓰인 경우에는 예외 없이 그 명사의 개수를 나타낸다. 그런데 본문의 '三省'은 수를 나타내는 '三'자가 동사 '省' 앞에 쓰인 경우이다. 따라서 수를 나타내는 글자가 동사의 앞에 쓰였을 때 어떠한 의미를 갖는 것인지에 대하여 살펴볼 필요가 있다. 다음은《논어》에서 '一'부터 '十'까지의 수를 나타내는 글자가 동사의 앞에 쓰인 예이다.

⑴ 令尹子文三仕爲令尹, 無喜色, 三已之, 無慍色.[令尹子文은 세 번 벼슬하여 令尹이 되었을 때에도 기뻐하는 기색이 없었으며, 세 번 그만둘 때에도 성

---

는 '三'을 '세 가지'로 해석한 集註 '의 견해를 따르고 있다.

11) "藤云, 凡三字在句首者, 謂三次. 如三復白圭, 三以天下讓, 是也. 在句尾者, 爲數目, 如君子所貴乎者三, 君子之道三, 是也. 純云, 朱子見曾子所省, 偶爾三事, 遂謂曾子以此三者日省."

내는 기색이 없었다.] (《公冶長篇》)

(2) 季文子三思而後行.[季文子는 세 번 생각하고 행동하였다.] (《公冶長篇》)

(3) 三以天下讓, 民無得而稱焉.[세 차례 천하를 양보하였는데 백성들은 그를 칭송할 수도 없었다.] (《泰伯篇》)

(4) 三分天下有其二, 以服事殷.[셋으로 천하를 나누어 그 가운데 둘을 소유하였으면서도 殷나라를 섬겼다.] (《泰伯篇》)

(5) 子路共之, 三嗅而作.[子路가 (요리를 해서) 올리자 (孔子가) 세 번 냄새를 맡아보고 일어났다.] (《鄕黨篇》)

(6) 南容三復白圭, 孔子以其兄之子妻之.[南容이 白圭의 시를 하루에 세 번 반복하여 외우자, 孔子가 형님의 딸을 그에게 시집보냈다.] (《先進篇》)

(7) 柳下惠爲士師, 三黜.[柳下惠는 士師가 되었다가 세 번 쫓겨났다.] (《微子篇》)

(8) 直道而事人, 焉往而不三黜?[정직한 방법으로 남을 섬기면, 어디에 간 들 세 번 쫓겨나지 않겠는가?] (《微子篇》)

(9) 子以四教, 文行忠信.[孔子는 文·行·忠·信의 네 가지로 가르쳤다.] (《述而篇》)

(10) 桓公九合諸侯, 不以兵車, 管仲之力也, 如其仁, 如其仁.[桓公이 아홉 번 제후를 모았는데, 무력을 이용하지 않은 것은 管仲의 힘 때문이니, 그의 仁함이여 그의 仁함이여.] (《憲問篇》)

(1-8)은 모두 '三'자가 쓰인 예이다. 이 가운데 (1)의 '三仕', (2)의 '三思', (5)의 '三嗅' 와 (7-8)의 '三黜'은 모두 '三'자가 동사의 바로 앞에 출현하고 그 동사 뒤에 동사의 목적어가 쓰이지 않은 경우이다. 이때 '三'은 모두 '세 차례'라는 뜻으로 쓰였다. (1)의 "三已之", (4)의 "三分天下", (6)의 "三復白圭"는, 모두 '三'자가 동사의 바로 앞에 출현하고 동사 뒤에 각각 그 동사의 목적어인 '之', '天下', '白圭'가 출현한 경우이다. 이 경우에도 역시 (4)의 '三分'만이 "셋으로 나누어"라는 뜻으로 횟수를 나타내지 않을 뿐, 나머지 '三'자는 모두 '세 차례'로 해석된다. (3)의 "三以天下讓"은 동사 '讓'의 의미상 목적어인 '天下'가 개사(介詞) '以'와 함께 동사 앞에 위치한 경우이다. 이때의 '三' 역시 '세 차례'로 해석된다. 따라서 (1-8)의 '三'은 모두 동사 앞에서 부사로 사용되고 있다. (9)의 "子以四教"는 "子 + 以四 + 教"로 분석

될 수 있으므로, 비록 숫자가 동사 앞에 위치하고 있지만 그 숫자는 '教'의 의미상 목적어가 동사 앞에 위치한 것일 뿐이어서 (1-8)의 예와는 다른 경우에 속한다. (10) 역시 '九'가 동사 '合' 앞에 출현하여 역시 횟수를 나타내는 경우에 속한다고 말할 수 있다.[12)]

이상의 예를 보면 《논어》에서 수를 나타내는 단어가 동사 앞에 출현하는 경우에는 일반적으로 '몇 번'이라는 횟수를 나타낸다. 또한 楊伯峻·何樂士(1992:805-806)에 의하면, 고대 중국어에서 행위의 횟수를 나타내는 말은 일반적으로 동사의 앞에 출현한다. 이는 현대 중국어에서 동사의 횟수를 나타내는 말이 동사의 뒤에 출현하는 것과는 반대이다. 그러므로 본문의 '三省' 역시 이러한 일반적인 용례에 비추어 본다면 '세 차례'로 해석하는 것이 타당하다.

위에서 "三省吾身"의 '吾身'이 처소를 나타내는 말이므로 '三'자를 '세 가지'라는 뜻을 갖는 동사 '省'의 의미상 목적어로 분석하는 것이 옳다는 許世瑛의 견해를 살펴본 바 있다. 그런데 이러한 주장은 검토를 필요로 한다. 먼저 "三省吾身"의 '吾身'은 '반성하다'는 동사 '省'이 이루어진 처소가 아니라 반성하는 대상일 수 있으므로, '吾身'을 '省'의 목적어라고 분석하는 것이 더 타당하다. 또 許世瑛의 주장처럼 '吾身'이 처소를 나타낸다고 하여도, 이는 동사 '省'의 목적어라고 분석될 수 있다. 중국어에서 동사와 목적어의 의미상의 관계는 매우 다양하게 나타나며, 의미상 처소를 나타내는 말도 동사의 뒤에 출현하여 목적어가 될 수 있다. 가령 현대 중국어의 "寫黑板."이라는 말은 "칠판에 쓰다"는 뜻인데, '黑板'은 비록 '寫'라는 동작이 이루어지는 장소를 나타내지만, 처소를 나타내는 부사구로 분석되지 않고 '寫'자의 목적어로 분석된다. 고대 중국어의 경우도 마찬가지이다.

---

12) 본문의 '九合'에 대해 논어집주에서는 '糾合'과 통하는 것으로 보아 '규합하다'고 해석하였다. 이 해석에 의하면 본고에서 논하는 수를 나타내는 '九'로 쓰인 예가 아니다.

고대 중국어의 "立其處"는 "그곳에서 일어서다"라는 의미이지만 '其處'는 부사어가 아닌 목적어로 분석된다. 따라서 '吾身'이 동사 '省'의 처소를 나타내므로 '三'이 '세 가지'로 번역되어 동사 '省'의 의미상의 목적어가 된다는 주장은 성립되지 않는다.

한편 '三省'의 '三'이 단지 '세 번'을 나타내는 것이 아니라 '여러 번'이라는 개략적인 수를 나타낸다는 견해도 타당하다고 여겨진다. 宦懋庸은 《논어계(論語稽)》에서 다음과 같이 주장하고 있다.

> 三에 대해, 《說文》에서는 양(陽)의 수 '一'과 음(陰)의 수 '二'가 합쳐서 三이 된다고 하였다. 《사기·율력지(律曆志)》에서는 "수는 一에서 시작되어 十에서 끝나며 三에서 완성된다."고 하였다. 대체로 수는 三에 이르면 陰, 陽, 極이 서로 교차되는 변화를 이루어 완성을 보게 된다. 그러므로 옛 사람들은 '여러 번', '많이', '오래'라는 수에 대하여 모두 '三'으로 말했다. 가령 "顔子三月不違[顔子는 삼 개월 동안 어기지 않았다.]", "南容三復[南容이 세 차례 반복하였다]" …… "三年學[三年 동안 배우다]", "三月不知肉味[삼 개월 동안 고기 맛을 모르다.]"가 모두 이 뜻이다. 만일 하나씩 그것을 따져서 어떤 것이 하나이고 어떤 것이 둘이며 어떤 것이 셋이라고 말한다면 이는 잘못이다.[13]

즉 '三'이라는 숫자는 수의 완성을 의미하는 것으로 '여러 번' 또는 '많이' 등의 의미를 가지며, 정확히 '셋'이라는 의미를 갖는 것은 아니라는 설명이다.

楊伯峻도 《논어역주(論語譯注)》에서 아래와 같이 宦懋庸과 동일한 주장을 하고 있다.

---

13) "三者, 說文以陽之一, 合陰之二, 其數三. 史記律曆, 數始作於一, 終於十, 成於三. 蓋數至於三, 陰陽極參錯之變, 將觀其成. 故古人於屢與多且久之數, 皆以三言, 如顔子三月不違, 南容三復, ……三年學, 三月不知肉味, 皆此意也. 如一一而求之, 若者一, 若者二, 若者三, 則失之矣." 《논어집석(論語集釋)》에서 재인용.

> '三省'의 '三'은 여러 차례라는 뜻을 나타낸다. 고대에 동작 성질을 갖는 동사 앞에 숫자가 있으면, 이 숫자는 보통 동작의 횟수를 나타낸다. 또한 '三', '九' 등은 보통 횟수가 많은 것을 나타내므로 실제의 수로 간주할 필요가 없다. …… 본문에서 반성하는 것이 세 가지인 점이 '三省'의 '三'자와 공교롭게도 일치하였을 뿐이다. '三'이 세 가지를 가리킬 경우 《논어》의 문법을 고려한다면 "吾日省者三"으로 써야한다.

이 견해에 의하면, 본문에서 동작을 나타내는 동사의 앞에 쓰인 숫자는 보통 동작의 횟수를 나타낸다. 宦懋庸과 楊伯峻의 이러한 주장은 《경전석문》에서 '三'자를 거성으로 읽고 '여러 차례'로 해석한 의도와도 일치한다고 생각된다. 따라서 본문의 '三' 역시 횟수를 나타내는 의미를 가지며, 또한 정확히 '셋'이 아닌 '여러 번'이라는 개략적인 수를 나타내는 용법으로 사용된 것임을 알 수 있다.

이상의 논의를 통하여 필자는 《경전석문》, 정약용이 소개한 藤과 純의 견해 및 宦懋庸과 楊伯峻의 견해를 따르는 것이 타당하다고 생각한다. 이러한 견해에 의하면 '三'은 부사어로 쓰여 동작의 횟수를 나타내며 그 횟수는 '여러 차례'로 보는 것이 옳다고 판단된다.

### 2) "傳不習乎"의 해석

"爲人謀而不忠乎", "與朋友交而不信乎" 두 구절은 "남을 위해 일을 처리하는 데에 있어서 충성스럽지 못했는가?", "친구와 사귈 때 믿음직스럽지 못했는가?"로 해석된다. "爲人謀"와 "不忠乎", "與朋友交"와 "不信乎" 사이에는 '而'가 있으며, '而'의 앞에서 언급한 "爲人謀", "與朋友交"에 대하여 '而'의 뒤에 나오는 "不忠", "不信"하였는지의 여부를 묻고 있는 내용이다. 그런데 병렬된 세 문장 가운데 "傳不習乎"만은 유독 '傳'과 '不習' 사이에 '而'가 쓰이지 않았다. 이 때문에 "傳不習乎"를 위의 두 구절과 같은 구조로 이해해야 하는지 아니면 전혀 다른 구조와 논리로 이해해야 하는지가 분명하지 않다. 또한 '傳'을 '專'의 의미로 보아야 한다는 견해도 있다. 이러한 문제로 말미암아 이에 대하여 다양한 해석이 제시되어 왔다.

(1) '不習'을 '傳'의 목적어로 파악한 견해

논어집해에서 하안은 이 구절이 "내가 (교육을 통하여) 전해 받은 것을 내가 평소에 익히지 않은 채 남에게 (교육을 통하여) 전해서는 안 된다"[14] 라는 의미를 갖는다고 하였다. 이는 '傳'을 다른 사람에게 전해 주는 것으로 해석하고, '不習'을 자신이 익히지 않은 것으로 해석한 견해이다. 이 견해에 의하면 '傳'하는 내용이 '不習'이므로, '不習'은 '傳'의 목적어라고 할 수 있다.

이에 대하여 황간의소에서도 다음과 같이 설명하고 있다.

> 무릇 남에게 전해 주고자 하는 것이 있다면 언제나 먼저 익혀야 한다. 그러한 이후에 전해줄 수 있는 것이다. 어떻게 먼저 익히지도 않은 채 망령되이 그것을 전해줄 수 있겠는가?[15]

이러한 견해도 역시 논어집해와 같은 견해로서, 본문을 [동사(傳)+목적어(不習)+疑問語氣詞(乎)]로 분석한 것이다.

초순(焦循)도 《논어보소(論語補疏)》에서 "자기가 평소 익히고 그것을 남에게 전해주어야만, 비로소 잘못 전해주어 학자들이 잘못을 저지르지 않도록 할 수 있으니 이것이 이른바 '溫故而知新해야만 스승이 될 수 있다'는 말이다."[16]라고 하였다. 이 견해도 역시 논어집해, 황간의소와 같은 주장이다.

---

14) "言凡所傳之事, 得無素不講習而傳之乎." 회덕당황간본에는 "所傳之事"의 '之'자가 빠져 있다.

15) "凡有所傳述, 皆必先習, 後乃可傳, 豈可不經先習而妄傳之乎."

16) "已所素習, 用以傳人, 方不妄傳致誤學者, 所謂溫故而知新, 可以爲師也."

곽익(郭翼)은 《설리재필기(雪履齋筆記)》에서 다음과 같이 주장하였다.

> 曾子의 三省은 모두 남에게 베푸는 것을 가리켜 말한 것이므로, 전하는 것도 내가 남에게 전하는 것이다. 그런데 전하기만 하고 자신은 익히지 않는다면, 이는 자신이 그것을 실행하는 일을 보이지 않음으로써 후학을 오도하는 것이니, 그 해로움은 不忠이나 不信보다도 더 심할 것이다.[17]

이 견해에 의하면 "傳不習乎"는 전하기만 하고 자신은 익히지 않았다는 뜻으로 해석된다. 이는 앞에서 자신이 익히지 않은 것을 남에게 전한다는 해석과 비교할 때, 전한 것과 자신이 익히지 않은 것의 순서가 반대이다. 그러나 남에게 전한 내용이 바로 자신은 익히지 않은 것이라는 측면에서 동일한 견해라고 할 수 있다. 또 이 견해에 의할 때, "爲人謀而不忠乎", "與朋友交而不信乎" 두 구절이 모두 曾子가 남에게 어떻게 행동하는지에 대한 것이므로, "傳不習乎" 역시 자신의 학문에 대한 반성이 아니다. 이는 남에게 가르칠 때 자신의 자세가 어떠해야 하는지에 대한 반성이므로 논어집해와 같은 견해라고 할 수 있다.

이상에서 논의한 견해에 따르면 '傳'이란 내가 남에게 전해주는 것을 뜻한다. 또한 "傳不習乎"는 "내가 학습하지 않은 것을 남에게 전해 주었는가?"로 해석된다.

(2) '傳'을 '不習'의 의미상의 목적어로 파악한 견해

논어집주에서는 이에 대하여 "'傳'은 스승에게서 전해 받은 것을 말하며, '習'은 자기에게 그것을 익숙하게 하는 것을 말한다."[18]라고 하였다. 이는 위에서 논의한 논어집해의 견해와 큰 차이가 있다. 집해에 의하면 앞

---

17) "曾子三省, 皆指施於人者言, 傳亦我傳乎人, 傳而不習, 則是以未著躬試之事而誤後學, 其害尤甚於不忠不信也." 弓英德의 《論語疑義輯注》에서 재인용.

18) "傳謂受之於師, 習謂熟之於己."

구절은 '不習'한 것을 '傳'했는지의 여부를 묻는 것이다. 그러나 집주는 이와 달리 '傳'해 받은 것을 '不習'하였는지의 여부를 묻는 것으로 해석한다. 다시 말하면 집주는 '傳'을 '不習'의 목적어로 보고 있는 것이다.

유보남(劉寶楠)의 《논어정의(論語正義)》도 집주와 동일한 견해를 보이고 있다.

> 傳不習乎란, '傳'은 스승이 자기에게 전해 준 것이 있음을 말한다. …… 《大戴禮記·曾子立事篇》에서 (曾子는) "아침마다 배움에 나아가고 저녁에는 스스로 반성하여 그 자신의 문제에 몰입하였으니, 또한 배운 것을 간직하였다고 할 수 있을 것이다."라고 하였고, 또한 "군자는 일단 배우면 그것을 넓히지 못하는 것을 근심한다. 이미 그것을 넓혔다면 그것을 익히지 못하는 것을 근심한다. 이미 그것을 익혔다면 그것을 알지 못하는 것을 근심한다. 이미 그것을 알았다면 그것을 행하지 못하는 것을 근심한다."라고 하였는데, 이것이 바로 曾子가 "傳不習"으로써 스스로를 반성한 증거이다.[19]

유보남의 견해에 의하면, '傳'이란 스승에게서 전해 받은 것을 의미하며 "不習乎"는 스승에게서 전해 받은 것을 학습하였는지의 여부를 묻는 말이 된다. 따라서 "傳不習乎"는 앞의 두 구절에서 '而'가 쓰인 것처럼 "傳而不習乎"로 쓰고, '而' 앞에 나오는 '傳'의 내용을 '不習'하였는지의 여부를 반성하는 것으로 해석할 수 있다.

이상에서 논의한 견해에 따르면 '傳'이란 내가 스승으로부터 전해 받은 것을 뜻하므로 "傳不習乎"는 "스승에게서 전해 받은 것을 익히지 않았는가?"로 해석된다.

---

19) "傳不習乎者, 傳謂師有所傳於己也. …… 曾子立事篇, 旦旦就業, 夕而自省思, 以沒其身, 亦可爲守業矣. 又云, 君子旣學之, 患其不博也. 旣博之, 患其不習也. 旣習之, 患其不知也. 旣知之, 患其不行也. 此正曾子以傳不習自省之證."

### (3) '傳'을 '專'으로 보는 견해

《경전석문》에 인용된 정주(鄭注)에서는 "노론(魯論)에서는 傳을 專으로 읽었는데, 지금은 고론(古論)을 따른다."[20]라고 하였다. 이에 의하면 '傳'의 의미는 '專'이 된다. 이를 근거로 하는 몇 가지의 견해가 있다.

송상봉(宋翔鳳)은 다음과 같이 주장하였다.

> 孔子가 曾子를 위하여 효도에 대하여 진술하자 孝經이 있게 되었다. …… 曾子는 孝經을 전문적으로 연구하여 一家를 이루었으므로 노론에서는 '傳'을 '專'의 뜻으로 보았다. 학업으로 삼는 것이 이미 전문화되었고, 그것을 익힌 지도 오래 되었으니, 스승으로서의 자질을 지키는 법도가 끊이지 않았고 따라서 선왕의 도가 사라지지 않았다. …… 曾子의 말이 바로 孔子가 말한 '時習'의 뜻이다.[21]

포신언(包愼言)도 아래와 같은 견해를 보이고 있다.

> 專이란 전문으로 삼는 업이다. 《呂氏春秋》에서는, 옛날의 학자들은 義에 대하여 말하는 사람을 반드시 '師'라고 불렀으며, 義에 대하여 말하는 사람을 '師'라고 부르지 않는 사람을 '叛'이라고 불렀다. 전문으로 삼은 업을 익히지 않으면 스승의 말을 버리는 것이어서 '叛'과 같은 부류가 되므로, 曾子는 이로써 스스로를 반성하였다.[22]

---

20) "魯讀傳爲專. 今從古."

21) "孔子爲曾子陳孝道而有孝經, …… 曾子以孝經專門名其家, 故魯論讀傳爲專. 所業旣專, 而習之又久, 師資之法無絕, 先王之道不湮. …… 曾氏之言, 卽孔子時習之旨也."

22) "專謂所專之業也. 呂氏春秋曰, 古之學者, 說義必稱師, 說義不稱師, 命之曰叛. 所專之業不習, 則隳棄師說, 與叛同科. 故曾子以此自省." 《논어정의》에서 재인용. 包愼言의 《논어온고록(論語溫故錄)》은 현재 전해지지 않으며, 유보남의 《논어정의》를 통해서만 그 내용의 일부를 알 수 있을 뿐이다. 이하에서 인용한 包愼言의 글도 마찬가지이다.

이러한 두 학자의 견해는, '傳'을 '전문적인 학업'으로 해석한 것이다. 이 견해에 의하면 본문은 '전문적인 학업'을 '不習'하였는지의 여부를 반성한 것이므로, 문장의 구조는 (2)의 해석과 마찬가지로 '傳'이 '不習'의 목적어로 기능하며, 그 구절은 "자신의 전공 분야를 익히지 않았는가?"로 해석된다.

이상에서 살펴본 다양한 견해는 크게 세 가지로 나뉜다. 첫째는 논어집해, 황간의소, 초순의 견해로서, '不習'을 동사 '傳'의 목적어로 파악한 견해이다. 둘째는 논어집주와 유보남의 견해로서, '傳'이 명사로 기능하며 술어 '不習'의 의미상의 목적어가 된다는 견해이다. 셋째는 송상봉과 포신언의 견해로서, 노론에 근거하여 '傳'을 '專'의 뜻으로 해석한 견해이다.

이제 이상의 견해에 대하여 몇 가지 검토를 진행하기로 한다.

첫째, 일반적인 문장의 어순만을 고려한다면 "傳不習"을 동사 '傳'과 목적어 '不習'으로 파악한 논어집해, 황간의소, 초순의 견해가 가장 타당하다. 그러나 논어집주, 《논어정의》의 견해 역시 문장 구조를 잘못 이해하였다고 할 수는 없다. 논어집주와 《논어정의》는 모두 "傳을 익히지 않았는가?"라고 해석한다. 이 경우의 '傳'에는 "자신이 남에게 전해주는 것"과 "스승에게서 전해 받은 것"이라는 두 가지 의미가 있을 수 있는데, 논어집주에서는 이를 "스승에게서 전해 받은 것을 익히지 않았는가?"라고 본다. 이러한 해석 역시 문법적으로는 아무런 문제가 없다.

둘째, 본문의 내용을 반드시 다른 사람에 대한 曾子의 태도로 국한하는 것은 옳지 않다고 생각한다. 물론 앞의 "爲人謀而不忠乎", "與朋友交而不信乎" 두 구절은 모두 다른 사람에 대한 태도라고 할 수도 있다. 그러나 "爲人謀而不忠乎"의 경우, 내용상 더 중요한 것은 "다른 사람과 함께 일을 하는" 상황이 아니라 그 상황에서 최선을 다했는지를 묻는 자신에 대한 반성이며, "與朋友交而不信乎"의 경우에도 "친구와 사귈 때"라는 상황이 중시되어 있는 것이 아니라 그 상황에서 믿음직스럽게 행동하였는지를 묻는 자신에 대한 반성이 중시되어 있다. "傳不習乎"도 역시 마찬가지이다. 이는 전해 주거나 전해 받은 상황이 아니라 그 속에서 자신이 얼마나 실행하였는지를 묻는 자신에 대한 반성이 중시되어 있다. 따라서 내용상 논어집주의 견해가 잘못일 수 없다.

노론을 근거로 '傳'을 '專'으로 해석하는 데에는 다음과 같은 문제가 있는 것으로 보인다. 정현(鄭玄)이 이미 고론(古論)을 택한 이유는 아마도 노론을 근거로 하였을 때 그 내용이 명확하지 않다거나 옳지 않다는 판단을 했기 때문이라고 생각할 수 있다. 또한 장용(臧庸)의 정현 주에 대한 설명에도, "이 '傳'자는 '專'으로부터 소리부[聲符]를 얻은 것이므로, 노론에서는 (人部를) 생략하여 '專'으로 썼다. 정현은 고론을 따라 '傳'으로 쓰는 것이 의미가 더 분명하다고 생각하여 이를 따랐다."[23]라는 언급이 있다. 그러므로 이를 '專'이라 썼다고 하더라도 이는 '傳'의 의미를 갖는 가차자(假借字)로서의 '專'를 쓴 것이지 그것이 '전문 분야'라는 뜻의 '專'은 아니라고 판단된다. 이러한 설명은 노론에 근거하여 '傳'을 '專'으로 썼을 때에도 여전히 '傳'을 의미할 뿐임을 말해준다. 따라서 송상봉과 포신언의 견해에는 쉽게 동의할 수 없는 문제가 있다.

이상의 논의를 통하여 필자는 '不習'을 동사 '傳'의 목적어로 파악한 논어집해, 황간의소, 초순의 견해와 '傳'을 술어 '不習'의 목적어로 파악한 논어집주, 유보남의 견해가 모두 타당하다고 생각한다. 논어집해, 황간의소, 초순의 견해에 의하면 "傳不習乎"는 "자신도 익히지 않은 것을 남에게 전해준 것은 아닌가?"로 해석되며, 논어집주, 유보남의 견해에 의하면 "傳不習乎"는 "스승에게서 전해 받은 것을 자신이 익히지 않은 것이 아닌가?"로 해석된다.

---

23) "此傳字從專得聲, 魯論故省用作專, 鄭以古論作傳, 于義益明, 故從之." 진전(陳鱣)의 《논어고훈(論語古訓)》에서 재인용.

## Ⅳ. 결론

이상에서 본고는 〈學而篇〉의 吾日三省吾身章에 보이는 몇 가지 해석상의 문제에 대하여 논의하였다. 이를 통해 '三省'의 '三'은 동작의 횟수를 나타내는 부사어이며 '여러 차례'라고 해석하는 것이 타당하며, "傳不習乎"의 경우에는 '不習'을 동사 '傳'의 목적어로 파악한 견해와 '傳'을 술어 '不習'의 목적어로 파악한 견해가 모두 타당하다고 하였다.

앞서 논한 바와 같이, 고전 문헌의 주소에는 주소를 행한 사람의 학파나 사상적 경향에 의하여 많은 차이를 나타낸다. 따라서 고전을 번역할 때에 단순히 한두 가지의 주소에만 의존한다면 이는 원전에 대한 올바른 이해나 번역이 될 수 없으며, 반드시 여러 가지 주소를 비교 검토하고 그것을 그 문헌이 쓰인 시대의 언어적 특징과 사상적 경향을 고려하여 진행되어야만 한다. 특히 본고에서 다룬 吾日三省吾身의 경우 '三'의 해석에서 현대중국어와 고전중국어의 어순상의 차이라는 문법적 특징에 주목하고 있고 "傳不習乎"의 해석 역시 문법적 분석을 어떻게 할 것인지에 논의의 초점이 맞추어져 있다. 이처럼 본고에서는 과거의 고전번역에서 중시되었던 사상적 접근과는 달리, 선진시기 언어적 특징에 근거한 고전번역이 어떤 공헌을 할 수 있는지를 제시했다고 할 것이다.

본고는 비록 《논어》의 한 구절만을 대상으로 하였지만, 이러한 방법이 다른 고전 문헌의 번역에도 적용되어야 한다고 생각한다. 다만 본고는 다음과 같은 한계를 지니고 있다. 《논어》에 대한 주소는 그 수를 헤아릴 수 없을 정도로 많은데 본고는 그 중의 일부만을 검토 대상으로 했다는 한계를 갖는다. 좀 더 많은 학자의 주소를 검토한다면 객관성과 타당성을 더욱 인정받는 결과가 나올 수 있을 것인데, 이는 향후의 과제로 남기기로 한다. 또한 《논어》와 동시대나 비슷한 시기에 간행된 문헌에 대한 연구가 한층 더 진행되어 그 시대의 언어적 특징이 보다 명확히 규명된다면 《논어》의 언어적 특징이 더욱 명확해지고 이를 통해 본고의 결론이 더욱 객관성을 갖게 될 것이라는 사실이다. 즉 본고는 현재까지의 고대중국어 연구가 갖는 연구 성과의 바탕에서 나온 것이므로 그 결과도 앞으로 연구가 진척됨에 따라 계속 수정 보완될 것이라는 점이다.

### ✚ 참고문헌

《論語集解》, (魏) 何晏.

《論語義疏》, (梁) 皇侃.

《經傳釋文》, (唐) 陸德明 (北京圖書館藏宋刻本, 1985, 上海, 上海古籍出版社 影印).

《論語注疏》, (宋) 邢昺.

《論語集註》, (宋) 朱熹 (明 胡廣《論語集註大全》本, 朝鮮 丁酉字內閣本).

《論語集註大全》, (明) 胡廣 (朝鮮 丁酉字內閣本).

《論語古訓》, (淸) 陳鱣 (淸 光緖9年浙江書局刊本[中國子學名著集成本]).

《論語補疏》, (淸) 焦循 (皇淸經解本).

《論語說義》, (淸) 宋翔鳳 (皇淸經解續編本).

《論語正義》, (淸) 劉寶楠 (1990년 北京 中華書局 高流水 點校本).

《論語古今註》, (朝鮮) 丁若鏞 (成均館大學校 大同文化硏究院 刊, 韓國經學資料集成本).

弓英德(1970), 《論語疑義輯注》, 臺灣 商務印書館.

金都鍊 譯註(1990), 《朱注今譯 論語》, 서울, 玄音社.

金學主 編著(1985), 《論語》, 서울, 서울大學校出版部.

董治國 編著(1988), 《古代漢語句型大全》, 天津, 天津古籍出版社.

武內義雄(1939), 《論語之硏究》, 東京, 岩波書店.

서울대학교중어중문학과 편(1992), 《論語關聯資料集》 (서울大學校 大學院 中語中文學科 經書硏究 講義資料集).

楊伯峻(1980),《論語譯注》(2版), 北京, 中華書局.
楊伯峻·何樂士(1992),《古漢語語法及其發展》, 北京, 語文出版社.
倪志僩(1981),《論孟虛字集釋》, 臺灣 商務印書館.
鄭 瑽(1986),《論語와 孔子》, 圓光大學校出版局.
程樹德(1942),《論語集釋》(1990, 北京中華書局, 排印本).
車柱環(1969),《論語》, 서울, 乙酉文化社.
許世瑛(1973),《論語二十篇句法硏究》, 臺灣 開明書店.
拙 稿(1998),〈《論語》上十篇의 解釋에 대한 硏究〉, 서울대학교 박사학위 논문.
_____(2010),《고려본 논어집해의 재구성》, 도서출판 학고방.
中文大辭典編纂委員會(1973),《中文大辭典》, 臺北, 中國文化大學出版部.
漢語大詞典編輯委員會(1993),《漢語大詞典》, 上海, 漢語大詞典出版社.
漢語大字典編輯委員會(1993),《漢語大字典(縮印本)》, 四川辭書出版社·湖北辭書出版社.

# 중국현대문학과 우리 말 번역
## - 1980, 1990년대를 위주로 -*

김혜준**

## I. 머리말

1917년 胡適와 陳獨秀가 각각 〈文學改良芻議〉과 〈文學革命論〉을 발표하여 중국문학의 대전환을 주장했다. 이후 錢玄同·劉半農·傅斯年 등의 이론적 호응과 胡適·沈尹默 등의 초보적 창작을 거쳐 마침내 1918년 魯迅의 〈狂人日記〉가 발표되었고, 이로써 중국문학은 이전의 고대문학에 비

---

* 이 논문은 《중국어문논역총간》 제6집(2000년 12월)에 게재한 것이다. 그 후 필자는 이 논문의 내용과 경험을 바탕으로 〈中國現當代文學的翻譯和硏究在韓國 - 以2000年代爲主〉(《한중언어문화연구》제22집, 2010년 2월), 〈한글판 중국 현대문학 작품 목록〉(《중국학논총》제27집, 2010년 2월), 〈한국의 중국현대문학 학위논문 및 이론서 목록〉(《중국현대문학》제52집, 2010년 3월) 등을 발표했다. 이런 점을 고려하여 이 논문의 본문은 그대로 두되 독자의 편의를 위해 맨 마지막의 〈6. 한글번역판 중국현대문학 관련 서적〉 부분은 2010년의 것으로 업데이트한다.(이 글은 2000년 12월 《中國語文論譯叢刊》 제6집에 수록된 논문임.)

** 부산대학교 중문과 교수

해 '표현이 철저하고 격식이 특별한' 전혀 새로운 문학 – 현대문학의 시대가 시작되었다.[1)]

중국현대문학의 동향이 우리나라에 처음 알려진 것은 양백화의 번역을 통해서였다. 양백화는 1920년 11월 《개벽》에, 1920년 9월에서 동년 11월까지 일본의 《支那》 창간호에서 3호까지 연재된 青木正兒의 글을 번역한 〈胡適씨를 중심으로 한 중국의 문학혁명〉을 게재했다. 이어서 1927년 8월에는 유기석이 청원이라는 필명으로 《동광》에 魯迅의 〈狂人日記〉를 번역 연재했고, 1929년 1월에는 양백화가 개벽사에서 《중국단편소설집》을 번역 출판했다.[2)] 이렇게 본다면 중국현대문학 작품 및 이론서 번역은, 그 동안 장기간에 걸친 침체기가 없었던 것은 아니지만 이미 80년의 역사를 가지고 있는 셈인데, 특히 근래에 와서는 대단히 활성화되는 모습을 보이고 있다.

이 글에서는 필자가 조사한 각종 목록을 참고하여 중국현대문학과 관련된 이론서 및 작품의 번역 출판 상황을 알아보고,[3)] 일부 번역문을 상호 대조하는 작업을 통해 실제 번역상의 문제점을 검토해 본 다음, 중국현대문학의 번역과 관련한 필자 나름대로의 몇 가지 제안을 해볼까 한다.

---

1) 魯迅은 〈中國新文學大系 小說二集 導言〉에서 "여기에[《新青年》에] 창작 단편소설을 발표한 사람은 魯迅이다. 1918년 5월부터 시작해서 〈狂人日記〉〈孔乙己〉〈藥〉 등이 잇달아 출현했는데, '문학혁명'의 성과를 나타내 준 셈이다. 또 당시 '표현이 철저하고 격식이 특별하다'고 여겨져 일부청년 독자의 마음을 상당히 격동시켰다."라고 말한 바 있다. 魯迅 選編, 《中國新文學大系 小說二集》, (影印本, 上海: 上海出版社, 1980), P.1.

2) 이상 김시준, 〈한국에서의 중국현대문학연구 개황과 전망〉, 《중국어문학지》 제4집, 서울: 중국어문학회, 1997.12, PP.1-8. 참고.

3) 필자가 조사한 각종 목록은 조사 기간과 조사 방법상에서 어려움이 있어서 완벽하지도 못할 뿐만 아니라 주로 1980년대 이후의 출판물이 선택되었을 가능성이 높다. 따라서 본문에서 필자가 이를 바탕으로 내린 판단 중에는 일부 오류가 있을 수도 있으며, 잘못된 점이 발견되면 즉시 지적해주기를 희망한다.

## Ⅱ. 한글 번역 중국현대문학 관련 서적 상황

초창기에 양백화, 정래동 등에 의해 진행되던 중국현대문학에 대한 관심과 소개는 1931년 9월 만주사변을 계기로 점차 위축되기 시작해서 1937년 7월 중일전쟁 발발 이후 완전히 봉쇄되었다. 1945년 광복 직후 김광주·이용규 공역의 《魯迅소설선집》이 출판되기도 했지만, 1949년 중화인민공화국의 수립, 1950년 중국군의 한국전쟁 참전, 양국 간의 국교 단절 등으로 인해 우리나라에서의 중국현대문학에 대한 연구와 번역은 이후 수 십년간 거의 단절되다시피 했다.[4)]

이러한 상황에 커다란 변화가 일어난 것은 1970년대부터였다. 1972년 2월 미국 대통령 리처드 닉슨의 중국 방문을 전후로 해서 그때까지 이른바 '죽의 장막' 속에 있던 중국에 관한 관심이 다시 되살아나게 되었고, 1976년 문화대혁명이 끝나고 1978년 鄧小平 체재의 성립에 이은 개방과 개혁 정책에 따라 우리와의 접촉도 늘어나면서 우리나라의 중국 관련 분야도 차츰 활성화되었다. 특히 이런 사회적 변화의 하나로서 1972년을 기점으로 중문과의 수가 비약적으로 늘어난 것은 대단히 중요한 일이었다. 일제시대부터 서울대학교에 중문과가 설치되어 있었다고는 하나 광복 전까지 한국인 졸업생은 겨우 9명에 불과했으며, 해방 후에도 한 해 겨우 1~3명의 졸업생 밖에 되지 않았다. 그 후 1954년 외국어대학교에, 1955년 성균관대학교에 각각 중국어과와 중문과가 설치되기는 했지만 역시 매년 배출되는 졸업생의 수는 많지 않았다.[5)] 그런데 1972년에 이르자 그 해에만 고려대, 단국대, 숙명대의 세 학교에 중문과가 생기더니, 해마다 여러 개씩

---

4) 이상 김시준, 〈한국에서의 중국현대문학연구 개황과 전망〉, 《중국어문학지》 제4집, 서울: 중국어문학회, 1997.12, PP.1-8. 참고.

5) 이장우, 〈중국문학연구사 장편(15) 한국 중국문학연구의 회고와 전망〉, 《중국어문학》 제15집, 경산: 영남중국어문학회, 1988.12, PP.503-515.

증가하여 현재는 전국적으로 110여 개의 중문과가 있다.

이처럼 중문과가 크게 늘어나면서 자연히 수많은 졸업생을 배출하게 되었고, 이는 우선 중국현대문학을 연구하는 전공자를 비롯하여 번역 능력을 갖춘 인적 자원을 대거 육성하는 역할을 했다. 그 뿐만 아니라 또 중문과 졸업생들은 나날이 증가하는 일반 독자들과 더불어 그 자체로도 기본적인 독자층을 형성했다. 이 같은 변화는 중국현대문학 관련 학위의 배출 추세에서도 그대로 나타난다. 완벽하지는 않지만 필자의 조사에 따르면, 1980년 이전까지 수 십 년 동안 우리나라에서 나온 중국현대문학 관련 석사학위 논문은 10편이 채 되지 않았다. 그러나 아래 표에서처럼 1972년 이후 대학에 입학한 사람들이 석사 학위를 받기 시작한 1980년대에 들어서면 그 수가 급격히 늘어난다.[6]

**최근 20년 간 중국현대문학 국내 석박사학위논문 수**[7]

| 연도 | 1980 | 1981 | 1982 | 1983 | 1984 | 1985 | 1986 | 1987 | 1988 | 1989 |
|---|---|---|---|---|---|---|---|---|---|---|
| 석사 | 2 | 2 | 6 | 3 | 5 | 8 | 6 | 11 | 18 | 17 |
| 박사 | 0 | 0 | 0 | 0 | 1 | 0 | 0 | 0 | 0 | 2 |
| 연도 | 1990 | 1991 | 1992 | 1993 | 1994 | 1995 | 1996 | 1997 | 1998 | 1999 |
| 석사 | 18 | 14 | 9 | 28 | 18 | 13 | 12 | 17 | 23 | 18 |
| 박사 | 2 | 1 | 7 | 12 | 3 | 5 | 12 | 6 | 6 | 5 |

이상의 상황은 중국현대문학 관련 서적의 번역에도 그대로 반영되었다. 먼저 이론서(평론 포함)부터 살펴보도록 하자.

---

6) 박사학위 논문의 경우 1989년 이후 매년 수 편씩 나오고 있으며, 특히 1993년과 1996년에는 각각 그해에만 무려 12편이 나왔다.

7) 김혜준, 〈한국의 중국현대문학 학위논문 및 이론서 목록〉, http://home.pusan.ac.kr/~dodami/Data/201003_KHJ_Paper_Catalogue_Theses and Books.pdf 참고.

1980년 이전까지 10권이 채 안되던 것이 1980년 이후가 되면 매년 수 권씩의 이론서가 번역 출간되었다. 처음에는 《중국 현대작가론》(黃南翔 외, 1985), 《현대 중국작가 평전》(彦火 외, 1986) 등 비교적 작가 소개와 관련된 서적이 많았으나 1990년을 전후하여 《중국현대문학운동사》(朱德發 외, 1989), 《중국현대문학발전사》(黃修己, 1991)를 비롯하여 문학사류가 나오기 시작했고, 최근에 오면서 《중국 현대시의 이해》(錢光培 向遠, 1998), 《중국 현대산문론 1949-1996》(李曉虹, 2000) 등 개별 장르의 좀더 전문적인 연구서들이 번역되고 있다.

이론서의 번역 중에서도 비교적 주목할 만한 것은 《중국현대문학발전사》(黃修己, 1991)의 번역이다. 중국현대문학사는 아마도 중문과 학생에게나 일반인에게 중국현대문학의 진전 상황을 알려줄 수 있는 가장 기본적인 서적일 것이다. 일찍이 《중국현대문학사》(윤영춘, 1949)가 출판되어 이 방면에서 선구적인 역할을 한 것으로 생각되지만 문고판이라는 아쉬움이 있었다. 그 후 수 십 년이 지나 1980년대에 들어오면서 《중국현대문학론》(김시준 이충양, 1987)과 같은 책이 출판되기도 했다. 그러나 이 역시 체제나 내용면에서 아직 본격적인 문학사로서는 미흡한 점이 없지 않았다. 다른 한편으로 이 때를 전후하여 연변의 중국동포들이 쓴 문학사류가 영인되어 나옴으로써 비교적 체계 있는 문학사가 보급되기도 했다. 다만 이런 유의 서적들은 중국의 교과서적인 성격이 강한 데다가 아직 기존의 정치적 관념이 강하게 투영되어 있어서 관점 등 여러 면에서 한계를 가지고 있었다. 이러한 상황하에서 번역된 《중국현대문학발전사》(黃修己, 1991)는 방대한 내용, 체계적 서술, 문학현상 우선의 관점 등으로 학술 서적으로 비교적 보기 드물게 이미 4쇄까지 나올 만큼 우리나라 중문학계에 상당한 영향을 준 것으로 보인다.

또 한 가지 주목할 만한 것은 일부 연구자에 의해 일본어 또는 영어로 된 이론서의 번역이 이루어졌다는 점이다. 《노신평전》(丸山勝, 1982), 《중국현대문학사》(菊地三郎, 1986), 《100년 간의 중국문학》(藤井省三, 1995),

《자오수리평전》(釜屋修, 1999)이라든가 《중국 마르크스주의 문예이론》(Paul G. Pickowicz, 1991)과 같은 책들이 그러한데, 이런 서적들의 번역은 중국현대문학에 대한 관점과 정보면에서 중국학자들 일변도에서 벗어나 다양화될 수 있는 기회를 제공해 주었다. 다만 상대적으로 보아 아직은 그 수가 그리 많은 편은 아닌데 앞으로 이 분야에 대한 더욱 적극적인 노력이 필요하다고 생각한다.

작품 번역면에서는 무엇보다도 확연하게 눈에 뜨이는 것은 소설 번역의 절대 우세이다. 필자의 조사로는 소설은 무협소설류를 제외하고도 같은 작품이 중복 출판된 것을 포함하여 약 400권 이상이 출판되었는데, 이는 약 150권 가량의 산문, 25권 가량의 시, 겨우 대여섯 권에 불과한 극본에 비교한다면 압도적인 양이다. 이러한 현상이 나타나게 된 것에는 여러 가지 이유가 있을 것이다. 문학의 여러 장르 중에서도 소설이 수적 우위에 있다는 점, 번역이 가지는 특성 때문에 시보다는 소설이 독자에게 어필하기 쉽다는 점, 중국인과 중국사회에 대한 지적 호기심을 만족시켜주기가 쉽다는 점 등 아무래도 다른 장르보다는 소설이 독자들에게 쉽게 접근할 수 있다는 특성이 가장 큰 이유일 것이다. 다시 말해서 역자나 독자는 물론 출판사의 입장에서 봤을 때 소설이 우선적으로 다루어질 가능성이 컸던 것이다.

이와 같은 소설의 연도별 번역 추세를 살펴보면, 1970년 이전까지와 1970년대에는 각각 10권 남짓에 불과했던 것이 1980년대에 들어서면 점차 그 숫자가 늘기 시작해서 1980년대 후반부터는 매년 10수 권이 번역되었고, 특히 한중 수교가 이루어진 1992년 이후부터는 비약적으로 증가하여 수 년 간 해마다 30권 이상 번역되었는데, 이른바 IMF사태를 전후하여 잠시 주춤하더니 올들어 다시 증가세에 있다. 이러한 양적인 면에서의 소설 번역 추세는, 특별한 설명을 덧붙이지 않더라도 우리나라와 중국과의 관계 호전이 문학 방면에도 얼마나 큰 영향을 주었는지를 분명히 나타내준다.

그런데 좀더 자세히 살펴보면 여기에는 몇 가지 주목할 만한 점이 있다. 첫째는 1989년 중앙일보사에서 우리나라의 중국현대문학 전공자들과 협력하여 중국현대문학전집을 출판했던 것이다. 이 전집은 소설 16권, 산문 1권, 시 1권, 극본 1권, 평론 1권 등 모두 20권으로 이루어져 있는데, 번역자 대부분이 중국현대문학에 전문적 소양을 갖춘 분들이고, 중국현대문학 전 시기를 관통하여 각 장르별로 대표적인 작품을 엄선하고 있을 뿐만 아니라, 자칫 소홀하기 쉬운 臺灣의 작품에도 일정한 배려를 하고 있다는 점에서 종래에 볼 수 없었던 획기적인 작업이었다. 즉 그 동안 중국현대문학 작품에 대해 산발적으로 이루어지고 있던 소개가 이 전집의 출간을 계기로 체계화되었던 것이다. 그리고 이 점은 신뢰할 수 있는 번역자와 공신력 있는 출판사라는 조건과 맞물려 우리나라의 일반 독자들에게도 상당히 커다란 영향을 주었을 것으로 보인다.

다음으로는 瓊瑤 소설의 대량 출판을 꼽지 않을 수 없다. 瓊瑤(1938~ )는 臺灣의 여성 대중소설 작가로, 16세에 〈雲影〉으로 등단한 이후 한동안 3, 4개월에 장편소설 한 편씩을 써서 지금까지 40여 편의 소설을 발표할 정도로 다작하는 작가이다. 출세작 〈窓外〉가 수록된 단편소설집 《窓外》(1963)는 40여 차례나 재판을 거듭했으며 그 외 다른 작품들 역시 대개 10차례 이상 재판되었을 뿐만 아니라, 영화나 드라마로 만들어진 작품도 40여 편이 넘을 만큼 그녀의 소설은 커다란 대중적 인기를 끌고 있다. 그녀의 소설 속 주인공은 대개 아름답고 부드러우면서도 분방하고 자존심이 강한 여성들로 신비롭고도 평범하지 않은 삶을 살아가는 인물들인데 이런 점들이 젊은이들에게 사랑 받는 이유로 여겨진다. 하지만 다소간 비현실적이고 비정상적인 여주인공들의 사랑 놀음이 비슷비슷한 스토리와 구성으로 펼쳐진다는 비판을 받기도 한다. 이런 瓊瑤의 소설은 1980년대 중반 이후 매년 2, 3권씩 번역되었는데 그러나 처음에는 우리 독자들에게 그다지 크게 주목받지는 못했다. 그러다가 1992년 SBS에서 그녀의 소설 〈금잔화〉를 각색하여 드라마로 방영했고, 이것이 크게 인기를 끌면서 그때부터 1992년 한 해에만 무려 24권의 번역본이 나오는 등 해마다 수 권씩 끊임없이 번역되어 지금까지 약 75권 이상이 출판되었다. 필자의 짐작으로는 아마도 그녀의 소설은 전편이 모두 번역이 된 듯한데, 나중 이의 영향으로 비슷한 유형의 대중작가인 朱秀娟·李碧華 등의 소설도 상당수 번역되었다.[8)]

또 한 가지는 중국 현대소설 번역에서 오랜 기간에 걸쳐 한결같은 이어지고 있는 현상으로, 魯迅 소설이 계속해서 되풀이 출판되고 있다는 점이다. 사실 魯迅의 소설 작품은 《吶喊》, 《彷徨》, 《故事新編》에 실린 것을 다 합쳐서 모두 33편으로, 이를 모두 묶어서 한 권으로 출판해도 될 분량이다. 그럼에도 불구하고 그의 소설이 지금껏 60권 이상 출판된 것은 우리에게 몇 가지 점을 생각해 보게 만든다. 우선은 그의 작품이 중국현대문학에서도 대표적인 지위를 차지할 만큼 깊이가 있을 뿐만 아니라 지명도도 높기 때문일 것이다. 다시 말해서 중국현대문학의 출발점이자 대표적인 작품을 읽고 싶어하는 독자나 그러한 수요를 고려한 출판사는 물론이고, 역자의 입장에서도 끊임없이 새로운 번역에 대한 충동을 가지게 되는 것이 그 주요 원인일 것이다. 하지만 다른 측면에서 보자면, 중국현대문학사상 훌륭한 작품이 대단히 많은 데도 불구하고 특정 작가에 지나치게 집중되는 것은 과연 바람직한 일인가 하는 생각이 들지 않을 수 없다. 이는 魯迅과 瓊瑤의 소설 번역을 합친다면 135권 가량으로 전체 소설 번역 수 약 400권의 1/3이상을 차지한다는 점을 생각해보면 더욱 분명해진다.

앞에서 말한 것처럼 다른 장르보다도 소설 장르가 월등히 많이 번역된다든가, 소설 내에서도 魯迅과 瓊瑤의 작품이 집중적으로 번역된다든가

---

8) 대중소설의 대량 번역과 관련하여 〈영웅문〉(金庸)을 비롯한 무협소설의 대량 출판도 주목할 만한 현상이지만 조사가 미흡한 관계로 이 발표에서는 다루지 못했다. 1990년대 이전의 중국 무협소설의 번역에 관해서는 이치수, 〈중국 무협소설의 번역 소개와 영향〉, 《중국소설연구회보》 제12호, 서울: 중국소설연구회, 1992, PP.1-19.를 참고하기 바란다.

하는 것은 일종의 편중 현상이라고 부를 수 있겠는데, 이와 같은 편중 현상은 다른 측면에서도 나타나고 있다. 그 중 한 가지는 엄숙문학 작품은 거의 중국 대륙의 것에 국한되고 대중문학 작품은 주로 臺灣·香港 것이라는 점이다. 달리 말하자면 대중문학을 제외하면 臺灣·香港의 엄숙문학 작품은 별로 소개되지 않고 있을 뿐만 아니라 특히 香港의 경우에는 거의 찾아볼 수 없는 것이다. 또 한 가지는 그 동안 1949년 이전의 작품에 집중되어 있다가 최근 1976년 이후의 작품이 많이 번역되고 있는 한편으로 1949년-1976년 사이의 작품은 상대적으로 보아 그다지 많지 않다는 점이다.

소설 분야에서 보인 특정 작가 편중은 산문 분야에서도 나타난다. 다만 그 작가가 林語堂이라는 점이 다를 뿐이다. 필자의 조사로는 산문 전체의 번역 출판의 수가 약 150권쯤 되는데, 그 절반이 林語堂의 것이며, 그 중에서도 단순히 《생활의 발견》이라고 이름 붙은 책만 해도 20권이 넘는다. 특히 1980년대 이전에는 거의 절대적으로 林語堂의 작품 일색이었고, 비록 새로운 작품이 번역되는 경우는 많지 않았지만 1950년대부터 1990년대까지 수십 년에 걸쳐 거의 매년 몇 권씩 그의 산문집이 출판되었다. 아마도 林語堂의 수필이 우리나라에서 성행하게 된 것은 그의 작품이 이룬 성취 외에도 그가 한때 노벨상 후보로 올랐던 점, 생애 후반에는 주로 영어권에서 활동했으며 또 영어로 출판된 작품이 많았다는 점, 비공산당적 성향을 가진 작가였다는 점 등이 많이 작용한 것으로 짐작된다. 어쩌면 그의 산문집 번역 대부분이 영어를 저본으로 삼고 있기 때문에 과연 중국현대문학 작품의 번역으로 간주할 수 있는가 하는 의문이 있을 수 있다. 그러나 필자가 보기에는, 우리나라 독자에게는 그가 중국문학가로 각인되어 있고 그의 작품은 중국현대 산문으로 간주되고 있을 뿐만 아니라, 영어본은 대부분 林語堂이 중국어로 쓴 것을 영역한 것이므로,[9] 이 점은 크

9) 예를 들면 《生活的藝術》, 《吾國與吾民》, 《京華雲烟》과 같은 산문집이 그러하다.

게 문제가 되지 않을 것 같으며, 어쨌든 林語堂의 작품이 우리나라 독자에게 미친 영향을 대단히 컸다는 점에서는 魯迅이나 최근의 瓊瑤와 더불어 논해야 할 것으로 보인다.

魯迅의 산문 번역은 林語堂에 비해 상대적으로 보아 숫자는 적지만 그래도 역시 10권이 넘으며, 특히 이욱연이 편역한 《아침꽃을 저녁에 줍다》(魯迅, 1991)는 이 분야에서는 일종의 베스트셀러라고 할 만큼 많은 부수가 팔렸다고 한다. 중등학교 교과서에도 실려있는 〈背影〉의 작가 朱自清의 산문집도 여러 권 눈에 뜨이며, 郭沫若의 자서전 4권이 모두 번역된 것도 비교적 특이하다. 그러나 아쉬운 것은 魯迅·朱自清·郁達夫와 같이 20세기 전반의 훌륭한 산문가의 작품은 미미하나마 그런대로 번역이 되었지만, 楊朔·秦牧·劉白羽와 같은 20세기 중반의 대표적 산문가들이나 余秋雨·賈平凹·王英琦와 같은 20세기 후반의 산문가들의 작품은 거의 번역되지 않은 점이다. 그런 가운데도 한 가지 고무적인 사실은 1990년대 중반을 지나면서 산문집 번역의 숫자가 비교적 늘어나고, 또 여러 작가의 작품이 다양하게 다루어지고 있다는 것이다. 예를 들면, 臺灣을 비롯해서 대륙에서까지 크게 유행했던 三毛·席慕蓉의 작품이 여러 권 번역된 것은, 출판에서의 상업성이 고려된 결과이기도 하겠지만, 역시 우리의 삶과 밀접한 작품들이 우리 독자들에게 호응을 받을 가능성이 높다는 것을 뜻한다.[10] 또 이런 작품들의 번역을 통해서 우리나라 사람들로 하여금 그간 중국현대문학에 대해 가지고 있던 막연한 이미지(毛澤東, 공산당, 사회주의 문화대혁명, ……)에서 벗어나서 그것이 우리의 문학과 다름없이 인간 삶의 총체적인 표현이라는 것을 이해하게 하는데 일정한 도움을 줄 것이다.

소설과 산문에 비하자면 중국 현대시와 현대극의 번역은 대단히 부진

---

10) 필자 자신도 홈페이지 http://home.pusan.ac.kr/~dodami/에서 매주 한 편씩 1990년대 중국 산문 작품을 번역 연재하고 있는데, 방문자들로부터 상당히 좋은 호응을 받고 있다.

하다. 필자가 조사한 바로는 시의 경우 겨우 25권 가량에 불과하다. 이는 우리나라에서 한동안 도종환·이해인 등 일부 시인들의 시집이 선풍적인 인기를 끌었던 것이나 창비시선이 200권을 돌파한 것을 염두에 둘 때 아무래도 중국현대문학계가 앞으로 적극적인 관심을 가지고 노력해야 할 점이라고 생각한다. 다시 말해서 시에 대한 우리나라 독자들의 선호를 감안한다면 중국현대시의 번역은 지나치게 빈약하다고 아니할 수 없다. 이런 점은 그 동안 우리나라에서 꾸준히 지속되어 온 영시나 불시의 번역과 비교해 보면 금방 알 수 있을 것이다.

그런 가운데도 중국현대시 번역에서 비교적 눈에 띄는 것은 우선 《중국 현대시선》(1976)을 비롯하여 허세욱 교수가 옮긴 여러 권의 시선집들이다. 그는 연구자로서 뿐만 아니라 시인으로서도 탁월한 능력을 갖추고 있기 때문에 시를 고르거나 우리 말로 옮기는 데 있어서 적격이라고 할 수 있다. 다음으로는 艾靑과 北島의 시가 여러 권 번역되었다는 점이다. 아마도 이는 그들이 노벨문학상 후보에 올랐다는 것과 관계가 없지 않을 것이다. 마지막으로 근래에 들어와서 顧城·傅天琳·舒婷 등 최근 시인들의 작품이 여럿 번역되었다는 점인데, 이로 볼 때 앞으로 중국 현대시의 번역이 좀더 활성화될 가능성이 있어 보이기도 한다.

극본의 번역은 시에 비해서도 훨씬 사정이 나빠 거의 참담한 수준이다. 《뇌우/찻집》(曹禺/老舍, 1989)을 비롯하여 10권이 채 안되는 것으로 보이는데, 그나마 曹禺의 《雷雨》, 《原野》, 《日出》가 모두 번역되었다는 것이 다소 위안이 될 정도이다. 극본은 원래 읽기의 대상이면서도 한편으로는 공연을 전제로 하기 때문에 상대적으로 볼 때 다른 장르에 비해 불리한 점이 없지 않다. 또 그 동안 우리나라의 중국현대문학 연구자 중에서도 극문학 전공자가 적었던 것도 일정한 영향을 주었을 것이다. 그러나 우리나라에서 曹禺의 〈雷雨〉가 해방 직후 및 수 년 전에 되풀이 공연되어 상당히 호응을 받은 것을 생각해 볼 때 앞으로 이 분야에 더욱 관심을 가져야 할 것으로 생각한다. 물론 상업적 이익을 고려하는 출판사의 입장이 게재되지 않을 수는 없을 것이다. 그러나 역시 우리 학계 내지는 관련자들의 적극적인 노력이 우선적으로 요구된다고 하겠다.

이상에서 살펴본 것처럼 현재 필자가 조사한 바로는 중국현대문학과 관련한 우리 말 번역서는 대체로 이론서가 60권, 소설이 400권, 산문이 150권, 시가 25권, 극본이 10권 가량으로 모두 합쳐서 650권이 조금 못미치는 숫자다. 언뜻 이 숫자만 보면 그래도 상당한 수준이라고 생각할지 모르겠지만, 실인즉 중국현대문학사의 역사나 중국현대문학 번역의 역사로 볼 때는 그리 많은 숫자가 아닐 뿐더러, 그 중에서도 魯迅·瓊瑤·林語堂 등처럼 중복되거나 또는 일부 완전히 대중의 기호에만 맞춘 저급의 대중소설 등 상대적으로 번역의 필요성이 낮은 것들을 제외한다면 사실상 상당히 부진한 숫자라고 아니할 수 없다.

또 이런 중국현대문학 관련 번역은 중앙일보사의 전집을 제외하고는 거의 체계 없이 산발적으로 이루어졌다는 것도 유의해야 할 대목이다. 그것은 무엇보다도 출판사나 또는 중국현대문학 관계자에 의한 기획번역이 없었다는 점에서도 입증된다. 즉 중국현대문학 관련 서적을 비교적 많이 출판한 곳이라고 해도 각각 홍익출판사 15권, 범우사 8권, 청년사 8권, 일월서각 8권, 다섯수레 6권, 고려원 6권, 명문당 6권, 혜원출판사 5권, 백산서당 5권 가량에 불과했을 뿐만 아니라, 그 중 홍익출판사에서 瓊瑤의 소설을 위주로 대중소설을 집중적으로 출판한 것을 제외하면 그 몇 권들 사이에 뚜렷한 공통점을 찾을 수 없다.

이런 상황을 고려해 본다면, 그간 중국현대문학 번역에 힘써온 몇몇 열성적인 번역자들의 노력은 마땅히 높이 평가해야 할 것이다. 예를 들면, 초창기의 양백화나 정래동, 해방 직후의 김광주와 같은 분이 그럴 것이다. 또 일찍이 1970년대부터 魯迅·老舍·白先勇 등의 소설, 朱自淸·郁達夫 등의 산문, 중국현대문학 각 시기별 대표 시인들의 시를 번역한 허세욱이라든가, 중국현대문학 전공자가 아니면서도 1985년부터 약 10년 간 작가 소개서 3권, 산문집 1권, 시집 1권 및 소설 15권 등 모두 20권을 번역한 박재연, 그리고 1990년대 들어 魯迅과 관련된 서적을 꾸준히 번역하고 있는 유세종과 같은 분들이 바로 그럴 것이다.

## Ⅲ. 번역의 문제점

문학 작품의 번역은 과학언어나 일상언어로 쓰여진 학술논문이나 신문기사 등의 번역보다 더욱 많은 난점을 가지고 있다. 그것은 문학 작품이 이상적으로는 단어 하나 부호 하나에 이르기까지 모두 치밀하게 상호 결합되어 이루어진 하나의 완결된 통체이기 때문이다. 그렇다면 한 편의 문학 작품을 완결된 통체로서 전혀 손상없이 문화적·역사적 전통 등이 상이한 다른 언어 체계를 사용하여 옮겨놓는 것은 거의 불가능할 것이다.

사실 문학 작품의 번역은 단순히 어떻게 해당 언어를 정확하게 옮겨놓는가 하는 문제만은 아니다. 오히려 그보다는 작품의 의미 체계를 정확하게 파악하는 것이 더욱 중요할 수도 있다. 이 점과 관련하여 김하림은 魯迅의 〈狂人日記〉에 나오는 한 구절 "有了四千年吃人履歷的我, 當初雖然不知道, 現在明白, 難見眞的人!"의 '難見眞的人'을 예로 들면서, 대개 우리나라에서는 '참된 사람을 찾아보기 어렵다'라는 식으로 번역하고 있는데 그것보다는 '참된 사람을 볼 면목이 없다'는 식으로 번역하는 것이 바람직하다고 주장하고 있다. 그것은 丸尾常喜가 일본어 번역을 예로 들어 밝힌 대로, 주인공인 광인이 피해자이면서 동시에 가해자라는 의식이 생기면서 자아수치감으로 인해 내뱉는 말이기 때문이라는 것이다.[11] 이와 같은 예

11) 김하림, 〈魯迅 〈광인일기〉의 해석과 수용에 관한 연구〉, 《중국현대문학》 제16호, 서울: 한국중국현대문학학회, 1999.6, PP.259-278. 김하림이 인용한 丸尾常喜에 따르면 일본에서는 1970년대 이전에는 주로 '참된 사람을 찾기 어렵다'는 식으로 번역해오다가 그 후 '참된 사람을 볼 면목이 없다'는 식으로 바뀐 것은 작품 해석상의 변화 때문이라고 한다. 김하림은 중국에서 나온 영역본에서도 후자 식으로

에서도 나타나듯이 문학 작품의 번역은 결국 그저 어휘나 문장의 정확한 번역에만 그치는 것이 아니라 작품을 어떻게 파악하고 평가하는가, 그리고 더 나아가서 작가의 창작관 등을 어떻게 보는가 하는 것과도 연결되는 작업인 것이다.

그러나 사회 상호 간의 접촉에 따라 자연스럽게 수반되는 번역이라는 작업은, 설사 그것이 아무리 불완전하다 할지라도 필수적일 수밖에 없다. 여기서는 이러한 점을 전제로 하면서, 실제 번역을 예로 들어 중국현대문학의 번역에 있어서 종종 마주치게 되는 몇 가지 문제점들을 살펴보겠다. 그 대상으로는 魯迅의 작품 중에서 〈野草·狗的駁詰〉과 〈阿Q正傳·優勝紀略〉을 택했다.[12] 그것은 魯迅이 중국현대문학사에서 점하고 있는 지위가 대단히 높을 뿐만 아니라 비교적 여러 종류의 번역본이 나와있는 데다가 번역자들 역시 이 분야에서 높이 평가를 받고 있는 분들이라는 점을 고려한 것이다.

### (1) 원문 파악 부정확에 따른 오역

먼저 거론할 수밖에 없는 것은 역시 원문 파악의 부정확에 따른 오역의 문제일 것이다. 단어의 오역, 어법상의 오역, 내용상의 오역 등이 그러한데, 어떤 측면에서 보자면 이런 종류의 오역은 어쩌면 번역 작업에서 피할 수 없는 일인지도 모른다. 즉 그것은 역자의 역량에 따라 정도의 차이는 있겠지만 근본적으로 외국어로 된 문학작품을 완벽하게 파악할 수 있는 능력을 갖춘다는 것이 거의 어렵기 때문이다. 그러나 만일 이런 오역이 다음과

---

번역하고 있음을 제시하고 있다.

12) 필자는 15년 전인 1985년 10여 명의 동료들과 함께 유사한 작업을 해본 경험이 있는데, 당시 필자가 맡은 부분은 〈阿Q正傳·戀愛的悲劇〉이었다. 이번 발표에서 〈阿Q正傳·優勝紀略〉을 선택한 것은 이 부분에 그 유명한 '정신승리법'이 등장하기 때문이다.

같이 자칫 작품 이해를 방해할 정도라면 곤란할 것이다.

(魯) 狗的駁詰 […] "不敢, 愧不如人呢."
(a) 개의 반박 […] 〈흥! 설마하니 내가 사람만 못할라구〉
(b) 개의 지껄임 […] "설마하니 내가 사람만 못하겠냐!"
(c) 개의 반박 […] "어디 감히, 부끄럽지만 사람만은 못하지."

〈野草·狗的駁詰〉의 제목에 사용된 '駁詰'란 단어는 《漢語大詞典》(漢語大詞典出版社·三聯書店)에도 안나올 정도로 자주 쓰이는 것은 아닌데, 《중한사전》(고대민족문화연구소, 1989)에서는 '책망하다. 질책하다. 힐난하다. 논박하다. 힐문하다.'로 설명하고 있다. 그런데 〈狗的駁詰〉에서 보면, 꿈속에서 작중 화자가 개를 보고 권세나 재산에 따라 사람을 달리 대하는 것을 나무라자, 이런 저런 예를 들어가며 개는 그래도 자기가 사람이 하는 정도에는 미치지 못한다면서 오히려 사람을 비꼬고 있다. 그렇다면 아마도 이는 '힐난하다, 힐문하다, 반박하다' 정도의 뜻으로 번역하는 것이 적절하다고 생각되며, 따라서 '개의 지껄임'이라고 번역한 것은 다소 동떨어진 것이라고 할 수 있다. 특히 여기서 개가 풍자적으로 '不敢, 愧不如人呢'라고 한 말을 (a)(b)처럼 '사람보다 낫다'는 식으로 잘못 번역하면, 일견 원래 魯迅의 의도에 부합하는 듯해 보이기도 하지만, 실제로는 魯迅이 꿈이라는 간접적인 장치를 통해서 사람이 개보다 못한 형편이라는 점을 신랄하게 풍자한 것을 전혀 살리지 못하게 된다.

더구나 이와 같은 오역이 혹시 단순히 역자의 소홀 내지는 선행작업의 단순 참고의 결과라고 한다면 더욱 생각해 볼 문제다. 예컨대 〈阿Q正傳·優勝紀略〉에 나오는 '油煎大頭魚'를 조사 대상 중 네 개의 번역이 '도미 튀김', '기름에 튀긴 도미', '기름에 지진 도미', '도미를 튀길 때' 등으로 번역하고 있으며 단 하나 만이 '대구를 지질 때'라고 번역하고 있다.[13] 이런 현상은 다른 데서도 발견되는데, 다음과 같은 경우 역시 그렇다.

(魯) 估量了對手, 口訥的他便罵, 氣力小的他便打.

(A) 상대를 어림쳐 봐 말을 더듬는 놈이면 매도(罵倒)하고, 기운이 약한 놈이면 때렸다.

(B) 상대를 어림쳐 보고 상대가 말을 더듬거리면 욕지거리를 해대고, 힘을 못쓰는 것 같으면 때리려고 덤벼들었다.

(C) 상대방을 어림쳐 본다. 상대가 말을 더듬으면 욕을 해대고 힘이 약하면 때리려고 덤벼들었다.

(D) 상대를 어림쳐 봐서 말솜씨가 좋지 않은 놈이면 매도(罵倒)하고, 기운이 약한 놈이면 두들겨주는 것이었다.

(E) 상대를 평가해보고서 어눌한 자 같으면 욕을 했고 힘이 약한 자 같으면 때렸다.

원래 '訥'는 '말을 더듬다'는 뜻도 있고 '말이 서투르다'라는 뜻도 있지만, 여기서는 앞뒤 관계로 보아 당연히 후자의 뜻으로 새겨야 할 것이고, 따라서 '口訥的'는 '어눌한 자'라고 번역하는 것이 옳다. 그런데 (A)(B)(C)는 한결 같이 '말을 더듬거리는 자' 식으로 번역하고 있다. 게다가 (A)(B)(C)는 물론 (D)까지도 '估量了'를 우리 말 사전에도 안나오는 '어림쳐 보다'라고 하고 있는 점을 볼 때,[14] 혹시 '口訥的'의 오역도 선행작업을 단순 참고한 결과가 아닌가 하는 생각이 드는 것이다.

이런 사실들을 볼 때, 필자의 생각으로는, 원문 파악의 부정확에 따른

13) '大頭魚'를 '도미'로 올바르게 번역하게 된 것은, 위 번역본의 출간 시점을 볼 때 1989년 10월 《중한사전》(고대민족문화연구소)이 발간된 것과 관계가 있는 듯하다.

14) 우리 말 사전에 없는 말이기는 하지만 '어림쳐 보다'라는 식의 표현 그 자체는 상당히 신선한 것으로 생각한다.

오역은 불가피한 측면이 없는 것은 아니지만, 주로 번역자 개인의 역량 제고와 책임감 강화에 따라 현저하게 줄어들 수 있을 것으로 판단된다.

### (2) 누락과 부연

위에서 번역자의 소홀을 거론했는데, 그것이 더욱 분명하게 드러나는 것은 아마도 원문을 번역하지 않고 누락하는 현상일 것이다. 물론 번역자가 원작을 손상시키지 않으면서도 우리말을 자연스럽게 구사하기 위해 가끔 의도적으로 삭제하는 경우가 없는 것은 아니다. 그러나 그런 특별한 경우를 제외한다면 번역이 누락된 경우의 대부분은 원문의 정확한 이해를 방해하거나 미묘한 어감을 살리지 못하게 된다. 다음 예를 보자.

> ⑷ 閑人還不完, 只撩他, 於是終而至於打. 阿Q在形式上打敗了, 被人揪住黃辮子, 在壁上碰了四五個響頭, 閑人這才心滿意足的得勝的走了, 阿Q站了一刻, 心裡想, "我從算被兒子打了, 現在的世界眞不像樣……"於是也心滿意足的得勝的走了.
>
> ⒝ 건달패들은 그래도 아직 마음에 차지 않았다는 듯이 그를 곯려 주려 했다. 마침내는 때리기까지 하는 것이었다. 아큐는 한참 동안 서서 마음 속으로 생각했다. '나는 아들놈에게 맞은 거나 다름없어, 이놈의 세상은 정말이지 돼먹지 않았거든…….' 그러고는 아큐는 승리를 얻은 양 득의만면해서 가 버렸다.

주지하다시피 魯迅이 말한 阿Q의 '정신승리법'은 이 작품에서 가장 핵심적인 부분의 하나이다. 그런데 위 번역의 경우 우선 '정신승리법'이 처음 등장하는 장면에서 '阿Q在形式上打敗了' 이하 한 부분을 누락시켜 버림으로써 '정신승리법'에 대한 독자의 순조로운 이해를 방해하고 있는 것이다. 더군다나 '閑人這才心滿意足的得勝的走了'와 '阿Q[…]也心滿意足的得勝的走了'라는 대조적인 두 구절은, 閑人과 阿Q가 각자 모두 만족해버리는 모습을 보여줌으로써, 비단 '정신승리법'의 소유자 阿Q에 대한 풍자뿐만 아니라 한 걸음 더 나아가서 등장 인물 전체 또는 중국인 전체에 대한 풍자의 역할까지 하는 듯한 그런 미묘한 작용을 하고 있다. 그렇다면 이처럼 번역자의 소홀 탓에 일어나는 누락은 대단히 곤란한 일이라고 아니 할 수 없다.

이러한 누락 문제와는 반대로 번역자가 원문이 의도하는 바를 살리기 위해 원문에는 없는 단어나 문구를 첨가하거나 부연하는 경우도 자주 나타나는데, 필자는 이 역시 되도록 삼가는 것이 좋다고 생각한다. 특히 魯迅과 같이 생동적인 짧은 글귀로 마치 비수나 투창처럼 핵심을 찌르는 스타일의 글을 쓰는 경우는 더욱 그렇다. 인용문이 좀 길기는 하지만 다음 예를 보자.

(魯) 他不知道誰和誰爲什麽打起架來了. 罵聲打聲脚步聲, 昏頭昏腦的一大陣, 他才爬起來,

(A) 누구와 누구가 무엇 때문에 싸우기 시작했는지 그는 알지 못했다. 욕하는 소리, 치는 소리, 어지러운 걸음 소리, 무엇이 무언인지 분간할 수 없는 혼란이 한참 계속됐다. 그가 간신히 기어 일어났을 때엔

(B) 이때 갑자기 싸움이 벌어졌다. 아큐는 누가 누구와 왜 싸움을 시작했는지 알 수 없었다. 욕하는 소리, 치고받는 소리, 발소리, 어리둥절해서 어떻게 돌아가는지를 알 수 없는 지경을 한바탕 치르고 났다. 겨우 일어나 보니

(C) 아큐는 누가 누구와 왜 싸움을 시작했는지 알 수가 없었다. 욕하는 소리, 치고받는 소리, 발자국소리, 뭐가 뭔지 모르겠는 혼미함을 한바탕 치르고 나서야 비로소 일어나 보니,

(D) 누가 누구와 무엇 때문에 싸우게 되었는지는 잘 모르겠지만, 욕하는 소리, 때리는 소리, 발자국 소리, 정신을 차릴 수 없는 혼란이 한 바탕 벌어졌다. 그가 간신히 기어나왔을 땐

(E) 누가 누구와 무엇 때문에 싸움을 시작했는지 그는 몰랐다. 욕하는 소리, 때리는 소리, 발걸음 소리, 뭐가 뭔지 알 수 없는 한바탕 소란이 지나고 그가 간신히 일어나보니

위 예문은 阿Q가 노름판에서 한창 돈을 따고 있을 때 갑자기 싸움이 일어나는 장면이다. 여기서 보듯이, 魯迅은 짧은 말들을 연속적으로 사용하면서 긴박한 순간을 효과적으로 묘사해내고 있다. 그런데 상대적으로 볼 때 우리 말 번역에서는 대체로 '昏頭昏腦的一大陣'을 길게 번역함으로써 그런 긴박감이 훨씬 떨어진다. 더군다나 (B)의 경우에는, 굳이 부연하지 않아도 갑자기 싸움이 벌어졌다는 것을 충분히 알 수 있는 데도 불구하고, '이때 갑자기 싸움이 벌어졌다'라는 말을 덧붙임으로써, 단순히 불필요한 정도에 그치지 아니하고 魯迅의 독특한 표현 방식이 가지는 미묘한 효과를 방해하고 있다.

### (3) 우리말의 부자연

번역에서 자주 발견하게 되는 문제점 중의 하나는 우리말이 자연스럽지 못하다는 점일 것이다. 대체로 봐서 부적절한 어휘, 문법상의 오류, 표현력의 부족 등의 유형으로 나누어 볼 수 있는데, 여기서 우리가 생각해 볼 점은 첫번째 유형에 속하는 것 중 하나로 중국식 어휘를 그대로 사용하는 경우가 꽤 많다는 것이다.[15] 그것은 우리가 오랫동안 한자와 한자식 어휘를 사용해온 것에서 연유하는 것이다. 즉, 한자로 표기되어 있는 중국어 어휘가 표면적으로는 우리의 한자식 어휘와 동일하거나 유사한 것 같아 보이지만, 실제로는 많은 경우 우리의 어휘가 뜻이 다르거나 어감이 다른 데도 불구하고 그냥 우리의 어휘와 같이 취급해 버림으로써 빚어지는 것이다. 예컨대, 만일 중국어의 '高等學校'를 '고등교육학교' 또는 '대학교'라고 번역하지 않고 그냥 '고등학교'라고 한다거나, '思想深刻'를 '사상(생각)이 깊이가 있다' 식으로 번역하지 않고 '사상이 심각하다' 식으로 번역한다

15) 필자가 조사해 본 바로는 우리말이 자연스럽지 못한 것은 원문에 대한 이해 부족 내지는 오역에 기인하는 경우가 꽤 있었다.

면 안되는 것이다. 이와 같은 극단적인 경우는 아니지만 이번 작업에서도 이런 현상들이 발견되었는데 다음의 예가 그렇다.

(魯) 優勝紀略
(A) 優勝의 記錄
(B) 승리의 기록
(C) 우승의 기록
(D) 우승(優勝)의 기록(記錄)
(E) 승리의 기록

우리말에서 '우승'과 '승리'는 각각 '1등으로 이김'과 그냥 '싸움에서 이김'이라는 미묘하지만 서로 다른 뜻을 가지고 있다. 그런데 중국어의 '優勝'은 '성적이 뛰어나서 다른 사람을 이김'이란 뜻이기는 하지만 〈阿Q正傳·優勝紀略〉에서는 그 내용으로 보아 단순히 '승리'라는 의미일 뿐이다. 따라서 이런 경우 '優勝'은 그 뜻에 좇아서 '승리'라고 해야지 단순히 우리 말 어휘와 동일하게 취급하여 한자음 그대로 옮기면 곤란한 것이다.

### (4) 원문의 특수성

이처럼 중국어 어휘와 우리말 어휘의 차이를 구분 짓지 않음으로써 생기는 오류들이 종종 발견되는데, 다른 측면에서 말하자면 이는 중국어와 우리말의 차이 때문에 생기는 어려움이라고도 할 수 있을 것이다. 먼저 예문을 보도록 하자.

(魯) "你還不配……" […] 他立刻知道和 "犯忌"有點抵觸, 便不再往底下說.
(A) 〈네까짓놈에게는……〉 […] 금기(禁忌)에 좀 저촉된다는 것을 곧 알고는 더 말하지 않는 것이다.
(B) "너희 같은 놈들은……" […] 그는 대번에 '금기'에 저촉한다는 것을 알아차

리고 더이상 말하려고 하지 않았다.

(C) "네놈들은 상대도 안 돼……" […] 그는 곧 금기(禁忌)에 저촉된다는 것을 알고 더 이상 말하려고 하지 않았다.

(D) "네깐 놈들과는 상대도 안돼……" […] '금기(禁忌)'에 조금 저촉된다는 걸 알고서 그만 말을 잇지 않는 것이었다.

(E) "너 같은 놈한테는……" […] 자기가 '금기'에 저촉될 뻔했다는 것을 얼른 알아차리고서 더 이상 말을 계속하지 않았다.

위 예문의 앞 장면에 阿Q는 자신의 머리에 있는 '癩瘡疤'와 관련있는 말을 싫어하는 기휘의 습관이 있다는 내용이 나온다. 따라서 "你還不配……"의 말줄임표에 들어가야 할 말은 바로 뒤에 나오는 '和 "犯忌"有點抵觸'라는 말과 연결해 볼 때, 아마도 阿Q의 癩瘡疤와 관계 있는 말일 것이다. 그러나 위의 번역문에서 보듯이 우리말에서는 이런 것을 살리기가 상당히 어려워서 말줄임표는 별다른 역할을 못하고 있으며, 만일 원문의 역할을 꼭 살리려고 한다면 "네까짓놈에게는 내 이 ……" 정도가 최선일 듯싶다. 바로 이처럼 중국어와 우리말의 차이 때문에 생기는 어려움은 곳곳에서 만나게 되는데, 이 외에도 성어 사용, 고문 사용, 경어 사용, 시제 사용, 조사의 사용 …… 등 여러 가지가 있다.

이와 같은 어려움은 또 작가의 특별한 표현에서 비롯될 수도 있다. 다음 예를 보자.

(魯) 不久也就彷彿是自己打了別個一般, — 雖然還有些熱刺刺 — 心滿意足的得勝的躺下了.

(A) 이윽고 자기가 남을 때린 것 같아 — 아직도 얼얼하기는 했으나 — 만족해서 의기양양하게 누워 버렸다.

(B) 얼마 되지 않아 마치 다른 사람을 때린 것같이 느껴졌다. 아직도 좀 얼얼하기는 했지만 마음이 흡족해져서 드러누웠다.

(C) 오래지 않아 마치 자기가 다른 사람을 친 것같이 느껴졌다. 비록 조금 후끈거리긴 했어도 — 마음이 흡족해서 의기 양양하게 누워 버렸다.

(D) 잠시 후 그는 자기가 남을 때린 것같이 — 비록 아직도 얼얼하지만 — 몹시 만족하여 의기양양해 드러누웠다.

(E) 잠시 후에는 자기가 남을 때린 것 같았으므로 — 비록 아직도 얼얼하기는 했지만 — 만족해하며 의기양양하게 드러누웠다.

이 장면은 阿Q가 노름판에서 딴 돈을 아마도 누군가가 고의로 시작했을 싸움판이 벌어지는 와중에서 몽땅 잃어버린 후, 자기가 자기를 때리는 방식의 '정신승리법'으로 현실을 호도하는 장면인데, 번역본에서는 魯迅이 쓴 '心滿意足的得勝的'를 대체로 '만족해하며 의기양양하게'라는 식으로 번역하고 있다. 그러나 실인즉 이 장의 제목이 '優勝紀略'이고 또 그 앞에서 魯迅이 동일한 표현을 이미 네 번씩이나 반복해서 쓰고 있는 것을 고려한다면 아무래도 이 말을 단순히 이렇게 번역하는 것은 재고해봐야 할 것이다. 즉 魯迅은 같은 구절을 되풀이 반복함으로써 일종의 상승 효과를 자아내는 한편[16] 앞서 '누락'의 문제 부분에서 설명한 것처럼 일종의 중층적인 풍자성을 강화하고 있기 때문에, 여기서는 阿Q가 '이번에도 결국은 승리를 거두어 만족스러워하며'라는 뜻을 살리는 쪽으로 번역해야 할 것이다.[17]

---

16) 魯迅은 노름판 장면에서 '汗流滿面的'라는 말을 되풀이 사용함으로써, 각 인물들의 모습을 핍진하게 묘사하고 있을 뿐만 아니라 노름판이 점점 더 열기를 띠는 모습을 효과적으로 표현하고 있다. 또 '阿Q "先前闊", 見識高, 而且 "眞能做", 本來幾乎是一個 "完人"了, '라는 구절에서 보듯이, 자신이 앞에서 이미 묘사한 구절을 되풀이 사용함으로써, 독자에게 阿Q의 이미지를 뚜렷이 각인시키는 한편 그런 묘사가 가진 풍자성을 상승시켜 나가고 있다.

17) '心滿意足的得勝的'라는 모두 5번 반복되는 구절에 대하여 번역본들은 각각 다음과 같이 번역했다.

| | 1 | 2 | 3 | 4 | 5 |
|---|---|---|---|---|---|
| (A) | 만족해하고 승리를 자랑하며 | 만족해서 의기양양하게 | 만족해서 의기양양하게 | 만족해서 의기양양하게 | 만족해서 의기양양하게 |
| (B) | (누락) | 승리를 얻은 양 득의만면해서 | 신이 나서 | 승리감으로 의기양양하게 | 마음이 흡족해져서 |

한 걸음 더 나아가서 살펴본다면, 위에서 말한 중국어의 고유 표현법에 따른 것이라든가 작가의 특별한 표현에 의한 것 외에도 문화적 사회적 차이에 의한 것 역시 해결하기가 어려운 문제다. 예를 들어 보자. 〈阿Q正傳·優勝紀略〉에는 다음과 같이 '押牌寶'라고 하는 노름판이 벌어지는 장면이 나오는데, 이런 것은 근본적으로 우리나라에는 없는 것(?)이기 때문에 번역이 어려울 수밖에 없다. 아래에서 보다시피, '押牌寶'를 각기 도박/투전판/야바위 노름으로 번역하고 있을 뿐만 아니라, 그 노름의 방법과 관련한 번역도 약간의 차이가 있다.

(魯) 他便去押牌寶, […] "天門啦~~角回啦~~! 人和穿堂空在那裡啦~~! 阿Q的銅錢拿過來~~!"

(A) 그는 도박을 하러 간다. […] "천문(天文)이다…… 각(角)은 트고 인(人)과 천당(穿堂)은 죽었어! 阿Q의 돈은 내가 먹었어……"

(B) 투전판으로 갔다. […] "천문(天文)이다. 각(角)이 돌아섰다. 인(人)과 천당(穿堂)은 비었다! …… 아큐는 동전을 이리 가져와!"

(C) 그는 투전판에 갔다. […] "천문(天文)이다. 각(角)이 돌아섰다. 인(人)과 천당(穿堂)은 비었다……! 아큐의 동전은 이리 가져 와!"

(D) 그는 도박을 하러 간다. […] "천문(天文)이로다 ―. 각(角)은 비기고, 인(人)과 천당(穿堂)은 졌다. ― 아큐의 돈은 내가 먹었어……"

(E) 그는 야바위 노름을 하러 갔다. […] "천문(天文)이군요 ― 각(角)은 텄고요 ― ! 인(人)이랑 천당(穿堂)은 아무도 안 걸었고요 ― ! 아Q 돈은 가져오고요 ― !"

---

| | 1 | 2 | 3 | 4 | 5 |
|---|---|---|---|---|---|
| (C) | 만족해서 승리를 자랑하며 | 만족하게 승리를 얻은 양 | 득의 양양해서 | 득의 만면해서 | 마음이 흡족해서 의기 양양하게 |
| (D) | 만족하여 의기양양해 | 만족해서 의기양양해 | 만족하여 의기양양해 | 만족하여 의기양양해 | 몹시 만족하여 의기양양해 |
| (E) | 만족해하며 의기양양해 | 만족하여 의기양양하게 | 만족해하며 의기양양하게 | 만족해하며 의기양양하게 | 만족해하며 의기양양하게 |

## (5) 명사의 음역과 의역

앞서 말한 것들, 즉 원문 파악 부정확에 따른 오역, 누락과 부연, 우리말의 부자연 등이 주로 번역자 개인의 역량이나 성실성과 관계되는 문제였다면, 필자가 '원문의 특수성'이라고 이름 붙인 것들은 번역자 모두에게 공통되는 문제로서 번역의 어려움을 자아내는 주된 요인이라고 할 수 있다. 사실 이런 문제들은 해결하기가 쉽지 않은 것들이다. 그러나 이런 것들의 연장선상에 있는 중국어의 음역/의역/음의역 문제라든가 중국음의 표기 방식은 우리가 노력하기에 따라서는 어느 정도 해결할 수 있다고 생각한다. 다음 예문을 보자.

(魯) 譬如用三尺長三村寬的木版做成的凳子, 未莊叫 "長凳", 他也叫 "長凳", 成裡人却叫 "條凳",

(A) 가령 길이 석 자, 폭 세 치의 널판으로 만든 걸상을 미장에서는 〈장등(長凳)〉이라고 부르며, 그도 〈장등〉이라고 부르고 있었으나, 성내 사람들은 〈조등(條凳)〉이라고 부르고 있다.

(B) 가령 길이가 석 자, 폭이 세 치 되는 나무판자로 만든 걸상을 웨이좡에서는 '창떵(長凳)'이라고 부르고 그 자신도 '창떵'이라고 하는데, 문안 사람들은 '탸오떵(條凳)'이라고 불렀다.

(C) 예를 들어, 길이가 석 자에 넓이가 세 치 되는 나무 판자로 만든 걸상을 웨이좡에서는 '장등(長凳)'이라고 부르며 그도 또한 그렇게 부르는데, 성안 사람들은 '조등(條凳)'이라고 불렀다.

(D) 예컨대, 길이 석 자, 폭 세 치의 널판자로 만든 걸상을 미장에서는 '장등(長凳)'이라고 부르며, 그도 '장등'이라고 불렀는데 성 안의 사람들은 '조등(條凳)'이라고 부르고 있었다.

(E) 예를 들면, 길이 석 자 너비 세 치의 널빤지로 만든 의자를 웨이주앙에서는 '긴 걸상(長凳)'이라고 불렀고 자기도 '긴 걸상'이라고 부르는데 성내 사람들은 '쪽걸상(條凳)'이라고 불렀다.

여기서 보면, 未莊을 각각 미장/웨이좡/웨이좡/미장/웨이주앙으로 옮겨 놓고 있으며, 長凳은 장등/창떵/장등/장등/긴 걸상으로, 條凳은 조등/탸오떵/조등/조등/쪽걸상으로 옮겨 놓고 있는데, 음역과 의역이 뒤섞여 있는데다가 음역도 한자음과 중국음이 다 사용되고 있다. 또 다른 예를 보자.

(魯) 趙太爺錢太爺
(A) 조 나으리와 전 나으리
(B) 자오 영감과 첸 영감
(C) 자오 나리와 첸 나리
(D) 조 나으리와 전 나으리
(E) 짜오 노어른과 치엔 노어른

이는 음역과 의역이 결합된 경우라고 할 수 있을 텐데, 이런 경우는 얼마든지 있을 수 있다. 예컨대 '西湖'를 각각 '서호/시호/시후'라고 할 수도 있고, '長江'을 '장강/츠앙강/츠앙지앙' 등으로 번역할 수도 있는 것이다.

필자는 이와 같은 사항에 대해 대체로 다음과 같이 처리하고 있다. (1) 고유명사: '魯迅, 未莊'과 같은 인명, 지명 등은 '루쉰/웨이주앙' 식으로 중국음대로 표기한다. 그러나 앞서 예를 든 '西湖/長江'은 각각 '시호/츠앙강' 식으로 번역한다. 또 '人民日報/新華社'와 같은 것은 '인민일보/신화사' 식으로 표기한다. 다만 이 경우 필자는 이를 의역으로 간주한다. (2) 일반명사: 필자는 '知縣/行狀/文童/秀才'와 같은 말들은 각각 '지현/행장/문동/수재'로, '長凳/條凳/癩瘡疤'는 '긴 걸상/쪽걸상/부스럼흔적' 식으로, '趙太爺/錢太爺'는 '자오나리/치엔나리' 식으로 하는 데 찬성한다. 다만 앞의 지현 등의 말들은 음역이라고 보지 않고 의역이라고 간주한다. 이렇게 본다면 필자 역시 엄밀한 체계를 적용하고 있지는 못하고 상황별로 음역, 의역, 음의역을 혼용하고 있는 셈이다. 그러나 전혀 규칙이 없는 것은 아니고, 크게 보아 인명은 모두 중국음으로 표기하고, 지명은 산·강·호수와 같이 일반명사의 역할을 하는 부분은 제외하고 역시 중국음으로 표기하며, 그 외의 명사들은 비록 한자음을 사용하는 경우가 있다 하더라도 모두 의역을 사용하고 있는 셈이다. 그리고 중국음의 표기법은 실제음과 상당한 괴리가 있고 또 단음절이 다음절로 표기되는 등 불만스러운 점이 없는 것은 아니지만 그래도 비교적 체계적이라는 면에서 〈최영애·김용옥 표기법〉을 사용하고 있다.

이런 것들을 고려할 때, 필자의 생각으로는, 일단 번역자 나름의 일관된 번역 방식을 사용하되 앞으로는 이와 관련하여 학계에서 모범적인 번역 방식이 연구되어야 하리라고 본다. 특히 음역의 경우에는 중국음을 사용하는 것이 옳다고 보는데, 이미 10여 년 전부터 거론되고 있으면서도 아직까지 별다른 성과가 없는 중국음 표기 방법과 관련해서, 현재 통용되고 있는 교육부 안이라든가 〈최영애·김용옥 표기법〉 또는 개별적인 표기 방식이 가진 여러 가지 장단점을 충분히 검토하여, 학계 차원에서 통일된 표기 방법이 나오기를 고대해마지 않는다.

### (6) 설명의 활용

지금까지 번역상의 문제점들을 살펴보는 가운데 이미 그 필요성이 충분히 인정되었으리라고 생각되는 바, 번역에서 때때로 번역자의 설명이 부득이한 경우가 없지 않다. 예를 들어 보자.

(魯) 阿Q沒有家, 住在未莊的土穀祠裡

(A) 阿Q는 집도 없이 미장의 사당(祠堂)안에 살고 있었으며

(B) 아큐는 집도 없이 웨이장에 있는 투꾸츠(土穀祠)(지신과 곡신에게 제사 지내는 시골의 사당)안에서 살았다.

(C) 아큐는 집도 없이, 웨이좡에 있는 토곡사(土穀祠, 지신[地神]에게 제사지내는 사당 –주)에서 살았다.

(D) 아큐는 집도 없이 미장의 사당(祠堂)안에 살고 있었으며

(E) 아Q는 집이 없어서 웨이주앙의 사당에서 살았다.

여기서 '土穀祠'에 대해 (A)(D)(E)는 아예 별다른 설명 없이 '사당'이라고 번역했고, (B)(C)는 각각 '투꾸츠'·'토곡사'라고 번역하면서 본문에 괄호를 쳐서 설명을 덧붙이고 있다. 필자가 보기에는 일단 '土穀祠'에 대해서는 설명을 덧붙이는 것이 옳다고 본다. 왜냐하면 그냥 '사당'이라고 한다면 한 가문의 위패를 모셔놓은 곳이므로 '土穀祠'는 전혀 다른 곳일 뿐만 아니라, 집도 절도 없는 없이 고용농으로 떠도는 阿Q 같은 인물이 기거한다는 것은 불가능하기 때문이다. 따라서 '토지신 사당' 쯤으로 번역해 주면서 설명을 덧붙이는 좋을 것이다. 그런데 문제는 설명을 덧붙이는 방법이다. 어떤 방식으로 설명을 덧붙일 것인가 하는 것은 각기 장단점이 있어서 번역자의 선택에 달린 것이라고 할 수 있다. 그렇지만 위의 예에서 보듯이 본문의 괄호 속에 두면 번잡할 뿐만 아니라 자칫 문맥이 끊기는 부작용이 있을 수 있다. 그렇다면 남는 방식은 미주 아니면 각주인데, 전자의 경우에는 일일이 찾아보기가 쉽지 않은 불편함이 있으므로 필자는 일반적으로 각주가 무난하다고 생각한다.

## (7) 직역과 의역

직역과 의역의 문제는 아마도 번역 작업에서 영원한 숙제일 것이다. 도대체 어느 쪽을 택할 것인가 하는 것은 기본적으로는 구체적인 상황 속에서 번역자가 결정할 일이다. 몇 가지 예를 가지고 비교해 보자.

| (魯) | 文童 | 行狀 | 土穀祠 | 賽神 | 角洋 | 大洋 | 長凳 | 條凳 |
|---|---|---|---|---|---|---|---|---|
| (A) | 문동 | 행장 | 사당 | 신을 제사 | 소은화 | 대은화 | 장등 | 조등 |
| (B) | 문동 | 행장 | 투꾸츠 | 마을굿 | 각양 | 대양 | 창떵 | 탸오떵 |
| (C) | 문동 | 행장 | 토곡사 | 축제 | 은전 | 은화 | 장등 | 조등 |
| (D) | 글방 도련님 | 행적 | 사당 | 마을 축제 | 작은 은전 | 큰 은전 | 장등 | 조등 |
| (E) | 문동 | 행장 | 사당 | 마을 제사 | 작은 은전 | 큰 은전 | 긴 걸상 | 쪽걸상 |

'土穀祠/賽神/角洋/大洋/長凳/條凳'과 같은 말은 우리나라에 그런 일이나 사물이 없거나 아니면 그에 해당되는 말을 사용하지 않기 때문에 어차피 의역을 할 수밖에 없다고 생각되며, 따라서 이는 번역자가 얼마나 근사한 말을 찾는가 또는 새로운 말을 창안해내는가에 따라 효과가 달라지는 문제이다. 그렇지만 '文童/行狀'과 같은 말은 사정이 좀 다르다. 우리 말 사전에서 '문동'은 '서당에서 함께 글공부하는 아이'라고 풀이되어 있고, '행장'은 '사람이 죽은 뒤에 그 평생에 지낸 일을 기록한 글'이라고 풀이되어 있다. 따라서 그냥 직역을 할 것인가 아니면 의역을 할 것인가 하는 것은 번역자의 선택에 달려 있는 것이다.

그렇다면 이를 무조건 번역자에게만 맡겨야 할 것인가? 위에서 보듯이 '行狀'을 '행장'이라 하지 않고 '행적'으로 의역하는 경우, 한글 세대가 이해하기에는 좀 수월할지 모르겠지만, 〈阿Q正傳〉 자체가 阿Q가 죽은 뒤에 기록됐다는 식으로 전개되고 있는 점을 충분히 살려주지는 못하고 있다. 따라서 직역이냐 의역이냐의 문제에 있어서 필자는 그래도 어느 정도의 대전제는 있어야 할 것으로 생각하는데, 일단은 원문에 충실하면서 우리 말로도 자연스럽고 정확해야 하며 특히 원작의 정신과 스타일을 살릴 수 있어야 한다는 것을 강조하고 싶다.

## (8) 이론서의 문헌명 통일

이상에서 기술한 것들과 같은 유형의 것은 아니지만, 이론서 번역에서는 작품명, 문헌명의 번역이 문제가 될 경우가 많다. 그것은 이론서에서 거론되는 수많은 작품과 문헌을 번역자가 일일이 다 읽어볼 수는 없기 때문이다. 수 년 전 어떤 이론서를 번역할 때, 초고에서 공동 작업자 중 한 사람이 徐志摩의 시집 《翡冷翠的一夜》를 '춥고 푸른 밤'이라고 옮긴 적이 있었다. 이미 출판된 어떤 이론서에서는 蔣子龍의 소설 〈赤橙黃綠青藍紫〉를 '붉은등자나무와 황·녹·청·남·자색'이라고 번역해 놓고 있다. 만약 이런 것들은 제목만으로도 충분히 번역 가능한 것이라고 한다면, 田間의 시 〈她也要殺人〉을 번역서에 따라서는 각기 '그녀도 사람을 죽여야 한다'와 '그녀 역시 사람을 죽이려하네'라고 번역해 놓고 있는데 과연 어느 것이 맞는가? 沙汀의 소설 〈呼嚎〉를 '호호'라고 하고 吳祖光의 극본 〈畵角春聲〉을 '화각춘성'이라고 한 것은 과연 효과적인 번역인가? 심지어는 吳祖光의 극본이라며 각각 〈風雪夜歸人〉, 〈風雨夜歸人〉, 〈風雪夜婦人〉을 소개하고 그 스토리까지 설명하고 있는데 번역명은 고사하고 대체 어느 것이 정확한 제목인가?

물론 이런 문제에 대처하는 관건은 번역자의 성실성이다. 즉 이상적으로 생각한다면, 번역자가 모든 작품과 문헌을 직접 확인해가면서 번역하는 것이 옳을 것이다. 그러나 현실적으로는 이는 극히 어려운 일로, 필자 역시 이 문제에서 예외가 아니어서 최근에 번역한 《중국현대산문론 1949-1996》(李曉虹, 2000)에서 하느라고 했지만 대체 얼마나 많은 잘못을 저질렀는지는 알 수 없다. 따라서 필자는 이 문제의 해결을 위해서는 일종의 목록 작업이 필요하다고 생각한다. 즉 각종 작품과 문헌의 번역명을 목록으로 만들고, 내용 확인을 통해 지속적으로 수정해나가는 한편, 이미 확인된 것은 모두가 통일해서 사용하자는 것이다. 그런 면에서 이 발표문에 첨부된 한글판 중국현대문학 작품 목록은 일정한 도움이 될 수 있을 것이다. 그러나 이것만으로는 부족하다. 그 수많은 작품이 다 번역되는 것은 아니며, 작품 외에도 논문·연구서·신문기사 등 각종 문헌들이 있기 때문이다. 이는 어느 한 사람의 힘만으로는 어려울 것인 만큼 관련 학회에서 지속적으로 추진해야 할 것이다.

## Ⅳ. 맺음말

이상에서 필자는 미흡하나마 중국현대문학과 관련된 이론서 및 작품의 번역 출판 상황을 알아보고 번역상의 몇 가지 문제점을 검토해 보았다. 이미 80년의 역사를 가지고 있는 중국현대문학 작품 및 이론서 번역은, 그 동안 침체기가 없었던 것은 아니지만 근래에 와서는 대단히 활성화되고 있다. 그러나 아직까지는 양적인 면에서나 질적인 면에서 그리 만족할 만한 수준은 아니며, 더욱 큰 발전을 이루기 위해서는 노력해야 할 일들이 많다고 생각한다.

우선 작품 번역에서 일부 작가 편중 및 중복, 장르별 편중, 시기별 편중, 지역별 본격문학과 대중문학의 불균형 등의 현상이 현저한데, 이를 타개하기 위해서는 상업적인 목적을 고려할 수밖에 없는 출판사와 주로 일과성으로 번역에 참여하는 대부분의 번역자에게만 맡겨둘 일이 아니라 학계의 적극적이고 집단적인 노력이 필요하다. 예를 들면 번역 추천 작품 목록을 작성하여 공표한다든가, 번역이 필요하지만 아직 되지 않은 작품에 대해서는 각종 지면을 통해 적극적으로 소개한다든가, 학계가 출판사와 공동으로 체계적인 번역을 기획한다든가 하는 것이 바로 그렇다.

이론서의 번역을 확대하는 것도 상당히 중요한 문제다. 물론 이론서는 우리 학자에 의한 독자적인 저술이 필수적이며 우선적이다. 그러나 우리나라의 중국현대문학 연구가 본격적으로 재개된지 그리 오래지 않은 점을 고려해 볼 때, 앞으로 점차 많아지겠지만 당분간은 좀더 시간이 필요할 것으로 보인다. 그렇다면 번역이라도 많이 확대할 필요가 있다. 그것은 연구자나 중문학과 학생들에게 유용한 참고가 될 수 있을 뿐만 아니라, 일반독자에게 중국현대문학에 대한 체계적인 지식을 제공하고 앞에서 말한 것처럼 번역 대상 작품의 선정에도 도움이 될 것이기 때문이다. 특히 여기서 우리가 유의해야 할 점은 일반적인 개설서에서 분야별 전문서로, 중문서에서 비중문서로 전문화·다양화해 나가야 한다는 것이다.

중문과 학생을 대상으로 한 전문번역가 육성 내지는 번역 능력 배양 역시 중요한 문제다. 앞에서 살펴보았듯이 실제 번역에서 발견되는 많은 문제들은 번역자 개인의 역량 제고와 책임감 강화에 따라 현저하게 줄어들 수 있다. 그런데 전문번역가는 거의 없고 대부분이 임시성 번역자들이기는 하지만, 어쨌든 다른 언어 분야의 번역과는 달리 인적 자원의 배출 경로가 비교적 단순한 중국현대문학 번역에서는, 瓊瑤 등의 대중소설을 주로 번역한 김은신과 같은 이를 비롯해서 대개 중문과 출신이 위주인 것으로 보인다. 그렇다면 학부 및 대학원에서 번역 관련 과목을 개설한다든가 전문번역가 양성 프로그램을 도입하여 이론과 실천면에서 학생들의 번역 역량을 제고하고 번역가의 사명감을 강화하는 것이 필요하다고 하지 않을 수 없다.

실제 번역의 난점을 해결하기 위한 학계의 공동 노력 또한 필수적이다. 중국어의 음역/의역/음의역 문제라든가 중국음의 표기 방식에 대한 모범적인 번역 방식과 합리적이고 공인된 중국음 표기 방법이 하루 바삐 마련되어야 할 것이다. 또 〈중국어 번역 기법의 모색〉(박종한, 1998)과 같은 번역 기법과 관련된 연구가 활성화되어야 할 것이고, 번역 작품 선정이라든가 번역명 통일을 위한 다양한 목록 작업이 학계 공동의 노력에 의해 지속적으로 이루어져야 할 것이다. 그리고 전술한 '大頭魚'의 번역에서 보듯이 사전의 역할이 대단히 중요한데, 앞으로는 중한사전류도 단순히 일반적인 어휘 사전보다는 전문용어사전, 분류사전, 속담·성어사전, 破音字사전, 역순사전 등 다양한 사전의 개발이 필요하다.

번역에 대한 정부·공익단체·출판계 및 학계의 인식 변화와 협조 역시 대단히 중요한 사항이다. 예를 들면, 상업적 이익을 고려할 수밖에 없는 출판사로서는 그때그때 작품과 번역자를 선정할 뿐만 아니라, 번역료 및 원저작료를 가능한 적게 들이려고 한다든가 저작권 처리 문제를 번역자에게 떠넘긴다든가 하는 일이 다반사다. 또 능력을 갖춘 번역자가 최선을 다해 거둔 성과물을 제대로 출판할 수 없는 경우도 많다. 그 뿐만 아니라 연구자들의 경우에는 심혈을 기울인 번역물이 아예 학문적 성과로 인정되지 않는 경우가 대부분이다. 따라서 이와 유사한 많은 문제들을 해결하기 위해서는 우리 사회 전체, 좀더 직접적으로는 각 관련 기관들의 인식 변화와 협조가 절실한 것이다. 다만 이 짧은 글에서 이런 문제를 본격적으로 다룰 수는 없는 터이다.

마지막으로 필자의 주관적인 희망 한 가지로 글을 맺겠다. 지난 10월 13일, 올해 노벨문학상 수상자로 중국의 高行健이 선정되었다. 高行健(1940~ )은 중편소설 《寒夜的星晨》(1979)과 극작 《絕對信號》(1982)를 시작으로 《車站》, 《野人》, 《模倣者》, 《躲雨》, 《行路難》, 《客巴拉山口》, 《獨白》 등의 극작과 《有只鴿子叫紅脣兒》, 《彼岸》, 《靈山》, 《聖經》 등의 소설을 잇따라 창작하여 지금까지 중장편소설 4편, 극본 16편, 문예논저 3권 등을 포함해서 모두 400여 편의 글을 발표했다. 그의 작품은 발표때 마다 대부분 현실의 부조리를 비판하는 허무적·반항적인 내용과 주로 모더니즘적 기법을 수용하여 기존의 시간 구조와 무대 공간을 해체하는 파격적인 수법으로 커다란 논란을 불러일으켰다. 그러나 사실 그는 일반 대중에게는 잘 알려지지 않은 작가였고, 많은 전문가들도 그가 노벨상을 수상하리라고는 예상하지 못했다. 그런데 林語堂·艾靑·北島 처럼 그간의 경험으로 볼 때 조만간 우리나라에서 그의 작품이 대량 번역될 것으로 보이며, 이는 그의 노벨상수상 자체와 더불어 우리나라 사람에게 중국현대문학에 대한 인식을 제고시키는 계기가 될 것으로 예상된다. 특히 그가 철학적 깊이를 갖춘 모더니즘적 수법을 사용하는 점은, 그간 '중국문학'하면 李白·杜甫나 〈서유기〉, 〈삼국지〉 또는 魯迅·瓊瑤나 〈아Q정전〉, 〈생활의 발견〉 만을 떠올리던 것을 다소 바꾸어 놓을 수 있지 않을까 싶기도 하다. 그런 면에서, 그와 그의 작품에 대한 평가는 별도로 하더라도, 그의 노벨상수상이 우리나라의 중국현대문학 번역의 수준을 더욱 향상시키는 계기가 되기를 기대해본다.

## ✚ 참고문헌

김시준, 〈한국에서의 중국현대문학연구 개황과 전망〉, 《중국어문학지》 제4집, 서울: 중국어문학회, 1997.12, PP.1-8.

이장우, 〈중국문학연구사 장편(15) 한국 중국문학연구의 회고와 전망〉, 《중국어문학》 제15집, 경산: 영남중국어문학회, 1988.12, PP.503-515.

이근효 외, 〈중국문학연구사 장편(2) 북해 정래동 교수의 약력과 저술〉, 《중국어문학》 제2집, 경산: 영남중국어문학회, 1981.5, PP.235-253.

최용철, 〈중국문학연구사 장편(26) 백화 양건식의 중국문학 연구와 번역에 대하여〉, 《중국어문학》 제28집, 경산: 영남중국어문학회, 1996.12, PP.573-602.

김하림, 〈魯迅 〈광인일기〉의 해석과 수용에 관한 연구〉, 《중국현대문학》 제16호, 서울: 한국중국현대문학학회, 1999.6, PP.259-278.

박종한, 〈중국어 번역 기법의 모색〉, 《중국어문학》 제32집, 경산: 영남중국어문학회, 1998.12, PP.557-589.

魯迅, 〈阿Q正傳·優勝紀略〉, 《魯迅全集》 1, (北京: 人民文學出版社, 1981), PP.490-494.

魯迅, 〈狗的駁詰〉, 《魯迅全集》 2, (北京: 人民文學出版社, 1981), P.198.

노신 저, 이가원 역, 《아큐정전》, (서울: 동서문화사, 1977.10), PP.14-19.

루신·빠이셴융·조츠판, 허세욱 옮김, 《아큐정전, 광인일기/타이뻬이사람들/반하류사회》, (서울: 신영출판사, 1985.12), PP.22-26.

루신, 윤화중·강계철 옮김, 《아큐정전 외》, (서울: 학원사, 1983.8), PP.35-39.

루쉰, 김시준 옮김, 《루쉰 소설 전집》, (서울: 중앙일보사, 1989), PP.86-90.

노신 저, 전형준 역, 《아큐정전》, (서울: 창작과비평사, 1996.10), PP.68-74.

노신, 이욱연 편역, 〈개의 반박〉, 《아침꽃을 저녁에 줍다》, (서울: 창,

1991.3), PP.19-20.
노신, 김원중 옮김, 〈개의 지껄임〉, 《끝난 곳에서 길은 시작되고》, (서울: 현대문화센타, 1991.12), PP.55-56.
루쉰, 유세종 옮김, 〈개의 반박〉, 《들풀》, (서울: 솔출판사, 1996.3), PP.116-117.

## ✚ 한글번역판 중국현대문학 관련 서적

1) 이 목록은 2010년 1월을 기준으로 작성되었음. 찾아보기의 편의를 위해 각 문헌은 제목을 앞에 내세움. 순서는 서명의 가나다 차례로 함.
2) 출판일은 가능하면 초판일 내지 앞선 일자를 표시함. 제목·저자명·역자명·출판사명 등을 바꾸어 출판한 경우는 모두 제시함. 출판지가 불분명한 경우에는 일단 서울로 표시함. 확인된 원저명 및 원저자명은 원문을 병기함.
3) 일부 간접 관련 서적 포함. 소설 위주의 종합적 성격의 작품집과 영화나 드라마의 대본을 소설화한 것은 소설 목록에 포함. 확인된 자기계발서나 생활지침서 등은 제외함.
4) 무협소설 및 대중소설은 포함. 다만 무협소설은 원저명·원작자를 명기하지 않거나 다른 작가명·작품명으로 표기하거나 또는 위작까지 있어서 조사가 다소 미흡함.
5) 원저가 중문판인 경우, 영어판·일어판·불어판 등의 중역본도 포함. 다만 "한글판 중국현대문학 이론서 평론서 목록"과 林語堂의 작품은 원저의 중문판 여부와 관계없이 모두 포함.

## • 한글판 중국 현대소설 작품 목록

《17세 밍쯔 山羊不吃天堂草》, 차오원쉬엔 曹文軒, 김지연 옮김, (서울: 은행나무, 2009. 6. 10)

《1학년 중국동화》, 성야 외, 최윤희 옮김, (서울: 범우문고, 1998. 12. 18)

《1학년 중국동화》, 성야 외, 최윤희 옮김, (서울: 한국어린이교육연구원, 1996. 4)

《20 30 40, 그녀들의 좌충우돌 인생 이야기 二十·三十·四十》, 양명 陽明, 심정수 옮김, (서울: 반디, 2006. 10. 20)

《2학년 중국동화》, 호련연 외, 최윤희 옮김, (서울: 한국어린이교육연구원, 1996. 4)

《80년대 전중국최고작품상 수상작품집》1-2, 서회중 외 徐怀中(等), 장지민 옮김, (서울: 문학사상사, 1990. 2-3)

《가 家》, 파금 巴金, 강계철 옮김, (서울: 세계, 1985)

《가 家》, 파금 巴金, 박난영 옮김, (전주: 이삭문화사, 1985)

《가 家》, 파금 巴金, 연변출판사 편집부 옮김, (서울: 해누리, 1989)

《가 家》, 파금 巴金, 최보섭 옮김, 장기근 해설, (서울: 청람문화사, 1985. 12)

《가 家》1-2, 바진 巴金, 박난영, (서울: 황소자리, 2006. 10. 17)

《가랑비 속의 외침 在細雨中呼喊》, 위화 余華, 최용만 옮김, (서울: 푸른숲, 2004. 1. 5)

《가을의 노래 秋歌》, 경요 瓊瑤, 임계재 옮김, (서울: 씽크북, 1999. 6)

《가지끝에 외기러기 雁兒在林梢》, 경요 瓊瑤, 강청일 옮김, (서울: 삼우당, 1987)

《갈망 渴望》상하, 정만륭/이효명 鄭萬隆/李曉明, 이형기 옮김, (서울: 대륙, 1993. 2)

《감언이설 花腔》, 리얼 李洱, 박명애 옮김, (서울: 문학과지성사, 2009. 3. 6)

《강희대제 康熙大帝》1-12, 얼위에허 二月河, 한미화 옮김, (서울: 산수야, 2005. 7-8)

《강희대제 康熙大帝》1-12, 얼위에허 二月河, 한미화 옮김, (서울: 출판시대, 2000. 7-12)

《개혁자 改革者》, 장계 張鍥, 심성종 옮김, (서울: 객장, 1990)

《객소리 가득 찬 가슴 一腔廢話》, 류전윈 劉震雲, 박명애 옮김, (서울: 문학과지성사, 2008. 9. 9)

《거상 여불위 貨國巨賈呂不韋》1-2, 정시앙밍 曾祥明/鄭紅, 김하림 옮김, (서울: 솔, 1999. 6)
《거상의 혼 喬家大院》1-3, 주슈하이 朱秀海, 하진이 옮김, (서울: 에버리치홀딩스, 2007. 12)
《건륭황제 乾隆皇帝 1-18》, 얼위에허 二月河, 한미화 옮김, (서울: 산수야, 2005. 11)
《건륭황제 乾隆皇帝 1-18》, 얼위에허 二月河, 한미화 옮김, (서울: 출판시대, 2002. 4)
《겨울 눈 하얀 사랑 窗外?》, 경요 瓊瑤, 정성호 옮김, (서울: 문원북, 1995. 11. 25)
《겨울의 동화 冬天的童話》, 위뤄찐 遇羅錦, 이가춘 옮김, (서울: 다섯수레, 1992. 12)
《경성지련 傾城之戀》, 장아이링 張愛玲, 김순진 옮김, (서울: 문학과지성사, 2005. 12. 26)
《경요 나의 이야기: 마음속의 집 한 채, 그 안에 사랑 我的故事?》, 경요 瓊瑤, 이상훈 옮김, (서울: 빛샘, 1992. 10)
《고대 중국 궁중 비화: 비운의 황후열전 皇後之死?》, 백양 柏楊, 강청일 옮김, (서울: 은행계, 1986)
《고독한 사람 孤獨者(等)》, 노신 魯迅, 한국양서보급중앙회 옮김, (서울: 푸른세대, 1995. 9)
《고련 苦戀(等)》, 백화 외 白樺(等), 박재연 옮김, (서울: 백산서당, 1987)
《고령가 살인 사건 牯嶺街少年殺人事件》, 오담여 吳淡如, 증소추 옮김, (서울: 서적포, 1992. 8)
《고사신편 故事新編》, 노신 魯迅, 우인호 옮김, (서울: 신원문화사, 1996. 4)
《고사신편 故事新編》, 루쉰 魯迅, 우인호 옮김, (서울: 신원문화사, 2006. 2. 15)
《고스트램프 鬼吹燈》1-8, 천하패창 天下霸唱, 곰비임비(김하나, 이미영) 옮김, (서울: 엠빈 2008. 2. 9)
《고향 故鄉/春蠶(等)》, 루쉰 외 魯迅/茅盾(等), 민병덕 옮김, (서울: 정산미디어, 2009. 12)
《고향 외 故鄉(等)》, 노신 외 魯迅(等), 이가원 옮김, (서울: 동서문화사, 1983)
《고향 하늘 아래 노란 꽃 故鄉天下黃花》, 류전윈 劉震雲, 김재영 옮김, (서울: 황매Books, 2007. 12. 7)

《고향/침륜 외 故鄕/沉淪(等)》, 노신/욱달부 외 魯迅/郁達夫(等), 김시준 옮김, (서울: 정한출판사, 1976)
《공개된 연애편지 公開的情書》, 리유칭펑 劉青峰, 이가춘 옮김, (서울: 다섯수레, 1992. 5)
《공자 孔子》1-3, 가오광 高光, 김택규 옮김, (서울: 황매, 2007. 10)
《공허한 구름 空虛的雲》1-5, 풍풍 馮馮, 조성우 옮김, 왕효인 감수, (서울: 명문당, 1994. 7)
《광인의 일기 狂人日記(等)》, 노신 魯迅, ? 옮김, (서울: 푸른세대, 1995. 5)
《광인의 일기 狂人日記(等)》, 노신 魯迅, ? 옮김, (서울: 해누리, 1994. 11)
《광인일기 狂人日記(等)》, 노신 魯迅, ? 옮김, (서울: 여강, 1991)
《광인일기 狂人日記(等)》, 노신 魯迅, 이가원 옮김, (서울: 동서문화사, 1977. 9)
《광인일기 狂人日記(等)》, 노신 魯迅, 이가원 옮김, (서울: 문공사, 1982)
《광인일기 狂人日記》, 루쉰 魯迅, 김남주 옮김, 황영호 그림, (서울: 눈, 1993. 10)
《구룡배의 전설 日暮東陵: 清東陵地宮珍寶被盜之謎》1-2, 웨난 嶽南, 유소영/심규호 옮김, (서울: 일빛, 2001. 4. 20)
《구름꽃 하나 彩雲飛》, 경요 瓊瑤, 유소영 옮김, (서울: 새터, 1993. 2)
《국두 伏羲伏羲》, 유항 劉恒, 문흥복 옮김, (서울: 모아, 1990)
《국두 伏羲伏羲》, 유항 劉恒, 장기옥 옮김, (서울: 은광사, 1991)
《굴원: 중취독성의 시인 屈原全傳》, 우가오페이 吳高飛, 김연수/김은희 공역, (서울: 이끌리오, 2009. 2. 25)
《굶주린 여자 飢餓的女兒》, 홍잉 虹影, 김태성 옮김, (서울: 한길사, 2005. 4)
《궈모러 역사소품: 사람 냄새가 그립다 豕蹄》, 궈모러 郭沫若, 이용철 옮김, (서울: 역사넷, 2005. 5. 20)
《그 이름 다시는 부르지 못하네》, 경요 瓊瑤, 차숙영 옮김, (서울: 홍익출판사, 1990. 3)
《그대 그리움으로 난 물들고 一顆紅豆》, 경요 瓊瑤, 이상훈 옮김, (서울: 시선, 1992. 12. 20)
《그대 영혼위에 뜨는 별》, 경요 瓊瑤, 유전귀 옮김, (서울: 다솜미디어, 1995. 11. 20)
《그림 그리기가 정말 좋아!》, 린시아오뻬이, 김지연 옮김, (서울: 은행나무, 2007)
《그림 아Q정전 阿Q正傳(等)》, 노신 魯迅, 박운석 옮김, (서울: 지식산업사, 1987)

《그의 죽음을 슬퍼하다 傷逝(等)》, 노신 魯迅, 박성순 옮김, (서울: 책이있는풍경, 1994. 5)
《금강산 애화기 牧洋哀話(等)》, 곽말약 郭沫若, 김승일 옮김, (서울: 범우사, 2007. 4. 25)
《금익: 근세 중국에 관한 사회학적 연구 金翼: 中國家族制度的社會學研究》, 임요화 林耀華, 이기면/문성자 옮김, (서울: 고려대학교출판부, 2004. 1. 30)
《금잔화 金盞花》, 경요 瓊瑤, 김은신 옮김, (서울: 홍익출판사, 1992. 2)
《금지된 운명: 사랑의 화인, 붉은 매화로 가슴에 새긴 사랑이야기 梅花烙》, 경요 瓊瑤, 강함길 옮김, (서울: 혜민, 1994. 12. 1)
《기차는 새벽에 도착한다 火車在黎明時到達》, 취신후아/스메이쥔 瞿新華/史美俊, 차경섭/고주하 편역, (서울: 대인교육, 2000. 1)
《기황후: 중국대륙을 호령했던 고려미인 奇皇後傳: 高麗女子元宮封後傳奇》상하, 필진 畢珍, 김귀안 옮김, (서울: 문화문고, 1995. 1)
《깊고 슬픈 이별 夢的衣裳》, 경요 瓊瑤, 엄효섭 옮김, (서울: 청운, 1995)
《까만 기와 黑瓦》, 차오원쉬엔 曹文軒, 전수정 옮김, (서울: 새움, 2009. 7. 20 개정판)
《까만 기와 黑瓦》1-2, 차오원쉬엔 曹文軒, 전수정 옮김, (서울: 새움, 2002. 7. 29)
《꽃다발을 안은 여자 透明的紅蘿蔔/爆炸》, 모얀 莫言, 이경덕 옮김, (서울: 호암, 1993. 12)
《꽃은 열매에게 이렇게 묻는다 北極光》, 장캉캉 張抗抗, 윤진 옮김, (서울: 말길, 1993. 4)
《꽌시 전쟁 青瓷》1-2, 푸스 浮石, 한정은 옮김, (서울: 푸르메, 2008. 1)
《꾸냥 櫻子姑娘》1-2, 서속 徐速, 박재연 옮김, (서울: 성하, 1992. 6)
《꿈의 무늬 根鳥》, 차오원쉬엔 曹文軒, 전수정 옮김, (서울: 새움, 2005. 10. 27)
《꿈의 옷 夢的衣裳》, 경요 瓊瑤, 단경 옮김, (서울: 한웅, 1992. 8. 1)
《끝에서 두번째 여자친구 倒數第二個女朋友》, 왕원화 王文華, 문현선 옮김, (서울: 솔, 2005. 8. 3)
《나 혼자만의 성경 一個人的聖經》1-2, 가오싱젠 高行健, 박하정 옮김, (서울: 현대문학북스, 2002. 2. 27)

《나, 제왕의 생애 我的帝王生涯》, 쑤퉁 蘇童, 문현선 옮김, (서울: 아고라, 2007. 5. 21)
《나는 달러가 좋아 我愛美元》, 주원 朱文, 김택규 옮김, (서울: 황매, 2008. 6. 12)
《나는 사랑이다 滿足?》, 장량 張良, 이가인 옮김, (서울: 나다기획, 1992)
《나비 蝴蝶(等)》, 왕멍 王蒙, 이욱연/유경철 옮김, (서울: 문학과지성사, 2005. 2. 21)
《나의 남자 파충류씨, 나비 我的男人是爬蟲類》, 장만쥐엔 張曼娟, 이준희 옮김, (서울: 가람기획, 1999. 4)
《낙타상자 駱駝祥子》, 라오서 老舍, 류성준 옮김, (서울: 중앙일보사, 1989)
《낙타샹즈 駱駝詳子》, 라오서 老舍, 심규호/유소영 공역, (서울: 황소자리, 2008. 2. 10)
《날개없는 생이라도 汪洋中的一條船》, 쩡펑시 鄭豊喜, 강승원 옮김, (서울: 동광출판사, 1988. 5)
《남과 흑 藍與黑》상하, 왕란 王藍, 최영방/이성애 옮김, (서울: 삼일각, 1967)
《남색 포대기 渴望》상중하, 정완룽/리샤오밍 鄭萬隆/李曉明, 박하정 옮김, (서울: 지리산, 1993)
《남자의 반은 여자 男人的一半是女人》, 장현량 張賢亮, 김의진 옮김, (서울: 미학사, 1991)
《남자의 절반은 여자 男人的一半是女人》, 장현량 張賢亮, 정성호 옮김, (서울: 태광문화사, 1986)
《남자의 절반은 여자다 男人的一半是女人》, 장시엔리앙 張賢亮, 리팡 옮김, (서울: 새론문화사, 1994. 7)
《납함 吶喊》, 노신 魯迅, 김석준 옮김, (서울: 하서, 1994. 4. 1)
《낭원 朗園》, 조매 趙玫, 장미경 옮김, (서울: 다모아, 1995. 10)
《내게는 이름이 없다 我沒有自己的名字》, 위화 余華, 이보경 옮김, (서울: 푸른숲, 2000. 5. 31)
《내 남자는 파충류 我的男人是爬蟲類》, 장만쥐엔 張曼娟, 남옥희 옮김, (서울: 가람기획, 1999)
《너 없는 사랑 一顆紅豆》, 경요 瓊瑤, 엄효섭 옮김, (서울: 삼진기획, 1995. 8. 1)
《너는 들꽃으로 나는 바람으로 星星·月亮·太陽》, 서속 徐速, 정희국 옮김, (서울: 청조사, 1987. 11)

《너를 사랑한 슬픔, 너를 사랑한 기쁨》1-2, 경요 瓊瑤, 유종환 옮김, (서울: 문일, 1998. 12. 17)
《너의 가슴에 별로 뜨리라 秋海棠》, 진수구 秦瘦鷗, 정노영 옮김, (서울: 홍익출판사, 1987)
《너의 흔적, 너의 의미 彩雲飛》1-2, 경요 瓊瑤, 정노영 옮김, (서울: 홍익출판사, 1985. 12)
《노는 것 만큼 신나는 것도 없다 玩的就是心跳》, 왕쑤어 王朔, 박재연 옮김, (서울: 빛샘, 1992. 7),
《노빙화 魯氷花》, 종조정 鍾肇政, 한명운 옮김, (서울: 꿈이있는집, 1993. 9)
《노신 단편소설집》1-2, 노신 魯迅, 옮김, 김광주/이용규 옮김, (서울: 서울출판사, 1946)
《노신 단편집》, 노신 魯迅, 장기근 옮김, (서울: 범조사, 1977)
《노신 단편집》, 노신 魯迅, 화국양 옮김, (서울: 상서각, 1973)
《노신 문집 魯迅文集》1-6, 노신 魯迅, 다케우치 요시미 竹內好 역주, 김정화/한무희 공역, (서울: 일월서각, 1985-1987)
《노신 소설전집》, 노신 魯迅, 김시준 옮김, (서울: 한겨레, 1986)
《노신 소설전집》, 노신 魯迅, 이가원 옮김, (서울: 정연사, 1963)
《노신 작품》, 노신 魯迅, 성원경 옮김, (서울: 태극출판사, 1980. 4)
《노신》, 노신 魯迅, 이가원 옮김, (서울: 계몽사, 1988)
《노신》, 노신 魯迅, 허세욱 옮김, (서울: 범우사, 1983)
《노신》, 노신 魯迅, 허세욱 옮김, (서울: 삼성언어연구원, 1982)
《노신》, 노신 魯迅, 허세욱 옮김, (서울: 신영출판사, 1984)
《노신의 고향 외 故鄕(等)》, 노신 魯迅, 허벽 역주, (서울: 연세대학교 출판부, 1982)
《노신의 소설: 빛나는 자주정신 狂人日記(等)》, 노신 魯迅, 장기근 옮김, (서울: 명문당, 2009. 5)
《노을 彩霞滿天》, 경요 瓊瑤, 이상훈 옮김, (서울: 빛샘, 1992. 6)
《노을꽃 塞金花》1-2, 가흥 柯興, 이기형 옮김, (서울: 산호, 1994. 7)
《녹화수 綠花樹》, 장현량 張賢亮, 김영옥 옮김, (서울: 덕수출판, 1993)
《누르하치 努爾哈赤傳奇》상중하, 유은명 劉恩銘, 오정윤 역, (서울: 혜민, 1992)

《누에도 뽕잎을 먹지 않는다 春蠶》, 모순 茅盾, 함종학/이창인 외, (서울: 문덕사, 1989. 10. 2)

《눈물 碧奴》1-2, 쑤퉁 蘇童, 김은신 옮김, (서울: 문학동네, 2007. 8)

《눈물꽃 겨울사랑 雪珂》, 경요 瓊瑤, 이진한 옮김, (서울: 영언미디어, 1992. 8)

《눈물로 세운 사랑》, 경요 瓊瑤, 윤시원 옮김, (서울: 억조출판사, 1998)

《눈물로 세운 사랑》, 경요 瓊瑤, 윤시원 옮김, (서울: 홍원, 1992)

《눈물속에 핀 꽃 梅花烙》, 경요 瓊瑤, 안혜연 옮김, (서울: 혜민, 1994. 5. 1)

《눈보라치는 흑룡강 今夜有暴風雪/山中, 那十九座均墳苞塋》, 양효성/이존보 梁曉聲/李存葆, 김의진 옮김, (서울: 한울림, 1989. 7)

《뉴욕, 지옥이냐 천당이냐 北京人在紐約》, 조계림 曹桂林, 고애란 옮김, (서울: 미술문화원, 1994)

《뉴욕의 북경인 北京人在紐約》, 차오꾸이린 曹桂林, 순중 옮김, (서울: 지영사, 1995. 12)

《다시 없는 사랑 夢的衣裳》, 경요 瓊瑤, 엄효섭 옮김, (서울: 청운, 1994. 6. 25)

《다이제스트 중국 현대단편소설 新時期短篇小說擷英1977-1985》, 쉬쥐에민 許覺民 주편, 윤휘정 외 옮김, (부산: 부산대 중문과, 1998. 12)

《단 한 사람의 사랑 夢的衣裳》, 경요 瓊瑤, 엄효섭 옮김, (서울: 삼진기획, 1990. 11)

《단 한번의 사랑 단 한번의 욕망 川島芳子》, 릴리안 리 李碧華, 조남진/송문규 옮김, (서울: 명진출판, 1992. 12. 1)

《단백질 소녀 蛋白質女孩》, 왕원화 王文華, 신주리 옮김, (서울: 솔, 2006. 2. 22)

《단백질 소녀 두 번째 이야기 蛋白質女孩2》, 왕원화 王文華, 신주리 옮김, (서울: 솔, 2007. 3. 20)

《달과 소년 月亮忘記了》, 지미 幾米, 이민아 옮김, (서울: 청미래, 2001. 5)

《달로 달아난 항아 故事新編》, 루쉰 魯迅, 차경섭 옮김, (서울: 대인교육, 1999. 12)

《달빛은 쏟아지고 天江有水千江月》, 소려홍 蕭麗紅, 남옥희 옮김, (서울: 신라원, 1996. 10)

《달빛을 베다 月光斬》, 모옌 莫言, 임홍빈 옮김, (서울: 문학동네, 2008. 9. 16)

《닭털 같은 나날 一地鷄毛/官人/溫故一九四二》, 류진운 劉震雲, 김영철 옮김, (서울: 소나무, 2004. 2. 20)

《당신은 나 없이 살 수 있나요》1-3, 삼모 三毛, 문형렬 편역, (서울: 유정, 1994. 12. 1)

《대만현대작가단편선: 계절풍 臺灣現代作家短篇小說選:落山風(等)》, 왕뻰후 외 汪笨湖(等), 고혜숙 옮김, (서울: 고려원, 1988. 12)
《대상 錢王》1-3, 종원 鍾源, 순수소 옮김, (서울: 출판시대, 2003. 1)
《대지의 비극 人生》, 파금 巴金, 홍영의/박정봉 옮김, (서울: 범조사, 1955)
《대하장강 慈禧全傳》1-12, 고양 高陽, 정상홍/오윤숙 공역, (서울: 우리문학사, 1993-1994)
《더 깊은 사랑 新月格格》1-2, 경요 瓊瑤, 김은신 옮김, (서울: 홍익출판사, 1995. 11-12)
《돌아가야 할 곳을 찾아서 人啊, 人!》, 다이호우잉 戴厚英, 김국자 옮김, (서울: 예본, 1989)
《동물병원 39호 動物醫院39號》, 리진룬 李瑾倫, 백은영 옮김, (서울: 대원사, 2003. 12)
《따라쟁이 나나 娜娜的煎餅》, 치엔인 錢茵, 임지영 옮김, (서울: 고래이야기, 2008)
《랑 狼圖騰》1-3, 장룽 姜戎, 송하진 옮김, (서울: 동방미디어, 2006. 6. 12)
《러브 투 스트라이크 쓰리 볼 愛情兩好三壞》, 구바도 九把刀, 이재훈 옮김, (서울: 대원씨아이, 2007. 12. 19)
《로빙화 魯冰花》, 증자오정 鍾肇政, 김은신 옮김, (서울: 양철북, 2003. 6. 30)
《로빙화 魯冰花》, 증자오정 鍾肇政, 김은신 옮김, (서울: 양철북, 2008. 4. 4)
《루쉰 소설 전집》, 루쉰 魯迅, 김시준 옮김, (서울: 서울대학교출판부, 1996. 1)
《루쉰 소설 전집》, 루쉰 魯迅, 김시준 옮김, (서울: 을유문화사, 2008. 10. 20)
《루쉰 소설 전집》, 루쉰 魯迅, 김시준 옮김, (서울: 중앙일보사, 1989)
《루어투어 시앙쯔 駱駝祥子》상하, 라오서 老舍, 최영애 옮김, 김용옥 풀음, (서울: 통나무, 1986)
《마교 사전 馬橋詞典》1-2, 한소공 韓少功, 심규호/유소영 옮김, (서울: 민음사, 2007. 12. 31)
《마른잎은 굴러도 대지는 살아있다 京華煙雲》, 임어당 林語堂, 김종석 옮김, (서울: 삼한출판, 1988)
《마른잎은 굴러도 대지는 살아있다 京華煙雲》, 임어당 林語堂, 민중서 옮김, (서울: 제문, 1972)

《마른잎은 굴러도 대지는 살아있다 京華煙雲》, 임어당 林語堂, 이명규 옮김, (서울: 동학사, 1956)
《마른잎은 굴러도 대지는 살아있다 京華煙雲》, 임어당 林語堂, 이명규 옮김, (서울: 산호장, 1956)
《마른잎은 굴러도 대지는 살아있다 京華煙雲》, 임어당 林語堂, 이명규 옮김, (서울: 양문, 1965)
《마른잎은 굴러도 대지는 살아있다 京華煙雲》, 임어당 林語堂, 전수광 옮김, (서울: 동서출판사, 1968)
《마름풀꽃 연가 紫貝殼》, 경요 瓊瑤, 황병국 옮김, (부산: 선영사, 1993. 2. 1)
《마법의 문》, 초유침, 최윤희 옮김, (서울: 한국어린이교육연구원, 1998. 5. 1)
《마법의 바이올린 時光魔琴》, 양양 陽陽, 임지영 옮김, (서울: 자음과모음, 2004. 1)
《마씨 집안 자녀교육기 馴子記》, 쑤퉁 蘇童, 문현선 옮김, (서울: 아고라, 2008. 4. 1)
《마왕퇴의 귀부인 西漢亡魂: 馬王堆漢墓發掘之謎》1-2, 웨난 嶽南, 이익희 옮김, (서울: 일빛, 2001. 3. 25)
《마지막 환관 最後一個太監》1-2, 능해성 淩海成, 손서영 옮김, (서울: 문학사상사, 1989-90)
《만족 滿足?》, 장량 張良, 이가인 옮김, (서울: 보물섬, 1994)
《맑은 하늘에 눈물이 蒼天有淚》상하, 경요 瓊瑤, 윤진 옮김, (서울: 박우사, 1995. 5)
《매화 梅》상하, 라선 羅旋, 연변인민출판사 옮김, (서울: 물결, 1988. 12)
《매화 애가 鬼丈夫》, 경요 瓊瑤, 나은진 옮김, (서울: 혜민, 1994. 4. 20)
《먼 훗날의 타인 秋海棠》, 진수구 秦瘦鷗, 정노영 옮김, (서울: 홍익출판사, 1988)
《멜라니의 바이올린 米拉尼的小提琴》, 허닝 何寧, 김은신 옮김, (서울: 자유로운상상, 2008. 6. 30)
《모슬렘의 달 穆斯林的葬禮》1-3, 곽달 霍達, 김주영 옮김, (서울: 전예원, 1994. 8)
《모슬렘의 장례식 穆斯林的葬禮》1-3, 곽달 霍達, 김주영 옮김, (서울: 전예원, 2001. 10)
《모자쓴 혁명가 天雲山傳奇/人到中年》, 로언주/심용 魯彦周/諶容, 최향련/김영 옮김, (서울: 정신세계사, 1989. 4)
《목욕하는 여인들 大浴女》, 티에닝 鐵凝, 김태성/고찬경 옮김, (서울: 실천문학사, 2008. 9. 30)

《몽골제국 제1부 칭기즈칸 蒙古帝國: 成吉思汗》1-2, 바오리잉 包麗英, 유재원 옮김, (서울: 휴먼비전, 2007. 12. 24)
《무극: 거역할 수 없는 운명의 지도 無極》, 궈징밍 郭敬明, 김윤진 옮김, (서울: 대한교과서, 2006)
《무더운 여름 炎熱的夏天(等)》, 위화 余華, 조성웅 옮김, (서울: 문학동네, 2009. 8)
《무지개빛 여자 女強人》, 주수연 朱秀娟, 박하정 옮김, (서울: 문조사, 1992. 11)
《물 위의 사랑 海鷗飛處》1-3, 경요 瓊瑤, 한소현 옮김, (서울: 개미, 1999. 3. 1)
《물 위의 연가 浮出海面/癡人》, 왕쑤어 王朔, 박재연 옮김, (서울: 빛샘, 1992. 10)
《물고기라고 상상해 봐요》, 린시아오뻬이, 김지연 옮김, (서울: 은행나무, 2007)
《물망초 卻上心頭》, 경요 瓊瑤, 이정섭 옮김, (서울: 고려서원, 1992. 7. 1)
《물망초 卻上心頭》, 경요 瓊瑤, 이정수 옮김, (서울: 파라, 1992. 7)
《미소짓는 물고기 微笑的魚》, 지미 幾米, 이민아 옮김, (서울: 청미래, 2000. 11)
《미스터 후회남 後悔錄》, 둥시 東西, 홍순도 옮김, (서울: 은행나무, 2008. 12. 22)
《바다메우기 桑青與桃紅》, 녜화링 聶華苓, 이등연 옮김, (서울: 동지출판사, 1990. 5)
《바다새는 언제 잠드는가 雁兒在林梢》, 경요 瓊瑤, 차숙영 옮김, (서울: 홍익출판사, 1989)
《바람꽃이 된 여자 櫻子姑娘》, 서속 徐速, 박재연 옮김, (서울: 성하, 1995. 12)
《바람타는 수선화 月朦朧鳥朦朧》, 경요 瓊瑤, 황병국 옮김, (서울: 세기, 1992. 3)
《반삼국지 反三國志演義》상중하, 주대황 周大荒 채록, 김석희 옮김, (서울: 작가정신, 2003. 8)
《반삼국지 反三國志演義》상중하, 주대황 周大荒 채록, 김한경 옮김, (서울: 들꽃세상, 1991. 12)
《반삼국지 反三國志演義》상중하, 주대황 周大荒 채록, 안길환 옮김, (서울: 대제학, 1992)
《반삼국지 反三國志演義》상중하, 주대황 周大荒 채록, 안길환 평역, (서울: 한림원, 1997. 2)
《반삼국지 反三國志演義》상중하, 주대황 周大荒 채록, 정성환 옮김, (서울: 나무, 1991)

《반삼국지 反三國志演義》상중하, 주대황 周大荒 채록, 정현우 편역, (서울: 명문당, 1992. 8)
《반생연 半生緣》, 장애령 張愛玲, 권효진 옮김, (서울: 문일, 1999. 1)
《반하류사회 半下流社會》, 자오츠판 趙滋蕃, 허세욱 옮김, (서울: 중앙미디어, 1995. 4)
《반하류사회/대북사람들 半下流社會/臺北人》, 자오쯔판/바이시엔융 趙滋蕃/白先勇, 허세욱 옮김, (서울: 중앙일보사, 1989)
《백두의 여인: 중국의 조선족 遺書》, 박태옥 朴泰玉, 최무영 옮김, (서울: 열림원, 1993)
《백록원 白鹿原》1-5, 첸중스 陳忠實, 임홍빈/강영매 옮김, (서울: 한국문원, 1997. 3)
《뱀이 어떻게 날 수 있지 蛇爲什麽飛》, 쑤퉁 蘇童, 김지연 옮김, (서울: 문학동네, 2008. 9. 16)
《법문사의 불지사리 萬歲法門: 法門寺地宮佛骨再世之謎》1-2, 웨난/상청융 嶽南/商成勇, 유소영/심규호 옮김, (서울: 일빛, 2005. 9. 20)
《법문사의 비밀 萬世法門: 法門寺地宮佛骨再世之謎》, 웨난/상청융 嶽南/商成勇, 유소영/심규호 옮김, (서울: 일빛, 2000. 8)
《베이징의 아이들》, 샤오후잉 肖負榮, 남종훈 옮김, (서울: 열사람, 1993. 11)
《변방의 도시/이가장의 변천 외 邊城/李家莊的變遷(等)》, 선충원/자오수리 沈從文/趙樹理, 심혜영/김시준 옮김, (서울: 중앙일보사, 1989)
《변성 邊城》, 선충원 沈從文, 김동성 옮김, (서울: 한울, 1997)
《변성 邊城》, 심종문 沈從文, 정재서 옮김, (서울: 황소자리, 2009. 4. 10)
《변신인형 活動變人形》, 왕멍 王蒙, 전형준 옮김, (서울: 문학과지성사, 2004. 6. 7)
《변신하는 인형 活動變的人形》, 왕멍 王蒙, 성민엽 옮김, (서울: 중앙일보사, 1989)
《복사꽃 피는 날들 人面桃花》, 꺼페이 格非, 김순진 옮김 (서울: 창비, 2009. 10. 30)
《봄 春》, 파금 巴金, 연변인민출판사 편집부 옮김, (서울: 백양출판사, 1995. 4)
《봄, 여름, 겨울 그리고 가을 晩霞消失的時候》, 예평 禮平, 박재연 옮김, (청주: 온누리, 1987. 10)
《부용진 芙蓉鎮》, 고화 古華, 김단기/황대연 공역, (서울: 서당, 1988)
《부용진 芙蓉鎮》, 구화 古華, 보람영화 옮김, (서울: 예니, 1989. 7)

《부처의 진신사리 萬世法門: 法門寺地宮佛骨再世之謎》1-2, 웨난/상청융 嶽南/商成勇, 유소영/심규호 옮김, (서울: 일빛, 2003. 5. 8)
《부평초: 반금련전 潘金蓮傳》1-2, 장봉홍 張鳳洪, 김연순 옮김, (서울: 혜민, 1992. 11)
《부활하는 군단 複活的軍團: 秦始皇陵兵馬俑發現之謎》1-2, 웨난 嶽南, 유소영/심규호 옮김, (서울: 일빛, 2001. 6. 25)
《북경의 명십삼릉 風雪定陵: 地下玄宮洞開之謎》1-2, 웨난/양스 嶽南/楊仕, 유소영 역, (서울: 일빛, 2005. 7. 10)
《북경의 어느 겨울 北京最寒冷的冬天》, 하지염 夏之炎, 황대연 옮김, (서울: 한진출판사, 1977)
《북경호일 京華煙雲》, 임어당 林語堂, 이성계 옮김, (서울: 융성출판, 1986. 1)
《북대황 북만주 벌판에 꽃 핀 사랑과 추억의 대서사시 北大荒》, 매제민 梅濟民, 최홍수 옮김, (서울: 디자인하우스 출판부, 1992. 7)
《불타는 영혼 血色黃昏》전3권, 라오꾸이 老鬼, 박재연 옮김, (서울: 친구, 1992. 9)
《붉은 대문 朱門》, 임어당 林語堂, 김용제 옮김, (서울: 태성사, 1959)
《붉은 바위 紅岩》상중하, 나광빈/양익언 羅廣斌/楊益言, 편집부 옮김, (서울: 일월서각, 1991. 10)
《붉은 수수밭 紅高粱》, 막언 莫言, 홍희 옮김, (서울: 동문선, 1989. 5)
《붉은 수수밭 紅高粱》, 모옌 莫言, 심혜영 옮김, (서울: 문학과지성사, 1997. 6)
《붉은 중원 赤地之戀》, 장애령 張愛玲, 김인철 옮김, (서울: 신성, 2005. 12. 10)
《붉은 콩: 중국 현대애정소설선 紅豆(等)》, 종박 외 宗璞(等), 이영구/박재우 외 옮김, (서울: 우아당, 1988)
《붉은 해 紅日》, 오강 吳強, 박영빈 옮김, (서울: 동광출판사, 1989. 12)
《비 天瓢》상하, 차오원쉬엔 曹文軒, 김지연 옮김, (서울: 은행나무, 2007. 7. 1)
《비가 오지 않는 도시 無雨之城》1-2, 티에닝 鐵凝, 김태성/이선영 옮김, (서울: 실천문학사, 2007. 4. 10)
《비련초 庭院深深》, 경요 瓊瑤, 김은신 옮김, (서울: 홍익출판사, 1992. 2. 1)
《비창 望夫崖》, 경요 瓊瑤, 민정기 옮김, (서울: 빛샘, 1993. 10.)
《빨간 기와 紅瓦》, 차오원쉬엔 曹文軒, 전수정 옮김, (서울: 새움, 2009. 7. 20, 개정판)

《빨간 기와 紅瓦》1-3, 차오원쉬엔 曹文軒, 전수정 옮김, (서울: 새움, 2001. 6)
《빵나무 여자 麵包樹上的女人》, 장소한 張小嫻, 조유진 옮김, (서울: 늘봄, 1998. 12)
《뻐꾸기를 기다리는 빈 뜰》, 장관화 臧官華, 김현진 옮김, (서울: 행림, 1985)
《뼁얼 氷兒》, 경요 瓊瑤, 박하정 옮김, (서울: 한소리, 1992. 9)
《사람아 아, 사람아! 人啊, 人!》, 다이호우잉 戴厚英, ? 옮김, (서울: 세양, 1992)
《사람아 아, 사람아! 人啊, 人!》, 다이호우잉 戴厚英, 신영복 옮김, (서울: 다섯수레, 1991. 3)
《사람을 찾습니다 尋人啟事(等)》, 웡찡 외 黃靜(等), 김혜준 외 옮김, (서울: 이젠미디어, 2006. 11. 30.)
《사랑 그 하나만으로 新月格格》, 경요 瓊瑤, 혜인기획실 옮김, (서울: 길출판사, 1996)
《사랑 속의 사람 男人的一半是女人》, 장현량 張賢亮, 김세민 옮김, (서울: 춘추원, 1992. 11)
《사랑과 미움 幾度夕陽紅》, 경요 瓊瑤, 우현민 옮김, (서울: 동아, 1987)
《사랑과 영원의 목소리》, 경요 瓊瑤, 이정섭 옮김, (서울: 본미디어, 1995. 12.)
《사랑의 눈빛 氷兒》, 경요 瓊瑤, 박하정 옮김, (서울: 다솜미디어, 1995. 10)
《사랑의 늪 愛果情花》, 경요 瓊瑤, 유전귀 옮김, (서울: 다솜미디어, 1995. 11)
《사랑의 사계》1-3, 삼모 三毛, 문형렬 옮김, (서울: 유정, 1996. 4. 1)
《사랑의 시대 船》1-2, 경요 瓊瑤, 김수영 옮김, (서울: 무크출판사, 1996. 5)
《사랑의 절벽 望夫崖》, 경요 瓊瑤, 민정기 옮김, (서울: 빛샘, 1993. 10. 1)
《사랑이 지나간다, 느낌도 흐느낌도 없이 白渦/煩惱人生》, 류헝/츠리 劉恒/池莉, 김영철 옮김, (서울: 책이있는마을, 2008. 4)
《사랑이여 고독이여 月朦朧鳥朦朧》, 경요 瓊瑤, 강청일 옮김, (서울: 지성문화사, 1986)
《사랑하기 때문에 梅娘》1-2, 여명휘 呂明輝, 김옥희 옮김, (서울: 북앤피플, 2001. 7)
《사마천 司馬遷》상하, 가오광 高光, 허유영 옮김, (서울: 21세기북스, 2009. 7. 20)
《사부님은 갈수록 유머러스해진다 師傅越來越幽默(等)》, 모옌 莫言, 임홍빈 옮김, (서울: 문학동네, 2009년. 12)

《사십일포 四十一炮》1-2, 모옌 莫言, 박명애 옮김, (서울: 문학과지성사, 2008. 5. 30)
《사요나라 짜이젠 莎哟娜啦, 再見》, 황춘명 黃春明, 권용철 역, (서울: 기획출판사, 1975)
《사요나라, 짜이젠 莎哟娜啦, 再見》, 황춘명 黃春明, 이호철 옮김, (서울: 창작과비평사, 1983)
《사자개 藏獒》, 양쯔쥔 楊志軍, 이성희 옮김, (서울: 황금여우, 2007. 6. 4)
《사춘기 細米》, 차오원쉬엔 曹文軒, 김택규 옮김, (서울: 푸른숲, 2007. 11. 9)
《사회주의적 범죄는 즐겁다 一半是火焰, 一半是海水》, 왕쑤어 王朔, 박재연 옮김, (서울: 들꽃세상, 1991. 3)
《산향거변 山鄕巨變》상하, 조우리뽀 周立波, 이우정/조관희 옮김, (서울: 중앙일보사, 1989)
《살부 殺夫》, 이앙 李昻, 노혜숙 옮김, (서울: 시선, 1991)
《살아간다는 것 活著》, 여화 余華, 백원담 옮김, (서울: 푸른숲, 1997. 6)
《삼성퇴의 청동문명 天賜王國: 三星堆, 金沙遺址發現之謎》1-2, 웨난 嶽南, 유소영/심규호 옮김, (서울: 일빛, 2006. 7. 10)
《삼중문 三重門》, 한한 韓寒, 박명애 옮김, (서울: 랜덤하우스코리아, 2008. 7. 20)
《상상의 초가 교실 草房子》, 조문헌 曹文軒, 전수정 옮김, (서울: 새움, 2004. 2. 3)
《상성 商聖: 範蠡全傳》1-3, 셰스쥔 謝世俊, 김태성/이은주 옮김, (서울: 중앙M&B, 2003. 11)
《상처로 남은 사랑 晨月公主》, 경요 瓊瑤, 김정수 옮김, (서울: 삼진기획, 1999. 1. 25)
《상하이 베이비 上海寶貝》, 저우웨이후이 周衛慧, 김희옥 옮김, (서울: 집영출판사, 2001. 5. 10)
《새벽강은 아침을 기다린다 古船》상하, 장워 張煒, 오세경/김경림 옮김, (서울: 풀빛, 1994. 3)
《새벽이 오는 깊은 밤 子夜》, 마오둔 茅盾, 김하림 옮김, (서울: 중앙일보사, 1989)
《색, 계 외 色, 戒(等)》, 장아이링 張愛玲, 김은신 옮김, (서울: 랜덤하우스코리아, 2008. 5. 9)
《색정남녀 色情男女》, 이동승 爾冬陞 극본, 한명준 옮김, (서울: 성경, 2000)

《생사의 마당 生死場》, 샤오홍 蕭紅, 원종례 옮김, (서울: 글누림, 2006. 10. 31)
《샤이찡화 塞金花》, 거씽 柯興, 이주현 옮김, (서울: 투영, 1998. 7)
《서시 西施》상하, 남궁박 南宮搏, 이익희 옮김, (서울: 삼천리, 1994. 6)
《서울로 간 모택동 出兵朝鮮紀實: 黑雪/漢江血/黑雨》1-3, 엽우몽 葉雨蒙, 오정윤 역, (서울: 독서당 1993)
《서태후 慈禧全傳》1-12, 고양 高陽, 정성호 옮김, (서울: 명문당, 1996-1998)
《선월: 김구 선생의 가흥 피난기 船月》, 샤넨성 夏輦生, 강영매 옮김, (서울: 범우사, 2000. 1)
《선택 懸空的十字路口》, 따이허우잉 戴厚英, 유병례 옮김, (서울: 지리산, 1992)
《설매화 雪梅花》, 경요 瓊瑤, 혜인기획실 옮김, (서울: 길출판사, 1996. 6)
《성공할 사람과 한 배를 타라 像"狼"一樣思考: 現代職場人士的成功秘訣》, 허화 賀華, 김윤진 옮김, (서울: 국일, 2006. 2. 8)
《성별: 여 性別: 女》, 왕주생 王周生, 박명애 옮김, (서울: 금토, 2002. 12)
《성성초 星星草》1-2, 링리 凌力, 홍희 옮김, (서울: 동문선, 1991)
《성원: 영원한 사랑의 약속 星願》, 나지량 羅志良, 한명준 옮김, (서울: 성경, 2000. 1)
《세 연인 天瓢》, 차오원쉬엔 曹文軒, 김지연 옮김, (서울: 은행나무, 2009. 6. 11)
《세계문학걸작단편선 중국편 沉淪/春風沈醉的晚上(等)》, 욱달부 등 郁達夫/許地山/丘東平(等), 서의영 역, (서울: 경희대학교 출판국, 1998)
《세상사는 연기와 같다 世事如煙》, 위화 余華, 박자영 옮김, (서울: 푸른숲, 2000. 5)
《세상에 단 한 사람 人在天涯》, 경요 瓊瑤, 엄효섭 옮김, (서울: 삼진기획, 1995. 11)
《소년은 자란다 格拉長大》, 아라이 阿來, 전수정 옮김, (서울: 아우라, 2009. 9. 15)
《소설 강태공: 난세의 지략가》1-5, 대채지 戴采志, 안기형 평역, (서울: 일문출판사, 1997)
《소설 강태공》1-4, 대채지 戴采志, 김택원 평역, (서울: 혜서원, 1990)
《소설 공자 孔子傳》1-3, 취춘리 曲春禮, 임홍빈 옮김, (서울: 지성문화사, 2001. 1)
《소설 공자: 기린아, 네 눈이 너무 높구나 孔子》상하, 양서안 楊書案, 공상철 옮김, (서울: 새터, 1991)
《소설 굴원 屈原》, 목도 穆陶, 임계재 옮김, (서울: 답게, 2005. 8. 22)

《소설 노자 老子傳》상하, 진신성 외 秦新成/劉升元, 이윤희 옮김, (서울: 법인문화사, 1998. 1)
《소설 노자 老子傳》상하, 진신성 외 秦新成/劉升元, 이철준 옮김, (서울: 여강출판사, 1993. 7)
《소설 달기 妲己恨紂王》, 요봉반 姚鳳磐, 김희영 옮김, (서울: 농헌, 1993. 3)
《소설 불로초 封神演義故事》상하, 주릉가 周楞伽, 이운기 옮김, (서울: 해누리, 1994. 11)
《소설 사마천 司馬遷》, 커원후이 柯文輝, 김윤진 옮김, (서울: 서해문집, 2007. 8)
《소설 삼십육계 1 만천과해 小說36計01 瞞天過海》, 마서휘 馬書輝, 김찬연 옮김, (서울: 반디, 2007)
《소설 삼십육계 2 위위구조 小說36計02 圍魏救趙》, 장영혜 張英慧, 김찬연 옮김, (서울: 반디, 2007)
《소설 삼십육계 3 차도살인 小說36計03 借刀殺人》, 정문금 鄭文金, 김찬연 옮김, (서울: 반디, 2007)
《소설 삼십육계 4 이일대로 小說36計04 以逸待勞》, 청화 青禾, 김찬연 옮김, (서울: 반디, 2007)
《소설 삼십육계 5 진화타겁 小說36計05 趁火打劫》, 청화 青禾, 김찬연 옮김, (서울: 반디, 2007)
《소설 삼십육계 6 성동격서 小說36計06 聲東擊西》, 주명 周明, 김찬연 옮김, (서울: 반디, 2007)
《소설 삼십육계 7 무중생유 小說36計07 無中生有》, 정문금 鄭文金, 김찬연 옮김, (서울: 반디, 2007)
《소설 삼십육계 8 암도진창 小說36計08 暗渡陳倉》, 장영혜 張英慧, 김찬연 옮김, (서울: 반디, 2008)
《소설 삼십육계 9 격안관화 小說36計09 隔岸觀火》, 왕순진 王順鎮, 김찬연 옮김, (서울: 반디, 2008)
《소설 삼십육계 10 소리장도 小說36計10 笑裡藏刀》, 정문금 鄭文金, 김찬연 옮김, (서울: 반디, 2008)
《소설 삼십육계 11 이대도강 小說36計11 李代桃僵》, 요청수 姚清水, 김찬연 옮김, (서울: 반디, 2008)

《소설 삼십육계 12 순수견양 小說36計12 順手牽羊》, 마서휘 馬書輝, 김찬연 옮김, (서울: 반디, 2008)
《소설 삼십육계 13 타초경사 小說36計13 打草驚蛇》, 진무송/진풍 陳茂松/陳豐, 김찬연 옮김, (서울: 반디, 2008. 8)
《소설 삼십육계 14 차시환혼 小說36計14 借屍還魂》, 진무송/진풍 陳茂松/陳豐, 김찬연 옮김, (서울: 반디, 2008. 9)
《소설 삼십육계 15 조호이산 小說36計15 調虎離山》, 진무송/진풍 陳茂松/陳豐, 김찬연 옮김, (서울: 반디, 2008. 11)
《소설 삼십육계 16 욕금고종 小說36計16 欲擒故縱》, 장영혜 張英慧, 김찬연 옮김, (서울: 반디, 2009. 1)
《소설 삼십육계 17 포전인옥 小說36計17 拋磚引玉》, 청화 青禾, 김찬연 옮김, (서울: 반디, 2009. 3)
《소설 삼십육계 18 금적금왕 小說36計18 擒賊擒王》, 청화 青禾, 김찬연 옮김, (서울: 반디, 2009. 4)
《소설 삼십육계 19 부저추신 小說36計19 釜底抽薪》, 증보숭 曾步崇, 김찬연 옮김, (서울: 반디, 2009. 6)
《소설 삼십육계 20 혼수모어 小說36計20 混水摸魚》, 왕순진 王順鎮, 김찬연 옮김, (서울: 반디, 2009. 7)
《소설 삼십육계 21 금선탈각 小說36計21 金蟬脫殼》, 요청수 姚清水, 김찬연 옮김, (서울: 반디, 2009. 8. 25)
《소설 삼십육계 22 관문착적 小說36計22 關門捉賊》, 청화 青禾, 김찬연 옮김, (서울: 반디, 2009. 9. 30)
《소설 삼십육계 23 원교근공 小說36計23 遠交近攻》, 진무송 陳茂松, 김찬연 옮김, (서울: 반디, 2009. 11. 8)
《소설 삼십육계 24 가도벌괵 小說36計24 假道伐虢》, 풍병서 馮秉瑞, 김찬연 옮김, (서울: 반디, 2009. 12. 25)
《소설 손자 孫子大傳》1-3, 한징팅 韓靜霆, 양해동 옮김, (서울: 상록수, 2007. 12)
《소설 양산박 송강 呼保義宋江》상하, 이등조 李登朝, 김철중 옮김, (서울: 삼천리, 1992)
《소설 장건 西去的使節》, 량위에 梁越, 김기협 옮김, (서울: 아이필드, 2007. 11)

《소설 전한지 前漢演義》1-5, 채동번 蔡東藩, 김영무/방원성 옮김, (서울: 선영사, 1992. 9)
《소설 중국 天安門民主血》, 정의 鄭義, 진영희 옮김, (서울: 동연, 1993. 11)
《소설 진시황제 秦始皇演義》1-3, 류홍택 劉鴻澤, 오정윤 옮김, (서울: 명선미디어, 2001. 7)
《소정인 1 사탄의 사랑 撒旦的摯愛》, 지잉 季纓, ? 옮김, (서울: 초록배매직스, 2000. 1)
《소정인 2 사랑은 깊이 잠들고 暗戀不是兩三天》, 리샤오페이 李曉蓓, ? 옮김, (서울: 초록배매직스, 2000. 2)
《소정인 3 너무 먼 연인 黑幫情人》, 지잉 季纓, ? 옮김, (서울: 초록배매직스, 2000. 2)
《소정인 4 사랑이라면 내게 맡겨》, 카이샤오체, ? 옮김, (서울: 초록배매직스, 2000. 2)
《소정인 5 이탈리아 도둑의 사랑 共赴一生浪漫》, 예사오란 葉小嵐, ? 옮김, (서울: 초록배매직스, 2000. 2)
《소정인 6 사랑의 보디가드》, 지잉 季纓, ? 옮김, (서울: 초록배매직스, 2000. 3)
《소정인 7 기묘한 인연》, 주오칭웬 左晴雯, ? 옮김, (서울: 초록배매직스, 2000. 3)
《소정인 8 플레이보이 길들이기》, 주오칭웬 左晴雯, ? 옮김, (서울: 초록배매직스, 2000. 3)
《소정인 9 말괄량이 사랑일기 頑皮天使心》, 션웨이 沈葦, ? 옮김, (서울: 초록배매직스, 2000. 3)
《소정인 10 다이어트사랑 雞腿美人》, 션웨이 沈葦, ? 옮김, (서울: 초록배매직스, 2000. 3)
《소피의 일기 莎菲女士的日記》, 딩링 丁玲, 김미란 옮김, (서울: 지만지, 2009. 7. 15)
《송가황조 宋家皇朝》, 나계애 羅啟銳, 한명준 옮김, (서울: 반도기획, 1997. 4)
《수다쟁이 장따민의 행복한 생활 貧嘴張大民的幸福生活/狗日的糧食/伏羲伏羲》, 류헝 劉恒, 홍순도 옮김, (서울: 비채, 2007. 8)
《수선화 鬼丈夫?》1-3, 경요 瓊瑤, 한소현 옮김, (서울: 개미출판사, 1998. 6. 30)
《순수의 숲 面包樹上的女人》, 장소한 張小嫻, 조유진 옮김, (서울: 늘봄, 2000. 8)

《술의 나라 酒國》1-2, 모옌 莫言, 박명애 옮김, (서울: 책세상, 2003. 2)
《숨어있는 여자》, 운청 雲菁, 박순홍 옮김, (서울: 청조사, 1995. 4. 15)
《숲속의 비밀 森林裡的秘密》, 지미 幾米, 이민아 옮김, (서울: 청미래, 2001. 5)
《슬픈 인연 啞妻》1-3, 경요 瓊瑤, 한소현 옮김, (서울: 개미, 1997. 6. 1)
《습관사망 習慣死亡》, 장현량 張賢亮, 정재량 옮김, (서울: 빛샘, 1993. 1)
《시린호트에 지다 血色黃昏》1-3, 노귀 老鬼, 박재연 옮김, (서울: 이론과 실천, 1991. 2)
《시인의 죽음 詩人之死》, 다이허우잉 戴厚英, 임우경 옮김, (서울: 을유문화사, 2008. 8. 20)
《시인의 죽음 詩人之死》상중하, 다이호우잉 戴厚英, 유병례 옮김, (서울: 지리산, 1992. 8)
《시인의 죽음 詩人之死》상하, 다이호우잉 戴厚英, 양은희/이임원 옮김, (서울: 다섯수레, 1992. 8)
《시험, 그러나 내 청춘의 열일곱살》, 샤오후잉 肖負榮, 남종훈 옮김, (서울: 열사람, 1991. 12. 5)
《심동: 마음을 흔드는 첫사랑 이야기 心動》, 장애가 張艾嘉, 김형옥 옮김, (서울: 성경, 2000. 5)
《심씨네 가족 沈家爺兒們》, 장법무 蔣法武, 김재국 옮김, (부산: 세종출판사, 1995. 9)
《쌀 米》, 쑤퉁 蘇童, 김은신 옮김, (서울: 아고라, 2007. 1. 12)
《쌀 秧歌》, 아일린 L. 장 張愛玲, 서광순 역, (서울: 청구문화사, 1956)
《쑹화강에 버려진 일장기 大雪穀》1-3, 쉬에뭐 雪墨, 임홍빈 옮김, (서울: 고려원, 1995. 10)
《쓸쓸한 날의 사랑》, 장정죽 외 張廷竹(等), 이성오 옮김, (서울: 제3문학사, 1991. 10)
《아, 압록강 出兵朝鮮紀實: 黑雪/漢江血/黑雨》1-3, 예위멍 葉雨蒙, 김택 옮김, (서울: 여명, 1996. 6)
《아Q이야기 阿Q正傳(等)》, 노신 魯迅, 이경혜 옮김, (서울: 글동산, 1994. 12)
《아Q정전 광인일기 阿Q正傳/狂人日記(等)》, 노신 魯迅, 권순만 옮김, (서울: 일신서적, 1995. 2)

《아Q정전 광인일기 阿Q正傳/狂人日記(等)》, 노신 魯迅, 김진욱 옮김, (서울: 어문각, 1986. 6)
《아Q정전 광인일기 阿Q正傳/狂人日記(等)》, 루쉰 魯迅, 이민수 옮김, (서울: 혜원, 1990)
《아Q정전 광인일기 阿Q正傳/狂人日記(等)》, 루쉰 魯迅, 정석원 옮김, (서울: 문예출판사, 2001. 3)
《아Q정전 광인일기 阿Q正傳/狂人日記(等)》, 루쉰 魯迅, 정석원 옮김, (서울: 문예출판사, 2004. 9. 10)
《아Q정전 광인일기 외 阿Q正傳/狂人日記(等)》, 노신 魯迅, 김석준 옮김, (서울: 범한출판사, 1986. 1)
《아Q정전 광인일기 외 阿Q正傳/狂人日記(等)》, 루쉰 魯迅, 김석준 옮김, (서울: 하서, 1998)
《아Q정전 阿Q正傳(等)》, 노신 魯迅, ? 옮김, (서울: 눈, 1993)
《아Q정전 阿Q正傳(等)》, 노신 魯迅, ? 옮김, (서울: 혜원, 1991. 4)
《아Q정전 阿Q正傳(等)》, 노신 魯迅, 강계철 옮김, (서울: 학원사, 1984)
《아Q정전 阿Q正傳(等)》, 노신 魯迅, 김욱 옮김, (서울: 풍림출판사, 1988. 9)
《아Q정전 阿Q正傳(等)》, 노신 魯迅, 김준배 옮김, (서울: 학문사, 1995. 5)
《아Q정전 阿Q正傳(等)》, 노신 魯迅, 성원경 옮김, (서울: 명문당, 1975)
《아Q정전 阿Q正傳(等)》, 노신 魯迅, 성원경 옮김, (서울: 삼중당, 1975)
《아Q정전 阿Q正傳(等)》, 노신 魯迅, 우인호 옮김, (서울: 신원문화사, 1996. 6)
《아Q정전 阿Q正傳(等)》, 노신 魯迅, 윤화중 옮김, (서울: 학원사, 1987. 1)
《아Q정전 阿Q正傳(等)》, 노신 魯迅, 이가원 옮김, (서울: 동서문화사, 1977. 10)
《아Q정전 阿Q正傳(等)》, 노신 魯迅, 이문희 옮김, (서울: 금성출판사, 1983)
《아Q정전 阿Q正傳(等)》, 노신 魯迅, 이문희 옮김, (서울: 금성출판사, 1985)
《아Q정전 阿Q正傳(等)》, 노신 魯迅, 장기근 옮김, (서울: 범조사, 1977)
《아Q정전 阿Q正傳(等)》, 노신 魯迅, 조성하 옮김, (서울: 소담출판사, 2000. 8. 1)
《아Q정전 阿Q正傳(等)》, 노신 魯迅, 허세욱 옮김, (서울: 범우사, 1976)
《아Q정전 阿Q正傳(等)》, 노신 魯迅, 허세욱 옮김, (서울: 범우사, 2004. 4)
《아Q정전 阿Q正傳(等)》, 루쉰 魯迅, 임명신 옮김, (서울: 살림, 2006. 9. 5)
《아Q정전 阿Q正傳(等)》, 루쉰 魯迅, 전형준 옮김, (서울: 창작과비평사, 1996. 10)

《아Q정전 阿Q正傳(等)》, 루쉰 魯迅, 전형준 옮김, (서울: 창작과비평사, 2006. 10. 16)
《아Q정전 阿Q正傳(等)》, 루쉰 魯迅, 정구창 옮김, (서울: 교학사, 1999. 10)
《아Q정전 阿Q正傳(等)》, 루쉰 魯迅, 정노영 옮김, (서울: 홍신문화사, 1994. 4)
《아Q정전 阿Q正傳(等)》, 루쉰 魯迅, 최은정 옮김, (대구: 계명대학교출판부, 2009. 3)
《아Q정전 阿Q正傳(等)》, 루신 魯迅, 안영신 옮김, (서울: 청목사, 1993)
《아Q정전 阿Q正傳》, 루쉰 魯迅, 박운석 옮김, (서울: 지식산업사, 2004. 3)
《아Q정전 阿Q正傳》, 루쉰 魯迅, 홍석표 옮김, (서울: 선학사, 2003. 11)
《아Q정전 외 阿Q正傳(等)》, 루쉰 魯迅, 허세욱 옮김, (서울: 범우사, 1978)
《아Q정전 외 阿Q正傳(等)》, 루쉰 외 魯迅(等), 허세욱 옮김, (서울: 중앙미디어, 1995. 4)
《아Q정전 외 阿Q正傳(等)》, 루신 魯迅, 윤화중/강계철 옮김, (서울: 학원사, 1983. 8)
《아Q정전 외: 루쉰소설집 阿Q正傳(等)》, 루쉰 魯迅, 박운석 옮김, (서울: 열린시선, 2008. 10. 10)
《아Q정전, 광인일기 阿Q正傳/狂人日記(等)》, 노신 魯迅, 이가원 옮김, (서울: 동서문화사, 1978)
《아Q정전/광인 일기/타이페이 사람들 외 阿Q正傳/狂人日記/孤獨者/故鄉/臺北人/半下流社會》, 루신/빠이셴융/조츠판 魯迅/白先勇/趙滋蕃, 허세욱 옮김, (서울: 신영출판사, 1985. 12)
《아Q정전/광인일기/생활의 지혜 외 阿Q正傳(等)》, 노신/임어당 魯迅/林語堂(等), 김광주 옮김, (서울: 동화출판공사, 1970)
《아Q정전/낙타상자 阿Q正傳/駱駝祥子》, 노신 魯迅/老舍, 김하중 옮김, (서울: 금성출판사, 1981)
《아Q정전/반하류사회/타이뻬이 사람들 阿Q正傳/半下流社會/臺北人》, 루신/빠이셴융/조츠판 魯迅/白先勇/趙滋蕃, 허세욱 옮김, (서울: 삼성출판사, 1982)
《아Q정전/아침 꽃을 저녁에 줍다 阿Q正傳/藤野先生(等)》, 루쉰 魯迅, 이가원 옮김, (서울: 동서문화사, 2008. 9. 10)

《아Q정전/침륜 외 阿Q正傳/沉淪(等)》, 노신 외 魯迅/郁達夫, 장기근/이석호 옮김, (서울: 교육문화사, 1987)

《아Q정전/침륜 외 阿Q正傳/沉淪(等)》, 노신/욱달부 魯迅/郁達夫, 장기근/이석호 옮김, (서울: 대양서적, 1980)

《아Q정전: 노신소설선 阿Q正傳(等)》, 노신 魯迅, 이가원 선역, (서울: 정연사, 1970)

《아Q정전: 루쉰 낡은 것을 향해 창을 던지다 阿Q正傳(等)》, 루쉰 魯迅, 장수철 엮어 옮김, (서울: 서해문집, 2006. 9. 15)

《아Q정전: 루쉰 단편선 阿Q正傳(等)》, 루쉰 魯迅, 나경철 옮김, (서울: 느낌이있는책, 2008. 4. 20)

《아Q정전阿Q正傳(等)》, 노신 魯迅, 김광주 옮김, (서울: 동화출판공사, 1970)

《아라이 장편소설: 색에 물들다 塵埃落定》1-2, 아라이 阿來, 임계재 옮김, (서울: 디오네, 2008. 5. 30)

《아리고 시린 우리들의 첫사랑》, 진철 瓊瑤?, 정성호(한관우?) 옮김, (서울: 참빛출판사, 1989)

《아버지를 찾습니다 家變》, 왕원싱 王文興, 송승석 옮김, (서울: 강, 1999. 1)

《아버지의 꽃은 지고, 나는 이제 어린애가 아니다 城南舊事(節錄)》, 린하이윈 林海音, 관웨이싱 關維興 그림, 방철환 옮김, (서울: 베틀북 2001)

《아이들의 왕 孩子王/棋王/樹王》, 아청 阿城, 박소정 옮김, (서울: 지성의 샘, 1993. 2)

《아편꽃 罌粟花》, 여화 余華, 김일평 옮김, (서울: 정음사, 1954)

《아픔만큼 깊은 사랑 卻上心頭》, 경요 瓊瑤, 박용현 옮김, (서울: 서원, 1989. 2)

《악어오리 구지구지 Guji Guji》, 천즈위엔 陳致元 글·그림, 박지민 옮김, (예림당, 2003)

《안개 계절의 비가 腐蝕》, 심덕홍 沈德鴻(茅盾), 강영 옮김, (서울: 이성과 현실사, 1986)

《안개, 바람 그리고 비 聚散雨依依》, 경요 瓊瑤, 임재하 번안, (서울: 홍익출판사, 1986. 4)

《안개꽃 은빛 사랑 窗外》, 경요 瓊瑤, 최현석 옮김, (서울: 덕수출판, 1997. 10)

《안개꽃 은빛 사랑 窗外》, 경요 瓊瑤, 최현석 옮김, (서울: 씨앤지, 2003. 4. 15)

《안녕 싱싱 再見了我的小星星(等)》, 차오원쉬엔 曹文軒, 전수정 옮김, (서울: 사계절, 2010. 1. 8)

《앙가 秧歌》, 장애령 張愛玲, 하정옥 옮김, (서울: 벽호, 1995)

《앙가 秧歌》, 장애령 張愛玲, 하정옥 옮김, (서울: 지학사, 1987. 7)

《애련 船》, 경요 瓊瑤, 이원규 옮김, (서울: 명경, 1992. 7)

《애정 삼부곡 愛情三部曲》상하, 파금 巴金, 박수인 옮김, (서울: 일월서각, 1986)

《애정시대 船》1-2, 경요 瓊瑤, 박주원 옮김, (서울: 성경, 1999. 3. 15)

《야생화 船》, 경요 瓊瑤, 이여천 옮김, (서울: 대현문학사, 1992. 8)

《야합 孔子傳》1-3, 취춘리 曲春禮, 임홍빈 옮김, (서울: 배영사, 1994. 9)

《야행화차 외 夜行貨車(等)》, 천잉쩐 외 陳映眞(等), 유중하 옮김, (서울: 중앙일보사, 1989)

《양의 문 羊的門》상하, 이패보 李佩甫, 김희옥 옮김, (서울: 집영출판사, 2000. 1)

《어떤 노래 聽幾米唱歌》, 지미 幾米, 이민아 옮김, (서울: 청미래, 2000. 11)

《어른도 함께 읽는 개구쟁이 이야기 頑皮故事集/淘氣故事集》, 호우원용 侯文詠, 변성규 옮김, (서울: 지식산업사, 1999. 9)

《어젯밤 등불 昨夜之燈》, 경요 瓊瑤, 박승훈 옮김, (서울: 대유, 1992. 9)

《언어 없는 생활 沒有語言的生活》, 둥시 東西, 강경이 옮김, (서울: 은행나무, 2008. 8. 14)

《엄마 찾은 꼬마 올챙이》, 한병곤 옮김, (서울: 일과놀이, 1994. 5)

《여걸 측천무후 武則天傳》, 임어당 林語堂, 조영기 옮김, (서울: 예문당, 1991. 6)

《여백 碧雲天》1-2, 경요 瓊瑤, 우찬휘/한미화 공역, (서울: 반도기획, 1999. 3. 30)

《여병자전/홍두/이혼 女兵自傳/紅豆/離婚》, 사빙영 외 謝冰瑩(等), 김광주 옮김, (서울: 을유문화사, 1964)

《여우가 오리를 낳았어요 狐狸孵蛋》, 쑨칭펑 孫晴峰, 팡야원 龐雅文 그림, 박지민 옮김, (예림당, 2003)

《여인 삼국지 三國志補傳》1-3, 시에메이성 謝美生, 정원기 鄭元基 옮김, (서울: 하이퍼북, 2002. 8)

《여자는 꿈꾸지 않는다 渴望》상중하, 정완룽/리샤오밍 鄭萬隆/李曉明, 박하정 옮김, (서울: 지리산, 1993. 2)

《여자들이 꿈꾸는 세상 여자들이 꿈꾸는 사랑 牽手》1-2, 왕하이링 王海鴒, 장지원 옮김, (서울: 이야기, 2000. 6)
《여지견작품집/중년이 되어/천운산전기 茹志鵑作品集/人到中年/天雲山傳奇》, 루즈지엔/천룽/루옌조우 茹志鵑/諶容/魯彦周, 이영자/김용운/김의진 옮김, (서울: 중앙일보사, 1989)
《역경: 거상 호설암에게 배우는 부와 성공의 법칙 胡雪岩》상하, 이월하/설가주 二月河/薛家柱, 허유영 옮김, (서울: 청림출판, 2008. 10. 10)
《역사소품 豕蹄》, 곽말약 郭沫若, 김승일 옮김, (서울: 범우사, 1994. 7)
《역사의 혼 사마천 史魂: 司馬遷傳》, 천퉁성 陳桐生, 김은희 옮김, (서울: 이끌리오, 2002. 10)
《연꽃도시 一座城池》, 한한 韩寒, 박명애 옮김, (서울: 랜덤하우스, 2009. 9. 30)
《연호 煙壺》, 등우매 鄧友梅, 홍희 洪熹 옮김, (서울: 동문선, 1990)
《연화 蓮花》, 안니바오베이 安妮寶貝, 서은숙 옮김, (서울: 이룸, 2009. 5)
《열아홉 마오쩌둥 恰同學少年》, 황후이 黃暉 편극, 황선영/홍민경/이성희 옮김, (서울: 아리샘, 2008. 5. 20)
《열하의 피서산장 熱河的冷風: 避暑山莊歷史文化之謎》1-2, 웨난/진취엔 嶽南/金泉, 유소영/심규호 옮김, (서울: 2005. 6. 20)
《열혈 수탉 분투기 土鷄的冒險》, 창신강 常新港, 션위엔위엔 沈苑苑 그림, 전수정 옮김, (서울: 푸른숲, 2008. 6. 5)
《영국 연인 英國情人》, 홍잉 虹影, 김택규 옮김, (서울: 한길사, 2005. 4. 28)
《영웅 조조 曹操》1-5, 한종량 韓鍾亮, 김태성 옮김, (서울: 신원문화사, 2008. 2. 25)
《영혼을 사로잡은 사랑의 신 胭脂扣》, 이벽화 李碧華, 차경섭/이정림 옮김, (부산: 선영사, 1996. 8)
《영혼의 사랑 星河》, 경요 瓊瑤, 김은신 옮김, (서울: 이오스, 1999. 2. 17)
《영혼의 산 靈山》1-2, 가오싱젠 高行健, 이상해 옮김, 김종미 교열, (서울: 북폴리오, 2005)
《영혼의 산 靈山》1-2, 가오싱젠 高行健, 이상해 옮김, 김종미 교열, (서울: 현대문학북스, 2001. 7. 18)
《예환지/침륜 외 倪煥之/沉淪(等)》, 예성타오/위따푸 葉聖陶/郁達夫, 이영구/전인초 옮김, (서울: 중앙일보사, 1989)

《오, 나의 잉글리쉬 보이 英格力士》, 왕강 王剛, 김양수 옮김, (서울: 푸른숲, 2006. 4. 21)
《오랑캐의 지하궁전 嶺南震撼: 南越王墓發現之謎》1-2, 웨난 嶽南, 이익희 옮김, (서울: 일빛, 2001. 11. 27)
《옹정황제 雍正皇帝》1-10, 얼위에허 二月河, 한미화 옮김, (서울: 산수야, 2005. 9)
《옹정황제 雍正皇帝》1-10, 얼위에허 二月河, 한미화 옮김, (서울: 출판시대, 2001. 4)
《와신상담 臥薪嘗膽》1-6, 리선샹 李森祥, 양성희/하진이/이성희/김문주 옮김, (서울: 휘닉스드림, 2007. 11)
《왕관 없는 여황제 강청 江青野史》상하, 주산 珠珊, 심철호 옮김, (서울: 창한, 1989. 3-4)
《왕시껑의 새로운 경험》, 장요우더 외 張有德(等), 유중하 옮김, 김환영 그림, (서울: 창작과비평사, 1990. 3)
《왼쪽으로 가는 여자 오른쪽으로 가는 남자 向左走 向右走》, 지미 幾米, 이민아 옮김, (서울: 청미래, 2000. 11)
《요술 조롱박의 비밀 寶葫蘆的秘密》, 하의 외 張天翼, 이효림 옮김, (서울: 대교출판, 1993. 1)
《우당탕탕 원숭이 잡기》, 호련연 외, 최윤희 옮김, (서울: 한국어린이교육연구원, 1995. 12)
《우리는 바다를 보러 간다 城南舊事(節錄)》, 린하이윈 林海音, 관웨이싱 關維興 그림, 방철환 옮김, (서울: 베틀북 2002)
《욱달부 단편집》, 욱달부 郁達夫, 이석호 옮김, (서울: 법조사, 1974)
《원녀 怨女》, 장애령 張愛玲, 하정옥 옮김, (서울: 지학사, 1987)
《월왕구천 越王勾踐》1-2, 양시아오바이 楊小白, 이지은 옮김, (서울: 살림, 2010. 1. 4)
《위미 玉米》, 비페이위 畢飛宇, 백지운 옮김, (서울: 문학동네, 2008. 5. 30)
《위험한 마음 危險心靈》, 호우원용 侯文詠, 한정은 옮김, (서울: 바우하우스, 2008. 3. 31)
《유리꽃 心有千千結》, 경요 瓊瑤, 김은신 옮김, (서울: 홍익출판사, 1992. 8. 25)
《유리담장 愛果情花》, 경요 瓊瑤, 편집부 옮김, (서울: 동서문학사, 1992. 4)
《유서 遺書》1-5, 박태옥 朴泰玉, 서만득 옮김, (서울: 독서당, 1995. 5)

《은잔화 紫貝殼》, 경요 瓊瑤, 김은신 옮김, (서울: 홍익출판사, 1992. 6. 15)
《은하수 星河》, 경요 瓊瑤, 김은신 옮김, (서울: 모아, 1992. 5)
《음식남녀 飮食男女》, 이안 李安/王蕙玲/James Schamus, 이희주 옮김, (서울: 책과몽상, 1995. 6)
《이반의 초상 荒人手記》, 추티앤원 朱天文, 김은정 옮김, (서울: 시유시, 2001. 12. 7)
《이역 血戰異域十一年》, 백양 柏楊, 강경범 옮김, (서울: 시대문학사, 1991)
《이자성 李自成》1-2, 요설은 姚雪垠, 허용구 옮김, (서울: 동광출판사, 1990. 3)
《이혼 離婚/一件小事》, 루쉰 魯迅, 김남주 옮김, 황영호 그림, (서울: 눈, 1993. 10)
《이혼 지침서 妻妾成群/離婚指南/三盞燈》, 쑤퉁 蘇童, 김택규 옮김, (서울: 아고라, 2006. 5. 30)
《인간. 아, 인간! 人啊, 人!》, 다이호우잉 戴厚英, 서정태 옮김, (부산: 열음사, 1989)
《인민을 위해 복무하라 爲人民服務》, 옌롄커 閻連科, 김태성 옮김, (서울: 웅진지식하우스, 2008. 4. 30)
《인생 活著》, 위화 余華, 백원담 옮김, (서울: 푸른숲, 2007. 6. 28)
《인생은 고달파 生死波勞》1-2, 모옌 莫言, 이욱연 옮김, (서울: 창비, 2008. 10. 6)
《잃어버린 영원 迷失的永恒》, 황역 黃易, 임홍빈 옮김, (서울: 동아일보사, 1997)
《잃어버린 천국 失落的上帝》1-2, 설이강 薛爾康, 문성자/이기면 공역, (서울: 플래닛, 2008. 11. 17)
《임해설원 林海雪原》1-3, 곡파 曲波, 김학송 옮김, (서울: 엔터, 1995. 12-1996. 2)
《잉얼 英兒》1-2, 꾸청 顧城/雷米, 김윤진 옮김, (서울: 실천문학, 1997. 2)
《자귀나무 綠花樹》, 장현량 張賢亮, 박재연 옮김, (서울: 한겨레, 1988. 12)
《자소 自梳》, 소당 小唐, 한명준 편역, (서울: 대산, 1997. 12)
《자야 子夜》상하, 모순 茅盾, 김하림 옮김, (서울: 한울, 1986. 4)
《장룽 장편소설: 늑대토템 狼圖騰》1-2, 장룽 姜戎, 송하진 옮김, (서울: 김영사, 2008. 7. 21)
《장맛비가 내리던 저녁 梅雨之夕/阿Q正傳(等)》, 스저춘 외 施蟄存/魯迅(等), 이욱연 옮김, (서울: 창비, 2010. 1. 8)
《장씨일가: 작은 중국의 거인 장경국 蔣氏一家》, 강남 江南, 강청일 옮김, (서울: 은행계, 1987)
《장아이링 단편소설선: 패왕별희 霸王別姬/心經/傾城之戀/琉璃瓦/金鎖記/紅玫

瑰與白玫瑰/等/五四遺事》, 장아이링 張愛玲, 김순진 옮김, (서울: 가온, 2003. 10)
《장자 莊子傳》, 왕신민 王新民, 김미옥 옮김, (서울: 여강출판사, 1993. 6)
《장자 莊子傳》, 왕신민 王新民, 이선옥 옮김, (서울: 법인문화사, 1995. 1)
《장한가 長恨歌》1-2, 왕안이 王安憶, 유병례 옮김, (서울: 은행나무, 2009. 10. 4)
《장현량 성장기 소설: 안녕! 친구여 早安!朋友》, 장현량 張賢亮, 박재연 옮김, (서울: 한겨레, 1989. 5)
《적벽대전 赤壁》1-2, 스제펑 史傑鵬, 차혜정 옮김, (서울: 북스토리, 2009. 2. 1)
《전사: 연안을 보위하라! 保衛延安》상하, 두붕정 杜鵬程, 이홍규 옮김, (서울: 일송정, 1989)
《전왕 錢王: 王熾大成人生方略》, 리허 李賀, 백은경 옮김, (서울: 명진출판사, 2004. 5)
《전왕 錢王》1-3, 종원 鍾源, 순수소 옮김, (서울: 출판시대, 2003. 6)
《전후자유중국단편문학선집: 종이반지 十誡/孤鳳孤雛/白猿(等)》, 서속 외 徐速/陳紀瀅/林語堂/彭歌/王書川/謝氷瑩/逢溪, 심창화 옮김, (서울: 타래, 1993)
《절대권력 絕對權力》상하, 저우메이선 周梅森, 김진아/안수진 옮김, (서울: 길산, 2002. 11)
《정녀 貞女》, 고화 古華, 이영구 옮김, (서울: 우아당, 1990)
《젖은 눈, 슬픈 새 雁兒在林梢》, 경요 瓊瑤, 박정미 옮김, (서울: 창현문화사, 1992. 5)
《제3군단의 햇빛우정 달빛사랑》상하, 장지로 張之路, 김찬연 옮김, (서울: 글나루, 1995. 8)
《제3의 여인》, 경요? 瓊瑤?, 박지향 옮김, (서울: 범한, 1987)
《제갈공명 일기 諸葛亮日記》, 츠솽밍 遲雙明, 김윤진 옮김, (서울: 국일미디어, 2005. 6. 24)
《조각으로 채운 사랑》, 경요 瓊瑤, 윤시원 옮김, (서울: 홍원, 1992. 8. 10)
《조바심 浮躁》상하, 가평요 賈平凹, 오세경/김경림 옮김, (서울: 제삼기획, 1994. 8)
《조선족 녀자 遺書》1-5, 박태옥 朴泰玉, 노중평/서만득 옮김, (서울: 늘푸른기획, 1994)

《조숙한 연애 早安!朋友》, 장현량 張賢亮, 강청일 옮김, (서울: 영웅출판사, 1989)
《족발 豕蹄》, 궈모뤄 郭沫若, 신진호 옮김, (서울: 지만지고전천줄, 2008. 1. 15)
《족발: 곽말약의 역사 인물 이야기 豕蹄》, 곽말약 郭沫若, 신진호 옮김, (서울: 사회평론, 1995. 1)
《종소리 다시 울려 퍼질 때 鐘聲又再響起》, 리지아팅 李家同, 이경민 옮김, (서울: 자음과모음, 2005. 5)
《주구점의 북경인 尋找 "北京人"》1-2, 웨난/리밍셩 嶽南/李鳴生, 유소영/심규호 옮김, (서울: 일빛, 2001. 12. 10)
《주원장 朱元璋》1-6, 서항 徐航, 한미화 옮김, (서울: 출판시대, 2002. 11)
《죽음보다 더한 사랑 煙鎖重樓》, 경요 瓊瑤, 이항규 옮김, (서울: 보성출판사, 1996. 2. 15)
《중공 소설집: 북경 25시 耿爾在北京(等)》, 진약희/하지염/범원염 외 陳若曦/夏之炎/範園災(等), 황대연 옮김, (서울: 신조사, 1979)
《중국 단편소설집》, 양백화 편역, (서울: 개벽사, 1929)
《중국 대륙 현대단편소설 선집: 상흔 傷痕(等)》, 노신화 외 盧新華(等), 박재연 편역, (서울: 세계, 1985. 10)
《중국 동화》, ?, 김영규 옮김, (서울: 동아출판사, 1994)
《중국 동화》, ?, 편집부 편, (서울: 중앙문화사, 1984. 1)
《중국 상도 胡雪巖》1-8, 고양 高陽, 김태성 옮김, (서울: 오리진, 2001. 11-2002. 3)
《중국 상인 이야기 胡雪巖》1-2, 고양 高陽, 김태성 옮김, (서울: 오리진, 1997. 7)
《중국 현대 단편선》, 루쉰 외 魯迅(等), 류성준 옮김, (서울: 혜원, 1995. 12)
《중국 현대 단편소설 모음집: 아Q정전 阿Q正傳(等)》, 노신 외 魯迅/老舍/沈從文/郭沫若/柔石/茅盾/郁達夫/張天翼/謝冰心(等), 엄영욱 옮김, (서울: 상록수, 1999. 5)
《중국 현대 단편소설집 鴨綠江上/牧羊哀話(等)》, 蔣光慈/郭沫若(等), 이명선 옮김, (서울: 선문사출판부, 1946)
《중국 현대 소설선: 만사형통 吉祥如意(等)》, 궈원빈 외 郭文斌/鐵凝/莫言, 박재우 외 옮김, (서울: 민음사, 2008. 5. 2)
《중국 현대 신사실주의 대표작가 소설선 風景/白渦/單位/煩惱人生》, 팡팡 方方/劉恒/劉震雲/池莉, 김영철 옮김, (서울: 책이있는마을, 2001. 7)

《중국 현대 여성소설 명작선: 1920년대 여성소설 단편선 洛綺思的問題/一隻口針的古事(等)》, 진형철/풍원군 외 陳衡哲/馮沅君(等), 김은희/최은정 옮김, (서울: 어문학사, 2005. 9. 1)
《중국 현대 여성작가 작품선: 1930~1940년대 여성작가작품선 手(等)》, 사오홍/루어수 외 蕭紅/羅淑(等), 김은희/최은정 옮김, (서울: 어문학사, 2006. 12. 30)
《중국 현대 여성작가 작품선집 我在霞村的時候(等)》, 띵링 외 丁玲(等), 김상주 외 옮김, (광주: 전남대학교출판부, 2003. 1)
《중국 현대단편소설 상하이편: 카지노의 여신 白金的女體塑像(等)》, 무스잉 외 穆時英(等), 김순진 옮김, (서울: 가온, 2003. 10)
《중국 현대문학 산책 月夜(等)》, 파금 외 巴金(等), 윤수영 옮김, (서울: 신아사, 1998. 6)
《중국 현대문학 작품집》상하, 편집부 편, (서울: 교보문고, 1997. 12)
《중국 현대소설선: 화선 火船/貞女/小城之戀》, 위세상/고화/왕안억 魏世祥/古華/王安憶, 이영구/이등연 옮김, (서울: 우아당, 1990)
《중국 현대작가단편집》1-2, 종조정 등 鍾肇政(等), ?, (서울: ?, 1982)
《중국군 한국전쟁 참전비사: 검은 눈 出兵朝鮮紀實: 黑雪》, 엽우몽 葉雨蒙, 안몽필 옮김, (서울: 행림출판, 1991. 6)
《중국동화선집 1 배장수와 이상한 노인》, 선용 엮음, (서울: 태양사, 1990. 9)
《중국동화선집 2 여걸 화목란》, 선용 엮음, (서울: 태양사, 1990. 9)
《중국동화선집 3 욕심쟁이 아기 원숭이》, 선용 엮음, (서울: 태양사, 1990. 9)
《중국동화선집 4 천냥짜리 웃음》, 선용 엮음, (서울: 태양사, 1990. 9)
《중국동화선집 5 오얏나무와 아기신선》, 선용 옮김, 오인대 그림, (서울: 태양사, 1990. 9)
《중국동화선집 6 부마가 된 신기료 장수》, 선용 엮음, (서울: 태양사, 1990. 9)
《중국동화선집 7 아기사슴과 고양이》, 선용 엮음, (서울: 태양사, 1990. 9)
《중국동화선집 8 복숭아 꽃 마을》, 선용 엮음, (서울: 태양사, 1990. 9)
《중국동화선집 9 리리의 생일선물》, 선용 엮음, (서울: 태양사, 1990. 9)
《중국동화선집 10 슬픈 안개구름》, 선용 엮음, (서울: 태양사, 1990. 9)
《중국식 이혼 中國式離婚》, 왕하이링 王海鴒, 이지영 옮김, (서울: 비채, 2007. 12)

《중국여류문학20인집》, 권희철 편역, (서울: 여원사, 1965)
《지성 동방삭 知聖東方朔》1-5, 용음 東方龍吟, 김은신 옮김, (서울: 문학세계사, 2001. 7)
《진상제일 교귀발: 영원한 상인의 모범 晉商第一喬》, 하오루춘 郝汝椿, 문은희/김남희 옮김, (서울: 왕인북스, 2004. 7)
《진시황릉 世界第八奇蹟: 秦始皇陵之謎》, 웨난 嶽南, 유소영 옮김, (서울: 일빛, 2005. 7. 20)
《진시황제 秦始皇演義》1-3, 유홍택 劉鴻澤, 오정윤 옮김, (서울: 해오름, 1994. 6)
《집 家》, 파금 巴金, 연변인민출판사 편집부 옮김, (서울: 해누리, 1994)
《짝사랑 苦戀》, 백엽 白樺, 권덕주 옮김, (서울: 문조사, 1987. 6)
《창랑지수 滄浪之水》1-3, 옌쩐 閻眞, 박혜원/공빛내리 옮김, (서울: 비봉출판사, 2003. 7)
《창밖의 미소 窓外》, 경요 瓊瑤, 지방훈 옮김, (서울: 청목사, 1988. 2)
《천 개의 강에 천 개의 달이 비치네 千江有水千江月》1-2, 소려홍 蕭麗紅, 남옥희 옮김, (서울: 가람기획, 2001. 7)
《천국의 새: 중국 여류작가의 윤봉길 의사 전기소설 回歸天堂》상하, 하련생 夏輦生, 김승일 옮김, (서울: 범우사. 2002. 5)
《천년애: 천년을 바쳐 너를 사랑한다 第八號當舖》, 선쉬에 深雪, 박영순 옮김, (서울: 노블마인, 2006. 2. 20)
《천년의 학술현안 千古學案: 夏商周斷代工程紀實》1-2, 웨난 嶽南, 유소영/심규호 옮김, (서울: 일빛, 2003. 1. 30)
《천노 天怒》1-3, 천팡 陳放, 박승준 옮김, (서울: 조선일보사, 1997. 11)
《천사: 잃어버린 나를 만나는 이야기 永生的信物》, 쉬타오 許韜, 장연 옮김, (서울: 고려원북스, 2006. 4. 20)
《천사는 죽지 않는다 苦界》1-2, 홍릉 洪陵, 김택원 옮김, (서울: 크리, 1994)
《천안문 광장 天安門廣場》, 유아주 劉亞洲, 박재연 옮김, (서울: 동아일보사, 1990. 4)
《천재몽 天才夢》, 장애령 張愛玲, 최장학 옮김, (서울: 문진문화사, 1949)
《첫번째 친밀한 접촉 第一次的親密接觸》, 차이즈헝 蔡智恒, 유소영 옮김, (서울: 해냄출판사, 2001. 8. 10)

《첫번째 향로 第一爐香》, 장아이링 張愛玲, 김순진 옮김, (서울: 문학과지성사, 2005. 12. 26)
《청동 해바라기 青銅葵花》, 차오원쉬엔 曹文軒, 전수정 옮김, (서울: 사계절, 2007)
《청의 青衣/楚水/敍事》, 비페이위 畢飛宇, 김은신 옮김, (서울: 문학동네, 2008. 5. 5)
《청태조 누르하치 비사 塞外龍飛-淸太祖秘史》, 후장칭 胡長靑, 이정문 옮김, (서울: 글로연, 2008. 11. 11)
《초승달 외 月牙兒(等)》, 노사 외 老舍(等), 허세욱 외 옮김, (서울: 삼성미술문화재단, 1987)
《추운 밤/동터오는 강변 외 寒夜/黎明的河邊(等)》, 바진/쥔칭 巴金/峻靑, 김하림 옮김, (서울: 중앙일보사, 1989)
《칠흑같이 어두운 밤도 子夜》, 마오둔 茅盾, 김하림 옮김, (서울: 한울, 1986. 4)
《침륜 沉淪》, 욱달부 郁達夫, 정래동 옮김, (서울: 계몽사, 19?)
《침륜 沉淪》, 욱달부 郁達夫, 풀무편집부 편, (서울: 풀무, 2003)
《칭기스칸 黃金貴族: 元太祖成吉思汗》1-2, 장봉홍 張鳳洪, 정충제 옮김, (서울: 태광문화사, 1996)
《칭기즈칸 成吉思汗》1-3, 유지선/주요정 俞智先/朱耀廷, 김찬연 옮김, (서울: 반디출판사, 2005. 10)
《칭기즈칸 黃金貴族: 元太祖成吉思汗》1-2, 창붕홍 張鳳洪, 정충제 옮김, (서울: 중앙M&B, 1995. 4)
《칸의 제국》1-3, 엽동 葉童, 김형기/오승원 옮김, (서울: 문원북, 1998. 3)
《타락 沉淪(等)》, 위다푸 郁達夫, 강계철 옮김, (서울: 한국외국어대학교출판부, 1999. 2)
《타이완현대소설선 1 흰 코 너구리 三腳馬(等)》, 정칭원 외 鄭淸文/李昂/袁哲生/蔡逸君/黃凡/張瀛太/吳錦發, 김양수 외 옮김, (서울: 한걸음더, 2009. 1)
《타이완현대소설선 2 목어소리 齋堂傳奇(等)》, 예스타오 외 葉石濤/賴和/吳濁流/種理和/鍾鐵民/宋澤萊/鍾肇政/王拓, 김상호 옮김, (서울: 한걸음더, 2009. 2. 6)
《탁구왕 룽산 球王龍山》, 창신강 常新港, 김재영 옮김, (서울: 푸른숲, 2008. 10. 24)

《탄샹싱 檀香刑》1-2, 모옌 莫言, 박명애 옮김, (서울: 중앙 M&A, 2003. 10. 20)
《태양은 상건하에 비친다 太陽照在桑幹河上》, 딩링 丁玲, 노경희 옮김, (서울: 중앙일보사, 1989)
《태평천국 太平天國》1-5, 장샤오티엔 張笑天, 천옥화 옮김, (서울: 출판시대, 2004. 2-8)
《텐진의 아이들 尋找回來的世界》, 커옌 柯岩, 김용표 옮김, (서울: 장원출판사, 1989. 5. 25)
《톰스크의 연인들: 이범석 장군 실화 소설 北極風情畵》, 무명씨 無名氏, 홍순도 옮김, (서울: 문화일보, 1996)
《티베트의 고독 塵埃落定》1-2, 알라이 阿來, 지쿤 옮김, (서울: 아라크네, 2000. 12)
《티엔탕 마을 마늘종 노래 天堂蒜薹之歌》1-2, 모옌 莫言, 박명애 옮김, (서울: 랜덤하우스코리아, 2007. 10)
《파라독스 중국 우화: 루쉰 외 22인의 중국 현대 작가가 쓴 우화 선집》, 루쉰 외 魯迅(等), 이효림 엮고 옮김, (서울: 정신세계사, 1992)
《팔월의 향촌 八月的鄕村》, 소군 蕭軍, 박재연 옮김, (서울: 백산서당, 1987. 6)
《팔월의 향촌/삶과 죽음의 자리 八月的鄕村/生死場》, 샤오쥔/샤오홍 蕭軍/蕭紅, 서의영/원종례 옮김, (서울: 중앙일보사, 1989)
《팡팡 소설집: 행위예술 行爲藝術》, 팡팡 方方, 문현선 옮김, (서울: 비채, 2008. 5. 16)
《패왕별희: 사랑이여 안녕 覇王別姬》, 릴리안 리 李碧華, 김정숙/유운석 옮김, (서울: 빛샘, 1993. 8. 20)
《폐도 廢都》상중하, 가평요 賈平凹, 박하정 옮김, (서울: 일요신문사, 1994. 4)
《포위된 성 圍城》, 전종서 錢鍾書, 오윤숙 옮김, (서울: 실록, 1994)
《폭풍속의 나뭇잎 風聲鶴唳》, 임어당 林語堂, 이명규 옮김, (서울: 동학사, 1956)
《폭풍속의 나뭇잎 風聲鶴唳》, 임어당 林語堂, 이명규 옮김, (서울: 청구, 1956)
《폭풍취우 暴風驟雨》상하, 주립파 周立波, 이욱연 책임감역, (서울: 논장, 1991. 9)
《푸룽전 芙蓉鎭》, 고화 古華, 신원기획 옮김, (서울: 예본, 1988)
《푸룽진 芙蓉鎭》, 구화 古華, 우동완 옮김, (서울: 삼중당, 1988)
《풀 먹는 가족 草食家族》1-2, 모옌 莫言, 박명애 옮김, (서울: 랜덤하우스코리아, 2007. 10)

《풍경 외 風鈴(等)》, 욱달부 외 郁達夫(等), 박수인 외 옮김, (서울: 삼성미술문화재단, 1987)

《풍루안 風淚眼》, 충위이시 從維熙, 김월성 옮김, (서울: 강천, 1993)

《풍유비둔 豊乳肥臀》1-3, 모옌 莫言, 박명애 옮김, (서울: 랜덤하우스코리아, 2004. 9. 30)

《피어라 들꽃 青春之歌》상하, 양말 楊沫, 박재연 옮김, (서울: 지양사, 1987-88)

《피의 제국》1-3, 엽동 葉童, 김형기/오승원 옮김, (서울: 문원북, 1996. 5)

《핏빛 노을 血色黃昏》전3권, 노귀 老鬼, 전성자/안윤경/임정량 옮김, (서울: 금강서원, 1993. 1)

《하늘의 발자국 소리 空中的足音》, 다이호우잉 戴厚英, 오세경/김경림 옮김, (서울: 풀빛, 1992. 8)

《하마 선생의 음식 백화점》, 런댜린/정윈친 외, 김윤진 옮김, (서울: 주니어김영사, 2006. 4. 1)

《하변초 青青河邊草》, 경요 瓊瑤, 김상철 옮김, (서울: 가람문학사, 1992. 6. 30)

《하북성 준화의 청동릉 日墓東陵: 清東陵地宮珍寶被盜之謎》1-2, 웨난 嶽南, 유소영/심규호 옮김, (서울: 일빛, 2005. 10. 20)

《하상주단대공정 千古學案: 夏商周斷代工程紀實》1-2, 웨난 嶽南, 유소영/심규호 옮김, (서울: 일빛, 2005. 11. 15)

《하얀 면사포》, 경요 瓊瑤, 조희경 옮김, (서울: 심, 1993. 11. 15)

《하얀 민들레 幾度夕陽紅》1-2, 경요 瓊瑤, 유전귀 옮김, (서울: 다솜미디어, 1992. 6. 25)

《한 여자의 전쟁 一個人的戰爭》, 린바이 林白, 박난영 옮김, (서울: 문학동네, 2001. 4)

《한 줄기 사랑의 빛을 찾아서 女強人》, 주수연 朱秀娟, 박하정 옮김, (서울: 문조사, 1989. 7)

《한국전쟁 1 검은 눈 出兵朝鮮紀實: 黑雪》, 엽우몽 葉雨蒙, 오정윤 옮김, (서울: 독서당, 1993)

《한국전쟁 2 한강의 피 出兵朝鮮紀實: 漢江血》, 엽우몽 葉雨蒙, 오정윤 옮김, (서울: 독서당, 1994. 7. 15)

《한국전쟁 3 검은 비 出兵朝鮮紀實: 黑雨》, 엽우몽 葉雨蒙, 오정윤 옮김, (서울: 독서당, 1994)
《한둥 장편소설: 독종들 小城好漢之英特邁往》, 한둥 韓東, 김택규 옮김, (서울: 웅진지식하우스, 2008)
《핸드폰 手機》, 류진운 劉震雲, 김태성 옮김, (서울: 황매(푸른바람), 2007. 11)
《행운초 幸運草》, 경요 瓊瑤, 김은신 옮김, (서울: 홍익출판사, 1992. 7)
《허공의 발자국 소리 空中的足音》, 다이호우잉 戴厚英, 조영현 옮김, (서울: 창, 1992. 8)
《허무와 그의 딸들 許茂與他的女兒們》, 조우커친 周克芹, 김광영 옮김, (서울: 중앙일보사, 1989)
《허삼관 매혈기 許三觀賣血記》, 위화 余華, 최용만 옮김, (서울: 푸른숲, 1999. 2)
《허삼관 매혈기 許三觀賣血記》, 위화 余華, 최용만 옮김, (서울: 푸른숲, 2007. 6. 28 개정판)
《현대 중국 작가 단편 모음》, 공손연 등 公孫嬿/鄧文來/徐薏藍/吳東權/王賢忠, 김종태 옮김, 한국소설가협회 편, (서울: 행림출판사, 1982)
《현대 중국작가 우수단편모음》, 공손연 등 公孫嬿/鄧文來/徐薏藍/吳東權/王賢忠, 김종태 옮김, (서울: 행림출판사, 1984)
《현대세계단편문학350인선 11 중국편》, 노신 외 魯迅(等), 김광주 외 옮김, (서울: 양우당, 1993)
《형제 兄弟》, 위화 余華, 최용만 옮김, (서울: 휴머니스트, 2008. 6. 23 보급판)
《형제 兄弟》1-3, 위화 余華, 최용만 옮김, (서울: 휴머니스트, 2007. 7. 2)
《호란하 이야기 呼蘭河傳》, 샤오홍 蕭紅, 원종례 옮김, (서울: 글누림, 2006. 7. 26)
《호루라기를 부는 장자 故事新編》, 루쉰 魯迅, 유세종 옮김, (서울: 우리교육, 1995. 12)
《호설암 胡雪巖》1-6, 고양 高陽, 김태성 옮김, (서울: 오리진, 1995)
《호설암 胡雪巖》1-7, 고양 高陽, 김태성/정미화 옮김, (파주: 달궁, 2006. 7. 3)
《홍까오량 가족 紅高粱家族》, 모옌 莫言, 박명애 옮김, (서울: 문학과지성사, 2007. 10)
《홍분 紅粉》, 쑤퉁 蘇童, 전수정 옮김, (서울: 아고라, 2007. 10)

《홍암 紅岩》, 뤄광빈/양이엔 羅廣斌/楊益言, 박운석 옮김, (서울: 중앙일보사, 1989)
《화장실에 관하여 關幹厠所》, 예자오옌 葉兆言, 조성웅 옮김, (서울: 웅진지식하우스(웅진닷컴), 2008. 4)
《화혼 판위량 畫魂: 潘玉良》, 스난 石楠, 김윤진 옮김, (서울: 북폴리오, 2004. 10)
《환성 幻城》, 궈징밍 郭敬明, 김택규 옮김, (서울: 황매, 2005. 5. 6)
《황릉의 비밀 風雪定陵: 地下玄宮洞開之謎》1-2, 웨난/양스 嶽南/楊仕, 유소영 역, (서울: 일빛, 1999. 4. 30)
《황청건 사람들 皇城根》상하, 조대년/진건공 趙大年/陳建功, 홍광훈 옮김, (서울: 동아출판사, 1994. 7)
《황하는 동쪽으로 흐른다 穆斯林的葬禮》상하, 곽달 霍達, 김주영 옮김, (서울: 전예원, 1992. 8)
《황하의 노을 圍城》, 전종서 錢鍾書, 이혜란 옮김, (서울: 황제출판사, 1993. 1)
《황하의 아들 河的子孫》, 장현량 張賢亮, 박재연 옮김, (서울: 들꽃세상, 1990. 12)
《황화 黃禍》1-4, 바오미 保密, 유전귀 옮김, (서울: 영웅, 1992. 6)
《힘센 상상 草房子》1-2, 차오원쉬엔 曹文軒, 전수정 옮김, (서울: 새움, 2008. 2. 20)

• 한글판 중국 현대산문 작품 목록

《1학년 1반 34번 1年甲班34號》, 언줘 恩佐, 김하나 옮김, (서울: 명진출판사, 2008. 12. 30)
《가족 乞丐囝仔》, 라이동진 賴東進, 이선순 옮김, (서울: 이루파, 2002. 12)
《공자의 사상 孔子的智慧》, 임어당 林語堂, 민병산 옮김, (서울: 현암사, 1969)
《곽말약 자서전 1 소년시절 沫若自傳:少年時代》, 곽말약 郭沫若, 한국선 옮김, (서울: 일월서각, 1990)
《곽말약 자서전 2 학생시절 沫若自傳:學生時代》, 곽말약 郭沫若, 계용신/고재섭 옮김, (서울: 일월서각, 1990)
《곽말약 자서전 3 혁명춘추 沫若自傳:革命春秋》, 곽말약 郭沫若, 계용신/고재섭 옮김, (서울: 일월서각, 1990)

《곽말약 자서전 4 홍파곡 沫若自傳:洪波曲》, 곽말약 郭沫若, 박정일/정재진 공역, (서울: 일월서각, 1994)
《꽃띠문학 花邊文學》, 노신 魯迅, 유병태 옮김, (서울: 지영사, 1999. 10)
《나는 모택동의 여비서였다》, 소영 蕭英, 김광주 옮김, (서울: 수도문화사, 1951)
《나는 학생이다 王蒙自述: 我的人生哲學》, 왕멍 王蒙, 임국웅 옮김, (서울: 들녘, 2004. 10)
《나에게 가장 소중한 것들 生活的藝術》, 임어당 林語堂, 이상각 엮음, (서울: 문일, 1998. 5)
《나의 아버지 나의 어머니 俺爹俺娘》, 지아오보 焦波, 박지민 옮김, (서울: 뜨란, 2000. 4)
《나의 조국 나의 국민 吾國與吾民》, 임어당 林語堂, 배한림 옮김, (서울: 아카데미, 1980)
《남자, 하루에 백 번 싸운다》, 곽말약 郭沫若, 임종삼 옮김, (서울: 동아서원, 1986)
《내 나라 내 민족 吾國與吾民》, 임어당 林語堂, 안동민 옮김, (서울: 을유문화사, 1971)
《내 마음의 정원 我的心中每天開出一朵花》, 지미 幾米 글그림, 백은영 옮김, (서울: 샘터사, 2004. 4)
《내 멋대로 산다 活著, 理直氣壯》, 황밍지엔 黃明堅, 구순정 옮김, (서울: 영미디어, 1999. 7)
《내 영혼 대륙에 묻어 鄧中夏傳》, 錢小惠 전소혜, 이승민 옮김, (서울: 백산서당, 1986)
《내 영혼의 아름다운 산책: 우리들의 아름다운 이야기 給心靈放個假》, 周雲芳 저우윈팡, 강주형 옮김, (서울: 태웅출판사, 2007. 7. 30)
《네 가지 빛깔의 행복 滴水藏海》, 하승웨이 何承偉, 이재훈 옮김, (서울: 눈과마음, 2006)
《노신 산문집: 끝난 곳에서 길은 시작되고 野草/熱風》, 노신 魯迅, 김원중 옮김, (서울: 현대문화센타, 1991. 12)
《노신 산문집: 나를 사랑한 작은 절망》, 노신 魯迅, 김찬연 옮김, (서울: 이가출판사, 1998. 12. 5)

《노신 선생님 兩地書》, 노신 魯迅, 박병태 옮김, (서울: 청사, 1983)
《노신의 잡문: 질풍이 하늘에 감돌아》, 루신 魯迅, 북경민족출판사 옮김, (서울: 마루, 1993. 8)
《뇌봉 雷鋒傳》, 진광생 陳廣生, 최성만/박태순 편역, (서울: 실천문학사, 1993. 3)
《다 지나간다 閱世心語》, 지셴린 季羨林, 허유영 옮김, (서울: 추수밭, 2009. 1. 5)
《달팽이를 데리고 산책을 하면… 滴水藏海》, 하승웨이 何承偉, 이재훈 옮김, (서울: 눈과마음, 2003. 11)
《독신귀족, 그 우아한 품격 單身貴族》, 황명견 黃明堅, 백록편집부 편역, (서울: 백록, 1991)
《동서양의 사상과 종교를 찾아서 從異教徒到基督徒》, 임어당 林語堂, 김학주 옮김, (서울: 명문당, 1998. 10)
《뒷모습 背影》, 주자칭 朱自淸, 허세욱 옮김, (서울: 범우사, 1976)
《루쉰의 편지 魯迅情書鑒賞》, 루쉰/쉬광핑 魯迅/許廣平, 리우푸친 劉福勤 엮음, 임지영 옮김, (서울: 이룸, 2004)
《류짜이푸의 얼굴 찌푸리게 하는 25가지 인간유형 人論二十五種》, 류짜이푸 劉再復, 이기면/문성자 역, (서울: 예문서원, 2004. 3)
《마음의 몸부림 心的掙紮》, 은지 隱地, 윤수영 옮김, (서울: 학고방, 1991. 7)
《만만디 만만디: 중국인이 본 중국인의 의식구조》, 임어당 林語堂, 조양제 편역, (서울: 덕성문화사, 1991. 5)
《무관심》, 임어당 林語堂, 김신행 옮김, (서울: 동학사, 1957)
《무관심》, 임어당 林語堂, 송상변 옮김, (서울: 한림사, 1961)
《무덤 墳》, 루쉰 魯迅, 홍석표 옮김, (서울: 선학사, 2001. 1)
《바진 타계 일주년 추모 수상록 선집: 매의 노래 巴金隨想錄選集》, 바진 巴金, 홍석표/길정행/이경하 옮김, (서울: 황소자리, 2006. 10. 17)
《북경의 황혼 紅色中國的叛徒》, 류소당 劉紹唐, 이상곤 옮김, (서울: 중앙문화사, 1955)
《북유럽의 매력 I. C. E. 北歐魅力 I. C. E.》, 황스자 黃世嘉, 성은리 옮김, (서울: 이스트 북스2007. 6. 15)
《불면증 因爲心在左邊》, 언줘 恩佐, 김화숙 옮김, (서울: 홍익출판사, 2005. 3)

《불치병: 사랑이라는 이름의 불치병을 앓고 있는 당신에게 海豚愛上熱咖啡》, 언쥐 恩佐, 김성해 옮김, (서울: 홍익출판사, 2005. 6)

《비 오는 날의 책: 중국 현대작가 중 최고의 작가 40명의 산문집 雨天的書(等)》, 주작인 외 周作人(等), 진신원 陳信元 엮음, 임찬민 옮김, (서울: 당그래, 1995. 7)

《사랑이 너에게로 隨想》, 삼모 三毛, 박희준 옮김, (서울: 미완, 1992. 11. 1)

《사랑하는 싱싱: 다이호우잉과 다이싱의 모녀편지 母女兩地書》, 다이호우잉/다이싱 戴厚英/戴醒, 박지민 옮김, (서울: 청아출판사, 2001. 1)

《사랑해요 워 아줌마 伴我同行》상하, 루시칭 程文輝, 이현주 옮김, (서울: 사람들, 1996. 10)

《사막, 그 특별한 기억 沙哈拉的故事》, 삼모 三毛, 구순정 옮김, (서울: 중명, 2001. 7)

《사막에서 온 아줌마 沙哈拉的故事》, 삼모 三毛, 신이섭 옮김, (서울: 돈평, 1992. 7)

《사망일기 生命的留言: 死亡日記》, 루요우칭 陸幼青, 김혜영/이욱연 옮김, (서울: 롱셀러, 2001. 9)

《사하라 이야기 沙哈拉的故事》, 삼모 三毛, 구순정 옮김, (서울: 중명, 1999. 6)

《사하라 이야기 沙哈拉的故事》, 싼마오 三毛, 조은 옮김, (서울: 막내집게, 2008. 7. 21)

《사흘만 걸을 수 있다면 假如我能行走三天》, 장원청 張雲成, 김택규 옮김, (서울: 황매, 2004. 10. 25)

《산남수북 山南水北》, 한샤오궁 韓少功, 김윤진 옮김, (서울: 이레, 2009. 6. 30)

《삶 眾生》, 은지 隱地, 윤수영 옮김, (서울: 학고방, 1991. 7)

《삼민주의/문학개량 외 三民主義/文學改良芻議(等)》, 손문/호적 孫文/胡適, 김학주/이윤중 옮김, (서울: 민중도서, 1980)

《삼민주의/호적문선 三民主義/胡適文選》, 손문/호적 孫文/胡適, 김학주 옮김, (서울: 경지사, 1968)

《상하이에서 부치는 편지 傅雷家書》, 부뢰 傅雷, 유영하 옮김, (서울: 민음사, 2001. 4)

《생각의 변》, 임어당 林語堂, 윤영춘 역, (서울: 범우사, 1976)

《생긴 대로 살게 내버려둬 無目的美好生活》, 홍황 洪晃, 문현선 옮김, (서울: 이미지박스, 2009. 5. 4)
《생활의 발견 生活的藝術》, 린위탕 林語堂, 류해인 옮김, (서울: 하서출판사, 2009. 1. 15)
《생활의 발견 生活的藝術》, 린위탕 林語堂, 박일충 옮김, (서울: 문공사, 1982)
《생활의 발견 生活的藝術》, 임어당 林語堂, 김동철 (서울: 철리문화사, 1961)
《생활의 발견 生活的藝術》, 임어당 林語堂, 김병철 옮김, (서울: 범우사, 1985. 12. 1)
《생활의 발견 生活的藝術》, 임어당 林語堂, 김병철 옮김, (서울: 을유문화사, 1970)
《생활의 발견 生活的藝術》, 임어당 林語堂, 김종관 옮김, (서울: 삼덕출판사, 1979)
《생활의 발견 生活的藝術》, 임어당 林語堂, 김종관 옮김, (서울: 삼성사, 1976)
《생활의 발견 生活的藝術》, 임어당 林語堂, 노태준 옮김, (서울: 서한사, 1983)
《생활의 발견 生活的藝術》, 임어당 林語堂, 노태준 옮김, (서울: 청산문화사, 1974. 5. 30)
《생활의 발견 生活的藝術》, 임어당 林語堂, 류해인 옮김, (서울: 하서출판사, 1995. 8. 1)
《생활의 발견 生活的藝術》, 임어당 林語堂, 문상득 옮김, (서울: 민성사, 1994. 8)
《생활의 발견 生活的藝術》, 임어당 林語堂, 문상득 옮김, (서울: 상서각, 1981)
《생활의 발견 生活的藝術》, 임어당 林語堂, 박병진 옮김, (서울: 육문사, 1991. 1)
《생활의 발견 生活的藝術》, 임어당 林語堂, 박병진 옮김, (서울: 육문사, 2007. 3. 5)
《생활의 발견 生活的藝術》, 임어당 林語堂, 박일충 옮김, (서울: 동서문화사, 1997)
《생활의 발견 生活的藝術》, 임어당 林語堂, 박일충 옮김, (서울: 학원출판공사, 1983)
《생활의 발견 生活的藝術》, 임어당 林語堂, 박재경 옮김, (서울: 문음사, 1968)
《생활의 발견 生活的藝術》, 임어당 林語堂, 백기동 편역, (서울: 동천사, 1987. 5)
《생활의 발견 生活的藝術》, 임어당 林語堂, 안동민 옮김, (서울: 문예출판사, 1968)

《생활의 발견 生活的藝術》, 임어당 林語堂, 안동민 옮김, (서울: 문예출판사, 1969)
《생활의 발견 生活的藝術》, 임어당 林語堂, 원창화 옮김, (서울: 홍신문화사, 2001. 5. 31)
《생활의 발견 生活的藝術》, 임어당 林語堂, 유성규 옮김, (서울: 어문각, 1987. 1)
《생활의 발견 生活的藝術》, 임어당 林語堂, 은부기 옮김, (서울: 안산출판사, 1993. 12)
《생활의 발견 生活的藝術》, 임어당 林語堂, 이성호 역, (서울: 범조사, 1977)
《생활의 발견 生活的藝術》, 임어당 林語堂, 이성호 옮김, (서울: 범조사, 1975)
《생활의 발견 生活的藝術》, 임어당 林語堂, 이재헌 옮김, (서울: 삼중당, 1975)
《생활의 발견 生活的藝術》, 임어당 林語堂, 이종렬 옮김, (서울: 삼문사, 1959)
《생활의 발견 生活的藝術》, 임어당 林語堂, 이종렬 옮김, (서울: 학우사, 1954)
《생활의 발견 生活的藝術》, 임어당 林語堂, 장백면 옮김, (서울: 계원출판사, 1978)
《생활의 발견 生活的藝術》, 임어당 林語堂, 전희직 옮김, (서울: 혜원, 1990. 9)
《생활의 발견 生活的藝術》, 임어당 林語堂, 정동훈 옮김, (서울: 청산문화사, 1968)
《생활의 발견 生活的藝術》, 임어당 林語堂, 조영기 옮김, (서울: 예문당, 1991. 6)
《생활의 발견 生活的藝術》, 임어당 林語堂, 지경자 옮김, (서울: 홍신문화사, 1987)
《생활의 발견 生活的藝術》, 임어당 林語堂, 홍순범 옮김, (서울: 보경, 1974)
《생활의 발견 生活的藝術》, 임어당 林語堂, 홍윤기 옮김, (서울: 학원사, 1987)
《생활의 발견 生活的藝術》1-2, 임어당 林語堂, 권오현 옮김, (서울: 일신서적공사, 1988)
《생활의 발견: 인생과 생활 生活的藝術》, 임어당 林語堂, ? 옮김, (서울: 대호출판사, 1978)
《생활의 발견: 임어당 인생론》, 임어당 林語堂, 김동사 옮김, (서울: 내외신서, 1981)
《생활의 발견: 임어당 처세론》, 임어당 林語堂, 김기덕 옮김, (서울: 집문당, 1979)
《생활인의 철학》, 임어당 林語堂, 이문희 옮김, (서울: 금성출판사, 1988. 1)

《세계문명기행 千年一嘆》, 위치우위 余秋雨, 유소영/심규호 옮김, (서울: 미래 M&B, 2001)
《세상을 읽는 지혜 49 看人: 我讀史記?》, 려정혜 呂正惠, 임찬민 옮김, (서울: 당그래, 1989)
《소련 기행 蘇聯紀行》, 곽말약 郭沫若, 윤영춘 옮김, (서울: 을유문화사, 1949)
《속 생활의 발견: 생활철학》, 임어당 林語堂, 이종렬 옮김, (서울: 근우사, 1959)
《시간을 멈춘 여행 愛城》, 광리리 匡離離, 이예원 옮김, (서울: 아리샘, 2008. 5)
《식심 수필집》, 임어당 林語堂, 정동훈 옮김, (서울: 청산문화사, 1962)
《신의 실수도 나의 꿈을 막지 못했다 半夢: 金星自傳》, 진싱 金星, (서울: 중앙 M&B, 2001. 5)
《아버지의 뒷모습 背影(等)》, 주자청 朱自清, 박하정 옮김, (서울: 태학사, 2000. 5)
《아버지의 뒷모습 背影(等)》, 주자청/욱달부 朱自清/郁達夫, 허세욱/유희주 옮김, (서울: 범우사, 1999. 2)
《아빠 빠빠 妞妞: 一個父親的劄記》, 周國平 저우궈핑, 문현선 옮김, (서울: 아고라, 2006. 5)
《아침꽃을 저녁에 줍다 朝花夕拾》, 노신 魯迅, 연변인민출판사 간, (서울: 들불, 1989. 10)
《아침꽃을 저녁에 줍다》, 노신 魯迅, 이욱연 옮김, (서울: 예문, 2003. 10)
《아침꽃을 저녁에 줍다》, 노신 魯迅, 이욱연 편역, (서울: 창, 1991. 3),
《양귀비 楊貴妃》, 남궁박 南宮搏, 우현민 옮김, (서울: 정음사, 1958)
《양심》, 임어당 林語堂, 정동훈 옮김, (서울: 청산문화사, 1962)
《어느 영화감독의 청춘: 나의 홍위병 시절 少年凱歌》, 첸 카이거 陳凱歌, 이근호 옮김, (서울: 푸른산, 1991)
《여성에게 보내는 고언 林語堂散文選》, 임어당 林語堂, 한아름 옮김, (서울: 한아름, 1993)
《연애편지 쓰는 법 理性與人道/談天(等)》, 주작인 周作仁, 방철환 옮김, (서울: 태학사, 2003. 4)
《연인아 연인아 心中的墳: 致友人的信》, 다이허우잉 戴厚英, 김택규 옮김, (서울: 휴머니스트, 2003. 9)
《왜 布瓜的世界》, 지미 幾米 글그림, 원지명 옮김, (서울: 샘터사, 2004. 8. 13)

《우리 집은 어디인가? 風中的旅人》1-2, 루이나이웨이/장주주 芮乃偉/江鑄久, 전수정 옮김, (서울: 마음산책, 2003. 1)
《우리를 행복케 하는 것은》, 임어당 외 林語堂(等), (서울: 성인문화사, 1988)
《우붕잡억: 문화대혁명에 대한 한 지식인의 회고 牛棚雜憶》, 계선림 季羨林, 이정선/김승룡 옮김, (서울: 미다스북스, 2004. 7. 1)
《위치우위의 중국문화기행 中國之旅》1-2, 위치우위 余秋雨, 유소영/심규호 옮김, (서울: 미래인, 2007. 12. 5)
《위화 산문집: 영혼의 식사 靈魂飯》, 위화 余華, 최용만 옮김, (서울: 휴머니스트, 2008. 10. 13)
《유럽문화기행 行者無疆》1-2, 위치우위 余秋雨, 유소영/심규호 옮김, (서울: 미래엠앤비, 2004. 7. 22)
《이교도에서 기독교도로 從異教徒到基督徒》, 임어당 林語堂, 김학주 옮김, (서울: 명문당, 1988. 6)
《이교도에서 기독교도로 從異教徒到基督徒》, 임어당 林語堂, 김학주 옮김, (서울: 신아사, 2000. 12)
《이교도에서 기독교도로 從異教徒到基督徒》, 임어당 林語堂, 김학주 옮김, (서울: 태양문화사, 1977)
《인간이여, 인간이여 人啊人》, 은지 隱地, 윤수영 옮김, (서울: 학고방, 1991. 7)
《인생 季羨林談人生》, 지셴린 季羨林, 이선아 옮김, (서울: 멜론, 2010. 1)
《인생과 생활 生活的藝術》, 임어당 林語堂, (서울: 삼정출판사, 1970)
《인생과 생활 生活的藝術》, 임어당 林語堂, 한아름 옮김, (서울: 한아름, 1993)
《인생을 어떻게 살 것인가》, 임어당 林語堂, 임춘식 옮김, (서울: 백양, 1987. 4. 1)
《인생을 위하여 행복을 위하여》, 임어당 林語堂, 노태준 옮김, (서울: 진화당, 1986. 4)
《임어당 명문선》, 임어당 林語堂, 정범진 편역, (서울: 박영사, 1974. 11. 5)
《임어당 산문선: 여인의 향기》, 임어당 林語堂, 김영수 편역, (서울: 아이필드, 2003. 4. 15)
《임어당 산문선: 유머와 인생》, 임어당 林語堂, 김영수 편역, (서울: 아이필드, 2003. 4. 25)

《임어당 수상록: 본대로 들은대로》, 임어당 林語堂, 성의제 옮김, (서울: 을유문화사, 1980. 11. 1)
《임어당 수상록: 참인생 참사랑 참예술》, 임어당 林語堂, 이성계 옮김, (서울: 융성출판사, 1985. 6. 1)
《임어당 수필집: 내가 건넌 다리는 너희들이 걸어 온 길보다 길다》, 임어당 林語堂, 임연 옮김, (서울: 서원, 1997. 6)
《임어당 수필집》, 임어당 林語堂, 김신행 옮김, (서울: 동학사, 1957)
《임어당 수필집》, 임어당 林語堂, 김신행 옮김, (서울: 동학사, 1960)
《임어당 수필집》, 임어당 林語堂, 정동훈 옮김, (서울: 청산문화사, 1961)
《임어당 신작 에세이: 시공을 넘어서》, 임어당 林語堂, 윤영춘 옮김, (서울: 중앙출판공사, 1972)
《임어당 신작 에세이집》, 임어당 林語堂, 윤영춘 옮김, (서울: 서문당, 1973)
《임어당 신작 엣세이》, 임어당 林語堂, 윤영춘 옮김, (서울: 배영사, 1969)
《임어당 에세이 선집: 대륙의 하늘을 바라보며》, 임어당 林語堂, 신인봉 편역, (서울: 인경사, 1991. 8. 15)
《임어당 에세이: 얼굴이란 무엇인가》, 임어당 林語堂, 다나번역실 옮김, (서울: 다나, 1985)
《임어당 에세이: 젊은이에게 주는 글》, 임어당 林語堂, 왕준현 옮김, (서울: 효종, 1984. 1. 15)
《임어당 에세이선》, 임어당 林語堂, 윤영춘 옮김, (서울: 서문당, 1974)
《임어당 에세이집: 깨우침》, 임어당 林語堂, 박일충 역, (서울: 자유문학사, 1987. 2)
《임어당 인생론》, 임어당 林語堂, 노태준 옮김, (서울: 임마누엘, 1985. 10. 25)
《임어당의 에세이 공자 孔子的智慧》, 임어당 林語堂, 민병산 옮김, (서울: 현암사, 1969)
《임어당의 웃음: 중국인의 지혜》, 임어당 林語堂, 이평길 옮김, (부산: 선영사, 1997)
《임어당의 웃음으로 사는 세상》, 임어당 林語堂, 이평길 옮김, (부산: 선영사, 1987. 12. 1)
《자신을 위해 살라 爲自己活》, 황명견 黃明堅, 이준희 옮김, (서울: 여울, 1991)

《자핑아오 산문집: 흑백을 추억하다 樹上的月亮(等)》, 자핑아오 賈平凹, 박지민 옮김, (서울: 오늘의 책, 2000. 11)
《잠자는 사자 吾國與吾民》, 임어당 林語堂, 조영기 옮김, (서울: 경호, 1981)
《장자가 노자를 이야기한다》, 임어당 林語堂, 장순용 옮김, (서울: 자작나무, 1998. 6. 15)
《종합병원 24시 實習醫師手記》, 왕위지아 王溢嘉, 김영수 옮김, (서울: 서지원, 1994. 9)
《중국 문화 답사기 文化苦旅》상하, 위츄위 余秋雨, 한정현/김명학 공역, 김문학 감수, (서울: 명지사, 2000. 10)
《중국 문화 답사기: 중국 역사와 문화, 문인들의 발자취를 찾아서 文化苦旅》, 위치우위余秋雨, 유소영/심규호 옮김, (서울: 미래M&B, 2000. 12)
《중국, 중국인 吾國與吾民》, 임어당 林語堂, 신해진 옮김, (서울: 장락, 1995. 5)
《중국인》, 임어당 林語堂, 배한림 옮김, (서울: 아카데미, 1979)
《중국차 향기담은 77편의 수필 背影(等)》, 주자청 외 76인 朱自淸(等), 이수웅 옮김, (서울: 지성사, 1994. 11)
《지진, 한가운데 선 사람들: 24만의 생명을 빼앗긴 한 도시의 이야기 唐山大地震 : "7. 28"劫難十週年祭》, 첸강 錢剛, 장성철/장용화 옮김, (서울: 휴먼필드, 2005. 12. 1)
《지하철 地下鐵》, 지미 幾米, 백은영 옮김, (서울: 샘터사, 2004. 5. 10)
《진솔한 문화혁명 이야기: 구린내 나는 아홉 번째 놈 文革回憶錄: 焚心煮骨的日子》, 왕시옌 王西彥, 길정행 옮김, (서울: 동과서, 1997. 7)
《진실한 삶을 위한 생활에세이》, 임어당 林語堂, 조양제 편역, (서울: 덕성문화사, 1990)
《집으로 가는 길 俺爹俺娘》1-2, 지아오보 焦波, 박지민 옮김, (서울: 다산초당, 2005. 12. 15)
《처세론》, 임어당 林語堂, 김기덕 옮김, (서울: 집문당, 1974)
《처세론》, 임어당 林語堂, 이정기 옮김, (서울: 보경출판사, 1974)
《처세술》, 임어당 林語堂, 이정기 옮김, (서울: 중앙도서, 1982)
《천년의 정원: 시대와 역사의 현장에서 나누는 중국 문명과의 대화 山居筆記》, 위치우위 余秋雨, 유소영/심규호 옮김, (서울: 미래M&B, 2003. 5. 30)

《천수관음: 무대 뒤의 이야기 千手觀音》, 잔샤오난 詹曉南, 유소영 옮김, (서울: 일빛, 2008. 9. 16)
《천안문 강좌: 생활인의 지혜 燕山夜話》, 마남촌 馬南邨, 박재연 옮김, (서울: 이땅, 1988. 12)
《청년들아, 나를 딛고 오르거라 魯迅書翰選》, 노신 魯迅, 유세종 옮김, (서울: 창, 1991. 8)
《취하고 싶다: 중국 음주시 산책 想醉》, 안곤양 顏崑陽, 정지은 옮김, (서울: 당그래, 1992. 9)
《친구 朋友: 賈平凹寫人散文選》, 쟈핑와 賈平凹, 김윤진 옮김, (서울: 이레, 2008. 4)
《쿤룬산에 달이 높거든 第一本書的故事(等)》, 스티에성 외 39인 張煒(等), 김혜준 옮김, (서울: 좋은책만들기, 2002. 5. 22)
《태산은 작은 흙덩이를 사양하지 않는다 看人: 我讀史記?》, 려정혜 呂正惠, 임찬민 옮김, (서울: 당그래, 1994)
《투창과 비수 文化偏至論(等)》, 루쉰 魯迅, 유세종/전형준 편역, (서울: 솔, 1997. 9)
《티끌세상의 소리 蓮花次第開放》, 청란 程然, 이해원 옮김, (서울: 에버리치홀딩스, 2009. 5. 4)
《파금 수상록 巴金隨想錄》, 파금 巴金, 권석환 옮김, (서울: 학고방, 2005. 9)
《펑쯔카이 산문선: 아버지 노릇》, 펑쯔카이 豊子愷, 홍승직 옮김, (파주: 궁리출판, 2004. 6. 25)
《페어플레이는 아직 이르다 魯迅雜感選集》, 루쉰 魯迅, 취츄바이 瞿秋白 엮음, 루쉰읽기모임 옮김, (서울: 케이시아카데미, 2003. 3)
《하늘가 바다끝 我與地壇(等)》, 스티에성 외 39인 史鐵生(等), 김혜준 옮김, (서울: 좋은책만들기, 2002. 5. 22.)
《한 노동자의 수기 외 把一切向給黨/包身工(等)》, 우윈두오 외 吳運鐸/夏衍(等), 유중하 옮김, (서울: 중앙일보사, 1989)
《한 움큼 황허 물: 허세욱 교수와 함께 읽는 중국 근현대산문 56편 吶喊自序(等)》, 루쉰 외 魯迅(等), 허세욱 엮어 옮김, (서울: 학고재, 2002. 10)
《헤이 키드닥터 實習醫師手記》, 왕위지아 王溢嘉, 김영수 옮김, (서울: 지우, 1994. 4)

《호숫가의 한 그루 소원나무 湖邊有棵寡許願樹: 最感動心靈的愛情故事》, 첸지앙 陳江 엮음, 김성해 옮김, 김금복 그림, (서울: 홍익출판사, 2008)
《호적 문선 胡適文選》, 호적 胡適, 민두기 옮김, (서울: 삼성, 1972)
《호적 자서전: 사십자술 四十自述》, 호적 胡適, 차주환 역, (서울: 을유문화사, 1973)
《화개집 화개집속편 華蓋集/華蓋集續編》, 루쉰 魯迅, 홍석표 옮김, (서울: 선학사, 2005. 4. 5)
《흐느끼는 낙타 哭泣的駱駝》, 삼모 三毛, 신이섭 옮김, (서울: 돈평, 1992. 9)
《흐느끼는 낙타 哭泣的駱駝》, 싼마오 三毛, 조은 옮김, (서울: 막내집게, 2009. 2. 11)
《희망은 길이다: 루쉰 아포리즘》, 루쉰 魯迅, 이욱연 편역, 이철수 판화, (서울: 예문, 2003. 12)

## • 한글판 중국 현대시 작품 목록

《경요 시집: 그대가 진정 날 사랑한다면 瓊瑤詩選》, 경요 瓊瑤, ? 옮김, (서울: 열린지성, 1995. 6. 1)
《경요 시집: 참말로 그리운 사람에게 瓊瑤詩選》, 경요 瓊瑤, 왕화원 편, (서울: 문원북, 1992. 9. 1)
《곽말약 시선》, 곽말약 郭沫若, 박효숙 편역, (서울: 문이재, 2003. 12)
《곽말약》, 곽말약 郭沫若, 전인초 옮김, (서울: 혜원, 1987. 12)
《기뻐 웃는 불꽃이여》, 아이칭 艾靑, 박재연 옮김, (서울: 한겨레, 1986)
《꾸청 시선집: 나는 제멋대로야 我是一個任性的孩子》, 꾸청 顧城, 김태성 옮김, (서울: 실천문학, 1997. 6),
《나 그대를 사랑함은 풀꽃같은 그리움 때문입니다: 왕국진 시집 汪國眞愛情詩正品》, 왕국진 汪國眞, 김학송/최용국 공역, (서울: 나라원, 1994)
《나의 조국 我的祖國: 台灣元老詩人巫永福詩選》, 우융푸 巫永福, 김상호 옮김, (서울: 푸른사상사, 2006. 8. 30)
《난 당신에게 이유를 말하진 않으렵니다 無題(等)》, 수팅 외 舒婷(等), 정우광 편역, (서울: 장백, 1989. 12)

《내 마음속에 작은 비밀 하나 그건…》, 김학송 엮어 옮김, (서울: 글밭, 1994)
《노래하듯 이야기하고 춤추듯 정복하라 毛澤東詩詞》, 모택동 毛澤東, 장석만 편역, (서울: 다산책방, 2007. 4. 30)
《대만을 위한 기도 爲臺灣祈禱: 台灣詩人趙天儀詩選》, 쟈오티엔이 趙天儀, 김상호 옮김, (서울: 풀잎문학, 2007. 8)
《대망서 시선》, 대망서 戴望舒, 이경하 편역, (서울: 문이재, 2004. 3)
《들풀 野草》, 루쉰 魯迅, 유세종 옮김, (서울: 솔출판사, 1996. 3)
《모택동 시사집: 정강산》, 마오쩌둥 毛澤東, 유중하 역, (서울: 평밭, 1989)
《모택동 시사평석: 모택동 문학세계의 허와 실》, 모택동 毛澤東, 최종세 평석, (서울: 바움, 2008. 2. 29)
《모택동 시선》, 모택동 毛澤東, 이수웅 옮김, (서울: 선경도서출판사, 1989. 9)
《모택동 시집: 걸어온 길 2만리》, 모택동 毛澤東, 이주노 옮김, (서울: 실천문학사, 1989. 3)
《모택동 시집: 시와 정치》, 마오쩌둥 毛澤東, 강준식 편역, (서울: 다다, 1989)
《모택동 시집》, 모택동 毛澤東, 유진성 편역, (서울: 문원북, 2000. 6. 20)
《모택동의 시와 혁명》, 모택동 毛澤東, 공기두 편역, (서울: 풀빛, 2004. 3)
《목단 시선》, 목단 穆旦, 이선옥 편역, (서울: 문이재, 2003. 12)
《몽유 夢遊》, 우한 牛漢, 김용운/김소현 옮김, (서울: 시놀로지, 2000. 12)
《베이다오 시집: 별들은 증거를 댈 것이다》, 베이다오 北島, 최용국 옮김, (서울: 쑥맥, 1995. 1)
《변지림 시선》, 변지림 卞之琳, 정성은 편역, (서울: 문이재, 2005. 6. 30)
《북도 시선》, 北島 북도, 정우광 편역, (서울: 문이재, 2003. 12)
《뻬이따오의 시와 시론》, 뻬이따오 北島, 정우광 옮김, (서울: 고려원, 1995. 9)
《사랑의 계절에 너를 만나 席慕容詩選》, 시무룽 席慕蓉, 김학송 옮김, (서울: 책과몽상, 1995. 2)
《서정 시선》, 서정 舒婷, 장윤선 편역, (서울: 문이재, 2005. 8)
《수박을 먹는 여섯 가지 방법 吃西瓜的六種方法》, 루어칭 羅青, 김태성 옮김, (서울: 실천문학사, 2000. 12)
《수팅 시선: 상수리 나무에게 致橡樹(等)》, 수팅 舒婷, 김태성 옮김, (서울: 시평사, 2003. 8. 20)

《시간 時間》, 지디마자 吉狄馬加, 백지운 옮김, (서울: 문학과지성사, 2009. 6. 29)
《신적 시선》, 신적 辛笛, 홍석표 편역, (서울: 문이재, 2005. 8. 11)
《아이칭 시》, 아이칭 艾靑, 류성준 편, (서울: 한국외국어대학교출판부, 2003. 1. 10)
《아이칭 시집: 투명한 밤》, 아이칭 艾靑, 류성준 옮김, (서울: 푸른사상, 2001. 8. 20)
《아침은 너무 늦다: 중국 현대 대표 산문시선》, 곽말약 등 郭沫若/魯迅/巴金(等), 최용국 편역, (서울: 창, 1995. 9. 1)
《애청 선집: 들판에 불을 놓아》, 애청 艾靑, 류성준 옮김, (서울: 한울, 1986. 4)
《애청 시선: 동녘은 어떻게 붉어지는가 艾靑詩選》, 애청 艾靑, 한창희 옮김, (서울: 일월서각, 1991)
《애청 시선: 중국의 땅에 눈이 내리고 雪落在中國的土地上(等)》, 아이칭 艾靑, 성민엽 옮김, (서울: 한마당, 1986)
《애청 시집: 구백사람》, 애청 艾靑, 류성준 옮김, (서울: 한울, 1988. 7. 30)
《애청의 시: 북경의 아침 北京的早晨(等)》, 애청 艾靑, 류성준 옮김, (부산: 열음사, 1990. 4)
《여신 女神(等)》, 곽말약 외 郭沫若(等), 전인초 역주, (서울: 혜원, 2001. 1. 1)
《여신 女神(等)》, 곽말약 외 郭沫若(等), 전인초 옮김, (서울: 혜원, 1987. 12)
《임환창 시선 林煥彰詩選》, 임환창 林煥彰, 김태성 옮김, (서울: 하나, 1986)
《중공 현대대표시선 1》, 바이화 등 白樺(等), 허세욱 옮김, (서울: 전예원, 1987. 2)
《중공 현대대표시선 2》, 수팅/망커/이앤리/뤄껑예/레이수앤 舒婷/芒克/嚴力/羅耕野/雷抒雁, 허세욱 옮김, (서울: 전예원, 1987. 2)
《중국 현대 애정시 선집: 떨리듯 와서 뜨겁게 타다 재가 된 노래》, 이종진/정성은/이경하 엮음, (서울: 이화여자대학교출판부, 2005. 8. 31)
《중국 현대명시선 1》, 류따바이 외 劉大白(等), 허세욱 옮김, (서울: 혜원, 1990. 3)
《중국 현대명시선 2》, 저우멍뎨 외 周夢蝶(等), 허세욱 옮김, (서울: 혜원, 1990. 3)
《중국 현대시선》, 허세욱 편역, (서울: 을유문화사, 1976)
《첫사랑의 느낌: 호홍 시집 湖鴻愛情詩正品》, 호홍 湖鴻, 김학송 옮김, (서울: 나라원, 1994. 10)
《파파야 꽃이 피었다 開了木瓜花: 台灣詩人陳千武詩選》, 천치엔우 陳千武, 김상호 옮김, (서울: 서문당, 1996. 5)

《편지 없는 세월 - 대만 창세기파 시인 팡밍시선 歲月無信》, 팡밍 方明, 김상호 옮김, (서울: 바움커뮤니케이션, 2009. 5. 15)
《푸텐린시집: 오천년의 사랑 五千年的情愛》, 푸톈린 傅天琳, 김운용 옮김, 허세욱 감수, (서울: 미리내, 1996. 9)
《하늘을 향한 영원한 노스탤지어 我的戀人》, 따이왕슈 戴望舒, 김희진 역주, (서울: 삼보아트, 2002. 6. 10)
《한밤의 가수 午夜歌手》, 베이다오 北島, 배도임 옮김, (서울: 문학과지성사, 2005. 5. 20)
《허치팡 시선 何其芳詩選》, 허치팡 何其芳, 한상덕 옮김, (서울: 지만지, 2009. 7. 15)
《현대 대표 시인 선집》, 아이칭 외 艾青(等), 허세욱/류성준/성민엽 옮김, (서울: 중앙일보사, 1989)
《현대 중국 시선》, 윤영춘, (서울: 청년사, 1947)
《현대 중국 시선》, 하정옥 역주, (서울: 민음사, 1975. 12)

### • 한글판 중국 현대극문학 작품 목록

《곽말약 희곡선》, 곽말약 郭沫若, 하경심/신진호 옮김, (서울: 학고방, 2005. 10)
《굴원 屈原》, 곽말약 郭沫若, 강영매/김산화/한정선/홍신옥 옮김, (서울: 범우사, 2005. 2)
《노사 희곡선》, 노사 老舍, 하경심/신진호 옮김, (서울: 학고방, 2006. 3)
《뇌우 雷雨》, 조우 曹禺, 김광주 역, (서울: 선문사, 1946)
《뇌우 雷雨》, 조우 曹禺, 한상덕 옮김, (서울: 한국문화사, 1996. 6)
《뇌우/찻집 雷雨/茶館》, 차오위/라오서 曹禺/老舍, 김종현/오수경 옮김, (서울: 중앙일보사, 1989)
《담검편: 중국 현대 역사극의 명작 膽劍篇》, 우시지 외 于是之/曹禺/梅阡, 김덕환 옮김, (서울: 하도락서, 1999)
《버스 정류장 車站》, 가오싱젠 高行健, 오수경 옮김, (서울: 민음사, 2002. 12. 16)
《북경인 北京人》, 조우 曹禺, 한상덕 옮김, (서울: 한국학술정보, 2007. 11. 30)
《북경인 北京人》, 챠우위 曹禺, 구광범 옮김, (서울: 선학사, 2004. 6)

《승관도 昇官圖》, 진백진 陳白塵, 한상덕 옮김, (서울: 솔봉출판사, 2007. 11)
《승관도 昇官圖》, 천바이천 陳白塵, 신진호 옮김, (서울: 지만지, 2009. 10)
《아Q정전 阿Q正傳》, 노신 魯迅 원작, 진백진 陳白塵 각색, 한상덕 옮김, (서울: 한국학술정보, 2007. 11. 30)
《와신상담: 담검편 膽劍篇》, 우시지 외 于是之/曹禺/梅阡, 김덕환 옮김, (서울:문영사 2006)
《원야 原野》, 조우 曹禺, 한상덕 옮김, (서울: 한국문화사, 1996. 6)
《일출 日出》, 조우 曹禺, 한상덕 옮김, (서울: 한국문화사, 1996. 6)
《전한 희곡선》, 전한 田漢, 하경심/신진호 공역, (서울: 학고방, 2006. 1)
《중국 현대 단막극선》, 호적/진대비/정서림/전한/구양여천 胡適/陳大悲/丁西林/田漢/歐陽予倩, 한상덕 옮김, (서울: 한국학술정보, 2007. 11. 30)
《진백진 희곡선》, 진백진 陳白塵, 하경심/신진호 옮김, (서울: 학고방, 2006. 11)
《찻집 茶館》, 라오서 老舍, 신진호 옮김, (서울: 지만지, 2009. 3)
《채문희 蔡文姬》, 곽말약 郭沫若, 강영매/김산화/한정선/홍신옥 옮김, (서울: 범우사, 2005. 2)
《태변 蛻變》, 조우 曹禺, 한상덕 옮김, (서울: 한국학술정보, 2007. 11. 30)
《파시즘 세균 法西斯細菌》, 夏衍 샤옌, 신진호 옮김, (서울: 지만지고전천줄, 2008. 5. 15)
《피안 彼岸/冥城/生死界/八月雪》, 가오싱젠 高行健, 오수경 옮김, (서울: 연극과인간, 2008. 5. 30)
《하연 희곡선》, 하연 夏衍, 하경심 옮김, (서울: 학고방, 2006. 7)

- **한글판 중국 현대문학 전집 목록**

《중국현대문학전집 1 루쉰 소설 전집》, 루쉰 魯迅, 김시준 옮김, (서울: 중앙일보사, 1989)
《중국현대문학전집 2 예환지/침륜 외 倪煥之/沉淪(等)》, 예성타오/위따푸 葉聖陶/郁達夫, 이영구/전인초 옮김, (서울: 중앙일보사, 1989)
《중국현대문학전집 3 새벽이 오는 깊은 밤 子夜》, 마오둔 茅盾, 김하림 옮김, (서울: 중앙일보사, 1989)

《중국현대문학전집 4 팔월의 향촌/삶과 죽음의 자리 八月的鄕村/生死場》, 샤오쥔/샤오훙 蕭軍/蕭紅, 서의영/원종례 옮김, (서울: 중앙일보사, 1989)
《중국현대문학전집 5 낙타상자 駱駝祥子》, 라오서 老舍, 류성준 옮김, (서울: 중앙일보사, 1989)
《중국현대문학전집 6 변방의 도시/이가장의 변천 외 邊城/李家莊的變遷(等)》, 선충원/자오수리 沈從文/趙樹理, 심혜영/김시준 옮김, (서울: 중앙일보사, 1989)
《중국현대문학전집 7 추운 밤/동터오는 강변 외 寒夜/黎明的河邊(等)》, 바진/쥔칭 巴金/峻靑, 김하림 옮김, (서울: 중앙일보사, 1989)
《중국현대문학전집 8 태양은 상건하에 비친다 太陽照在桑幹河上》, 딩링 丁玲, 노경희 옮김, (서울: 중앙일보사, 1989)
《중국현대문학전집 9 홍암 紅岩》, 뤄꽝빈/양이엔 羅廣斌/楊益言, 박운석 옮김, (서울: 중앙일보사, 1989)
《중국현대문학전집 10 한 노동자의 수기 외 把一切向給黨/包身工(等)》, 우윈두오 외 吳運鐸/夏衍(等), 유중하 옮김, (서울: 중앙일보사, 1989)
《중국현대문학전집 11 산향거변 山鄕巨變》상, 조우리뽀 周立波, 이우정/조관희 옮김, (서울: 중앙일보사, 1989)
《중국현대문학전집 12 산향거변 山鄕巨變》하, 조우리뽀 周立波, 이우정/조관희 옮김, (서울: 중앙일보사, 1989)
《중국현대문학전집 13 여지견작품집/중년이 되어/천운산전기 茹志鵑作品集/人到中年/天雲山傳奇》, 루즈지엔/천룽/루옌조우 茹志鵑/諶容/魯彦周, 이영자/김용운/김의진 옮김, (서울: 중앙일보사, 1989)
《중국현대문학전집 14 허무와 그의 딸들 許茂與他的女兒們》, 조우커친 周克芹, 김광영 옮김, (서울: 중앙일보사, 1989)
《중국현대문학전집 15 변신하는 인형 活動變的人形》, 왕멍 王蒙, 성민엽 옮김, (서울: 중앙일보사, 1989)
《중국현대문학전집 16 반하류사회/대북사람들 半下流社會/臺北人》, 자오쯔판/바이시엔융 趙滋蕃/白先勇, 허세욱 옮김, (서울: 중앙일보사, 1989)
《중국현대문학전집 17 야행화차 외 夜行貨車(等)》, 천잉쩐 외 陳映眞(等), 유중하 옮김, (서울: 중앙일보사, 1989)

《중국현대문학전집 18 뇌우/찻집 雷雨/茶館》, 차오위/라오서 曹禺/老舍, 김종현/오수경 옮김, (서울: 중앙일보사, 1989)
《중국현대문학전집 19 현대 대표 시인 선집》, 아이칭 외 艾青(等), 허세욱/류성준/성민엽 옮김, (서울: 중앙일보사, 1989)
《중국현대문학전집 20 현대 중국의 문학이론: 문학과 정치》, 호적 외 胡適(等), 김의진/심혜영/성민엽/이광석 옮김, (서울: 중앙일보사, 1989)
《노신 선집 魯迅選集》1-4, 노신 魯迅, 이철준/박정일/계용신/최덕은 옮김, (서울: 여강출판사, 1991. 6)
《임어당 전집 1 장편에세이 희곡: 생활의 예술/공자와 위후부인 生活的藝術/子見南子》, 임어당 林語堂, 윤영춘/차주환 역, (서울: 휘문출판사, 1968)
《임어당 전집 2 장편에세이 논문 강연: 나의 조국 나의 겨레/기계와 정신/임어당의 가족 吾國與吾民(等)》, 임어당 林語堂, 주요섭/윤영춘/차주환 역, (서울: 휘문출판사, 1968)
《임어당 전집 3 장편소설 에세이: 북경호일/중국인의 유우머 京華煙雲》, 임어당 林語堂, 윤영춘 역, (서울: 휘문출판사, 1968)
《임어당 전집 4 장편소설: 폭풍속의 나무잎 風聲鶴唳》, 임어당 林語堂, 장심현 역, (서울: 휘문출판사, 1968)
《임어당 전집 5 역사소설 기행문: 측천무후/새벽을 기다린다/임어당 연보 武則天傳/枕戈待旦/林語堂年譜》, 임어당 林語堂, 양병탁/주요섭/윤영춘 역, (서울: 휘문출판사, 1968)
《임어당문집 1 생활의 발견 生活的藝術》, 임어당 林語堂, 이병철 옮김, (서울: 을유문화사, 1971)
《임어당문집 2 공자의 지혜 孔子的智慧》, 임어당 林語堂, 김익삼 옮김, (서울: 을유문화사, 1971)
《임어당문집 3 내나라, 내민족 吾國與吾民》, 임어당 林語堂, 안동민 옮김, (서울: 을유문화사, 1971)
《임어당문집 4 북경의 추억 京華煙雲》, 임어당 林語堂, 박진석 옮김, (서울: 을유문화사, 1971)
《임어당 전집 1 생활의 발견 生活的藝術》, 임어당 林語堂, 조영기 옮김, (서울: 우리들사, 1976)

《임어당 전집 2 여걸 측천무후 武則天傳》, 임어당 林語堂, 조영기 옮김, (서울: 우리들사, 1976)
《임어당 전집 3 폭풍속의 나무잎 風聲鶴唳》, 임어당 林語堂, 조영기 옮김, (서울: 우리들사, 1976)
《임어당 전집 4 잠자는 사자 吾國與吾民》, 임어당 林語堂, 조영기 옮김, (서울: 우리들사, 1976)
《임어당 전집 5 생활의 지혜 生活的智慧?》, 임어당 林語堂, 조영기 옮김, (서울: 우리들사, 1976)
《임어당 전집 6 북경호일 京華煙雲》, 임어당 林語堂, 조영기 옮김, (서울: 우리들사, 1976)
《임어당 전집 7 대지의 여명 枕戈待旦》, 임어당 林語堂, 조영기 옮김, (서울: 우리들사, 1976)
《임어당 전집 8 주홍문 朱門》, 임어당 林語堂, 조영기 옮김, (서울: 우리들사, 1976)
《임어당 전집 1 생활의 발견 生活的藝術》, 임어당 林語堂, 조영기 역, (서울: 영일문화사, 1977)
《임어당 전집 2 여걸 측천무후 武則天傳》, 임어당 林語堂, 조영기 역, (서울: 영일문화사, 1977)
《임어당 전집 3 폭풍속의 나무잎 風聲鶴唳》, 임어당 林語堂, 조영기 역, (서울: 영일문화사, 1977)
《임어당 전집 4 잠자는 사자 吾國與吾民》, 임어당 林語堂, 조영기 역, (서울: 영일문화사, 1977)
《임어당 전집 5 생활의 지혜 生活的智慧?》, 임어당 林語堂, 조영기 역, (서울: 영일문화사, 1977)
《임어당 전집 6 북경호일 京華煙雲》, 임어당 林語堂, 조영기 역, (서울: 영일문화사, 1977)
《임어당 전집 1 생활의 발견/자견남자 生活的藝術/子見南子》, 임어당 林語堂, 조영기 옮김, (서울: 대호출판사, 1981)
《임어당 전집 2 여걸 측천무후/중국인의 심성에 대하여 武則天傳/?》, 임어당 林語堂, 조영기 옮김, (서울: 대호출판사, 1981)

《임어당 전집 3 폭풍 속의 나뭇잎 風聲鶴唳》, 임어당 林語堂, 조영기 옮김, (서울: 대호출판사, 1981)
《임어당 전집 4 잠자는 사자 吾國與吾民》, 임어당 林語堂, 조영기 옮김, (서울: 대호출판사, 1981)
《임어당 전집 5 생활의 지혜 生活的智慧?》, 임어당 林語堂, 조영기 옮김, (서울: 대호출판사, 1981)
《임어당 전집 6 북경호일 京華煙雲》, 임어당 林語堂, 조영기 옮김, (서울: 대호출판사, 1981)
《임어당 전집 7 대지의 여명 枕戈待旦》, 임어당 林語堂, 조영기 옮김, (서울: 대호출판사, 1981)
《임어당 전집 8 주홍문 朱門》, 임어당 林語堂, 조영기 옮김, (서울: 대호출판사, 1981)
《임어당 전집 1 생활의 발견/자견남자 生活的藝術/子見南子》, 임어당 林語堂, 조영기 옮김, (서울: 성한출판사, 1985)
《임어당 전집 2 여걸 측천무후/중국인의 심성에 대하여 武則天傳/?》, 임어당 林語堂, 조영기 옮김, (서울: 성한출판사, 1985)
《임어당 전집 3 폭풍 속의 나뭇잎 風聲鶴唳》, 임어당 林語堂, 조영기 옮김, (서울: 성한출판사, 1985)
《임어당 전집 4 잠자는 사자 吾國與吾民》, 임어당 林語堂, 조영기 옮김, (서울: 성한출판사, 1985)
《임어당 전집 5 생활의 지혜 生活的智慧?》, 임어당 林語堂, 조영기 옮김, (서울: 성한출판사, 1985)
《임어당 전집 6 북경호일 京華煙雲》, 임어당 林語堂, 조영기 옮김, (서울: 성한출판사, 1985)
《임어당 전집 7 대지의 여명 枕戈待旦》, 임어당 林語堂, 조영기 옮김, (서울: 성한출판사, 1985)
《임어당 전집 8 주홍문 朱門》, 임어당 林語堂, 조영기 옮김, (서울: 성한출판사, 1985)

• 한글판 중국 무협소설 작품 목록

《강호연정 血連環》1-5, 김용 諸葛青雲, 최용진 옮김, (서울: 박우사, 1993. 2) * 원작자는 김용이 아니라 諸葛青雲임

《검객행 劍客行》, 고룡 古龍, 왕문정 옮김, (서울: 박애사, 1994)

《검곡도》, 와룡생 臥龍生, ? 옮김, 1969

《검기천환록 劍氣千幻錄》, 사마령 司馬翎, 송문 옮김, (서울: 경문사, 1970)

《검난여난 설락마제》, 사마령 蕭逸, ? 옮김, 1969 * 원작자는 사마령이 아니라 蕭逸임

《검명사해 碧眼金雕》1-6, 소슬 蕭瑟, 박영창 옮김, (서울: 웅지, 1994)

《검신/검웅 關洛風雲錄/劍神傳/仙洲劍隱/八表雄風》, 사마령 司馬翎, 김수국 옮김, (서울: 유문출판사, 1969)

《구음진경》, 김용 ?, 박영창 옮김, (서울: 황제출판사, 1994)

《군웅문 絳雪玄霜》, 와룡생 臥龍生, 장충 옮김, (서울: 영한문화사, 1986)

《군웅문 絳雪玄霜》1-4, 와룡생 臥龍生, 장충 옮김, (서울: 웅지, 1987)

《군웅문 絳雪玄霜》1-8, 와룡생 臥龍生, 왕사상 옮김, (서울: 국태원, 1993)

《군웅지 玉釵盟》, 와룡생 臥龍生, ? 옮김, (서울: 명지사, 1971)

《군웅지 玉釵盟》, 와룡생 臥龍生, 진유성 옮김, (서울: 덕성문화사, 1992)

《군웅지 玉釵盟》, 와룡생 臥龍生, 진유성 옮김, (서울: 영한문화사, 1986)

《군협지 玉釵盟》, 와룡생 臥龍生, ? 옮김, (서울: 범양사, 1981)

《군협지 玉釵盟》, 와룡생 臥龍生, ? 옮김, (서울: 오행각, 1974)

《군협지 玉釵盟》, 와룡생 臥龍生, 김일평 옮김, (서울: 삼신서적, 1967)

《군협지 玉釵盟》, 와룡생 臥龍生, 김일평 옮김, (서울: 서정출판사, 1970)

《군협지 玉釵盟》1-10, 와룡생 臥龍生, 이선순 옮김, (서울: 생각의나무, 2002)

《군협지 玉釵盟》1-5, 와룡생 臥龍生, 김일평 옮김, (서울: 민중서관, 1966. 11)

《군협지 玉釵盟》1-5, 와룡생 臥龍生, 민병권 옮김, (서울: 예문각, 1993)

《군협지 玉釵盟》1-8, 와룡생 臥龍生, ? 옮김, (서울: 대호출판문화사, 1977)

《군협지 玉釵盟》1-8, 와룡생 臥龍生, ? 옮김, (서울: 바로북, 2000)

《군협지 玉釵盟》1-8, 와룡생 臥龍生, 이영호 옮김, (서울: 비전21, 1997)

《귀영쌍도 蒼穹神劍》, 고룡 古龍, 왕문정 옮김, (서울: 박애사, 1994)

《귀원비급 飛燕驚龍》1-8, 김용 臥龍生, 이경원 옮김, (서울: 상원, 1995) * 원작자는 김용이 아니라 臥龍生임
《금검지 金劍雕翎/嶽小釵》, 와룡생 臥龍生, 이덕옥 옮김, (서울: 홍익CNC, 2003. 2)
《금검지 金劍雕翎/嶽小釵》1-20, 와룡생 臥龍生, 박광일 옮김, (서울: 향우사, 1971)
《금검지 風雨燕歸來》1-6, 와룡생 臥龍生, 정종국 옮김, (서울: 박우사, 1992) * 원저는 金劍雕翎/嶽小釵가 아니라 風雨燕歸來임
《금봉문 雙鳳旗》1-9, 와룡생 臥龍生, 진유성 옮김, (서울: 영한문화사1987)
《금사 碧血劍》1-3, 김용 金庸, 강승구 옮김, (서울: 중원문화사, 2008. 8. 10)
《금사검 碧血劍》1-4, 김용 金庸, 황창연 옮김, (서울: 은하, 1992. 11)
《금혼기 劍膽琴魂記》, 사마령 司馬翎, ? 옮김, (서울: ?, 1968)
《김용소설정화전집 1 서검은구록 벽혈검 書劍恩仇錄/碧血劍》, 김용 金庸, 김찬연 편역, (서울: 퇴설당, 1994. 5)
《김용소설정화전집 2 비호외전 설산비호 飛狐外傳/雪山飛狐》, 김용 金庸, 김찬연 편역, (서울: 퇴설당, 1994. 5)
《김용소설정화전집 3 의천도룡기 倚天屠龍記》, 김용 金庸, 김찬연 편역, (서울: 퇴설당, 1994. 7)
《노호령 金筆點龍記》1-13, 와룡생 臥龍生, 동방호 옮김, (서울: 대진출판사, 1976)
《녹정기 鹿鼎記》1-11, 김용 金庸, 박영창 옮김, (서울: 우일, 1986)
《녹정기 鹿鼎記》1-12, 김용 金庸, 박영창 옮김, (서울: 서적포, 1992. 12, 완역본)
《녹정기 鹿鼎記》1-12, 김용 金庸, 박영창 옮김, (서울: 중원문화사, 1986)
《녹정기 鹿鼎記》1-12, 김용 金庸, 박영창 옮김, (서울: 중원문화사, 2008. 3 개정판)
《녹정기 鹿鼎記》1-12, 김용 金庸, 박영창/강승원 등역, (서울: 중원문화사, 2009. 4)
《녹정기 제2부 江湖三女俠》1-7, 양우생 梁羽生, 박영창 옮김, (서울: 중원문화사, 1987. 6-8)
《대륙의 별 天龍八部/白馬嘯西風》1-10, 김용 金庸, 박영창 옮김, (서울: 중원문화사, 1986. 8- )
《대륙의 별 天龍八部》1-10, 김용 金庸, 박영창 옮김, (서울: 우일, 1986-1987)
《대륙의 영웅 倚天屠龍記》1-7, 김용 金庸, 선우인 옮김, (서울: 성도문화사, 1989)
《대륙의 영웅 倚天屠龍記》1-8, 김용 金庸, 선우인 옮김, (서울: 한성미디어, 1997)

《대륙풍 狂俠天嬌魔女》1-9, 양우생 梁羽生, 박영창 옮김, (서울: 새터, 1990. 4-9)
《대막영웅기 倚天屠龍記》1-7, 김용 金庸, 선우인 옮김, (서울: 금하, 1986. 7. 1)
《대승부 碧血劍》1-4, 김용 金庸, 김종륜 옮김, (서울: 백양, 1986)
《대웅비》, 소일 蕭逸, 박영창 옮김, (서울: 청솔출판사, 1987)
《대평원 倚天屠龍記》1-7, 김용 金庸, 임화백 옮김, (서울: 모음사, 1986. 6. 1- )
《대풍 金劍雕翎/嶽小釵》1-15, 와룡생 臥龍生, 박광일 옮김, (서울: 성도문화사, 1989)
《대풍 金劍雕翎/嶽小釵》1-15, 와룡생 臥龍生, 박광일 옮김, (서울: 향지사, 1987)
《대황하 鏢旗》1-6, 김용 臥龍生, 이덕옥 옮김, (서울: 국일미디어, 1993. 12. 15)
* 원작자는 김용이 아니라 臥龍生임
《동방불패 笑傲江湖》1-8, 김용 金庸, 박영창 옮김, (서울: 세계, 1992. 11)
《마교》, 소슬 蕭瑟, 박영창 옮김, (서울: 달과별, 1996)
《마도 浣花洗劍錄》, 고룡 古龍, 박성운 옮김, (서울: 대룡, 1981)
《만리장성 風雲江湖》1-4, 와룡생 臥龍生, 박영창 옮김, (서울: 청솔출판사, 1988)
《명검풍류 名劍風流》, 고룡 古龍, 이성룡 옮김, (서울: 독서당, 1994)
《명검풍류 제2부 蕭十一郎/火並蕭十一郎》, 고룡 古龍, 이성룡 옮김, (서울: 독서당, 1994, 누락번역)
《명황성 제1부 안문관 萍蹤俠影錄》1-4, 양우생 梁羽生, 박강수 옮김, (서울: 고려원, 1989. 7)
《명황성 제2부 양자강 散花女俠》1-4, 양우생 梁羽生, 박강수 옮김, (서울: 고려원, 1989. 7)
《명황성 제3부 충의문 聯劍風雲錄》1-4, 양우생 梁羽生, 박강수 옮김, (서울: 고려원, 1989. 7)
《무당제일검 武當一劍》1-3, 양우생 梁羽生, 박맹렬 옮김, (서울: 초록배매직스, 1999. 12. 31)
《무당제일검 제2부 武當一劍?》1-3, 양우생 梁羽生, 박맹렬 옮김, (서울: 초록배매직스, 2000. 4. 20)
《무림천하 天劍絕刀》1-4, 와룡생 臥龍生, 왕사상 옮김, (서울: 규문사, 1969)
《무명소 無名簫》1-5, 와룡생 臥龍生, 강호 옮김, (서울: 독서당, 1993)
《무명소 無名簫》1-5, 와룡생 臥龍生, 김수국 옮김, (서울: 유문출판사, 1968)

《무명소 無名簫》1-6, 와룡생 臥龍生, 금강 옮김, (서울: 뫼, 1999)
《무유대전 絳雪玄霜》1-7, 와룡생 臥龍生, 강호 옮김, (서울: 독서당, 1993)
《무유지 絳雪玄霜》1-5, 와룡생 臥龍生, 왕사상 옮김, (서울: 규문사, 1967)
《무유지 絳雪玄霜》1-5, 와룡생 臥龍生, 왕사상 옮김, (서울: 대한출판사, 1968)
《무유지 飄花令》1-8, 와룡생 臥龍生, 정종국 옮김, (서울: 박우사, 1992)
《백골령 白骨令》, 사마령 司馬翎, 송운산 옮김, (서울: 대한출판사, 1969)
《백발마녀전 白髮魔女傳》1-5, 양우생 梁羽生, 박광일 옮김, (서울: 태일출판사, 1993. 9-10)
《백야성 白夜城?》1-5, 제갈청운 諸葛青雲, 윤월보 옮김, (서울: 규문사, 1969)
《백제청후 白帝青後》, 소슬 蕭瑟, 박보석 옮김, (서울: 가람문학사, 1992)
《벽옥도 碧血洗銀槍》, 사마궁 古龍, 박영창 옮김, (서울: 독서당, 1997. 1. 15) * 원작자는 사마궁이 아니라 古龍임
《벽혈검 碧血劍?》1-4, 김용 金庸, 박영창 옮김, (서울: 중원문화사, 1992. 11- )
《벽혈세은창 碧血洗銀槍》, 고룡 古龍, 박영창 옮김, (서울: 대현출판사, 19?)
《변성낭자 邊城浪子》1-3, 고룡 古龍, 왕문정 옮김, (서울: 하림, 1994)
《복우번운 覆雨翻雲》1-6, 황역 黃易, 임화백 옮김, (서울: 언어문화사, 1997)
《북해의 별 連城訣》상하, 김용 金庸, 박영창 옮김, (서울: 우일, 1987)
《비곡 소오강호 笑傲江湖/鴛鴦刀》1-8, 김용 金庸, 박영창 옮김, (서울: 중원문화사, 1992)
《비도 多情劍客無情劍》, 고룡 古龍, 탁기환 옮김, (서울: 신원, 1991. 12. 28)
《비도탈명 多情劍客無情劍》, 고룡 古龍, 선우인 옮김, (서울: ?, 197?)
《비룡 飛燕驚龍》1-5, 와룡생 臥龍生, 왕일천 옮김, (서울: 경지사, 1968)
《비룡 飛燕驚龍》1-5, 와룡생 臥龍生, 왕일천 옮김, (서울: 향우사, 1973)
《비룡 飛燕驚龍》1-6, 와룡생 臥龍生, 왕일천 옮김, (서울: 일종각, 1979)
《비룡검 風雨燕歸來》1-5, 와룡생 臥龍生, ? 옮김, (서울: 삼문당, 1987)
《비룡문 飛燕驚龍》1-6, 와룡생 臥龍生, 왕일천 옮김, (서울: 아카데미, 1987)
《비본 연성결 連城訣》1-2, 김용 金庸, 박영창 옮김, (서울: 중원문화사, 2008. 6. 20일)
《비연 風雨燕歸來》1-5, 와룡생 臥龍生, 왕일천 옮김, (서울: 경지사, 1967)
《비호 天關碑》, 심기운 沈綺雲, 김광주 옮김, (서울: 동화출판공사, 1968)

《비호 天關碑》, 심기운 沈綺雲, 김광주 옮김, (서울: 청목출판사, 1984)
《비호 天關碑》1-6, 심기운 沈綺雲, 김광주 옮김, (서울: 생각의 나무, 2002)
《비호검 飛狐外傳》상중하, 김용 金庸, 김영일 옮김, (서울: 백양, 1987)
《비호외전 飛狐外傳》1-5, 김용 金庸, 박영창 옮김, (서울: 대륙, 1991)
《비호지 玉釵盟》1-3, 와룡생 臥龍生, 천세욱 옮김, (서울: 불이출판사, 1967)
《사기사 四騎士》, 낭홍완 郎紅浣, ? 옮김, (서울: ?, 1969)
《사자후 獨步武林》, 반하루주 伴霞樓主, 김광주 옮김, (서울: 동화출판공사, 1969)
《사조영웅전 射鵰英雄傳》1-8, 김용 金庸, 김용소설번역연구회 옮김, (서울: 김영사, 2003. 12. 24)
《생사교 天劍絕刀》1-5, 와룡생 臥龍生, 사운비 옮김, (서울: 국일문화사, 1993)
《설산객 雪山飛狐/白馬嘯西風/鴛鴦刀》상하, 김용 金庸, 강승원 옮김, (서울: 우일, 1987)
《설산객 雪山飛狐/白馬嘯西風/鴛鴦刀》상하, 김용 金庸, 강승원 옮김, (서울: 중원문화사, 1989)
《설산비호 雪山飛狐/飛狐外傳》1-8, 김용 金庸, 임화백 옮김, (서울: 언어문화사, 1993. 3-06)
《설산비호 雪山飛狐》, 김용 金庸, 강승원 옮김, (서울: 중원문화사, 2008. 6. 3, 누락번역)
《소년군협지 玉釵盟》1-10, 와룡생 臥龍生, 김일평 편역, (서울: 문정출판사, 1968)
《소오강호 笑傲江湖》1-8, 김용 金庸, 박영창 옮김, (서울: 중원문화사, 1987, 누락번역)
《소오강호 제2부 江湖三女俠》1-8, 양우생 梁羽生, 박영창 옮김, (서울: 중원문화사, 2004. 8- )
《소이비도 多情劍客無情劍》1-4, 고룡 古龍, 이덕옥 옮김, (서울: 신원문화사, 1994. 12. 1)
《승천문 雲海玉弓緣》1-6, 양우생 梁羽生, 박영창 옮김, (서울: 새터, 1989. 12-1990. 5)
《신 의천도룡기 倚天屠龍記》1-7, 김용 金庸, 선우인 옮김, (서울: 양문사, 1995. 6. 10)

《신검산장 三少爺的劍》, 고룡 古龍, 박영창 옮김, (서울: 뫼, 1995. 11. 27, 누락번역)
《신조협려 神鵰俠侶》1-8, 김용 金庸, 이덕옥 옮김, (서울: 김영사, 2005. 2. 6)
《신초류향 桃花傳奇/新月傳奇/午夜蘭花》, 고룡 古龍, 박영창 옮김, (서울: 시공사, 2001)
《심진기 尋秦記》, 황역 黃易, 마영단 옮김, (서울: 서울프래닝, 2000. 11. 30)
《쌍봉기 雙鳳旗》1-10, 와룡생 臥龍生, 임영진 옮김, (서울: 한아름, 1993)
《쌍봉기 雙鳳旗》1-8, 와룡생 臥龍生, 송문 옮김, (서울: 향우사, 1969)
《아! 만리성 笑傲江湖》1-8, 김용 金庸, 임화백 옮김, (서울: 언어문화사, 1986. 10)
《아, 북극성1부 鐵骨有情》, 소슬 蕭瑟, 박영창 옮김, (서울: 언어문화사, 1990-1991)
《아, 북극성2부 江湖奇俠》, 소슬 蕭瑟, 박영창 옮김, (서울: 언어문화사, 1991-1992)
《애마애검 武林外史》, 고룡 古龍, 강호 옮김, (서울: 독서당, 1993. 5-06)
《야적 素手劫》1-4, 와룡생 臥龍生, 왕사상 옮김, (서울: 규문사, 1968)
《여도 옥나찰 白髮魔女傳》1-4, 양우생 梁羽生, 박영창 옮김, (서울: 현대문화센타, 1987. 6-08)
《여협지》, 사마령 司馬翎, ? 옮김, (서울: ?, 1969)
《연성결 連城訣》상하, 김용 金庸, 박영창 옮김, (서울: 중원문화사, 1989. 11)
《열웅지 笑傲江湖》1-8, 김용 金庸, 박영창 옮김, (서울: 태광문화, 1986)
《열하성 碧血劍》1-4, 김용 金庸, 황소산 옮김, (서울: 민중, 1992)
《영웅도 多情劍客無情劍》1-5, 고룡 古龍, 탁기환 옮김, (서울: 국민출판공사, 1986. 10. 1)
《영웅도 제1부 碧血劍》1-3, 김용 金庸, 최길숙 옮김, (서울: 들녘, 1998. 7)
《영웅도 제2부 俠客行》1-3, 김용 金庸, 최길숙 옮김, (서울: 들녘, 1998. 9)
《영웅문 제1부 몽고의 별 射鵰英雄傳》1-6, 김용 金庸, 김일강 옮김, (서울: 고려원, 1986. 1-2)
《영웅문 제2부 영웅의 별 神鵰俠侶》1-6, 김용 金庸, 김일강 옮김, (서울: 고려원, 1986. 4-8)
《영웅문 제3부 중원의 별 倚天屠龍記》1-6, 김용 金庸, 김일강 옮김, (서울: 고려원, 1986. 9-12)

《영웅전기 鹿鼎記》, 김용 金庸, ? 옮김, (서울: 금강, 198?)
《영웅지 倚天屠龍記》1-6, 김용 金庸, 김휘문 옮김, (서울: 동아문예, 1986)
《영웅천하 CD 越女劍(等)》, 김용 金庸, 박영창 옮김, (서울: 나래미디어, 1996)
《영웅천하 天闕碑》, 심기운 沈綺雲, 김광주 옮김, (서울: 보람출판사, 1991)
《옥녀천룡갑 天山甲》, 와룡생 臥龍生, ? 옮김, (서울: ?, 19?)
《완결 의천도룡기 倚天屠龍記?》1-3, 김용 金庸, 안혜연 옮김, (서울: 혜민, 1994. 2)
* 한국작가에 의한 위작으로 보임
《완화세검록 浣花洗劍錄》, 고룡 古龍, 금강 편역, (서울: 뫼, 1999)
《웅검지 天香飈》1-5, 와룡생 臥龍生, 박종건 옮김, (서울: 한진출판사, 1969
《원본금검지 金劍雕翎/嶽小釵》1-12, 와룡생 臥龍生, 임영진 옮김, (서울: 한아름, 1993)
《원월만도 圓月彎刀》1-4, 고룡 古龍, 박영창 편역, (서울: 시공사, 1997)
《월녀검 飛狐外傳》1-5, 김용 金庸, 이강산 옮김, (서울: 황제출판사, 1995. 3) * 원작은 越女劍이 아니라 飛狐外傳임
《유성호접검 流星·胡蝶·劍》, 고룡 古龍, 박영창 옮김, (서울: 세계, 1993)
《육괴인전 陸小鳳傳奇/繡花大盜/銀鉤賭坊/決戰前後/幽靈山莊/鳳舞九天》1-6, 와룡생 古龍, 강창우 옮김, (서울: 성원, 197?)
《육소봉 陸小鳳傳奇/繡花大盜/銀鉤賭坊/決戰前後/幽靈山莊/鳳舞九天》1-6, 고룡 古龍, 강함길 옮김, (서울: 독서당, 1993. 9. 1, 누락번역)
《육소봉 陸小鳳傳奇/繡花大盜/銀鉤賭坊/決戰前後/幽靈山莊/鳳舞九天》1-7, 고룡 古龍, 박영창 옮김, (서울: 서적포, 1993)
《음마유화하》, 소일 肅逸, 박영창 옮김, (서울: 달과별, 1998)
《의천도룡기 倚天屠龍記?》, 김용 金庸, 편집부 편, (서울: 소프트라인, 1994. 4)
《의천도룡기 倚天屠龍記》1-8, 김용 金庸, 임홍빈 옮김, (서울: 김영사, 2007. 10)
《의천도룡기 倚天屠龍記》1-8, 김용 金庸, 임화백 옮김, (서울: 명문당, 1986. 6-10)
《의협지 鐵笛神劍》1-3, 와룡생 臥龍生, 김수국 옮김, (서울: 유문출판사, 1967)
《의협지 鐵笛神劍》1-3, 와룡생 臥龍生, 이상기 옮김, (서울: 희문사, 1968)
《잠행기 天山甲》1-5, 와룡생 臥龍生, 박영창 옮김, (서울: 大陸, 1991)
《장백산맥 제1부 長幹行》1-5, 김용 上官鼎, 김찬연 옮김, (서울: 새터, 1992. 9) * 원작자는 김용이 아니라 上官鼎임

《장백산맥 제2부 劍毒梅香》1-5, 김용 古龍, 박영창 옮김, (서울: 새터, 1993. 6-7)
* 원작자는 김용이 아니라 古龍임
《절대쌍교 絕代雙驕》1-4, 고룡 古龍, 강호 옮김, (서울: 독서당, 1992)
《절대쌍교 제2부 蕭十一郎/火並蕭十一郎》1-15, 고룡 古龍, 마영단 옮김, (서울: 서울플래닝, 2006. 7. 8)
《절대영웅 素手劫》1-5, 와룡생 臥龍生, 김휘찬 옮김, (서울: 산호, 1993)
《정검지》, 사마령 司馬翎, 박종건 옮김, (서울: ?, 1968)
《정무문 玉釵盟》1-4, 와룡생 臥龍生, 천세욱 옮김, (서울: 인창서관, 1974)
《정협지 劍海孤鴻》, 위지문 尉遲文, 김광주 옮김, (서울: 범양사, 1981)
《정협지 劍海孤鴻》, 위지문 尉遲文, 김광주 옮김, (서울: 신태양사, 1962)
《정협지 劍海孤鴻》, 위지문 尉遲文, 김광주 옮김, (서울: 청목출판사, 1984)
《정협지 劍海孤鴻》1-6, 위지문 尉遲文, 김광주 옮김, (서울: 생각의 나무, 2002)
《좌소백 天劍絕刀》1-5, 와룡생 臥龍生, 선우인 옮김, (서울: 국태원, 1993)
《중원의 별 大唐遊俠傳》, 양우생 梁羽生, 박영창 옮김, (서울: 중원문화사, 1987. 7)
《지검위매 指劍爲媒》1-5, 와룡생 臥龍生, 심철영 옮김, (서울: 경문사, 1970)
《천검절도 天劍絕刀》1-5, 와룡생 臥龍生, 왕사상 옮김, (서울: 국태원, 1994)
《천룡기 素手劫》, 와룡생 臥龍生, 장충 옮김, (서울: 카나리아, 1987)
《천룡문 飛狐外傳》1-4, 김용 金庸, 김영일 옮김, (서울: 반도기획, 1991)
《천룡팔부 제2부 俠客行》1-4, 김용 金庸, 박영창 옮김, (서울: 세계, 1993. 4)
《천룡팔부 天龍八部》1-10, 김용 金庸, 박영창 옮김, (서울: 세계, 1992. 8)
《천룡팔부 天龍八部》1-10, 김용 金庸, 박영창 옮김, (서울: 중원문화사, 2008. 2. 5)
《천룡팔부 天龍八部》1-3, 김용 金庸, 이원길 옮김, (서울: 동광출판사, 1994. 10)
《천마검》, 와룡생 臥龍生, ? 옮김, (서울: ?, 1969)
《천애기 天涯俠侶/天馬霜衣》1-6, 와룡생 臥龍生, 권혁철 옮김, (서울: 국일문학사, 1993)
《천애기 天涯俠侶/天馬霜衣》1-6, 와룡생 臥龍生, 김수국 옮김, (서울: 유문출판사, 1968)
《천학보 天鶴譜》, 와룡생 臥龍生, ? 옮김, (서울: ?, 19?)
《철령주 鐵板銅琶》1-6, 와룡생 諸葛青雲, 이덕옥 옮김, (서울: 유정, 1995)
《철적신검 鐵笛神劍》1-3, 와룡생 臥龍生, 옮김, (서울: 인문사, 1969)

《청강만리 鐵騎銀瓶》, 왕도려 王度廬, 박영창 옮김, (서울: 고려원, 1992)
《청향비 書劍恩仇錄》1-4, 김용 金庸, 김일강 옮김, (서울: 고려원, 1986. 8-11)
《초류향 血海飄香/大沙漠/畫眉鳥》, 고룡 古龍, 장학우 옮김, (서울: 대륙, 1992. 2. 1)
《초혼명 怒劍狂花》1-3, 고룡 古龍, 홍파/고려인 개역, (서울: 대명종, 1996, 누락 번역)
《초혼명 怒劍狂花》1-3, 고룡 古龍, 홍파/고려인 개역, (서울: 씨알기획, 1970)
《촉산전 蜀山劍俠傳》, 이수민 李壽民[還珠樓主], 임화백 옮김, (서울: 세교, 2002)
《춘추필 鐵筆春秋》, 와룡생 蕭逸, 이덕옥 옮김, (서울: 국일문학사, 1994) * 원작자는 臥龍生이 아니라 蕭逸임
《충의문 翠袖玉環》1-8, 와룡생 臥龍生, 박영창 옮김, (서울: 동광출판사, 1994)
《취어령》, 와룡생 臥龍生, ? 옮김, (서울: ?, 1969)
《칠절신마 血酒黃沙紅》, 와룡생 獨孤紅, 박영창/왕문정 옮김, (서울: 달과별, 1996)
《침사곡 沉沙穀》, 상광정 上官鼎, 송문 옮김, (서울: ?, 1968)
《탈혼기 名劍風流》1-6, 제갈청운 古龍, 박영창 편역, (서울: 웅지, 1993) * 원작자는 제갈청운이 아니라 古龍임
《팔진검 鏢旗》, 와룡생 臥龍生, ? 옮김, (서울: ?, 19?)
《편복전기 鬼戀俠情/蝙蝠傳奇》, 고룡 古龍, 김준서 옮김, (서울: 하림, 1993)
《표기 鏢旗》1-7, 와룡생 臥龍生, ? 옮김, (서울: ?, 19?)
《표화령 飄花令》1-14, 와룡생 臥龍生, 황보승 옮김, (서울: 유문출판사, 1971)
《풍수영웅전》, 소옥한, 박영창 옮김, (서울: 천마, 1996)
《풍운검 古佛心燈》1-5, 고여풍 古如風, 김광주 옮김, (서울: 문원각, 1969)
《풍진기협 名劍風流》1-6, 제갈청운 古龍, 박영창 편역, (서울: 웅지, 1993-1994) * 원작자는 제갈청운이 아니라 古龍임
《혈앵무 血鸚鵡》1-3, 고룡 古龍, 박영창 옮김, (서울: 달과별, 1996. 4)
《혈영인 血影人》1-5, 제갈청운 諸葛青雲, 왕일천 옮김, (서울: 신아출판사, 1969)
《협객행 俠客行》1-3, 김용 金庸, 허덕송 옮김, (서울: 영학출판사, 1986)
《협골단심 俠骨丹心》1-5, 양우생 梁羽生, 이덕옥 옮김, (서울: 박애사, 1994. 8)

《협골단심 俠骨丹心》1-5, 양우생 梁羽生, 이덕옥 옮김, (서울: 홍익CNC, 2003. 8. 19)
《혜성검 白玉老虎》, 고룡 古龍, ? 옮김, (서울: ?, 198?)
《호유기 古佛心燈?》1-4, 고여풍 古如風, 김광주 옮김, (서울: 삼신서적, 1968)
《화청지 제1부 大唐遊俠傳》, 양우생 梁羽生, 박영창 옮김, (서울: 중원문화사, 1989-1990)
《화청지 제2부 龍鳳寶釵錄》, 양우생 梁羽生, 박영창 옮김, (서울: 중원문화사, 1991)
《환락영웅 歡樂英雄》1-2, 고룡 古龍, 이덕옥 옮김, (서울: 한웅, 1994)
《환정검 還情劍》1-12, 와룡생 臥龍生, 박광일 옮김, (서울: 명지사, 1971)
《회풍무유 白玉老虎》1-5, 고룡 古龍, 선우옥 옮김, (서울: 경운, 1995. 6. 1)
《흑룡전》, 좌대장 左大藏, 김광주 옮김, (서울: 민중서관, 1967)
《흑의괴인》, 사마령 司馬翎, ? 옮김, (서울: ?, 1968)

### • 한글판 중국현대문학 이론서 평론서 목록

《100년간의 중국문학 中國文學この百年》, 후지이 쇼조 藤井省三, 김양수 옮김, (서울: 토마토, 1995. 11),
《2007 한중문학포럼: 근대와 나의 문학》, 고은/모옌 외 莫言(等), 김태성 옮김, (서울: 민음사, 2008. 4)
《20세기 중국문학의 이해 中國新文學整體觀》, 진사화 陳思和, 외대중국현대문학연구회 옮김, (서울: 청년사, 1995. 9),
《20세기 중국소설의 변혁과 기독교》, 오순방, (서울: 숭실대학교출판부, 2005. 2)
《20세기 중국프로문학》, 조영규, (인천: 인하대학교출판부, 2000. 12)
《9인의 문예사상 馬克思主義文藝思想發展初論》, 번리/극흥화 樊籬/克興華, 유세종 외 옮김, (서울: 청년사, 1991)
《강호를 건너 무협의 숲을 거닐다 武俠小說話古今》, 량셔우쭝 梁守中, 김영수/안동준 옮김, (서울: 김영사, 2004. 3. 29)
《개혁, 개방 이후의 중국문예이론 新十年文藝理論討論概觀(節錄)》, 위실 韋實 편저, 김종현 편역, (부산: 늘함께, 2000. 1)

《고련: 10억의 정치와 문예》, 조용중, (서울: 한국방송사업단, 1982. 2)
《곽말약 시와 중국혁명 정신》, 조대호, (청주: 청주대학교출판부, 1992. 9)
《곽말약: 정치문학의 운명》, 이수웅, (서울: 건국대학교출판부, 1996. 5)
《곽말약과 중국의 근대》, 이욱연, (서울: 소나무, 2009. 12. 31)
《근대 중국과 연애의 발견 近代中國と〈戀愛〉の發見: 西洋の衝擊と日中文學交流》, 장징 張競, 임수빈 옮김, (서울: 소나무, 2007. 6. 18)
《근대 중국의 문학적 사유 읽기》, 이종민, (서울: 소명, 2004. 9)
《나의 아버지 루쉰 魯迅與我七十年》, 저우하이잉 周海嬰, 서광덕/박자영 옮김, (서울: 강, 2008. 6. 23)
《노사: 생애와 문학》, 이수웅, (서울: 건국대학교출판부, 1994. 3)
《노신 소설의 풍격과 언어 연구》, 박길장, (광주: 조선대 외국문화연구소, 1990. 5)
《노신 평론선집》, 중국어학습문고편찬위, (서울: 양산박, 1994. 1)
《노신 평전 魯迅畫傳》, 임현치 林賢治, 김태성 옮김, (서울: 실천문학사, 2006. 4)
《노신 평전: 문학과 사상 魯迅評傳》, 환산승 丸山勝, 한무희 옮김, (서울: 일월서각, 1982. 12)
《노신: 생애와 작품세계》, 성원경, (서울: 건국대학교출판부, 1995. 4)
《노신과 그의 소설》, 장기근, (서울: 대양서적, 1974. 5)
《노신과 중국현대문학의 이해》, 엄영욱, (광주: 전남대학교출판부, 2003. 3)
《노신의 마지막 10년 魯迅的最後十年》, 임현치 林賢治, 김태성 옮김, (서울: 한얼미디어, 2004. 10)
《노신의 문학과 사상》, 중국현대문학학회, (서울: 백산서당, 1996. 8)
《노신의 문화사상과 외국문학》, 엄영욱, (서울: 전남대학교출판부, 2006. 10)
《대만문학대강 臺灣文學大綱》, 진만익 등 陳萬益/莊萬壽/施懿琳/陳建忠, 김원 옮김, (서울: 학고방, 2008. 5. 5)
《동아시아적 시각으로 보는 중국문학》, 전형준 엮음, (서울: 서울대학교출판부, 2004. 6. 30)
《동양이 낳은 세계적 지성인 임어당: 그 생애와 문학세계 林語堂傳》, 린타이이 林太乙, 임홍빈 옮김, (서울: 아이씨아이, 1991. 2. 1)
《동양적 근대의 창출: 노신과 소세키 魯迅と漱石》, 히야마 히사오 檜山久雄, 정선태 옮김, (서울: 소명, 2000. 12)

《디아스포라의 지식인 Writing Diaspora: Tactics of Intervention in Contemporary Cultural Studies》, 레이 초우 Rey Chow, 장수현 외 옮김, (서울: 이산 2005. 2)
《딩링 風雨人生: 丁玲傳》, 쭝청 宗誠, 김미란 옮김, (서울: 다섯수레, 1998. 9)
《루쉰 魯迅》, 다케우치 요시미 竹內好, 서광덕 옮김, (서울: 문학과지성사, 2003. 10)
《루쉰 욕을 하다 魯迅與他 "罵"過的人》, 팡시앙뚱 房向東, 장성철 옮김, (서울: 시니북스, 2004. 10. 15)
《루쉰 잡문 예술의 세계 現代散文勁旅: 魯迅雜文硏究》, 우엔량쥔 袁良駿, 구문규 옮김, (서울: 학고방, 2003. 5)
《루쉰 평전: 나의 피를 혁명에 바치리라 魯迅圖傳》, 주정/왕더허우 朱正/王得後, 홍윤기 옮김, (서울: 북폴리오, 2006. 3. 15)
《루쉰》, 전형준 엮음, (서울: 문학과지성사, 1997. 8)
《루쉰과 저우쭈어런 魯迅與周作人》, 쑨위 孫郁, 김영문/이시활 옮김, (서울: 소명, 2005. 12)
《루쉰식 혁명과 근대중국: 고독한 반항자, 영원한 혁명가 루쉰》, 유세종, (서울: 한신대학교출판부, 2008. 7)
《루쉰의 문학과 정신: 천상에서 심연을 보다》, 홍석표, (서울: 선학사, 2005. 10. 30)
《루쉰전: 기꺼이 아이들의 소가 되리라 魯迅傳》, 왕스징 王士菁, 유세종/신영복 옮김, (서울: 다섯수레, 2007. 9)
《루쉰전: 루쉰의 삶과 사랑 魯迅傳》, 왕스징 王士菁, 유세종/신영복 옮김, (서울: 다섯수레, 1992. 1),
《린위탕 일대기: 현실 꿈 유머 林語堂傳》, 린타이이 林太乙, 임홍빈 옮김, (서울: 시니북스, 2005. 1. 20)
《만주문학 연구 僞滿洲國時期朝鮮族文學與漢族文學比較硏究》, 김장선, (서울: 역락, 2009. 4. 30)
《모순의 문학사상》, 박운석, (경산: 영남대학출판부, 1991. 6)
《모택동의 문학예술론 毛澤東論文藝》, 모택동 毛澤東, 이욱연 옮김, (서울: 논장, 1989. 5)
《문과 노벨의 결혼: 근대 중국의 소설 이론 재편》, 이보경, (서울: 문학과지성사, 2002. 1. 30)

《문예미학 美學原理》, 채의 蔡儀, 강경호 옮김, (서울: 동문선, 1989)
《문학과 정치 革命與文學(等)》, 꾸어모루어 외 郭沫若(等), 김의진/심혜영/성민엽 옮김, (서울: 지학사, 1987)
《문학에서 본 만주국의 위상 文學にみる〈滿洲國〉の位相》, 오카다 히데키 岡田英樹, 최정옥 옮김, (서울: 역락, 2008. 10)
《문학의 이론과 실천 文學革命論(等)》, 진독수 등 陳獨秀(等), 이득재/조성 편역, (서울: 사계절, 1986. 8),
《문학이론학습 文學理論百題》, 유학령/허자강 侯建/劉鶴齡/許自強, 임춘성 옮김, (서울: 제3문학사, 1989. 9)
《문학이론학습자료 文學理論學習資料》1-2, 북경대 중문과 문예이론 교연실 北京大學中文系文藝理論教研室 編, 문학이론학습소조 옮김, (서울: 친구, 1989. 8)
《미국의 중국문학 연구》, 유창교, (서울: 현학사, 2003. 2)
《민족혼으로 살다: 루쉰, 그 위대한 발자취를 찾아》, 전인초/유경조/서광덕/이영구, (서울: 학고재, 1999. 2)
《바진》, 박난영, (서울: 한울아카데미, 2006. 1. 25)
《사상해방운동: 중국 문예논쟁사 1980- 文藝論爭集(1979-1983)》, 성민엽 편, (서울: 실천문학사, 1988. 3)
《사회주의 미학 연습 美學理論百題》, 주존명/왕해룡 朱存明/王海龍, 유세종 옮김, (서울: 전인, 1989)
《새 천년의 중국 현대문학 中國現代文學專題補導》, 이평 李平, 윤영근/정수국 옮김, (서울: 한국문화사, 2000. 12)
《소설로 보는 현대 중국》, 임춘성, (서울: 종로서적, 1995. 4)
《손문/호적》, 이명구/이석호 편, (서울: 대양서적, 1972)
《송선생의 중국문학 교실 셋째권: 근대부터 현대 문학까지》, 송철규, (서울: 소나무, 2008. 6. 15)
《시론 詩論》, 주광잠 朱光潛, 정상홍 옮김, (서울: 동문선, 1991)
《시에멘의 중국 당대시 강의 浪漫星雲》, 시에멘 謝冕, 김소현 옮김, (서울: 학고방, 2008. 5. 30)

《악마파 시의 힘 摩羅詩力說》, 루쉰 魯迅, 홍석표, (서울: 지만지고전천줄, 2008. 3. 15)
《언어횡단적 실천: 문학, 민족문화 그리고 번역된 근대성-중국, 1900~1937 Translingual Practice: Literature, National Culture, and Translated Modernity-China, 1900-1937》, 리디아 리우 Lydia Liu, 민정기 옮김, (서울: 소명출판, 2005. 12. 30)
《오규교 五奎橋》, 洪深, 한상덕 옮김, (서울: 솔봉출판사, 2007. 11)
《옥시덴탈리즘 Occidentalism: A Theory of Counter-Discourse in Post-Mao China》, 샤오메이 천 Xiaomei Chen, 정진배 외 옮김, (서울: 강, 2001. 4.)
《욱달부 심종문 소설 연구》, 강경구, (대구: 중문출판사, 1999. 12)
《욱달부와 왕영하의 애정 고사 郁達夫與王映霞/毁家詩紀等》, 손백강 孫百剛/郁達夫/王映霞, 전인초 역주, (서울: 연세대학교 출판부, 1980)
《원시적 열정 Primitive Passion: Visuality, Sexuality, Ethnography, and Contemporary Chinese Cinema》, 레이 초우 Rey Chow, 정재서 옮김, (서울: 이산, 2004. 4. 16)
《인간 루쉰 無法直面的人生:魯迅傳》, 왕샤오밍 王曉明, 이윤희 옮김, (서울: 동과서, 1993. 12)
《인간, 삶, 진리: 중국 현당대 문학의 깊이》, 심혜영, (서울: 소명출판, 2009. 10)
《인문학의 위기 人文精神尋思錄(節錄)》, 왕효명 외 王曉明(等), 백원담 편역, (서울: 푸른숲, 1999)
《인물로 보는 중국현대소설의 이해 中國現代小說史》, 전중제/손창희 田仲濟/孫昌熙 엮음, 김영문/이시활/조성환 외 옮김, (서울: 역락, 2002. 10)
《일제시대 중국현대문학 수용사》, 박재우/이영구 등, (서울: 글사랑, 2007. 2)
《임어당의 생애와 사상》전2권, 윤영춘, (서울: 박영사, 1976. 7. 1)
《자연의 아들: 선총원 자서전 從文自傳》, 선총원 沈從文, 이권홍 역, (서울: 학고방, 2008)
《자오수리 평전 中國の榮光と悲慘:評傳趙樹理》, 가마야 오사무 釜屋修, 조성환 옮김, (서울: 동과서, 1999. 8)
《잠자는 민중을 깨운 민족혼》, 강계철, (서울: 주우, 1983. 8)
《잠자는 민중을 깨운 민족혼》, 강계철, (서울: 학원사, 1984)

《정령의 소설: 중국 현대문학에서의 의식과 서술 丁玲的小說: 現代中國文學中的思想性和記敍體》, 매의자 梅儀慈, 조성환 옮김, (서울: 중국학센터, 2001. 10)

《정신계의 전사 노신》, 엄영욱, (서울: 국학자료원, 2003. 5)

《조우의 〈담검편〉연구 曹禺〈膽劍篇〉研究》, ?, 한상덕 옮김, (서울: 솔봉출판사, 2007. 11)

《조우의 〈북경인〉감상 曹禺〈北京人〉賞析》, ?, 한상덕 옮김, (서울: 솔봉출판사, 2007. 11)

《조우의 〈북경인〉론 曹禺〈北京人〉論》, ?, 한상덕 옮김, (서울: 솔봉출판사, 2007. 11)

《조우의 〈북경인〉연구 曹禺〈北京人〉研究》, 전본상 田本相(等), 한상덕 옮김, (서울: 한국학술정보, 2007. 11. 30)

《조우의 〈태변〉연구 曹禺〈蛻變〉研究》, 화침지 등, 한상덕 옮김, (서울: 한국학술정보, 2007. 11. 30)

《조우의 초기 문학활동 연구 曹禺初期文學活動研究》, 최국량 등, 한상덕 옮김, (서울: 한국학술정보, 2008)

《조우의 희곡창작의 길 曹禺的劇作道路》, 양해근 楊海根, 한상덕 옮김, (서울: 한국학술정보, 2007. 11. 30)

《중국 30년대 작가 평론 中國三十年代作家評介》, 정망 丁望, 임일호 옮김, (서울: 성균관대학교출판부, 1997. 3)

《중국 근대 문학사상 연구》, 엄영욱, (광주: 전남대학교출판부, 2009. 1)

《중국 근대의 소설번역과 중한소설의 쌍방향 번역 연구》, 오순방, (서울: 숭실대학교출판부, 2008. 9)

《중국 근현대문학운동사 中國現代文學史教程(節錄)/中國當代文學史(節錄)》, 주덕발(등) 朱德發/馮光廉/二十院校編寫組, 임춘성 편역, (서울: 한길사, 1997. 6),

《중국 당대문학사 1949-1984》, 김종수/최건, (서울: 청년사, 1991. 3),

《중국 당대문학사 1949-1987 中國當代文學史略》, 치우란 邱嵐, 중국어문연구회 옮김, (서울: 고려원, 1994),

《중국 당대문학사 1949-현재 中國當代文學概說》, 홍즈청 洪子誠, 박정희 옮김, (서울: 비봉, 2000. 11)

《중국 당대문학사 中國當代文學教程》, 천쓰허 陳思和, 노정은/박난영 옮김, (서울: 문학동네, 2008. 8. 29)

《중국 당대문학사》, 김시준, (서울: 소명, 2005. 9. 30)

《중국 당대문학사조사 연구 1949-1993》, 김시준, (서울: 서울대출판부, 2001. 2)

《중국 당대신시사 中國當代新詩史》, 홍자성/류등한 洪子誠/劉登翰, 홍석표 옮김, (서울: 신아사, 2000. 8)

《중국 동화의 환상과 현실》, 이영구, (서울: 미네르바, 2001. 11)

《중국 마르크스주의 문예이론-구추백의 영향 Marxist Literary Thought in China: The Influence of Ch'ü Ch'iu-pai》, 픽코위쯔 Paul G. Pickowicz, 심규호 옮김, (서울: 청년사, 1991. 5),

《중국 문학의 여행》, 엄영욱, (서울: 국학자료원, 2005. 11)

《중국 문학의 현실주의와 반현실주의 夜讀偶記》, 모순 茅盾, 박운석 옮김, (경산: 영남대학교 출판부, 1987. 8)

《중국 소설서사학 中國小說敍事模式的轉變》, 진평원 陳平原, 이종민 옮김, (서울: 살림, 1994. 9)

《중국 신문학 20년·30년문단창상록 中國新文學20年/30年文壇滄桑錄》, 림망/왕평릉 林莽/王平陵, 김철수/백정희 공역, (서울: 범학도서, 1975)

《중국 신문학강화 中國新文學的源流》, 주작인 周作人, 김철수 역주, (서울: 을유문화사, 1970)

《중국 신문학사화 現代中國文學史話》, 류심황 劉心皇, 김철수 역주, (서울: 동화출판공사, 1983)

《중국 신문학의 인식과 실천》, 이정길, (서울: 한국학술정보, 2006. 10. 30)

《중국 신시기문학 입문 中國新時期文學の10年(等)》, 김양수 편역, (서울: 토마토, 1995. 12),

《중국 항전 희곡사 中國抗戰文藝史(戱劇部分節錄)》, 남해 藍海, 한상덕 옮김, (서울: 한국학술정보, 2007. 11. 30)

《중국 항전기 리얼리즘 문학논쟁 연구》, 백영길, (서울: 고려대학교출판부, 1998. 4)

《중국 현당대시가론》, 류성준, (서울: 푸른사상, 2006. 10)

《중국 현대 작가론 當代中國大陸作家評介(等)》, 황남상 외 黃南翔(等), 박재연 옮김, (서울: 온누리, 1985. 8)

《중국 현대 작가론 新文學作家列傳》1-2, 조총 趙聰, 박재연 옮김, (서울: 온누리, 1988. 1)
《중국 현대문예사조사 中國現代文藝思潮史》, 오중걸 吳中傑, 정수국 외 옮김, (서울: 신아사, 2001. 7)
《중국 현대문학 개론 中國現代文學流派槪觀》, 위홍구 외 魏洪丘(等), 정수국/윤은정 옮김, (서울: 신아사, 1998. 2)
《중국 현대문학 비평가 사전》상하, 조성환, (대구: 중문출판사, 1996. 12)
《중국 현대문학: 한국 여성의 눈으로 본》, 박종숙, (서울: 신아사, 2007. 2. 10)
《중국 현대문학과 현대성 이데올로기》, 정진배, (서울: 문학과지성사, 2001. 1)
《중국 현대문학과의 만남》, 한국중국현대문학학회, (서울: 동녘, 2006. 8. 25)
《중국 현대문학론》, 김시준/김영구, (서울: 방송통신대학, 1996)
《중국 현대문학론》, 김시준/이충양, (서울: 방송통신대학, 1987. 7)
《중국 현대문학론》, 허세욱, (서울: 문학예술사, 1982)
《중국 현대문학발전사 中國現代文學發展史》, 황시우지 黃修己, 고대중국어문연구회 옮김, (서울: 범우사, 1991. 2)
《중국 현대문학비평사 中國現代文學批評史》, 온유민 溫儒敏, 신진호 옮김, (서울: 신아사, 1994. 9)
《중국 현대문학사 中國現代文學史: 革命と文學運動》, 키쿠치 사부로 菊地三郎, 정유중/이유여 옮김, (서울: 동녘, 1986. 12)
《중국 현대문학사 中國現代文學史》, 이휘영 李輝英, 최봉원 옮김, (서울: 성균관대출판부, 1997. 3)
《중국 현대문학사 해설 中國現代當代文學二百題》, 주덕발/풍광렴 朱德發/馮光廉, 김태만 옮김, (부산: 열음사, 1993. 7)
《중국 현대문학사》, 권철/김제봉, (대구: 중문출판사, 1983)
《중국 현대문학사》, 권철/김제봉, (서울: 청년사, 1989)
《중국 현대문학사》, 권철/김제봉, (서울: 한겨레, 1989)
《중국 현대문학사》, 김시준, (서울: 지식산업사, 1992. 3)
《중국 현대문학사》, 박종숙, (서울: 한성문화, 2004. 3)
《중국 현대문학사》, 서의영/김경석, (서울: 학고방, 2007. 2. 10)
《중국 현대문학사》, 신진호, (서울: 학고방, 2008)

《중국 현대문학사》, 이화영/윤영근, (서울: 학고방, 2003)
《중국 현대문학사》, 허세욱, (서울: 법문사, 1999. 1)
《중국 현대문학사》, 홍석표, (서울: 이화여자대학교출판부, 2009. 6)
《중국 현대문학사》상하, 박용산, (서울: 학고방, 1989. 10)
《중국 현대문학운동사 中國現代文學史教程》, 주덕발/풍광렴 朱德發/馮光廉 엮음, 임춘성 옮김, (서울: 전인, 1989)
《중국 현대문학의 〈민족형식 논쟁〉》, 김혜준, (서울: 중국도서문화중심, 2000. 9)
《중국 현대문학의 근대성 재인식》, 신정호, (광주: 전남대학교출판부, 2005. 5)
《중국 현대문학의 세계》, 중국현대문학학회 엮음, (서울: 현암사, 1997. 8)
《중국 현대문학의 이해》, 김하림 외, (서울: 한길사, 1991. 9)
《중국 현대문학의 이해》, 백정희/김상원, (서울: 한국학술정보, 2001)
《중국 현대문학의 이해》, 엄영욱, (광주: 전남대학교출판부, 2003. 3)
《중국 현대문학의 향연》, 정수국, (서울: 한국학술정보, 2008. 4. 30)
《중국 현대산문론 1949-1996 中國當代散文審美建構》, 리샤오홍 李曉虹, 김혜준 옮김, (서울: 범우사, 2000. 2)
《중국 현대산문사 中國現代散文史稿》, 린훼이 林非, 김혜준 옮김, (서울: 고려원, 1993. 12)
《중국 현대소설사 1949-89 中國當代小說史》, 김한 金漢, 김정호 옮김, (서울: 문학과지성사, 1996. 3)
《중국 현대소설유파사 中國現代小說流派史》, 엄가염 嚴家炎, 박재우 옮김, (서울: 청년사, 1997)
《중국 현대소설의 전개》, 박재범, (서울: 보고사, 2002. 10)
《중국 현대시 연구》, 허세욱, (서울: 명문당, 1992. 6)
《중국 현대시》, 이국희, (서울: 차이나하우스, 2009. 2. 20)
《중국 현대시가론》, 류성준, (서울: 푸른사상, 2006. 10. 25)
《중국 현대시와 시론》, 한국중국현대문학학회 편, (서울: 책, 1994. 12)
《중국 현대시와 시인》, 류성준, (서울: 신아사, 2007. 10)
《중국 현대시의 이해 現代詩人及流派瑣談》, 전광배/향원 錢光培/向遠, 박운석 옮김, (대구: 중문출판사, 1998. 5)
《중국 현대시의 이해》, 류성준, (서울: 한국외국어대학교출판부, 1997. 2)

《중국 현대희곡의 이해 中國大百科全書(戲劇條目節錄)》, 안학, 한상덕 옮김, (서울: 한국학술정보, 2007. 11. 30)
《중국 현대희극사 中國現代戲劇史稿》, 진백진/동건 陳白塵/董健 주편, 한상덕 옮김, (서울: 한국문화사, 1996. 6)
《중국 현실주의문학론》, 허세욱 외, (서울: 법문사, 1996. 6)
《중국의 노신연구 中國魯迅研究的歷史和現狀(等)》, 왕부인 王富仁, 김현정 옮김, (부산: 세종출판사, 1997. 8)
《중국의 문화 변동과 현대문학》, 김상원, (서울: 학고방, 2006. 10. 20)
《중국의 상징주의 시문학》, 정수국, (서울: 한국학술정보, 2008. 5. 26)
《중국의 여성주의 문학비평 女性主義文學批評在中國》, 츠언즈홍 陳志紅, 김혜준 옮김, (부산: 부산대학교출판부, 2005. 10)
《중문학 어떻게 공부할까?》, 김해명/박재우/유중하/임춘성/최용철 외, (서울: 실천문학사, 1994. 8)
《천국은 여인의 가슴에 있다: 루쉰, 삶을 나눈 5인의 여자 天國在女人的胸懷裏: 魯迅與五個女性》, 나구모 사토루 南雲智, 정성호 옮김, (서울: 우석, 1993. 1)
《천상에서 심연을 보다》, 홍석표, (서울: 선학사, 2005. 10)
《파금 소설 연구 巴金作品欣賞》, 요춘수/오금렴 姚春樹/吳錦濂, 김정규/박성란 옮김, (서울: 명지대출판부, 1995)
《한국과 중국 현대소설의 비교 연구》, 유려아, (서울: 국학자료원, 1995. 8)
《한중 연극 산고》, 김흥우, (서울: 글불휘, 1992. 10)
《한중문학비교연구》, 윤윤진, (서울: 서우얼출판사, 2006. 6)
《현대 사상가선집: 노신》, 한무희 공저, (서울: 단국대학교 출판부, 1985)
《현대 중국 단절과 연속》, 홍석표, (서울: 선학사, 2005. 4)
《현대 중국 문학사》, 윤영춘, (서울: 계림사, 1949)
《현대 중국 문학사》, 윤영춘, (서울: 서문당, 1974)
《현대 중국 문학의 이해》, 전형준, (서울: 문학과지성사, 1996. 3)
《현대 중국 작가 평전 當代中國作家風貌(節錄)/當代中國作家風貌(節錄)/新文學作家列傳(節錄)》, 언화 외 彥火/黃南翔/趙聰, 박재연 옮김, (서울: 백산서당, 1986)

《현대 중국의 리얼리즘 이론》, 전형준, (서울: 창작과비평사, 1997. 4)
《현대 중국의 문학이론: 문학과 정치》, 호적 외 胡適(等), 김의진/심혜영/성민엽/이광석 옮김, (서울: 중앙일보사, 1989)
《현대 중국의 여성젠더를 말하다: 분리와 배제, 왜곡과 은폐》, 이영자, (서울: 한국학술정보, 2009. 11)
《현대 중국의 현실주의문학사 新文學現實主義流變》, 온유민 溫儒敏, 김수영 옮김, (서울: 문학과지성사, 1991. 4)
《형상과 전형: 진실한 생활로부터 예술적 형상에 이르기까지 形象與典型》, 장공양 蔣孔陽, 김일평/윤수영 옮김, (서울: 사계절, 1987)
《호적 신시 연구》, 최성경, (서울: 중국도서문화중심, 2000)

# 중국어 음운학 용어번역에 대한 고찰
## - 王力《中國語言學史》·濮之珍《中國語言學史》의 우리말 번역본을 중심으로*

정진강**

## I. 시작하며

번역의 역사는 대단히 길다. 번역은 시간과 공간으로 격리되어 있는 문화를 연결시켜주는 가교 역할을 해왔다. 고대어에서 현대어로, 한 나라의 언어에서 다른 나라의 언어로 번역활동은 일어난다. 진정한 의미의 번역은 불가능하다는 극단적인 번역비관론을 가진 학자들도 있지만 동서고금을 막론하고 번역활동이 활발하게 일어나고 있다. 그것은 아마도 원본의 뜻이나 의도가 큰 변동 없이 옮겨질 수 있다는 믿음을 바탕으로 하고 있기 때문일 것이다.

그렇다면 과연 어떤 번역이 좋은 번역인가? 이런 질문을 받는다면, 우리

---

* 이 논문은《중국어문논역총간》제6집(2000년 12월)에 게재한 것이다.

** 숭실대학교 중어중문학과 교수

는 십중팔구 해박한 외국어 실력을 연상하게 된다. 물론 번역에서 외국어에 대한 이해가 필요한 것은 당연하다. 하지만 좀 더 시야를 넓힌다면 그건 반만 맞는 정답이다. 번역에는 외국어에 대한 '이해의 과정'과 더불어 우리말을 이용한 '표현의 과정'까지가 포함되기 때문이다.

하물며 학술번역은 그 목표의 특수성 때문에 번역상의 여러 가지 어려움과 문제점이 수반된다. 즉 학술용어에 대한 번역에서부터 출발하여, 시공을 초월하는 관념상의 차이가 번역본에 전달되기란 결코 쉽지 않다. 또한 어떤 특정한 독자를 분명히 설정하고 번역해야 한다는 점이다. 어떠한 상태 하에서도 번역문의 독자와 원문의 독자를 동일시 할 수는 없기 때문이다. 무엇보다 중요한 것은 역시 해당 학술영역에 대한 전반적인 이해 하에서 번역이 수행되어야 한다. 만일 그렇지 못하다면 예기치 못한 많은 파장을 불러일으킬 수도 있다.

본고는 국내에 번역 소개된 대표적인 중국언어학사 저작인 王力의 《중국언어학사》와 濮之珍의 《중국언어학사》 우리말 번역본의 음운학 부분만을 텍스트로 설정하여, 학술 용어번역상에 보이는 문제들을 중심으로 논의를 전개하고자 한다. 상기한 두 권의 저작은 국내 중어중문학과 대학원에서 주요 텍스트로 사용되고 있다.

주지하듯이, 국내 중국 언어학계의 역사는 일천하다. 또한 중국어 음운학 분야는 생경한 용어들이 비교적 많이 보이는 학문영역이기도 하다. 본고의 고찰을 기반으로 향후 보다 많은 토론을 통하여 사계가 공유할 수 있는 하나의 용어 모델을 만들었으면 하는 바람이다.

## Ⅱ. 중국어 음운학 용어번역의 문제

중국어 음운학이 어려운 까닭은 용어의 생경함에서 기인하는 바가 크다고 할 수 있다. 익숙한 영어 음운학이나 국어 음운학의 용어가 아닌 또 다른 용어를 학습해야 한다는 부담감이 작용하기 때문이다. 하지만 모든 학문에서 사용되는 용어는 그 용어 자체에 이미 용법과 기능이 포함되어 있다. 중국어 음운학에 사용되는 용어들도 이와 마찬가지이다. 따라서 학술용어를 정확하게 이해하는 것이 심오하게 보이는 중국어 음운학에 접근하는 첫걸음이 된다고 하겠다.

국내 중국 언어학계의 기존 용어 사용의 패턴은 크게 두 부류로 나누어진다. 첫째 중국식 용어를 그대로 사용하는 경우이고; 둘째, 일반언어학적 관점에서 국어학 내지는 영어학에서 쓰이고 있는 용어를 부분적으로 수용하여 사용하는 경우이다.

중국어 음운학의 용어에는 자주'同名異實', '異名同實'현상이 보여 혼동하기 쉽다. 하지만 중국어 음운학의 주요 연구대상은 漢字音이며 字音의 출발은 語音에서 시작된다. 이런 까닭에 중국어 음운학을 학습·연구하려면 반드시 음성학적인 이해에 기초해야만 한다. 그러나 중국의 전통 음운학자들은 음성학에 대한 지식을 습득할 방법이 턱없이 부족하였으며, 환경적으로도 어음을 정확하게 기술할 도구조차도 부족했음이 주지의 사실이다.

우선 '同名異實'의 경우를 보자. 예컨대, 段玉裁《六書音韻表·古四聲說》에서의 '聲'은 '성조(Tone)'를 의미하며, 〈古諧聲說〉중의 이른바 〈一聲可諧萬字〉에서의 '聲'은 '소리부(聲符)'를 나타내며, 〈古音聲不同, 今隨舉可證〉에서의 '聲'은 '어음'을 표시하며, 일반적으로 사용되어지는 '聲'은 '자음(聲母)'을 대신하는 용어이다. '異名同實'현상도 자주 보인다. 예컨대, '자음(聲母)'은 어떤 때는 '聲'혹은 '母', 경우에 따라서는 '紐'혹은 '字父'(마테오리치)·'經聲'(淸代, 周贇)·'字祖'(明代, 楊選杞)로 사용되기도 하였다. 또한 전통음절표(等韻圖)에서 자주 보이는 '重輕'과 '開合'도 명칭은 다르지만 그 내용은 같은 것이다. 이러한 용어상의 혼란은 학습자뿐 만 아니라 연구자에게도 대단히 불리한 영향을 미치는 것이 사실이다. 이러한 경우 일반 음성학에서 사용되는 용어들을 잘 대비하여 사용한다면 복잡한 중국어 음운학의 현상들에 비교적 쉽게 접근할 수 있을 것이다.

상기한 용어 사용과 관련된 제 문제들이 본고가 설정한 텍스트에서도 여러 곳에서 발견하게 되는데, 그 대표적인 양상은 다음과 같다.

*濮之珍의 《중국언어학사》

1) 二書的分部, 看來在字調, 不在各韻細目, 卽以字調爲綱來類別字音。(P.198)
이 두 책에서 부수를 나눈 것은 성조에 의한 것이며, 각운의 세목에 의한 것이 아니다. 즉 성조로써 글자의 음을 분류하였다.(P.246)
⇒ 여기에서의 '部'는 '韻部·韻(rhyme)'의 의미이다.

2) 中國語之入聲皆附有 -k, -p, -t 等輔音之綴尾, 可視爲一特殊種類, 而最易與其他之聲分別。(P.200)
중국어의 입성은 모두 -k, -p, -t 등의 輔音韻尾를 갖고 있는데, 이는 특수한 類로서, 기타의 성조와 가장 쉽게 구별된다.(P.249)
⇒ 여기에서의 '輔音韻尾'는 '꼬리자음'으로 번역하면 좀 더 많은 국내 독자층이 쉽게 이해할 수 있지 않을까.

3) 古今聲調旣自有別, 諸家取舍亦復不同。(P.214)
고금의 성조는 이미 차이가 있고, 제가의 운서 역시 취사가 서로 다르다.(P.263)
* 王力의 《중국언어학사》에서도 위의 내용과 동일하게 번역되어 있다.
⇒ 여기에서의 '성조'는 '어음'이라는 좀 더 포괄적인 의미로 번역함이 타당하다.

4) 分部列字雖不能盡合於古, 亦因其時音已流變, 勢不能泥古違今。(P.218)
部를 나누고 글자를 나열한 것이 고어에 모두 부합하지 않고, 음 또한 이미 변화하였으니, 옛 것에 얽매여 오늘의 음을 그르칠 수는 없는 것이다.(P.268외 다수)
⇒ 여기에서의 '部'역시 '韻部·韻(rhyme)'의 의미이다.

5) 回顧近代 "老國音字母"時, 尙且還有三個南方語音字母 "万、广兀", 因而我們更不能苛求古人。(P.223)
근대 '老國音字母'를 보면, 3개의 남방어음자모 '万、广兀'이 아직도 남아있는 것을 볼 수 있듯이 고인들에게 무리한 것을 요구할 수는 없다.(P.275)
⇒ 여기에서의 '老國音字母'는 '초기注音符號'를 의미한다.

6) P.246외 다수, 古音, …… 今音, P.309외 다수, 古音……今音
⇒ 여기에서의 '古音'은 '上古音(Old Chinese)'을, '今音'은 '中古音(Middle Chinese)'을 의미한다.

7) P.267외 다수, 現代漢語普通話 P.332외 다수, 現代漢語普通話
⇒ 여기에서의 '現代漢語普通話'는 '현대표준중국어'로 번역하면 어떨까.

8) P.292외 다수, 喉塞音[ʔ]…… P.358외 다수, 喉塞音[ʔ]……
⇒ 여기에서의 "喉塞音[ʔ]"은 "후두폐쇄음[ʔ]로 옮기면 어떨까.

9) P.299외 다수, 聲類……, P.366외 다수, 聲類……
⇒ 여기에서의 '聲類'는 '자음(聲母)'으로 옮기면 어떨까.

10) 因此, 有學者製定出 "字母"以表明 "聲", 又據韻書的韻目分部, 把 "聲"和 "韻"一縱一橫的排列起來, 成爲許多音圖, 用以表明一聲一韻各各拼切, 合成各個字音。(P.317)
이로써 학자들은 '字母'를 제정함으로써 '聲'을 표시하게 되었고, 다시 운서의 운목 분류에 따라 '聲'과 '韻'을 가로 세로로 배열하여 많은 音圖를 만들었다. 한 聲母, 韻母 각각을 切語로 합쳐 나열하여 각각의 글자음으로 삼았다.

⇒ 여기에서의 '聲'은 '자음(聲母)'으로, '音圖'는 고대음절표(等韻圖)로, '韻'은 모음(韻母)로 옮기면 어떨까. 물론 중국어의 운모와 우리말의 모음이 그 속성상 꼭 일치하지는 않는다.

11) P.320·321외 다수, 중국어 자음 발음방법에 해당되는 '全淸'·'次淸'·'全濁'·'次濁'…… P.390외 다수에서, '全淸'·'次淸'·'全濁'·'次濁'……
⇒ 여기에서의 '全淸'은 '무성무기음'을, '次淸'은 '무성유기음'을, '全濁'은 '유성무기음'을, '次濁'은 '유성유기음'을 의미한다.

12) 每一篇詩, 至少有兩個 "韻脚"是互相押韻的, 押韻的字必須是韻母相同或者相近的。(P.374·375외)
매 편의 시에는 적어도 두 개의 '운각'이 있는데, 서로 압운된 것이며 압운된 것은 반드시 운모가 서로 같거나 서로 비슷한 것이어야 한다.(P.448)
⇒ 여기에서의 '운각'은 '용운자(用韻字)'로, '운모'는 '주요모음'으로 번역하면 어떨까.

13) 要其始則同諧聲必同部也。(P.386)
요컨대 그 시작이 같은 諧聲이면 반드시 같은 韻部에 속한다.(P.460)
⇒ 여기에서의 '諧聲'은 실제로는 '형성편방(形聲偏旁)'을 의미한다.

14) P.390외 다수, 중국어 자음 발음위치에 해당되는 용어인 '雙脣音'은 '양순음'으로, '脣齒音'는 '순치음'으로, '舌尖前音'은 '설단치음'으로, '舌尖中音'은 '치조음'으로, '舌尖後音'은 '설단경구개음'으로, '舌面音'은 '경구개음'으로, '舌根音'은 '연구개음'으로, '半元音'은 '반모음'으로 옮기면 어떨까.

15) P.391외 다수, 중국어 자음 발음방법에 해당되는 용어인 '帶音(濁音)'은 '유성음'으로, '不帶音(淸音)'은 '무성음'으로 '送氣音'는 '유기음'으로, '不送氣音'은 '무기음'으로 옮기면 어떨까.

16) P.395외 다수, 중국어 자음 용어 중, 발음상의 장애를 극복하는 방식의 차이에 따라 '塞音'은 '파열음'으로, '擦音'은 '마찰음'으로, '塞擦音'은 '파찰음'으로 사용하면 어떨까.

17) P.394외 다수, 중국어 모음(韻母)의 구성성분인 '韻頭'는 '사이모음(介音)'으로, '韻腹'은 '주요모음'으로, '韻尾'는 '꼬리음'으로 옮기면 어떨까.

18) P.397외 다수, 중국어 모음사각도에 보이는 용어인 '前元音'은 '전설모음'으로, '中元音'은 '중설모음'으로, '後元音'은 '후설모음'으로 따라서 '前高元音'은 '전설고모음'으로, '後低元音'은 '후설저모음'으로 번역하면 된다.

19) "五四"時期, 在西方普通語言學的影響下, 我國漢語方言研究, 進入了新階段普通語言學。(P.485외 다수)
5·4시기 서양 보통 언어학의 영향 아래 중국어 방언 연구는 새로운 단계로 들어섰다.
⇒ 여기에서의 '보통언어학'은 '일반언어학'으로 옮기면 어떨까.

## Ⅲ. 역주와 교정의 필요성

번역학의 연구대상은 어떤 언어로 되어 있는 텍스트를 다른 언어로 옮기는 과정으로서의 번역행위와 그 결과로서의 번역본이다. 물론 여기서 번역본은 어떤 특정의 규범적인 등가를 충족시키는 번역본이라야 한다. 예컨대 개작 혹은 주석을 단 내용 설명 등은 진정한 의미에서 번역본이라 할 수 없다.

그러나 실제 번역과정에 있어서 언어적인 제약을 언어로서 극복하려는 노력이 각주, 서문, 추기 혹은 후기 등의 형태를 통하여 번역하기 어려운 어휘나 텍스트를 설명하기도 한다. 때론 원본의 교정 역할을 감당하는 번역본도 있다.

학술번역의 교훈적일 수 있는 예는 빌헬름(Wihelm)의 《論語》번역인데, 그는 이 번역과정에서 이중번역을 했다. 즉 우선 첫 단계로서 가능한 직역을 하고 다음 단계에서 의미의 정확한 파악을 위하여 해석을 가했고 마지막 단계에서 원문에 관한 기왕의 모든 해석을 망라하여 종합적인 주석을 붙였다. 중국에서도 이와 유사한 사례가 보이는데, 1940년 趙元任·李方桂·羅常培는 칼그렌(B. Karlgren: 高本漢의 《중국음운학연구》를 공역·출판하였다. 이 책의 번역작업은 매우 신중하였다. 번역과정에서 잘못된 곳은 모두 원저자의 동의를 구하여 수정하였고, 칼그렌 자신의 수정된 의견은 후일의 글에 의하여 번역·삽입하였으며, 이미 수정된 의견은 삭제하고 번역하지 않았다. 이로써 독자에게 편리함을 제공하고 있다.

본고의 분석 대상인 텍스트 가운데 王力의 《중국언어학사》에서는 기본적으로 상기한 장치들이 없는 상태이다. 반면 濮之珍의 《중국언어학사》에서는 부분적인 역주를 통하여 독자들의 이해를 도모하고 있고, 한편으로는 원본의 교정을 겸하고 있다. 다만 역주의 설정에 있어서 비교적 단편적인 양상을 보이고 있다. 역주의 문제점을 열거해 보면 다음과 같다.

*濮之珍의 《중국언어학사》

1) '天子聖哲'是也。(P.200)
天(一聲)·子(三聲)·聖(四聲)·哲(二聲)'이 그것입니다.(P.248)
⇒ 여기에서의 天(平聲)·子(上聲)·聖(去聲)·哲(入聲)은 沈約등이 발견한 전통적인 四聲을 의미하는 것으로, 현대 중국어의 4성으로 번역해서는 곤란하다.

2) 江永說: "古韻旣無書, 不得不借今韻離合以求古音"。(《古韻標準例言》) (P.260)
강영은 "고운을 다룬 저서는 이미 없으니 현재의 음을 빌어 나누고 합하여 고음을 구할 수밖에 없다."라고 하였다.
⇒ 여기에서의 '고운'은 상고음'으로, '금운'은 '중고음'으로 번역하면 어떨까.
또한 번역본에서는 '현재의 음'을 '절운의 운'을 말함이라고 주를 달고 있다.
⇒ 여기에서는 '광운의 운'으로 번역하는 것이 타당할 것이다.

## Ⅳ. 번역기교에 대한 문제

어떤 번역이 정확한 번역이냐 하는 질문은 다음과 같이 바뀌어야 한다. 즉 정확성이란 평균의 독자들에게 얼마만큼 이해되었느냐 하는 범위로 결정되어야 한다. 이해의 측정은 기본적으로 표현의 두 가지 형태와 관련된다. 첫째, 곡해되었는가, 둘째, 어렵거나 문법, 어휘 면이 난해할 경우가 그것이다. 만약 독자의 상당수가 이해하지 못했다면 그 번역은 결코 합리적인 것이 될 수 없다.

번역은 여자와 같아서 충실하면 밉고 불성실하면 아름답다고 한 래드보로우(Ladborough)의 말은 너무 잘 알려져 있는 말인데, 충실하면서 아름답게 번역할 수 있어야 할 것이다.

번역은 태생적으로 수정에 수정을 거듭할 수밖에 없는 운명에 처해있다. 부단한 수정과 보완의 과정을 통하여 보다 아름다운 번역에 가까워지는 것이다.

이제, 음운학의 용어 번역과 연관성이 깊은 문장들을 선별하여 그 번역상의 문제점을 짚어본다.

*王力의 《중국언어학사》

1) 大家知道, 語文學(philology)和語言學(linguistics)是有分別的。
주지하듯이 문헌학과 언어학은 구분된다.
⇒ 주지하듯이 언어문자학과 언어학은 구별된다.(필자 번역)

2) 其次, 作者也可以借字形的解釋, 來闡明一種哲理或政治主張。
다음으로, 작자도 또한 자형의 해석을 빌어 일종의 철리나 정치주장을 밝힐 수 있다.
⇒ 다음으로, 작자 또한 자형의 해석을 빌어 일종의 철리나 정치주장을 밝힐 수도 있다.(필자 번역)

3) 只有停止干戈才夠得上稱爲“武”。
다만 전쟁을 멈추게 하여야 비로소 “武”라고 일컬을 수 있음을 특히 언급하였다.
⇒ 오로지 전쟁을 멈추게 해야만 비로소 “武”라고 일컫기에 충분하다.(필자 번역)

4) 借口說是因爲潞國的相酆舒殺了晉景公的姐姐—潞國的夫人。
구실로 삼은 것은 노국의 재상 풍서가 진 경공의 누이, 곧 노국 군주의 부인을 죽인 일이었다.
⇒ 구실로 삼은 것은 노국의 재상 풍서가 진 경공의 누이, 곧 노국 군주의 부인을 죽인 사실 때문이었다.(필자 번역)

5) 這就說明了, 作者在講字形的時候, 也並不是爲了語文學{的目的, 而是爲了政治的目的。
이것은 곧 작자가 자형을 해석할 때에 문헌학적 목적을 위하지 않고 정치적 목적을 위했음을 말해주고 있다.
⇒ 이것은 곧 작자가 자형을 해석할 때에 언어문자학적 목적을 위한 것이 결코 아니라 정치적 목적을 위한 것임을 말해주고 있다.(필자 번역)

6) 這些語言理論, 特別是荀子在《正名篇》中所闡述的語言理論, 直到今天, 還是不可動搖的。
이런 언어이론들, 특히 순자가〈정명편〉에서 밝힌 언어이론들은, 오늘날까지도 여전히 움직일 수 없는 것이다.
⇒ 이런 언어이론들, 특히 순자가〈정명편〉에서 밝힌 언어이론은, 오늘날까지도 여전히 부정할 수 없는 것이다.(필자 번역)

7) 部首的建立, 是許愼的重大創造。
부수의 설치는 허신의 중요한 창작이었다.
⇒ 부수의 설치는 허신의 중요한 창견이었다.(필자 번역)

8) 這並不是依照唐人的獨用同用例, 可見是以北方的口語爲根據的, 所以《五音集韻》的語音系統很値得我們仔細硏究。

이것은 결코 당인의 독용·동용의 예에 따른 것이 아니며, 북방의 구어를 근거로 한 것임을 알 수 있다. 그래서 《오음집운》의 어음계통은 자세히 연구할 만한 큰 가치가 있다.
⇒ 이것은 당인의 독용·동용의 예에 따른 것이 결코 아니며, 북방의 구어를 근거로 한 것임을 알 수 있다. 그래서 《오음집운》의 어음계통은 자세히 연구할 만한 가치가 있다.(필자 번역)

9) 同一個字在同一個時代、同一個地域, 讀音一定是統一的, ……
동일한 글자는 동일한 시대와 동일한 지역에서 그 독음이 반드시 통일되어 있다.
⇒ 같은 글자는 동일한 시간과 공간속에서 그 독음이 반드시 통일되어 있다.(필자 번역)

10) 孔氏明白地指出入聲是對轉的樞紐, 這種理論也是可取的。
공씨는 입성이 대전의 추뉴라는 것을 명백하게 지적해내었는데, 이 이론도 또한 취할 만한 것이다.
⇒ 공씨는 입성이 대전의 관건이라는 것을 분명하게 지적해내었는데, 이 이론 또한 취할 만한 것이다.(필자 번역)

*濮之珍의 《중국언어학사》

1) 《顔氏家訓·音辭篇》上說: "九州之人言語不同, 自《春秋》標齊言之傳,《離騷》目楚辭之經, 後有楊雄著《方言》, 其書大備."
《顔氏家訓·音辭篇》에서 말하기를 "온 세상 사람들의 언어가 다 다르니, 齊나라 말을 대표하는 《春秋》와 楚辭의 經 《離騷》로부터 시작하여 후에 揚雄이 지은 《方言》이르러서야 그 말이 완전히 갖추어졌다."
⇒ 《顔氏家訓·音辭篇》에서 말하길, "모든 지역 사람들의 언어가 달랐는데, 제나라 글로 표기된 《춘추》, 초사에 보이는 《이소》, 후에 양웅이 방언을 지음에 있어, 이 책에 그러한 내용이 구비되어 있다.(필자 번역)

2) 如《公羊傳》莊公二十八年: "伐者爲主"何休注: "見伐者爲主, 讀伐短言之, 齊人語也。"

예를 들면 《公羊傳》 莊公28年에서 "정벌당하는 자가 주인이 된다."라고 하였는데, 何休는 "정벌 당하는 자가 主人이 된다 에서 伐을 짧게 발음하며, 齊人의 말이다."라고 하였다.

⇒ 예컨대 《公羊傳》莊公28年에 "정벌당하는 자가 주인이 된다."라고 하였는데, 何休는 "정벌 당하는 자가 主人이 된다 에서 伐을 短모음으로 발음하며, 齊人의 말이다."라고 하였다.(필자 번역)

3) 《切韻》是一部有系統、審音從嚴的韻書, 《切韻》的音系是嚴整的。

《切韻》은 체계를 지닌, 엄중한 발음검사를 거친 韻書로서, 《切韻》의 音系는 엄정하다.

⇒ 《切韻》은 체계적이며 엄격한 어음 심사를 거친 韻書로서, 그 音系는 정연하다.

4) 由此可見, 陸法言 《切韻》, 孫愐 《唐韻》原來編製的目的, 一方面爲審音而作, 同時兼爲作文應試之用。

이로써 陸法言의 《切韻》과 孫愐의 《唐韻》의 원래 편찬 목적은 음을 알기 위한 것이기도 하면서 동시에 작문 응시를 위한 쓰임도 겸하고 있음을 알 수 있다.

⇒ 이로써 陸法言 《切韻》과 孫愐 《唐韻》의 본래 편찬 목적은 어음을 구별하기 위한 것임과 동시에 寫作과 應試을 위한 것도 겸하고 있음을 알 수 있다.(필자 번역)

5) 可見編製 《廣韻》的目的, 一方面用以審辨音讀, 一方面是當時科擧考試用韻的標準。

그러므로 《廣韻》을 편찬한 목적은 音讀을 파악하는 동시에 또 한편으로, 당시 과거 고시의 用韻의 표준을 삼기 위한 것이었음을 알 수 있다.

⇒ 《廣韻》편찬의 목적은 어음을 심사하여 변별하는 한편, 당시 과거시험 용운의 표준을 삼기 위한 것이었음을 알 수 있다.(필자 번역)

6) 總之, 在古音研究的歷史上, 陳第對語音時地觀念的理論認識正確, 他的研究方法也比較科學, 因此, 他對古音的研究成績, 不僅超越了他的前輩,又啓迪了清代顧炎武、江永諸人的古音研究。
결론적으로, 고음 연구의 역사에 있어서 陳第는 語音의 공시적 관념 이론에 대해 정확하게 인식했으며, 그의 연구 방법 역시 비교적 과학적이다. 그리하여 그의 고음에 대한 연구 성과는 선배들을 뛰어넘었을 뿐만 아니라 청대顧炎武, 江永 등의 고음 연구를 이끌어 냈다.
⇒ 결론적으로, 상고음 연구의 역사에 있어서 진제는 어음의 시·공 관념 이론에 대해 정확하게 인식했으며, 그의 연구 방법 역시 비교적 과학적이다. 이로써 그의 상고음 연구 성과는 선배들을 뛰어넘었을 뿐만 아니라 청대 고염무, 강영 등의 상고음 연구를 인도하였다.(필자 번역)

7) 每一篇詩, 至少有兩個 "韻脚"是互相押韻的, 押韻的字必須是韻母相同或者相近的。
매 편의 시에는 적어도 두 개의 '韻脚'이 있는데 서로 押韻된 것이며 押韻된 것은 반드시 운모가 서로 같거나 서로 비슷한 것이어야 한다.
⇒ 매 편의 시에는 적어도 두 개의 용운자가 있어 서로 압운되며, 압운된 자는 반드시 주요모음이 같거나 서로 비슷한 것이어야 한다.(필자 번역)

8) 書成後, 學術界評價很高, 戴震的評價是 "能發自唐以來講韻者所未發"。
책이 완성된 후에 학술계에서는 매우 높게 평가하였으니 戴震은 "唐代이래로 운을 말하던 사람들이 밝힐 수 없었던 바를 능히 천발해 내었다"라고 평가하였다.
⇒ 책이 완성된 후에 학술계의 평가는 대단히 긍적적이었으며, 戴震은 "唐代 이래 음운학자들이 발견하지 못한 것을 밝혔다"라고 평가하였다.(필자 번역)

9) 他又進一步作理論的探討和提高, 把音韻研究的成果用到漢字的造字原則上, 提出 "同聲必同部"的理論, 使上古音的研究同形聲、假借的理論結合起來。
그는 또한 한 걸음 더 나아가 이론적인 연구 및 수준을 향상하여 音韻연구성과를 漢字의 造字원칙에 적용하였고, "同聲必同部"이라는 이론을 제기하여 上古音 연구와 同形聲 및 假借이론을 결부시켰다.
⇒ 그는 또 한 걸음 더 나아가 이론적인 연구와 수준을 향상시켰고, 음운

연구의 성과를 한자의 조자원칙에 적용 "同聲必同部"이론을 제기하여 上古音의 연구와 形聲·假借의 이론을 결부시켰다.(필자 번역)

10) 例如顎化的 ki, 與非顎化的 k, 現代認爲是兩個聲母, 而古代認爲同紐。又古人所謂韻, 多數從主要元音算起, 主要元音前弱元音不算在内的。
예를 들어 구개화된 'ki'와 비구개화된 'k'는 현대에서는 두 개의 聲母로 인식하고 있지만 고대에서는 同紐로 여겼다. 또한 고인들의 韻이란 대부분 主要母音부터 계산하며, 主要母音 앞의 약한 母音은 고려하지 않는다.
⇒ 예를 들어 구개음화된 'ki'와 비구개음화된 'k'는 현대에서는 두 개의 자음으로 간주하고 있지만 고대에는 동일한 자음으로 여겼다. 또 고인이 말하는 운이란 대다수가 주요모음부터 포함하며, 주요모음 앞의 사이모음(介音)은 고려하지 않는다.(필자 번역)

## V. 직역 · 의역에 대한 문제

번역될 나라의 문화에 생경한 개념을 번역하는 경우 다음 세 가지 방법이 있을 수 있다. 첫째, 설명적인 어구를 사용하는 방법; 둘째, 외국어 단어를 그대로 사용하는 방법; 셋째, 역어에서 익숙한 단어로 대치하는 방법이 있다. 그런데 일반적으로 첫 번째 방법이 많이 쓰이는 것 같다.

특히 중한번역에 있어서 자주 보이는 양상의 하나가 한자어를 지나치게 풀어 쓰거나 아니면 그대로 옮기는 문제일 것이다. 이러한 예들을 좀 살펴보자.

1) 從聲調方面看, 《中原音韻》顯示了入聲的消失和平聲的分化, 以及濁上的變爲去聲。
성조방면에서 보면 《중원음운》은 입성의 소실과 평성의 분화 및 탁한 상성이 거성으로 변화되었음을 보여 준다.(王力의 《중국언어학사》, PP.127-128)
⇒ 성조방면에서 보면 《중원음운》은 입성의 소실과 평성의 분화 및 全濁(유성무기음)上聲이 거성으로 변화되었음을 분명하게 보여 준다.(필자 번역)

2) 舌頭音與舌上音同行, 因爲舌頭音只有一四等, 舌上音只有二三等, 可以互相補足。
설두음과 설상음도 같은 행에 있는데, 왜냐하면 설두음에는 단지 1·4등만이 있고, 설상음에는 단지2·3등만이 있으므로 서로 보족할 수 있기 때문이다.(王力의 《중국언어학사》, P.139)
⇒ 설두음과 설상음도 같은 줄에 있는데, 왜냐하면 설두음에는 단지 1·4등만이 있고, 설상음에는 단지 2·3등만이 있으므로 相輔할 수 있기 때문이다.(필자 번역)

3) 如果要擬測古音, 也非依照這個系統不可。
만약에 고음을 의측하려고 한다면 또한 이 체계에 의하지 않으면 안될 것이다.(王力의 《중국언어학사》, P.240)
⇒ 만약에 상고음을 재구하려고 한다면 또한 이 체계에 의하지 않으면 안될 것이다.(필자 번역)

4) 吳楚則時傷輕淺, 燕趙則多傷重濁, 秦隴則去聲爲入, 梁益則平聲似去。
오·초 지방에서는 때때로 가볍고 얕은 음에 상하고, 연·조 지방에서는 대부분 무겁고 탁한음에 상하며, 진·농 지방에서는 거성이 입성이 되고, 양·익 지방에서는 평성이 거성과 비슷하다.(王力의 《중국언어학사》, P.107)
오·초 등 강남 지방의 발음은 가볍고 얕으며, 연·조 등 하북지방의 발음은 무겁고 탁하다. 진·농 등 섬서와 감숙지방에서는 거성을 입성처럼 읽고, 양주·익주 등 사천지방에서는 평성을 거성처럼 읽는다.(濮之珍의 《중국언어학사》, P.286)
⇒ 오·초 지역의 어음은 가볍고 얕으며, 연·조 지역의 어음은 무겁고 탁하다. 진·농 지역에서는 거성을 입성으로 발음하며, 양·익 지역에서는 평성을 거성처럼 발음한다.(필자 번역)

5) 如此呼吸, 非鴃舌而何? 不獨中原, 盡使天下之人俱爲閩海之音可乎?
이와 같이 말하는 것이 어찌 야만인의 언어가 아닌가? 유독 중원 뿐만 아니라, 천하의 사람들로 하여금 모두 《절운》의 음을 말하게 함이 옳겠는가?(王力의 《중국언어학사》, P.130)

이 같은 발음이 때까치의 지저귐이 아니라면 무엇이겠는가? 중원뿐만 아니라 천하의 사람들에게 모두 민해의 음을 발음하게 하는 것이 가능한가?(濮之珍의 《중국언어학사》P.364)
⇒ 이 같은 어음이 어찌 야만인의 언어가 아니겠는가? 중원뿐 아니라 천하의 사람들이 모두 남동방언을 사용하는 것이 가능하겠는가?(필자 번역)

## Ⅵ. 오 · 탈자의 수정

국내에서 출간되는 여느 출판물이나 마찬가지로 본고에서 텍스트로 설정한 2권의 번역본에서도 적지 않은 오·탈자가 발견된다. 구미나 일본에서 책이나 논문이 출간될 때에는 오·탈자의 불식에 철저한 주의를 기울여 오탈자가 거의 나타나지 않는 것은 주지하는 바의 사실이다.

학술번역에 있어서의 오·탈자의 문제는 비교적 심각한 문제를 야기할 수도 있다. 하물며 그 방면에 입문서인 경우에 그 폐해는 더욱 막대하다. 일반적인 오·탈자는 차치하고라도 내용상에 영향을 미칠 수 있는 것들을 중심으로 살펴보면 다음과 같다.

*濮之珍의 《중국언어학사》

1) [st]——精 ⇒ [ts]——精(P.377)
2) 예를 들어 大[ta]와[k'ə]이다 ⇒ 예를 들어 大[ta]와 可[k'ə]이다
   예컨대 光[kuan]과 高[ka]이다 ⇒ 예컨대 光[kuaŋ]과 高[ka]이다
   예컨대 學[ɕyi]과 魚[y]이다 ⇒ 예컨대 學[ɕye]과 魚[y]이다
   36자모의 知[(ɕ)], 徹[(ɕ')], 澄[(d)], 娘[(ɳ)] 등 4개 성모 ⇒ 36자모의 知[ɕ], 徹[ɕ'], 澄[ɖ], 娘[ɳ] 등 4개 성모(P.394)
3) 翻切 ⇒ 反切(P.480)

*王力의 《중국언어학사》

1) [–q]·[–d]·[–b] ⇒ [–g]·[–d]·[–b](P.299)
2) 강영(江永)의 《음학천미(音學闡微)》 ⇒ 강영(江永)의 《음학변미(音學辨微)》(P.149)
3) 未能洋備 ⇒ 未能詳備(P.210)
4) 자형(字形)에 구애되어 자의(形義)를 설명함으로써 ⇒ 자형(字形)에 구애 되어 자의(字義)를 설명함으로써(P.66)
5) 자(子), 불어남이다.(玆) ⇒ 자(子), 불어남이다.(滋)(P.72)

## Ⅶ. 마치며

우리가 지금 살아가고 있고, 살아가야 할 시대의 정신은 무엇일까? 아마도 그것은 세계적 보편성과 민족적 특수성을 조화시키는 정신일 것이다. 다문화의 체험을 기초로 한 견고한 민족문화의 수립, 요즈음 우리들이 외쳐야 할 것들은 어쩌면 이런 것이어야 한다는 생각이 든다.

21세기는 '문화의 세기'라 한다. 다양한 문화의 전파와 수용은 '제2의 창작'으로 지칭되는 번역의 과정을 통하여 이루어지지 않을까. 번역은 어쩌면 다양성을 그 속성으로 삼고 있는지도 모른다. 본고에서 열거하고 있는 부분적인 오역의 사례들은 학술용어의 번역이 이처럼 어렵다는 것을 보여주기 위한 한 예에 불과하다.

결국, 국내 중국 언어학의 연구와 번역, 그 열매의 일단은 국어학의 발전에 공헌해야 한다. 그 연구를 통해 국어학의 비교 자료를 제공하고 국어학의 기원 및 변천 연구에 일익을 담당해야 한다. 이 같은 관점에서도 중국어 음운학의 학술용어의 번역은 가능한 범위 내에서 국어학계가 이미 공유하고 있는 모델을 탈피해서 사용할 수는 없을 것이다. 아울러 영어학, 불어학, 독어학, 일어학 등의 학문 영역에서 사용하는 모델들도 참조할 필요가 있다. 이러한 노력을 경주할 때만이 중국 언어학 연구와 번역의 지평은 넓어지리라 사료된다.

어쩌면, 용어통일에 대한 문제는 단순히 도구의 문제를 뛰어넘는 본질의 문제일 수도 있다는 맥락에서 함께 고민해야 할 것이다.

### ✚ 참고문헌

王力,《中國語言學史》, 山西: 人民出版社, 1981.

이종진·이홍진 역,《중국언어학사》, 1997.

濮之珍,《中國語言學史》, 臺灣: 書林出版有限公司, 1990.

김현철 외 6인 역,《중국언어학사》, 신아사, 1997.

竺家寧,《聲韻學》, 臺灣:五南出版社, 1992.

김효중,《번역학》, 민음사, 1998.

국립국어연구원,《영어—한국어 번역의 언어학적 연구》, 1994.

유영난,《번역이란 무엇인가》, 태학사, 1995.

안정효,《번역의 테크닉》, 현암사, 1996.

박종한,《중국어 번역테크닉》, 중국어문화원, 2000.

최기천,《중국어번역법》, 학고방, 1990.

김재현,《번역의 원리와 실제》, 한신문화사, 1995.

박용삼,《번역학이란 무엇인가》, 숭실대출판부, 1990.

# 중국어 한글 표기법의 원칙과 한계*

장호득**

## I. 서론

우리나라에서 중국어를 한글로 표기하는 방법에 대한 논의는 훈민정음 창제 이후부터 지금까지 계속되어 오고 있다. 훈민정음 창제 후 조선시대에는 한자음으로 중국어를 표기하였으며 당시의 중국 현실음을 반영하기 위한 방편으로 소위 '國俗撰字法'이란 방법을 이용하여 중국어를 표기하기도 하였다. 한자음으로 중국어를 표기하는 방식은 지금까지도 그대로 사용되고 있으며 어떤 학자는 이의 계속적인 사용을 주장하기도 한다. 그런데 1980년대 중반 최영애-김용옥의 표기법이 발표되면서부터 다시 중국어의 현실음에 대한 표기방법이 제기되었다. 이어 1986년에는 교육부 표기법이 제정되어 발표되었지만 널리 보급되어 쓰이지는 못하였다. 엄익상은 이런 표기법의 보급이 부진한 데에는 위의 표기법의 정확성과 대중성에 문제가 있다고 보고 1996년에 개선안을 발표하였다. 그 이후로 중국

---

* 이 글은 2003년 7월《中國語文論譯叢刊》제11집에 수록된 논문임.

** 단국대학교 중어중문학과 교수

어의 한글표기법에 관한 논의는 매우 활기를 띠게 되었으며 많은 좋은 의견들이 제시되었다. 대표적인 연구로는 엄익상(1996, 2002), 심소희(1999), 전광진(1999), 임동석(2000), 맹주억(2000), 김영만(2000), 김태성(2000), 배재석(2002) 등이 있으며, 표준 중국어가 아닌 중국어의 방언에 대한 한글표기법 연구로 원종민(2001.12)이 있다. 위의 연구는 크게 세 가지 주장으로 나눌 수 있다. 첫째 새로운 표기 부호를 만들어 보충하거나 한글의 고어를 활용한 표기법을 만들어 이를 교육용으로 활용해야한다는 주장으로 심소희(1999), 맹주억(2000) 등이 있다. 둘째, 현행 한글 사용의 범위 내에서 한글표기법을 만들어 사용하자는 주장으로 김용옥(1985), 교육부(1986), 엄익상(1996, 2002) 등이 있다. 셋째, 옛날부터 사용해 오던 한자음을 그대로 사용하자는 주장으로 김영만(2000) 등이 있다. 그 외에 김태성(2000)은 현행 한글을 사용하여 표기법을 만들되 일부 자모는 새로 만들어 사용하자는 태도를 취하고 있으며, 임동석(2000)은 교육부 표기법의 문제점을 지적하면서도 교육부 표기법 사용 권장을 주장하고 있다.

이상에서 보듯이 한국의 한자음을 그대로 사용할 것을 주장하는 일부 학자들이 있기는 하지만 대부분의 학자들은 현대 중국어의 발음을 한글로 표기하는 것에 동의하고 있다고 할 수 있겠다. 다만 이 표기법을 교육용으로 간주하고 새로운 부호를 추가하여서라도 완벽한 표기법을 만들 것인가 아니면 현행 한글의 사용 범위 내에서 표기법의 한계를 인정하고 표기법을 만들 것인가의 두 가지 관점이 현재까지도 통일되지 못하고 계속적으로 쟁점이 되고 있다.

본고의 관점은 한자음으로 표기하든 현재 중국어의 발음으로 표기하든 중국어의 한글표기법은 통일되어야 한다는 점이다. 그래야만 초중등 교육과정에 있는 학생뿐만 아니라 일부 일반인들이 '북경'과 '베이징'[1]을

1) 교육부의 현행 한글표기법에는 문제점이 있는 부분도 있지만 아직까지 수정 보완된 통일안이나 통용되는 표기법이 없는 관계로 본고에서는 잠시 교육부 표기법을

전혀 다른 도시로 본다든가 '모택동'과 '마오저둥'이 다른 사람으로 인식되는 최소한의 오류를 피할 수 있을 것이다. 그리고 반드시 기본적인 대원칙은 만들어져야 한다. 그 대원칙을 정하기 위해서는 먼저 중국어 한글표기법의 용도가 결정되어야 한다. 그 용도가 일상생활 속의 표기로 사용되는 것이라면 대원칙은 현행 한글의 사용 범위 내에서 한글표기법이 만들어져야 하며, 사용에 있어서 어느 정도의 강제성을 지녀야 한다. 여기에는 중국어의 음소와 한국어의 음소를 1:1의 관계로 표기할 수 없는 한계가 분명히 있으므로 그 한계를 인정하고 이 한계에 대한 명확한 부칙이나 설명을 덧붙어 차선책의 표기법을 만들어야 한다. 또 용도가 전문적인 분야 - 예를 들어 교육용, 연구용 등 - 에 있다면 중국어의 음소와 한국어의 음소를 1:1의 관계로 표기하기에는 현행 한글의 사용으로는 부족하므로, 이에 따른 대원칙은 현행 한글에 새로운 자모를 추가하되 새로운 부호를 창제하기보다는 '국속찬자법'에서 사용한 부호를 최대한 계승 발전시키는 것이다.[2] 이 표기법은 국가적인 통일안이 있으면 좋겠지만 그렇지 못하다면 학회 차원이나 단체 차원에서 만들어 자율적으로 사용하는 것도 괜찮은 방법이 될 것이다. 다시 말하면 중국어의 한글표기법도 용도에 따라 간략표기법(broad transcription)과 정밀표기법(narrow transcription)[3]으로 나누어 전자는 범국가적인 통일안으로 일상생활 속에서 사용하도록 하고, 후자는 강

---

따르기로 한다.

2) 이 '국속찬자법'으로 표기법을 만들더라도 현행 전산프로그램에서 대부분 전산입력(옛글입력법, 한글고어입력법 등)이 가능하며 일부 글자만 입력이 가능하도록 보완하면 되므로 큰 문제가 되지 않을 것으로 보인다.

3) 본고에서 중국어의 한글표기법과 관련되어 쓰이는 간략표기법과 정밀표기법은 일반언어학에서 사용하는 용어와 다소 차이가 있다. 일반언어학에서 말하는 간략표기법은 음소표기(phonemic transcription)에 가까우며 정밀표기법은 변이음표기(allophonic transcription)에 가깝다고 할 수 있지만, 본고에서의 정밀표기법은 일반언어학의 간략표기법에 가까우며 간략표기법은 둘 이상의 음소를 하나의 부호로 표기할 때도 있는 한계를 가지고 있는 완정하지 못한 전사를 가리킨다.

제성을 띠지는 않더라도 최소한 관련 전공 분야의 사람들이 함께 사용할 수 있는 통일안을 도출하여 중국학과 관련된 전문 분야에서 사용할 수 있도록 하는 방법이 바람직하다고 생각된다.

따라서 논고의 연구목적은 중국어의 한글표기법을 따로 고안하는 데 있는 것이 아니라, 중국어 한글표기법에 대한 원칙과 그에 따른 한계에 대한 몇 가지 의견을 제시하여 앞으로 표기법 통일안을 수정하거나 제정하는 데 참고가 되도록 하는 데 있다.

## Ⅱ. 표기법의 원칙 세우기

우리는 의사를 전달할 때 일차적으로 소리를 이용한다. 이처럼 의미를 전달하는데 사용되는 소리를 말소리라고 한다. 그런데 이런 소리를 엄밀하게 따져 보면 이 세상에는 완전히 똑같은 소리가 존재하지 않는다는 것을 알 수 있다. 사람의 성별, 나이에 따라 소리가 달라지기도 하며, 같은 소리라 하더라도 구현되는 환경에 따라 달라지기도 하며 심지어 같은 사람이 내는 소리도 감정 상태, 건강 상태 등에 따라 다른 소리를 내기도 한다. 그러나 우리가 의미를 전달하고 이해하는 데에는 이런 '구체적 음성'(concrete sound)[4]을 통해서가 아니라, 여러 구체적인 음성을 추상화한 '추상적 음성'(abstract sound)[5]을 통해서이다. 이런 추상적 음성은 여러 변이음(allophone)을 추상화한 하나의 대표음인데 이런 대표음을 우리는 '음소

4) '구체적 음성'은 그와 꼭 같은 음성을 어떠한 사람도 낼 수 없는 단 하나밖에 없는 소리라고 하여 '단음(sound)'이라고도 한다.(김승곤1983:12)

5) '국'의 초성 'ㄱ①'과 '곰'의 초성 'ㄱ②'을 그저 하나의 'ㄱ'으로만 여길 때의 소리를 추상적 음성(abstract sound) 또는 소음(phone)이라고 한다. 추상적 음성이란 여러 변이음을 추상한 하나의 대표음이다.(김승곤1983:12-13)

(phoneme)'[6]라고 부른다.[7]

앞에서 논의한 소리의 구분에 대한 분명한 이해를 기초로 한다면 중국어의 한글표기법이 어떠해야 하느냐는 분명해진다. 중국어의 한글표기법은 즉 '중국어'를 '한글'로 표기하는 것이다. 여기에서 '중국어'란 무엇을 가리키느냐와 '한글'이란 무엇을 가리키느냐의 두 가지 문제가 대두되며 이 문제에 대한 해답이 바로 중국어 한글표기법의 대원칙이 될 것이다.

우선 '한글'이란 무엇인가라는 관점에서 본다면 중국어의 한글표기법은 우리가 일상생활에서 사용하는 생활국어로 표기해야 한다는 것이 대원칙 중의 첫 번째 원칙이 되어야 함을 알 수 있다.[8] 이 원칙을 전제로 한다면 현행 한글로는 중국어의 모든 음소를 1:1의 관계를 표기할 수 없기 때문에 중국어의 두 개 이상 음소를 하나의 한글자모로 표기해야 하는 한계에 부딪히게 된다. 우리는 이 현실적인 한계를 인정해야 하며,[9] 그 가운데서 최대한의 변별력을 갖춘 표기법을 만드는 차선책을 택하여야 할 것이다. 자의성과 구속성을 동시에 가지고 있는 언어의 특성과 같이 중국어의 한글표기법도 결국에는 이 두 특성을 가진 약속부호의 하나가 될 수

---

6) 본고에서 사용하는 '음소(phoneme)'는 중국어로는 '음위(音位)'에 해당되며 중국어의 '音素'는 우리말로 '소음(phone)'에 해당된다. 중국어의 '音素'를 이현복·심소희(1999:233)은 '단음(phone)'이라고 하고 있는데 본고에서는 '단음(sound)'과의 구분을 위하여 '소음'이라고 부르기로 한다.

7) 김승곤(1983:12-13)은 일본학자 大西雅雄의 견해에 따라 추상적 음성을 다시 동일인이 같은 조건으로 발음한 여러 음을 추상화한 '제1도 추상음', 다른 환경에서 나타나는 여러 음을 추상화한 '제2도 추상음[통음, phoneme]', 여러 사람이 낸 소리라도 동일한 의미기능을 갖는 소리인 '제3도 추상음', 여러 지방의 통음(diaphoneme)을 추상한 '제4도 추상음'으로 나누고 있다.

8) 이 말은 김태성(2000)이 주장한 "중국어 표기법은 한글 사용의 연장이 되어야 한다."는 견해와 일맥상통한다고 할 수 있겠다.

9) 이런 현실적인 한계를 인정하지 않고 1:1의 표기법을 만들려고 한다면 결국에는 최영애-김용옥의 표기법과 같이 다소 어색한 표기법들이 생길 것이다.

밖에 없으므로, 원칙과 한계에 대한 약속을 토대로 표기법을 고안하여 그것을 지키며 사용하는 것이 가장 현실적인 방법이 될 것이다. 예를 들어 중국어의 음성요소 가운데 의미전달 혹은 의미변별의 부하는 어쩌면 성모, 운모보다도 성조가 더 크다고 볼 수도 있다.[10] 그런데 1980년대 중반 이후에 나온 표기법은 모두 이 성조를 포함키시고 있지 않다. 이를 통해서도 우리의 한글표기법은 근본적인 한계를 지니고 있음을 알 수 있다. 그래도 굳이 중국어의 음소와 한글표기법 자모가 1:1의 관계로 된 완벽한 표기법을 고집한다면 현행 한글자모에 다른 자모를 추가하여 중국어의 성조까지 포함시킨 표기법을 구분하여 따로 만들 수밖에 없을 것이다. 여기에서 간략표기법과 정밀표기법의 구분에 대한 필요성이 대두된다. 전자는 일반인들의 일상생활용으로 정부안으로 만들어져 강제성을 띠어야 하며, 후자는 전문가용으로 정부 혹은 전문가 집단에서 만들어 선택적으로 자율적으로 사용되어야 할 것으로 본다.[11]

둘째, '중국어'란 무엇인가라는 관점에서 본다면 이것은 바로 중국어의 음소체계를 가리킨다.[12] 이 음소체계란 현대 표준중국어 체계 내에서의 의미변별 기능을 갖춘 즉 여러 변이음을 추상화한 하나의 대표음인 추상적인 음성(abstract sound) 체계를 가리킨다. 다시 말하면 중국어의 음성체계나 변이음체계를 우리의 음성체계나 변이음체계로 옮기는 것도 아니며, 중국어의 음소체계를 우리의 음소체계로 옮기는 것도 아니며 중국어의

10) 대표적인 예를 들어보면 '請問'과 '請吻'이다. 뿐만 아니라 우리가 중국인들과 대화를 할 때 성모와 운모는 다소 어색하더라도 중국인들이 앞뒤 문맥이나 상황에 따라 의미를 파악하여 알아듣지만, 성조가 틀릴 경우에는 오히려 더 못 알아듣거나 다른 뜻으로 오해하는 경우를 우리는 종종 보게 된다.

11) 본고의 구체적인 분석은 정밀표기법에 대한 부분은 구체적으로 다루지 않고 제안으로 그치며, 간략표기법에 대한 부분만 다루기로 하겠다.

12) 더 정확하게 얘기한다면 자음, 모음과 같은 '음소'와 성조와 같은 '운소'를 아우르는 '음운체계'라고 해야 옳을 것이다. 그러나 본고에서는 한계를 인정한 표기법의 원칙을 주로 다루고 있기 때문에 '음소체계'라 부르기로 하겠다.

음소체계를 우리의 음성체계로 옮기는 것은 더더욱 아니다. 중국어의 음소체계를 우리의 한글자모로 약속을 정하여 옮기는 것뿐이다.

그러므로 여기에는 중국어의 음소체계에 대한 분명한 이해와 인식이 선행되어야 한다. 중국어의 음소체계는 분명 한어병음자모와 다르며 주음부호와도 다른 부분이 있다. 예를 들어 '標', '表', '賓', '餠'를 한어병음자모와 주음부호로 표기하면 각각 'biāo', 'ㄅㄧㄠ', 'biǎo', 'ㄅㄧㄠˇ', 'bīn', 'ㄅㄧㄣ', 'bǐng', 'ㄅㄧㄥˇ'이다. 한어병음자모를 먼저 살펴보면 'biāo'와 'biǎo', 'bīn', 'bǐng'의 'b'은 영어에서 유성음이지만 중국어의 발음에서는 유성음이 아니라 무성음이다. 'bīn'은 'i'와 'n' 사이에 '어' 발음이 없지만 주음부호에서는 'ㄧ'와 'ㄣ'의 결합으로 부호대로 읽는다면 '이_언'이 되어 차이가 있음을 알 수 있다. 'bǐng'과 'ㄅㄧㄥˇ'에서도 같은 차이를 발견할 수 있다. 이상에서 보듯이 현재 가장 널리 쓰이고 있는 한어병음자모도 중국어의 음소체계를 완벽하게 반영한 것은 아니며, 그들이 약속하여 만든 자모로 중국어의 음소체계를 전사하고 있음을 알 수 있으며, 주음부호 또한 그러하다. 그러므로 우리는 중국인들이 사용하고 있는 표기법과 실제 음소체계 사이에는 다소 차이가 있음을 분명히 인식하여야 한다. 여기에서 중국어 한글표기법을 만들 때는 음소를 귀납하는 기본 원칙[13)]을 토대로 중국어의 음소체계를 이해한 후 현행 중국어의 표기법을 참고로 하여 현행 한글로 전사하여야 함을 알 수 있다.

여기에서 우리가 반드시 주의해야 할 점이 있다. 즉 한국어의 음성인식 내지 청각적 인상으로 중국어의 음소체계를 판단하려는 오류를 범해서는 안 된다는 것이다. 앞의 예를 다시 한 번 보기로 하자. '標', '表', '賓', '餠'의 성모를 한어병음자모와 주음부호로 표기하면 각각 'b', 'ㄅ'인데 이를 한

---

13) 음소를 귀납하는 기본 원칙은 크게 '대립(contrast)', '상보적 분포(complementary distribution)', '음성적 유사성(phonetic similarity)'로 나뉜다(김진우1985:92-93, 심소희1999:233-235).

글표기법으로 옮길 때 된소리인 'ㅃ'으로 할 것인지, 여린소리인 'ㅂ'으로 할 것인지가 논쟁의 대상이 되고 있다. 또 어떤 학자는 성조에 따라 'ㅃ'과 'ㅂ'을 선택적으로 사용할 것을 주장하기도 한다. 그런데 이 두 소리는 중국어에서는 두 개의 음소가 아니라 두 개의 변이음으로 된 하나의 음소이다. 우리 한국어에서는 된소리와 여린소리가 변이음이 아니라 의미변별 기능을 갖춘 완전히 다른 별개의 음소이다. 그러므로 한국어를 모국어로 사용하는 사람은 이 된소리와 여린소리에 대해 중국어를 모국어로 사용하는 사람보다 민감하다고 할 수 있다. 이것이 바로 한국어의 청각적 인상으로 중국어의 음소체계를 판단하려는 오류이다. 그런데 정작 모국어를 사용하는 중국학자들은 이것에 대해 문제 제기를 하지 않고 있는 점으로 보아도 중국어에서는 여린소리와 된소리의 구분이 중요하지 않은 심지어 의미 없는 문제임을 알 수 있다.

우리는 '北京'에 대한 표기법으로 [뻬이찡], [뻬이쪙], [베이찡], [베이쪙], [뻬이징], [뻬이졍], [베이징], [베이졍], [베이경], [뻬이껑], [베이기엉], [뻬이끼엉], [베이깅], [페킹, Peking] 등으로 가정해 볼 수 있다. 그런데 우리가 가장 자연스럽게 받아들일 수 있는 것은 아마도 '베이징'일 것이다. 음성학 혹은 음향학적으로 따진다면 '베이징'보다는 '베이찡'이 더 원음에 가깝다고 할 수 있을 것이다. 그런데 '베이징'을 더 자연스럽게 받아들이는 것은 왜일까? 그것은 이렇게 표기하자고 약속을 한 후 오랫동안 사용하면서 익숙해졌기 때문일 것이다. 바로 부호의 '約定俗成'이란 특징의 반영이라 할 수 있다. 그리고 '베이징'이라고 표기하지만 실제로 발음할 때는 대부분 '베이찡'이라고 한다. 마치 한국어에서 '발달'이라고 적으면서 '발딸'이라고 읽는 것과 마찬가지이다. 여기에서 중국어의 음소체계에 대해 우리가 된소리로 표기할 것인지 여린소리로 표기할 것인지의 논의는 단지 우리의 한국어의 음성에 얽매인 느낌에 의한 것일 뿐이지 과학적인 근거에 의한 음운론적인 분석은 아니라는 것을 알 수 있다.

이상의 논의를 통해 보듯이 중국어의 한글표기법에 대한 대원칙은 '현재 표준중국어의 음소체계'를 '현행 한글 자모'로 전사하는 것이다.

## Ⅲ. 표기법에 대한 검토와 분석

앞에서 언급했듯이 중국어의 한글표기법은 중국어의 음소체계를 한글 자모로 전사하는 것이다. 그런데 이런 전사 과정에서 음소체계와 자모의 관계가 1:2, 혹은 1:多가 문제가 되지 않는 것은 아니지만 가장 근본적인 문제와 한계는 2:1 혹은 多:1에 있다. 그러므로 표기법을 제정함에 있어서는 이런 한계를 분명히 인식하고 관련된 문제들을 논의하여야 한다고 본다. 그렇지 않으면 이런 문제는 영원히 해결되지 않을 수도 있으며 어떻게 보면 탁상공론으로 끝날지도 모른다.

그러므로 본고에서는 모든 소리에 대한 표기법을 논하는 것이 아니라, 중국어의 음소체계와 한국어의 음소체계 및 한글자모의 차이에서 오는 즉 논쟁의 대상이 되어 왔던 문제점에 대해서만 검토하고 분석하면서 논의해 나가기로 하겠다.

중국어의 음절은 전통적으로 성모와 운모 그리고 성조로 나뉜다. 본고에서 성조의 논의는 잠시 접어두기로 하고 크게 성모와 운모로 나누어 서술하겠다.

### 3.1. 성모에 대한 검토와 분석

중국어의 성모는 두입술소리[雙脣音, bilabial], 이입술소리[脣齒音, labiodental], 잇몸소리[舌尖音, alveolar], 여린입천장소리[舌根音, velar], 센입천장소리[舌面音, palatal], 혀말이소리[捲舌音, retroflex], 잇소리[舌齒音, dental]로 나누어지는데 이 순서에 맞추어 서술하기로 하겠다.

## (1) 두입술소리

두입술소리에서의 쟁점은 '된소리로 표기할 것이냐 여린소리으로 표기할 것이냐'이다. 한어병음자모에서는 '아빠'를 'bàba'로 표기한다. 이 표기법만 놓고 보면 영어의 'b'는 유성음이므로 두 입술로 조음되는 유성파열음이다. 그런데 중국어의 'ㄅ'는 무성음이다. 이렇게 본다면 현재 세계적으로 통용되고 있는 중국어의 표기법인 한어병음자모도 아주 간단한 부분에서부터 문제점을 드러내고 있다고 할 수 있다. 이론적으로 본다면 유성음과 무성음이 변별적인 음소체계를 모국어로 사용하고 있는 사람들은 위의 한어병음자모를 보고 의식적으로든 무의식적으로든 유성음으로 발음하게 될 가능성이 높다. 그렇지만 중국어를 모국어로 사용하는 사람들은 이런 발음을 듣고도 틀렸다고 인식하지 못한다. 왜냐하면 중국어의 음소체계에는 두입술소리의 성대의 울림 유무가 변별적인 가치를 지니고 있지 못하기 때문이다.

위의 관점을 토대로 두입술소리를 한글로 어떻게 표기할 것인가에 대한 문제를 살펴보기로 한다. 중국어의 두 입술소리에는 'ㄅ', 'ㄆ', 'ㄇ' 세 소리가 있다. 지금까지 여러 학자들의 논의를 살펴보면 뒤의 두 발음 즉 'ㄆ', 'ㄇ' 에 대한 한글표기법에는 모두 차이가 없다. 문제는 'ㄅ'의 표기법인데, 'ㅂ'로 표기하자는 주장, 'ㅃ'으로 표기하자는 주장, 'ㅂ'과 'ㅃ'을 환경에 따라 구분하여 사용하자는 주장으로 크게 나눌 수 있다.

이 문제에 대해서는 우선 중국어의 음소체계 내에서의 정확한 음가를 살펴볼 필요가 있다. 林燾, 王理嘉(1992:107)는 [p]로 표기하고 있으며 대부분의 학자들이 이 음을 대표 음가로 잡고 있으며 일부 학자들은 [b]로 주장하기도 한다. 여기에 대해 전광진(1999:350)은 중국어에서는 여린소리(lenis)가 아니라 된소리(fortis)이므로 중국어의 변이음을 [p=ʲ], [p=], [p=ʷ]의 세 가지로 설정하고 한국어의 변이음과 대비하여 /b/를 /ㅂ/보다는 /ㅃ/으로 적는 것이 훨씬 더 원음에 가까운 표기법이라고 주장하고 있다. 그런데 우리가 이 중국어 발음을 여린소리가 아니라 된소리라고 인식하는 데는 한국인의 음소체계에 바탕을 둔 인식에서 오는 것이 아닐까 한다. 한국어에서는 여린소리와 된소리가 분명한 변별적 차이를 가지고 있기 때문에 한국인이 들을 때는 차이가 나는 두 개의 음으로 들리지만, 실제로 중국어에서는 여린소리와 된소리는 최소대립쌍을 형성하고 있지 않은 비변별적 요소이다.[14] 그러므로 중국어의 'ㄅ'을 'ㅃ'으로 표기하자는 주장은 한국어의 음소체계에 너무 집착한 나머지 중국어의 음운인식이 아닌 한국어의 음운인식으로 중국어의 음소체계를 보려고 하는 경향이 있는 듯하다. 뿐만 아니라 표기는 하나의 자의적인 약속이다. 앞에서도 예를 들었듯이 중국어에서 '아빠'를 한어병음자모로 'bàba'로 표기한다. 이 표기대로 발음한다면 유성음의 '바바'[두 'ㅂ'을 유성음으로 읽음.]로 발음하여야 할 것이다. 그런데 중국어의 실제 발음은 '빠바'에 가깝게 난다. 이렇게 본다면 한어병음표기법도 문제가 있는 것이다. 그런데 아무런 문제없이 잘 사용하고 있다. 이것은 바로 표기에 대한 약속이 제대로 시행되고 있기 때문이다. 그리고 우리 한국 사람들이 'bàba'를 '바바'가 아닌 '빠바'로 느끼는 것은 한국인의 한국어의 음소체계에 대한 인식이 작용한 것으로 보인다. 영어의 'spy'의 'p'는 'ㅃ'으로 나며 일종의 변이음이다. 이 단어를 '스빠이'로 표기하는 것이 더 원음에 가까움에도 불구하고 우리는 이렇게 표기한 것을 자연스럽지 못하게 여기며 오히려 '스파이'로 표기하는 것을 더 자연스럽게 여기고 있다. 이것은 바로 우리의 경험에 따른 친숙도의 차이이지 그 이상도 그 이하도 아닌 것이다. 다시 말하면 정확하지 못한 것[15]이라 하

14) 중국음운론을 다루는 대부분이 학자들이 여린소리와 된소리의 문제를 크게 다르지 않는 것을 보아도 이 점을 충분히 알 수 있다.

15) 여기서 말하는 '정확하지 못함'은 현행 한글사용의 범위 내에서 표기법을 만들어야 한다는 한계와 두 음소체계의 차이에 따른 한계에서 오는 '정확하지 못함'이므로 틀린 것을 아무 생각 없이 틀리게 사용하자는 의미는 아니다.

더라도 약속에 따라 사용하다 보면 자연스럽게 느껴진다는 것이다[16]. 다시 예를 들면 '베이징'이 자연스러운가, '뻬이찡'이 더 자연스러운가? 일반 언중에게 물으면 아마 대부분이 전자가 더 자연스럽다고 느낄 것이다. 그리고 중국어를 접한 사람은 '베이징'으로 표기된 것을 읽을 때 자연스럽게 '베이찡'으로 읽을 가능성이 많다.

성조에 따라 표기를 달리해야 한다는 주장도 있는데 이것도 우리 한국인의 한국어 음소체계의 인식에서 비롯된 것이다. 성조에 따라 성모도 같이 표기법을 달리해야 한다면 한어병음자모에서도 마찬가지로 구분해야 했을 것이다. 그러나 한어병음표기법에서는 성조의 차이에 따른 성모의 구분을 하지 않고 하나의 음소로 표기하고 있다. 이렇듯 중국어의 음소체계 내에서 성조의 차이에 따른 음성의 차이는 음소의 차이가 아니라 변이음인 것이다. 물론 원음에 가깝게 표기하는 것이 가장 이상적이겠지만 중국어와 한국어의 두 음소체계의 차이에서 오는 한계가 있으므로, 이런 여러 변이음에 맞추어 한글로 표기하는 것은 음소체계를 깨뜨리는 것이므로 바람직하지 않은 것으로 보인다.

뿐만 아니라 조선시대 학자인 황윤석(黃胤錫)은 그의 〈字母辯〉에서 'ㅃ' 등의 병서표기를 중국어의 전탁음(全濁音)에 귀속시키고 있다.[17] 한국의 고대음운학, 중국의 고대음운학, 비교음운학 등을 연구할 때의 정밀표기법을 위해서도 된소리 계통의 자모는 따로 예비시켜두는 것이 필요할 것이라고 생각된다.

---

16) 우리들은 사실 이런 경험을 일상생활 속에서 많이 하고 있다. 예를 들어 업그레이드된 컴퓨터 프로그램이 더 좋은 것임에도 불구하고 계속 사용해오던 업그레이드되지 않은 프로그램이 더 편하고 낫다고 종종 느끼게 된다. 그런데 이 업그레이드된 프로그램을 사용하여 익숙해지게 되면 자연스럽게 이 새 프로그램이 더 편하고 훌륭하다고 생각하게 되는 것이다.

17) 사실 이보다 수세기 앞선 시기-훈민정음(1446), 홍무정운역훈(1455), 사성통해(1517) 등-에도 중국어 전탁음의 표기법으로 각자병서를 사용하는 것이 통례였다. 본고에서는 〈자모변〉을 한 예로 들었을 뿐이다.

이상의 논의를 정리하면 다음과 같다. 중국어의 음소체계, 한국어의 음소체계 및 한국어의 음운인식에서 볼 때 중국어의 발음 'ㄅ'는 1대2의 관계-'ㄅ'에 대한 'ㅂ', 'ㅃ'-를 형성하므로 1대1의 관계를 만들어 주어야 한다. 이런 관점에서 볼 때 'ㅂ', 'ㅃ'을 둘 다 사용할 것이 아니라 그 중 하나만을 선택하여야 하며, 앞의 논의에 따라 'ㅂ'을 선택하는 것이 적절하다고 여겨진다.

### (2) 이입술소리

중국어의 'ㄈ'는 국제음성부호로 [f]이며 우리나라 음소체계에는 없는 소리이다. 즉 중국어의 음소체계와 한국어의 음소체계 혹은 한글자모와의 대비에서 볼 때 1:0의 관계이다. 우리나라 음소에 없는 음이므로 새로 만들어야 한다는 결론이 나온다. 그런데 우리가 일상생활에서 사용하고 있는 국어로 표기해야 한다는 대전제가 있기 때문에 새로 만들 수는 없다. 그렇다면 이 문제를 어떻게 해결해야 할 것인가?

지금까지의 학자들의 논의를 보면 크게 두 가지로 나눌 수 있다. 즉 'ㅍ'으로 표기하자는 주장과 'ㅎ'으로 표기하자는 주장이다.[18] 우선 후자의 주장에 대해 먼저 살펴보기로 하자.

'ㅎ'으로 표기하자는 주장은 제일 먼저 최-김 표기법이다. 이 표기법에서는 원순모음 '우'나 '오'를 첨가하여 표기하고 있다. 예를 들어 '法'을 '화'로, '風'을 '훵'을 표기하고 있다. 그런데 이 방법은 음소를 귀납하는 기본원칙 중에서 '음성적 유사성'[19]과 관련시켜 다시 검토해보아야 할 문제이다. 한

18) 그 외에도 'ㅸ'으로 표기하자는 주장(심소희:1999) 등이 있지만 본 논의는 현행 한글사용을 대전제로 하고 있으므로 논하지 않기로 한다.

19) 음소를 귀납하는 기본원칙은 크게 '대립(對立, contrast)', '상보적 분포(互補, complementary distribution)', '음성적 유사성(語音近似, phonetic similarity)'로 나눌 수 있다.(이현복, 심소희(1999:233-235)). 음소 귀납에는 이 세 가지 외에 '자유 변이(free variation)', '동형성(pattern congruity)', '경제 원칙(The principle of

국 학생들이 이 발음을 할 때 'ㅎ'으로 하는 사람은 아무도 없다. 그런데 영어에서 'f' 발음을 배웠음에도 불구하고 'ㅍ'으로 발음하는 학생이 간혹 있다. 이것은 우리 한국 사람들의 인식에 있어서 중국어의 'ㄈ'과 유사한 음이 'ㅎ'이 아니라 'ㅍ'임을 보여주는 하나의 방증이라고 할 수 있겠다. 그리고 중국 사람들 중에서 윗니가 없는 사람의 경우 'ㅎ' 발음 비슷하게 하는 것-예를 들어 '吃飯'을 '츠환'으로 발음하는 경우-으로 느껴지는 경우가 있는데, 이것은 'ㅎ' 즉 국제음성부호의 [h]로 발음하는 것이 아니라 우리 한국어의 음소에는 없는 [ɸ]으로 발음한 것이다.

그리고 엄익상(1996)은 'ㄆ'와 'ㄈ'의 구분을 위하여 후자를 표기할 때 밑줄을 치거나(필기할 때) 진하게 또는 고딕체로(인쇄할 때) 표기하자는 의견을 제시하고 있다. 이것은 일상 생활국어로 표기한다는 대전제에 부합하지 않는다. 물론 그는 외래어 표기법은 어차피 I.P.A. 표기법과는 근본 성격이 다르다고 하면서 표기의 편의를 위한 것이지 정확한 표음을 위한 것은 아니라고 표기법의 한계를 인정하고 있다. 기왕 표기법의 한계를 인정한다면 어차피 동음이의의 현상이 생길 수밖에 없다. 그렇다면 이를 인정하는 것이 어떨까 한다. 한 언어체계에서도 같은 이름의 다른 사람인 동명이인이 있는 것처럼 중국어에서는 다르게 발음되지만 한국어에서는 같이 발음되는 한계를 인정해야 할 것으로 보인다. 구분을 해야 할 필요성이 있다면 원어 즉 한자를 병기해주면 될 것으로 보인다. 그러므로 'ㄈ'에 대한 표기는 'ㅍ'으로 하는 것이 적절하다고 생각된다.

### (3) 잇몸소리

잇몸소리로는 'ㄉ', 'ㄊ', 'ㄋ', 'ㄌ'가 있다. 이 중에서 'ㄊ'와 'ㄋ'는 각각 'ㅌ'과 'ㄴ'으로 표기하는 데에 대한 특별한 이견은 학자들 사이에 없는 것 같다. 그리고 'ㄉ'는 앞의 두입술소리의 'ㄅ'처럼 된소리로 표기할 것인가 여린

---

Economy)' 등을 포함하기도 한다.

소리로 표기할 것인가에 대한 논란이 있다. 이 점에 대해서는 앞에서의 논의를 참고할 수 있을 것이다. 앞의 논의를 잇몸소리와 연결하여 좀 더 살펴본다면 '발달'을 예로 들어 볼 수 있다. '발달'을 적어 놓고 실제 발음과정에서 '발'과 '달'로 읽는 경우는 거의 없으며 '발'과 '딸'의 결합으로 읽는다.[20] 두 번째 음절인 '달'이 '발달'이라는 낱말에서는 분명히 '딸'로 읽히는데 왜 표기에 있어서 '딸'로 적지 않고 '달'로 적는가? 이는 바로 음성적 환경의 차이로 인해 구현되는 변이음이기 때문이다. 이처럼 중국어의 음소체계에서도 'ㄷ', 'ㄸ'은 변이음이므로 하나의 음소로 통일해야 하며 본고에서는 'ㄷ'으로 표기하는 것이 적절하다고 본다.

음성학적으로 정확하게 따진다면 중국어의 'ㄉ', 'ㄊ'과 한국어의 'ㄷ', 'ㅌ'은 조음점에 있어서 약간의 차이가 있다. 전자는 혀의 조음점이 한국어의 그것보다는 약간 앞에 있다. 그러므로 어떤 학자들은 이 음의 설첨성을 강조하여 I.P.A.로 [d̪], [t̪]로 표기하기도 한다. 반면 한국어의 'ㄷ', 'ㅌ' 발음은 이와 잇몸의 중간에서 일어나는 경향이 강하다. 이를 학술적 용어로 'gingival'이라고도 한다. 따라서 이들 음은 음성적 유사성은 있지만 완전히 일치하는 음은 아니다. 그래도 이 음소에 대한 중국어와 한국어의 대비 관계가 1:1로 나오기 때문에 큰 이견 없이 'ㅌ', 'ㄷ'으로 표기하는 것이다.

중국어의 발음 중 'ㄌ'에 대한 한국어의 표기도 특별한 이견 없이 'ㄹ'로 표기하는 데에 동의하고 있다. 사실 한국어의 'ㄹ'은 국제음성부호로 표기하면 크게 [ɾ], [ɭ], [l], [ʎ]로 구현된다. 중국어의 'ㄌ'은 국제음성부호로 [l]과 [ʎ]로 표기할 수 있다. 이를 통해 볼 때 [ɾ]과 [ɭ] 발음은 중국어에서 구현되지 않고 있다. 이는 한국 사람들이 중국어를 배울 때 유의하여 익혀야 할 부분이기는 하지만 표기법에 있어서 'ㄹ'로 표기하는 것은 큰 문제가 되지 않는다.

20) '효과'는 현대 표준어 규정에서 '효꽈'로 읽지 않고 '효과'로 읽는다.

### (4) 여린입천장소리

중국어의 여린입천장소리로는 'ㄍ', 'ㄎ', 'ㄏ'가 있다. 'ㄎ'를 'ㅋ'으로 표기하는 것에 대해서는 학자들 사이에 특별한 이견이 없는 것으로 보인다. 'ㄍ'의 표기에 있어서는 다른 견해를 보이고 있는데 여린소리인 'ㄱ'으로 표기할 것인지 아니면 된소리인 'ㄲ'으로 표기할 것인지의 문제이다. 여린소리, 된소리의 문제는 앞에서 논의가 되었으므로 여기서는 생략하기로 하며 앞의 두입술소리에서의 논의를 근거로 'ㄲ'보다는 'ㄱ'으로 표기하는 것이 더 적절할 것으로 보인다.

'ㄏ'의 표기에 대해서도 큰 문제가 없는 것으로 보인다. 그런데 사실 이 소리에 대한 중국어와 한국어의 대비 관계를 보면 1:0이다. 즉 한국어에는 중국어의 'ㄏ'에 해당되는 발음이 없다. 중국어의 'ㄏ'은 혀뿌리에서 조음되는 무성마찰음이고, 한국어의 'ㅎ'은 성문마찰음이다. 그런데 한국어의 'ㅎ'에 해당되는 중국어의 발음 또한 없기 때문에 중국어의 'ㄏ'을 한국어의 'ㅎ'으로 표기하여도 무방한 것으로 여겨진다. 단, 중국어를 가르칠 때는 이런 중국어와 한국어의 음소자질을 분명히 인식시켜 가르칠 필요가 있다. 그러나 본고에서 논의하고 있는 표기법은 현행 한글생활 속에서 한계를 인정하고 표시하는 간략표기법의 일종이며 중국어 교육을 위한 표기법이 아니므로 'ㅎ'로 표기하는 것이 적절하다고 생각한다.

### (5) 기타 성모

중국어의 성모 중 아직 논의하지 않은 성모는 'ㄐ', 'ㄑ', 'ㄒ', 'ㄓ', 'ㄔ', 'ㄕ', 'ㄖ', 'ㄗ', 'ㄘ', 'ㄙ' 등 10개이다. 이들 성모는 기본적으로 세 짝을 이루고 있지만 이에 해당되는 한국어의 음소는 하나밖에 없다. 예를 들어 'ㄐ', 'ㄓ', 'ㄗ'에 대해 비슷하게 연결할 수 있는 한국어 자모는 'ㅈ' 계열밖에 없으며[21] 'ㄑ', 'ㄔ', 'ㄘ'에 대한 한국어 자모도 'ㅊ' 계열밖에 없으며 'ㄒ', 'ㄕ', 'ㄙ'에 대한 한국어 자모도 'ㅅ' 계열밖에 없다. 이렇게 본다면 중국어와 한국어의 대비 관계는 3:1이다. 겉으로 보기에는 근본적으로 해결할 수 없는 문제이다. 그런데 다행인 것은 이들 중에서 뒤에 오는 운모가 서로 배타적으로 분포하고 있는 성모의 짝이 있다는 점에서 부분적인 해결점은 찾을 수가 있다. 즉 'ㄐ', 'ㄑ', 'ㄒ'는 '제치호'와 '촬구호' 두 종류의 운모 앞에서만 출현하는 반면, 'ㄓ', 'ㄔ', 'ㄕ', 'ㄖ', 'ㄗ', 'ㄘ', 'ㄙ'는 뒤에 오는 운모가 '개구호'와 '합구호'밖에 없다. 이렇게 보면 'ㄐ'와 'ㄓ', 'ㄗ'의 구분에 있어서는 운모에 의해 구분이 가능하므로 하나의 자모로 표기하여도 무방할 것으로 보이며, 'ㄑ'와 'ㄔ', 'ㄘ'의 관계, 'ㄒ'와 'ㄕ', 'ㄙ'의 관계에 있어서도 마찬가지로 하나의 자모로 표기하여도 전혀 문제가 없을 것으로 보인다. 그런데 아직도 해결되지 않은 문제가 하나 남아 있다. 같은 운모의 환경에서 나타나는 'ㄓ'와 'ㄗ', 'ㄔ'와 'ㄘ', 'ㄕ'와 'ㄙ'는 어떻게 구분할 것인가? 이에 대해 엄익상(2002:133)은 여린소리와 된소리로 구분하고 있다. 즉 권설음을 여린소리로, 설치음을 된소리로 대응시키고 있다. 그렇지만 'ㄔ'와 'ㄘ'의 음에 대해서는 여전히 변별력을 제시해주지 못하고 있다. 그렇다면 'ㄓ'와 'ㄗ', 'ㄕ'와 'ㄙ'의 관계도 굳이 여린소리와 된소리로 구분할 필요가 있을까? 어차피 다른 계열의 음의 구분 문제도 아니고 같은 계열의 음의 구분 문제라면 한계를 인정하고 구분할 필요가 없지 않을까? 뿐만 아니라 앞에서 논의한 두입술소리, 잇몸소리, 여린입천장소리와의 통일성과 일관성을 위해서도 구분하지 않는 것이 바람직하며 또한 조선시대에 전탁음(全濁音)에 대한 표기로 된소리를 사용하였다는 앞의 논의에 근거해서라도 구분하지 말고 여린소리로 표기하는 것이 바람직하다고 생각한다. 다만 혼동의 여지가 생길 경우에는 원어를 병기하여 주어 구분해주는 것이 더 적절할 것으로 사료

21) 된소리 'ㅉ'도 포함시킬 수 있겠지만 앞에서 논의한 결론에 따라 본고에서는 포함시키지 않는다.

된다.

또 다른 하나의 해결 방법으로 'ㄐ', 'ㄑ', 'ㄒ'를 'ㄱ', 'ㅋ', 'ㅎ'으로 표기하는 방법[22)]도 있겠으나 이것은 우리나라의 음소와의 차이가 너무 크고, 여전히 'ㄓ'와 'ㄗ', 'ㄕ'와 'ㄙ'는 여린소리와 된소리로 구분할 수밖에 없는 한계가 있으므로 현실성이 떨어진다.

이상에서 보듯이 위의 9개 음소를 변별력을 가진 음소로 표기하기 위해서는 새로 자모를 만들 수밖에 없지만 실생활 국어만으로 표기법을 만든다는 대전제 때문에 불가능하다. 그러므로 변별력이 떨어지더라도 어차피 완벽하게 변별을 할 수 없는 상황이라면 한계를 인정하고 표기법을 정하는 수밖에 없을 것으로 보인다. 다만 꼭 구분해야 할 필요가 있을 경우에는 보완책으로 원어를 병기해주는 것이 더 현실성이 있는 것으로 판단된다.

마지막으로 남은 것이 'ㄖ'음이다. 이 음소도 한국어에는 없으므로 그 대비 관계는 1:0이다. 그렇다면 새로운 표기법을 하나 찾아야 하는데 가장 가까운 자모가 'ㄹ'이다. 그런데 이 'ㄹ'은 중국어의 'ㄌ'에 대한 표기로 사용하기로 앞에서 결정하였다. 그렇다면 어떻게 할 것인가? 또 음성적으로 유사한 혹은 가까운 다른 한글 자모가 있는가? 유성과 무성의 자질을 따지지 않는다면[23)] 'ㅅ'으로 억지로 표기할 수도 있겠지만 'ㅅ'도 이미 'ㄒ', 'ㄕ',

---

22) 薛鳳生(1986:34-37)은 'ㄐ', 'ㄑ', 'ㄒ'를 각각 'ㄍ', 'ㄎ', 'ㄏ'에 귀속시켜 한 음소로 처리하고 있다.

23) 어떤 학자는 이를 유성권설마찰음으로 보지 않기도 한다. 예를 들어 林燾·王理嘉는 "표준 중국어에 있는 4개의 유성음 가운데 권설음 [ɻ]은 비교적 특수한 성질을 가지고 있다. 일반적으로 [ɻ]은 마찰이 매우 경미하고 심지어 마찰이 완전히 없을 수도 있는 전형적인 유성이동음이다. 이 음은 일부러 강조할 때만 마찰이 뚜렷하게 생겨서 유성마찰음 [ʐ]로 변한다. 과거에는 이 음을 [ʐ]로 묘사하였는데 그다지 적합하지 않다. 이 음이 음향적 특징 및 표준 중국어의 음성체계에서 볼 때, 무성마찰음인 [ʂ]와 대립하는 유성마찰음으로만 보는 것은 옳지 않기 때문이다. (이현복·심소희(1999:91)).

'ㄥ' 세 개의 음소에 배정되어 있기 때문에 더 이상의 추가배정은 힘들다. 그러므로 'ㄌ'와 중복되기는 하지만 음성적 유사성에 비추어 'ㄹ'로 표기하는 것이 적절할 것으로 보인다.

## 3.2. 운모에 대한 검토와 분석

중국어의 운모는 단운모, 복운모, 부성운모, 권설운모, 결합운모로 크게 나눌 수 있다. 운모에 대해서도 앞의 성모처럼 쟁점이 되는 주요부분만을 다루기로 하겠다.

### (1) 단운모

먼저 단운모를 살펴보기로 하자. 중국어의 단운모로는 'ㄚ', 'ㄛ', 'ㄜ', 'ㄝ', 'ㄧ', 'ㄨ', 'ㄩ'가 있다. 이들 단운모는 각각 한글로 '아', '오', '어', '에', '이', '우', '위'로 표기할 수 있으며 이 표기법에 대해서는 대부분의 학자들이 의견을 같이 하고 있다. 다만 최-김 표기법에서는 'ㄛ'에 대한 표기를 'ㅝ'로 표기하고 있는데 이는 다시 검토해야 할 것으로 보인다. 吳宗濟(1992:66, 85)는 'o[o˔]'를 舌面、後、半高、圓唇元音으로 보고 있으며 표준중국어에서는 I.P.A.의 [o]보다 약간 낮은 음으로 실제로는 [o˔]로 표기되어지며 입술소리 뒤에서만 출현한다고 주장하고 있다. 또 이 입술소리의 영향으로 [ʊ]라는 과도음이 사이에 오는데 예를 들어 '播'는 실제로 [pʊo˔˥]로 발음되며, '模'는 [mʊo˔]로 발음된다고 하였다.[24] 이렇게 볼 때 'ㄛ'는 'ㅝ'보다는 'ㅜㅗ'

24) 吳宗濟(1992:66, 85): "聲母b和下面三個聲母p、m、f在唱音時由元音o來配, 但由于是唇音, 有一個較閉的[ʊ]過渡, 因此實際上o讀成[ʊo]". "o[o˔], 舌面、後、半高、圓唇元音. 發音時, 嘴微開, 舌位半高, 舌頭後縮, 舌根隆起對着軟顎, 唇稍攏圓(並不太圓). 如'播'bō[po˔˥], '模'mo[mo˔]´中的韻母. 漢語普通話中的o比國際音標的第七號標準元音[o]略低些, 實際是[o˔], 它只出現在唇輔音[p]、[p']、[m]、[f]的

로 보는 것이 원음에 더 가까우므로 'ㅝ'로 표기하는 것은 문제가 있으며 과도음은 변이음의 일종으로 볼 수 있으므로 '오'로 표기하는 것이 타당한 것으로 보인다.

### (2) 복운모

중국어의 복운모로는 'ㄞ', 'ㄟ', 'ㄠ', 'ㄡ'가 있는데 이는 모두 전향복모음(前響複元音)[25]이다. 이들은 모두 복모음, 즉 이중모음으로 하나의 음절로 구성되어 있다. 이치적으로 본다면 이들 복운모를 우리 표기법으로 옮길 때도 한 음절로 구성된 이중모음으로 표기하여야 한다. 그러나 고대 국어의 표기법에서는 'ᅶ', 'ᅯ' 등과 같이 하나의 음절 속에 이중모음을 표기하는 방법이 있지만 현대 국어에서는 이들을 하나의 음절로 된 이음절로 표기할 수 있는 방법이 없다. 그러므로 어쩔 수 없이 두 개의 음절로 된 표기법을 적용시킬 수밖에 없다. 그러므로 여기에는 하나의 부칙을 둘 필요가 있다. 중국어에서 복모음을 2음절 이상의 한국어로 표기할 때는 빨리 붙여 읽어야 한다는 것을 명시할 필요가 있다.

먼저 'ㄞ'를 살펴보자.

'ㄞ'에 대해서는 최 - 김 표기법, 교육부 표기법, 엄익상 표기법(개선안, 1996) 및 수정안(2002) 모두 'ㅏ이' 혹은 '아이'로 표기하여 의견의 일치를 보이고 있다.[26] 사실 이 음은 이중모음(diphthong)으로 구성된 하나의 음절이므로 한글로 전사할 때도 하나의 음절로 표기하는 것이 가장 이상적이

---

後邊; 由于受唇音的影響, 在輔音和元音o之間, 產生了一個含混的[ʊ]的過渡, 如'播'的實際讀音應為[pʊo˧˥], '模'應為[mʊo˧˥]."

25) 앞 모음의 소리가 큰 것을 가리킨다(이현복, 심소희(1999:114). 김태성(2000:175)은 '하강 이중모음'이라고 부르고 있다. 그러나 김태성이 사용한 술어에서는 삼중모음 즉 중향복모음에 대한 용어가 없어 본고에서는 '전향복모음', '후향복모음', '중향복모음'이란 용어를 사용하기로 한다.

26) 심소희(1999:183)는 'ㅐ'로 설정하고 있다.

다. 그러므로 'ㅏ'와 'ㅣ'의 결합 형태인 'ㅐ'로 표기할 수도 있겠지만, 이것은 중국어에서는 이중모음이지만 한국어의 'ㅐ'는 단모음으로 또 문제에 부딪히게 된다. '海', '孩' 등을 중국어로는 /하+ㅣ/의 형태로 읽지만 한자음으로 '해'로 표기한 것을 볼 때 'ㅐ'를 'ㅏ+ㅣ'의 결합형태인 이중모음으로 볼 수 있을 것도 같다.[27] 그러나 현행 한국어에서는 'ㅐ'의 음가가 /ɛ/로 이중모음이 아닌 단모음이다. 그러므로 '아이'로 표기하여 연음하여 읽는다는 부칙을 덧붙이는 것이 가장 적절한 방법으로 생각된다.

'ㄟ'의 표기에 대해서는 '세이' 혹은 '에이'로 학자들의 의견이 대체로 일치하므로 본고에서는 논하지 않겠다.

'ㄠ'에 대해서는 최-김 표기법, 교육부 표기법 모두 '아오'로 보고 있으며, 엄익상(1996)은 '아우'로 주장하였다가 나중에 수정안(2002)에서 다시 '아오'로 수정하였다. 이 음이 표기에 있어서도 옛날에는 'ᅶ'나 'ᅷ'로 표기하였으나 지금은 이런 표기법이 쓰이지 않으므로 하는 수 없이 이음절로 표기할 수밖에 없다. 다만 후행하는 모음에 대해 논란이 있을 수 있는데 /ㅗ/와 /ㅜ/의 중간에서 나는 음으로 볼 수 있으며, /ㅗ/이든 /ㅜ/이든 모든 변이음으로 의미의 차이를 일으키지는 않는다. 그런데 林燾·王理嘉(1992:111)는 기본적으로 [au]로 보면서도 뒤에 오는 모음은 일반적으로 전체 발음과정의 추향을 나타내므로 왕왕 [o]로도 읽힌다고 말하고 있다.[28] 吳宗濟(1992:155)는 'ao'를 [ɑʊ]로 보고 있으며 뒤에 오는 운미 'o'의 표준음은 [o]보다 약간 높지만 실제로 나는 발음은 [o]에 매우 가깝다고

---

27) 조선 초기의 '애, 에' 따위는 /aj, əj/와 같은 겹홀소리이었는데, 이 두 요소가 서로 끌려서, 서로 가까워진 결과, 그 중간 위치에서 완전히 같은 소리가 되어서 /ɛ, e/와 같은 홑홀소리로 변해 버렸다.(허웅(1983:214))

28) 林燾·王理嘉(1992:111): "後一個元音只是用來表示整個動程的趨向, 不一定必然達到音標所代表的舌位, 例如[au]裡的[u]往往讀成[o], [æi]裡的[i]往往讀成[ɪ], 甚至可以讀成[e]."

하고 있다.[29] 徐世榮(1999:54-55)도 'ɑo'를 [ɑʊ]로 표기하면서 실제로는 o를 넘어서 u에 접근하는 음으로 대체로 [U]의 위치에 이른다고 하고 있다. 게다가 'ɑu'로 표기하지 않고 'ɑo'로 표기한 것은 'ɑn'과의 혼동을 피하고 또 'o'의 사용빈도를 높이기 위해서라고 말하고 있다.[30] 이상을 종합해보면 '幺'은 발음은 [ɑ]에서 출발하여 [u]까지 이르는 발음과정을 나타내는데 단지 실제 발음에 있어서 완전히 [u]까지 이르지 못하고 있음을 설명하고 있다. 한어병음자모 'ɑo'의 'o'는 '아오'로 표기하든 '아우'로 표기하든 비변별적 음소이지만, 뒤의 모음에 대해 기본적으로는 [o]가 아닌 [u]를 기준점으로 잡고 있음을 알 수 있다. 그러므로 한글표기법에서는 /아오/보다는 /아우/로 전사하는 것이 더 적절할 것으로 보인다.[31]

---

29) 吳宗濟(1992:155): "ao[ɑʊ]中的a是個低後元音[ɑ], 它既不同于單韻母的低､央元音[$_A$], 也不同于[ae]中的低､前元音[a]. 其中的o是一個含混的鬆元音[ʊ], 它比標準元音[o]稍高一點兒, 在實際讀音中是很接近[o]的. 所以, 複韻母ao可以描寫為[ɑʊ]也可以標為[ɑo]. 其中的[ʊ]或[o]也是表明舌位活動的方向. 發音時舌位在[ɑ]的部位停留的時間長, 然後向[ʊ](或[o])的部位移動, 雙唇逐漸變圓. 如'好'hao[xɑʊV], '操'cao[ts'ɑʊ]]中的韻母. 漢語中的韻母ao與英語中的複元音[au]大體相同, 但英語[au]中的[a]是央元音[$_A$], 不同于漢語中的後元音[ɑ]; 英語[au]中的[u]是緊元音, 也和漢語的不同."

30) 徐世榮(1999:54-55): "ɑo[ɑʊ]一全部是'後元音'的音素複合, 由'後ɑ'開始, 舌頭一直後縮, 舌位逐漸上升, 唇形逐漸收斂､攏圓, 到接近u時(實際要超過o, 接近u, 只到大約[$_U$]的地位)而止, 動程寬. ɑ響而長, o弱而短. '熬､袄､奧'就是這個音. 注意: 不能發成單韻母[ɔ]音. 有的地區的人把'後ɑ'[ɑ]發成'前ɑ'[a], 或者把末尾的u念得很響很長, 都是不正確的.《方案》規定ɑo不寫作ɑu, 一是避免形狀上與ɑn混淆, 一是為了增加'o'的使用頻率, 因為'o'的用處太小了, 而在韻尾部位的u, 實際發音是在u､o之間的." 周有光(1995:31-32)도 비슷한 견해를 밝히고 있다. "ao實際是au, 為了避免跟an書寫混淆, 寫成ao."

31) 한어병음 표기법에서는 'u'가 중국어의 음소체계에서 너무 많기 사용되기 때문에 'u'가 아닌 'o'를 사용하여 전사하였다고 하기도 하며 혹은 'n'와 'u'를 혼동할 수 있어 시각적으로 쉽게 구분할 수 있는 'o'를 채택하였다고 하기도 한다. 또 '好哇', '說呀'의 발음으로 보더라도 /아우/로 전사하는 것이 더 적절한 것으로 사료된다.

다음으로 'ㄡ'에 대해 살펴보기로 하자. 최-김 표기법과 교육부 표기법에서는 /ㅓ우/로 전사하고 있으며 엄익상(1996, 2002)은 /ㅗ우/로 표기할 것을 주장하고 있다. 이 표기도 옛날 방식을 취하여 'ᅮ' 혹은 'ᅮ'로 표기할 수도 있겠지만, 현행 국어표기법이 아니므로 채택할 수 없다. 한어병음자모로 표기하면 /ou/인데 문제는 앞에 오는 /o/의 음가에 대한 의견이 일치하고 있지 않다는 점이다. 즉 원순모음 [o]와 조음부위가 같은 평순모음 [ɣ]로 보기도 하며 표준모음 [ə]보다 약간 뒤에서 구현되는 [ə-]로 보기도 하며 혹은 [o]보다 약간 높은 음으로 보기도 하며 또 [ʊ]로 보기도 한다.[32] 위에서 전사한 모든 음은 모두 변이음으로 볼 수 있다. 어쨌든 '오'로 전사하든 '어'로 전사하든 의미를 변하게 하는 변별적 기능은 가지고 있지 않으므로 하나의 대표 음가를 설정하면 될 것으로 보인다. 徐世榮(1999:55)[33]은 [ə-U]로 간주하기도 하지만 林燾·王理嘉(1992:111)는 [ou]로[34], 吳宗濟(1992:106)[35]는 [oʊ]로 보고 있으며 한어병음자모의 표기법

32) 이에 대한 자세한 논의는 김태성(2000:177-179)을 보라.

33) 徐世榮(1999:55): "ou[ə-U]—由'央e'([ə-]的唇形本是中性的, 在圓與不圓之間, 此處則微微收攏; 但並不是圓唇的[o]. -表示舌位稍向後.) 開始, 舌位後移, 上升, 唇形逐漸收斂, 攏圓, 到接近u時(實際大約到[U]而止, 動程最窄. o響而長, u弱而短. '歐､偶､漚'就是這個音, '謀､斗､走'等字包含這個複合音. 注意: 不要發成單元音的[o]. 有人發ou的開頭音[ə]時唇不稍稍收攏, 也不對.(為了音標形式簡便, 以下都只寫作[əU]".

34) [əu]로도 표기할 수 있다고 하면서도 기본적으로는 [ou]를 대표적인 표기로 택하고 있다. 林燾·王理嘉(1992:111): "ou[ou]裡的[o]實際舌位要比元音舌位圖上的[o]略略靠前, 嚴格標音應該寫作[o+]或[ö]; [o]的圓唇程度也比較低, 有人讀起來已經接近于[ə], 把ou標寫成[əu]也是可以的."

35) 吳宗濟(1992:106): "ou[oʊ]中的o, 有人認為是半低後圓唇元音[ɔ], 但比英語中[ɔ]的舌位稍高些; 有人讀成偏後的不圓唇元音[ɣ], 這個元音英語中有相鄰部位的音[ʌ]. 從[ɔ]出發也好, 從[ɣ]出發也好, 都向鬆元音[ʊ]滑動. 這兩種發音方法發出來的ou, 在漢語中是不區別意義的. 儘管聽感上稍有差異. ou中的o在實際語音中是很接近標準元音[o]的, 所以我們記作[oʊ]. 發音時舌位在[o]的位置上停留的時間

도 'ou'로 표기하고 있으므로 '어우'보다는 '오우'로 표기하는 것이 적절할 것으로 보인다.

### (3) 부성운모와 권설운모

부성운모로는 'ㄢ', 'ㄣ', 'ㄤ', 'ㄥ'이 있으며 권설운모로는 'ㄦ'이 있다. 이들 부성운모에 대해서는 모두 '안', '언', '앙', '엉'으로 대체로 의견의 일치를 보이고 있으며 권설운모인 'ㄦ'에 대해서도 '얼'로 전사하여 같은 의견을 보이고 있다. 그런데 한어병음자모의 영향으로 'ong'을 모두 부성운모에서 다루고 있는데 이는 다시 검토해 보아야 할 것으로 보인다. 사실 주음부호의 표기로 본다면 'ㄨㄥ'으로 결합운모이다. 그러므로 이것은 한어병음자모에서 'ong'로 표기된다 할지라도 전통적인 음운학의 관점으로 결합운모에서 다루어야 할 것으로 보인다. 구체적인 내용은 결합운모에서 다시 살펴보기로 하겠다.

### (4) 결합운모

결합운모는 사호(四呼)에 따라 크게 세 종류로 나눌 수 있는데 제치호, 합구호, 촬구호이다. 이들 결합운모는 이중모음일 때는 상성 후향복모음이며 삼중모음으로 결합될 때는 중향복모음이다. 그런데 삼중모음을 앞의 두 모음만 떼어 본다면 다시 후향복모음을 형성한다. 이렇게 후향복모음을 형성하는 결합운모를 한글로 전사할 때 모두 1음절로 표기하는 있는 교육부 안이 상당히 합리적인 것으로 김태성(2000:177)은 평가하고 있는데 이 평가는 중국어의 음소체계를 통시적인 관점과 공시적인 관점을 종합적으로 보고 있는 탁견이라고 사료된다. 이렇게 후향복모음을 1음절로 표기하는 것은 다음과 같은 점에서 적절하다고 생각한다. 첫째 한 음절

較長, 然後向[ʊ]的部位移動."

안에서 이중모음, 삼중모음을 표현하는 중국어의 음소체계에도 맞으며 한글의 전사에 있어서도 이러한 특징을 반영하는 부분이 있어 다음절로 표기하는 것보다는 원음에 가까운 표기라 할 수 있다. 둘째, 전향복모음과 구분해 주는 차별성을 만들어 주어, 체계성을 두드러지게 할 수 있는 장점이 있다.

결합운모에는 제치호의 운모로 'ㄧㄚ', 'ㄧㄛ', 'ㄧㄝ', 'ㄧㄞ'[36], 'ㄧㄠ', 'ㄧㄡ', 'ㄧㄢ', 'ㄧㄣ', 'ㄧㄤ', 'ㄧㄥ'가 있다. 이 중에서 'ㄧㄚ'은 '야(ㅣ아)'로, 'ㄧㄛ'는 '요'로, 'ㄧㄝ'는 '예(ㅣ에)'로, 'ㄧㄞ'는 '야이(이아이)'로, 'ㄧㄠ'는 '야오(ㅑ오)'로, 'ㄧㄡ'는 '요우(ㅣ우)'[37]로, 'ㄧㄢ'은 '얜(ㅣ앤)'으로, 'ㄧㄣ'은 '인'으로 'ㄧㄤ'은 '양(ㅣ앙)'으로 전사하는 것이 적절할 것으로 보인다.

합구호의 운모로는 'ㄨㄚ', 'ㄨㄛ', 'ㄨㄞ', 'ㄨㄟ', 'ㄨㄢ', 'ㄨㄣ', 'ㄨㄤ', 'ㄨㄥ'이 있는데, 그 중 'ㄨㄚ'는 '와(ㅜ아)'로, 'ㄨㄛ'는 '워(ㅜ오)'로, 'ㄨㄞ'는 '와이(ㅘ이)'로, 'ㄨㄟ'는 '웨이(ㅜ이)'로, 'ㄨㄢ'은 '완(ㅜ안)'으로, 'ㄨㄣ'은 '원()'으로, 'ㄨㄤ'은 '왕(ㅜ앙)'으로 표기하는 것이 적절할 것으로 생각된다.

---

36) 한어병음표기에서는 이런 표기가 없지만 '崖'를 주음부호로 이렇게 발음하기도 한다.

37) 周有光(1995:33-34)은 'ㄧㄡ', 'ㄨㄟ', 'ㄨㄣ'이 출현 환경의 차이에 따라 한어병음자모에서 각각 'you, wei, wen'와 '-iu, -ui, -un'으로 달리 전사되는 것에 대해 '上去不變, 陰陽變; 舌根不變, 舌尖變'라는 원리로 설명하고 있다. "'優威溫'(iou, uei , uen)作為獨立音節的時候, 寫成you, wei, wen. 但是作為韻母跟別的聲母相拼的時候, 寫成iu, ui, un. 例如, niu(牛), gui(歸), lun(論). 把iou, uei, uen寫成iu, ui, un, 是一種拼寫的省略. 省略的根據是:韻腹(o, e)在某些條件下發生丢音(弱化和丢失). 例如:陰平'休xiū', 陽平'留liú', 丢音; 但是, 上聲'朽xiǒu', 去聲'六liòu', 不丢音. 舌尖聲母(d, t, n, l, zh, ch, sh, r, z, c, s)後拼ui, un, 在陰平和陽平的音節, 丢音; 但是, 在上聲和去聲的音節, 不丢音(如: '忖cuěn', '退tuèi'). '舌根聲母'(g, k, h)後拼uei, 都不丢音(如: '規guēi', '柜guèi', '回huéi', '毀huěi'). 這叫做'上去不變, 陰陽變; 舌根不變, 舌尖變'. 漢語拼音的拼寫法, 為了統一形式, 便于實用, 一律把聲母後面的iou, uei, uen寫成iu, ui, un.(拼音形式和實際發音往往不能完全吻合, 這也是國際通例. 關于'優威溫'的丢音, 請參看徐世榮《普通話語音講話》, 1958, p.50)"

촬구호의 운모로는 'ㄩㄝ', 'ㄩㄢ', 'ㄩㄣ', 'ㄩㄥ'이 있는데 'ㄩㄝ'는 '위에'로, 'ㄩㄢ'은 '위앤'으로, 'ㄩㄣ'은 '윈'으로 전사하는 것이 적절할 것으로 보인다.

마지막으로 위에서 논의하지 않은 'ㄧㄥ', 'ㄨㄥ', 'ㄩㄥ' 세 운모에 대해 논의해 보기로 하겠다.

'ㄧㄥ'의 표기법은 최-김 표기법, 교육부 표기법, 엄익상 표기법에서 공히 '잉'으로 표기하고 있다. 이 발음을 주음부호의 표기대로 읽는다면 '이어'를 연이어 발음하는 이중모음에 다시 자음 'ㅇ'을 붙인 발음이다. 예를 들어 '京'의 발음을 북경에서는 '지엉'을 연이어 발음하며 남방에서는 '징'으로 발음하는 경향이 짙다. 이 글자를 한어병음자모로는 'jīng'으로 표기하며 표기법대로 읽는다면 '징'으로 읽어야 한다. 그렇다면 이렇게 다르게 발음되는 연유는 무엇인가? 이들은 과연 지역에 따른 차이인가? 아니면 성조 등 다른 요소에 기인한 차이인가? 한마디로 말하면 변이음으로 볼 것인가, 아니면 다른 차이로 볼 것인가의 문제이다. 변이음으로 본다면 '대표 음가를 어떻게 정할 것인가?'에 대한 문제를 좀 더 상세히 연구하여 결정하여야 할 것이다.

'ㄨㄥ'의 표기법에 대해서는 한어병음표기법에 기준을 맞추어 전사하고 있다. 이 발음에 대한 한어병음표기법은 두 가지로 나뉘는데 하나는 '-ong'이고, 다른 하나는 '-ueng'이다. 전자는 앞에 성모가 올 때의 표기법이고 후자는 영성모일 때의 표기법이다. 최-김 표기법에서는 전자를 '옹'으로 후자를 '웡'으로 표기하고 있다. 교육부 표기법에서는 각각 '웅'과 '웡'으로, 엄익상 표기법에서는 각각 '웅'과 '웡'으로 표기하였다가 수정안에서 다시 '옹'과 '웡'으로 표시하고 있다. 이 발음에서는 'ㄨ'의 음가를 어떻게 잡을 것인지가 관건이다. 吳宗濟(1992:122-123)는 '-ueng'의 음을 [əŋ] 앞에 운두 [u]이 결합되어 [uəŋ]으로 발음되어 그 자체로 하나의 음절을 형성한다고 하고 있으며 또 '-ong'는 '-ueng'와 같은 운모 자리에 속하는 것으로 영성모에서는 출현하지 않으며 반드시 설첨이나 설근의 자음과 결합하여 조음되며 그 소리값은 [u]와 [o]의 사이에 있는 [ʊ]라고 주장하면서[38] 어떤 사람은 반모음인 [w]로 보기도 하는데 [ʊ]로 보든 [w]로 보든 '-ong'에서는 의미를 구분하지 않는다고 말하고 있다. 이상에서 볼 때 '-ong'의 발음을 [o]로 보는 경우는 없고 [ʊ]나 [u]로 보고 있는데 이는 우리 음으로 '오'보다는 '우'에 가깝다는 것을 알 수 있다. 뿐만 아니라 '-ueng'와 '-ong'는 주음부호에서는 'ㄨㄥ'이라는 하나의 통일된 전사법을 사용하고 있으며 중국어의 음운변천사나 몇몇 방언의 음운을 보더라고 이 둘은 본래 하나의 음운이며 한어병음방안에서 실제적인 발음상황에 맞추어 바꾼 것일 뿐이다.[39] 또 徐世榮(1999:62)[40]은 한어병음자모에서 '-ung'로 전사하지 않고 '-ong'로 표기한 것도 'o'에 대한 사용빈도를 높이기 위해서라고 말하고 있다. 그러므로 이 발음의 전사에 있어서는 '웅'을 기본으로 하되, 영성모일 경우에는 '웡'으로 표기하는 방안을 고려하는 것이 적절할 것으로 보인다.

'ㄩㄥ'의 발음에 대해서 林燾·王理嘉(1992:115)는 [yŋ], 혹은 과도음 [u]가 들어간 [yuŋ], 심지어 제치호인 [iuŋ]이나 [iʊŋ]로 보고 있으며, 吳宗濟(1992:123)에서는 [yʊŋ]으로 보고 있으며, 徐世榮(1999:65)은 [iUŋ] 혹은 [iyUŋ]로 주장하면서 어떤 책에서는 중국어 음운역사의 체계와 방언에 비추어 촬구호인 [yŋ]로 표기하기도 한다고 소개하고 있다. 이 발음에 대한 한글 표기법을 살펴보면 최 - 김 표기법에서는 '이융'을, 교육부 표기법에서는 '융'을, 엄익상은 '융'으로 주장하였다가 나중에 '용'으로 바꾸었다. 이 발음은 주음부호에서도 알 수 있듯이 기본적으로 촬구호에서 나온 발

38) 林燾·王理嘉(1992:114)는 '-ong'을 [uŋ]으로 표기하고 있다.

39) 徐世榮(1999:65): "ueng與ong, 在過去的注音字母只用一個ㄨㄥ; 從漢語語音歷史和現代的一些方音看來, 二者本是一個韻母. 拼聲母的, 自成音節的, 在不少方言中是同樣的複合音. 北京語音略有不同.《漢語拼音方案》分作ueng,ong, 是符合真實的語音情況的. ong是在和聲母相拼時發生的變化, ueng是它的單獨發音."

40) 徐世榮(1999:62): "拼音字母在這裡用o不用u, 是要增加'o'這個字母的使用頻率".

음으로 그 실제적인 음가는 앞의 중국학자들의 전사에서 보듯이 [o]보다는 [u], [U], [ʊ]로 표기하고 있어 '용'보다는 '융'으로 표기하는 것이 더 적절한 것으로 보인다.

## Ⅳ. 표기법의 한계에 따른 원칙과 방안

본고의 제목이 '중국어 한글표기법의 원칙과 한계'이므로 크게 두 가지 경우로 나누어 표기법의 한계에 따른 원칙과 방안을 제시하고자 한다. 서론 부분에서 언급했듯이 중국어 한글표기법에 있어서는 아래의 두 가지 대원칙이 있어야 할 것으로 보인다.

첫째, 중국어의 음성체계가 아닌 중국어의 음소체계를 우리나라 현행 한글 자모로 옮겨야 한다. 그런데 중국어와 한국어의 음소체계 및 한글자모의 차이로 인해 완벽하게 전사하기는 힘들다. 그러므로 어쩔 수 없이 전사에 있어서 한계가 드러나 같은 표기가 다른 뜻을 전달할 수도 있다. 즉 다른 고유명사를 같은 한글 자모로 표기할 수밖에 없는 상황이 발생하기 마련이다. 여기에서 우리는 이런 한계를 인정해야 한다. 어떻게 하든 한 음소에 대한 표기로 하나의 표기법을 가져야 한다. 예를 들어 중국어 한어병음자모 'b'에 대한 표기를 'ㅃ', 'ㅂ' 등 두 개의 표기로 혼용해서는 안 된다. 즉 중국어와 한글의 상대적인 관계가 음소체계 및 개수의 차이로 어쩔 수 없이 1:多의 경우는 인정하더라도 多:1의 경우는 피해야 한다는 것이다.

둘째, 간략표기법과 정밀표기법으로 나눌 필요가 있다. 간략표기법은 우리나라에서 정부에서 정한 많은 로마자표기법의 하나이다. 간략표기법은 현행 표기법을 재검토하여 빠른 시일 내에 통일안을 만들어 신문, 방송 등 우리의 일상생활에서 통일된 표기체계를 만들고 지켜 더 이상의 혼란을 막아야 한다. 이 표기법의 제정 과정에는 한국어학과 중국어 음운학을 전공한 학자들이 많이 참여하여야 할 것으로 생각한다. 정밀표기법은 필요한 경우-예를 들면 한국고대음운학, 중국고대음운학, 중국어 교육, 독학으로 배우게 하는 중국어 교재-에 한해 학회나 단체 차원에서 만들어 사용을 권장하는 차원에서 이루어져야 한다. 이 경우에 주의할 점은 가능하면 우리나라 옛 음운학자들이 연구한 업적을 최대한 받아들이고 또 한글 고대 표기법도 계승하여 발전시켜야 한다는 점이다.

앞에서 말한 첫 번째 대원칙에는 엄연한 한계가 존재한다. 이런 한계에 대한 보완책을 부칙으로 아래와 같이 제시할 필요성이 있다.

첫째, 위의 첫 번째 대원칙에서 생기는 한계에 대한 차선책으로 필요에 따라서는 한글표기법 뒤에 원어 즉 중국어를 병기해주어 이런 혼란을 막아 줄 수 있도록 해야 한다. 사실 다른 외국어의 표기 특히, 학술서적의 번역과 같은 경우에는 이런 방식을 자연스럽게 사용하고 있다.

둘째, 중국어의 운모를 2음절 이상의 한글로 표기할 때는 연이어 빨리 연결해서 발음해야 한다.[41] 중국어는 기본적으로 한 글자가 한 음절이다. 게다가 성조가 의미를 구분하는 데 가장 큰 역할을 하고 있다. 그렇기 때문에 이중모음, 삼중모음이 발달되어 있다. 반면 우리나라 말소리에는 이중모음, 삼중모음이 그렇게 발달되어 있지 않을 뿐더러 이런 모음을 표기할 때는 2음절, 3음절로 표기할 수밖에 없는 경우가 있다.[42] 그러므로 이런 한계를 보완하기 위한 부칙으로 이런 표기법상의 특징과 한계를 명시해주는 것도 필요하며, 또 필요하다면 '‿'와 같은 연결을 표시하는 부호를 사용하는 것도 검토해 보아야 할 것으로 생각된다.

셋째, 중국어의 음절구조에서 의미변별에 대한 부하가 가장 큰 요소는

---

41) 周有光(1995:37-38): "漢語拼音的音節連讀法, 採用元音連讀法的原則. 幾個元音字母連接在一起, 要連起來讀, 成為一個音節, 不可分開讀成幾個音節. 例如 : niao讀成'鳥', 不是'你阿喔'. huai讀成'壞', 不是'胡阿姨'. 採用元音連讀法, 是因為漢語中有許多多元音韻母."

42) 사실 이런 현상은 한어병음방안에도 그대로 나타나고 있다. 예를 들어 'jiāng'을 1음절인 '쟝'으로 읽을 수도 있지만 2음절인 '지앙'으로 읽을 수도 있다.

다름 아닌 성조이다. 그러므로 정밀표기법에서는 반드시 성조를 표기해야 한다. 이 때 표기부호로는 우리나라에서 사용하였던 방점보다는 현재 중국어 표기에서 통용되고 있는 표기법이 가장 적절한 것으로 보인다.

끝으로 본고에서는 다루지 못했지만 원음에 가까운 표기법을 설정하려면 실험적인 연구도 뒤따라야 한다고 생각된다. 우선 여러 가지 표기법을 사용하여 일정 문장을 중국어로 표기한 후, 중국어를 전혀 접하지 않은 상태로 표준발음을 사용하는 한국인에게 읽게 하고, 그 자료를 다시 한국어를 전혀 모르며 중국어를 모국어로 사용하는 사람들이 듣게 하여 어떤 표기법이 더 변별적이고 더 원음에 가깝게 들리는 지를 판별하게 하는 것이다. 여기에서 나온 결론을 통하여 중국어 한글표기법의 부칙을 다듬어 표기법의 일부를 조정할 수도 있을 것이다.

## V. 결론

중국어의 한글표기법은 중국어의 음성체계나 음소체계를 우리의 음성체계로 전사하는 것이 아니며 우리의 음소체계로 전사하는 것은 더욱 아니다. 중국어의 한글표기법은 중국어의 음소체계를 현재 우리가 일상생활에서 널리 사용하고 있는 우리 한글 자모로 전사하는 것이다. 여기에는 한계가 있을 수밖에 없으며 완벽한 전사 즉 1:1로의 전사는 불가능하다. 그러므로 우리는 표기법을 정할 때 먼저 이런 한계를 인정하는 기본적인 인식 하에서 출발하여야 하며, 이런 인식 위에서 원칙을 세워야 한다. 이런 관점에서 본고에서는 중국어의 한글표기법을 간략표기법과 정밀표기법으로 나눌 것을 제안한다. 간략표기법은 현행 한글 자모로 표기하여 일상생활 속에서 널리 사용할 수 있는 표기법으로 1:1로 완벽하게 전사할 수 없는 표기법이며, 정밀표기법은 우리 조상들이 예전부터 고안했던 표기법을 최대한 계승 발전시켜 중국어의 음소를 1:1의 관계로 완벽하게 전사하는 방안이다. 전자는 일정 정도의 강제성을 띤 정부의 통일안으로 표지판, 일반 출판물 등 일상생활에서 널리 사용하도록 하는 것이고, 후자는 중국어 교육 및 전문적인 연구에 필요한 표기법으로 학회나 단체, 개인의 차원에서 자율적으로 사용할 수 있도록 하는 것이다. 간략표기법에서 특히 주의할 점은 중국어의 한글표기법도 자의성과 구속성을 동시에 지닌 하나의 약속부호를 만드는 것이므로, 중국어의 음소체계 하에서 원음을 최대한 살리는 방안으로 표기법을 고안하되, 한국인의 음소체계 내지는 음성체계에 기인한 청각적인 인상에 매이지 말아야 한다는 점이다.

## ✚ 참고문헌

康寔鎭,《中國語新解》, 釜山: 釜山大學校出版部, 1984.

康寔鎭,《老乞大朴通事研究》, 臺北: 學生書局, 1985.

郭錦桴,《漢語聲調語調闡要與探索》, 北京: 北京語言學院出版社, 1993.

김영만,《현대 중국어의 한글 표기: 현황과 개선방안. 제34회 어학연구회 논문 요지》, 서울대학교 어학연구소. 149-157, 2000.

김용옥,《동양학 어떻게 할 것인가[개정판]》, 서울: 민음사[통나무], 1983[1989].

김진우,《언어-그 이론과 응용》, 서울: 탑출판사, 1985.

김태성,〈중국어 한글 표기법에 관하여〉,《중어중문학》, 27:167~189, 2000.

김훈호,《한어 표음방법 변천》, 중국인문과학(중국인문학회). 제21집: 99~115, 2002.12.

맹주억,〈중국어 교육용 한글 표음 방안〉,《중국언어연구》, 제11집, 2000. 11.

박종한,《중국어 번역 테크닉》, 서울: SISA중국어문화원, 2000.

박종한,《한국어의 관점에서 중국어 바라보기》, 서울: 중국학@센터, 2001.

배재석, 《중국 표준어 및 방언의 정음기호 표기체제 구축과 정보화》, 서울: 새천년준비위원회, 2000
배재석, 〈Cyber상의 중국어표기법 연구〉, 《중국어문학논집》, 19:241-261, 2002.
卞志源, 〈한국인의 현대중국어 운모발음 양상 분석〉, 석사학위논문, 서울대학교 대학원 중어중문학과, 1996.
徐世榮, 《普通話語音常識》, 北京: 語文出版社, 1999.
薛鳳生, 《國語音系解析》, 臺北: 學生書局, 1986.
심소희, 〈한글-중국어 병음체계의 연구〉, 《한글》, 245:161-189, 1999.
엄익상, 〈중국어 한글 표기법의 문제점과 개선 방안〉, 《중국언어연구(한국중국언어학회)》, 제4집:39-84, 1996.12.
엄익상, 〈중국어 한글 표기법 재수정안〉, 《중어중문학(한국중어중문학회》, 제31집:111-135, 2002.
엄익상, 《중국언어학 한국식으로 하기》, 서울:한국문화사, 2002.
오문의, 〈한어병음자모 표기법 통일안 시론〉, 《중국언어연구(한국중국언어학회)》, 6집:1-28, 1998.03.
吳宗濟, 《現代漢語語音概要》, 北京: 華語教學出版社, 1992.
원종민, 〈대만 민남어의 한글 표음방안〉, 《중국언어연구》, 13:445-469, 2001.
이근효, 〈현대 중국어의 외래어 표기고〉, 《중국어문논집(부산경남중국어문학회)》, 1994.12.
이상도, 〈중국어표음방식의 통시적 고찰〉, 《울산대인문논총(울산대학교 인문대학)》, 제11집:29-45, 1996.11.
이호영, 《국어음성학》, 서울:태학사, 1996.
林燾·王理嘉 等, 《北京語音實驗錄》, 北京: 北京大學出版社, 1985.
林燾·王理嘉, 《語音學教程》, 北京: 北京大學出版社, 1992.

임동석, 《중국어 한글표기의 실제와 문제점〉, 《중국어문학논집》, 13:5-34, 2000.

전광진, 〈중국어 자음의 한글 표기법에 대한 음성학적 대비 분석〉, 《중국문학연구(한국중문학회)》, 제19집:347-376, 1999.12.

鄭錦全 저, 엄익상 역, 《현대북경어 생성음운론》, 서울: 학고방, 1996.

정원기, 〈중국어 고유명사의 한글표기법에 관한 소견〉, 《중국어문학역총(영남대학교중국문학연구실》, 제11집:7-12, 1999.9.

周有光, 《漢語拼音方案基礎知識》, 北京: 語文出版社, 1995.

허성도, 〈중국어 로마자 표기 실태〉, 《새국어생활(국립국어연구원)》, 제7권 제2호, 1997.

허웅, 《고친판 언어학개론》, 서울: 샘문화사, 1983.

허웅, 《국어음운학》, 중판, 서울: 샘문화사, 1990.

황윤석, 《자모변(字母辨). 이재선생문집(頤齋先生文集)(제3권)》, 한국역대문집총서(韓國歷代文集叢書)(제1507권), 144-158.

# 중국 통역번역 연구의 발전과정과 현황
## -개혁개방 이후 통역번역 연구의 학문적 정체성에 대한 논쟁을 중심으로-*

최지영**

## I. 서론

통역번역 연구가 언제부터 독립된 학문 분과로 인정되었는가 하는 점에서는 서구에서도 아직까지 적지 않은 논쟁이 있다. 혹자는 1976년 벨기에의 Leuven회의에서의 개최를 통역번역학(이하 통번역학) 확립 기점으로 보는가 하면[1] 혹자는 통번역 연구 분야가 독립된 분과 학문으로 자리 잡기 시작한 것은 90년대 이후의 일이라는 주장을 하고 있다.[2] 한편 중국의

* 이 글은 2005년 1월 《中國語文論譯叢刊》 제14집에 수록된 논문임.

** 한림대학교 교수

1) Edwin Gentzler, “Forward”, in Bassnett, Susan and Andre Lefevere, ed., *Constructing Culture: Essays on Literary Translation* (Clevendon, Philadalphia, Toronto, Sydney and Johannesburg: Multilingual Matters, 1988), ix.

2) Mona Baker, ed., Routldege *Encyclopedia of Translation Studies* (London and New

경우, 1951년에 董秋斯가 통번역학 수립의 당위성을 주장[3])한 이래 학문적 정체성에 관해서는 개혁개방 이전까지는 별다른 논의의 진척 없이 답보 상태였으며, 현재도 홍콩을 제외한 전 대륙에서 통번역 연구는 독립된 분과 학문으로 인정되고 있지 않으며 대부분의 경우, 대학원 이상 전공(비교언어학, 응용언어학, 비교문학 등)에서 세부전공으로 운영되는 상황이다.[4]) 그러나 개혁개방이후 세계 각국과의 교류와 협력이 꾸준히 이어지고 있는 상황에서 2008년 올림픽 유치 성공과 WTO 가입 등으로 통번역 실수요뿐만 아니라 이에 대한 전문적 연구 및 교육의 필요성이 지속적으로 제기되고 있다. 특히 2001년 청도에서 개최된 "전국 통번역학과 건설 심포지엄(全国译学学科建设专题讨论会)"을 기점으로 그동안 산발적으로 진행되었던 학문적 정체성에 대한 논의가 체계화, 조직화되어 가고 있으며 독립된 학문 분과로서 통번역학 수립에 대한 논의가 활발해지고 있다.

이 글의 목적은 개혁개방 이후 본격적으로 학문적 정체성의 수립을 시도하는 중국에서의 통번역 연구의 발전 과정을 간략하게 소개하고 주요 논쟁을 중심으로 중국에서의 통번역 연구의 현황을 정리해 보는 것이다. 이를 위해 이 글은 첫째, 중국에서의 통번역 연구가 개혁개방이후 어떠한 단계를 거쳐 발전 해오고 있는지를 간략히 고찰하고, 둘째, 최근 중국에서 통번역 연구의 주요 논쟁점을 중심으로 연구 현황을 살펴보고자 한다. 또한 이를 통해 통번역 연구가 지닌 의미와 향후 발전 방향을 가늠해 보고자 한다.

---

York: Routledge, 1998), Xiii. Mona Baker의 경우, 정규 고등교육 기관 내에 통번역학과나 통번역 전공이 설립되는 것을 그 지표로 보고 있다. 한편 Mona Baker의 통번역 사전의 편찬은 북미권에서 분과로서 통번역 연구(Translation Studies) 수립에 크게 이바지 한 것으로 평가되고 있다.

3) 董秋斯, 〈论翻译理论的建设〉, 《翻译论集》(北京:商务印书馆, 1984), pp. 536-544.

4) 番文国, 〈当代西方的翻译学研究〉, 《译学新探》(青岛: 青岛出版社, 2002), pp. 254-294.

## Ⅱ. 중국에서의 통역번역 연구의 발전 과정

### 1. 용어 및 시기 구분

중국에서 통번역은 일반적으로 "飜譯"라 불리며 그 정체성에 대한 개념 규정에 따라 "번역활동", "번역연구"(혹은 譯論), "번역학"(혹은 譯學) 등으로 나뉘며 이는 다시 그 대상에 따라 문자번역(笔译)과 통역(口译)으로 구별되며 혹자는 성질에 따라 문학번역과 科技翻译[5]로 구분하기도 한다. 이 글에서는 광의의 개념으로 "번역(학)"를 통역번역 모두를 포괄하는 분야로 본다. 또한 이 글은 중국에서 통역번역 연구의 발전 과정을 1979년, 1987년, 1996년을 대략적 기준으로 하여 각각 제1단계 개혁개방~1987년까지, 제2단계 80년대 중반기부터 1996년의 90년대 중반기까지, 제3단계 1996년부터 현재까지의 세 단계로 나누어 개괄서술해 보고자 한다. 여기서 1979년, 1987년, 1996년의 세 연도를 대략적인 기준으로 삼은 근거는 필자의 견해로는 이 세 시기를 전후로 하여 중국 통번역 연구의 새로운 방향성이 논의되었기 때문이다. 즉 1979년은 중국이 개혁개방을 단행한 시기로 급변하는 국제사회와의 교류 속에서 통번역 수요 및 이에 대한 연구와 관심이 새롭게 제기되기 시작하였고, 1987년 7월 청도에서 "제1차 전국통번역학 이론회의(第一届全国翻译理论研讨会)"가 개최되면서 통번역 연구에 대한 관심이 실무적 차원에서 체계적인 이론 수립의 방향으로 나가는 계기가 마련되었다. 그 후 90년대 들어 독립된 학문 분과로서 통번역학에 대한 요구가 제기되기 시작하여 1996년 5월 중국한어비교연구회가 청도에서 개최한 제2차 학술 토론회에서는 통역번역 학과의 수립 문제가 중심의제로 논의되게 되었으며 이러한 논의는 종합적으로 모아져 2001년 청도에서 본격적으로 학과 건설을 논의하는 자리가 마련되게 된다. 이에

---

5) 李亚舒、黄忠廉,《科学翻译学》(北京: 中国对外翻译出版公司, 2004), pp. 2-4.

따라 이 글은 개혁개방 이후 중국 통역번역 연구의 발전 과정과 주요 특징을 각각 다음의 세 단계로 구분해 보고자 한다. 물론 이러한 시기 구분은 방법적 편의성을 고려한 것으로 매우 포괄적이며 개괄적인 성격의 구분임을 밝혀 둔다. 즉 각 단계에서 보이는 특징은 전반적 흐름에서 두드러지는 방향성을 보여 주는 것이지 중국에서의 통번역 연구의 획일적이고 일치적인 모습을 보여주고 있는 것은 아니다.

- 제1단계 1979년 개혁개방~1987년: 현대 통번역 연구의 초기 발전 단계
- 제2단계 1987~1990년대 중분: 이론적 체계 수립 시도 단계
- 제3단계 1996년~현재: 학문적 정체성 수립 시도 단계

## 2. 제2단계 1979년 개혁개방~1987년: 현대 통번역 연구의 초기 발전 단계

제1단계는 개혁개방 이후 1987년을 전후로 한 90년대 중반까지의 시기로 중국에서 현대적 의미의 통번역 연구가 발전할 수 있는 기틀을 마련했던 시기이다. 이 시기 통번역 연구의 특징으로는 이론도 체계적이지 못하고 대부분의 연구가 직접 통번역을 담당하는 실무자 중심으로 이루어져 경험론적이고 분산된 논의가 초보적으로 진행되는 수준이었다. 독립된 학문으로서 통번역에 대한 인식은 미비하였으나 중국 통번역 연구의 정체성과 방향성에 대해 고민한 흔적은 산발적이나마 곳곳에서 보여진다.[6] 다만 개혁개방에 대한 정부의 정책적 격려 속에 각 지역에 통번역사협회(翻译工作者协会)가 수립되고 전문 출판사 및 기관지(혹은 전문 학술지)가 속속 창간됨으로써 80년대 이후 통번역 연구의 제도적 기반을 마련한 것

6) 刘重德, 〈试论翻译的原则〉, 《湖南师院学报》社科版, 第一期 (1997); 姜椿芳, 〈团结起来开创翻译工作新局面〉, 《中国翻译》, 第四期 (1986) 등에서 산발적이나마 통번역의 방향성에 대한 논의가 보여진다.

이 이 시기 두드러지는 특징이라 하겠다.

우선, 정책적 측면에서 개혁개방과 더불어 1979년 商務印书馆이 다시 독립적 지위를 보장 받고 적극적 번역 활동에 나서게 되었으며 같은 해 북경 대외경제무역대학(교)(北京对外经贸大学)과 상해해운대학(上海海运学院)에서 최초로 통번역을 전공으로 하는 석사 과정을 모집하기 시작하였고 이는 1986년 7월 국무원 학위 판공실의 비준을 받아 "통번역 이론과 실천"을 세부전공으로 하는 석사 과정으로 정식 인증을 받게 된다. 한편 제도적 조직체 차원에서는 1980년부터 각 성, 도시를 중심으로 통번역사 협회가 성립되기 시작하여 1982년 드디어 전국적 규모의 중국통번역사협회(中国翻译工作者协会)가 수립되고 이어서 대부분의 성과 도시에 통번역사협회가 속속 성립된다. 통번역사협회가 가장 먼저 창설된 곳은 1980년 산시(陕西)성과 지린(吉林)성이며 그 다음해 신장위구르자치구에 통번역사협회가 창설되고 이어서 1982년 광저우(广州) 통번역사협회, 그리고 드디어 전 중국 통번역사협회가 북경에서 창설되게 된다.[7] 그 결과 80년대 말이면 대부분의 지역 단위(성과 시)에서 통번역사협회가 수립되어 통번역 활동 및 연구의 제도적, 조직적 기반이 갖추어졌다고 하겠다. 통번역 출판 및 전문 학술지 활동도 활발해지는데 1979년 국무원의 비준을 얻어 북경대외번역출판처가 중국대외번역출판공사로 새롭게 단장을 하고 중국의 번역 출판을 활발히 이끌게 된다. 또한 학술지로 1980년에는 내부 간행물이었던 〈飜譯通讯〉이 정식 출판물로 간행되고 이는 1983년 중국 통번역사협회의 기관지로 바뀌었다가 1986년에 〈中国翻译〉으로 새롭게 단장하면서 중국 통번역 연구의 학술적 연구를 이끈다. 그 밖에 1986년에는 〈上海科技翻译〉가 1988년에는 〈中国科技翻译〉 등 전문 학술지가 속속

7) 이어지는 각 성, 시의 통번역사협회 수립은 다음과 같다. 青海､甘肃､湖南(1983), 浙江､宁夏回族自治区､四川､贵州､吉林､福建､辽宁､山东､湖北､黑龙江､内蒙古自治区(1984), 重庆市､江西､安徽､山西､西安市､天津市､上海市､江苏 (1985), 青岛市､厦门市(1986), 云南(1988), 海南省(1989).

창간되면서 80년대 중반기 이후 통번역 연구의 이론적 수립을 주도해 나가게 된다.

## 3. 제2단계(1987~1996)

제2단계는 80년대 중반부터 90년대 중반의 시기로, 독립분과로서 통번역학에 대한 인식이 구체화된 시기는 아니었으나 통번역 연구에 대한 이론 지식 체계를 수립하고자 하는 각성과 움직임이 드러나기 시작한 시기라 할 수 있다. 제1단계 각 성과 시에서 통번역사협회 수립의 제도적 기반을 바탕으로 1986년 북경에서 개최된 "중국 통번역사협회 제1차 전국 대표자대회(中国翻译工作者协会第一次全国代表大会)"에서는 통번역 이론에 대한 인식을 새롭게 하고 서구의 현대 학설 및 이론을 받아들여 중국 자체의 통번역 이론 체계를 수립해야 함을 요청한다.[8] 다음 해인 1987년 청도에서 "제1차 전국 통번역학 이론대회(第一届全国翻译理论研讨会)"가 개최되었고 이를 계기로 그동안 실무 과정에서의 수요를 바탕으로 양적으로 팽창해온 통번역 연구에 대한 이론적 논의가 크게 개진되기 시작한다. 체계적인 이론 수립은 이제 중국 통번역 연구계의 주요 담론으로 부각된 것이다. 이 시기 통역번역 연구에 대한 이론 지식체계를 수립하고자 하는 시도로서 각종 단행본과 논문의 발표를 들 있는데, 黄龙의 〈翻译艺术教程〉[9]를 필두로 刘庳庆의 〈现代翻译理论〉[10], 杨自俭의 〈翻译新论〉[11]과 〈英汉语言文化对比研究和翻译理论建设〉[12], 〈论我国近期的翻译理

8) 姜椿芳,〈团结起来开创翻译工作新局面〉,《中国翻译》, 第四期(1986).

9) 黄龙《翻译艺术教程》(南京: 南京大学出版社, 1988).

10) 刘庳庆《现代翻译理论》(南昌: 江西教育出版社, 1990).

11) 杨自俭《翻译新论》(武汉: 湖北教育出版社, 1994).

12) 杨自俭,〈英汉语言文化对比研究和翻译理论建设〉, 刘重德,《英汉语比较研究》

论研究〉[13], 王佐良의 〈新时期的翻译观〉[14] 등을 들 수 있다. 또한 통번역 연구의 기본서 출판도 활발해져 1995년에 陈善伟 등이 편저한 〈英-汉､汉-英翻译百科全书〉[15]가 홍콩에서 출판되고 1997년에는 林煌天이 주필한 〈中国翻译词典〉[16]이 출판되었다. 또한 李亚舒､赵文利､吴伟雄 등이 주필한 〈科技翻译论者新萃〉[17] 黄忠廉의 〈翻译变体研究〉[18] 등이 그동안의 산발적 논의의 수집을 통해 일관된 체계 수립을 시도하였다. 통번역 이론 관련 학술회의가 활발히 열리게 된 것도 이 단계의 주요 특징이라 할 수 있는데 대표적 회의로는 1989년 서안(西安)에서 처음 개최된 "全国青年翻译理论研讨及出版交流会 ", 1993년 사천악산에서 개최된 "全国翻译理论与翻译教学研讨会", 1996년 하문(厦门)에서 처음 개최된 "中国英汉口译理论与教学研讨会", 1998년 천진의 "翻译理论与教学学术研讨会 "와 광주(广州)의 "第二届全国口译理论与口译教学研讨会", 1998년 상해의 "98翻译理论与翻译教学国际学术研讨会 "와 1999년 북경에서 열린 "99口译理论与实践研讨会" 등을 들 수 있겠다.

한편 이시기 중국 통번역 연구에서 주목할 만한 논의로는 "과학번역"라는 개념의 등장이다. "과학번역"의 경우, 처음에는 개혁개방이후 실수요라는 측면에서 전통적 문학작품류의 번역과 구분되는 실무 통번역 차원에서의 科技翻译라는 개념에서 출발했다고 할 수 있다. 科技翻译는 "과

---

(长沙: 湖南科技出版社, 1994), pp. 12-25.

13) 杨自俭, 〈论我国近期的翻译理论研究〉, 杨自俭《翻译新论》(武汉: 湖北教育出版社, 1994), pp. 11-19.

14) 王佐良 〈新时期的翻译观〉, 杨自俭《翻译新论》(武汉: 湖北教育出版社, 1994), pp. 285-290.

15) 陈善伟《英-汉､汉-英翻译百科全书》(1995).

16) 林煌天《中国翻译词典》(湖北教育出版社, 1997).

17) 李亚舒､赵文利､吴伟雄 主编,《科技翻译论者新萃》(气象出版社, 2000).

18) 黄忠廉《翻译变体研究》(中国对外翻译出版公司, 2000).

학적 정보전달을 중심으로 하는 통번역"을 일컬으며 개혁개방 이후 기존의 전통적 문학번역 위주의 통번역 연구에서 점차 독립하는 추세로 실무위주의 독자적 영역을 구축해 나가고 있었다. 즉 전국 통번역사협회와는 별도로 1984년부터 全国科技翻译经验交流会가 최근까지 꾸준히 개최되고 있으며[19] 1986년에 중국 과학원 산하의 과학기술(통)번역사협회(中国科学院科技翻译工作者协会)가 성립되었고 〈科技翻译技巧文集〉[20]등의 논문집도 출판되는 등 독자적 연구 분야를 확보해 가는 상황이었다.

이러한 상황에서 "과학적 통번역학(科学翻译学)" 개념은 李亞舒 교수가 상당한 시간이 흐른 뒤인 2002년 제10차 전국과학기술번역학술회의에서 정식으로 제기하였는데 그의 정의에 따르면 통번역의 역할을 전통적 문학번역 위주 분야와 실용정보 전달을 목적으로 하는 분야로 구분될 수 있는데 후자를 科學飜譯라 한다고 규정한다. 즉 이는 과학적 정보 전달을 목적으로 하는 번역을 일컬으며 그 의미를 좁게 잡을 경우, 구체적으로 사회과학이나 과학기술, 신문, 방송 등 언론 및 응용문에 관련된 번역을 지칭한다는 것이다.[21] 필자의 견해로는 科學飜譯는 아직도 상당히 논쟁적인 "중국적 개념"으로 이는 번역자의 주관이 상당부분 개입되고 이를 객관적으로 측량(혹은 평가)하기가 어려운 문학번역 분야에서 객관성이 어느 정도 확보 가능한 비문학류 통번역, 특히 실무층차의 통번역 개념을 구분해 냄으로써 객관적 연구로서 통번역 연구의 경계 설정을 시도했다 볼 수 있겠다. 그 후 통번역 연구에 대한 학문적 정체성을 둘러싸고 "과학성"

---

19) 이어서 1985년 진황도(秦皇岛)에서 제2차 회의가 개최되고 86년에는 안휘의 屯溪에서 3차 회의, 89년 쿤밍에서 4차회의, 1991년 서창에서 5차, 1993년 북경에서 6차, 1995년 성도에서 7차, 97년 서안에서 8차회의가 열리는 등 최근까지 꾸준히 지속되면서 독자적 영역을 확보해 가고 있다.

20) 中国翻译工作者协会中国翻译杂志编辑部, 《科技翻译技巧文集》(北京: 中国对外翻译出版公司, 1987).

21) 李亚舒、黄忠廉, 《科学翻译学》(中国对外翻译出版公司, 2004), pp. 1-2.

논쟁이 가열되면서 "과학적"이라는 측면에서 연구 범위를 한정짓는데 科學飜譯라는 개념이 자주 사용되게 된다. 그러나 통번역 연구를 실증적인 "과학성(science)" 경계 설정에 국한 시키는 점은 이후 적지 않은 논쟁을 불러일으킬 수 있다 하겠다.

## 4. 제3단계(1996년~현재): 학문적 정체성 수립 시도 단계

제3단계는 1996년부터 현재까지의 시기로 중국 통번역 연구의 학문적 정체성에 대한 자각과 함께 독립 분과로서 통번역학과의 수립 문제가 가장 주류적 담론인 시기이다. 독립된 분과학문으로서 통번역학에 대한 요구는 사실상 90년대 들어 급격히 제기되기 시작하였는데, 1996년 5월 중국 "영한어비교연구회"가 청도에서 개최한 제2차 학술 토론회에서 중심의제로 설정되기도 하였다. 당시 통번역분과조의 중심 의제로 1) 통번역 이론체계의 내용과 구조, 2) 통번역학 수립과정에서 중국 통번역 이론의 유산과 외국의 이론적 정수의 흡수 및 양자간의 결합 문제, 3) 학부 통번역학 교학과정 대강 및 교재의 내용, 구조, 이론, 방법 등의 문제, 4) 통번역 전공의 석사학위 과정의 내용 및 다른 선택 과목과의 상관관계 등이었는데, 이를 통해 볼 때 90년대 중반 이후 독립된 학문분과로서 통번역학에 대한 논의가 정식으로 제기되기 시작하였다는 것을 알 수 있다. 통번역학과에 대한 논의는 1999년 상해에서 개최된 "번역연구회"[22]에서 다시 논의되고 2001년 청도에서 개최된 "전국통번역학과 건설문제 회의(全国译学学科建设专题讨论会)"는 "중국 통번역학 건립의 새로운 발전"을 정식 부제로 삼아 중국 통번역 연구의 "학" 수립에 대한 체계적인 논의를 진행시

22) 당시 주요 의제는 1) 통번역학 수립의 기준 문제, 연구 대상 및 연구 분야에 관한 논의 및 학문의 성질 혹은 정체성 문제, 2) 통번역학의 이론체계 문제, 3) 학부학과 외 연계 학과 및 타학문과의 상관관계 등이었다.

킨다. 특히 2001년 청도회의는 향후 중국의 통번역 연구가 실무적이거나 단순한 이론 수립의 범위를 넘어 독립된 분과학문으로 그 정체성을 수립해 나가야 할 방향성을 명확히 제시한데 그 의의가 있다 하겠다.

한편 이 단계에서는 독립된 학문 분과로서의 통번역학에 대한 중국학자들의 주장이 보다 광범위하고 구체적으로 등장하기 시작하였는데 그 결과물로 나온 것이 2000년 谭载喜 교수의 〈翻译学〉이라 하겠다. 여기서 谭교수는 통번역학은 통번역을 연구하는 "과학"이라 규정하고 현재 중국 통번역 연구에서 중요한 것은 "통번역학이 가능한가?"라는 소모적 논쟁이 아니라 구체적 연구를 통한 분명한 방향성의 제시이며 이로써 통번역 연구의 학문적 정체성이 수립될 수 있다 주장한다.[23] 그 밖에 독립된 학문 분과로서 통번역 연구의 필요성을 논한 중요한 논저로 刘重德의 〈关于建立翻译学的一些看法〉와 〈实践胜雄辩-也谈我国传统译论的成就和译学建设的现状〉[24], 杨自俭의 〈谈论翻译科学的学科建设问题〉, 〈对译学建设中几个问题的新认识〉, 〈译学研究的回顾与展望〉[25], 许钧의 〈从高校外语专业博士点建设看翻译学科的发展〉[26], 尚岩의 〈加强翻译学科建设〉[27], 穆雷의 〈世纪之交看译学建设〉[28], 吕俊의 〈从学科学的目标与结

23) 谭载喜,《翻译学》(武汉: 湖北教育出版社, 2000), p. 3.

24) 刘重德 〈关于建立翻译学的一些看法〉,《外国语》, 第二期(1995), 〈实践胜雄辩-也谈我国传统译论的成就和译学建设的现状〉,《外语与外语教学》, 第七期(2000).

25) 杨自俭, 〈谈论翻译科学的学科建设问题〉,《现代汉语》, 第三期(1996), 〈对译学建设中几个问题的新认识〉,《中国翻译》, 第五期(2000), 〈译学研究的回顾与展望〉,《山东师大外语学院学报》, 创刊号(1999).

26) 许钧, 〈从高校外语专业博士点建设看翻译学科的发展〉,《外语与外语教学》, 第3期(2001).

27) 尚岩, 〈加强翻译学科建设〉,《中国翻译》, 第6期(1999).

28) 穆雷, 〈世纪之交看译学建设〉,《中国翻译》, 第2期(2001).

构〉와 〈对翻译学构建中几个问题的思考〉[29], 张美芳의 〈翻译学的目标与结构〉[30], 그리고 저서로 黄重廉의 〈翻译变体研究〉[31] 등을 들 수 있다.

또한 이 단계에서는 중국에서의 통번역 연구의 발전 방향을 둘러싸고 학술지와 주요 회의를 중심으로 다양한 토론 및 논쟁이 진행되었는데 특히 통번역 연구의 학문적 정체성을 둘러싼 논쟁이 가장 주된 흐름을 구성하였다. 〈外语与外语教学〉 지면을 둘러싸고 진행된 통번역 연구의 과학성 논쟁, 중국 특색 논쟁 뿐만 아니라 분과학문으로서 통번역 연구의 철학적, 방법론적 토대에 대한 논의의 필요성이 적극적으로 제기되었다.[32]

## Ⅲ. 중국 통번역 연구의 학문적 정체성 논쟁

이와 같이 중국에서의 통번역 연구는 개혁개방 이후 시대적 요구와 더불어 실무적, 현실적 차원에서의 수요에 따라 비교적 빠른 발전을 보이고 있으며 이론 체계 수립에 대한 시도의 단계를 지나 독립된 학문 분과로서의 정체성 논의가 광범위하게 확산되고 있는 추세라 할 수 있겠다. 물론 통번역 분야의 특성상 순수 이론 체계 수립의 완성 위에 독립된 학문 분과로서의 각성이 시작되었기 보다는 현실적 실천을 보다 완벽하게 이끌어 내줄 이론의 수립을 요구하는 방향으로 발전해 왔다고 하겠다. 또한 대부분의 분과학문의 초기 성립이 그러하듯 중국에서의 통번역 연구도 인접

29) 吕俊, 〈从学科学的目标与结构〉, 张柏然､许钧, 《译学论集》(南京:译林出版社, 1997); pp 26-45; 〈对翻译学构建中几个问题的思考〉, 《中国翻译》, 第4期(2001).

30) 张美芳, 〈翻译学的目标与结构〉, 《中国翻译》, 第2期(2000).

31) 黄重廉, 《翻译变体研究》(北京: 中国对外翻译出版公司, 2000).

32) 2001년 청도회의 폐막식에서는 본격적 학과 건설에 대비하여 翻译教学理论研究(北京)､翻译批评理论研究(南京)､翻译学本体论研究(武汉)､翻译学认识论研究(青岛) 등의 전문적 논의의 필요성을 정식으로 제기한 바 있다.

학문과의 다양한 접목을 통해 독자적인 영역 수립을 구축해 나가고 있다. 이에 학문적 정체성을 둘러싼 논쟁을 통해 중국 통번역 연구의 현황을 살펴보도록 하겠다.

## 1. 과학성 논쟁

일반적으로 하나의 독립된 분과 학문이 성립되기 위해서는 그 고유한 학문적 특징과 정체성에 대한 분명한 인식이 선행되어야 한다. 이는 구체적으로 통번역연구가 과연 독립된 "학"이라 할 수 있을까 하는 문제로부터 시작된다. 근대적 학문 체계 내에서 "학"은 곧 "과학(Science)"을 의미하며 광범위하게 연구대상의 본질적 속성 및 보편성에 대한 지식 및 이를 탐구, 획득해 나가는 방법을 포괄한다. 보다 구체적으로는 논리적 엄밀성을 갖춘, 실증적으로 논증 및 검증(구체적으로는 수치화, 계량화, 모형화 등이 가능한가의 여부)이 가능한 이론 체계를 구비하고 있는 가의 여부가 중요한 기준이 된다.

1999년 10월에 "통번역 연구가 과연 독립된 학문 분과로 성립이 가능한가"라는 문제를 둘러싸고 〈外语与外语教学〉 지면을 둘러싼 열띤 논쟁이 벌어진 바 있다. 이는 특히 통번역 연구가 과연 과학적 범주에 들 수 있는가 하는 "과학성 논쟁"이 그 핵심이라고 할 수 있는데, 劳陇 교수의 경우 독립된 학문 분과로 통번역학이 수립될 수 없다고 주장하며 양종 언어 사이에는 언어 전환의 보편적 규율이 존재하지 않으며 그 결과 통번역하기(translating)는 객관적 법칙의 지배를 받지 않는다는 것을 그 근거로 들었다.[33] 특히 통역 과정에서 인간 대뇌의 작용은 주관적이고 그 주관성으로

33) 〈劳陇先生给本刊主编的信〉, 《外语与外语教学》, 第11期(2000). 劳陇교수는 〈丢掉幻想, 联系实际-揭破翻译(科)学的迷梦〉, 《中国翻译》, 第2期(1996), 〈什么是翻译学(translatology)? 什么是翻译科学(science of translation)对翻译理论研究沉寂期的思考〉, 《中国翻译》, 第5期(1999), 〈翻译活动是艺术还是科学〉, 《中国翻

인해 객관적 규칙이라는 것이 존재할 수 없게 되는데 결국 각 사람들의 대뇌가 각기 다른 것처럼 통번역 결과물도 다르게 되고 따라서 통번역의 과학적 특성(혹은 과학성)이라는 것은 존재하지 않게 된다는 것이다.[34] 심지어 혹자는 통번역 연구에서 이론 수립을 추구하는 것은 "나무에서 물고기를 잡고자 하는 것과 무엇이 다르겠는가"라는 상당히 비판적 견해를 피력하기도 하였다.[35] 결국 비관론적인 입장에서는 "통번역학"을 "통번역 및 통번역 하기의 법칙에 관한 연구"라 규정하고 보편적 규칙성이 존재하지 않는다는(혹은 존재하기 어렵다는) 것을 근거로 통번역학 수립에 회의적이게 된다.

반면 독립된 학문 분과로 통번역 연구에 긍정적인 입장에서는 크게 "과학"을 포괄적으로 정의하거나[36] 현대 과학기술의 성과를 일부 도입하여 통번역 및 통번역하기의 과학성을 증명하려는 두 흐름을 나눌 수 있다. 전자(前者)의 경우, 통번역 분야는 설사 현대 과학기술의 엄청난 성과를 도입한다 해도 논리학이나 수학, 물리학이 등이 보여주는 과학성을 보여 줄 수는 없다는 학의 성립조건으로 "과학"에 대한 다른 정의에서 출발한다. 자연과학이 지니는 엄밀성, 보편성, 그리고 엄격한 규칙성 등을 특징으로

---

译》, 第4期(2000) 등에서도 분과학문으로 통번역 연구의 수립에 회의적인 입장을 표방한 바 있다.

34) 李田心, 〈不存在所谓翻译(科)学〉, 《中国翻译》, 第5期(2000).

35) 张经浩, 《译论》(长沙: 湖南教育出版社, 1996), pp 8-9. 이와 유사한 주장으로 같은 저자의 〈翻译学: 一个未圆且难圆的梦〉, 《外语与外语教学》이 있다.

36) 이 경우 "과학"은 서로 다른 개념 규정이 된다. 넓은 의미에서 과학이란 사물의 본질적 속성과 그 규칙에 관한 지식 및 이러한 지식을 얻는 방법 전체에 관한 것이며, 좁은 의미에서 과학이란 고도의 엄밀한 논리성을 구비한 실증적 지식체계를 가리킨다. 후자의 입장에서 강조되는 것은 엄밀한 논리성이며 심지어 이를 공식화 시킬 수 있다고 보며 수치 모형으로 표현하고자 한다. 실증주의적 전통이 강한 분야나 지역의 경우 협의의 과학 개념이 주류적이며 자연과학만이 진정한 과학이다 라는 시각이 강하다 하겠다.

하는 협의의 "과학"기준을 "학" 성립의 유일한 기준으로 볼 경우, 통번역 연구가 가지는 다양한 인간 정신 활동에 관한 연구를 단순한 기계적 행위로 돌려 버리는 우를 범한다는 것이다. 즉 협의의 과학 개념을 학문 성립 기준으로 규정할 경우 물리학, 수학 등 소수의 자연과학 외에는 학문으로서 의미를 가지지 못하게 되며 그 결과 과학이 지니는 엄밀성을 추구하는 것도 중요하지만 인문 사회과학이 추구하는 객관적 법칙과 이성, 그리고 인식론적 가치를 무시하게 되는 것이며 그 자체가 바로 과학주의, 실증주의적 편견이다 라는 것이 그 요지이다.[37)]

반면 후자(後者)의 경우, 두뇌과학, 사유과학, 정보과학 등 현대 과학기술의 눈부신 발전에 힘입어 성장한 인접 분야와의 연계를 통해 정신과학이라는 측면에서 통번역학의 과학성을 부각시키고자 하는 노력이라 하겠다.[38)] 예를 들어, 刘祖培의 경우, 통번역은 인류가 만든 부호를 처리하는 것이며 통번역학이라는 것은 부호 생성의 메커니즘을 탐구하고 부호 처리의 원칙과 방법을 규명하여 부호 전환의 조건, 규칙 및 일반 규율을 밝혀내는 것이라 하여 철저히 과학의 입장에서 통번역학의 개념 정의를 시도한다. 그는 이를 통번역 하기의 정보-사고 모델로 제시했는데, 그 모델 속에서 모든 형태의 언어는 모두 부호[39)]이며 부호가 지시하고 지시할 수 있

---

37) 刘重德, 〈事实胜雄辩〉, 《外语与外语教学》, 第7期(2000); 谭载喜, 〈翻译学: 新世纪的思考〉, 《外语与外语教学》, 第1期(2001); 吕俊, 〈对翻译学构建中几个问题的思考〉, 《译学新探》(青岛: 青岛出版社, 2002), pp.28-39; 李亚舒, 〈关于翻译科学的思考〉, 《译学新探》(青岛: 青岛出版社, 2002), pp.169-176; 王佐良, 《翻译: 思考与试笔》(北京: 翻译教学与研究出版社, 1989).

38) 钱学林, 《关于思维科学》(上海: 上海人民出版社, 1986), p.234; 刘祖培, 〈翻译的信息-思维模式-兼论中国译学的特色与体系〉, 《译学新探》(青岛: 青岛出版社, 2002), pp.186-200.

39) 이는 사유의 진리성과 부호 정보의 사실성, 부호 코드의 약정성 및 규범성과 체계성의 존재를 전제하기에 가능한 이론이 된다. 즉 부호코드가 가지고 있다 여겨지는 이러한 속성이 각기 다른 통번역자에 의해 행해지는 통번역 사고와 행위에

는 것은 정보가 된다. 여기서 정보는 사유 물질의 존재 태와 운동 방식이며 정보전달은 인간 뇌 지식 단위와 유사한 유니트(unit)들의 상호작용과 교환이 된다. 교환의 조건은 정보가 가공처리를 통해 사유 정보가 되어야 한다는 것이며 가공 처리와 전달 전환 과정에서 통번역자의 정보 파악 및 정보 표현 등의 종합적 능력이 요구된다. 결국 이는 통번역 하기의 기본 규칙성이 객관적으로 존재한다는 것을 의미하며 이로써 통번역 규칙을 밝히고 운용하는 것이라는 분과학문으로서 통번역학이 가능하게 된다.[40)]

오늘날 전반적인 발전 추세로 볼 때 인류 스스로와 인류 사회에 대한 연구는 자연과학과 마찬가지로 "과학"으로 인식되고 있으며 새로운 인문사회과학 연구 분야가 속속 등장하고 있다. 또한 설사 협의의 과학 개념이 폭넓게 받아들여지는 분야에서도 "협의의 과학"만이 독립된 학문 분과가 되는 절대적 기준은 아니며 과학 개념과는 별도로 "학적 지식체계"를 연구하는 다양한 인문사회의 독립 분과가 존재한다. 따라서 통번역은 과학의 영역이 아니며 그렇기 때문에 독립적 학문 분과로 인정될 수 없다는 주장은 다소 무리가 있는 것으로 보이며 그 보다는 어떠한 철학적, 방법론적 기반 위에서 연구가 조직적이고 체계적으로 진행되어야 하는지 등에 대한 구체적인 논의가 필요하다 하겠다.

## 2. 중국 특색 논쟁

통번역 연구의 "과학성" 논쟁과 더불어 중국에서 통번역 연구의 발전 방향을 가늠해 보는데 매우 중요한 논쟁 중의 하나가 80년대 후반부터 진행되어 온 중국 특색 논쟁이라 할 수 있겠다. 우선, 중국 특색을 강조하는

---

규칙성을 부여하는 근거가 되는 것이다.

40) 刘祖培, 〈翻译的信息-思维模式-兼论中国译学的特色与体系〉, 《译学新探》(青岛: 青岛出版社, 2002), p.197.

경우, 중국의 전통적 번역론(譯論)과 오랜 기간 축적된 경험을 바탕으로 중국 통번역 연구의 자생적 지식체계를 수립하자는 주장이다. 이는 통번역은 문화와 매우 밀접한 관련이 있는 특수한 분야이며(중국적 경험의 특수성 강조) 서구 언어학 이론으로는 그 언어적 체계와 역사적 배경이 판이하게 다른 중국어를 설명해 내기에는 미흡한 점이 많다는 것을 그 근거로 들고 있다. 이 경우 서구 이론을 도입할 필요 없이 중국 통번역학 자체의 이론 체계를 수립하자는 다소 과격한 주장[41]부터 서구의 이론도입의 필요성을 주장하되 중점은 중국적 특수성에 두어야 한다는 주장[42] 및 중국적 전통과의 접목[43]까지 다양한 스펙트럼을 구성하고 있다 하겠다. 반면 개혁개방의 진행과 더불어 국제사회와의 교류가 활발해짐에 따라 단순히 정서적인 각도에서의 특수성 강조는 학문 그 자체의 존립 기반을 약화시키며 외래사상이나 이론을 무조건 배격하는 것이 아니라 선별적 연구를 통해서 중국의 부족한 부분을 보완하자는 주장이나 혹은 문화 다원주의적 입장에서 다양한 경험을 수용하자는 주장이 점차 설득력을 얻고 있다. 특히 이에는 중국적 특수성이나 전통에 대한 무조건적인 강조가 중국 학문 발달의 낙후를 가져왔고 통번역 연구에서도 오랫동안 자체 이론 체계 하나 제시하지 못했던 상황에 대한 반성이 상당 부분 작용했음은 분명한 사실이겠다.[44]

---

41) 罗新璋, 〈我国自成体系的翻译理论〉, 《翻译研究论文集》(北京: 外语教学与研究出版社, 1984), pp.588-604.

42) 刘宓庆《文化翻译论纲》(武汉: 湖北教育出版社, 1999).

43) 王宏印、刘士聪, 〈中国传统译论的现代诠释〉《译学新探》(青岛: 青岛出版社, 2002), pp.221-228; 穆雷, 〈传统译论与翻译学〉, 《译学新探》(青岛: 青岛出版社, 2002), pp.243-254.

44) 刘英凯, 〈论中国译论的潜科学现状〉《译学新探》(青岛: 青岛出版社, 2002), p.134. 중국 통번역 이론 연구는 아직까지 자체 완결성을 지닌 통번역학 이론 연구 저서 한권 출간되지 못한 상황이며 대부분이 그 동안의 중국적 경험만을 근간으로 통번역 연구에 대한 관점을 서술해 놓는 정도로 답보상태를 면치 못하고 있다.

중국적 경험의 특수성을 강조하는 주장의 경우 80년대 말부터 90년대까지 전반적 주류를 차지했다고 볼 수 있다. 초기에는 서구의 것을 수용하는 것이 곧 서구 보다 열등하거나 낙후되었다는 것을 인정하는 것과 등가시키는 정서적 인식이 크게 작용한 점이 있었는데, 이 경우 중국 근대사의 오랜 역사적 경험에 기인한 서구 중심주의에 대한 경각심이 그 바탕을 이루었다. 그러나 90년대 중기이후 학술적으로 학문적 정체성 수립에 대한 논의가 주류를 이루기 시작하면서 통번역 연구에서 중국 특색 논쟁은 다소 주춤한 상태라 하겠다. 이에는 독립된 학문 분과로서 통번역학의 학문적 보편성을 우선적으로 입증해 내는 것이 중요하다는 인식의 확산과 함께 현재 중국 통번역 연구의 수준으로 볼 때 중국 특색이나 독립된 학파 주장이 시기상조라는 주장이 폭넓게 확산되고 있다. 다만 중국 특색 논쟁은 통번역 연구 분야뿐 아니라 중국의 전 학문 영역에서 논쟁적으로 진행되는 이슈라는 점을 고려할 때 이는 통번역학의 학문적 정체성 수립과 함께 앞으로도 끊임없이 제기될 것이다.

## V. 결론

도입부에서 언급한 바와 같이 본 글은 개혁개방 이후 중국에서 통역번역 연구의 발전 과정과 주요 논쟁을 중심으로 현황을 정리하여 소개하는 것을 목적으로 하였다. 지금까지의 논의를 다시 한번 정리해 보면 첫째, 필자는 중국 통번역 연구 관련 문헌 및 담론 분석을 통해 중국에서의 통번역 연구가 1979~1987년의 초기 발전단계를 거쳐, 1987~1996년 전후의 이론적 체계 수립 시도 단계, 그리고 1996년부터 현재까지 독립된 학문 분과로서 정체성 수립의 3단계를 거쳐 발전해 오고 있다는 것을 살펴보았다. 둘째, 개혁개방 이후 중국에서의 통역번역 연구는 비교적 짧은 시간 내에 광범위한 이론적 소개와 논의, 특히 중국적 전통과의 접목을 통해서 구체적인 중국의 통번역 연구의 학문 방향을 고민해 왔다고 하겠다. 그러나 이는 전반적 추세라는 측면일 뿐 중국에서의 통번역 연구는 자체 이론 수립이라는 면에서는 아직까지 양적으로나 질적으로 모두 상당한 부족을 보여주고 있다. 이론적 연구가 부족하다는 것은 구체적으로 볼 때 통역번역의 이론이라는 것 자체에 대한 인식이 부족하고(통번역학의 과학성 논쟁), 방법론적인 측면에서는 구체적 경험을 나열하는 서술이나 묘사식 연구가 대부분이며 이를 보편적 이론 체계 속에 통합시키려는 시도가 부족하고(통번역학의 중국적 특색 논쟁) 인접학문과의 방법론적 교류를 통해 원천이론의 개발이 시급하다는 등의 문제를 들 수 있겠다.

최근 들어 활발해지는 통역번역 연구의 학문적 정체성 논쟁이나 중국적인 특수성과의 결합 논쟁 등을 통해 볼 때 중국 통번역 연구에서 기본적 학문 방향과 정체성 수립에 대한 시도가 활발히 진행되고 있다는 것을 알 수 있다. 반면 독립된 학문 분과로서 통번역학에 대한 필요성이 중국학자들에게 광범위하게 인식[45]되고 있기는 하지만 중국 교육 체계와의 충돌 및 통번역 학문 자체에 대한 인식의 미비[46] 등으로 현실적 어려움을

45) 중국학자들의 기본적 공감대, 비교적 일치된 의견이라는 측면에서 요약하자면 "독립된 학문 분과로서 통번역학 수립 문제는 더 이상 가부(可否)의 문제가 아닌 어떻게(how)라는 방법론의 문제이다. 즉 중국 통번역학은 독립된 학문 분과로서 사회과학의 한 분야에 속한다, 사회언어학, 응용언어학, 비교문화 등 연계학문과의 포괄적 교류를 기본적 토대로 한다. 통번역학은 "학문적 정체성"이라는 측면에서 독립적이고 종합적이다. 언어학이나 비교문학 혹은 비교문화학의 일부나 지류학문이 아닌 인접학문을 포괄적으로 재구성한 독립적 학문 분과로 이는 앞으로 통번역학의 발전 방향이기도 하다"라 할 수 있겠다.

46) 이와 관련하여 중국적 상황에서 독특하게 제기되는 문제가 이론(theory) 그 자체를 바라보는 관점의 문제라 하겠다. 서구의 경우, 이론을 정신세계의 활동으로 현상에 대한 내적 표상을 구현하는 순수한 관념적 활동으로 보는 경향이 있기 때문에 굳이 실천을 담보하지 않아도 이론으로서 수립이 가능하게 된다. 반면 "이론과 실천"의 변증법적 지향을 통해 실천에 대한 이론의 검증 가능성 등 이론의 실천에 대한 공리주의적 기능을 중시해온 중국 사상계의 풍토 속에서 특히 통역

겪고 있다 하겠다. 특히 중국 교육계 인사들의 통번역 연구에 대한 미비한 인식의 예로 기존에 제2급 학문으로 분류되었던 통번역학이 1992년 제3급 학문인 외국 언어학 및 응용 언어학 하이 체계의 세부 전공으로 강등된 사실을 들 수 있겠다.[47)]

통번역 혹은 통번역 하기는 그 외포와 내연에 있어서 기존 학문들의 경계를 넘나들며 종합적으로 연계되며 등장하는 새로운 학문 분야라 할 수 있다. 그 영역은 전통 분야인 언어학에 토대를 두고 있지만은 단순한 언어적 지식이나 언어학적 방법만으로는 설명하기 어려운 점이 존재한다. 따라서 사회학, 정치학, 미학, 철학, 심리학, 역사학 등 뿐 아니라 기호학, 민속학, 경제학까지 다양한 각도에서 이에 대한 직간접적인 연구가 필요한 상황이다. 이러한 학문적 방향은 서구의 통번역학 수립 과정에서도 잘 드러나고 있으며 이는 다시 중국에서의 통번역 연구의 향후 발전 방향을 가늠해 볼 수 있다 하겠다.

---

번역과 같은 실천이 겸용되는 분야는 더욱 과학적 학문 체계로 성장하기 어려운 감이 있게 되는 것이다.

47) 1992년 11월 국가 기술 감독국에서 발표한 〈학과분류 및 코드〉는 통번역 분야를 언어학, 응용언어학 아래의 세부과목(第三级学科)으로 규정하였는데 이 경우 통번역 분야는 언어교학, 담론언어학, 실험언어학, 컴퓨터언어학 등과 같은 수준에서 논의되게 된다. 결국 전문적 교육 및 연구기관의 부재는 장기적으로 통역번역 자체 이론 연구의 범위를 협소화시켜 독자적 이론 체계 발전 가능성을 저해하고 그 결과 통번역학이 제도적으로 독립 분과로 성장하기 더 어렵게 만들고 있다.

# 《國語》의 국내 소장현황과 한국문인의 《國語》활용 연구*

이기훈**

## I. 序言

본고는 필자가 한국연구재단으로부터 지원받은 "歷代 韓·中《國語》注釋本 및 評說에 대한 정리와 고찰"이란 연구 과제물로 2차년의 연구결과를 논문으로 작성한 것이다. 1차년에서는 〈역대 《國語》주석본 정리 및 분류〉를 발표하여 중국에서 역대로 출간된 《국어》주석본 목록을 수집·정리하고 이를 몇 가지 유형으로 분류하는 작업을 진행한 바 있다. 그 결과로 漢代에서 淸代에 이르는 81종의 《국어》주석본을 찾아내 그 목록을 제시하였다.[1] 이로써 《국어》는 춘추시기 역사를 다룬 중요한 역사서이자 철학

---

* 이 글은 2012년 1월 《中國語文論譯叢刊》 제30집에 수록된 논문임.

** 세명대학교 중국어학과 강사

1) 상기 작업을 통해 〈역대 《國語》주석본 정리 및 분류〉를 작성한 이후에도 꾸준히 새로운 《국어》주석본에 대한 조사를 실시한 결과 北京圖書館 소장 明 鄭維岳 撰 萬曆刊本 《新鍥鄭孩如先生精選國語旁訓便讀》二卷과 明 陳仁錫、鍾惺評 萬曆刊

서로서 역대 수많은 문인들이 지속적으로 관심 갖고 주석 작업을 진행해 왔음을 확인할 수 있었다. 이어서 필자는 〈朝鮮時代《國語》流通과 活用 -《朝鮮王朝實錄》을 중심으로-〉라는 논문을 발표하였는데 이는 조선시대 왕실에서《국어》를 어떻게 수입하고 간행했는지 출판·유통상의 문제를 살펴보고 아울러 왕실에서 그것을 어떻게 이용했는지에 대해 고찰한 것이다. 이를 통해 조선전기인 태종 12년(1412)부터 이미 왕실서고인 충주사고에《국어》를 소장하고 있었으며, 文治로 서적의 간행과 보급이 가장 활발하였던 세종조에는 수입·수집·간행·보급 등 일체 유통 행위가 이루어졌음을 확인하였다. 그리고 조선 왕실에서《국어》를 立論 및 史評의 論據로서, 敎育 및 學習의 科目으로, 講說 및 撰述의 材料로서 다양하게 활용하였음을 파악하였다.

본고는 이러한 1차년의 연구 성과를 바탕으로 진행된 후속작업으로 우리나라에는 어떠한《국어》주석본이 존재하였으며, 우리의 문인들이 이를 어떻게 인식하고 사용했는지에 대해 알아보는 것이 주된 목적이다. 본문에서는 먼저 현재 국내 국가도서관 및 주요 대학도서관에서 소장하고 있는《국어》의 서지사항에 대해 조사 및 정리하고, 이어서《한국문집총간》을 중심으로 문인들의《국어》인식과 활용 사례에 대해 집중적으로 살펴보도록 하겠다.

---

本《국어》二十一卷, 북경대학도서관 소장 明 湯濱尹選評, 萬曆刊本《新刻湯會元精選釋評國語》四卷의 3종을 추가로 확인하였다. 따라서 필자가 현재까지 조사한《국어》주석본은 모두 84종이 된다.

## Ⅱ. 국내소장《國語》書誌사항

국내에서《국어》판본을 확인하기 위해서는 우선 고문헌을 가장 많이 소장하고 있는 국립도서관과 주요 대학 도서관 그리고 한국학관련 주요 기관의 전자정보 검색사이트를 이용해야 하며, 추가로 한국고전번역원에서 제공하는 DB자료를 통하여《국어》관련 자료를 보충해야 한다. 따라서 본 조사정리 작업은 먼저 '국립중앙도서관 지식정보 통합검색' 시스템에서 제공하는 '한국고전적종합목록검색'을 이용하여 국내에 소장된《국어》의 서지사항을 모두 파악하였다. 국립중앙도서관의 것이 기본적으로 국내의 모든 소장 내용을 총괄하고 있지만 누락의 가능성을 최대한 배제하기 위해 파악된 각 소장처의 홈페이지를 따로 방문하여 재확인하는 작업을 병행하였다. 또한 본 조사 및 정리의 대상이 되는 판본은 고대 우리나라에서 간행한 것과 중국과 일본에서 간행한 것을 국내에 들여와 소장하고 있는 단행본 위주로 하였다. 다시 말해 가령 中華書局의 叢書集成初編이나 藝文印書館의 百部叢書集成三編과 같이 근대이후 총서류의 일종으로 석인본이나 영인본으로 출간하여 대량 유통되는 것은 제외하기로 하였다. 이러한 과정을 거쳐 현재까지 확인한 국내《국어》판본은 총 25종으로 모두 128권을 파악하였다. 아래에서는 지면 관계상 국내에서 출간된 대표적인 판본을 먼저 살펴보고, 새롭게 발견한 판본을 보충하며, 아울러 서지 표기상의 문제점에 대해 지적하도록 하겠다.

### 2.1《國語》

국내 주요 대학 도서관에 소장된 '國語'라는 표제를 가진 서적은 현재까지 87권으로 파악되었다. 대부분 중국에서 간행된 것을 국내로 들여와 보관한 것으로 서울대학교 규장각 한국학연구원에서 소장하고 있는 명 萬曆 연간(1573~1619) 것으로 추정되는 목판본《국어》21권 8책이 가장 오래된 판본이다. 국내에서 간행된 것으로는 국립중앙도서관 소장 肅宗 연간(1675~1684) 戊申字本《국어》 21권 4책이 가장 오래되었다. 현재 규장각 한국학연구원에는 ① 奎中1528-1531, 1533-1536, ② 奎中3901, ③ 奎中4595, ④ 奎中 1452의 4가지 판본이 존재한다. 지금 볼 수 있는《국어》의 모든 판본은 三國時代에 吳의 韋昭가 쓴《國語解》를 저본으로 하고 있다. 이 중 가장 잘 알려져 있는 판본은 宋公序補音本[2]과 天聖明道本[3]이며, 규장각에는 이 두 판본 모두 소장되어 있다. 宋代 宋庠은 당시 전하던 판본 약 15종류를 참조하여《국어》 21권의 본문과 위소의 주석을 교감한 후, 본문 글자들의 독음을 설명한 〈補音〉 3권을 책의 뒷부분에 부록으로 덧붙여 출간하였다. 이 작업을 위해 그는 唐代에 쓰여진 音義書 한 권과《經典釋文》,《說文》,《集韻》 등의 서적을 참조하였다. 이 때 정해진《국어》의 판본을 송상의 字인 公序를 따서 송공서보음본이라 하는 것이다. 후대에 〈보음〉 부분만이 독립된 형태로 빠져나와《國語補音》이라는 단행본으로 유포되었고, 明代에 다시 〈보음〉을《국어》에 합하면서 〈보음〉의 내용을 분산시켜 해당《국어》 본문 아래 위소의 주석과 함께 붙인 형태로 重刊되었다. 이와 같이《국어》의 본문과 그 부록 형태로 되어 있던 〈보음〉이 서로 떨어지는 과정을 거치면서 송상이 치밀하게 교정한 판본의《국어》 본문은 산일되어 버렸고 誤脫이 심한 상태의 본문이 전하게 되었다. 따라서 지금 송공서보음본이라고 하는 판본은 엄밀히 말하면《국어》 본문과 위소의 注解 부분은 송공서보음본이 아닌 다른 판본에서 취한 것이고, 〈보음〉 부분만이 송공서보음본의 원래 내용에서 취한 것이 되는 셈이다. 게다가 송공서보음본의 명대 重刊本도 매우 여러 종류가 전해지고 있기

2) 公序本 혹은 補音本이라고도 함.

3) 淸代 黃丕烈이 宋의 天聖明道本을 重刊하였다 하여 明道本이라고도 한다. 또한 황비열의 藏書目錄集《士禮居黃氏叢書》에 수록되었다고 하여 士禮居叢書本이라고도 한다.

때문에 《국어》 본문의 이용에 주의를 기울여야 한다. 규장각 소장본 ②, ③은 이러한 과정을 거친 명대의 중간본이고, ①과 ④는 ③을 朝鮮에서 重刊한 판본이다.

책의 구성을 보면, ②는 卷首에 위소의 〈國語解叙〉, 송상의 〈校補國語凡〉과 〈國語補音叙錄〉이 있으나 책의 목록은 없다. 권1-3은 각기 〈周語〉 上, 中, 下이고, 권4-5는 〈魯語〉 上, 下, 권6은 〈齊語〉, 권7-15는 〈晉語〉, 권16은 〈鄭語〉, 권17-18은 〈楚語〉 上, 下, 권19는 〈吳語〉, 권20-21은 〈越語〉 上, 下이다. 권1 卷頭의 두 행에는 "吳 高陵亭侯 韋昭 解 宋 鄭國公 宋庠 補音"과 "明 吏部考功員外 穆文熙 編纂 兵部左侍郎 石星 校閱 河南道監察御使 劉懷恕 江西道監察御使 沈權 校"가 적혀 있다. 卷末의 後序에는 杜預의 《春秋左氏經傳集解》의 序가 실려 있으며, 수록된 연유는 알 수 없다. ②의 본문 및 주석은 ①, ③과 다를 바가 없으나 상단 여백에 穆文熙가 쓴 것으로 보이는 評이 있다. 현재 전하는 송공서보음본 《국어》의 여러 판본들 중에 명 만력 연간에 목문희가 輯評하고 劉懷恕가 판각하였다는 판본이 전해지고 있는 것으로 보아 규장각 소장본 ②도 이 판본이라고 추정된다. ③은 만력 연간에 張一鯤이 판각한 것으로 비교적 널리 이용되는 판본이다. 卷首에 장일곤의 〈刻國語序〉, 〈校補國語凡〉, 위소의 〈國語解叙〉, 송상의 〈國語補音叙錄〉과 〈目錄〉이 있으며 권의 분류나 체제는 ②와 같다. 장일곤의 〈각국어서〉에는 〈보음〉의 내용을 각기 해당되는 《국어》 본문에 배당하여 위소의 注와 합쳐 놓았음을 밝혀 놓았다. 송상의 〈목록〉에는 《국어》 21편의 篇名이 나열되어 있고 그 아래 달린 주에는 당시 전하던 여러 판본 내 篇名 간의 異同이 비교되어 있다. 권1의 卷頭 두 행에는 "吳 高陵亭侯 韋昭 解 宋 鄭國公 宋庠 補音"과 "明侍御史 蜀 張一鯤 楚 李時成 閱 虞部郎 豫章 郭子章 選部郎 東越 周光鎬 校"가 적혀 있다. ①은 ③을 1859년(哲宗 10)에 조선에서 간행한 것이다. 구성과 내용 모두 ③과 같으나 卷末에 〈교보국어범〉과 위소의 〈국어해서〉 순서가 바뀐 것, 卷末에 〈鑄字記〉가 있는 것 말고는 내용이나 구성 모두 ③과 동일하다.[4] ④도 조선에서 간행한 판본이지만 권5-17까지의 제 3, 4, 5 책만 소장되어 있는 零本이다. 분량으로 보아 전체 6책으로 되어 있었던 것 같으나 어느 판본을 저본으로 한 것인지, 언제 간행된 것인지는 알 수 없다. 규장각 소장본 외에도 명대에 重刊된 송공서보음본《국어》의 판본으로는 1525년(嘉靖 5) 許宗魯宜靜書堂刻本, 1528년(嘉靖 7) 金李澤遠堂刻本이 비교적 시기적으로 앞서면서도 많이 이용된 판본이고, 그 밖에 1585년(萬曆 13) 吳汝紀刻本, 1578년(萬曆 6) 思泉童氏刻本 등이 있다. 그리고 송공서보음본은 1919년에 출간된 上海商務印書館 四部叢刊에 수록되었다.[5]

다음은 주요 소장기관 검색사이트의 표기상 오류 몇 가지를 지적하고자 한다. 먼저 국립중앙도서관에 소장된 목판본《국어》는 寶曆 11년(1761) 즉 일본 桃园天皇 때 간행된 것인데 저자명 중 "穆文熙(吳) 纂 ; 石星(吳) 校"는 모두 '吳'가 아닌 '明'으로 고쳐야 한다. 또 성암고서박물관자료실의 戊申字 금속활자본《국어》의 저자명 "章昭(吳) 解"에서 '章'은 '韋'로 고쳐야 한다.

## 2.2《國語國策合編》,《公穀國語國策鈔》

《국어》와《전국책》은 다루는 내용이나 문체 등이 완전히 다름에도 불구하고 춘추시대와 전국시대를 잇는다는 역사적 연속성 때문인지 합편으로 만든 판본이 적지 않다. 현재 우리나라의 동국대학교와 고려대학교에는 民國 5년(1916) 상해 鴻寶齋에서 간행한 57권 8책으로 석판본《국어

4) 이를 整理字本이라 하는데, 권말〈鑄字記〉에는 朝鮮初期부터의 鑄字事實을 약술하고 이 책이 整理字로 간인된 경위를 밝히고 있다. 哲宗은 이 책을 간인한 후 各司에 頒示하였는데 현재 규장각 소장본 중〈奎中 No.1528〉(摛文院),〈奎中 No.1529〉(弘文館),〈奎中 No.1530〉(藏書閣)에는 內賜記로써 배포처가 밝혀져 있다.〈奎中 No.1452〉本에는 '弘齋'·'弘文館' 등의 藏書印이 있다.

5) 규장각 한국학연구원 소장자료검색 해제(조성우)

국책합편》이 소장되어 있다. 이는 본래 청 光緖 乙未年(1895) 寶善堂刻本을 저본으로 한 것으로 《국어》 21권 札記 1권과 《전국책》 33권 찰기 2권으로 구성되어 있다. 보선당각본은 다시 청 황비열의 士禮居黃氏叢書를 翻刻한 것으로 책 전체에 朱筆圈點이 있고 또 《전국책》에는 墨筆批注가 여러 군데 보이지만 누구의 것인지 알 수 없다. 한편 성균관대학교 존경각에는 청 同治 9년(1870) 經綸堂에서 간행한 목판본 《重訂國語國策合註》가 있다.

《공곡국어국책초》는 《국어》와 《전국책》 두 가지 외에도 《春秋公羊傳》과 《春秋穀梁傳》까지 4종을 합편한 판본이다. 국내에는 동국대학교 경주캠퍼스 도서관에 高塘이 集評하고 廣郡永邑의 培元堂에서 간행된 乾陽 53년(1788) 목판본이 있다. 이 책은 《公穀語策合鈔》라고도 한다. 1차년 연구조사에는 고당의 《國語鈔》란 서명으로 파악한 바 있다.

## 2.3 《太史陳明卿批點國語》

국립중앙도서관과 부산대학교 도서관에 있는 목판본 《태사진명경비점국어》는 명대 만력 연간 陳仁錫이 選評한 것으로 1차년 연구조사 중에는 파악하지 못했던 판본이다. 〈역대 《國語》주석본 정리 및 분류〉에서는 陳仁錫이 지은 국어주석본으로 《國語奇鈔》를 제시하였는데 필자는 이를 그의 문집 《續古文奇賞》의 권8과 권9에 실린 《국어》로 추정한 바 있다. 《中国古籍善本书目》〈史部上〉에는 陈仁锡､钟惺 评 明 만력刊本의 《국어》 21권이 있는데 동일한 것이 아닌가 생각되며, 《태사진명경비점국어》란 서명은 아마도 국내에 들어와 만들어 진 것 같다.

## 2.4《國語校注本三種》

《국어교주본삼종》은 汪遠孫(1793~1836)이 쓴《國語發正》21권,《國語三君注輯存》4권,《國語明道本攷異》4권을 하나로 모은 책이다. 왕원손은 仁和(浙江省 杭州市) 사람으로 자는 久也, 호는 小米, 借閒漫士이다. 1816년(嘉慶 21)에 擧人이 되었고 벼슬은 內閣中書를 지냈다. 증조부 汪憲(자 千陂, 호 魚亭, 乾隆 14年 進士)이 유명한 장서가였던 탓에 방대한 양의 서적을 접할 수 있었고, 이를 모두 읽으며 연구에 몰두하였다. 저자는 특히《춘추》,《국어》,《經典釋文》에 관심이 많아 이 책들에 대한 연구를 계속하였다. 본서는 그 연구의 결과로 집필된 것으로, 저자는 1836년(道光 16)에 초고를 완성하고 곧 病死하였다. 저자의 동생 汪适孫이 遺稿를 저자의 친구인 陳奐(1786~1863, 자 碩甫, 호 師竹)에게 맡겨 교정작업과 서문을 부탁하여 본서의 출간이 이루어지게 되었다. 본서 이외에도《詩考補遺》,《漢書地理志校勘記》등의 저술을 남겼다.

규장각에는 '奎中 3946'과 '奎中 2879'의 동일한 판본 두 질이 소장되어 있다. '奎中 3946'의 표지 이면에는 "道光丙午閏五月振綺堂汪氏刊藏"이라고 간행사항이 기록되어 있고(振綺堂은 저자 집안의 서재임), 책 맨 앞에는 1845년(道光 25)에 진환이 쓴 序가 있다. 이 序에는 왕원손에 대한 간략한 소개, 본서 출간 과정, 汪氏 형제와 진환의 교류 등이 기록되어 있다. 그 다음에는〈國語三君注輯存序〉,〈國語校注本總目〉,《國語三君注輯存》4卷(이상 제 1책),〈國語發正序〉,《國語發正》21卷(권1-3 제 2책, 권4-7 제 3책, 권8-15 제 4책, 권16-21 제 5책),〈國語明道本攷異序〉,《國語明道本攷異》4卷(제 6책)이 있다. '奎中 2879'도 기본적으로 같은 구성으로 되어 있으나 제책만 약간 다르다.(《國語發正》권1-2 제 2책, 권3-5 제 3책, 권6-14 제 4책, 권15-21 제 5책)《국어삼군주집존》은 漢의 賈逵, 三國 吳의 虞翻와 唐固의 注를 모아 놓은 책이다. 책 제목의 三君이란 이 세 사람을 가리킨다. 이들의 주해서는 남아 있지 않으나, 위소의《國語解》에 이 세 사람의 주석이 많이 인용되어 있고, 위소 이후에도 三國 魏의 王肅, 晉의 孔晁가 《국어》에 주를 달면서 부분적으로 이 세 사람의 주석을 인용하였기 때문에 상당 부분 복원이 가능한 것이다. 이 책은 위소, 왕숙, 공조에 의해 인용된 부분과 《史記索隱》, 《文選》, 《北堂書鈔》 등에 흩어져 있는 구절들을 망라하여 삼군의 주를 복원한 것이다. 《국어》의 원문 구절과 삼군의 주를 각기 쓰고 삼군의 주 아래에 割註로 그 출처를 밝혀 놓는 형식으로 되어 있다. 다만 《국어》 전문이 다루어진 것이 아니고 삼군의 주가 남아 있는 구절만 다루어져 있다. 《국어발정》은 《국어해》의 내용 중 틀린 부분을 바로잡고 소략한 부분은 보충하며 의미가 불분명한 부분은 다시 설명해 놓은 책이다. 저자는 《국어》 주석본 중 완본으로 전하는 것이 위소의 《국어해》 뿐이기 때문에 《국어해》를 검토 대상으로 삼은 것이다. 본문은 《국어》 원문 구절과 그에 대한 위소의 解를 쓰고 그 아래에 주를 다는 형식으로 되어 있다. 역시 《국어》 원문을 모두 다룬 것이 아니고 위소의 解가 설명하고 있는 구절만 다루고 있으며, 저자가 검토하거나 설명하는 것도 《국어》의 내용이 아니라 위소의 解이다. 《국어명도본고이》는 공서보음본 《국어》와 천성명도본 《국어》의 異同을 비교해 놓은 책이다. 본서는 명도본을 큰 글자로 쓰고 공서보음본을 작은 글자로 그 아래에 써서 두 판본의 차이를 비교해 놓았으며 다른 서적에 인용된 국어의 내용 중 異文과 여러 학자들이 고증해 놓은 異字도 적어 놓았다. 규장각 소장본의 표지에는 "明道本國語攷異"라고 되어 있고, 권두에는 "國語明道本攷異"라고 되어 있다. 紀年이 없는 저자의 序 외에는 본서의 판각사항을 알려주는 아무런 기재가 없기 때문에 규장각 소장본이 언제 출간된 것인지 알 수 없다. 본서가 포함되어 있는 《국어교주본삼종》이 저자의 사후 1846년(淸 道光 26)에 출간되었으므로, 단행본으로 간행된 본서는 그 이후에 출간되었으리라 추측할 수 있을 뿐이다.[6)]

---

6) 규장각 한국학연구원 소장자료검색 - 해제(조성우)

## 2.5《桐城吳先生點勘國語》

부산대학교 도서관에 소장된 活字本으로 발행사항은 미상이다. 1차년 연구조사 때 파악하지 못했던 판본으로 청대 吳汝倫撰《桐城吳先生群書點》중에 있는 것으로 보인다. 오여륜은 안휘 桐城사람으로 同治 3년(1864)에 擧人이 되고 이듬해 진사에 합격하였다. 桐城派 후기 문학가로 光緖 15년(1889)부터 保定 蓮池書院을 맡아 수많은 후학을 양성하고 제자서 등에 교감을 하였다.

## 2.6《左國定論》

서울대학교 규장각 한국학연구원에는 중국에서는 찾을 수 없는 판본이 보인다. 하지만 刊寫地, 刊寫者 등이 모두 미상이어서 한국에서 만들어진 것인지도 확실하지 않다.《좌국정론》은《국어》와《좌전》에 있는 구절들에 대해 저자 나름대로의 견해를 정리한 책이다.〈國語定論〉과〈左傳定論〉의 두 부분으로 구성되어 있으며, 각각의 서두에는 간략한 서문을 적었다.《국어》에 대해서는 그 글이 화려한 것에서 끝나는 것이 아니라 선왕의 學敎에 遺風이 있음을 강조하고 세상의 학자들이 좋은 것을 취하면서 아울러 옳지 않은 것까지 나아감을 걱정하여 孔氏의 道로써 절충하여 定論을 짓는다고 밝혔다.《좌전》의 경우 "周鄭交質"[7]에서 周나라와 鄭나라를 병칭하여 尊卑의 구별이 없게 되었으므로 左氏의 죄가 크다는 呂氏의 언급을 인용하며 좌전의 내용에 존비의 구별이 없음을 비판하고 있다. 본문의 서술은《국어》나《좌전》에서 문제되는 구절을 언급하고 이에 대한

---

7)《좌전》〈隱公三年〉에 나오는 것으로 주왕실이 동천한 이후로 날로 쇠약해져 제후국들을 제압할 능력이 사라지게 되고 결국 鄭 莊公과 周 平王 간에 인질을 교환하게 되는 사건이 발생하였다는 내용이다.

저자의 의견을 "論曰"이라는 이름으로 적는 방식으로 되어 있는데, 〈국어정론〉은 88편, 〈좌전정론〉은 61편으로 구성되어 있다. 내용은 대개 禮라는 측면에서 두 고전에서 중요한 대목이나 잘못된 부분을 지적하여 나름대로 비판한 것이다. 〈좌전정론〉의 경우 마지막 두 항목은 좌전의 인용없이 전반적인 내용을 대상으로 직접 논의하는 형식으로 되어 있다. 편찬연대는 알 수 없으나 책의 상태로 보아 1900년대 이후의 것이라 여겨진다.[8)]

## 2.7 《左國類編》

국립중앙도서관에 소장된 《좌국유편》은 지금까지 파악된 한국에서 만들어진 유일한 《국어》주석본이다. 조선시대 李瀷(1681~1763)이 편한 것으로 筆寫本 3책으로 구성되었다. 이는 중국 춘추전국시대의 열국명과 제후들 명호, 별칭들을 《춘추좌전》과 《국어》에서 추려 엮은 책이다. 이 주석본의 내용은 〈天〉편에서는 《춘추좌전》에 실린 國名을 열거하고 周의 제왕명호와 별칭을 열기했고 이어서 魯, 齊, 秦의 열왕명호 및 별칭을 162면에 걸쳐 수록했으며, 〈地〉편에서는 晉과 楚의 열왕명호, 별칭 및 기사 등을 204면분에다 수록, 〈人〉편에는 宋, 鄭, 衛, 吳, 越의 제왕명호와 별칭이 153면분에 걸쳐 수록하였다. 조선시대에서 《춘추좌전》이나 《국어》에 기록된 사실들과 특히 역대제왕의 성명과 왕호, 시호 및 이칭을 알아두는 일은 중국 史略을 공부하는 필수지식이며 이것은 곧 과거 시험생이나 중국에 사신으로 가는 관원들의 필수 상식이었다. 편자인 이익은 조선후기의 利用厚生의 실학자로 본관은 驪州, 자는 子新, 호는 星湖이며, 벼슬에 나가지 않고 학문에만 전념하며 李珥나 柳馨遠의 학문에 심취하였고 천문, 지리, 律算, 의학 등에도 능통했으나 重農사상에 특출하여 士農合一의 田制論을 폈다. 저서인 《星湖僿說》과 《藿憂錄》은 이 같은 실학의 총서이

---

8) 규장각 한국학연구원 소장자료검색 - 해제(윤경진)

다. 또 청소년을 위한 경륜도 두터워《近思錄》,《四七新編》,《李先生禮說》,《觀物編》,《百諺解》와《自卜編》과《喪威前後錄》도《좌국유편》처럼 후진들의 교양을 위한 저작이며, 그의 문집으로는《星湖集》이 있다. 초야에서 학문에만 전념하다가 말년에 學行으로 제수된 繕工監假監役마저 사퇴하니 83세 때 나라에서 優老例典에 따라 中樞府僉知事로 특전을 베풀었으나 바로 죽으니 이조판서로 추종되었다.[9)]

## 2.8《國語定本》

국립중앙도서관 및 서울대학교 중앙도서관, 대구광역시립 중앙도서관에는 일본에서 만들어진 목판본《국어정본》이 있다. 이는 송공서보음본에 秦鼎이란 자가 교독한 주석본이다. 日人 진정(1761~1831)은 오와리번(尾张藩) 藩校 明伦堂 教授로 미노(美浓)사람이고, 자는 士铉, 또는 嘉奈卫, 호는 沧浪, 小翁, 夢仙 등이 있다. 그 부친은 苅谷藩 儒学家 秦峨眉이다. 진정은 그 부친으로부터 가학을 계승하였고 나중엔 细井平洲에게 사사받았다. 그는 교감에 뛰어나《春秋左氏传校本》,《国语定本》,《世说笺本》,《楚辞灯校读》등을 지었다. 국립중앙도서관 사이트에 "左丘明(日本) 著"라고 표기된 것은《국어정본》이 일본책이기 때문에 생긴 오류인 것 같다. 저자의 국적을 말하는 것이라면 '日本'은 '中國'으로 수정해야 마땅하다.

이상의 내용을 통해 고대 한국에서는 중국에서 수입한 것은 물론이고 자체적으로《국어》를 간행하였고 일본의 것도 수입하는 등《국어》의 다양한 판본을 확보해 왔음을 알 수 있다. 동일 연간의 간본이라도 소장처에 따라 권책수가 다르게 나타나고, 제명이나 부기사항, 합본 방식이 중국 판본과 다른 것은 한국 문인들만의 취향과 목적이 반영된 것으로 보인다. 또

---

9) 국립중앙도서관 지식정보 통합검색 - 초록내용(김지용)

한 《좌국유편》과 같은 책은 우리의 필요성에 의해 우리의 시각으로 만들어진 것으로 우리 문인들의 능동적인 治學자세를 보여준다.

## Ⅲ. 문인들의 《國語》 活用사례

본 장에서는 고대 한국문인들이 《국어》를 어떻게 인식하고 활용하였는지 알아보고자 한다. 1차년도의 성과물 〈朝鮮時代 《國語》 流通과 活用〉은 조선왕조실록을 중심으로 추출한 것이기 때문에 조정에서 서적을 수입하고 간행했던 사실과 왕실에서 《국어》를 어떻게 사용했는지가 주된 내용이었다. 여기서는 일반 문인들이 《국어》를 어떻게 인식하고 활용하였는지가 중심 내용이므로 《한국문집총간》을 주요 텍스트로 삼고 문집에 나오는 《국어》에 관한 각종 내용을 분석하여 고대 한국문인들이 《국어》를 어떻게 인식하고 이용했는지를 좀 더 구체적으로 확인해 보도록 하겠다.

한국고전번역원의 '한국고전종합DB' 시스템[10]을 이용해 '國語'라는 키워드를 입력해 넣으면 《한국문집총간》에서 검색되는 사항은 모두 565건이다. 그 가운데 문헌 《국어》를 지칭하는 내용은 500여건에 달한다. 그 대략의 내용을 파악하고 유형을 분류한 결과 아래의 3가지로 구분할 수 있었다.

### 3.1 著述立論의 根據

옛 문인들은 저술을 통해 개인적인 감흥과 정서를 표현하기도 하지만 크고 작은 의론으로 자신만의 철학과 사상을 드러내는 것도 빠뜨리지 않았다. 이때 자신의 주장에 설득력을 높이고자 구체적인 근거를 제시하는

10) http://db.itkc.or.kr/index.jsp

데 선진시기 경전과 사서가 주로 등장하게 된다. 경전은 말 그대로 문인들이 修學을 하면서 가장 기본적으로 익혀야 하는 내용이자 모든 사상과 이론의 근간이 되는 것이다. 때문에 어떤 논의에 있어 경전에 나오는 내용을 논증의 근거로 삼거나 증거로 제시하는 것은 자신의 논리에 타당성을 입증하는 행위가 되는 것이다. 사서 역시 역사적으로 실재했던 전례를 살피는 것이므로 論據로서의 역할을 하게 되는 것이다. 《국어》 역시 우리 문인들이 입론의 근거로 사용한 대표적인 문헌이다. 아래 몇 가지 예를 들어 보도록 하겠다.

조선후기의 실학자 安鼎福(1712~1791)이 쓴 편지글 〈答邵南尹丈別紙〉에는 다음과 같은 내용이 나온다.

> "진 나라 사람들은 형제가 소목이 같다"라고 한 말은 특별한 경우 가장 옳은 방법을 찾은 것이라 할 것이고, 孔氏疏에서도 《국어》에 있는 "종유사가 소목을 모시는 예가 아니니다."고 한 말을 인용하여 단정하기를, "민공·희공이 소목이 다르다고 저들이 말한 것은 位次가 바뀌어서 마치 소목이 문란하게 된 것 같다는 말로서 소목을 빌어 말한 것일 뿐이지 참으로 소목이 다르다는 것은 아니다. 만약 형제가 서로 이었다 하여 바로 소목이 달라진다면 가령 형제 네 사람이 죽 이어 임금이 됐을 경우, 그의 祖廟는 훼철해야 할 것인데 그럴 이치는 없을 것 아닌가"하였습니다. 이 말이 얼마나 분명합니까. 그렇기 때문에 '형제는 소목을 같이 하는 禮'를 역대로 다 써왔는데 그것은 親이 다하기도 전에 조천되는 신위가 있을 것을 염려해서였고 또 소목이 문란하여 統緖가 바르지 못할까를 우려해서 그랬던 것입니다.
>
> "晉人兄弟同昭穆之議." 似爲處變之得宜者. 而孔·又引《國語》"宗有司非昭穆"之言而斷之曰. 彼言閔僖異昭穆者. 言位次之逆. 如昭穆之亂. 此假昭穆而言之. 非謂異昭穆也. 若兄弟相代. 卽異昭穆. 令兄弟四人.皆立爲君. 祖廟毁撤. 知其理必不然. 此說非十分明曉者乎. 是以歷代皆用兄弟同昭穆之禮. 恐親未盡而有祧遷之位. 且慮昭穆紊亂. 統緖不正而然也.[11]

---

11) 《順菴先生文集》卷之三〈書〉〈答邵南尹丈別紙〉

이글은 邵南 尹東奎가 편지를 보내 평소 자신이 공부하던 내용 중 생긴 각종 의문점을 질문하자 안정복이 이에 대해 조목조목 풀이한 답신이다.[12] 魯나라는 莊公, 閔公, 僖公, 文公의 순서로 승계하였는데, 문공 때에 大廟에 제사를 지내면서 민공과 희공의 위치를 바꾸었다. 문공의 입장에서는 희공이 형이고 민공이 아우이기 때문에 바꾼 것인데 이를 두고 春秋三傳에서는 모두 '逆祀'라고 표현하며 예를 어긴 것으로 보았다. 하지만 윤동규는 東晉시절에 형제는 같은 昭穆으로 한다는 논의가 있었으니 한 번 따져보지 않고 그냥 제쳐두는 것은 문제가 있다고 여긴 것이다. 또한 고려조의 묘제에도 비슷한 경우가 있으니 이를 어떻게 보아야 하며 신주와 능을 어떻게 설치하는 것이 옳은 것인지 질문하였다. 안정복은 이에 윤동규가 근거로 든 《胡氏傳》에서 언급한 《국어》의 내용을 재확인하고 자신은 다시 공씨소에서 언급한 《국어》의 내용[13]을 가지고 입론의 근거로 들었다. 즉 소목이란 본래 부자 사이에 대를 이어가는 고정된 법이므로 지금 형제 사이에 군주지위를 계승한 것을 가지고 군신의 의리가 있다고 하여 신하와 아들은 같은 예로 쳐서 각기 한 세대로 한다면 소목의 고정된 예가 이미 문란해져서 예의 본뜻이 아닌 것이라는 주장이다.

다음은 尹愭(1741~1826)의 〈論服飾僭濫〉을 보도록 하자.

황제가 문양을 만들어 귀천을 표시한 이래로 거마와 의복 간에도 존비상하의 차이가 생겼다. 주나라에 이르러 완비되었으니 《주례》를 보면 알 수 있다. 그러므로 《좌전》에서 "군자와 소인이 사용하는 의복과 기물 등은 그 장식 등

12) 한국고전번역원 한국고전종합DB 《順菴集》 해제(金成愛): "윤동규는 같은 星湖의 제자 중 비교적 史學과 易學에 밝다고 알려진 학자로 안정복과의 편지도 이에 대한 내용이 많다."

13) 《국어》卷四〈魯語上〉〈夏父弗忌改昭穆之常〉편에 "하보불기가 종백이 되어 蒸 제사를 지내는데 희공의 신위를 높은 곳에 모시려고 하였다. 그러자 종관의 유사가 말하였다. '神主를 모시는 차례에 어긋나는 것입니다.'(夏父弗忌爲宗, 蒸將躋僖公. 宗有司曰: '非昭穆也.')"라는 내용에서 인용한 것이다.

에 구별이 있어 귀인은 존귀한 위치에 서고 천인은 신분에 따라 威儀에 차등이 있게 된다"고 하였고, 《국어》에서도 "服飾으로 表明하고, 名號로서 分辯한다"라고 한 것이다. …… 근래에는 기강과 풍속이 전도되고 엉망이 되어버려서 사람들도 각자 참람한 생각을 갖게 되었다. 옛날에는 감히 하지 못하던 것도 지금은 감히 하게 되었다. …… 그래서 상놈이 양반과 같아질 것을 생각하게 되었고, 노비는 평민을 자처하기에 이르렀다.

自黃帝爲文章表貴賤以來, 車服之間, 所以爲尊卑上下之等差者. 至周大備, 觀《周禮》可知. 故《左傳》曰: "君子小人. 物有服章. 貴有常尊. 賤有等威."《國語》曰: "旌之以服. 辨之以名." …… 近來則紀綱風俗, 顚倒淆亂, 人人各自有陵僭之志. 昔之不敢者., 今則敢爲之. …… 乃至常漢思齊兩班, 奴僕自處平民.[14)]

윤기는 영조시기 관료이자 학자로 자는 敬夫, 호는 無名子이다. 성호 이익의 제자로 벼슬이 호조참의에까지 이르렀다. 그가 살았던 조선후기는 소수 벌열에 의한 권력의 독점으로 인하여, 사회 전반에 다양한 모순이 표출되던 때이다. 윤기는 무명자라는 자호에서 알 수 있듯이 자신을 사회적으로 고립된 존재로 파악하였으며, 자신을 둘러싸고 있는 세계에 대해 부단히 회의하고 부정하는 태도를 취하였다.[15)] 그의 작품 중에는 이러한 비판의 내용이 다수 담겨있다.[16)] 이글 역시 사람들이 복식의 예를 제대로 갖추지 않아 반상의 위계질서가 무너짐을 개탄하면서 당시의 문란한 세태를 풍자하고자 지은 議論文이다. 여기서 저자는 오늘날 복식의 예가 무너져 신분의 구별이 없게 되는 문제점을 본격적으로 논의하기 전 도입부에서 고대 전적에 나오는 의복에 관한 예법을 거론하였다. 즉 자신이 말하고

---

14) 《無名子集文稿》冊十三〈論服飾僭濫〉

15) 임완혁(2008: 720)

16) 가령 《無名子集文稿》冊十三에 윗글〈논복식참람〉 다음에 실린 〈論長幼尊卑之壞於南草〉 같은 글도 윗사람 앞에서 아무런 거리낌 없이 담배를 피우는 세태를 통해 長幼와 尊卑의 질서가 무너지는 것을 탄식한 글이다.

자 하는 논리의 선례이자 증거로서 《국어》[17]의 내용을 활용한 것이다. 이처럼 많은 문인들이 자신의 의론에 설득력을 높이고 신빙성을 강화하기 위해 《국어》의 내용을 적극적으로 활용하였음을 알 수 있다.

### 3.2 批評論爭의 對象

《국어》가 나온 이래로 중국에서는 역대로 수많은 주석서가 출현하였는데 대부분이 자구와 내용에 해석과 설명을 가한 것이지만 唐代 柳宗元이 《非國語》를 내놓은 이후로 《국어》의 사상과 이념에 대한 비평논쟁이 오랫동안 지속되었다.[18] 흥미로운 것은 고려와 조선 문인들 역시 이러한 논쟁에 가담하여 각기 다른 견해를 제시하였다는 사실이다. 문헌상 가장 먼저 의견을 제시한 자는 고려 문인 李奎報인 것으로 보인다. 그는 〈非柳子厚非國語論〉에서 유종원의 《비국어》를 다음과 같이 비난하였다.

> 유자후의 《비국어》를 나는 다시 비난한다. 좌씨는 직접 중니에게서 經을 배웠다. 경에 붙일 만한 사실은 모두 《춘추좌전》에서 해석하였고, 그 나머지를 채집하여 《국어》를 만들었으므로 이미 전에 실린 것이 다시 《국어》에 나타난 것도 많은데, 어찌 모두 거짓되고 음란해서 성인에게 맞지 않는 것이겠는가. 유자후가, 비난의 대상이 되지 않을 것을 비난한 데 대하여 우선 한두 편을 가지고 이를 밝히고자 한다.
>
> 柳子厚之非國語. 予復以爲非也. 左氏親受經於仲尼. 凡事之可以因經而附者. 皆釋於傳. 採其餘以爲國語. 旣載之傳. 而又見於國語者. 亦衆矣. 何皆誣淫不槩于聖耶. 柳子所以非其所非而非之者. 請先以一二篇明之.[19]

---

17) 이 문장은 《국어》卷十七〈楚語上〉〈范無宇論國爲大城未有利者〉편에 나온다.

18) 졸고 〈《國語》에 대한 '非(비평)'論爭過程 고찰〉에서 唐代 문인 柳宗元이 《국어》의 사상과 내용에 대해 비평을 가한 〈非國語〉가 출현한 이후 이에 대해 역대 문인들이 논쟁을 벌였던 현상에 대해 고찰한 바 있다.

19) 《東國李相國全集》卷第二十二〈雜文〉〈非柳子厚非國語論〉

이규보는 《비국어》에서 비난거리가 아닌데도 《국어》내용을 억지로 비난을 한 예로 두 편을 든다고 했는데 바로 〈三川震〉[20]과 〈鉏麑〉[21]편이다. 전자는 삼천에서 발생한 지진에 대해 太史 伯陽父가 周 나라가 장차 망할 것이고 그 원인은 천지간의 기운이 질서를 잃어서라며 천지음양의 소통과 그것이 인간에게 미치는 영향을 운운하자, 유종원은 자연계의 산천과 음양은 그저 자신의 규칙에 따라 운동하고 변화되는 것이지, 무슨 초자연적인 '신명'의 지배를 받는 것이 아니라고 비난한 것이다. 이에 대해 이규보는 공자도 《춘추》에서 지진과 산사태 등 자연재해를 기록한 바 있고, 〈삼천진〉에 관한 내용은 훗날 사마천과 반고와 같은 사관들도 모두 취한 것이니 그렇다면 이러한 성인과 사관들이 모두 오류를 범했겠냐고 반박한다. 후자는 晉 靈公의 명으로 충신 趙 宣子를 살해하러 간 자객 서예가 새벽부터 조회에 들어가기 위해 의관을 정제하고 가면을 취하고 있는 모습을 보고 이는 社稷을 공경하는 것이라 탄복하고 오히려 스스로 자결했다고 하자, 유종원은 조 선자는 이미 나라에 공로가 많은 자로 정평이 나 있었을 텐데 그것은 알지 못하고 그저 입조 전 졸고 있는 모습을 보고 탄복했다는 사소한 행위는 작자인 좌구명이 허위로 만들어 낸 말이라고 비난하였다. 이에 이규보는 설사 평소에 조 선자의 덕망을 익히 들어 잘 알고 있었더라도 군주의 명을 어기기는 힘들었을 것이고 그런 힘든 상황에서 직접 그 어짊을 간파하여 차마 해치지 못하고 자결한 것이니 이는 더욱 의로운 일이라고 반박했다. 그러면서 마지막에 "그러므로 좌씨는 이미 《춘추좌전》에 썼고, 또 《국어》에 기재하게 된 것이다. 유자후는 어찌하여 《춘추좌전》은 비난하지 않고 여기에만 비난하였는가? 무릇 비난하지 않을 것을 비난한다는 것은 대부분 이러한 종류의 글이다[22]"라며 글을 매듭지었

20) 《국어》卷一〈周語上〉〈西周三川皆震伯陽父論周將亡〉에 나오는 내용임.

21) 《국어》卷十一〈晉語五〉〈靈公使鉏麑殺趙宣子〉에 나오는 내용임.

22) 《東國李相國全集》卷第二十二〈雜文〉〈非柳子厚非國語論〉: "故左氏旣書于傳. 而

다. 보통의 고려 문인들이 중국 당송 문인들의 문집을 대량으로 구입하고 애독하며 무조건적으로 추앙했던 것과 달리 이규보는 자신만의 주체적인 사상으로 유종원의 논리를 부정하고 조리있게 반박하였다.

훗날 조선중기의 '한문사대가' 중 하나로 일컫는 申欽(1566~1628)도 이규보처럼 유종원의 《비국어》를 신랄하게 비난하였다. 아래 〈書非國語後〉의 내용을 살펴보자.

> 자후는 평생 전해 받아 써먹은 것이 《국어》였는데 글을 지어 비난하였으니, 그의 마음씀이 편벽됨을 충분히 볼 수 있다. 좌씨는 진실로 과장이 심한 자이기는 하지만, 모두가 한때의 점서에서 나온 것이다. 天數는 삼고 때부터 있었는데 조리가 정연해서 상고할 수 있고, 주 나라가 쇠망한 후에도 태사씨(사관)에게 존재하였다. 하물며 사람의 길흉은 언행에 따라 나타나는 것인데 말할게 있겠는가. 하늘의 일은 항상 象으로 나타나므로 지혜가 뛰어난 사람이 그것을 법칙으로 삼는다. 그것을 인용하여 말한다고 무슨 비난할 만한 것이 있는가. 자후로서 좌구명을 비난하는 것은 귀뚜라미가 우레를 놀라게 하는 격이다.
>
> 子厚平生受用者國語, 而及著書非之, 足見用心之頗. 左氏固有夸者, 然皆出於一時占筮. 數之在三古, 井井可稽, 而周衰猶存於太史氏也. 況人之吉凶, 著於云爲. 天事恒象, 聖智則之. 援以爲言, 有何可非. 以子厚非丘明, 其蟋蟀之驚霆哉.[23]

이규보처럼 구체적인 예문을 들어 반박하지는 않았지만 《국어》 전체에서 언급되는 天命은 본래 고대 점서에서 비롯된 것으로 당시 사관에 해당하는 태사들이 기록하였으며 성현들도 이를 하나의 법식으로 삼은 것이니 비난할 것이 못된다는 논리이다. 더구나 유종원 자신은 《국어》를 애독하고 그 영향을 받은 자인데 이를 비난하는 것은 이율배반적인 태도라고

---

又載之國語矣. 柳子何於傳不非. 而獨於此非之耶. 凡非其所非而非之者. 多此類也."

23) 《象村稿》卷之三十六〈題跋〉四十九首〈書非國語後〉

지적하였다. 이외에도 영·정조 때 문인 李獻慶(1719~1791)도 〈非非國語〉란 글을 지어 "유종원은 예법이 가려짐을 지적했지만, 정작 예란 의미의 본질을 알지 못했으니 어눌했던 것이다"[24)]라고 비평하였다.

이처럼 우리 문인들은 기본적으로 《국어》의 사상과 내용에 찬동하고 옹호하는 입장을 갖고 있었던 것 같다. 아무튼 유종원의 《비국어》에 이렇게 반박하고 그러한 비평논쟁에 가담했다는 것은 《국어》에 대한 꾸준한 관심을 반영하는 것이다.

## 3.3 經典解釋의 引用

옛 문인들이 과거시험 준비를 위해서나 임관 후에도 각종 공무를 위해 경서를 읽는 것은 평생의 업일 것이다. 대부분 고인의 주석을 참고하겠지만 스스로 해석을 하면서 새롭게 주석을 더하기도 한다. 《국어》는 춘추시기 역사를 다룬 것으로 《좌전》과 함께 내외전으로 칭하는 준경전으로 인식되고 있었기에 자구해석을 할 때 자주 그 내용이 인용되었다.

가령 정조에 의해 奎章閣 檢書官으로 발탁되어, 왕명에 의해 각종 편찬사업에 종사했던 成海應(1760~1839)은 研經齋라는 호에서 보듯 經學에 대한 저술을 많이 남겼는데 그의 《研經齋全集》 권19에서 권21은 經解로서 經에 대한 諸說을 소개하고 자신의 견해를 附記한 것이다. 여기서 각종 경전에 대해 자신의 해석을 하면서 《국어》의 구절을 대량으로 인용하였다. 〈經解二〉의 〈折俎說〉편을 보자.

> 《국어》에서 말하기를 禘郊에는 全烝이 있고, 왕과 제후가 立飫할 때에는 房烝이 있으며, 친척들이 연회를 열 때는 餚烝이 있다고 했다. 위소는 이에 대

---

24) 《艮翁先生文集》卷之二十三〈雜著〉〈非非國語〉: "柳子指謂禮之飾, 而不知禮意之本則陋矣."

해 全烝은 희생 한 마리 전체를 그대로 제단에 올리는 것이고, 房脀은 희생을 잘라서 반 마리만 房에 놓고 제단에 올리는 것이며, 殽脀은 자른 고기와 뼈를 俎에 놓고 올리는 것이라고 설명하였다.

《國語》曰禘郊之事則有全脀. 王公立飫有房脀. 親戚燕飮有殽脀. 韋昭曰全脀. 全其牲體而升之也. 房脀謂半解其體升之房也. 殽脀升體解折之俎.[25]

'折俎'는 고대 제사나 연회에서 희생을 죽인 후 잘라 俎라는 그릇에 올리는 행위를 말한다. 그 유례와 정의를 《국어》에 나온 내용을 통해 풀이하고 있는 것이다. 성해응이 이런 식으로 《국어》를 인용하여 주해를 가한 것이 30여 건이나 된다.

또 丁若鏞(1762~1836)은 《與猶堂全書》〈雜纂集〉〈小學珠串〉에서 '八蠻'에 대한 설명을 다음과 같이 적고 있다. "팔만은 남방의 번국이다. 첫째로 천축이고, 둘째로 해수이며, 셋째로 초요, 넷째로 기종, 다섯째로 천흉, 여섯째로 담이, 일곱째로 구지, 여덟째로 방척이 있다. 이를 팔만이라 부르는 것이다. 팔만이란 명칭은 《국어》에 나온다."[26] 또 '九夷'에 대한 설명으로 "구이는 동방의 번국이다. 첫째로 견이, 둘째로 우이, 셋째로 방이, 넷째로 황이, 다섯째로 백이, 여섯째로 적이, 일곱째로 현이, 여덟째로 풍이, 아홉째로 양이가 있다. 이를 구이라고 부르는 것이다. 구이라는 명칭은 《국어》에 나온다"[27]라고 하였다. 또 〈經集〉第二卷〈小學枝言〉에서는 '管敬仲節'에 대해 이렇게 설명하고 있다. "국어 주에 경중은 이오의 자라고 했다. 혹

25) 《研經齋全集》卷之二十〈經解二〉〈折俎說〉

26) 《與猶堂全書》第一集〈雜纂集〉第二十五卷〈小學珠串〉〈八之類二十條〉: "八蠻者. 南方之蕃國也. 一曰天竺. 二曰咳首. 三曰焦僥. 四曰跂踵. 五曰穿胸. 六曰儋耳. 七曰狗軹. 八曰旁舂. 此之謂八蠻也. 八蠻之名. 出國語."

27) 《與猶堂全書》第一集〈雜纂集〉第二十五卷〈小學珠串〉〈九之類二十條〉: "九夷者. 東方之蕃國也. 一曰畎夷. 二曰于夷. 三曰方夷. 四曰黃夷. 五曰白夷. 六曰赤夷. 七曰玄夷. 八曰風夷. 九曰陽夷. 此之謂九夷也. 九夷之名. 出國語."

은 경시라고도 불렀다. 孟武伯、臧宣叔、管敬仲 등은 동일한 예문이다."[28] 〈소학주천〉과 〈소학지언〉은 공부를 시작하는 어린 학동들이 체계를 세워 공부할 수 있도록 갈래를 나누어 정리한 것이다. 그러므로 경서에 나오는 여러 가지 어휘에 대해 자세하고 정확한 뜻풀이가 필요하다. 이때《국어》는 자구해석의 중요한 인용문이 되곤 하였다. 이처럼 많은 문인들이 경전의 내용과 자구를 해석하면서 그 근거로《국어》를 활용하였다. 이러한 예들은 무수하기 때문에 일일이 다 열거할 수 없을 정도이다.

## Ⅳ. 結語

본고는 국내 주요 대학 및 도서관에서 소장하고 있는《국어》및《국어》주석본의 서지사항을 조사하고 정리한 결과를 기록한 것이다. 더불어《한국문집총간》을 중심으로 고대 한국문인들의《국어》활용 사례를 살피고 그 내용을 분류하여 제시하였다. 서지사항의 조사와 정리를 통해《국어》가 오래 전부터 한국에 수입되었고, 이를 자체적으로 간행하는 등《국어》선본 확보에 적극적이었음을 확인할 수 있었다. 특히 李瀷이 편찬한《左國類編》은 중국 춘추전국시대의 열국명과 제후들 명호, 별칭들을《춘추좌전》과《국어》에서 추려 엮은 책으로 우리 문인이 직접 만든《국어》주석본이다. 차후에 그 내용과 형식을 면밀히 살펴 어떤 학문적 의의가 있는지 고찰할 필요가 있겠다.

《국어》활용에 관해서는 著述立論의 根據, 批評論爭의 對象, 經典解釋의 引用이라는 3가지 부분으로 나누어 살펴보았다. 우리 문인들은 의론문에서 설득력을 높이고 신뢰성을 강화하기 위해 선진 문헌인《국어》를 근

---

28)《與猶堂全書》第二集〈經集〉第二卷〈小學枝言〉: "管敬仲節○國語注敬仲夷吾之字. 或曰敬謚也. 孟武伯、臧宣叔、管敬仲. 同一文例."

거로 들곤 하였다. 또한 당대 유종원으로부터 비롯된《국어》에 대한 비평 논쟁에 가담하여《국어》의 내용과 사상을 옹호하기도 하였으며, 경서에 나오는 자구와 어휘를 해석하면서《국어》에 나온 내용을 자주 인용하였다. 이처럼《국어》는 우리 문인들이 小學용으로 반드시 탐독해야하는 기본서이면서 정치적 담론을 펼치고 예법을 논할 때 근거로 삼고 인용했던 중요 문헌이었음을 알 수 있었다.

## ✚ 참고문헌

上海師範大學古籍整理研究所校點,《國語》, 上海: 上海古籍出版社, 1995.
徐元誥,《國語集解》, 北京: 中華書局, 2002.
俞志慧,《〈國語〉韋昭注辨正》, 北京: 中華書局, 2009.
許鎬九 등 譯註,《譯註 國語》, 서울: 傳統文化研究會, 2006.
楊伯峻 編著,《春秋左傳注》, 北京: 中華書局, 2000.
김학주,《조선시대 간행 중국문학 관계서 연구》, 서울대학교출판부, 2000.
李佳,〈《國語》宋公序本刊刻考〉,《安徽史學》, 1期, 2009.
이기훈,〈《國語》에 대한 '非(비평)' 論爭過程 고찰〉,《중국문학연구》, 2008. 12.
임완혁,〈無名子 尹愭의 散文世界〉, 漢文學報 제19집, 2008.
이기훈,〈柳宗元 文章의《國語》수용양상 고찰〉,《중국어문학논집》, 2009. 10.
이기훈,〈朝鮮時代《國語》流通과 活用〉,《동방한문학》, 2010. 3.
이기훈,〈역대《國語》주석본 정리 및 분류〉,《중국문학연구》, 2010. 6.

# 19世紀 在中·在韓 서양선교사에 의한 中文基督教小說의 창작과 번역 연구*

오순방**

## I. 중국 최초의 개신교선교사 모리슨과 기독교문서선교

로버트 모리슨(Robert Morrison)은 1807년 개신교선교사로는 처음으로 중국 마카오에 도착하여 1834년 廣州에서 病死할 때까지 모두 25년간 중국에서 선교사로 활동하였다.[1] 그는 기독교의 선교를 금지한 청나라의 禁教政策 때문에 중국 체류가 불가능해지자 영국 동인도회사의 직원으로 廣州에서 활동하면서 《성경》의 중국어 번역작업을 시작하였고, 당시 불모지였던 중국선교를 개척하기 위해 영국의 런던선교회(London Missionary Society)와 미국연합외국인선교회(American Board of Commissioners for Foreign Missions)에 서신을 보내 선교사의 파견을 요청하여 중국선교의 발판을 마련하였다.

---

* 이 글은 2008년 1월 《中國語文論譯叢刊》 제22집에 수록된 논문임.

** 숭실대학교 중어중문학과 교수

1) 모리슨목사는 1824~1825년 2년간 영국으로 돌아가 휴식하였다. 李志剛 著, 《基督教早期在華傳教史》, 臺灣商務印書館, 1985年 6月, 65~66쪽.

런던선교회의 중국 선교는 각국 선교회의 시발이 되었으니 모리슨목사는 선교활동을 런던선교회에 서신으로 보고하면서 더 많은 선교사의 파견을 요청하여, 1812년 두 번째 선교사로 윌리엄 밀네가 파송을 받아 1813년 7월에 廣州에 도착하였다. 하지만 淸政府의 규제로 중국에 거주할 수 없었기 때문에 밀네는 동남아의 말래카로 이주하여 출판사업과 학교 설립, 선교사업에 종사하였는데, 밀네의 말래카 거주와 南洋에서의 선교활동은 모두 모리슨의 계획과 주장에 따른 것이다. 밀네의 뒤를 이어 말래카에 부임한 매드허스트(麥都思 Water H. Medhurst), 존 스레이터(史賴德 John Slater), 존 인스(恩士 John Ince), 사무엘 밀튼(美爾敦 Samuel Milton), 로버트 플레밍(菲利民 Robert Fleming), 허트맨(赫特民 G. H. Huttman), 제임스 험프레이스(宏富禮 James Humphreys) 등 南京條約 이전에 來華한 14인의 선교사는 말래카와 바타비아[2], 싱카포르, 페낭 등지에서 중국인을 대상으로 전도활동을 하였다. 당시 말래카와 싱가폴, 페낭 등지는 영국이 식민통치하던 지역이었으며 특히 말래카는 런던선교회의 선교거점이어서, 英華書院과 인쇄소가 모두 말래카에 설립되었고 선교사들은 이곳에서 중국어를 배운 뒤 중국 각지로 파송되었기 때문에 말래카는 실제로 중국선교의 훈련 본부가 되었다.

런던선교회를 이어 선교사를 파견한 두 번째 선교회는 네덜란드선교회였다. 네덜란드선교회에서는 찰스 귀츠라프(郭士立 Charles Gützlaff)와 할맨 로트겔(陸特嘉 Harman Rottger)을 중국에 파견하였는데 모리슨목사와 가장 많이 교류한 선교사는 귀츠라프이다. 귀츠라프가 네덜란드에서 선교사 교육을 받을 때, 마침 모리슨목사가 영국에 체류하고 있었기 때문에 귀츠라프는 런던에 가서 직접 모리슨으로부터 중국과 중국선교에 대해 많은 지도를 받았다. 그는 1827년 네덜란드선교회에서 인도네시아 자바로 파송되었지만 중국선교에 대한 열망으로 1829년 네덜란드선교회에서 탈퇴하여 개

---

2) Batavia, 인도네시아 자카르타의 옛 이름. 중국어로 巴達維亞 혹은 巴地.

인자격으로 중국선교를 시작하였고, 1831년부터 범선을 타고 중국의 연해를 항해한 뒤, 마카오에 도착했을 때는 모리슨의 접대를 받기도 하였다. 그 후 동인도회사와 영국정부에서 근무하게 된 것도 모두 모리슨의 추천 때문이었고, 1834년 모리슨이 廣州에서 病死하자 귀츠라프가 그 직위를 이어받았으니 두 사람의 관계가 얼마나 긴밀했는지를 짐작할 수 있겠다. 모리슨목사는 또한 미국연합외국인선교회와도 밀접한 관계를 유지하여 향후 미국선교사들이 중국에서 대대적으로 선교사업을 진행하는데 결정적인 역할을 하였다.

1819년 모리슨목사는 윌리엄 밀네와 共譯으로 중국어 《聖經》을 完譯하였고, 이 해에 윌리엄 밀네는 처음으로 中文基督教小說 《張遠兩友相論》을 저술하여 출간하였다. 中文基督教小說이란 중국어로 저술되고 번역된 기독교소설을 지칭하는데, 주로 서양선교사가 주관하여 저술한 기독교 宣教文書로써, 1819년 윌리엄 밀네(William Milne)가 최초의 기독교소설을 저술한 이래로 중국과 동아시아에서 가장 활발하고 광범위하게 간행되었다. 1843년 南京條約의 체결로 중국이 개방되기 이전에 中文基督教小說은 이미 마카오와 동남아에서 대량으로 출판 유포되었으며 20세기 초까지 줄곧 창작 번역되어 동아시아 전역에 전파되었다. 중문기독교소설은 白話文으로 저술된 경우, 주로 중국 明清小說의 主流를 이루는 章回體의 형식을 취하고 있으며, 文言으로 작성된 작품은 대부분 短篇筆記體로 쓰여 졌다. 記述言語는 작자인 서양선교사들의 독자대상이자 선교대상을 분명히 판별할 수 있는 기준이어서 일반대중을 선교대상으로 한 기독교소설은 거의가 白話文이나 평이한 半白半文體로 쓰여 졌다. 대표적인 작품으로는 《張遠兩友相論》과 귀츠라프의 《贖罪之道傳》, 존 그리휘트의 《引家歸道》 등과 같은 작품이다. 이에 비해 문인과 사대부를 대상으로 하는 기독교소설은 주로 文言筆記體의 세련된 문장으로 저술되었고, 작자는 선교사 중에서도 학문수준이 매우 탁월한 경우가 많은데, 예를 들면 京師大學堂의 總教習이었던 윌리엄 마틴이 저술한 《勸世喻道傳》과 清末 變

法維新派와 정계의 실력자에게 지대한 영향을 준 티모티 리차드가 번역한《喻道要旨》가 대표적인 작품이다. 19세기에 출간된 중문기독교소설은 1843년 이전에는 청정부의 출판금지로 인해 주로 마카오와 동남아에서 저술 출간되었고, 1843년 이후에는 上海, 홍콩, 福州, 漢口, 北京, 天津 등지에서 간행되었다. 그리고 이들 작품은 해외로 전파되어 1860년대에 이미 일본에 전래되어 東京에서 간행되기도 하였으며, 1880년대 기독교 선교가 시작된 한국에서는 1890년대 초부터 多數의 중문기독교소설 韓譯本이 번역 출판되었다.

하지만 적지 않은 작품이 출간·전파되었음에도 불구하고 中文基督教小說은 20세기 내내 연구가 거의 진행되지 않다가, 2000년에 하버드대의 패트릭 하난(Patric Hanan)교수가 〈중국 19세기의 선교사소설〉[3]을 발표하여, 초기 중문기독교소설에 관해서 처음으로 연구를 시작하였고, 뒤를 이어 2005년 프랑스 국가과학연구센터의 陳慶浩교수가 최초의 천주교소설《儒交信》과 최초의 기독교소설《張遠兩友相論》및《贖罪之道傳》을 파리 국가도서관에서 발견하여 〈새로 발견된 천주교 기독교 古本 漢文小說〉[4]을 발표하여 이 분야의 연구에 활기를 불어 넣었다. 상기한 두 학자의 연구 성과를 근거로 필자는 2005년 〈최초의 중국기독교소설과 韓國基督教博物館 所藏 초기 기독교소설의 韓譯本 연구〉를 발표하여《張遠兩友相論》과《贖罪之道傳》을 국내에 처음으로 소개하였고, 崇實大 韓國基督教博物館 所藏 중문기독교소설과 韓譯本에 대해 발표한 바 있다. 이어서 연세대와 장로회신학대 도서관에 소장된 중문기독교소설과 이들의 韓譯本을 발견하여 臺灣 東華大學의 국제학술회의에서 〈1890年代 韓國에 전래

3) The Missionary Novels of Nineteenth Century China, *Harvard Journal of Asiatic Studies* 60:2, p413~443.

4)《傳播與交融--第二屆中國小說與戲曲學術研討會論文集》, 臺灣 嘉義大學 中文系 主辦 徐志平主編, 里仁書局, 2006, 467~485p.

된 中國基督敎小說의 翻譯과 傳播〉[5)]를 발표하여 韓國에서의 中文基督敎小說의 전파와 번역 상황을 종합적으로 고찰한 바 있다. 또한 필자는 최근 10년 동안 19세기 基督敎宣敎士의 문서출판사업과 中文基督敎小說에 관한 약 10여 편의 연구논문을 발표하여 중문기독교소설 연구의 기초자료와 학계의 기존 연구동향을 국내 학계에 소개하였으며, 최초로 한국에 소장된 중문기독교소설과 그 한역본에 대한 연구를 시작하여 해외 학계에서 발표하였다.[6)] 그리고 2007년 초 대만 중앙연구원과 미국 하버드대 옌칭연구소의 방문기간 중에 중문기독교소설의 原典 10여 권을 새롭게 발견하였으며 미국연합외국인선교회와 영국 런던선교회의 중국 관련 선교자료를 입수하여 19세기 중문기독교소설의 작품 및 기초자료 조사를 마무리할 수 있게 되었다.

---

5) 〈19世紀90年代中國基督敎小說在韓國的傳播與翻譯〉, 《東華人文學報》第9期, 2006.7, 215~250p.

6) 1. 〈20世紀前西方傳敎士對晩淸小說的影響硏究〉, 《第5屆近代中國學術會議論文集》, 臺灣 中央大學 近代中國學會, 1999.3, 93~120p. 2. 〈현대 중국번역의 초석을 다진 선교사 존프라이어와 韓國基督敎博物館 所藏 존프라이어의 漢籍들〉, 《崇實大學校論文集 인문과학편》第30輯, 崇實大學校 人文科學硏究所, 2000.12, 251~283p. 3. 〈基督敎信仰小說 許地山의 《玉官》硏究〉, 《中國小說論叢》第16輯, 韓國中國小說學會, 2002.8, 205~223p. 4. 〈科技啓蒙到小說啓蒙〉, 《中國小說論叢》第18輯, 韓國中國小說學會, 2003.9, 57~75p. 5. 〈19世紀末의 中文譯書 《文學興國策硏究》〉, 《中國學硏究》第26輯, 韓國中國學硏究會, 2003.12, 297~328p. 6. 〈老舍小說과 基督敎〉, 《中國語文論譯叢刊》第13輯, 中國語文論譯學會, 2004.7, 189~224p. 7. 〈傅蘭雅的《格致彙編》與晩淸啓蒙活動〉, 《東アシア出版文化》, 日本 仙臺: 東北大學 東亞硏究所, 2004.12, 117~133p. 8. 〈淸末翻譯事業과 吳趼人〉, 《中國語文論譯叢刊》第14輯, 中國語文論譯學會, 2005.1, 287~323p. 9. 〈'耶儒會通論'與'孔子加耶穌論〉, 《中國語文論譯叢刊》第15輯, 中國語文論譯學會, 2005.7, 141~168p. 10. 〈한국기독교박물관 소장 최초의 기독교번역소설 《인가귀도》연구〉, 《한국의 초기 기독교 문학》제3회 매산기념강좌 논문집, 崇實大學 韓國基督敎博物館, 2006.9, 1~42p. 11. 〈李提摩太的文言譯本小說 《喩道要旨》的版本與譯法硏究〉, 中山文化古典文獻國際學術硏討會 宣讀論文, 2007.4, 1~14p.

## Ⅱ. 개신교선교사에 의해 출간된 中文基督教小說의 著錄과 현존작품

필자는 이런 선행연구를 바탕으로 19세기 1819년 이후 약 80년 동안 창작·번역된 중문기독교소설을 발굴하였는데 특히 2007년 전반기 대만의 중앙연구원과 미국 하버드대 옌칭도서관을 방문하여 그곳에 소장된 4종의 기초 書目과 숭실대의《韓國基督教博物館 所藏 古文獻目錄》에 근거하여 현재 21종 38부에 달하는 중문기독교소설 작품을 조사 발굴하였는데, 5種의 書目은 다음과 같다.

(1)《China and Protestant Missions: A Collection of Their Earliest Missionary Works in Chinese》, Compiled by John Yung-Hsiang Lai, Harvard-Yenching Library, Harvard University, IDC, Microfiche Collection.

(2)《Catalog of Protestant Missionary works in Chinese》, Harvard-Yenching Library, Harvard University, Compiled by John Yung-Hsiang Lai, G. K. Hall & Co., Boston, Mass., 1980.

(3)《Memorials of Protestant Missionaries to the Chinese: Giving A List of Their Publications, and Obituary Notices of the Deceased with Copious Indexes》 Original Edition Published by Shanghae: American Presbyterian Mission Press, 1867. Reprinted by Ch'eng-wen Publishing Company, Taipei Taiwan, 1967.

(4)《基督聖教出版各書書目彙纂》, 雷振華(Clayton, George A)纂, 漢口聖教書局, 1917年, Harvard-Yenching Library, Harvard University.《China and Protestant Missions: A Collection of Their Earliest Missionary Works in Chinese》

(5)《韓國基督教博物館 所藏 古文獻 書目》, 崇實大學校 韓國基督教博物館, 2005年

패트릭 하난교수와 陳慶浩교수가 연구 발표한 2권의 소설작품과 상기한 5種의 書目에 의거하여 최근까지 발견한 中文基督教小說과 翻譯本 및 原本의 書目은 아래와 같다.

** 中文基督教小說作品:

(1) 《張袁兩友相論》, 윌리엄 밀네著, 新嘉坡 堅夏書院藏版, 道光6年(1824)
(2) 《贖罪之道傳》, 愛漢者纂, 新嘉坡 堅夏書院藏版, 道光18年(1838)
(3) 《論善惡人死》, 愛漢者纂, 英華書院藏版, 道光9年(1829)
(4) 《正邪比較》, 善德纂, 新嘉坡 堅夏書院藏版, 道光18年(1838)
(5) 《耶蘇降世之傳》, 愛漢者纂, 新嘉坡 堅夏書院藏版, 道光18年(1838)
(6) 《誨謨訓道》, 愛漢者纂, 新嘉坡 堅夏書院藏版, 道光18年(1838)
(7) 《生命無限無疆》, 新嘉坡 堅夏書院藏版, 道光18年(1838)
(8) 《轉禍爲福之傳》, 新嘉坡 堅夏書院藏版, 道光18年(1838)
(9) 《鐘表匠論》, Kidd作 Doolittle Justus譯, 福州 亞比絲喜美總會鐫, 1855
(10) 《天路歷程》, 班揚著, 上海 美華書館刊印, 4종 판본:1856, 1869, 1870, 1906년
(11) 《勸善喻道傳》, 丁韙良著, 咸豊8年(1858) 寧波刊印本
(12) 《亨利實錄》, 上海 美華書館藏板, 咸豊17年(1867)
(13) 《苦人約色實錄》, 京都(北京) 美華書院刷印, 光緒2年(1875)
(14) 《立蘭姑娘實錄》, 京都(北京) 美華書院刷印, 光緒2年(1875)
(15) 《貪女勒詩嘉》, 福州 美華書局印, 光緒4年(1878)
(16) 《引家當道》, 楊格非撰, 漢口聖教書局, 1882年
(17) 《引家歸道官話》, 楊格非著 周明卿譯, 光緒15年(1889) 漢口聖教書局印發

(18) 《廟祝問答》, 葉納清著, 福州美華書局, 光緒7年(1881)

(19) 《論覺罪之事》, 僅存1回·44回, 無著錄

(20) 《喻道要旨》, 李提摩太譯, 上海廣學會 美華書館刊印, 初版 光緒20年 (1894); 第二版 上海廣學會校刊, 光緒30年(1904)

(21) 《安人車》, 林樂知譯, 上海廣學會 美華書館刊印, 光緒28年(1902)

** 中文基督教小說의 翻譯本과 中文譯本의 外國語原本

(22) 《勸善喻道傳》訓點並記本, 丁韙良著, 明治10年(1877) 渡部溫(watanabeon) 日語訓點並記本, 日本東京 渡部氏藏版 重刊本

(23) 《兩友相論》, 《張遠兩友相論》의 日譯本, 安川亨(yasukawa toru) 譯, 東京府 原胤昭(harataneaki), 明治14年(1881)

(24) 《인가귀도 引家歸道》, 《引家歸道官話》의 韓譯本, 朝鮮耶蘇教書會刊, 1894년과1911년의 2種 刊本

(25) 《쟝원량우샹론 張遠兩友相論》, 韓譯本, 1894·1896·1898·1912年의 4種 刊本

(26) Friedrich Adolf Krummacher, Parabeln, Beutlingen, 1826 《喻道要旨》의 독어원본

(27) trs. by Henry G. Bohn, The parables of Frederic Adolphus, Philadelpia, 1858 Parabeln의 英譯本

우선 19세기 중문기독교소설 전체의 범주와 유형에 대해 서술문체와 창작·번역의 성격 특성으로 분류하고, 간행 연대에 따라서 작가와 작품 전체를 개술하여 현존하는 중문기독교소설의 전모를 살펴보고자 한다. 먼저 《張遠兩友相論》으로부터 《喻道要旨》까지 작자와 작품을 소개하면서 관련된 작품을 살펴본다. 이들 작품은 文體와 類型面에서 상이한 두 가지 부류로 나눌 수 있는데, 크게 翻譯小說과 創作小說로 이분할 수 있고, 白話章回體와 文言筆記體로 분류하여 문체와 형식상의 특성을 개괄

해 본다. 최초로 중국에 來華한 개신교선교사 모리슨으로부터 중국·한국을 비롯한 동아시아에 도래한 서양선교사들은 정치적, 환경적, 관습적 제약 속에서 기독교의 선교를 위해 어떻게 활동하였는지를 중문기독교소설과 기독교문서의 창작과 번역을 통해 동아시아 문서선교사업의 흐름과 특성을 살펴보고자 한다. 중문기독교소설은 《張遠兩友相論》의 경우 100만 권 이상이 출판 유통되어 각지의 방언으로 번역되었으며, 1890년대 초반부터 한국어로 번역되어 여러 가지 판본이 간행 유통되었는데, 중문기독교소설의 중국과 한국·일본에서의 간행과 유통에 대한 연구를 통해 동아시아의 기독교선교사와 당시 문학 전파의 실상을 구체적으로 조감해 보고자 한다. 먼저 대표작과 작자를 소개하여 중문기독교소설을 이해해 보도록 하자.

## Ⅲ. 최초의 中文基督教小說 《張遠兩友相論》의 창작과 전파

### 1) 《張遠兩友相論》과 작자 윌리엄 밀네

이 작품에는 작자가 著錄되지 않았지만, 윌리 알렉산더(Wylie Alexander, 1815-1887년)의 《Memorials of Protestant Missionaries to the Chinese 在中개신교선교사 기록》(이하 《선교사 기록》이라 약칭)에 의하면 윌리엄 밀네(William Milne, 1785-1822년)가 지은 것이라고 한다. 初版은 1819년 말레이시아의 말래카(Malaca: 중국명 馬六甲)에서 출간되었는데 총 20面이다. 1831년 말래카에서 42面으로 재판되었고, 1836년에는 역시 42면으로 싱가포르에서 재판되었으며, 1844년 홍콩에서 수정본이 출간되었다. 그리고 후에 上海와 寧波 등지에서 수정본이 나왔는데, 서명은 《張遠兩友相論》, 《二友相論》, 《甲乙兩友相論》 등으로 바뀌었다. 高田時雄 編 《映日書屋所藏 閩南語教會로마자文獻目錄》에 수록된 알파벳표기 閩南語宗教書目

중에는 《Tie$^{n}$Uân Liang-iu Siang-lun, ek-tso Tie-chiu Peh-ue》이란 書名의 부록 1條가 실려 있는데, 실은 알파벳 표기방식으로 1886년 번역 출판된 潮州話版 《張遠兩友相論》이다. 이 작품은 중국의 여러 방언으로 번역되었으며, 20세기 초반까지 도처에서 많은 판본이 간행되었고, 한국 일본 등지에서 번역본이 여러 차례에 걸쳐 간행되는 등 가장 널리 유통되고 번역된 중문기독교소설 최대의 베스트셀러이자 가장 오랜 기간 간행된 중문소설이기도 하다. 대략적인 통계에 의하면 적어도 100만권에서 200만권이 넘는 수량이 출판 유통되었으리라 추정된다. 지금 파악되고 있는 가장 오래된 판본은 道光 16년(1836) 孟秋에 重版된 "(싱가포르)堅夏書院藏板"으로 현재 하버드대 옌칭도서관과 파리 漢學院 IHEC도서관에 소장되어 있는데, 모두 12回에 半面은 8行이고 1행은 20字이며, 총 42面에 모두 13,440자이다.

밀네는 스코틀랜드사람으로 1809년 런던선교회에 가입하여 공부하고 1812년에 목사로 안수를 받고서 중국에 파견되어 모리슨목사를 도와 《성경》의 中譯作業과 교육, 문서선교의 초석을 다진 선구자이다. 그는 1813년 7월에 마카오에 도착한 지 얼마 후에, 廣州에 가서 중국어를 공부하였고, 복음서 낱장과 소책자를 중국인에게 배포해 주는 작업과 《성경》 번역 작업을 하다가, 1815년 봄 刻字工 梁發을 데리고 말래카에 가서 인쇄소를 설립하여, 기독교 전단과 서적을 인쇄한 후, 중국으로 가져와 배포하였다. 1815년 8월에는 세계에서 최초로 중국어 정기간행지 《察世俗每月統記傳》(The Indo-Chinese Gleaner)을 창간했다. 1818년에는 모리슨과 함께 英華書院(Anglo-Chinese College)을 창립하여 교장으로 취임하였으나, 1822년 사망하였다. 그와 모리슨이 공동으로 번역한 《신구약성경》은 1824년에 출판되었다.[7] 《선교사 기록》에 의하면 밀네의 저작은 그가 주관해서 편집한 《察世俗每月統記傳》을 포함하여 모두 24종인데, 그 중에 영문 저작은 3종이고

7) 밀네의 생평과 저작은 윌리의 《선교사기록》, 12~21쪽 참고.

나머지는 모두 중국어 저술이다. 밀네의 저작 중에서 가장 널리 전해지고 잘 알려진 작품이 바로 《張遠兩友相論》이다.

이 작품은 중국어로 쓰여 진 첫 번째 기독교소설이자 유일하게 中國小說書目에 수록된 기독교소설이기도 하다.[8] 이 작품은 기독교를 믿는 信者 張氏와 不信者 遠氏라는 두 등장인물을 통해 불신자가 기독교를 믿게 되는 과정을 상세하게 서술한 宣敎小說이다. 張氏는 독실한 크리스챤으로 불신자 遠氏에게 기독교의 핵심 교리를 알려주고 그가 신앙을 갖도록 인도하고 있으며, 작가는 張氏의 입을 통해 기독교의 주요 교리와 신앙의 본질과 신앙생활을 설명하고 있다. 작중에서 등장인물은 이런 작자의 주제를 전달하는 대변인의 역할을 충실하게 감당하고 있다. 때문에 작중에서 인물의 성격 묘사를 발견하기는 어렵고 다만 작자의 대변인처럼 활동하는 두 인물의 대화를 읽을 수 있을 뿐이다. 이 작품은 回로 나뉘어 있으나 回目이 없고 각 회의 서두에는 章回體小說의 시작 상투어가 없으며, 각 회의 말미에도 回末 상투어가 없다. 실제로는 한 권의 작품을 12小節로 나눈 것으로 각 小節은 대체로 遠氏가 질문하고 張氏가 대답하는 방식으로 구성된 한 권의 基督敎 敎理問答式 章回體小說이다.

작품에서 처음부터 끝까지 등장하는 作中人物 張과 遠은 특별한 성격 발전과 특징이 없지만 지옥에 떨어져 영원한 고통을 받을 것이라고 죄의식을 가지고 번민하는 遠氏의 심리활동이 세밀하게 묘사되어 있어 인물

---

8) 패트릭 하난은 《中國近代小說的興起》(韓南著·徐俠譯, 上海敎育出版社, 2004.5)에서 밀네의 《張遠兩友相論》은 근래에 출간된 2종의 中國小說書目 《中國通俗小說總目提要》(江蘇省社會科學院 編, 北京 中國文聯出版公司, 1990년)와 《中國近代小說目錄》(王繼權·夏生元 編, 南昌: 百花洲文藝出版社, 1998년)에 著錄되었다고 하였지만(상게서, 71쪽, 첫 번째 단락), 後者에는 어느 곳에도 저록되어 있지 않았다. 특히 상게서 71쪽의 마지막 문장에서 다른 書名으로 출판된 동일 작품의 두 가지 판본이 後者에 포함되었다고 했는데, 필자의 조사에 따르면 《中國近代小說目錄》에는 어디에도 수록되지 않았다.

의 심리묘사에서 문학적인 필체를 맛볼 수 있다.[9)] 이 작품에는 18a, 24a, 25a, 41면에 4條의 眉批가 본문의 상단에 쓰여 있는데, 이들 眉批는 모두 그 부분의 論旨가《신약성경》에 근거하고 있다. 예를 들면, 부활한 후의 상황에 대해서는 "《고린도전서》 제15장 42·43절에 보인다"라는 眉批가 상단에 달려있다.[10)]

이 작품은 비록 두 등장인물의 대화형식을 통해 내용을 표현하였고 게다가 章回體의 기본적인 형식을 갖추기는 하였지만 실제 내용은 허구적인 사실이 아니라《성경》에 의거한 기독교의 주요 교리를 집중적으로 설명하고 있기 때문에 순수한 허구적 창작소설이 아니라고 주장할 수도 있다. 그러나 章回體의 외형적인 격식과 작중인물 설정 등의 문학적인 표현방식은 당연히 소설적 구성요건이고, 특히 허구적인 등장인물의 활동을 통해 스토리를 전개시키는 구성방식은 분명 장회체 소설의 일반적인 형식과 허구적 특성이므로 필자는 이 작품을 기독교소설로 분류하고자 한다. 張氏와 遠氏 두 인물이 등장하여 10번에 걸친 긴 問答과 토론을 전개하여 주제를 표현하는 것이 이 작품 서술방식의 주류를 이루는데, 질의와 응답이라는 問答體는 기독교의 교리문답서를 비롯한 기독교 문서에서 상용하는 서술양식이다. 이런 서술방식은 특정된 주제를 효과적으로 전달하기 위해 중국서사문학에서는 이전부터 상용하던 것으로, 작자 밀네는 기독교의 선교목적을 위해 문답체와 대화체의 서술방식으로 이 작품을 창작하였다.

---

9) 윌리엄 밀네 저,《張遠兩友相論》, 프랑스 漢學院 IHEC圖書館 所藏本, 堅夏書院藏板, 1836년, 제10회, 34a~37a면.

10)《張遠兩友相論》제7회, 24a면.

## 2) 韓國基督教博物館 所藏 韓譯本《쟝원량우샹론》과 日譯本《兩友相論》

그런데 내용과 서술상의 특징은 이 작품의 한글 번역본을 분류하는 데서 다시 드러나고 있다. 숭실대학교의 한국기독교박물관에 소장된《韓國基督敎博物館 所藏 古文獻 目錄》에는 아래와 같은 作品 著錄이 있다.

> 《쟝원량우샹론(張袁兩友相論)》
> 저자미상, 발행연도 1898년, 기록문자 한글, 47장,
> 크기 21.4×14.7, 四周雙邊 半葉 12행 24자, 정동예수교회당 漢陽
> Sign: By S. A. Moffett, 定價 엽전 30푼,
> 등록번호: 0078, 同一本 등록번호: 0129[11)]

이 작품의 譯者 사무엘 마펫은 19세기 말부터 기독교의 초기 한국 선교를 위해 기독교와 관련된 다수의 번역물을 출간한 대표적인 선교사 번역가이다. 활자본으로 인쇄된 이 작품에는 목차나 서문이 전혀 없고 다만 표지면의 四周雙邊 하단 왼쪽에 "By Samual Austin Moffett"이라고 肉筆로 쓰여 있다. 韓譯本《쟝원량우샹론(張袁兩友相論)》의 서지사항은 다음과 같다. 표지는 세로쓰기로 되어 있는데, 우측은 "구셰쥬강싱일쳔팔빅구십팔년"이라 되어 있고, 좌측은 "대죠션기국오빅칠년무슐"이라 쓰여 있으며, 그 밑에 작은 글씨로 "엽젼삼십푼"이라 기재되어 있다. 표지 중간에 세로로 쓰여진 書名의 양쪽은 검은 줄에 사방이 굵고 안쪽은 가로줄, 밖은 레이스 무늬가 있는 四周雙邊이며, 사주쌍변의 하단 왼쪽에는 "By Samual Austin Moffett"이라고 영문으로 표기되어 있다. 작품은 총 11回이며, 回目

---

11) 《韓國基督敎博物館 所藏 古文獻 目錄》(숭실대학교 한국기독교박물관 학예과 편, 2005.2)의 39쪽, 1. 기독교 5)신앙교리서 항목에 《쟝원량우샹론(張袁兩友相論)》이 著錄되어 있다.

이 없다. 이 번역본은 원본과 비교해보면 몇 가지 다른 특징이 있는데 다음과 같다.

첫째, 원본에는 回를 나눈 것 이외에는 章回小說의 흔적이 없으나, 한역본에는 제1회가 "화설 옛적에……"로 시작하여 再版本보다는 話本套의 語調가 증가했음을 알 수 있다. 둘째, 원본의 제1회와 제2회를 합쳐서 번역본의 一回로 만들었다. 원본의 제1회는 제5면a(번역본)에서 끝나며 원본의 제2회와 합하여 번역본 第1回가 되었다. 때문에 원본의 12회가 번역본의 11회로 줄어들었다. 셋째, 매회의 서두와 끝 부분은 1836년의 재판본보다는 문자가 약간 증가하였는데, 번역본의 종결부분은 이런 경향을 확실히 보여주고 있다.

재판본의 종결부분:

遠曰: "我之罪太過重, 恐怕神天不肯赦我, 又不肯賜我得此永福"

張曰: "汝要依靠救世者勿疑, 勿違神天之命(則必得救也) 終[12]

번역본의 종결부분:

원이 ᄀᆞᆯᄋᆞᄃᆡ 다만 내 죄악이 너무 만ᄒᆞ니 엇지 나ᄅᆞᆯ 샤ᄒᆞ여 무궁ᄒᆞᆫ 복을 엇게 ᄒᆞ시리오 쟝이 ᄀᆞᆯᄋᆞᄃᆡ 만일 예수씨ᄅᆞᆯ 밋어 ᄆᆞᄋᆞᆷ에 의심을 두지 아니 ᄒᆞ면 반ᄃᆞ시 구원ᄒᆞᆷ을 엇으리니 일즉 예수씨를 말ᄉᆞᆷ에 닐넛시되 하ᄂᆞ님이 나ᄅᆞᆯ 보내여 셰샹에 ᄂᆞ려왓슴은 곳 셰샹을 죄 주고져 ᄒᆞᆷ이 아니라 이에 셰샹을 구원ᄒᆞᆷ이라 ᄒᆞ셧시니 진실ᄒᆞ신지라 이 말ᄉᆞᆷ 이여 이제 샹공은 이 ᄎᆡᆨ을 닉히 보시고 진심으로 예수씨ᄅᆞᆯ 밋으면 반ᄃᆞ시 무궁ᄒᆞᆫ 복을 엇으리이다

쥬일쳔팔ᄇᆡᆨ구십팔년

샹즉조삼십오년무술

쟝원량우샹론죵 경셩졍동예수교회당간인[13]

12) 《張遠兩友相論》第12回 42면.

13) 사무엘 마펫 역, 《쟝원량우샹론》, 韓國基督教博物館 所藏本, 1898年, 제11회 47면.

위의 진한 글씨 부분은 재판본에 없는 문장인데, 한역본에서 첨가한 것인지 아니면 중국어의 다른 판본을 저본으로 한 것인지 진일보한 조사가 있어야 하겠다. 다만 재판본과의 비교에 따르면 한역본은 논리적인 문장이 부분적으로 증가하였고 게다가 중국고전소설의 章回體 語套 역시 증가하여 소설적 요소가 강화되었다고 할 수 있다. 번역본은 총 47면으로, 版心 上段에는 "쟝원량우샹론"이라 쓰여 있고 무늬가 있으며, 판심 중간에는 "뎨십일회" 등의 회수가 적혀있고 판심의 하단에는 한 줄을 긋고 그 아래 面數를 표기하였다. 四周雙邊, 半面은 12行이고, 1行은 17자나 혹은 18자로 자수가 일정치 않다. 문장부호를 쓰지 않았고, 전형적인 線裝書이며, 모두 순수한 한글로 표기되어 있는데다가 정연하게 띄어쓰기를 한 것으로 미루어 보아 한글을 읽을 수 있는 大衆을 독자대상으로 하였음을 알 수 있다. 이는 다른 국한문 혼용체 작품과 비교해 보면 상당히 의미 있는 표기방식이라 생각된다. 《쟝원량우샹론(張袁兩友相論)》은 중국에서 활동한 선교사 밀네가 창작하고 한국의 미국선교사 마펫이 번역하여 한국에서 한글을 해독할 수 있는 일반 대중에게 기독교를 선교하기 위한 목적으로 출간한 전형적인 19세기말의 기독교 번역소설이다. 《張遠兩友相論》은 淸朝의 基督教 禁教時期에 창작되었으며 동남아의 화교사회에서 출판되었다. 그 당시 동남아 화교사회에서 서양선교사와 협력관계를 갖고 있던 중국인은 대부분 그들에게 고용된 사람으로 학문이 뛰어난 지식인은 없었다. 이 작품은 소설적 구성이나 수준에 있어 중문학계의 주목을 끌지는 못했지만 기독교의 선교목적으로 여러 지역에서 다양한 언어로 출간되어 사회에 유통되었다.[14]

日本에서는 1881년 6월 東京府 原胤昭(harataneaki)에서 《兩友相論》이란

---

14) 한글번역본 《쟝원량우샹론》의 서지사항과 분석은 졸저, 〈최초의 中國基督教小說과 韓國基督教博物館 所藏 초기 기독교소설 韓譯本 연구〉(《中國語文論譯叢刊》 제16집, 中國語文論譯學會, 2005.8), 94~96쪽에서 인용하였다.

제명으로 安川亨(yasukawa toru)이 번역하였으며, 모두 66쪽이다. 中國 寧波에서 《二友相論》이란 판본이 1851년에 30面(60쪽)의 편폭으로 출간되었고, 《甲乙二友論述》이란 제명으로 1858년 上海에서 출판된 판본은 모두 22面(44쪽)이다. 일본에서 번역된 판본은 1851년 寧波에서 출판된 《二友相論》이 저본으로 사용되었을 것으로 추정되는데, 일본에서 《聖經》이 明治12년(1878) 11월 3일에 완역되었고, 明治13년(1879) 4월에 인쇄되었던 사실로 미루어 보아, 日譯本 《兩友相論》이 1881년에 출간된 것은 일본에서 기독교 선교가 허용된 이후[15] 채 10년이 되지 않는 매우 이른 시기라고 생각된다. 일본의 경우에는 《성경》의 번역에 버금갈 정도로 《張遠兩友相論》이 일찍 번역되었음을 알 수 있다. 한국의 경우에는 가장 이른 기독교 문서의 한글번역본으로 출판되었으니 《장원양우상론》의 번역은 동아시아 基督教文書宣教史에서 가장 넓은 지역에 가장 다양한 언어로 번역된 작업이라고 할 수 있겠다.

## Ⅳ. 초기 한국기독교의 문서선교와 中文基督教小說의 韓譯本

韓國基督教博物館 所藏의 《張遠兩友相論》한역본은 1898년에 정동교회에서 출간되었지만, 이 작품의 번역본은 그 이전의 목록에서도 찾을 수가 있으니, 1892년 조선성교서회(The Korea Relligious Tract Society)의 출판목록에 이미 수록되어 있다. 《한국기독교의 역사1》의 제5장 〈선교의 자유와 초기 선교활동〉에는 조선성교서회의 출판사업을 아래와 같이 소개하고 있다.

15) 일본에서 기독교금교령이 철폐된 소위 "切支丹禁制"의 "高札"이 철폐된 것은 明治 6년(1872)의 일이다. 日譯 《성경》의 번역과 출판 및 기독교금교령의 철폐에 관한 것은 五野井隆史 著, 《일본キリスト教史》, 東京 吉川弘文館, 2001年 4刷版, 267쪽 참조.

1890년에 초교파(장·감 연합) 문서사업기관으로 '조선성교서회'(The Korea Relligious Tract Society)가 설립됨으로 보다 체계적인 문서선교의 기틀이 잡혔다. 언더우드·헤론·올링거 3인의 노력에 의해 태동된 이 서회는 "조선어로 기독교 서적과 전도지와 정기간행의 잡지류를 발행하여 전국에 보급"하는 것에 그 목적을 두었다. 1890년에 출판된 《셩교촬리》를 비롯하여 《텬로지귀》, 《훈ᄋᆞ진언》(1891), 《쟝원량우샹론》(1892), 《구셰진젼》(1893년), 《덕혜입문》(1893년) 등의 전도 교리문서들을 출판해 냈다. 이 서회는 1897년에 대한성교서회로 명칭을 바꾸었다가 합방후인 1915년 조선예수교서회(The Korea Relligious Book and Tract Society)로 다시 바뀌었는데 이것이 오늘의 대한기독교서회의 전신이다.[16)]

대한기독교서회의 문서간행물 중에는 1892년에 출판된 《쟝원량우샹론》이 있는데, 이는 정동교회의 간행본보다는 6년이 앞선 것이다. 하지만 현존하는 번역본은 1898년 간행된 한국기독교박물관 소장본이 가장 오래된 것이며, 다른 판본의 존재는 진일보한 조사를 해보아야 하겠다. 또한 韓國基督敎會史家 金良善牧師는 초기의 기독교 단행본 출판에 대해서 다음과 같은 언급을 하였다.

국내에서 발행된 것으로는 1889년에 나온 《셩교촬요》(아펜젤러)와 《속죄지도》(언더우드), 1890년에 나온 《라병론》(올링거), 《미이미교회강례》(아펜젤러), 《셩교촬리》(언더우드), 《크리스도쓰 셩교문답》(스크랜튼 부인) 등이 비교적 초기에 나온 것들로 기독교의 기본교리들을 그 내용으로 삼고 있다.[17)]

---

16) 이만열 저, 《韓國基督敎文化運動史》, 대한기독교출판사, 1987년, 308쪽. 이 문장은 《한국기독교의 역사1》(한국기독교사연구회 편, 기독교문사, 1990.10 3판), 206쪽에서 재인용.

17) 金良善 저, 〈韓國基督敎 初期刊行物에 關하여〉, 《史叢》 12·13 합집, 고려대학교 사학회, 1968년, 571~597쪽 참조. 《한국기독교의 역사1》, 205쪽에서 재인용.

여기서 주목해야 할 것은 언더우드가 번역한《속죄지도》라는 서적인데, 이는 두 번째 중국의 기독교소설로 간주되는 귀츠라프 저《贖罪之道傳》의 한역본이다. 귀츠라프는 기독교선교사로는 처음으로 조선을 방문하여 정식으로 서양과 修交할 것과 기독교의 선교 허용을 한국정부에 주청한 외국인인데, 그는 이미 1830년대에 다량의 기독교 선교문서를 집필한 경력이 있어 그의 저작목록이 이미 하버드대학의 패트릭 하난 교수에 의해 조사된 바 있다.[18)]

## 1)《贖罪之道傳》과 작자 귀츠라프

1834년에 간행된 大英圖書館 所藏《贖罪之道傳》3卷 21回本은 246面이며, 작자의 序跋文이 있으나, 제1권이 없다. 1836년 41면의 修正縮寫本이 출간되었는데, 프랑스 漢學院 IHEC圖書館 소장본은 1836년 간행본으로 2권 18회로 되어 있고, '愛漢者纂'이라 서명되어 있으며 序文과 목차가 있다.[19)] 프랑스 漢學院 所藏本의 표지에는 "道光 丙申年(1836) 판각", "愛漢者纂"이라 쓰여 있고, 또한 "朱子謂道之本源出於天而不可易(朱子가 道의 本源은 하늘에서 나와 바꿀 수가 없다고 하였다)"라는 문장이 있다. 서문에서는 '속죄'와 '속죄의 도'를 설명하고 있으며, 그 뒤에는 目錄이 있고 본문은 두 권으로 나뉘어져 있다. 半面은 10行이고, 1行은 25字이다. 제1권은 25면이고, 제2권은 36면인데, 두 권의 卷末은 모두 半面이 비어 있으며, 全書는 약 3만자이다. 回目은 短句로 표제와 같다. 각 회의 처음은 '話說'로 시작되며, 回末에는 "……어떠한지, 다음 회의 진행을 들어보도록 하자(……如何, 請聽下回分解)"라는 전통적인 장회체 소설의 상투어로 끝을 맺는다.

---

18)《中國近代小說의 興起》, 78~86쪽.

19)《中國近代小說의 興起》, 68~101쪽.

저자 '愛漢者'는 선교사 귀츠라프(Gützlaff Karl Friedrich August, 1803-1851)의 필명이다. 귀츠라프는 프러시아의 피리츠(Pyritz)에서 태어났으며 소년시절부터 외국에 나가 전도할 뜻을 품고서 아랍어와 터키어를 배웠다. 18세에 베를린의 선교회학원에 들어가 공부하였고 1823년 다시 네덜란드의 노트르담 네덜란드선교회에 가서 修學하였으며, 1826년 목사로 안수를 받고서 당시 네덜란드의 식민지였던 인도네시아에 선교사로 파송되어 말레이어와 중국어를 배웠다. 1828년 싱가포르에 갔는데, 그 이듬해에 네덜란드선교회에서 나와 독자적인 선교사가 되어 싱가포르와 태국 사이를 왕래하였다. 1831년 중국에 도착하였고, 그 다음해 연말에 마카오에 갔다. 1832년부터 여러 차례에 걸쳐 불법으로 배를 타고 중국해안선을 따라 항해하여 중국 沿海의 여러 도시를 시찰하였고 조선과 일본에도 간 적이 있었는데, 이 기간 중에는 주로 영국인을 위해 일을 하였다. 1833년 廣州에서 중국어 월간잡지 《東西洋考每月統記傳》을 창간하였는데, 이 잡지가 중국에서 출판된 첫 번째 정기간행물이다. 1839년부터 아편전쟁 기간 동안 귀츠라프는 전쟁의 전 과정에 참가하여 영국군의 각종 주요 직무를 맡았다. 그리고 영국군이 定海와 寧波, 鎭江을 점령했을 때는 지방장관을 역임하기도 하였다. 나중에는 영국의 통역관으로 淸정부와의 회담에 참여하여 南京條約의 조인에도 간여하였다. 戰後에 그는 홍콩식민정부의 中國人政務司로 임명되어 중국인과 관련된 사무를 처리하는 책임을 맡다가 1851년 향년 48세로 타계하였다. 지금 홍콩의 吉士笠街는 바로 그를 기념하기 위해 命名한 거리이다.[20]

윌리의 《선교사 기록》에 의하면, 귀츠라프는 일생 동안 86종의 서적을 출간하였는데, 독·영·중·일·태국 등의 각종 문자로 쓰여 졌으며, 그중에 중국어 전적은 61종이나 된다. 패트릭 하난은 이들 중에서 소설류에 해당하는 21종의 서적을 열거하였는데, 대부분 귀츠라프가 영국정부를 돕기

20) 귀츠라프의 일생과 그의 저작에 대해서는 《선교사 기록》, 54~66쪽 참고.

전인 1834년에서 1839년 사이에 집필한 것으로, 5년 동안에 이런 대량의 저술작업을 했으니, 엉성하고 치밀하지 못한 단점을 피하기는 어려울 것이다. 두 번째 중문기독교소설이자 귀츨라프의 대표적인 소설작품《贖罪之道傳》의 回目은 다음과 같다.

| | |
|---|---|
| 第1回 論賢士敎人遵萬物之主宰 | 第2回 看山玩水讚美上帝 |
| 第3回 論人之善與人之惡明白 | 第4回 論老年人聽贖罪之道 |
| 第5回 論善人之死 | 第6回 論祭祀之大議 |
| 第7回 論贖罪之道安慰心 | 第8回 論人盡心竭力得意 |
| 第9回 論約翰行洗禮師 | 第10回 論耶穌降生 |
| 第11回 論約翰鐸德 | 第12回 耶穌宣道 |
| 第13回 論救世主行神跡 | 第14回 論眞道自證 |
| 第15回 論耶穌設比諭 | 第16回 論耶穌之寶訓 |
| 第17回 論耶穌遭苦受死 | 第18回 論耶穌復升天 |

이 작품은 每回의 回目에 대부분 "論"字가 있는데(18회 중에서 제2회와 제12회의 회목에만 "論"자가 없다.), 여기서의 "論"은 談論한다는 의미를 가지며, '談'이 '論'보다 더 비중을 차지하고 있다. 작자는 등장인물의 입을 빌어 성경 고사를 소개하고 있는데, 특별히 예수의 일생사적에 중점을 두고 있다. 작중인물은 결코 연속적인 활동이나 완정한 성격을 갖고 있지 않으며, 단지 서술자의 필요에 따라서 부르면 왔다가 떨쳐버리면 없어지는 꼭두각시 같은 역할을 하고 있다. 작품의 이야기는 또한 常理에 맞지 않는 부분이 많이 있는데, 예를 들면 제11회에서 蘇連幸이 "수석합격자"가 되었지만, "나이가 어리다"고 했는데, 제4회에서는 이미 그가 進士에 합격했고 나이가 33세나 된다고 하여 내용의 앞뒤가 맞지 않는 경우가 있다. 또한 작중인물 黃知縣이 기독교를 금지하고 목회자 謝先生을 잡아들여 취조하다가 석방해주는 일도 마치 아이들 장난하는 것 같이 우습게 처리되어 있다.《성경》에 익숙하지 않으면 내용을 제대로 이해할 수가

없어, 不信者에게 전도하기 위한 것이란 창작취지를 살리는 일이 쉽지 않다. 오히려 이미 結信한 신자들이 읽고서 《성경》내용을 보다 쉽게 이해할 수 있으며 특별히 예수의 행적을 상세하게 이해시키고자 한 것 같다. 작자의 문학적 수준은 그다지 높지 않고 문장표현도 뛰어나지 않지만, 문장의 語法은 대체로 무난한 편인데, 아마도 귀츠라프가 口述하고 중국인이 筆寫했을 것이다.[21)]

현존하는 《論善惡人死》, 《正邪比較》, 《耶蘇降世之傳》, 《誨謨訓道》, 《生命無限無疆》, 《轉禍爲福之傳》 등 6권의 중문기독교소설은 대부분 귀츠라프가 저술한 것이며 단지 《論善惡人死》만이 서양작품을 중국어로 번역한 번역소설이다. 전부가 싱가폴의 堅夏書院에서 간행되었으며, 저자는 "愛漢者" 혹은 "善德"이란 귀츠라프의 필명으로 표기되어 있다. 이들 작품은 모두 백화문으로 기술되었고, 작품의 문학적 수준은 저급한 편이다. 하지만 소설의 구성을 가진 서사문체로 기술되었으며, 기독교 선교의 창작목적을 가지고 서술된 대중 전도용 백화소설이다. 어쨌든 귀츠라프는 현존하는 중문기독교소설 중에 가장 많은 작품을 저술한 작가로써 기억될 것이다. 비록 작품의 수준과 문학적 흡인력이 부족하여 시간의 흐름 속에 도태되고 말았지만 출간 당시에는 적지 않은 작품이 유통되었기에 현존하는 작품도 가장 많이 남아있다고 할 수 있겠다. 그리고 귀츠라프는 창작과 번역의 두 가지 기독교소설을 모두 집필한 유일한 작가이기도 하다. 그가 간행한 文言小說은 보이지 않으며, 주로 일반 대중에게 전도하기 위한 平易한 문장의 白話小說이 주류를 이루고 있다.

---

21) 《贖罪之道傳》과 작자 귀츠라프에 관해서는 졸저, 〈최초의 中國基督教小說과 韓國基督教博物館 所藏 초기 기독교소설 韓譯本 연구〉, 98~104쪽 중에서 발췌 인용하였다.

### 2) 그리휘트 著 《引家當道》와 韓譯本 《인가귀도》

그리휘트 존(Griffith John, 중국명 楊格非, 1831-1912)목사의 유일한 소설작품《引家當道》는 1882년 漢口에서 출판되었으며, 현재 大英圖書館에 한 권이 소장되어 있다. 이 작품에는 南京 沈子星의 序文이 있는데 그는 그리휘트 목사의 助手였으며 그의 이름은 그리휘트목사의 다른 저작 중에도 보인다.[22] 이 작품은 기독교를 전도하기 위해 지은 것으로 죄를 회개하고 신앙을 갖은 뒤에 크리스챤이 어떻게 생활할 것이며 가족과 친지를 어떻게 전도할 것인지를 구체적으로 서술하고 있다. 1882년 10월 한코우에서 보낸 서신 중에서 그리휘스는 이 소설에 대해 다음과 같이 술회하고 있다.

> 내가 돌아온 뒤에 일상적으로 하는 선교, 교육, 교회 지도 등의 업무 이외에 나는 6편의 선교를 위한 작품을 썼다. 마지막 한 편은 오늘 완성했는데 매우 길지만 내가 쓴 가장 좋은 두 편의 작품 중의 하나라고 믿는다. 이 작품에서 나는 내 마음 속에 있는 이상적인 크리스챤의 생활과 그가 그의 가정과 친척, 친구들을 어떻게 노력해서 신앙을 갖게 하는가를 묘사하고 있다. 이 작품은 소설 같아서 특별히 중국인에게 적합할 것이다.[23]

그리휘트는 가족과 친구들을 교회로 전도하는 이상적인 크리스챤의 삶을 중국소설의 형식을 빌어 《引家當道》라는 제명으로 저술하였다. 《引家當道》는 16회로 구성되었지만 전통적인 章回體의 常套語가 전혀 없는 서술문체로 쓰여 졌다. 이 작품은 주인공 李先生이 기독교의 신앙을 갖게 되는 結信過程과 그의 家庭信仰史를 서술하고 있다. 李先生은 비록 문인은 아니지만 글을 배워 문장을 읽을 줄 알고 사리를 분별할 수 있는 사람으로, 하씨와 결혼하여 두 아

---

22) 大英圖書館 所藏本 그리휘트목사의 《紅侏儒》(漢口 盛教書局, 1882년)에도 沈子星의 이름이 보인다.

23) Robert Wardlaw Thompson, Griffith John, The Story of Fifty Years in China, New York, 1906, 334~335p. 이 문장은 하난 저, 《中國近代小說의 興起》, 9쪽에서 인용하였다.

그리휘트 존목사와 沈子星으로 보이는 중국인 조수의 執筆장면, 약1882년

들과 딸 하나를 두었다. 그는 타향에 가서 근무하게 되었는데, 도박장과 기방에 자주 출입하다가 돈을 탕진하여 완전히 빈털터리가 되어 집에 돌아갈 수 없게 되었다. 하루는 우연히 어떤 교회에 들어갔다가 조물주 하나님에 관한 사실과 인간은 자신의 능력으로는 죄악에서 구원받을 수 없다고 강론하는 교회 목사의 설교를 듣고 나서, 마음이 항상 불안하고 답답함을 떨쳐버릴 수가 없어 자신의 황당한 행위를 반성하기 시작했다. 그는 기독교인이 된 뒤, 열심히 일을 해서 돈을 벌어 가지고 집으로 돌아와 온 가족이 기독교로 귀의하도록 권면하였다. 이 소설은 또한 여성 교육과 신용 있는 상거래를 제창하고, 착하게 사는 행실의 중요성을 강조하고 있으며, 아울러 당시 사회에 만연해 있는 첩들이(多妾制), 전족, 도박과 저주, 아편 및 관우 숭배 등의 악습을 반대하고 있다. 이 작품은 분명히 중요한 기독교 교리를 주장하지만 그러나 핵심은 기독교인이 어떻게 사는 것이 바람직한지에 대한 이상적인 기독교인의 모델을 제시하고 있다.[24)]

24) 《中國近代小說的興起》, 93~94쪽.

이 작품은 1894년 올링거목사가 한글로 번역하여 서울의 정동교회에서 출간한 번역본이 현재 한국기독교박물관에 소장되어 있다. 프랭클린 올링거(F. Ohlinger)목사는 감리교선교사로 1889년에 배재학당에 기독교 출판사 三文社를 설립하여 한국에서 기독교 문서선교를 본격적으로 진행한 인물인데, 韓譯本에 서명된 '무림길'이란 이름은 올링거목사의 중국명 '武林吉'의 한글표기이다. 한역본의 본문은 半面이 10行이고 1行은 18字로 되어 있으며, 版心에는 상단에 제명 "인가귀도"가 쓰여 있고, 제명 아래에 바로 下向黑魚尾가 있으며, 판심의 하단 중앙에 면수가 표기되어 있다. 모두 79면이고 마지막 면의 종결부분은 끝부분 뒤의 두 번째 7번째 글자부터 "경졍동예수교회당인발", 마지막 줄에는 상단에 "인가귀도죵"이라 쓰여 있다. 올링거는 重譯序文 〈인가귀도셔〉에서 다음과 같이 번역동기를 밝히고 있다.

> 이책은영국목ᄉᆞ양격비션ᄉᆡᆼ의지은바즁국리션ᄉᆡᆼ의진도ᄅᆞᆯ진실ᄒᆞ게밋든일이니그일이진실ᄒᆞ고말이ᄌᆞ세ᄒᆞ야어린ᄋᆞ히라도알기쉬운고로다시번역ᄒᆞ여츌판ᄒᆞᄂᆞ니ᄇᆞ라건ᄃᆡ보ᄂᆞᆫ이ᄂᆞᆫ허물이잇거든즉시뉘웃쳐곳치기ᄅᆞᆯ앗기지말고어버이ᄅᆞᆯ셤기매효셩ᄒᆞ며형을공경ᄒᆞ고안히ᄅᆞᆯ화목ᄒᆞ며아오ᄅᆞᆯ우ᄋᆡᄒᆞ고아ᄃᆞᆯ을ᄉᆞ랑ᄒᆞ며가ᄅᆞ치고원수ᄅᆞᆯᄃᆡ졉ᄒᆞ고빗솔갑ᄂᆞᆫ일을본밧고져ᄒᆞᄂᆞ니이ᄂᆞᆫᄌᆞ긔의힘으로이ᄅᆞᆯ일움이아니오 샹뎨의은혜와 크리스도쓰의공뢰와 셩신의감화ᄅᆞᆯ힘닙은바ㅡ니원컨ᄃᆡ이세샹사ᄅᆞᆷ은다리션ᄉᆡᆼᄀᆞᆺ치굿게진도ᄅᆞᆯ밋어화ᄅᆞᆯ돌녀복을밧을지니[25]

역자 올링거목사는 그리휘트의 中文小說을 한글로 다시 번역한 重譯本임을 서두에 밝힌 뒤, "그 일이 진실하고 말이 자세하여 어린이라도 알기 쉽기" 때문에 번역하게 되었다고 자신의 번역동기를 명쾌하게 천명하고 있다. 그리고 "누구나 쉽게 읽을 수 있도록 상세하게 서술된 현실성 있는" 작품이라고 비편하면서 쉬우면서도 생동적인 문체의 특성을 강조하고 있

25) 무림길 저, 〈인가귀도셔〉, 《인가귀도》, 한국기독교박물관 소장본, 1894년.

다. 그는 독자가 이 작품을 읽고서 죄를 회개하고 개과천선하여 부모, 형제, 자녀와의 인륜관계를 바르게 갖고, 원수까지도 사랑해야 한다고 주장하고 있는데, 이렇게 참된 신앙을 갖게 된 것은 성부, 성자, 성신 삼위일체 하나님의 은총으로 말미암은 것으로, 주인공 이선생과 같이 하나님을 믿으라고 권면하고 있다. 그리고 서문의 끝에는 "무림길 거듭번역"이라고 쓰여 있다. 한국기독교박물관에는 1894년 간행본과 1911년 8월 5일에 '朝鮮耶蘇教書會'에서 주관하여 徽文館에서 인쇄한 간행본이 소장되어 있다. 순 한글본이며 78면인데, 문장은 띄어쓰기가 정연하게 되어 있으며 반면은 10행이고 1행은 띄어쓰기로 자수가 일정치 않지만 대부분 17~18자 전후이다.[26]

### 3) 延世大 중앙도서관 所藏《引家歸道官話》

그런데 2006년 8월 연세대 중앙도서관에서 1889년(己丑年) 漢口의 聖教書局에서 간행된 英漢書館鉛板本《引家歸道官話》가 발견되었다. 이 책에는 壬午年(1882)에 쓴 沈子星의 〈原序〉1面과 戊子年(1888) 官話 譯者 周明卿의 〈譯官話序〉半面이 본문 앞에 수록되어 있어 그 동안 의문에 쌓였던 문제를 직접 해결할 수 있었다. 2편의 서문 뒤에는 16章의 〈引家歸道目錄〉이 있는데, 章數가 표기되어 있지 않았고 단지 中文의 章目만이 있다. 그 뒤에는 插圖 8幅이 수록되어 있는데, 선명하고 수준 높은 그림으로 작품의 주요 내용을 묘사하고 있으며 그림 하단에는 7자의 插圖 題名이 쓰여 있다.

이 작품은 序文 2面, 插圖 4面과 본문 21面이 있는 19.5×12.5cm의 鉛

26) 그리휘트 著《引家當道》와 한역본《인가귀도》에 관해서는 졸저, 〈최초의 中國基督教小說과 韓國基督教博物館 所藏 초기 기독교소설 韓譯本 연구〉, 104~108쪽 중에서 발췌 인용하였다.

活字本으로 총 27면이다. 우리는 두 편의 서문을 통해 1882년에 존 그리휘트목사가 著述하고, 沈子星이 潤筆한 《引家當道》가 출판되었으며, 漢口方言으로 記述된 이 작품을 다시 北京官話로 번역하여 1889년에 《引家歸道官話》라는 제명으로 출간하였다는 사실을 알 수 있다. 1882년에 간행된 《引家當道》는 현재 大英圖書館에 1권이 소장되어 있어 필자는 아직 열람하지 못했는데, 다행히 연세대도서관에서 1889年刊 《引家歸道官話》를 발견하게 되어 여기에 수록된 壬午年(1882)에 쓴 沈子星의 〈原序〉를 통해서 작자의 저술동기와 작품의 창작배경 및 작품 내용을 알 수 있게 되었다. 한글본 《인가귀도》는 바로 周明卿이 번역한 《引家歸道官話》를 저본으로 하여 제목과 본문을 직역체로 번역한 것이며, 역자 올링거목사는 周明卿譯 官話本을 그대로 번역했을 뿐이며 譯者의 주관은 전혀 개입되지 않았다.

《引家歸道》의 제1판과 官話本 그리고 韓譯本의 著錄을 살펴보면, 당시에는 아직 저자와 역자의 성명이 작품 표지나 내면 등에 정식으로 표기되지 않았다. 다만 官話本에서는 2편의 〈서문〉작자를 통해 저자와 역자를 파악할 수 있지만, 〈原序〉의 작자가 沈子星이라서 작품의 저자 존 그리휘트목사와는 어느 정도나 분업을 했는지를 판단하기가 어렵다. 다만 언어능력으로 살펴볼 때 그리휘트목사가 저술한 草稿를 沈子星이 윤문을 하거나 중국소설 양식에 맞게 조정했을 가능성이 있다. 만약 상당한 조정을 가하지 않았는데 沈子星으로 하여금 〈原序〉를 기술케 하지는 않았을 것이다.

官話本의 譯者는 분명히 명시되어 있어 논쟁의 여지가 없다. 그런데 韓譯本의 〈역자서문〉에서는 작자와 역자를 그리휘트 저, 올링거 역이라고 명확히 밝히고 있어 거꾸로 1882년의 제1판과 官話本의 불확실한 부분을 보충해 주고 있다. 아마도 서양선교사들은 중국 조수들의 작업을 共著로 간주하지는 않는 것 같다. 1890년 이전, 중국에서 나온 많은 역서 가운데 외국인과 함께 번역에 참가한 중국문인의 성명이 작품에 명시된 경우는 존 프라이어의《格致彙編》등 소수의 간행물을 제외하고는 거의 눈에 띄지 않는다.

그런 점에서 한역본《인가귀도》가 과연 올링거 1인의 번역으로 완성되었는지에 대해서도 의문이 간다. 1887년 12월에 내한하여 겨우 5년 이란 짧은 기간에 한국어로 소설작품을 번역 출간한다는 사실은 매우 놀라운 일이다. 하지만 문장은 표현력이 뛰어나고 외국인이 서술했다고는 믿기지 않을 만큼 정확하게 기술되어 있어, 적어도 한국인 조력자가 있었을 것이라 추정된다. 이를 반증하는 증거로써 당시 한국에 와서 의료선교를 했던 호레이스 알렌은 중국인 통역을 대동하고 한국에서 활동하였으며, 한국에서는 오랫동안 한국인 통역을 고용했다고 한다.[27] 다른 기록에서는 올링거목사의 조력자로 노병일권사가 활동하였다는 기록이 있는데, 아마 번역작업에서도 그러한 조력자의 도움을 받았지만 典籍에는 명시하지 않았으리라 생각된다.

## V. 基督教文言小說《勸善喩道傳》과《喩道要旨》

### 1) 윌리엄 마틴의 文言創作筆記小說《勸善喩道傳》과 日本訓點本

앞에 열거된 중문기독교소설의 現存 書目 중에서 일본에 전래되어 간행된《勸善喩道傳》이 있다.《勸善喩道傳》은 在中 미국인선교사 윌리엄 마틴(William Martin, 丁韙良 1827~1916)이 저술하여 중국 福州에서 간행하였는데, 이를 明治 10年(1878) 2月 渡部溫이 訓點을 달아 東京에서 刊印하였다. 책 앞에는 中村正在가 明治 10年 3月 1日에 지은〈刻勸善喩道傳敍〉1편이 있고, 이어서〈勸善喩道傳序〉란 제명 아래에 咸豊8年(1858) 9月

27) H.N. 알렌 지음·신복룡 역주,《조선견문록》, 집문당, 1999.4, 112쪽.

"四明休休居士"가 지은 序文과 咸豐8年 季秋月에 "四明企眞子"가 지은 2篇의 序文 2面 半이 있고 그 뒤에는 目錄 半面이 있다. 이 작품에는 16篇의 文言短篇小說이 있는데, 1行은 20字이고, 半面은 10行으로 작품 뒤에는 作者의 〈跋文〉3面과 판권면 半面이 있어 全書는 모두 41面으로, 東京에서 刊刻된 일본식 線裝本이다. 작품의 중국어 원문 좌우에는 작은 글씨의 日語 訓點이 부기되어 있어 일본 독자들이 읽기 쉽게 만든 中日語並記本인데, 日本 國會圖書館과 하버드대 燕京圖書館(Harvard-Yenching Library)에 1권씩 소장되어 있다.

이 작품은 文言創作小說이며 作品의 背景은 中國이거나 歐美이고 登場人物은 중국인이거나 아니면 서양인이다. 하지만 文字가 精簡하고 문장이 流暢하며, 形式面에서는 文言筆記小說의 傳統을 계승하였다. 게다가 작품 말미에는 "企眞子"의 作品評語가 붙어 있어 독자가 작품의 原意를 이해하기 쉽게 만들었고, 이런 구성은 內容 傳達面에서 일반 白話基督敎小說과는 다른 문장특성을 갖게 하였다. 이 작품집은 현재 19세기에 중국에서 창작되고 외국에 전래되어 출간된 첫 번째 中文基督敎小說이라 할 수 있겠다.

윌리엄 마틴은 중국에서 가장 오래 활동했던 선교사 중의 한 사람으로 1827年 4月 美國 인디아나주의 리오니아에서 출생했다. 부친은 미국 장로교의 선교사로 모두 三男五女를 출산하여 세 명의 아들에게 모두 유명한 선교사의 이름을 빌어 작명하였다. 마틴은 1843年 인디아나대학에 진학하였다가 1846年 뉴알바니아 神學院으로 전학하여 神學을 전공하였다. 1849年 졸업한 뒤 1850年 중국에 와서 浙江省의 寧波에서 선교활동을 하였다. 寧波에 있을 때 마틴은 《聖經》을 寧波方言으로 번역하는 번역작업에 참여한 적이 있었고, 한자와 알파벳을 병기한 복음서를 편찬 인쇄하여 알파벳 한자 복음서를 보급하기도 하였다. 1854年 문언으로 편찬한 《天道溯原》을 출간하였는데, 이 책은 여러 차례 재판을 거듭하면서 널리 전파되었는데 일어로 번역되기도 하였다. 1862년부터 上海로 이주하여 선교활동을 하였으며, 당시 국제법 최고의 권위학자 惠頓의《萬國公法》을 중국어로 번역하였는데 출판 후 이듬해에 일본에 전해졌다. 이어서 마틴은 北京 同文館에서 교수로 재직시 계속해서 타인과 共譯으로《星軺指掌》·《公法便覽》등 다수의 국제법 전적을 번역 저술하였다. 그는 장기간 北京 同文館의 總敎習을 역임하였고, 나중에는 京師大學堂의 總敎習이 으로 교육사업에 헌신하였다. 1906년 79세의 고령으로 국립대학에서 은퇴한 마틴은 다시 선교사로 활동하다가 1916년 12월 북경 저택에서 서거하였다.[28)]

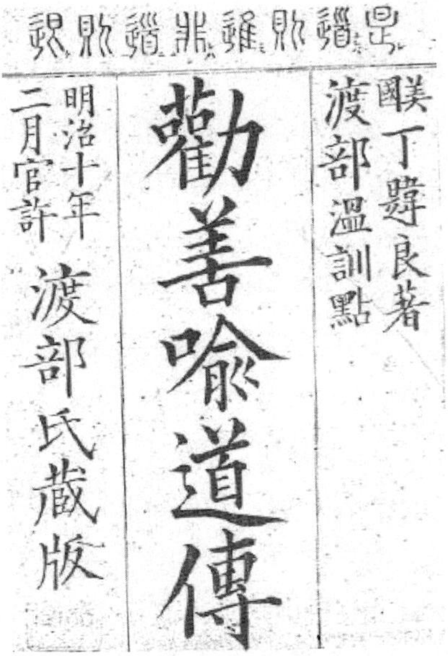

渡部溫 訓點本《勸善喩道傳》
하버드대 燕京圖書館 소장본

《勸善喩道傳》의 訓點者이자 刊行人인 渡部溫(1837~1898년)은 日本 근대의 語言學者이며 敎育家로 일찍이 東京外國語學校의 校長을 역임하였고, 譯訓編著로는《通俗伊蘇普物語 통속이솝우화》(明治8年),《康熙字典》(明治12年),《訂正康熙字典》(明治20年),《增訂通俗伊蘇普物語 증보 통속이솝우화》(明治21年),《康熙字典考異正誤》(昭和18年)等이 있다.[29)] 그는《이솝우화》의 日譯者이고 또한《勸善喩道傳》에 訓點을 달아 出刊하였는데, 재미있는 것은 두 문언작품집이 한 사람의 손으로 日譯되었다는 점이다. 中村正在는〈勸善喩道傳序〉에서 渡部溫이 이 작품집을 읽고 나

---

28) 顧長聲 著,《從馬禮遜到司徒雷登》, 上海人民出版社, 1995년 第4版, 185~202쪽.

29)《國書人名辭典》第4卷, 東京 岩波書店, 1998年 11月, 811~812쪽.

서 기독교를 믿게 되었고, 渡部溫의 동경외국어학교 학생들이 그가 학교를 떠나는 것을 아쉬워하여 그에게 선물을 하였는데, 渡部溫은 이에 보답하기 위해 이 책을 간행하게 되었다고 간행 경위를 분명히 밝히고 있다.[30]

이 책에 수록된 16편의 문언단편소설은 주로 기독교의 핵심교리를 표현하고 있지만 문장 중에는 이런 작품의 주제를 드러내지 않고 있는데, 독자들은 작품 말미에 첨부된 企眞子의 評語를 읽고 나서야 비로소 작자의 창작취지를 알게 된다. 종교사상과는 무관하지만 매우 함축적이고 유사한 성질을 가진 스토리를 차용하여 聖父·聖子·聖神의 三位一體와 예수의 십자가 대속, 부활, 회개와 같은 기독교의 핵심교리를 비유 설명하고 있다. 이 작품집은 작자 윌리엄 마틴이 중국에서의 기독교 선교를 위해 수준 높은 문학적 비유기교를 사용하여 창작한 기독교 창작소설이며, 日本訓點本 역시 일본에서의 기독교 선교를 위해 渡部溫이 東京에서 간행한 순수 선교용 작품이라 하겠다.

그러나 《勸善喩道傳》은 줄곧 세인의 관심을 끌지 못했으니 작품의 존재조차도 아는 사람이 드물었다. 하지만 이 책은 19세기 基督教 文言創作小說의 첫 번째 작품이라 할 수 있는데, 그 이전에는 문언으로 쓰여 진 기독교 창작소설은 없었다. 앞에서 열거한 中文基督教小說 目錄 중에 4部의 文言小說이 있으니 바로 《論善惡人死》·《勸善喩道傳》·《喩道要旨》·《安人車》이다. 《勸善喩道傳》보다 먼저 출간된 《論善惡人死》는 道光 9年(1829)에 출판되었으니 19세기의 첫 번째 基督教文言小說이라 할 수 있다. 2篇의 短篇小說이 수록된 이 作品集은 作者와 譯者, 出版時間 等의 出版刊記가 기재되지 않아서, 이 책의 來源과 作者를 알 수 없으며, 作品의 內容을 읽고서야 비로소 창작소설이 아닌 번역소설이라는 것을 알 수

30) 中村正在 撰, 〈刻勸善喩道傳叙〉: "東京外國語學校長渡部溫君之罷職也。生徒皆感其愛遇, 思慕不已, 相謀各有所餽獻。君思所以報之, 則施訓點於是書。" 明治10年, 하버드대 燕京圖書館 所藏本, 1面.

있을 뿐이다. 그러나《勸善喻道傳》과《喻道要旨》,《安人車》는 모두 文言筆記體小說이며, 16편에서 70여 편으로 구성된 短篇小說集으로 文章이 典雅하고 작품 취지가 분명하며 작중에 書誌事項이 명기되어 있다. 때문에《勸善喻道傳》은 淸末 基督教文言小說의 開山祖라 할 수 있겠다.

작자 윌리엄 마틴은 중국의 문인사대부나 渡部溫과 같은 지식인들을 대상으로 文言筆記小說을 저술하여 선교활동을 전개하였다. 40여년 뒤에 티모티 리차드와 존 알렌도 이런 문언필기체를 사용하여 基督教短篇小說集을 번역 창작하였다. 윌리엄 마틴과 티모티 리차드는 처음 중국에 선교사로 부임했을 때에는 모두 일반 민중을 선교대상으로 선교활동을 전개하였지만 나중에 文人 高官들을 結信케 하여 기독교에 입교시켜야 만이 사회에 영향력을 미칠 수 있다고 판단하여 선교대상을 일반 백성으로부터 高官 文人으로 바꾸었던 것이다. 이 때문에 그들은 문인들이 즐겨 읽는 문언필기체로 기독교소설을 번역하거나 창작하게 되었고, 마침내 一群의 文言筆記體 基督教小說이 출간되었던 것이다.

19세기 중문기독교소설은 文言筆記體와 白話章回體의 두 부류로 나눌 수 있다. 작자인 개신교선교사들은 두 가지 선교전략을 가지고 있었는데 선교전략에 따라 주요 선교대상을 일반 백성과 고관문인의 두 계층으로 나눌 수 있다. 이 때문에 그들이 基督教文書를 간행할 때에는 선교대상에 따라서 다른 서술문체를 사용하였으니, 高官 文人을 독자대상으로 하는 작품은 우아하고 세련된 文言으로 기술하였으니 예를 들면《勸善喻道傳》과《喻道要旨》等과 같은 作品이고, 평민 백성들을 대상으로 할 때는 주로 평이하고 통속적인 口語章回體로 기술하였으니 예를 들면《張遠兩友相論》과《引家歸道》等과 같은 作品이다.

하지만 이런 문체와 유형상의 차이가 유명한 작품인 경우에는 모두 적용되기도 하였으니, 널리 유통되고 오랫동안 출간된 유명작품의 경우에는 문언과 백화체가 모두 번역되기도 하였다. 예를 들면《勸善喻道傳》은 1911년 중국인 학자 趙受恒이 官話로 번역하여《喻道新編》이란 題名으로 出刊되었다. 趙受恒은 字를 仲山이라 하는 山東 牟平人으로 마틴이 노년에 가장 가깝게 지냈던 중국인이다. 그는 《花甲憶記》를 筆述한 것 이외에도 윌리엄 마틴을 도와 《天道合較》(1908)와 《聖經略選》(1914)을 筆述하였고 또한 華北書會에서 再刊한 1907年版 《天道溯原》의 中·英文 序文(1912年 6月)을 쓰기도 하였다. 《勸善喻道傳》의 초판이 간행된 지 53년 뒤에 北京官話로 다시 번역 출판되었으니, 이런 사실을 통해 이 작품이 대단히 오랫동안 읽혀왔다는 것을 알 수 있다. 《張遠兩友相論》의 경우에도 《基督聖教出版各書書目彙纂》에 의하면 여러 번 文言으로 번역되었음을 알 수 있다.[31] 이런 대표적인 작품의 경우에는 그 내용의 수준이 원래 기술시 고려했던 독자대상을 뛰어 넘는 문학적 수준을 가지고 있기 때문에 문체를 변환하여 더욱 폭넓은 독자에게 읽히고 유통되었던 것이다.

## 2) 韓國基督教博物館 소장 文言翻譯筆記小說 《喩道要旨》

《喩道要旨》는 1894년 上海 廣學會에서 주관하여 美華書館에서 간행한 文言筆記體 기독교 번역소설이다. 이작품은 독일명사 크루마쳐(Krummacher)가 지은 獨語本 "Parabeln"의 英譯本을 저본으로 在中 영국선교사 티모티 리차드가 중국어로 번역한 문언필기체소설인데, 작품 71條가 수록되어 있으며 본문 앞에는 譯者 序文과 중문 및 영문 목차가 실려 있다.

티모티 리차드(1845-1907)는 영국 웨일스에서 태어나 사범학교를 졸업하고 초등학교 교사를 하다가 침례교신학교에 들어가 신학을 공부한 후,

31) 《基督聖教出版各書書目彙纂》에 수록된 《張袁兩友相論》의 文言本은 아래의 5종이 있다. 1916년 兩粵(兩粵聖教書局 廣州)刊 28면, 1917년 閩省(福州聖教書局 福州)刊 38면, 1914년 中國(中國聖教書局 上海)刊 34면, 1917년 漢津(基督聖教協和書局 漢口·天津)刊 28면, 1915년 華西(華西聖教書局 重慶)刊 28면. 雷振華纂, 《基督聖教出版各書書目彙纂》, 1917年, 哈佛燕京圖書館 所藏本, 52~53쪽 참조.

1870년 영국 침례교선교회의 파송을 받아 중국 山東 烟台에서 선교활동을 시작하였고, 1876년 山東에 수재가 발생하자 수재민들의 구호사업을 하면서 중국 고위관리들과 접촉하기 시작하여, 그 후 산동과 山西, 武昌 등지에서 曾國筌, 左宗棠, 李鴻章 등 중국고관들과 교류하며 중국정치와 사회개혁에 관여하였다. 그는 1916년까지 廣學會 총간사를 맡았고 同文書會를 주관하면서 문서선교와 사회개혁을 진행하여 청말 유신파 개혁인사들에게 지대한 영향을 미쳤다.[32] 그는 적극적인 사회참여를 주장하였으니, 신앙과 기독교 문서보급을 통해 전도할 뿐만 아니라 정치 사회의 개혁과 대중의 계몽을 통해서 기독교를 더욱 널리 전파할 수 있다는 신념을 가지고 중국사회의 개혁과 지식인들과의 교류를 중시하여 직접 중국신문을 편집하거나 기고를 통해서 직접적인 영향력을 행사하였다. 중국에 처음 번역된 政治小說인 미국작가 에드워드 벨라미(Edward Bellamy) 著《Looking Backward, 2000-1887》은 티모티 리차드가 1894년《百年一覺》이란 書名으로 節譯하여 廣學會에서 발간하였다.[33] 이 번역소설은 중일 갑오전쟁 이후에 널리 유행되어 나중에는 해적판까지 나올 정도였으며, 미래에 대한 예측과 理想小說의 독특한 서술방식은 중국신소설의 효시라고 불리는 梁啓超의《新中國未來記》에 직접적인 영향을 미쳤다. 티모티의《百年一覺》는 발표되자마자 바로 世人의 주목을 받고 중국문학에 직접적인 영향을 끼친 반면에, 같은 해 上海 廣學會에서 출판한 그의 번역서《喻道要旨》는 그 존재조차 알려지지 않았다. 이 작품은 티모티 리차드에 대한 연구저술에서도 거의 언급이 되지 않았고 단지 기독교의 신앙교리서로 분류되어 왔다.[34] 그러나 이 작품은 역자가 기독교 선교를 위해 중국 고전소설

32)《傳教士與近代中國》, 175~176쪽.

33) 郭延禮 著,《中國近代飜譯文學概論》, 湖北教育出版社, 1998.3, 128~129쪽.

34)《韓國基督教博物館 所藏 古文獻 目錄》에도 1. 기독교 5) 신앙교리서에 수록되어 있다. 이곳의 저록 중에서 光緒 20(1895)는 마땅히 光緒 20(1894)로 수정되어

중에서 가장 오래되고 문인들이 즐겨 사용하는 文言筆記體로 서술한 기독교 선교용 문언단편소설집이다.

티모티 리차드는 〈서문〉에서 일상생활에서 누구나 알고 행할 수 있는 참 진리를 문학작품으로 써내는 것은 가장 손쉽게 한 영혼을 기독교로 전도할 수 있다고 생각하여, 자신이 평소에 즐겨 읽던 19세기 초 독일명사 쿠르마쳐가 지은 《喻道瑣言》200여 편 중에서 기독교의 진리를 쉽게 깨달을 수 있는 작품을 뽑아 중국필기소설과 비슷한 서술방식으로 번역하여 《喻道要旨》라고 이름을 붙였으며, 이 번역본이 중국인들로 하여금 하나님을 믿게 하는데 一助할 수 있기를 바란다고 밝히고 있다.[35] 《성경》내용과 기독교 교리를 쉽게 전달하기 위해 쓰여 진 이 단편소설집은 중국의 전통 필기체소설의 양식을 취하고 있는 기독교 선교단편소설집으로, 半面은 14行이고 1행은 34字이며 총 36면인데, 중간에 십여 폭의 삽화가 있다. 작품의 편폭은 짧은 작품의 경우 150여자 정도이며, 일반 작품은 300~400자에 이르는 편폭으로 모두가 단편이며, 문장이 간결하고 세련된 문언으로 쓰여 졌다. 먼저 작품의 특징을 파악하기 위해, 《喻道要旨》중에서 《성경》내용이나 기독교의 교리 전달을 위주로 하지 않은, 일반적인 소재를 다룬 작품 〈鱷魚〉를 살펴보도록 하자.

상고시대에 姓이 다른 여러 사람들이 이집트에 가서 나일강가에 살았다. 그

---

야 하겠다. 서지사항은 다음과 같다. "연활자본, 표기문자 漢文, 36장, 크기 25.7×15.0, 四周單邊, 半郭 19.6×13.0, 半葉 14行 34字, 註雙行, 揷圖, 上下向黑魚尾, 線裝. 上海美華書館擺板, 上海廣學會印."

35) 티모티 리차드는 〈序文〉에서 다음과 같이 번역동기를 밝히고 있다. "竊維發明眞道之言, 以切於日用, 爲盡人所能知能行者最易啓發性靈。德國名士戈睦克先生著有 《喻道瑣言》約二百篇, 至今垂九十餘年矣 三十年前曾有英國文人譯成英語, 余愛其命意針對眞道要旨而亦易於會悟。謹擇章法與中國筆記等書相似者, 譯成一帙, 名曰: 《喻道要旨》, 以冀爲引人歸眞之一助云。" 티모티 리차드 集譯, 《喻道要旨》, 上海美華書館, 1894년, 韓國基督敎博物館 所藏本.

> 곳은 땅이 드넓은 평야지대라 樂土라 부를 만했다. 각각 초막을 짓고 한데 모여 살았는데, 뜻밖에도 강에 큰 고기가 살았으니 그 이름을 악어라 하였다. 비늘 달린 몸에 날카로운 이빨을 가지고 있어 입을 벌려 어린아이와 가축을 삼키곤 하니 사람들이 크게 두려워하였다. 방법이 없어 하늘의 신에게 보호해 달라고 기도했더니, 신께서 명을 내려 "사람은 만물의 영장이라 스스로 강해질 수 있고 반드시 자립해야만 한다. 그러나 최선을 다해 노력하지 않고 말로만 내게 기도하면 도움이 되지 않는다."고 말씀하셨다. 무리는 이 명령을 듣고 함께 모여 상의한 뒤 각각 무기를 만들어 악어를 쫓아내었다.(上古之世, 有數姓人同往埃及國, 卜居於尼來河之左右 其地膴膴平原允稱樂土 因各起茅屋, 簇簇而居 不知河中生一大魚, 厥名曰: 鱷。鱗身鋸齒, 擧口卽欲呑食幼孩以及牲畜 居民大恐, 無所爲計. 因禱於上蒼之神, 祈其庇佑 神傳命曰: "人爲萬物之靈, 能自强, 必能自立 但不肯用心竭力, 空言祈我無益也"衆聞此命, 翕然聚謀, 各製利兵, 以驅除之)[36]

그리고는 강가에 높은 담을 축조하여 악어가 종적을 감추었고 생활이 편안해졌다. 사람들은 이제야 비로소 하나님이 사람을 창조하실 때 무엇이나 할 수 있는 지혜와 능력을 주셨음을 알게 되었다. 그러나 처음 악어를 물리쳤을 때, 화살과 창칼은 그렇게 날카롭지도 않았고, 축방도 그렇게 높거나 견고하지 못해 얼마 지나지 않아 악어의 수가 급증하여 그 해악이 더 극심해졌으므로 사람들은 갈수록 두려워하고 물리칠 방법을 찾지 못했다. 그리하여 악어를 神으로 받들고 계절마다 제사를 지냈다. 하지만 해를 당하고 피할 수가 없었으니 다름이 아니라 해를 제거하는데 근본을 따지지 않아서 결국은 해악을 떨쳐버릴 수가 없었던 것이다.

이집트 백성들은 악어를 제거하려고 强弓과 독화살을 만들어 악어와 사투를 벌여서 무수한 사상자를 내었고 강물이 모두 피로 물들었지만 악어를 완전히 제압하지 못해 고통스러워 하였고, 단지 하나님께 기도하는 수밖에 없었다. 하나님이 자비를 베풀어 사자를 통해 사람들에게 이르시

---

36) 《喩道要旨》, 第3條 2면.

기를 "강에 뉴먼(牛門)이란 작은 물고기가 있으니 그것으로 악어를 쉽게 제압할 수 있는데 어째서 다른 것을 구하느냐?"고 하였다. 무리들은 이 말을 듣고 의아해 하였고 사람도 제압할 수 없는데 어떻게 작은 고기로 악어를 물리칠 수 있느냐면서 하나님이 자신들을 속인다고 생각하였다. 하지만 하나님을 믿는 사람이 "망언을 하지 말고 진심으로 주를 믿어야 합니다. 세상에는 본래 아주 작은 것으로 大事를 이룰 수 있으니 일이 성사되지 않았을 때 말해도 늦지 않소."라고 말하였고, 무리들은 모두 그의 말에 따랐다. 후에 악어가 점차 적어지는 것을 느꼈고, 나중에는 해악이 완전히 없어져서 대단히 의아해 하였으나 그 이유를 알지 못했다. 그런데 뉴먼을 자세히 살펴보니 그 고기는 악어 새끼만을 잡아먹었다. 하나님을 믿는 자가 말하길 "악을 제거하려면 근본에 힘써야 한다는 이 말은 참으로 진실되도다. 때문에 그 근본에 나아가면 한 사람이라도 일을 하고 남음이 있으나 헛되이 말단을 좇으면 비록 천만 명이라도 부족할 것이다."라고 하였다.[37)]

이 작품은 나일강가에 사는 부족과 악어라는 실제적인 소재를 중심으로 인간이 생존에 위협을 느끼는 최악의 상황에서 선지자를 통한 神과의 교류를 서술하고 있다. 서술자는 전지적 관점에서 이 사건의 전말을 기술하면서 인간의 공통적인 종교적, 사회적 관점을 표현하고 있으며, 성경이나 기독교 교리를 직접적으로 드러내지 않고서 하나님을 믿고 하나님께 간구하면, 하나님께서 세상의 재앙을 물리쳐 주신다는 종교적 메시지를 전달하고 있다. 특히 하나님을 믿는 것이 가장 근본적인 것이며, 인간의 생각으로는 도저히 불가능한, 작은 물고기 뉴먼을 통해 인간이 물리칠 수 없었던 흉폭한 악어를 제압한다는 사실을 통해 하나님의 전능하심과 신앙 근본주의 주제를 표현하고 있다. 작품은 중간에 하나님의 명령을 대화체로 표현하고 있으며, 간결한 문언으로 서술되었다. 고유명사의 옆에는

---

37) 각주8)과 같음.

줄을 그어 품사를 표시하였는데, 地名은 두 줄, 人名은 한 줄이 세로로 쳐 있고, 피라미드와 같은 외래어는 두 줄로 된 작은 글씨로 "卽其國至大之墳墓, 歷數千年不損壞者(바로 그 나라의 대단히 큰 분묘인데, 수 천 년이 지났지만 손상되지 않았다)"라고 주석을 달아 놓았다.

이 작품집은 상당수가 직접 《성경》에 근거하지 않은 일반적인 스토리를 중심으로 기독교 교리와 신앙을 은유적으로 표현하고 있다. 〈花紅桃〉는 일상적인 가정생활을 통해 타인에게 사랑을 베푸는 선행을 장려하는 작품이다. 먹음직한 복숭아를 사가지고 돌아온 시골사람이 자신의 네 아들에게 한 개씩 나누어 주고는 저녁에 그들을 불러 어떻게 하였는지를 물어보았다. 네 아들은 각각 복숭아를 어떻게 처리하였는지를 말하였고, 아버지는 그들에게 누가 잘 했는지를 평가하게 하였다. 복숭아가 먹고 싶었지만 병으로 침상에서 앓고 있는 이웃사람에게 먹으라고 주고 왔다는 넷째 아들의 자선행위를 모두들 가장 높이 평가하였고, 부모는 넷째를 가장 아끼고 사랑하게 되었다고 한다. 이 작품은 편폭이 길지 않고 소재가 일상적이지만 자녀의 教育과 善行을 권장하는 스토리가 중국의 전통 儒家教育觀과 크게 다르지 않으며, 병들고 가난한 사람을 구제한다는 기독교의 박애정신을 잘 표현하여 특별하게 기독교 교리를 강조하지 않으면서도 자연스럽게 독자를 기독교 세계로 끌어들이고 있다. 이 작품집은 대부분 비유법을 常用하고 있으니, 〈眞理之國 진리의 나라〉에서는 진리의 나라를 바다에 떠있는 배와 땅에 심은 나무에 비유하여 하나님의 나라에 대한 긍정적이고 굳건한 신앙을 표현하였고, 〈花紅桃〉에서는 사랑을 베푸는 크리스챤의 삶을 맛있는 복숭아를 병든 이웃에 주는 넷째 아들의 자선행위에 비유하고 있다. 이런 작품은 편폭이 비록 짧지만 문장이 세련되고 간결하여 독자가 부담 없이 읽을 수 있는 전형적인 필기소설이다.

이 작품집에 수록된 71편은 그 내용을 크게 세 가지로 나눌 수 있다. 첫째, 〈大衛與掃羅 다윗과 사울〉, 〈約百 욥〉, 〈拿單與所羅門 나단과 솔로몬〉, 〈以利亞佈 엘리아〉, 〈拉撒路 나사로〉등과 같은 《성경》의 위인이야기. 둘째,

〈眞理之國 진리의 나라〉, 〈民牧 백성의 목자〉, 〈生命之泉 생명의 샘〉, 〈羔羊 어린 양〉, 〈奇事 기이한 일〉, 〈禱告 기도〉 등의 하나님의 실존하심과 기독교 教理故事, 그리고 〈三教 세 가지 가르침〉, 〈花紅桃 아름다운 복숭아〉, 〈新造園 새로 만든 정원〉 등 일반적인 스토리로 하나님의 사랑을 표현한 이야기이다. 특히 세 번째 유형은 상당한 편수를 차지하여 기독교 교리를 강조하지 않고도 은연중에 기독교 복음을 전도하는 효과를 갖게 만든다.

기독교 선교를 위해 번역된 이 작품집은 중국인들이 외래종교로써 기독교에 대한 거부감을 갖지 않도록 중국의 전통적인 단편 필기소설체 양식을 사용하였고, 外國故事지만 중국식 삽화를 작품 중간에 첨부하여 중국적이라는 느낌을 갖도록 하였다. 그리고 문장이 짧지만 簡明하여 부담감 없이 쉽게 읽을 수 있으며, 내용의 상관성을 고려한 적절한 비유법을 사용하여 《성경》과 기독교의 핵심 교리를 재미있게 서술해 내었다. 때문에 題名을 《喩道要旨》라 하였는데, 여기서 말하는 '道'는 하나님의 진리, 福音을 의미하며 '喩'는 比喩技法를 지칭하는 것으로 제목을 "문언필기소설 '복음의 비유'"라고 번역해도 좋겠다.[38]

하지만 《喩道要旨》라는 이런 제명은 이 작품의 문체와 문학양식에 대한 고려가 전혀 없어 전통필기소설로 간주되지 않았고 단번에 기독교 교리서로 단정 짓게 만들었다. 이 작품집은 역자 티모티 리차드목사가 상당히 고심해서 작품을 선정하여 번역한 것으로 선교용 단편소설집이지만, 중국인들이 자연스럽게 기독교를 받아들일 수 있도록 문인들이 즐겨 사용하는 전통소설양식을 채택한 매우 보기 드문 번역소설집이다. 비록 번역작품이지만, 작품의 선정과 사용문체에 따른 번역문의 편폭, 완전히 중국식으로 그려진 삽화 등을 보면 譯者의 주관적 變換이 상당히 크게 가미된 작품이라 하겠다. 문학적인 관점에서 본다면 상당히 우수한 소설인데

38) 졸저, 〈최초의 中國基督教小說과 韓國基督教博物館 所藏 초기 기독교소설 韓譯本 연구〉, 108~114쪽에서 인용하였다.

도 문학적인 평가를 전혀 받지 못했고, 단지 기독교 교리서로만 간주되었으니, 기독교 선교라는 본래 역자의 번역목적만이 달성된 것이라 할 수 있겠다.

## Ⅵ. 중문기독교소설의 문학적 의미와 전파 그리고 영향

### 1) 《인가귀도》와 초기 한국교회의 절제운동

올링거목사는 한국에 오기 전 이미 중국에서 17년 동안 선교사업을 하였는데, 비록 6년 밖에 되지 않는 짧은 기간을 한국에서 체류하였지만 초기 한국기독교의 신앙형성에 중요한 역할을 하였다. 특히 그는 한국선교의 마지막 3년간 정동제일교회에서 목회하면서 신앙과 생활을 일치시켜 사회와 교회의 개혁자로서 기독교인들이 모범적으로 생활할 것을 권장하면서 초기 감리교회의 순수하고 절제된 신앙전통을 지키도록 지도하였다. 한역본 《인가귀도》가 1894년 출간된 것은 결코 우연이 아니며, 아마도 올링거목사가 1893년 절제위원회를 조직하기 이전인 1892년에 이 작품을 번역하였는데[39], 당시 한국에서 기독교인들에게 절실히 필요했던 것은 바로 근면과 정직을 바탕으로 한 절제된 생활임을 확신하고 이를 실천할 것을 《인가귀도》를 통해 주장한 것이다. 《인가귀도》의 제7장에는 李先生이 거짓말 하는 아들을 훈계하여 고치게 한 뒤에 놀음하는 것까지도 철저히 금지시켰다.

39) 《인가귀도》제10장 47면의 "예수쓰ᄂᆞᆫ곳세분가온ᄃᆡ둘재분셩ᄌᆡ시라일텬팔ᄇᆡᆨ구십이년젼에 셩ᄌᆞ가강ᄉᆡᆼᄒᆞ샤(예수는 세 분 가운데 둘째 분 성자시라, 일천 팔백 구십 이년 전에 성자가 강생하사)"라는 문장을 통해 이 작품이 1892년 경에 번역되었다고 유추할 수 있다.

성경에닐너ᄉᆞᄃᆡᄌᆞ식을도로써가ᄅᆞ치면늙어도ᄇᆡ반치아니ᄒᆞᆫ다ᄒᆞ엿ᄉᆞ니이ᄅᆞᆯ닐ᄋᆞᆷ이라ᄯᅩ골ᄑᆡ와장긔와각ᄉᆡᆨ노림을더욱금ᄒᆞ기ᄅᆞᆯ엄ᄒᆞ게ᄒᆞ니ᄒᆞᆫ갓ᄒᆞᄂᆞᆫ것만금ᄒᆞᆶ분아니라각가이가셔보지도못ᄒᆞ세ᄒᆞ더니ᄒᆞ로ᄂᆞᆫ그아ᄃᆞᆯ이남에골ᄑᆡᄒᆞ난거ᄉᆞᆯ보거ᄂᆞᆯ급히ᄇᆞᆯ너내고ᄀᆞᆫ절이경계ᄒᆞ야보지말나ᄒᆞ니그안ᄒᆡᄀᆞᆯᄋᆞᄃᆡ보기만ᄒᆞ면무어시해로오리오ᄒᆞ니리션ᄉᆡᆼ이갈ᄋᆞᄃᆡ그ᄃᆡᄂᆞᆫ나의노림해밧은거ᄉᆞᆯᄭᆡᄃᆞᆺ지못ᄒᆞᄂᆞ뇨그해가몸에밋처어ᄂᆞ디경에니ᄅᆞᆯ줄아지못ᄒᆞᄂᆞ니엇지노림구경ᄒᆞ기ᄅᆞᆯ됴화ᄒᆞ기로조차니「거시아니리오그긔미ᄅᆞᆯ막고시작을방비ᄒᆞ난고로부득불처음을ᄉᆞᆷ갈지니라ᄒᆞ니안ᄒᆡ듯고황연이ᄭᆡᄃᆞ라ᄯᅩᄒᆞᆫᄒᆞᆷᄭᅴ그아ᄃᆞᆯ을경계ᄒᆞ니라(성경에 이르기를 자식을 道로써 가르치면 늙어도 배반치 아니한다 하였으니, 이를 이름이라. 또 골패와 장기와 각색 놀음을 더욱 금하기를 엄하게 하니 단지 하는 것만 금할 뿐만 아니라 가까이 가서 보지도 못하게 하더라. 하루는 그 아들이 남이 골패하는 것을 보거늘 급히 불러내어 간절히 경계하여 보지 못하게 하니 그 아내가 말하길 "보기만 하면 무엇이 해롭겠소?" 이선생이 가로되 "그대는 나의 놀음하는 것을 깨닫지 못했소? 그 해가 몸에 미쳐 어떤 지경에 이를 줄을 알지 못하게 되니 어찌 놀음구경하기를 좋아하는 것만을 말한 것이겠소? 그 기미를 막고 시작을 방비하기 위해 부득불 처음부터 삼가게 하는 것이오." 아내가 듣고 황망히 깨닫고는 함께 그 아들을 경계하니라.)(《인가귀도》제7장)

작자는 이선생이 가정에서 자식에게 거짓말과 놀음하는 것을 금하고 바르게 생활하도록 가르치는 장면을 통해 크리스챤이 각종 놀음과 향락에 빠지는 것을 근본적으로 차단하고자 하였다. 또 제14장에서는 이선생의 형이 아편에 중독되어 가족을 버리고 타향에서 유리 걸식하는 비참한 신세로 전락했다는 사건을 통해 아편을 비롯한 마약에 중독되어 패가망신하는 사례를 자세하게 서술하고 있다. 他地에서 폐인이 되어 죽기만을 기다리는 형을 찾아간 이선생은 그를 교회로 인도하여 신앙을 갖게 하였고 목사와 상의하여 아편을 끊도록 병원에 입원시켜 형의 아편중독증을 치유시킨다.

올링거목사는 정동교회를 담임하면서 한국교회의 신앙생활을 관찰하고 고쳐야 할 점과 적극 권장해 나가야 할 일들을 지적하였는데, 그는 목회의 첫 연례보고서에서 한국교인들과 지도자들을 범죄케 하고 타락시키는 일에 대해서 보고하였으니 바로 간음과 도박과 음주와 절도문제였다. 이러한 범죄는 아무리 많은 재정을 투입해서 선교에 매진한다 하더라도 노력을 헛되게 만들 것이라고 경고하였다.[40] 또한 조상숭배와 일부다처제에 대해서 침묵하고 있는 교회의 태도에도 문제가 있다고 비판하였다.[41] 그는 교회가 적극적으로 권장해야 될 일로 한국의 悔心者들이 재정적 지원을 받지 않고도 자급하면서 전도하는 일과 특히 자신의 가족을 먼저 전도하는 일을 해야 한다고 주장하였다.[42] 그는 자신이 목회자의 입장에서 본 관찰을 근거로 선교연례회에서 다음과 같은 문제를 제기하고 해결책을 강구해야 함을 주장하였다. 첫째는 引家歸道요, 둘째는 異敎主義的인 악습들 조상숭배, 마술, 일부다처, 술 담배를 금하게 하는 것이다. 그리하여 올링거목사는 다음과 같은 제의를 하였다.

> 나는 항상 어떤 사람이 크리스챤이라고 말할 때 만족합니다. 그러나 그에게서 위스키와 담배 냄새가 풍길 때 나는 그가 '매도디스트(Methodist)는 아님을 가르쳐 주었습니다. 우리는 적당한 준칙을 가지고 많은 심적 고통과 곤란에 대해서 계책을 강구해야 합니다. …… 나는 내년에 우리 교회가 절대 금주자의 교회(a church of total abstainers)라는 기준에 이르기를 원치 않는 사람들은 퇴회시키는 것을 명확한 공문으로 공개해야 할 것을 믿습니다.[43]

올링거목사의 제의에 따라 절제위원회(The Committee on Temperence)가 조직되어 1893년 선교사연례회에서 한국기독교 최초로 절제위원회의 보고를

---

40) Missionary Report 1892, p.286.

41) 전게서, p.287.

42) 盧宗海 저, 《韓國監理敎史의 새視覺》(풍만, 1988년), 제2부 〈한국기독교사와 감리교〉 7. 〈올링거목사와 한국선교〉, 212쪽.

43) 각주 14)와 같음.

통해 한국감리교회의 신앙생활 규칙이 제정되었다. 이 보고서에서는 당시 한국인들의 폭주 습관은 개인, 가정, 사회, 국가에 큰 재난을 초래하여 사회를 병들게 만들고 있음을 중시하여 감리교회의 신앙생활은 이러한 폐습을 엄격히 배격해야 한다고 주장하면서 다음의 네 가지 사항을 결의하였다.

첫째, 목회자들은 가능한 빨리 각 임지에서 개교회 교인들에게 개인적으로 이 폐습이 죄악이라는 것을 주지시키고 적극적으로 퇴치할 사항임을 일깨우도록 한다. 둘째, 모든 신입교인들은 총칙(General Rule)에 규정된 폭주금지령에 동의하여야 한다. 셋째, 각 교회 임지에서는 가능한 곳이면 어디서든지 분기에 한 번 절제회를 열어 실천하도록 지도한다. 넷째, 알콜은 아편과 같이 중독시키는 성질이 있는 것으로 간주하여 절대 금하도록 해야 한다. 당시 절제위원회 위원은 조원시(G.H. Jones), 홀(W.J. Hall), 페인(J.O. Paine), 레너드(A.B. Leonard)목사였는데, 올링거목사는 비록 1893년 한국을 떠났지만 그가 주창한 절제된 신앙생활은 한국 감리교회의 전통이 되었으며 지금 《인가귀도》라는 소설 속에 그대로 담겨있다고 할 수 있겠다.

### 2) 한국 최초의 기독교번역소설 중문기독교소설의 韓譯本

金秉喆교수는 《韓國近代翻譯文學史研究》의 제2장 〈개화기의 번역문학〉에서 한국번역문학의 효시로 1895년에 발간된 《유옥역전》과 《텬로력뎡》을 들고 있다. 《유옥역전》은 Arabian Nights를 번역한 것으로 1895년 7월에 "이동"이란 사람이 번역 筆寫하였는데, Burton譯本의 10가지 스토리를 번역한 것이고 《텬로력뎡》은 1895년 캐나다선교사 게일부부가 존 번연의 The Pilgrlm's Progress를 우리말로 번역한 책이다. 한역본 《텬로력뎡》은 화가 김준근이 삽화를 그리고 리창직이 교열을 보았으며 서울의

Trilingual Press에서 발간하였다.[44] 김병철교수는 이 두 권의 번역소설을 한국근대번역문학의 시발로 간주하고 있으나, 사실은 이보다 앞선 시기에 조선성교서회(The Korea Relligious Tract Society)의 출판목록에 이미 기독교소설 《張遠兩友相論》의 한역본이 수록되어 있다. 《한국기독교의 역사1》의 제5장 〈선교의 자유와 초기 선교활동〉에는 조선성교서회의 출판사업을 아래와 같이 소개하고 있다.

> 1890년에 초교파(장·감 연합) 문서사업기관으로 '조선성교서회'(The Korea Relligious Tract Society)가 설립됨으로 보다 체계적인 문서선교의 기틀이 잡혔다. 언더우드·헤론·올링거 3인의 노력에 의해 태동된 이 서회는 "조선어로 기독교 서적과 전도지와 정기간행의 잡지류를 발행하여 전국에 보급"하는 것에 그 목적을 두었다. 1890년에 출판된 《성교촬리》를 비롯하여 《텐로지귀》, 《훈ᄋ진언》(1891), 《장원량우샹론》(1892), 《구셰진젼》(1893년), 《덕혜입문》(1893년) 등의 전도 교리문서들을 출판해 냈다. 이 서회는 1897년에 대한성교서회로 명칭을 바꾸었다가 합방후인 1915년 조선예수교서회(The Korea Relligious Book and Tract Society)로 다시 바뀌었는데 이것이 오늘의 대한기독교서회의 전신이다.[45]

대한기독교서회의 간행물 중에는 1892년에 출판된 《장원량우샹론》이 저록되어 있는데, 이는 한국기독교박물관 소장 정동교회 간행본보다는 6년이 앞선 것이다. 하지만 1892년 간본을 가지고 서지사항을 저록했다는 盧孤樹先生을 수소문하였지만 아직 그 번역본을 찾지 못했고 단지 《韓國基督敎書誌研究》의 언급만을 알고 있을 뿐이며 《한국기독교문서운

44) 金秉喆 저, 《韓國近代翻譯文學史研究》, 을유문화사, 1975년 3월, 176~181쪽. 《텬로력뎡》의 표지 다음 면에 "The Pilgrim's Progress tr. by Mr. and Mrs. Jas. S. Gale, prlnted at the Tritingual Press, Seoul, 1895"라고 인용되었는데, "the Tritingual Press "는 "the Trilingual Press"의 誤記이며 올링거목사가 배재학당에 설립한 삼문출판사의 영문명이다.

45) 이만열 저, 《韓國基督敎文化運動史》, 308쪽.

동 100년》 중 〈책 100권으로 보는 한국기독교 문서운동 100년〉의 제16에 수록된 《장원량우샹론(張袁兩友相論)》이 1893년 간행본으로 기록되어 있는데[46], 그 판본을 확인할 필요가 있겠다. 왜냐하면 발행처 "대한예수교서회"는 1893년에는 "조선성교서회"라고 하였으며 작품의 回數가 명기되어 있지 않아서 刊記와 판본 조사작업이 선행될 필요가 있다.

현재 중국 최초의 기독교소설인 《張袁兩友相論》의 韓譯本이 비록 著錄上으로는 1890년대 초에 번역 출판되었다고 하지만 완전히 확인되지 않은 반면에 올링거목사가 번역한 존 그리휘트목사의 《인가귀도》는 출판일시가 분명하게 1894년으로 명기되었고, 작중에서 번역시기도 1892년으로 확인할 수가 있다. 게다가 역자 올링거목사가 서울 정동교회와 삼문출판사를 통해 한국 초창기 선교사업을 주도했던 사적을 살필 수 있어 《인가귀도》라는 기독교소설이 한글로 번역되게 된 번역동기을 자세히 알 수 있다. 올링거목사는 1892년 《인가귀도》를 번역한 뒤, 1893년 초 한국교회에 기독교인들에게 온 가족을 전도하라는 "인가귀도"의 필요성과 기독교인은 반드시 절제된 신앙생활을 해야 한다는 의견을 주장하여 한국감리교회에 처음으로 절제위원회를 결성하였다. 비록 오랫동안 올링거목사는 한국교회에서 잊혀져 있었지만 지금 《인가귀도》라는 기독교번역소설이 우리 곁에 있어 그가 19세기 말 초창기 한국기독교의 선교사업과 교회개척을 위해 선구적이고 모범적인 방향을 설정해 놓았으며 이를 통한 열매가 《파혹진션론》과 같은 한국기독교인들의 신앙고백과 한국교회의 토착화로 이어졌다는 사실을 알 수 있게 되었다.

46) 〈책 100권으로 보는 한국기독교 문서운동 100년〉, 55쪽. 이 문장은 한영제 편, 《한국기독교문서운동 100년》(기독교문사, 1987년)에 수록되어 있다.

### 3) 중문기독교소설의 동아시아 전파와 영향

1807년 최초로 중국에 來華한 개신교선교사 모리슨으로부터 중국·한국·일본을 비롯한 동아시아에 도래한 서양선교사들은 정치적, 환경적, 관습적 제약 속에서 기독교의 선교를 위해 어떻게 활동하였는지를 중문기독교소설과 기독교문서의 창작과 번역을 통해 동아시아 문서선교사업의 흐름과 특성을 살펴보았다. 중문기독교소설은 《張遠兩友相論》의 경우 100만권 이상이 출판 유통되어 각지의 방언으로 번역되었으며, 1890년대 초반부터 한국어로 번역되어 여러 가지 판본이 간행되었는데, 중문기독교소설의 중국과 한국·일본에서의 간행과 유통에 대한 연구를 통해 동아시아의 기독교선교사와 당시 문학 전파의 실상을 구체적으로 고찰해 보았다.

《張遠兩友相論》은 清朝의 基督敎 禁敎時期인 1824년에 영국선교사 밀네가 창작하여 동남아의 말래카에서 처음으로 간행되었다. 이 작품은 소설적 구성이나 수준에 있어 사회적인 주목을 끌지는 못했지만 기독교의 선교목적으로 여러 지역에서 다양한 언어로 출간되었다. 日本에서는 1881년 6월 東京府 原胤昭에서 《兩友相論》이란 제명으로 安川亨이 번역하였으며, 한국에서는 미국선교사 마펫이 번역하여 한글을 해독할 수 있는 일반 대중에게 기독교를 선교하기 위한 목적으로 출간되었다. 일본에서 《聖經全書》가 1878年 11월에 완역되었고, 1879년 4월에 인쇄되었던 사실로 미루어 보아, 日譯本 《兩友相論》이 1881년에 출간된 것은 일본에서 기독교 선교가 허용된 이후 10년이 되지 않는 매우 이른 시기라고 생각된다. 일본의 경우에는 《성경》의 번역에 버금갈 정도로 《張遠兩友相論》이 일찍 번역되었음을 알 수 있다. 한국의 경우에는 만일 1892년 간 《쟝원량우샹론》이 발견된다면 최초의 한국 기독교번역소설로 기록될 것이다. 현재 발견된 1894년 간본의 경우에도 동년에 간행된 韓譯本 《인가귀도》와 더불어 한국 최초의 기독교번역소설로 평가받을 수 있겠다.

현존하는 《論善惡人死》, 《正邪比較》, 《耶蘇降世之傳》, 《誨謨訓道》, 《生

命無限無疆》,《轉禍爲福之傳》 등 6권의 중문기독교소설은 대부분 귀츠라프가 저술한 것이며 단지 《論善惡人死》만이 서양작품을 중국어로 번역한 번역소설이다. 전부가 싱가포르의 堅夏書院에서 간행되었으며, 작품의 문학적 수준은 저급한 편이지만 소설의 구성을 가진 서사문체로 기술된 대중 전도용 백화소설이다. 어쨌든 귀츠라프는 현존하는 중문기독교소설 중에 가장 많은 작품을 저술한 작가이자 창작과 번역의 두 가지 기독교소설을 모두 집필한 유일한 작가이기도 하다. 비록 그의 작품은 문학적 수준이 미흡하여 시간의 흐름 속에 도태되고 말았지만 출간 당시에는 적지 않은 작품이 유통되었다.

그러나 《勸善喩道傳》은 줄곧 세인의 관심을 끌지 못했으니 작품의 존재조차도 아는 사람이 드물었다. 앞에서 열거한 中文基督敎小說 目錄 중에 4部의 文言小說이 있으니 바로 《論善惡人死》·《勸善喩道傳》·《喩道要旨》·《安人車》이다. 《勸善喩道傳》보다 먼저 출간된 《論善惡人死》는 道光 9年(1829)에 출판되었으니 19세기의 첫 번째 基督敎文言小說이라 할 수 있다. 2篇의 短篇小說이 수록된 이 作品集은 作者와 譯者, 出版時間 等의 出版刊記가 기재되지 않아서, 이 책의 來源과 作者를 알 수 없으며, 作品의 內容을 읽고서야 비로소 창작소설이 아닌 번역소설이라는 것을 알 수 있을 뿐이다. 그러나 《勸善喩道傳》과 《喩道要旨》, 《安人車》는 모두 文言筆記小說이며, 16편에서 70여 편으로 구성된 短篇小說集으로 文章이 典雅하고 작품 취지가 분명하며 작중에 書誌事項이 명기되어 있다. 때문에 《勸善喩道傳》은 淸末 基督敎文言小說의 開山祖라 할 수 있겠다.

윌리엄 마틴은 중국의 문인사대부나 渡部溫과 같은 지식인들을 대상으로 文言筆記小說을 저술하여 선교활동을 전개하였다. 40여년 뒤에 티모티 리차드와 존 알렌도 이런 문언필기체를 사용하여 基督敎短篇小說集을 번역 창작하였다. 윌리엄 마틴과 티모티 리차드는 처음 중국에 선교사로 부임했을 때에는 모두 일반 민중을 선교대상으로 선교활동을 전개하였지만 나중에 文人 高官들을 結信케 하여 기독교에 입교시켜야 만이 사회에 영향력을 미칠 수 있다고 판단하여 선교대상을 일반 백성으로부터 高官 文人으로 바꾸었다. 이 때문에 그들은 문인들이 즐겨 읽는 문언필기체로 기독교소설을 번역하거나 창작하게 되었고, 마침내 一群의 文言筆記體 基督教小說이 출간되었던 것이다.

티모티 리차드의 번역소설 《喻道要旨》는 중국인들이 외래종교로써 기독교에 대한 거부감을 갖지 않도록 중국의 전통적인 단편 필기소설체 양식을 사용하였고, 外國故事지만 중국식 삽화를 작품 중간에 첨부하여 중국적이라는 느낌을 갖도록 하였다. 그리고 문장이 짧지만 簡明하고 내용의 상관성을 고려한 적절한 비유법을 사용하여 《성경》과 기독교의 핵심 교리를 재미있게 서술해 내었다. 그러나 《喻道要旨》란 이런 題名은 이 작품의 문체와 문학양식에 대한 고려가 전혀 없어 전통필기소설로 간주되지 않았고 단번에 기독교 교리서로 단정 짓게 만들었다. 이 작품집은 譯者가 상당히 고심해서 작품을 선정하여 번역한 것으로 선교용 단편소설집이지만, 중국인들이 자연스럽게 기독교를 받아들일 수 있도록 문인들이 즐겨 사용하는 전통소설양식을 채택한 매우 보기 드문 번역소설집이다. 비록 번역이라고는 하지만, 예를 들면 작품의 선정과 사용문체에 따른 번역문의 편폭, 완전히 중국식으로 그려진 삽화 등을 보면 譯者의 주관적 變換이 상당히 크게 가미된 작품으로 거의 새로운 양식의 文言筆記小說로 재창작되었다고 하겠다.

19세기 중문기독교소설은 文言筆記體와 白話章回體의 두 부류로 나눌 수 있다. 작자인 개신교선교사들은 두 가지 선교전략을 가지고 있었는데 선교전략에 따라 선교대상을 일반 백성과 고관문인의 두 계층으로 나누었고, 그들이 基督教文書를 간행할 때에는 선교대상에 따라서 다른 서술문체를 사용하였으니, 高官 文人을 독자대상으로 하는 작품은 우아하고 세련된 文言으로 기술하였으니 예를 들면 《勸善喻道傳》과 《喻道要旨》 등과 같은 作品이고, 일반 백성들을 대상으로 할 때는 주로 평이하고 통속적인 口語章回體로 기술하였으니 예를 들면 《張遠兩友相論》과 《引家歸

道》等과 같은 作品이다. 하지만 이런 문체와 유형상의 차이가 유명한 작품인 경우에는 모두 적용되기도 하였으니, 널리 유통되고 오랫동안 출간된 유명작품의 경우에는 문언과 백화체로 모두 번역되기도 하였다. 예를 들면 《勸善喩道傳》은 1911년 중국인 학자 趙受恒이 官話로 번역하여 《喩道新編》이란 題名으로 出刊되었다. 《勸善喩道傳》의 초판이 간행된 지 53년 뒤에 北京官話로 다시 번역 출판되었으니, 이런 사실을 통해 이 작품이 대단히 오랫동안 읽혀 왔다는 사실을 알 수 있다. 《張遠兩友相論》의 경우에도 《基督聖教出版各書書目彙纂》에 의하면 적어도 5종 이사의 文言 譯本이 발간되었음을 알 수 있다. 이런 대표적인 작품의 경우에는 그 내용의 수준이 원래 기술시 고려했던 독자대상을 뛰어 넘는 뛰어난 문학적 수준을 가지고 있기 때문에 문체를 변환하여 더욱 폭넓은 독자에게 읽히고 유통되었던 것이다.

한국기독교박물관에 소장된 19세기 말의 많은 기독교 간행물은 당시 한국에 유입된 외래문화의 유통경로가 대부분 中文典籍을 매개로 하고 있음을 보여준다. 때문에 1894년 上海 廣學會에서 간행한 《喩道要旨》는 한국에 유입되어 번역되지 않은 채, 그대로 유통되었다. 이는 역자 리차드 목사가 문인 사대부계층을 대상으로 전도하기 위해 저술한 것으로, 당시의 식자층은 한국이나 일본을 막론하고 漢文이라 불리는 文言文을 읽을 수 있었기 때문에 文言筆記小說集 《喩道要旨》는 한글로 번역할 필요가 없었다. 그리고 1904년 上海 廣學會의 再版本이 현재 연세대도서관에 소장되어 있는 것으로 미루어 한국에서 오랫동안 읽혔음을 알 수 있다. 한편, 번역이 되지 않은 《喩道要旨》와는 달리 대부분의 중문기독교 전적은 한글로 번역이 되었는데, 초창기 대부분의 한글번역물이 기독교 교리입문서라는 점은 당시 선교사들의 선교대상을 분명하게 알려주는 자료이기도 하다. 그들은 주로 일반 대중을 선교대상으로 삼았으며 이를 위해 초신자용 입문서를 대부분 한글로 번역하였다. 선교사들의 한글 번역으로 인해 거꾸로 한글의 장점을 인식하게 되어 한글의 보급이 가속화 되었고, 맞춤

법과 띄어쓰기를 사용하여 한글의 표기법이 현대화하게 되었다.

중국의 기독교 간행물이 한국에서 번역되어 유통된 기록은 현재《한국기독교박물관 소장 고문헌 목록》을 조사하면 더욱 쉽게 알 수 있는데, 바로 존 그리휘트목사의 저술을 보면 될 것이다. 그는 영국인이지만 중국의 湖北省에서 선교사로 활동하면서 많은 중국어 저서를 간행하였다. 그의 기독교 중문저서가 한국기독교박물관에 5종 6권이 소장되어 있으며, 이를 駐韓 미국선교사 사무엘 마펫과 H.G.언더우드 그리고 플랭클린 올링거 등 19세기 말 한국 초기의 대표적인 교계지도자들이 번역하여 초신자용 기독교 입문서로 사용하였다는 점이다. 1887년 12월에 한국에 온 40대의 올링거목사는 이미 중국에서 17년의 선교 경험을 가지고 있어 당시 20대의 아펜젤러와 언더우드목사를 리드하여 초창기 한국의 문서선교사업을 주도하였는데, 그의 주도로 이루어진 초기 기독교 문서선교사업은 당연히 중국에서의 先例와 中文 刊行文書를 토대로 하였던 것이다. 비록 일본의 경우에는 중문기독교소설이 1881년에 번역되어 한국보다 10여 년이 빠르지만 번역작업은 일본학자들이 주관하였다. 1890년대 한국에서 진행된 韓譯作業이 미국인선교사에 의해 주도되었던 것과는 대조적이며, 19세기 말 한국 문서선교의 번역작업은 주로 在中 미국인선교사가 이미 中文으로 저술한 전적을 재한 미국선교사들이 한글로 번역한 것이다. 중문기독교소설의 한역본은 이러한 문학과 종교 전파의 유통경로를 고찰해 볼 수 있는 자료이며, 또한 지금은 중국에 거의 소장되어 있지 않은 수많은 기독교서적의 간행 및 소장 상태를 유추해 볼 수 있는 자료이기도 하다. 올링거목사는 1895년부터 1919년 타계할 때까지 중국에서 저술 활동을 한 것으로 미루어 중국의 기독교 문서사업과 초창기 올링거목사가 주도했던 한국기독교 문서선교사업은 대단히 밀접한 관계를 갖고 있으며, 존 그리휘트목사의 기독교 전적이 한국기독교박물관에 다수 소장되어 있다는 사실은 이러한 문학 유통경로를 입증하는 중요한 근거라고 할 수 있겠다.

## ✚ 참고문헌

윌리엄 밀네 저, 《張遠兩友相論》, 프랑스 漢學院 IHEC圖書館 所藏本, 堅夏書院藏板, 1836년.

카알 프리드리히 구츠라프 저, 《贖罪之道傳》, 프랑스 漢學院 IHEC圖書館 소장본, 1834년.

쿠르마처 저·티모티 리차드 輯譯, 《喩道要旨》, 上海美華書館, 숭실대 韓國基督教博物館, 1894년.

ミルネ 著·安川亨 譯, 《兩友相論》, 東京府 原胤昭, 早稻田大學圖書館 所藏本, 1881年.

楊格非 著, 《引家歸道》, 漢口 聖教書局, 연세대 중앙도서관, 1889년.

존 그리휘트 저·올링거 역, 《인가귀도》, 정동예수교회당, 숭실대 韓國基督教博物館·장로회 신학대 도서관·연세대 중앙도서관 소장, 1894년; 예수교셔회, 숭실대 韓國基督教博物館, 1911년.

윌리엄 밀네 저, 사무엘 마펫 역, 《쟝원량우샹론》, 정동예수교회당, 장로회 신학대 도서관, 1894년·1896년; 숭실대 韓國基督教博物館, 1898년; 연세대 중앙도서관, 1905년.

숭실대 한국기독교박물관 학예과 편, 《韓國基督教博物館 所藏 古文獻目錄》, 숭실대한국기독교박물관, 2005년.

숭실대 한국기독교박물관 학예과, 《한국기독교박물관 소장 기독교자료해제》, 숭실대한국기독교박물관, 2007년.

盧孤樹 著, 《韓國基督教書誌研究》, 藝術文化社, 1981년.

한영제 편, 《한국기독교문서운동100년》, 기독교문사, 1987년.

金秉喆 著, 《韓國近代飜譯文學史研究》, 乙酉文化社, 1975년.

김승태·박혜진 編, 《來韓宣教士總攬 1884-1984》, 韓國基督教 歷史研究所, 1994년.

한국기독교사연구회 편, 《한국기독교의 역사1》, 기독교문사, 1990년.

金仁洙 著,《韓國基督教會史》, 한국장로교출판사, 1994년.
朴容奎 著,《韓國基督教會史》, 生命의 말씀사, 2004년.
江蘇省社會科學院 明淸小說硏究中心 編,《中國通俗小說總目提要》, 中國文聯出版公司, 1990年.
韓南(Patrick Hanan) 著·徐俠 譯,《中國近代小說的興起》, 上海教育出版社, 2004年.
郭延禮 著,《中國近代飜譯文學概論》, 湖北教育出版社, 1998年.
李志剛 著,《基督教早期在華傳教士》, 臺灣商務印書館, 1985년.
林治平 主編,《基督教入華百七十年紀念集》, 台北 宇宙光出版社, 1994年.
秦家懿·龔漢斯共著, 吳華主譯,《中國宗教與西方神學》, 台北 聯經出版社, 1989年.
顧長聲 著,《傳教士與近代中國》, 上海人民出版社, 1991年.
陳慶浩 著,〈新發現的天主教基督教古本漢文小說〉,《傳播與交融--第二屆中國小說與戲曲學術硏討會論文集》, 臺灣 嘉義大學 中國文學系所, 2005. 4.
金良善 著,〈韓國基督教 初期刊行物에 關하여〉,《史叢》12·13합집, 고려대학교 사학회, 1968년.
오순방 저,〈'耶儒會通論'과 '孔子加耶穌論'－明淸代 基督教宣教士의 儒家觀〉,《中國語文論譯叢刊》제15집, 2005. 7.
오순방 저,〈최초의 中國基督教小說과 韓國基督教博物館 소장 초기 기독교소설의 韓譯本 연구〉,《中國語文論譯叢刊》제16집, 中國語文論譯學會, 2005. 8.
《國書人名辭典》第4卷, 東京 岩波書店, 1998年 11月.
五野井隆史 著,《日本キリスト教史》, 東京 吉川弘文館, 2001年 4刷版.
小澤三郎 著,《幕末明治耶蘇教史硏究》, 東京, 大修館書店, 1986年.
Alexander Wylie, Memorials of Protestant Missionaries to the Chinese: Giving A List of Their Publications, and Obituary Notices of the

Deceased with Copious Indexes, Original Edition Published by Shanghai: American Presbyterian Mission Press, 1867. Reprinted by Ch'eng-wen Publishing Company, Taipei Taiwan, 1967.

Donald MacGillivray, New Classified and Descriptive Catalogue of Current Christian Literature, Shanghai, 1902(original) & 1907(revised).

Compiled by John Yung-Hsiang Lai, China and Protestant Missions: A Collection of Their Earliest Missionary Works in Chinese, Harvard-Yenching Library, Harvard University, IDC, Microfiche Collection.

Compiled by John Yung-Hsiang Lai, Catalog of Protestant Missionary works in Chinese, Harvard-Yenching Library, Harvard University, Boston: G.K. Hall & Co., 1980.

Christianity In China: A Scholars' Guide to Resources in the Libraries and Archives of the United States, edited by Archie R. Crouch·Steven Agoratus·Arthur Emerson·Debra E. Soled, M.E.Sharpe, Inc., Armonk New York, 1989.

雷振華(Clayton, George A)纂, 《基督聖教出版各書書目彙纂》, 漢口 聖教書局, 1918, Harvard-Yenching Library, Harvard University. China and Protestant Missions: A Collection of Their Earliest Missionary Works in Chinese.

Paul A. Varg, Missionary, Chinese and Diplomats; The American Protestant Missionary Movement in China, 1890~1952, Princeton, N.J.: Princeton U.P., 1958.

Paul Cohen, China and Christianity: The Missionary Movement and the Growth of Chinese Anti-Foreignism Cambridge; Harvard U. P., 1963.

Paul A. Varg, Survey of Changing Mission Goals and Methods, in J. G. Lutz, ed., Christian Mission in China: Evangelists of What?, Boston: D. C. Heath & Co., 1965.

Jonathan Spence, To Change China--Western Advisers in China 1620~1960, Boston: Little Brown & Company, 1969.

Jacques Gernet, China and the Christian Impact, trans. J. Lloyd, Cambridge U. P., 1985.

Edited by S. W. Barnett & J. K. Fairbank, Christianity in China: Early Protestant Missionary Writings, Cambridge Mass: Harvard U. P., 1985.

Edited by Nicholas Standaert, Handbook of Christianity in China, Leiden: Brill, 2001.

Patrick Hanan, Chinese Fiction of the Nineteenth and Early Twentieth Centuries, Columbia University Press, 2004.

# 《魯迅全集》번역과 관련한 제 문제 -〈狂人日記〉 번역을 중심으로*

서광덕**

## I. 들어가며

魯迅은 이백과 두보, 소동파가 역대 한자문화권에서 가졌던 비중과 같은 크기로 이제 동아시아 지역에서 현대적 고전이 되었다고 해도 과언이 아닐 것이다. 즉 동아시아의 근대문화사를 얘기할 때 魯迅은 피할 수 없는, 다시 말해 통과해내야 하는 인물이라는 뜻이다. 그리고 중국이 아닌 한국과 일본에서 魯迅이 이렇게까지 운위되게 되었던 과정에는 '번역'이라는 행위가 매개되고 있었다는 점을 놓쳐서는 안 될 듯하다. 서구 근대사상과 문학이 홍수처럼 밀려들었던 동아시아에서 그 한 켠에 늘 魯迅이 놓여 있었고 또 번역되고 있었다는 사실은 탈식민, 탈근대를 외치는 오늘날에도 시사하는 바가 적지 않다.

---

* 이 글은 2009년 7월 《中國語文論譯叢刊》 제25집에 수록된 논문임.

** 한림대학교 한림과학원 HK연구교수

근대 한국에서 魯迅이 읽혀온 과정에 대한 점검은 여러 차례 있었고, 그 가운데 번역과 관련한 검토 또한 없지 않았다. 노신의 수용이란 관점에서 번역은 빼놓을 수 없는 검토 대상이기 때문인데, 이 번역의 문제는 다시 해석과 불가분의 관계에 놓여 있다. 그런 점에서 적어도 魯迅이 현대고전이 된다면 그것의 필요조건은 다양한 해석의 가능성에서 찾아져야 한다. 이런 맥락에서 최근 한국에서 노신의 모든 글이 번역되어야 한다고 생각하고 또 이를 준비하는 연구자들의 의도는 무엇이고, 또 그렇다면 이런 작업을 통해 이전의 평가와는 어떤 차별성을 띤 노신상을 보여줄 것인지, 이에 대한 점검을 위해 이 글은 쓰여진다고 하겠다. 이를 위해서 먼저 노신의 대표작이자 처녀작인 〈狂人日記〉 번역과 그 해석을 중심으로 《魯迅全集》번역 출판의 의미를 탐색해보고자 한다.

## Ⅱ. 번역과 번역비평

번역이 異문화 수용의 첩경이라고 하지만, 번역 행위가 이루어지는데 있어서는 그 행위 주체자의 의도, 즉 번역가의 태도가 무엇보다 중요하다. 이미 번역이 많이 되어 있고, 또 평가도 일정하게 이루어진 작품이나 인물일 경우 그것이 다시 번역되는 데에는 번역하는 자의 의도가 더욱 중요하게 부각될 수밖에 없다.

이와 관련하여 "왜 지금 다시 노신인가"라는 질문이 몇 년 전부터 동아시아 지역 곳곳에서 제기되어 왔고, 이에 대한 현실적이고 구체적인 대답을 하지는 못했지만, 추상적으로 또 당위적으로 문제 제기의 한 축을 담당했던 필자로서 노신의 모든 글이 번역되어 나와야 한다는 움직임에 동참하고 있는 것은 역시 노신을 관통하는 것이 21세기 미래사회를 구상하는데 유용하다는 개인적인 판단 때문이다. 다시 말해 20세기 동아시아에서 계몽가 또는 혁명가로서의 형상으로 수용되었던 노신이 21세기에도 여전히 의미를 갖는다면, 그의 미래성은 이미 밝혀진 근대적인 계몽가의 상이 아니라 東西문명를 가지고(拿來) 와 자신의 몸에서 탄생된 새로운 무엇 또는 그렇게 하려고 했던 그의 苦鬪에서 발견될 것이라는 말이다. 아울러 노신의 현재성이 아니라 노신의 미래성을 발견하기 위해서 거쳐야 할 경로는 너무도 많다. 그 가운데 하나가 그를 수용해왔던 후대의 노력들 - 예를 들어, 竹內好을 비롯한 근대 일본 지식인들의 시도-이 먼저 검토하는 일이다. 이 속에 한국의 경우도 점검되어야 한다. 하지만 중국과 일본에 비해 한국의 경우, 아직 우리들만의 독창적인 노신상을 갖고 있지 못하다. 번역의 경우를 보더라도 이런 생각이 반영된 번역은 아직 이루어지지 않았다. 그렇기 때문에 노신은 새롭게 다시 번역되고 또 그의 전 글이 빠짐없이 번역어야 한다고 주장하는 것인데, 이를 위한 전제조건은 역시 기존의 번역본을 검토하는데서 출발할 수밖에 없다.

## 2.1 《全集》번역의 어려움

《魯迅選集》도 연변 조선족과 일본 죽내호본의 중역본을 제외하고는 제대로 출판되지 않은 국내의 상황에서, 또 노신이 과연 21세기에도 우리에게 시사성을 줄 것인지 적지 않은 논자들이 의구심을 갖고 있는 상황에서 《全集》번역이라는 엄청난 작업을 시도하는 것이 우리의 역량과 실정에 맞는 일인지 먼저 곰곰이 따져볼 필요가 있을 듯하다.

첫 번째 지적은 1980년대 이후 국내에 노신이 많이 연구되고 또 유명한 몇몇 작품은 계속 번역되어 독자들에게 읽히는 고무적인 현상이 전개되었지만, 아직도 축적의 측면에서 역량이 부족한 것은 아닌가 하는 의구심이다. 반면 두 번째 지적은 좀 더 본원적으로 왜 지금 노신의 글을 전부 번역해서 내놓아야하는가 하는 즉 필요성에 대한 문제 제기이다. 아울러 여러 사람이 힘을 모아 노신의 글을 전부 번역해 놓음으로써 그의 전체적인 모습을 파악할 수 있다는 것이 아니라, 이렇게 품이 많이 드는 일을 하면서 국내의 독서계에 어떤 메시지를 던지고, 그 메시지를 독자들이 받아들이고 반응하는 과정을 통해 노신이 우리에게 다시 새로운 의미를 생성케 하는 일이 어떻게 가능하도록 할 것인가 하는 문제다. 간단히 말해, 플라톤이나 니체와 같은 서구사상가처럼 노신도 이제 현대고전의 반열에 올랐으나 아직 국내에는 전집이 발행되지 못했으니 그런 차원에서 번역 출판해야 한다는 것은 아니라는 말이다.

이를 위해서는 본문의 한글번역만이 아니라 글쓰기에 드러난 노신의 고민과 그 맥락을 제대로 전달하는 번역 방식에 대한 고민이 전제되어야 한다. 즉 역주를 비롯한 주석 작업이 아주 세밀하게 전개될 필요도 있고, 또 번역과정에서 나타나는 번역자들의 고민을 드러내는 매체도 만들어서 그것을 공유하는 과정이 있으면 좋을 것이며, 또 노신을 소개하는 책자도 따로 준비되어야 하는 등 구체적인 실행방법에 대한 고민도 함께 수반되어야 할 것이다. 이런 문제와 관련하여 우리가 참고로 삼을 수 있는 것은 역시 일본의 《노신전집》 번역본과 그 작업상의 고충을 토로한 문헌들이다.

《魯迅全集》을 번역 출판하는 과정에서 수반되는 최대의 난점은 역시 일본의 學習研究社 판 《魯迅全集》마지막 권인 20권 해설에서 丸山昇이 "현재 모든 노신연구자의 힘을 모았으나, 바로 그 때문에 키워드는 말할 것도 없고 역어와 문체의 통일이 이루어지지 않았다"라고 했던 바로 그것이다. 번역을 준비하는 과정에서 아래와 같은 기준을 정했음에도 불구하고 여전히 이 문제는 그대로 남았다고 평가했던 것이다.[1)]

참고) 《魯迅全集》(學習研究社, 1984) 번역의 기본지침

1) 학습연구사 판 《魯迅全集》이 번역 출판되는 동안 역자 및 책임 편집자들을 중심으로 〈月報〉라는 형식의 작은 소식지를 발행했다고 한다. 이것을 구해 보면, 번역과정에 대해 소상히 알 수 있을 듯하다.

1. 1981년 출판, 인민문학출판사 판 《노신전집》(이하 저본으로 한다)을 완역한다. 저본이 간행된 후 인민문학출판사로부터 연락을 받은 誤植, 誤記의 정정 및 주석의 추가는 이에 따라서 번역한다.
2. 번역문은 원문의 의미를 가능한 정확하게 전달하는 것을 전제로 삼고, 원칙적으로 현대표기에 의한 알기 쉬운 구어문으로 한다.
3. 여러 가지 어휘 가운데 특히 중요한 어구로 간주되는 것은 가능한 한 역어의 통일을 기한다.
4. 줄바꾸기, 건너뛰기 등은 원칙적으로 저본을 따른다. 다만 읽기 쉽도록 하는 등의 편의를 위해서 저본에 따르지 않는 경우도 있을 수 있으나, 그 판단은 역자에게 맡긴다.
5. ? ! 등의 부호는 꼭 저본을 따르지 않으며, 자연스러운 일본어의 句讀法에 따른다. 또 저본의 《 》(서명 등) " "(인용 등)은 일본어 구독법의 관행에 따라 《 》〈 〉로 바꾼다. 다만 ( )는 저본과 동일하게 한다.
6. 저본의 완역은 저본 편자에 의한 주석(본 전집에서는 原注라고 부른다)의 번역을 포함한다. 원주에 가득한 풍부한 정보는 노신 이해에 있어 큰 도움이 된다. 다만 일본의 독자에게 자명한 일본의 고유명사 등에 붙여진 간략한 주석과 같은 것은 생략해도 무방하지만, 그 판단은 각 권의 편집책임자 및 번역자에게 맡긴다. 그러나 그 자체 중국문화 상황의 일단을 알 수 있는 단서가 된다고 판단되기 때문에 그 생략은 최소한으로 한다.
7. 일본 독자의 이해를 풍부하게 하기 위해 저본의 본문과 주석에 있어서 역자가 필요하다고 인정되는 것에 관해서는 역자에 의한 주석(본 전집에서는 역주라고 부른다)을 붙인다. 역자로서 별항을 만들 것까지 없는 간단한 설명, 역자의 발견에 의한 오식 등의 지적은 원칙적으로 원주의 문장 가운데에 〔 〕을 사용하여 삽입한다. 또 본문 가운데서는 割註를 사용하지 않는다.

8. 마찬가지로 일본 독자의 이해를 돕기 위해 각항 편집책임자의 책임에 의해 각권말에 해설을 붙인다.

이상 '번역의 기본지침'을 토대로 전체적인 범례에 대신한다. 또 각 권에서 이 방침에 약간의 변경, 추가 등이 있는 경우는 각권말의 해설에서 그 뜻을 밝힌다.

이상의 번역 지침은 아주 기본적인 것만 지적한 듯하다. 즉 상대적으로 번역을 맡은 역자들에게 재량을 많이 부여한 것인데, 분량이 많은 전집인 관계로 공동 번역을 할 수밖에 없고, 게다가 전집에는 다양한 글이 수록되어 있어서 각 분야에 적합한 역자를 물색한다는 원칙에 따른 것이었다. 전집에 수록된 글 가운데에는 시, 소설, 산문 등의 소위 문학창작과 문예비평도 있고, 소설사 등의 학술적인 연구도 있고, 일기와 편지 등의 사적인 기록도 있다. 문학작품에 해당하는 것만 해도 장르가 다르기 때문에 이것을 작품답게 우리말로 번역하는 것은 상당히 어려운 작업임에 틀림없다. 그리고 국내의 노신번역 가운데 꽤 많은 번역본이 나온 것도 이런 작품들이다. 여기서 '번역비평' 또는 '번역학'과 관련된 문제가 자연스럽게 제기된다.

## 2.2 번역비평의 부재

번역학에서 번역이라고 하면 보통 문학번역과 비문학번역으로 대별하는 경우가 있는 것을 보면, 번역의 영역에서 문학번역이 큰 비중을 차지하고 있음을 쉽게 알 수 있다. 문학번역에 대한 정의를 내리는 것은 어려운 일이지만, 일반적으로 "텍스트의 내용전달보다 문학적, 심미적 측면의 전달이 더 큰 비중을 차지하는 번역"[2]이라고 이해한다면, 문학번역에서 중요한 것은 저자의 문체, 분위기, 문장의 길이, 호흡 등 작품이 지니고 있는 고유한 특성을 제대로 전달하는 것일 터이다. 그렇지만 늘 이러한 조건을 모두 충족시키면서 번역이 이루어지는 것은 결코 아니어서, 어떤 요소들은 아예 '번역이 불가능한' 것처럼 느껴지기도 한다. 그럼에도 불구하고 문학작품들은 끊임없이 번역되고 재번역되고 있다. 이런 점에서 문학번역은 단순한 메시지 전달이 아닌 작품의 끝없는 다시 읽기의 과정이라고 말할 수 있다. 따라서 문학번역의 경우 다른 번역과는 달리, 문학적 소양과 필력이 그 어느 분야에서보다 중요하다. 이런 관점에서 〈광인일기〉번역 또한 작품의 재창조이자 재해석이라고 할 수 있다.

현재까지 〈광인일기〉의 한글 번역본은 꽤 많이 나왔다. 그렇지만 번역과 관련한 비평은 제대로 이루어지지 않았다. 일전에 〈교수신문〉의 2005년부터 연재한 최고 번역본 추천 칼럼인 '고전 번역 비평'에서 魯迅번역과 관련한 전공자들의 언급이 있었고, 몇 편의 논문[3]에서 노신번역과 관련된 비평을 시도한 적이 있었다. 하지만 이것도 많은 번역물에 비해서는 턱없이 부족한 편이다. 이 모두 우리 학계에서 번역에 대한 평가가 높지 않고 또 번역비평에 대한 인식이 부재한 데 따른 결과다. 그리고 그 중요성에 비해 번역과 그 비평에 대한 인식이 이처럼 나아지지 않음으로 말미암아 역으로 번역의 질조차 제고되지 않는 악순환이 계속된다는 점에서 심각한 문제가 아닐 수 없다. 개인적으로 〈광인일기〉번역본 14종을 모아 보았는

2) 이향, 《번역이란 무엇인가》, 살림, 2008, 70쪽

3) 김하림, 〈魯迅《광인일기》의 해석과 수용에 관한 연구〉, 《중국현대문학》16호(1999. 6)
오문의, 〈중한 번역의 양상과 그 규칙의 분석-魯迅《傷逝》의 번역문에 대한 분석〉, 《중국언어연구》제4집, 1996

데, 한글 번역본 11종[4], 일역본 2종[5] 그리고 영역본 1종[6]이다. 노신연구의 역사가 긴 일본의 경우 그 번역본은 상당수가 될 것이고, 영역본 또한 조사해보면 더 많이 있을 것으로 생각된다. 한글 번역본 또한 이 이상이다. 인문학 서적을 내는 출판사라면 거의 모두 《아Q정전》과 함께 〈광인일기〉를 번역해서 내놓고 있는 게 현실이니 말이다. 따라서 이 모든 번역본을 검토해야 〈광인일기〉 번역에 대한 종합적인 평가가 이루어질 수 있다. 하지만 아직 이런 번역비평은 이루어지지 않았다. 나중에 검토하겠지만 그렇기 때문에 출판사에서는 노신의 상품성만을 따져 전문가가 아닌 사람에 의해 베껴 출판하기, 중역 또는 조선족의 번역을 윤문하는 등의 성실하지 못한 번역물이 시중에 유포되게 된다. 번역비평의 부재는 바로 이러한 문제를 야기하고, 이것은 크게는 중국현대문학에 대한 일반 독자들의 관심을 떨어뜨리게 한다. 따라서 번역에 전문적으로 종사하지 않더라도 전공자라면 이에 대한 정확한 비평을 게을리해서는 안 될 것이다. 이런 관점에서 대중적으로 가장 많이 읽히는 번역본인 전형준, 정석원, 허세욱, 김시준 본 4종과 그 나머지 번역본을 대상으로 〈광인일기〉번역과 관련한 문제점을 간단히 짚어보겠다.

### 2.3 魯迅적 문체를 살려 번역하기

1956년에 일본에서는 중국연구자들이 모여서 좌담회를 열었는데, 아래에서 그 일부를 소개한다.

---

4) 유수인 본(1927), 김광주 본, 일어 중역본(竹内好 역), 연변 번역본(2종), 김시준 본, 허세욱 본, 김남주 본, 전형준 본, 우인호 본, 정석원 본

5) 죽내호 본(1956), 학습연구사(번역은 丸山昇) 본

6) 북경외문출판사 본

사사키(佐佐木基一): 노신의 문장론에 관해서는 번역으로만 읽어왔기 때문에 아주 말하기 어렵지만, 다시 한번 윤곽의 깊이와 예리한 비수와 같은 표현 말입니다. 즉 한 칼로 잘라낸 듯한 간결한 표현 말입니다. 지금은 모두 부드럽고 알기 쉽게 쓰기 때문에 이것을 잃어버리고 있습니다. 문장을 부드럽게 하는 것은 좋은 일이지만, 그 때문에 문장이 불어터진 우동처럼 평범하고 지루해져서, 간결한 말로 효과를 보는 내공이 부족하지 않나 하는 생각입니다. 그런 의미에서 노신의 작품을 독자에게 널리 읽히기 위해 노신의 문장에 대한 현재적인 재평가를 다케우치(竹內) 씨 등이 해주시면 어떨까 하는 생각입니다.

다케다(武田泰淳): 마음이 착하면 표현도 좋다라는 말은 있을 수 없죠. 이 점을 무시하고 일상적으로 얘기한다면 노신 문장의 진가는 알 수 없습니다. 마음이 선량한 것만으로 전부 통한다면 세상이 잘 안되고 있을리가 있겠습니까.

다케우치(竹內好): 일본의 일반 독자는 번역으로 노신을 읽고 있는데, 원문의 맛에 관해서는 말로 전하기는 참 어렵지만 노신 자신에게는 나름의 표현론과 문장론이 있습니다. 그리고 《양지서》 등은 내밀하게 주고받은 것인지라, 이것들을 참고하여 간접적으로 원문의 면모를 알고자 합니다.

다케다: 이번 번역을 읽어보면 원문의 정신을 잘 알 수 있을 것 같습니다.

1956년 10월 암파서점 刊 〈魯迅案內〉

위의 대담에서 알 수 있는 것은 노신의 글쓰기가 대단히 간결하다는 것이다. 다케다가 말한 번역은 1956년에 竹內好, 增田涉, 松枝茂夫 3인이 공동으로 출판한 《魯迅選集》 13권을 말하는 듯하다. 당시 일본의 글쓰기 풍조에 대해 노신의 글쓰기를 통해 비판하고 있는데, 과연 노신의 이런 문체적 특성을 어떻게 살려서 번역할 것인가 하는 것은 우리에게도 상당히 어려운 문제임에 틀림없다. 특히 노신의 문학작품은 각 장르의 특성을 살려서 번역해야 하는데, 잡문의 경우는 간결함을 특징으로 하는 문체적 특징을 잘 살려야 할 것이고, 반면 소설의 경우는 형상성에 주목하여 번역해야 할 것이다. 이를 위해서는 묘사와 서술이 충실해야 하고 또 등장인물의 개성을 살려야 하는 것인데, 그러면서도 원작의 표현 즉 작가의 개성적 표현을 뚜렷하게 발현해내야 하는 것이다. 이러한 관점에서 〈광인일기〉 번역본 몇 종을 대상으로 그 성취도를 점검해보자.

## Ⅲ. 〈狂人日記〉번역본에 대한 검토

### 3.1 〈狂人日記〉의 문제성

일본의 노신 연구자인 伊藤虎丸은 〈狂人日記〉를 노신 문학의 출발점이자 귀결점이라고 언급한 적이 있다. 이런 평가를 두고 중국에서는 "總綱論"이라 표현하고 찬반이 분분했었다. 그렇다면 竹內好가 말한 노신 문학의 回心이 바로 〈광인일기〉에 나타나고 있다고 말할 수 있겠다. 아울러 〈광인일기〉는 중국현대문학사에서 내린 "중국 최초의 근대소설"이라는 평가로 인해 소설을 해석하는 입장에서도 이런 규정에서 자유로울 수 없게 되어 있다. 주제나 내용적인 측면에서는 이미 많은 연구자들에 의해 "중국문학사상 최초로 봉건도덕 - 식인의 예교 - 을 날카롭게 비판한 작품"으로 정의되고 있어 근대소설로서의 위치에 대한 이론은 없다. 이와 시각을 달리 해서 오사시기 '문학혁명'의 구호가 제창되고, 胡適을 위시한 지식인들이 언어의 개혁에 주목할 때 발표된 신소설이라는 점에서 새로운 문체 즉 白話의 실험적 창작이 갖는 의미를 〈광인일기〉를 비롯한 노신의 다른 작품들을 통해 여하히 밝혀낼 것인가 하는 것을 문제로 제기할 수 있다. 즉 '漢語 現代化'의 흐름 위에서 〈광인일기〉의 창작이 갖는 함의를 다시 확인하는 것이 필요하다는 말이다. 이런 관점에서 본다면, 노신의 창작의도가 다분히 담긴 것이겠지만, 〈광인일기〉의 서문과 13편의 일기가 서로 다른 글쓰기로 이루어진 점을 번역의 과정에서 어떻게 드러낼 것인가 하는 것이 논의의 대상이 될 수 있다. 노신 번역에 지대한 공헌을 한 일본의 노신연구자 竹內好는 평생 최소 2차례 이상의 노신 번역을 했었는데, 1956년 판과 1981년에 나온 《문예독본·노신》이란 책에 실린 〈광인일기〉 번역본은 모두 서문과 일기(본문)을 각각 다른 일본어로 번역하였던 듯하다. 이것은 노신의 창작의도를 반영하려고 한 번역자의 시도라고 볼 수 있다. 국내에서는 전형준 본이 역자 주로서 이를 표시하고 있다. 만약 한글 번역에서도 죽내호와 같은 시도를 한다면, 서문을 어떻게 번역할 것인가 하는 문제에 대해 근대 한글의 국어화 또는 현대화 과정에서 제기되었던 한문현토체, 국한문혼용체 등에 대해서도 주목할 필요가 있겠다.[7] 이와 관련하여 최초의〈광인일기〉한글 번역본이라고 하는 林樹人(《동광》, 1927)의 번역문도 참조할 수 있을 듯하다. 그렇지만 근대 한글의 초기 문체를 사용하여〈광인일기〉서문을 번역하는 것이 과연 '문언(舊)/백화(新)'라는 의식상의 대립 구조에 부합하는 것인지 여전히 의문이 남는다. 한편 국내 노신 번역사의 시각에서 본다면, 아직 문제의식 수준이지만, 일제 식민지 시기 일본 노신 번역본이 어떻게 유통되었는지 또 당시 '일중문화협회'에서도 노신 번역을 했던 것으로 파악되는데, 여기에 대한 검토도 필요할 듯하다.

### 3.2 〈狂人日記〉번역본 분석

일반적으로 작품번역은 역자의 어학능력과 母語능력 그리고 작품에 대한 이해도에 따라 결정되고, 그래서 어떤 의미에서는 원작과 다른 새로운 작품이 될 수 있다. 국내의 여러 종의 〈광인일기〉번역본을 읽어보고 각

7) 이것은 《墳》에 실린 노신의 초기 글 즉 〈문화편지론〉, 〈마라시력설〉, 〈과학사교편〉 등을 번역할 때도 공히 제기되는 문제다.

기 다른 느낌을 받게 되는 것도 바로 이런 역자의 입장과 개성에 따른 것일 터이다. 국내에서 〈광인일기〉를 둘러싼 번역과 해석에 관한 연구는 김하림의 〈魯迅 〈狂人日記〉의 해석과 수용에 관한 연구〉(《중국현대문학》 16호, 1999)의 꼼꼼한 분석이 돋보인다. 우선 여러 번역본을 읽으면서 우리말 표현을 잘 살려서 소설답게 순통하게 읽히는 것이 있는 반면, 순통하지는 않지만 원텍스트의 의미를 정확히 파악해 번역한 것도 있었다. 예를 들어, 김남주의 번역(눈, 1993)은 공동작업으로 추측되지만, 독자의 입장에서 볼 때 아주 유려하게 읽힌다. 金光洲(1910-1973)의 번역(동화출판공사, 1970)[8] 역시 뒤지지 않는다. 특히 번역문 곳곳에 등장하는 對句와 맛깔스런 표현은 아주 생생하다. 물론 번역상의 약간의 오역도 없지 않다. 여하튼 두 사람 모두 시인과 소설가라는 타이틀을 가진 전문작가라는 점에서 번역에 있어서 우리말 표현의 완미함을 인정할 수 있겠고, 특히 식민지 시기 상하이에서 유학한 이력이 있는 김광주는 중국어 해독에 있어서도 그 능력을 가늠할 수 있겠다. 이런 점에서 그는 한중문학번역에 있어서 가장 적합한 인물이었다고 할 것이다.[9] 그렇다면 두 사람의 번역을 포함해 앞서 말한 4명의 번역본 그리고 연변 번역본(이철준, 여강출판사)과 함께 〈광인일기〉번역과 해석상의 문제점에 대해 검토해 보자.[10] 그 전에 밝혀두고 싶은 것은 이 글이 '번역비평'이란 용어를 염두에 두고 있지만, 이론적 또는 방법적 패러다임을 갖고 있지 못하고 있어서 엄밀한 의미에서 '번역비평'이라고 하기에는 부족하고, 또 오역을 찾아내는 일이라고 부정적으로 인식되는 한국의 '번역비평'과도 좀 거리를 두고 있다는 점이다. 그리고 〈광인

8) 李用珪와 함께 《노신단편소설집》(서울출판사, 1946)을 출판한 것으로 나오는데, 확인 필요.

9) 이육사의 〈고향〉 번역본도 함께 검토해보는 것이 의미가 있을 듯하다.

10) 김광주 역(A), 김남주 역(B), 김시준 역(C), 허세욱 역(D), 전형준 역(E), 정석원 역(F), 이철준(G)라고 부른다.

일기〉는 많이 알려진 작품인 관계로 어떤 번역본이든 오역이 그다지 많지 않고 그렇기 때문에 해석상의 관점에서 각 번역본의 특징을 살펴보고자 한다. 번역연구자 또는 비평가가 아니라 번역자의 입장에서 여러 번역본의 표현을 대조해 보고 개인적인 의견을 덧붙이는 방식으로 분석해 보겠다.

### (1) 〈광인일기〉번역에서 표현상의 실례

1) 间亦有略具联络者, 今撮录一篇, 以供医家研究。

A: 여기 한 편 뽑아 내어

B: 그것을 한편 골라서

C: 여기 몇 편을 뽑아 내어

D: 그 가운데 한 편을 골라

E: 여기에 발췌하여 한 편의 글로 만들어

F: 여기 몇 편을 추려

G: 그것을 베껴

→ 한 편 또는 여러 편을 뽑는다는 의미보다는 한 편으로 추려 정리했다는 것으로 해석하는 것이 타당할 듯하다. 죽내호 번역본도 이런 해석을 취하고 있다.

2) 全是发昏;然而须十分小心。不然, 那赵家的狗, 何以看我两眼呢? 我怕得有理。

A: 흐리멍덩하였음, 그렇지 않다면, 왜 자꾸 나를 쳐다보는 것일까? 내가 무서워하는 것도 그럴 듯한 일이다.

B: 정신없이 살아, 그런데 어쩌자고 자오네 집의 저 개는 나를 노려보고 있는 것일까? 나는 까닭도 모르고 겁을 먹고 있는 것은 아닐까.

C: 혼미속에 지내왔음을, 그렇지 않으면 저 조가네 집 개가 왜 날 흘긋흘긋 쳐다보는 것일까? 내가 무서워하는 것도 일리가 있지.

D: 정말 멍하니 세월을 보냈다, 그런데 저 자오씨 집의 개는 어째서 나를 말똥말똥 쳐다보는 것일까? 내가 겁을 먹는 것도 무리가 아니다.

E: 전부 혼미 상태였음을, 그렇지 않다면 저 짜오씨네 개가 어째서 나를 흘끗흘끗 훔쳐본단 말인가? 내가 무서워하는 데는 그럴 만한 이유가 있다.

F: 넋을 잃고 있었는지, 그런데 짜오가의 개가 왜 나를 노려보았을까? 내가 두려워하는 것은 당연하다.

G: 제 정신없이 살아왔다는 것을. 그렇지 않으면 저 조가네 개가 왜 나를 노려보겠는가? 내가 겁내는 것도 당연한 일이다.

→ 혼미한 상태로 번역하는 것이 타당할 것 같고, 문제는 '看我兩眼'에 대한 해석이다. 노신의 글속에서 '看' 즉 '보다'는 중요한 요소로 작동한다. 그렇다면 그냥 '보다'는 아닐 터이고, '노려보는' 것이냐 '훔쳐보는' 것이냐, 문맥 속에서 번역해야할 듯하다.

3) 今天全沒月光, 我知道不妙。

A: 오늘은 달빛이라곤 도무지 볼 수 없다. 대단히 좋지 못한 일이다.

B: 오늘 밤은 달빛이 전혀 없다. 그래서 나는 재미가 없다는 것을 알았다.

C: 오늘은 전혀 달빛이 없으니 좋지 못한 징조라는 것을 난 안다.

D: 오늘 밤에는 도무지 달빛이 없다. 그래서 재미없는 까닭을 알았다.

E: 오늘은 전혀 달빛이 없는 것으로 보아, 조짐이 좋지 않다는 것을 알 수 있다.

F: 오늘 밤은 달빛이 전혀 없다. 나는 그것이 심상치 않다는 것을 안다.

G: 오늘밤엔 달빛이라곤 전혀 없다. 나는 이것이 상서롭지 못한 징조라는 것을 알고 있다.

→ '不妙'에 대한 해석이다. B와 D처럼 '재미없다'라는 번역보다는 일기 1번과 대비하여 해석해 본다면, 불길한 징조를 예감하는 것으로 해석하는 것이 적절한 듯하다.

4) "老子呀！我要咬你几口才出气！"

A: 이런 짐승 같은 아범놈!

B: 빌어먹을 영감탱이 같으니라고!

C: 이 녀석

D: 이런 짐승 같은 아범놈!

E: 이 새끼야!

F: 늙은 놈!

G: 이 놈의 새끼

→ 사전적으로는 A, B, D, F의 번역이 맞겠지만, 엄마가 자식에게 하는 욕이라고 했을 때는 당연히 C, E, G가 맞을 듯하다.

5) 拖我回家, 家里的人都装作不认识我

A: 모두 나를 모르는 체하는데,

B: 데면데면하게 대했다.

C: 모두 나를 모르는 체했는데,

D: 아무도 나를 상대해 주지 않았다.

E: 전부 나를 모르는 체했는데,

F: 나를 모르는 척 했다.

G: 짐짓 나를 모르는 척하였다.

→ '데면데면하다'는 표현이 눈에 들어와서 비교해 보았는데, '상대해주지 않는' 또 '모르는 척하는' 것과는 약간의 차이가 있다.

6) 你看那女人 "咬你几口"的话, 和一伙青面獠牙人的笑, 和前天佃户的话, 明明是暗号。我看出他话中全是毒, 笑中全是刀。他们的牙齿, 全是白厉厉的排着, 这就是吃人的家伙。

A: 간 데 없이 무슨 암호인 모양이다. 사람 잡아 먹는 연장

B: 암시적인 것이 들어 있다. 인간을 잡아먹는 도구

C: 틀림없이 저희들만의 암호, 사람을 잡아먹는 도구
D: 이것은 분명히 공모한 일이다. 사람을 잡아먹는 연장
E: 분명히 암호인 것이다. 사람을 잡아먹는 도구
F: 어떤 것을 시사하는 암호, 사람을 잡아먹는 놈들인 것이다.
G: 틀림없이 무슨 암시였을 것이다. 사람을 잡아먹는 연장
→ F의 번역은 오역이다.

7) 我还记得大哥教我做论,
A: 남의 글을 비평하는 방법
B: 논문 쓰는 법
C: 글 쓰는 법
D: 논문 쓰는 것
E: 논설 쓰는 법
F: 논설문 작성 요령
G: 글짓는 법
→ 광인이 전통학문을 배운 향신계층의 자제라면, 글쓰는(짓는) 법 또는 문장 짓는 방법을 배웠을 것이라고 볼 수 있다.

8) 书上写着这许多字, 佃户说了这许多话, 却都笑吟吟的睁着怪眼看我。
A: --- 했는데도, 도리어 싱글싱글 웃으면서 눈을 부릅뜨고 나를 쳐다보는 것이다.
B: --- 했다. 게다가 그는 히죽이죽 웃기까지 하면서 이상한 눈초리로 나를 흘겨보지 않았던가.
C: --- 했는데도 모두들 히죽이죽 웃으며 괴상한 눈초리로 나를 노려보았던 것이다.
D: --- 했다. 그리고 누구나가 히죽이죽하며 의심스러운 눈빛으로 나를 본다.

E: --- 했는데도, 오히려 다들 히죽이죽 웃으며 이상한 눈초리로 나를 쳐다본다.

F: --- 했으며 사람들은 히죽거리면서 괴상한 눈빛으로 나를 노려보고 있는 것이다.

G: --- 그런데 키드득거리면서 이상한 눈길로 나를 바라보고 있잖는가.

→ A를 제외하면 거의 같은 표현이다. 웃는 모습과 관련된 의태어를 잘 찾아서 번역하는 것이 좋을 듯한데, 그리고 번역은 G가 제대로 한 듯하다. 왜냐하면, 이상한 눈초리가 바로 자신을 향하고 있음을 깨달았다는 사실과 그 상황이 잘 드러나게 번역되었다고 볼 수 있기 때문이다.

9) 自己晓得这笑声里面, 有的是义勇和正气。

A: 의용과 바른 기개

B: 용기와 정기

C: 용기와 정의감

D: 용기와 제정신

E: 용기와 정기

F: 의용과 정기

G: 용기와 정의

→ 사람들의 속셈을 간파한 광인이 한바탕 웃는데, 그 웃음 속에 담긴 것이 바로 义勇과 正气 즉 용기와 정의인 셈이다. 그런 점에서 D의 '제정신'은 어색하다.

10) "本草什么"

A: 《약초의 중요한 것은 뭐냐》하는 책

B: 본초 어쩌고저쩌고 하는 책

C: 《본초 무엇》

D: 〈본초××〉

E: 《본초 뭐뭐》(역주 달림)

F: 《본초》뭔가

G: 《본초 무엇》

→ A의 번역은 너무 풀었고, 나머지는 무난하다. 독자의 이해를 돕기 위한 역주를 다는 것도 괜찮을 듯하다.

11) 我从前单听他讲道理, 也胡涂过去

A: 흐리멍덩하게 지나쳤었지만,

B: 그저 멍하니 한 귀로 듣고 한 귀로 흘려 버렸다.

C: 머리가 어지럽곤 했었다.

D: 다만 멍하니 오른쪽 귀로 듣고 왼쪽 귀로 흘렸을 뿐이다.

E: 듣기만 할 뿐 무심히 지나쳤는데

F: 대수롭지 않게 넘겨버리곤 했는데

G: 어리뻥뻥하여 그저 들어넘겼지만

→ 주의하지 않고 지나쳤다는 의미를 담아서 번역하면 될 듯한데, 그렇게 본다면 C의 번역은 오역에 가깝다.

12) "没有的事? 狼子村现吃; 还有书上都写着, 通红斩新!"

A: 책에도 목을 눌러 "새빨간 피를 짜 내면 짜 낼수록 싱싱하다"는 말이 쓰여 있다.

B: 온통 새빨갛고 선명하게!

C: 새빨갛고 싱싱하다나!

D: 새빨갛고 싱싱하다고!

E: 새빨갛고 신선하다고!

F: 온통 선혈이 낭자하단 말이야!

G: 책에도 붉은 피로 시뻘겋게 씌여있어!

→ 해석이 두 갈래 소위 CDE와 BFG로 나뉜다. 잡아먹히는 사람들의 피와 살점에 대한 묘사에 치중한 것은 전자이고, 반면 책에 기록된 내용이 모두 食人의 역사이니 온통 붉은 피로 시뻘겋다고 본 것은 후자이다. 그런데 문제는 斬新이다. 斬은 嶄과 상통하는 말이고, 모두 '베다'라는 뜻을 갖고 있다. '신선하다'라는 표현에 '베다'라는 한자가 들어가는 것이 재미있는데, 그래서 사전적으로 '신선하다'라는 의미보다 通紅과 연결되어 '붉다'라는 의미를 더 강조하는 것은 아닐지. 그렇다면 시뻘겋게 食人의 기록이 적혀 있다는 의미로 보는 것이 더 가까운 해석이 아닐까 한다.

13) 总之你不该说, 你说便是你错!

A: 그런 소리를 하면 당신이 잘못이지.

B: 그런 말씀을 하시는 나리가 잘못입니다.

C: 그래도 계속 지껄인다면 당신은 뭔가 잘못되어 있는 겁니다.

D: 자네가 뭔가 말한다면 그건 자네 잘못이야!

E: 그런 소리를 하는 건 잘못이야!

F: 나으리의 말씀도 잘못된 거예요!

G: 아무튼 그런 말은 더하지 마세요. 건 잘못입니다!

→ 우선 광인과 스무살 안팎의 사람이 동년배인지, 아니면 광인이 연장자이자 마을에서 지위가 있는 사람인지에 따라서 대화의 표현이 달라진다. 식인이란 말은 이 사회의 불문율에 해당하기 때문에 언급 자체가 잘못이라는 의미다. 그런 의미를 살려서 번역해야겠다.

14) 这一定是他娘老子先教的。还怕已经教给他儿子了.

A: 그리고 또 다른 자식들에게도 모두 가르쳐 주었을 것이다.

B: 어쩌면 제 자식에게도 가르쳐 주었을지도 모른지.

C: 이미 그의 자식들에게도 가르쳤을지 모른다.

D: 어쩌면 그 자식에게도 가르쳐 주었는지 모른다.

E: 이미 자기 아들에게도 가르쳐주었을지 모른다.

F: 그의 아들에게까지 가르쳤을지도 모른다.

G: 그리고 아마 그자는 자기 아들에게도 그렇게 가르쳤을 것이다.

→ A는 오역이다. 위 문장의 주체는 스무살 안팎의 사람으로 보느냐, 앞 문장의 그의 아버지로 보느냐 하는 것인데, 스무살 안팎의 사람이 자기 자식에게 가르쳤다고 보는 것이 타당하다.

15) 将来吃了, 不但太平无事, 怕还会有人见情。

A: 남이 제 속을 눈치 챌까 겁이 나서 그러는 것이다.

B: 개중에는 잡아먹혔어도 무리는 아니라고 생각하는 사람도 있을 터이다.

C: 사람들로부터 동정까지 받을 수도 있을 것이다.

D: 개중에는 지당하다고 생각하는 사람도 있을 것이다.

E: 사람들에게 동정을 받을 수도 있을 것이다.

F: 남으로부터 동정심도 얻을 수 있을 것이기 때문이다.

G: 어떤 자들은 이들을 동정까지 하게 될 것이다.

→ A는 오역이다. 사람들이 食人하는 자를 이해하고 심지어 두둔하기도 할 것이라고 해석해야 할 것이다.

### (2) 〈광인일기〉 해석과 관련된 문제

16) 万分沉重, 动弹不得; 他的意思是要我死。我晓得他的沉重是假的, 便挣扎出来, 出了一身汗。

A: 기를 쓰고 몸을 움직여 봤다.

B: 발버둥치며 빠져 나왔다.

C: 허우적거리며 빠져 나왔지만

D: 몸을 바둥거리며 빠져나왔는데,

E: 몸부림쳐 빠져나왔다.

F: 발버둥쳐 나왔다.

G: 안간힘을 써서 빠져나왔다.

→ 掙擦는 죽내호가 파악한 노신 문학과 사상의 키워드이다. 白心, 立人과 같이 魯迅적 용어 추출과 그 역어의 통일이 《전집》 번역에 있어서 중요하다.

17) 有了四千年吃人履历的我, 当初虽然不知道, 现在明白, 难见真的人!
: 한글 번역본은 모두 "진정한 사람을 만나기 어려움을 알겠다."로 해석하고 있는 반면, 일본어역은 丸尾常喜가 지적한 대로 "진실한 인간을 만나기 어렵다"에서 "진정한 인간 앞에 얼굴을 들 수 없다"(竹內好의 《魯迅文集》과 학습연구사판 《魯迅全集》 丸山昇 역의 〈狂人日記〉번역)로 전환했고, 이러한 번역이 일정하게 定說로 굳어지는 분위기다. 여기에는 伊藤虎丸이 정리한 대로 〈광인일기〉를 '預言문학'에서 '贖罪문학'으로 가는 과도기의 작품으로 해석하는 경향에서 나온 것이다. 게다가 〈광인일기〉가 실린 《신청년》4권 5기(1918)에 周作人이 일본작가 무샤노코우지사네아쓰(武者小路實篤)의 〈어느 청년의 꿈〉이란 작품에 관한 글을 실었고, 다음 해에 魯迅이 이것을 번역하고 서문을 썼다. 여기서 그는 '전쟁반대'라는 소설의 주제 외에 구사상의 악폐를 탈피하지 못하고 있는 중국인들을 위해 번역한다고 적었다. 또 노신 개인적으로는 "저녁에 불을 켜고 책등의 금빛 글자를 보다 낮의 말이 생각나 문득 자신의 근성이 의심스럽고, 공포와 수치심을 느꼈다. 사람은 마땅히 이래서는 안되지, 나는 곧 번역에 착수하기 시작했다."라고 말한 데서 〈광인일기〉의 现在明白, 难见真的人! 구절의 해석을 참회의식의 발로로 이끌고 간다.[11)]

11) 이상은 丸尾常喜, 〈飜譯與讀解-魯迅文學在日本學者〉(《중국현대문학》 8호,

18) 况且他们一翻脸，便说人是恶人。// 无论怎样好人，翻他几句，他便打上几个圈；原谅坏人几句，他便说“翻天妙手，与众不同”// 我翻开历史一查，这历史没有年代，歪歪斜斜的每叶上都写着“仁义道德”几个字。

텍스트가 그물망이라면, 그리고 형상자인 한자의 특성을 동아시아인들이 공유하고 있다면, 사전적 의미에 국한되지 않고서 한자의 형상성을 기호로 전환시켜 작품의 구성과 의미를 파악하는 것을 어떨까. 즉 〈광인일기〉라는 소설의 저변에 깔려 있는 주제의식을 '飜'이라는 글자(기호)로 풀어내는 것. 이를 살려서 번역하는 문제. 텍스트 = 숨은 그림 찾기[12] 참신한 아이디어임에는 분명하지만, 이를 살려서 번역상에 드러내는 문제 그리고 사전적 의미와의 차이는 어떻게 극복할 것인가에 대한 검토가 전제되어야할 것이다.

이상은 소설의 순서상 대비가 되는 번역들을 계통없이 뽑아 본 것에 불과하다. 앞서 보았듯이 선별한 구절과 각 번역은 의미가 다른 경우도 있고, 또 약간의 뉘앙스 차이만 느껴지는 것도 있었다. 위에서 제시한 번역상의 문제외에도 묘사라든지, 대화라든지, 배경이라든지, 언어라든지 소설로서 형상성을 잘 드러내는데 있어 부족한 점은 없었는지 각 번역본마다 검토해야할 항목은 많이 있다. 한편 번역자에 따라 번역이 다양하게 이루어질 수 있음도 알 수 있었다. 김광주와 김남주는 가독성이란 측면에서는 좋은 평가를 내릴 수 있지만, 앞의 예에서처럼 오역도 있었다. 중국어를 전문적으로 해독하는 능력의 부족에서 나온 듯하다. 그 외는 모두 중국문

---

1994) 이와 관련하여 2009년 6월 13일 숭실대에서 열린 중국어문논역학회의 발표회에서 나온 見→現 으로 해석하는 것은 어떨까하는 공상철의 주장은 재미있는 생각이라고 할 수 있다.

12) 이상은 유중하, 〈아이들에게 魯迅을 어떻게 가르칠 것인가(1)-〈狂人日記〉를 위한 독법(1)〉(《중국현대문학》제35호, 2005, 12) 참조

학연구자가 번역한 것이어서 오역과 같은 문제는 발생하지 않았지만, 문학적 표현 등에서는 다소 미흡한 감이 없지 않았다.

이 밖에 여기서 한 가지 말해두고 싶은 것은, 시각성을 드러내고 음성적인 요소까지 생각하여 〈광인일기〉의 분위기를 원작과 대등하게 번역본에서 맛볼 수 있도록 하는 것이 기존의 번역본에서 빠져 있었던 것이 아닐까 하는 점이다. 그런 점에서 김남주의 번역본은 이런 의도를 보여준 것이라 할 것인데, 여기서 한 걸음 더 나아간다면 어떻게 될 것인가, 유중하가 말한 것처럼 기호론적인 관점에서 小學을 통해서 大學으로 나아가는 방법은 과연 어떤 것일까. 이를 살리는 번역은 어떻게 되어야 하는 것일까. 이런 문제를 의식하면서 〈광인일기〉 번역을 새롭게 하는 일이 〈광인일기〉 재해석으로 이어지길 기대한다.

## Ⅳ. 나오며

이상에서 본 것처럼 여러 종의 번역본을 대상으로 비교 검토하는 작업은 이후 번역에 있어 많은 시사점을 제공할 것이다. 이것은 번역학 또는 비평에 있어서 아주 초보적인 형태라고 할 것이다. 이런 작업이 좀 더 활발해진다면, 번역이 우리 학계에서 그 의미를 인정받는데 일조를 할 것이고, 나아가 새로운 해석이 전제되는 번역의 활성화에 기여할 것이다. 하지만 번역비평이 오역을 찾아내는 것으로 흐르고 이에 따라 자연스럽게 번역비평의 부정적 측면만을 상기하게 되는 우리의 번역계의 상황은 바뀌어야 할 것이다. 적어도 번역 비평이 한국의 번역 수준을 높이는 집단적인 작업에 기여하는 것이 되도록 해야 한다. 번역서에 대한 독자의 불신을 조장하는 것을 넘어서서 좀 더 나은 번역을 만들어가는 과정을 촉진하는 것, 이것이 진정한 번역 비평의 의미이기 때문이다.

앞으로도 〈광인일기〉는 계속 번역될 것이다. 기존 번역의 장점은 살리고 단점을 극복하는 좋은 번역, 21세기 새로운 시대에 현대 고전으로서 그에 걸맞는 해석을 갖춘 새로운 번역이 나오기를 희망한다. 이를 위해서는 번역자의 중국어 및 모어 구사 역량의 향상뿐만 아니라, 노신 문학과 사상에 대한 새로운 접근이 요구된다고 할 것이다. 이 작업은 서두에서 밝힌 것처럼 노신의 미래성을 탐문하는 작업과 결코 별개의 일이 아니다. 아울러 《노신전집》 번역은 우리의 인문학을 풍성하게 하는 일이 되어야할 것이다. 이를 위해 〈광인일기〉 이외의 다른 노신 번역에 대한 검토와 새로운 번역 작업이 동시에 진행되기를 희망한다.

## ✚ 참고문헌


이향, 《번역이란 무엇인가》, 살림, 2008

김하림, 〈魯迅 〈광인일기〉의 해석과 수용에 관한 연구〉, 《중국현대문학》 16호, 1999

오문의, 〈중한 번역의 양상과 그 규칙의 분석-魯迅 〈傷逝〉의 번역문에 대한 분석〉, 《중국언어연구》 제4집, 1996

유중하, 〈아이들에게 魯迅을 어떻게 가르칠 것인가(1)-〈狂人日記〉를 위한 독법(1)〉 《중국현대문학》 제35호, 2005

정해용, 〈번역비평 규범으로서의 가독성과 충실성 개념〉, 《프랑스문화예술연구》 제20집, 2007

丸尾常喜, 〈飜譯與讀解-魯迅文學在日本學者〉, 《중국현대문학》 8호, 1994

# 飜譯 작품 속 유머와 諷刺
## - 洪羲福《第一奇諺》의 文人 유머 飜譯研究*

주숙하**

## I. 서론

'幽默'이란 어휘는 원어 영어 'Humour'를 중국어로 음역한 것이며 1923년 林語堂이 최초로 중국《北京晨報》에서 쓰기 시작하였다.1) 국제 학술계에서 학술적인 시각으로 유머에 관한 연구들은 갈수록 관심의 대상이 되고 있으며, 학자들의 신중한 연구대상(a serious laughing matter)이 되기도 한다. 최근에는 주로 유럽이나 미국식 유머를 중심으로 이론적 접근을 하고 있으며 유머의 본질에 관한 탐색 외에도 他 문화에 대한 유머의 역사도 연구되고 있다. 중국의 유머 역사 연구는 임어당 등에 의해 시발되었으며, 마크 엘빈(Dr. Mark Elvin)의《鏡花緣》에 관한 유머 연구는 동양과 서

---

* 이 글은 2012년 1월《中國語文論譯叢刊》제30집에 수록된 논문임.

** 숭실대학교 중어중문학과 교수

1) George Kao, *Chinese Wit and Humour*, New York: Sterling Publishing Co., 1946, p.xxii.

양의 유머에 대한 비교연구로 주목을 받기도 하였다(John Durant and Johnathan Miller eds., 1988). 또한《경화연》의 유머를 중심으로 중국 청대 유머문학을 분석한 연구도 있다(黃克武, 1991). 한국에서 유머에 관한 연구는 일찍이 시작되어 한국 국문학에서 적지 않은 비중으로 문화적, 예술적 측면에서 주로 연구되는 등 많은 성과를 거두었지만, 중·한 비교문학 분야에서부터 번역 연구까지는 여전히 흔한 연구 주제는 아니었다. 그 중에서《경화연》에 관한 연구의 초점은 주로 작품의 풍자적인 성격·주제 의식 등에 두고 있다. 또한《第一奇諺》[2]번역 연구의 초점은 주로 원문과 역문을 대조비교하면서 의역과 직역의 선택문제와 음독과 표기 등 언어학적 문제에 두었으며, 원작과의 비교문학적인 연구는 여성인식과 수용방식에 관한 문제까지 포괄하였다.[3] 본고는 역서 속 문인유머의 번역 서사에 있어 어떠한 방식으로 조선의 문화배경에 맞춰 번역하였는지 살펴보면서 단순히 원문과 역문 텍스트만을 대조하는 것이 아니라 특정 연구주제, 즉 중국적인 문인 유머를 조선사회에 어떻게 소개하고 번역하는지에 대해 살펴보기로 한다. 유머는 사람들에게 사상과 정서를 전달하는 효율적 방식을 제공할 뿐만 아니라, 그 사회 속의 근본적인 가치와 취향을 반영하기 때문에, 인류의 사회생활 속에서 상당히 중요한 부분을 차지하고 있다. 수많은 유머의 유형 중 대다수 유머는 인지적 유머이다. 즉 사람들이 웃을 수 있는 조건이 확보된 연후에 바탕에 깔려있는 인지적 지식을 통

---

2) 19세기 조선시대 실의한 문사인 홍희복(1794-1859)이 중국 청대소설인《경화연》을《제일기언: 경화신번》(본문에서《제일기언》으로 정함)이란 제명으로 번역하였는데, 1984년 정규복 교수가 수고본을 발굴하여 근 150년 동안 깊숙이 잠들었던 문인소설 번역대작이 세상에 공개되었다. 본고 참고하는 텍스트는: (淸) 李汝珍 저, 洪羲福 역, 丁奎福·朴在淵 校註,《제일기언》, 서울: 國學資料院, 2001.

3) 한국에서《제일기언》에 관련된 연구 주제는 아래와 같다. 1. 고증학적 연구: 정규복, 〈《제일기언》에 대하여〉(1984). 2. 번역본 중심적 연구: 정영호, 〈《경화연》과 한글 역본《제일기언》의 비교 연구〉. 3. 수용방식 연구: 서경희, 〈《경화연》의 여성인식과《제일기언》의 수용방식 연구〉.

해서 웃음이 시작된다. 다른 말로 하자면 웃음의 전제 조건은 '인지체계', 즉 사람은 웃음을 자극하는 주어진 상황 속으로 들어가야 웃음이 나타날 수 있다.[4] 《경화연》에는 풍부한 문인적 유머 이야기가 실려 있다는 사실은 널리 알려지고 있으며, 이 원본이 《제일기언》의 저본이 되면서 문인 유머의 번역연구에 있어서 적지 않는 토론의 대상이 되고 있다. 유머는 일상생활에 있어서 상호간의 소통방식 중 하나이며, 사유와 언어습관도 유머의 내용과 양식에 깊은 영향을 준다. 그러므로 번역된 유머와의 공감을 위한 사유의 방식과 언어 표현에 대해 성공적인 전이가 없으면 웃음을 유발할 수 없게 된다. 즉 소통의 즉시적 기능의 발휘는 유머번역의 가장 중요하고 어려운 점이라 할 수 있다. 유머 이야기를 번역할 때 번역자로서 원문에 충실한 번역의 바탕 위에 번역 원어과 목적어의 언어습관을 잘 전화시키는 여부에 따라 좋은 유머 번역이 결정된다.

## Ⅱ. 외모판단으로 창피 당함: 플롯(情節)의 구성과 서술

《경화연》의 서술유형은 매니피아 풍자(Menippean satire)라고 하며, 기본적으로 지식적·관념적 풍자이다.[5] 매니피아 풍자는 곧 백과전서식(encyclopaedic farrago) 성격을 가지고 있는데, 흔히 연회장면을 열어서 등장인물들을 모두 둘러앉히고 대화를 나누도록 구성한다. 이 대화(dialogue or colloquy)과정을 통하여 일반소설 속의 인물과 인물 간의 충돌이 아닌, 개념과 개념 간의 충돌로 긴장감을 불러일으킨다. 풍자의 대상은 사람을 겨냥

---

4) John Durant and Johnathan Miller eds. *Laughing Matters: A serious Look at Humour*, London: Longman scientific&Technical, 1988, p. 7-8.

5) 《경화연》의 연구자들은 소설 속 풍자 이야기를 관심이 많았다. 그 중에서 매니피아 풍자 이론으로 분석한 논문이 적지 않다. 예를 들면 王德威(1988), 王安琪(1990), 黃克武(1991), Mark Elvin(1991)과 張小虹(1993)의 논문은 대표적이다.

한 것이 아니라 태도에 대한 것이다. 풍자하는 내용은 주로 사회 속에 은연중 내포한 도덕규범, 예를 들면 문화적 영향이 크고 뿌리가 깊은 관념, 신앙, 이단사설, 교조주의, 그리고 모든 진보에 방해되는 장애들이다.[6] 이와 같은 대화 장면은 黑齒國에서 벌어진 에피소드가 대표적인 예이다. 이 부분이 대표적인 대화 장면으로 원작 제16회 중반부터 제19회까지 나타나지만, 번역자가 역작을 통해 재구성하여 권지4로 묶어 놓았다.[7] 이를 보면 홍희복은 이 대화 장면을 소주제로 인식하여 번역한다. 참고로 영문판에서는 이 흑치국에서 벌어진 대화들이 모두 삭제되고 한 마디로 간략하게 설명하고 가볍게 넘어갔으나 홍희복은 이런 방식으로 가볍게 처리하지 않았다. 이 부분은 다른 부분과 같이 서너 줄 정도 넘어서는 어느 정도의 분량을 첨가하여 번역한 回와는 달리, 거의 변동 없이 원문을 조심스럽게 따라하고 옮기는 모습을 보여주었다. 이를 보면, 만약 번역자가 풍속과 언어의 상이점으로 인하여 직접적으로 번역(直譯)을 할 수 없다면 수정작업에 들어가야 함에도 흑치국 소주제에 있어서 대체로 큰 변동이 없는 것을 보면, 여기서 나타난 중국적 유머와 조선적 유머가 거의 같은 형태라고 볼 수 있다. 여기서는 이 흑치국에서 벌어진 문인적 유머(對話)를 문인유머 서

---

6) Northrop Frye, "The Nature of satire", *University of Toronto Quarterly*, 14 (October 1944): 75-89.

7) 홍희복의 《제일기언》번역본은 원작의 구성과 달리 '소주제의식'으로 재구성 하였다. 淸 道光12年(1832) 《鏡花緣繡像》의 판본은 5회씩으로 권을 나누어 묶은 다음 특정한 기준으로 권지수를 나누지 않고 다만 편의상으로 나눈 것으로 보인다. 그렇지만 《제일기언》의 경우에는 번역자가 행한 재구성의 흐름에 따라 원작의 기존 내용 속에 있는 소주제가 더 드러나 보이게 재구성하였다. 예를 들면 16회부터 19회(원작20회 제목 삭제 절반 내용을 19회로 이동)까지 흑치국에서 벌어진 천조문인과 외모가 추한 여학생과의 대화는 권지4로, 21회(원작20회 제목 삭제 뒤 부분 내용을 21회 앞 이동)부터 24회까지 백민국과 숙사국에서 벌어진 이야기는 권지5로 모아 났다. 각 권지에서 주서술을 유지해가면서 은유적으로 표현한 이야기, 즉 소주제들이 각각 있다.

술과정 속의 전반적인 플롯을 분석하여 번역자가 어떻게 이 문인유머의 플롯을 번역하고 재서사 하는지에 대하여 살펴보도록 한다. 제16회부터 제19회까지 이루어진 사건은 다음과 같다. 임씨의 선박이 흑치국에 도착할 때 이 나라 사람들은 온몸이 먹물과 같이 까무잡잡할 뿐만 아니라, 치아까지 까맣다는 것을 발견하였다. 임씨가 장사를 위해 나가 있는 동안 당씨와 다씨 두 사람은 여학생을 가르치는 女學塾(글방)에 들어가, 귀가 어두운 노 선비와 열 네 다섯 살 정도 되는 여학생 두 명을 만나게 되었다. 노 선비는 글방 선생님이며 당씨와 다씨 두 사람은 문인이었는데 이들이 천조에서 온 것을 알게 되자, 노 선비는 경사에 대한 지도를 받기위해 여학생들에게 질문을 시켰다. 이 소주제는 당씨와 다씨 두 사람을 한쪽 편으로 설정하고 또 한 편은 흑치국 여학생 둘을 한 편으로 나누어 서로간의 문답 과정에서 여러 지식을 포함한 대화를 나타내는 방식으로, 작가의 설정에 따라 우의적인 문인 유머가 이루어졌다. 작자는 젊은 여학생들과 천조 문인들과의 대화를 통하여 고음을 읽는 법과 경전의 해석에 대한 토론을 한다. 이러한 주제는 청나라 乾嘉時期 학자들이 가장 관심을 가진 주제이며, 여기서의 문인 유머는 이러한 시대배경 속에서 나타난 것이다. 이 중에서 反切 유머는 대표적인 시대 유머로 볼 수 있다. 왜냐하면 아편전쟁 이후 학술풍조가 달라지면서 이러한 이야기들은 점차 사라져 갔다. 한편, 조선사회 역시 갑오경장 이후 이런 종류의 유머 또한 서서히 사라지고 있었다. 그러므로 번역자가 반절과 같은 유머들을 생략하지 않고 꼼꼼히 번역했다는 사실은 조선시대 문인들 사이에도 충분히 공감이 되고 비슷한 종류의 유머들도 존재하고 있었다는 것으로 볼 수 있다.

여기서 문답 플롯의 내용을 예로 들어 살펴보면, 전반적으로 천조문인들의 오만을 풍자하였다. 흑치국 여학생들은 외모 상 검은 피부를 가지고 있지만 학문에 대해서는 나이 든 성인보다 한 수 위라는 것을 보여주었다. 일반 전통문인들 가운데 외모를 중요시하고 나이가 많을수록 학문이 깊어진다고 인식하고 있는 전통관념을 풍자하기 위해, 피부색이 검은 어린 여학생을 등장시켜 박학다식한 80여 살의 다씨(중국어 음으로 多識으로 해석 가능)에게 질문을 하게 하여 그의 말문을 막히게 하였다. 옛날부터 고정관념으로 내려온 법칙이 깨지자 多氏의 난감해 하는 모습을 묘사하여 독자들에게 웃음을 터뜨리게 한다. 질문이 막힌 이유는 대단한 문제도 아닌 단 한 글자의 자음일 뿐이라서, 소학에 대해서도 가볍게 생각하거나 무시하면 안 된다는 의미를 보여주었다. 한편, 역문을 보면 서술구조는 그대로 유지하여 서술의 흐름에 따라 정확히 번역하였다. 특히 1차 문답과정에서 전통문인들의 잘못된 선입관을 어린 여학생들을 통해 그러한 인식을 파괴시키는 유머러스한 효과는 역문에서 잘 보여주었다. 즉, 서술면에서는 번역자와 원작자가 공통적인 서술의식을 가지고 있었고 조선문사의 입장에서도 중화적 타자의 문화적 예의질서를 받아들였음을 알 수 있다. 그렇지만 역문을 일체의 수정 없이 그대로 서술한 것은 아니다. 이 수정한 부분의 내용을 살펴보면 번역자의 조선적 타자의식이 나타난다. 즉, 수정된 부분에는 역자의 문화배경 상의 차이가 나타나며 번역자가 벌어진 틈새를 채우기 위해 자신이 가진 의식과 학문을 자연스럽게 이용하였다. 문답의 대상, 즉 자음에 관한 설명 부분은 역자의 세밀한 관찰로 교묘하게 재조정해서 중국 음운학에 관련된 서술내용을 조선 사람들에게 알리기 쉬운 표현으로 번역하였으며, 번역에 있어서 재해석과 재서술을 시도하였다. 과연 이 재해석의 내용이 어떻게 나타나는지 아래 원문과 역문을 대조비교해서 살펴보도록 한다.

원문에 따라 '敦'字의 발음은 여러 가지가 있다. 다씨의 입을 빌려 '敦'字의 중국어 발음을 灰·元·寒·蕭·軫·阮·隊·願·號 등 9개 韻別로 각각의 발음을 어떻게 읽어야 하는지와 각 발음을 나타낸 경전 속 예문을 차례대로 설명하였다. 즉 첫 번째, '灰'(회, huī)韻에서는 '堆'(퇴)자의 중국어 발음인 'duī'로 읽고, 《詩經·豳風·東山》의 文句인 '敦彼獨宿'을 예로 하였다. 둘째, '元'(원, yuán)韻에서는 두 가지 발음으로, 하나는 '惇'(돈)자의 중국어 발음인 'dūn'로 읽었는데 예를 들면 《周易》의 '敦臨吉'이 있다. 또 하나는 '豚'(돈)자의 중국어 발음인 'tún'로 읽었다. 예를 들면 《漢書》의 '敦煌, 郡名'란 말이 있다. 셋째, '寒'(한, hán) 韻에서는 '團'(단)자의 중국어 발음인 'tuán'으로 읽는다. 예를 들면 《詩經》의 '敦彼行葦'가 있다. 넷째, '蕭'(소)(xiāo)韻(운)에서는 '雕'(조)자의 중국어 발음인 'diāo'로 읽고, 《詩經》을 다시 예를 들어 '敦弓旣堅'이란 말이 있다고 한다. 다섯 번째, '軫'(진, zhěn)韻(운)에서는 '準'(준)자의 중국어 발음인 'zhuěn'로 읽는다. 예를 들면 '內宰出其度量敦制'라는 《周禮》의 文句가 있다. 여섯 번째, '阮'(원), ruǎn)韻에서는 遁(둔) 자의 중국어 발음으로 'dùn'이라고 한다. 예를 들면 《左傳》에 '謂之渾敦'이란 말이 있다. 일곱 번째, '隊'(대, duì)韻에서는 '對'(대)자의 중국어 발음인 'duì'로 읽었다. 예를 들면 《儀禮》속에 '黍稷四敦'이란 말이 있다. 여덟 번째, '願'(원, yuàn)韻에는 '頓'(돈)자의 중국어 발음인 'dùn'으로 읽었다. 예를 들면 《爾雅》의 '太歲在子, 曰: 困敦'이란 말이 있다. 마지막 아홉 번째, '號'(호, hào)韻에 '導'(도)자의 중국어 발음으로 'dào'로 읽었다. 《周禮》의 예를 들어 '每敦一幾'라는 말이 있다고 한다. 원문에서 자음을 설명할 때 韻의 유형에 따라 읽은 音을 예로 들면서 전적과 예문을 제시하고 9가지의 韻에서 10가지의 발음(音)이 있다고 설명하였고, 이를 인용한 전적은 8가지가 있다. 이 내용을 일목요연하게 표로 정리하면 아래 도표와 같다.

**[圖表] 《鏡花緣》中 '敦'字의 音讀表.**

| 韻別 | 讀音 | 典籍 및 例文 |
|---|---|---|
| 灰 huī (회) | 堆 duī (퇴) | 《毛詩》: 敦彼獨宿 |
| 元 yuán (원) | 惇 dūn (돈) | 《易經》: 敦臨吉 |
| | 豚 tún (돈) | 《漢書》: 敦煌, 郡名 |
| 寒 hán (한) | 團 tuán (단) | 《毛詩》: 敦彼行葦 |
| 蕭 xiāo (소) | 雕 diāo (조) | 《毛詩》: 敦弓旣堅 |
| 軫 zhěn (진) | 準 zhǔn (준) | 《周禮》: 內宰出其度量敦制 |
| 阮 ruǎn (완) | 遁 dùn (둔) | 《左傳》: 謂之渾敦 |
| 隊 duì (대) | 對 duì (대) | 《儀禮》: 黍稷四敦 |

| 韻別 | 讀音 | 典籍 및 例文 |
| --- | --- | --- |
| 願 yuàn (원) | 頓 dùn (돈) | 《爾雅》: 太歲在子, 日: 困敦 |
| 號 hào (호) | 導 dào (도) | 《周禮》: 每敦一幾 |

원문과 역문의 서술방식을 살펴보면 쉽게 서술방식이 달라지는 것을 알 수 있다. 역문에서는 이와 달리 다른 서술방식으로 진행하였다. 역문에서는 원문처럼 韻의 유형을 따르지 않고, 재정리한 후 전적 별로 각 전적에서 나타난 韻이 몇 가지인지 먼저 제시하였다(사실은 번역자가 韻이 아닌 音으로 오해했음). 일단 《詩經》에는 세 가지 音이 있다고 하고, 《周禮》에는 두 가지 音이 있고, 《周易》·《左傳》·《爾雅》·《漢書》에서는 音이 각각 다르다고 설명하지만 각각 무슨 음인지 어떻게 읽어야 하는지에 대하여 정확히 설명하지 않았다. 마지막으로 音의 유형에 대하여 '회'운이 있고, '원'운은 두 가지며, '한'운, '소'운, '진'운, '완'운, '대'운, '원'('호'韻의 오류 가능)운 등 열 가지(실제는 번역자가 단지 아홉 가지의 音만 번역했음) 音의 유형을 언급하였는데 여기서 많은 오류가 생겼다. 오류가 발생한 이유는 번역자가 중국어의 음운학에 대하여 제대로 알지 못했을 수도 있지만, 한글로 표기하는 과정에서 생긴 언어적 전환문제라고 할 수도 있다. 번역문을 보면 애매한 부분이 있는데, 즉 중국어 독음으로 읽을 때 音이 다르지만 한국어 발음으로 읽을 때는 같은 독음으로 나타나는 현상이 있다. 예를 들면 '원'이란 音은 한자로 '元'과 '願'으로 구분하고 중국어 어음도 다르다. 역본의 설명을 보면 이 차이를 설명하지 않고 같은 '원'이라는 音으로 '두 곳'이라는 표현을 서술하기에 다소 불분명한 점이 있다. 즉, 이 두 곳이라는 말은 각각 어느 전적에서 나오는 지 정확히 알 수 없으며, 원래 이 문단의 주요 내용은 '敦'자의 독음이 몇 가지인가를 설명하는데, 역문에서는 단지 韻의 종류만을 설명했을 뿐이었다. 그리고 추가로, 역문에서 아마도 실수로 《儀禮》를 누락하고, 또한 韻의 유형 설명에 '호'(號)韻을 빠뜨린

것으로 보인다.[8)] 위의 설명과 같이 번역과정에서 언어 차이로 인한 번역문제, 즉 한문이 한글로 표기될 때 그대로 전달할 수 없는 경우가 생겼다. 한글을 번역의 목표어(target language)로 선정한 홍희복은 이와 같은 순간에 고민이 생길 수밖에 없었다. 한글로 표현하는데 있어서, 한문문화는 확실히 타자가 되어 조선적 자아가 그 순간에 나타나 양자가 직면하면서부터 긴장감이 생겼다. 홍희복은 한글로 표기하였지만 실제로는 중국 어휘를 많이 사용하고 중국어 문법의 형식을 빌려 표현하고 있었다. 일단 한문의 표현에서 벗어나지 못하고, 한글로 제대로 표현하기에는 어려움이 있었기 때문에, 홍희복은 이러한 상황에서 서술을 모호하게 처리하였다. 예를 들면 원문에서 분명히 '敦'(돈)자의 발음에 대하여 언급하려고 하였지만, 역문에서는 그냥 '저 글자'라고 지칭한다. 설명을 시작할 때부터 정확히 해결해야 하는 글자의 자형과 자음을 알려주지 않았다. 서술의 과정에서도 정확히 한문 글자가 무엇인지를 알리지 않고, 단지 중국어의 발음을 여러 가지 운별로 나누어 각각 다른 발음이 있다는 사실만을 전달하였다. 이 번역 서술의 결과물은 우리에게 조선 번역자가 한문이라는 틀 안의 표현에서 벗어나지 못하고, 한글로도 새로운 표현법을 찾지 못하고 있다는 사실을 보여주었다.

다시 정리해보면, 번역자는 의욕적인 재정리를 통하여 독자들을 더욱 쉽게 이해시키려는 노력이 엿보인다. 원작의 줄거리를 조심스럽게 따르면 1차 문답에서는 전달하고자 하는 유머의 플롯을 정확히 번역하였다. 하지만, 음운학적 내용에 대하여 물론 번역자가 나름대로 재해석하고 더 쉽게

8) 구공 왈: "ᄌᆡ녀ᄂᆞᆫ 쳥컨ᄃᆡ 좌ᄒᆞ라. 져 글ᄌᆡ 과연 음이 여러 ᄀᆞ지니 《시젼》의 세 곳과 《쥬례》의 두 곳과 《쥬역》과 《좌젼》과 《이아》와 《한서》의 각〃 음이 다르므로 '회'ᄶᆞ와 '원'ᄶᆞ 두 곳과 '한'ᄶᆞ와 '쇼'ᄶᆞ '진'ᄶᆞ와 '완'ᄶᆞ와 '대'ᄶᆞ와 '원'ᄶᆞ 열 곳 운의 드러시니 이 열 가지 음 밧근 경셔 ᄲᅮᆫ 아니라 다른 글에도 다시ᄂᆞᆫ 다른 음이 업ᄂᆞ니 다ᄒᆡᆼ이 노부 뭇기로 이ᄀᆞ치 널니 〃르거니와 만일 다른 사ᄅᆞᆷ의 게 뭇더면 이 반도 ᄉᆡᆼ각ᄒᆞ야 니르지 못ᄒᆞ야시리라".(《제일기언》제16회, 161쪽)

전달하려는 의도가 보이긴 하지만, 실제로는 음운에 관한 불완전한 정리와 충분한 설명이 없어 결국은 재해석이 애매모호해지고 오역에 빠져버렸다. 그럼에도 불구하고 번역자는 한문지식에 관한 내용을 중시하고 쉽게 생략하지 않는 모습도 볼 수 있었다.

## Ⅲ. 놀림을 당해도 알지 못하는 무지: 隱喩式 표현과 才談

1차 문답은 여기서 끝난 것이 아니고 원작자가 설정한 은유식 표현도 나온다. 이 은유식 표현 역시 문인 유머(對話)로 나타내었는데, 즉 매니피아 풍자의 표현수법 중 하나이다. 1차 문답에서 결국 오만하던 다씨가 여학생의 질문에 막혀 대답을 못하자 여학생은 눈앞에 있는 천조문인의 학문에 대하여 짐작은 했지만 예의를 지키기 위하여 직선적으로 다씨의 허세를 지적하지 않고 은유법으로 친구에게 신호를 보냈다. 紫衣 여학생이 紅衣 여학생에게 눈치를 보내며 살며시 웃으면서 말하였다. "만약 이 과제를 論한다면 '오군대로, 의려만영'(吳郡大老, 倚閭滿盈)이라 하겠네?"라고 하자, 홍의 여학생이 아무 말 없이 잘 이해하며 동감한다는 뜻으로 고개를 끄떡여 보였다. 그렇지만 현장에 있는 천조문인은 이 말을 듣고 무슨 뜻인지 어리둥절하기만 했다.[9] 여기서 볼 때 중국에서 상용하고 있는 은유적 풍자 유머 역시 조선사회에서도 통하는 것으로 보여, 이 유머에 대하여 별 다른 조정 없이 그대로 번역하였다.[10] 천조문인들은 일단 풍자를 당했다는 사

---

9) 紫衣女子聽了, 望著紅衣女子輕輕笑道:〈若以本題而論, 豈非《吳郡大老, 倚閭滿盈》麼?〉紅衣女子點頭笑了一笑。唐敖聽了, 甚覺不解。(《鏡花緣》第17回。)

10) ᄌᆞ의녀ᄌᆡ 홍의녀ᄌᆞ를 도라보며 미〃히 우어 왈: "이ᄂᆞᆫ 진실노 오군대로 의려만영이로다". 홍의녀ᄌᆡ 머리 조아 ᄯᅩᄒᆞᆫ 웃거ᄂᆞᆯ 냥인이 〃말을 드르나 마ᄎᆞᄂᆡ 무슨 ᄯᅳᆺ인줄 ᄭᆡ닷지 못ᄒᆞᆯ지라. (《제일기언》제17회, 163쪽)

실 자체를 모르고 다른 일을 계속 진행하다가 여학숙 밖으로 빠져나간 다음 뒤늦게 제19회에서야 그 말의 뜻을 문득 알게 되었다. 역서에서도 역시 이 플롯의 서술을 잘 따르면서 중국적인 은유표현을 그대로 옮겨 번역하였다.

다씨는 별안간 그 자의 여학생에게 욕을 먹었다는 사실을 깨달았다. 원문은 여기서 그 수수께끼 같은 말 속에 숨겼던 의미를 자세히 묘사하였다. 역시 중국 문인들이 농담할 때 많이 이용하는 반절과 관련된 말이다. 소위 '吳郡大老'란 말의 표면적인 뜻은 '吳郡이라는 지방의 지위 높고 나이 많은 노인'이고, '倚閭'는 문에 기대어 기다린다는 뜻이고, '滿盈'은 '충만'이란 뜻으로, 많은 지위 높은 노인들이 문에 기댄다는 의미인데 이는 원래 억지로 만든 말이다. 여기서 여학생은 자신의 반절 지식을 보여주고 있으며 글 속에 담겨있던 뜻은 일단 반절로 풀어야 알 수 있다. 즉, 한문 '吳'(wú)자와 '郡'(jùn)자의 중국어 발음을 反切시켜 , '吳'자의 聲母인 'w' 와 '郡'자의 韻母인 'èn' 합병하며 물을 문의 '問'자의 중국어 발음인 'wèn' 이란 음이 나온다. 같은 反切法으로 '大'(dà)자와 '老'(lǎo)자를 反切시켜 길 도의 '道'(dào)자가 나오고, '倚'(yǐ)와 '閭'(lǚ) 두 글자에서 語助辭인 '於'자가 나오고, '滿'(mǎn)과 '盈'(yíng) 두 글자에서는 소경 맹의 '盲'(máng)자가 나온다. 이 네 글자를 한 문장으로 연결시키면 바로 '問道於盲', 즉 소경에게 길을 묻는다는 뜻이다.[11] 이 과정을 전혀 모르고 장사를 마치고 돌아온 임씨는 그 이야기를 듣고, 두 사람이 분명히 눈이 밝은 사람인들인

---

11) 多九公猛然醒悟道:〈唐兄:我們被這女子罵了!按反切而論:《吳郡》是個《問》字,《大老》是個《道》字,《倚閭》是個《於》字,《滿盈》是個《盲》字。他因請教反切, 我們都回不知, 所以他說:《豈非〈問道於盲〉麼!》〉林之洋道:〈你們都是雙目炯炯, 爲甚比作瞽目?大約彼時因他年輕, 不將他們放在眼裡, 未免旁若無人, 因此把你比作瞽目, 卻也湊巧。〉多九公道:〈爲何湊巧?〉林之洋道:〈那《旁若無人》者, 就如兩旁明明有人, 他卻如未看見。既未看見, 豈非瞽目麼?此話將來可作《旁若無人》的批語。海外女子這等淘氣, 將來到了女兒國, 他們成群打伙, 聚在一處, 更不知怎樣厲害〉。(《鏡花緣》, 第19回。)

데 왜 이런 말을 들었는지 처음엔 이해 못하여 스스로 해석하기 시작하였다. 처음엔 두 여학생이 너무 어리고 여자라서 두 어른의 수준에 다다르기에는 너무 멀어 기분 나쁜 나머지 두 어른을 소경으로 비유했다고 생각했다. 이 상황에서 임씨는 기지를 부리며 또한 '旁若無人'이라는 말을 추가하여 두 사람을 비유하면 어울릴 것 같다고 말한다. 왜냐하면 '旁若無人'은 곁에 사람이 없는 것처럼 자만한 사람을 비유하는 말인데, 두 어른은 그 여학생들이 옆에 있어도 그들의 눈에 차지 않아 여학생들이 보이지도 않는다는 자만의 뜻이 담긴 맹인이라는 의미가 내포되어 있다. 임씨의 기지로 두 천조문인은 난감한 상황에서 '방약무인'이라는 쌍관어의 유머적 성질을 가지고 자연스럽게 넘어갔지만, 두 사람 대신 어린 여학생들이 너무나 장난이 심하다고 한 마디를 하였다. 그리고 미래에 대한 감출 수 없는 걱정도 토로하였다. 즉 앞으로 여자들만 모여 있는 女兒國으로 들어가면 한 두 명의 여자가 아닌 떼를 지어 몰려오게 되어 오늘의 상황보다 훨씬 더 심각할 것이라고 걱정을 하였다.[12)]

역문의 서술흐름은 원문과 같고, 큰 차이가 없다. 역문과 원문의 가장 큰 차이는 원문에 있는 2문 2답의 대화 장면을 1문 1답으로 줄이고, 위와 같은 이야기를 한 번에 간략하게 서술하였다. 이러한 변동은 역시 원작 본래의 산만함을 다듬어가는 것으로 볼 수 있다. 또한 비록 중국어의 독음과 한국어 발음상의 차이가 있지만, 번역자는 애써 원문 속 유머 플롯을 구현할 수 있도록 노력하고 이후 문제발생의 가능성에 관계없이 은유식

---

12) 구공이 크게 씨다라 왈: "이 과연 노부를 욕ᄒᆞ도다. 반절노 보건ᄃᆡ '오군' 두 ᄌᆞ를 합ᄒᆞ면 '문'ᄶᆞ요 '대로' 두 ᄌᆞᄂᆞᆫ '도' ᄶᆞ요 '의려' 두 ᄌᆞᄂᆞᆫ '어' ᄶᆞ요 '만영' 두 ᄌᆞᄂᆞᆫ '망' ᄶᅵ니 곳 '문도어망'네 ᄌᆞ히라. 이 ᄯᅳᆺ이 소경의게 길을 뭇다 ᄒᆞ미니 이런 욕이 어ᄃᆡ 잇스리요." 원외 왈. "냥형이 두 눈이 말가ᄒᆞ더ᄂᆞᆯ 엇지 소경이 되얏더뇨? 그 ᄶᅵ에 과히 업수이 넉여 눈의 ᄎᆞ지 아니ᄐᆞᆺ ᄒᆞ고 방약무인 ᄒᆞ다가 이졔 욕을 어드니 진실노 방약무인ᄒᆞᆫ ᄌᆡ 겻ᄒᆡ 사„이 잇거ᄂᆞᆯ 업ᄂᆞᆫ 듯ᄒᆞ게 아니 이 소경이 아니리오. 져 두 낫 녀ᄌᆞ의게 이ᄀᆞ치 치욕을 보니 만일 녀아국의 니르러 ᄶᅦ지어 ᄉᆞ지ᄌᆞ면 냥형이 쟝ᄎᆞᆺ 엇지ᄒᆞ리오".(《제일기언》제19회, 181-182쪽)

표현도 철저히 고수하는 입장이 보인다. 역문을 분석해보면 다씨의 설명은 원문과 일치하여 변동 없이 서술하였다. 여기서 역문은 원문에 충실하고 별 문제가 없지만, 반절법을 살펴보면 말의 앞뒤가 맞지 않는 것으로 보인다. 즉, 한국어의 독음으로 중국어의 반절법을 사용하여 위와 같은 반절 수수께끼를 풀 수가 없다. 이것은 근본적인 언어 차이로 인해 직역할 수 없는 부분이다. 그렇지만 번역자는 이 같은 내용을 수정하지 않고 생략도 하지 않은 채 굳이 원문의 내용을 정확히 번역한 것은 역시 반절법에 대해 느끼는 중요성과 생략하고 싶지 않다는 의지를 가진 것으로 설명할 수 있다.

다씨의 수난은 이와 같은 대화방식으로 계속 이어져, 갈수록 고민과 난감에 빠지게 된다. 결국 온몸에 식은땀이 나 나가지도 못하고 편하게 앉지도 못하는 처지가 되어, 혼자말로 스스로를 조소할 지경이 되었다. 그 대화 현장에 있었던 노 선비는 다씨의 몸에 흠뻑 배인 땀을 보고 혹시 평소에 麻黃 같은 한약을 잘 먹기 때문에 그런 줄 알고 앞으로는 마황 같은 약을 적게 드시라고 권하였다. 노 선비의 이 말은 천조문인에게 일부로 하는 은유적 표현이지만, 작가의 묘한 필치는 이것뿐만이 아니다. 여기서 다씨는 혼자말로 "그 분은 내가 마황을 먹는다고 하지만, 어찌 내가 여기서 황련을 먹고 있단 말인가"! 중국어의 속담에는 "벙어리가 황련을 먹고 쓴 맛을 말할 수가 없다"는 표현이 있다. 황련은 쓴 약이어서 난감함을 비유한 것인데. 벙어리가 황련을 먹고 맛은 쓰지만 말을 하지 못한다는 뜻으로 사람들이 견디기 힘든 고생이나 고통을 받고는 있지만 말을 하지 못하다는 뜻으로 사용한다. 여기서 다씨는 마황의 '黃'字를 가지고 또 다른 '黃'字가 들어간 단어인 황련을 연결시켜 자신의 곤란한 처지를 표현하였다.[13] 이와 같이 스스로 조롱하는 서사방식은 문인적 유머의 유형 중 하

13) 多九公聽了, 滿臉是汗, 走又走不得, 坐又坐不得, 只管發愣, 無言可答。正想脫身, 那個老者又獻兩杯茶道:〈斗室屈尊, 致令大賢受熱, 殊抱不安。但汗爲人之津液,

나이며 문화배경과 깊은 연관성이 있다. 조선 속담에서도 비슷한 의미로 '벙어리 냉가슴 앓는다.'라는 표현이 있지만, 역문에서는 아무 수정도 없이 원문의 표현을 그대로 옮겼다. 단지 황련이 무엇인지에 대하여 괄호를 치고 짧게 황련은 약재 이름이라고 설명하였다.[14] 이와 같은 중국 속담은 조선 속담에서도 찾을 수 없고, 황련 같은 약재는 중국문화 속에서 고생이나 고통과 같은 느낌으로 연결할 수 있지만, 조선 언어체계 속에서는 적용되지 않는 것이다. 문화배경에 있어서 번역시 어려움이 있으면 조정해서 번역한다고 역자가 스스로 밝혔지만, 그럼에도 불구하고 번역자가 중국적 문인 유머를 바꾸지 않고 그 원래 형태를 유지하는 것을 보면 번역자가 원작 속 은유적인 문인 유머에 대하여 고수하고 싶은 의도를 보인 것으로 설명이 된다.

《경화연》속에 또 하나의 문인 유머 유형, 즉 연회의 자리에서 참석자들이 각종 유희·주령·주산·명리 등을 논담으로 대화를 주고받으면서 전개한 오락방식이 있다. 이러한 유머 이야기는 백 명의 여자가 등장하며 약 50여 개의 논담을 포함하고 있다. 원작 작가가 이 부분을 상세하게 묘사하고 그 내용은 거의 소설의 삼분의 일을 차지하고 있다. 이러한 유머는 앞

---

也須忍耐少出才好。大約大賢素日喜吃麻黃, 所以如此。今出這場痛汗, 雖痢瘧之症, 可以放心, 以後如麻黃發汗之物, 究以少吃爲是。〉二人欠身接過茶杯。多九公自言自語道:〈他說我吃麻黃, 哪知我在這裡吃黃蓮哩!〉(《鏡花緣》第18回)

14) 구공이 〃 말을 드르ᄆᆡ 두 귀 밋ᄒᆡ ᄡᅡᆷ이 비오듯 ᄒᆞ야 닷고져 ᄒᆞ나 쟈리 업ᄂᆞᆫ 지라. 문득 어린 듯 취ᄒᆞᆫ 듯 좌우ᄅᆞᆯ 도라보아 대답ᄒᆞᆯ ᄇᆡᄅᆞᆯ 아디 못ᄒᆞ고 다만 탈신ᄒᆞᆯ 계교ᄅᆞᆯ ᄉᆡᆼ각더니 노옹이 다시 차ᄅᆞᆯ 권ᄒᆞ여 왈: "져근 집이 낫고 좁아 대현으로 ᄒᆞ여곰 더위ᄅᆞᆯ 바드시게 ᄒᆞ니 실노 불안ᄒᆞ믈 ᄂᆡ의지 못ᄒᆞ리로소이다. ᄒᆞ물며 ᄡᅡᆷ이란 거시 사ᄅᆞᆷ의 진ᄋᆡᆨ이니 맛당이 ᄎᆞᆷ아 적게 ᄂᆡ미 몸의 유익ᄒᆞᄂᆞ니 대쳐 대현이 평일의 마황든 약을 만히 쟈시므로 ᄡᅡᆷ이 이ᄀᆞ치 흔ᄒᆞ도다. 오히려 다ᄒᆡᆼᄒᆞᆫ 바ᄂᆞᆫ ᄡᅡᆷ을 져ᄀᆞ치 만히 흘니〃 일우 학질과 샹한 갓흔 병은 업스려니와 이후ᄂᆞᆫ 마황ᄀᆞᆺ치 과히 헷치ᄂᆞᆫ 약은 적게 쟈시미 올흐니이다." 이인이 몸을 굽혀 챠ᄅᆞᆯ 바들 분이라. 구공이 스ᄉᆞ로 말ᄒᆞ되: "져ᄂᆞᆫ 날더러 마황을 먹엇다 ᄒᆞ되 나ᄂᆞᆫ 실노 황년을 먹엇도다."(《제일기언》제18회, 174쪽)

에 언급한 유머 유형과는 다르다. 여기서 참석한 등장인물은 대부분이 경전·시사를 숙지하고 과거시험에 합격한 여성학자들이며, 대화의 현장 분위기도 앞서 언급된 장면과는 달리 즐겁고 기쁜 마음으로 웃음을 주려는 목적을 가진 유머들이다. 불행히도 번역 수고본이 이 부분의 내용을 대다수 보존하지 못하였기 때문에 본고에서는 분석을 할 수 없게 되었다.

## Ⅳ. '남산골샌님' 대신 '신 맛': 풍자적인 雙關語

이여진이 《경화연》을 쓴 시기는 중국 과거 시험의 폐단이 심각한 시기여서, 이여진은 문인소설가로서 당시 지식인의 생활을 반영하고 지식인의 여러 가지 어리석은 행동에 대하여 풍자하기도 하였다. 소설은 보통 사람들의 조화롭지 않은 행동을 묘사하면서도 지식인들의 경직된 생각을 풍자하여 소설 인물을 통해 처벌을 가하기도 한다. 위에 언급한 흑치국에서 벌어진 대화들을 통해 유생들이 과거공명만을 추구하는 추태를 익살스럽게 묘사하는 것이 문인 유머의 일반적 양식 중 하나이다. 이러한 유머형식은 소설 여러 곳에서 나타나며 특히 제21회에서 24회 앞부분까지, 즉 《제일기언》권지5에서 집중적으로 나타난다. 이와 같이 지식인들을 대상으로 하는 본격적인 풍자는 그 당시 전통사회에서 과거를 중심으로 행해지는 부조리들을 작가의 견해를 통해 비판 대 위에 오르게 한 것이다. 이와 동시에 작가는 은근히 벼슬 있는 자에 대한 부러운 마음도 동시에 보이고 있는데, 소설 속에서의 풍자와 처벌 그리고 질투와 같은 작가의 대칭적 감정들을 은연중에 대변하고 있다.

주서술은 여행자 일행이 숲에서 여러 종류의 보기 드문 짐승들과 조류들과의 만남에서 시작한다. 옛 친구의 딸인 魏씨 여자와 우연히 만나게 되고, 그리고 白民國과 淑士國으로 들어가는 과정을 묘사하였다. 살펴보면 이 이야기 속에 담겨져 있는 유머의 소주제는 바로 신맛이란 느낌과 가난함, 초라함, 인색함, 그리고 질투 등 여러 감정들이 담긴 '酸'자이다. 원작자 이여진은 이 '酸'자를 가지고 당시 선비의 이미지를 생생하게 그려냈다. 이 부분을 번역할 때 생길 수 있는 문제점은 동일한 글자지만 두 개 이상의 뜻을 나타날 수 있는 쌍관어의 번역이다. 홍희복의 번역수법을 살펴보면 번역자의 원문에 대한 충실도를 찾아 볼 수 있지만 원문에 나타난 풍자의 맛이 불가피하게 어느 정도 손실된 바가 있다. 여행자 일행이 숲에 들어가 '준예(狻猊, 산예)'란 짐승에게 잡아먹히게 되는 일체절명의 상황 시, 장사꾼 임씨가 말하였다. 준예는 사람을 잡아먹긴 하지만 특히 신 맛을 싫어한다고 했다. 일행 중에 지식인 당씨와 다씨 두 사람은 '선비의 신 맛'이 나기 때문에 이 짐승 앞에서 살 가능성이 있지만, 자기는 벼슬도 없고 공부한 적도 없으니 죽을 수밖에 없다고 한탄하였다.[15] 이 짧은 서술 중에 특정문화배경지식이 없으면 쌍관어의 유머를 정확히 이해하기 어려워진다. 일단 어음 측면에서, '준예'라는 어휘는 중국어로 '산예'라고 한다. 이 '산狻' 자는 발음이 신 맛 '산酸' 의 발음과 같다. 그러니까 '산예'는 '신 맛의 짐승'이라는 뜻이다. 장사꾼 임씨가 말한 대로 이 짐승은 신 맛을 싫어하고 그 생김새도 인색하게 보였다. 즉 짐승의 명칭과 성질, 두 가지의 어휘를 동시에 이해한다면 알 수 있는 것이다. 그러나 단순히 한글로만 옮긴다면 그 뜻을 제대로 전달하지 못하게 된다. 일단 '준예'는 '산예'의 오역이고, '산예'라고 번역해도 신맛을 포함하는 의미를 전달하기 어렵다. 또한 중국어의 표현 중 선비의 일반적인 이미지가 중국어 어휘로 '窮酸'이라고 한다. 즉 인색하다는 대상은 신 맛이 난다는 '酸'자로 표현한다. 신맛을 싫어하는 짐승이 신맛이 나는 선비들을 당연 꺼리게 되어 해칠 수 없다는 내용이다. 이 이야기는 표면적으로 선비는 신맛이 배여 있기 때문에 살 수 있는

15) 林之洋不覺放聲哭道:〈只顧要看撕鬥, 那知狻猊腹饑, 要吃俺肉! 無繼國以土當飯, 他是以人當飯! 俺聞秀才窮酸, 狻猊如怕酸物倒牙, 九公同妹夫還可躲這災難, 就只苦殺俺了!〉。(《鏡花緣》第21回)

기회를 가졌다며 부러워하지만, 실제로는 선비의 가난함과 인색함을 풍자하고 놀리는 수법이다. 또한 중국어의 '酸'자는 또 다른 뜻인 질투를 포함하다. 예를 들면, '酸葡萄心理(신포도 심리)', 즉 가지고 싶지만 뜻대로 되지 않아 질투를 느낀다는 마음이다. 소설 속 장사꾼인 임씨(혹 작가인 이여진)가 과거공명을 가지고 싶었지만 평생 벼슬자리를 얻지 못하여 자연 당·다씨 두 사람에게 질투심을 품게 되었다. 이런 이유로 그러한 위기상황을 설정하여 선비들을 놀리며 신 맛이 난다고 한 것이다. 이러한 풍자법은 홍희복이 원작을 한글로 옮기게 되면서 조선사회 내의 언어와 문화 차이로 인해 원문의 유머 속에 은연중 담겨 있던 풍자와 질투가 사라지게 되었다. 물론 일부의 감정, 즉 짐승의 인색한 천성과 신맛을 싫어한다는 것을 글로 설명은하였지만 선비의 인색함을 연결 짓는 양자 간의 상관성을 통한 풍자의 의미는 없어졌다.[16)]

일행은 예전에 흑치국에서 자신들이 천조문인이라는 오만함 때문에 치욕을 받은 경험을 가지고 백민국과 숙사국으로 들어간다. 백민국과 숙사국에서는 학문을 매우 중요시하였다. 게다가 그곳 사람들은 피부가 희고 얼굴이 고울 뿐만 아니라 의상도 세련되어 일행은 오히려 지나치게 겸손하게 된다. 여기서 보여주는 유머는 바로 이 지나친 겸손한 행동의 묘사를 통하여 지식인들이 사람을 외모로만 판단한다는 잘못된 사례를 보여준다. 이와 같은 이야기도 '酸'자를 통해 선비의 추한 모습을 묘사한다. 예를 들면 숙사국에 들어가자마자 참지 못할 정도로 짙은 신 냄새가 풍겨났다. 소설 속 박학다식한 다구공은 숙사를 지식인이 많다는 나라의 명칭으로 설명하면서 이 신맛을 연결하였다. 이를 통해 결국 '지식인들은 신맛이 난다'는 풍자수법을 사용한 것이다.[17)] 여기서 작가는 '酸'자를 가지고 선비

16) "져 돗치 본ᄅᆡ 닌ᄉᆡᆨᄒᆞᆫ 쳔셩으로 …… 준예도 만일 싄 거슬 〃히 넉일진ᄃᆡ 구공과 ᄆᆡ제ᄂᆞᆫ 오히려 신쳬나 보젼ᄒᆞ려니와 나 님지양은 ᄉᆞᆨ절업시 준예의 복즁물이 되리로다."(《제일기언》제21회, 200쪽)

17) 林之洋道:〈淑士國從來買賣甚少, 俺帶甚物去呢?〉多九公道:〈若據《淑士》兩字而

들을 곱지 않은 시선으로 본격적으로 풍자하였다. 숙사국에서는 학문을 숭상하여 누구라도 배우지 않는 사람을 무시한다. 이러한 崇文의 나라인데도 실제로 숙사국 사람들은 학문이 빈약하고 성격도 인색하였다. 여행자 일행이 전에 흑치국에서 사람을 외모로 판단해서 수모를 당한 일이 있었는데도, 이 숭문의 나라에서 또 다시 외모로 판단하여 곤욕을 치르게 되었다. 한글 번역문으로는 이 풍자적인 서술에 대하여 아무리 원문에 충실하다 해도 소위 '신맛이 난다'는 상징성에 대한 풍자적 표현을 전달하기에는 어려움이 있다. 번역문은 숙사국이라는 나라에 선비가 있을 것이라 하여 숙사국에 다가가면서 점차 풍겨나는 신 냄새도 전달하지만, 한글 독자들에게 이와 같은 이미지를 가진 중국 선비들은 바로 '남산골샌님'과 엇비슷한 존재로 이해할 수도 있을 것이다. 그리고 제23회에서의 서술은 거의 '酸'자로 이어지면서 숙사국 사람들은 학문을 중요시하지만 지극히 인색하고, 외모는 세련되지만 학문의 깊이는 낮아 속칭 "빈 깡통이 요란하다"는 모습으로 풍자하였다. 술집 머슴이 자신의 유식을 뽐내기 위해 손님에게 주문을 받거나 대화를 할 때 늘 '乎'자를 붙여 말한다.[18] 그 이후 어느 노인과 대화를 나누게 되었는데 그 노인도 말을 할 때 늘 '之'자를 붙인다. 말을 할 때 '之'자, '乎'자, '者'자, '也'자를 붙여 말하는 언어현상은 바로 중국 전통 선비들의 모습이며 자신이 많이 알고 배웠음을 보이기 위한 행동이다. 즉 중국 전통 지식인들의 특징 중 하나이며 그나마 고문을 많이 배웠다고 드러내기 위한 행동이다. 이러한 광경을 보고 唐·多 씨 두 사람은 그냥 웃어 버리지만, 장사꾼 임씨는 오히려 화가 났다. 화가 난 이유

---

論, 此地似乎該有讀書人。要帶貨物, 惟有筆墨之類最好, 並且攜帶也便。〉林之洋點頭, 隨卽攜了一個包袱。三人跳上三板, 衆水手用棹擺到岸邊, 一齊上岸, 穿入梅林, 只覺一股酸氣, 直鑽頭腦, 三人只得掩鼻而行。(《鏡花緣》第22回)

18) 酒保陪笑道:〈請敎先生:酒要一壺乎, 兩壺乎?菜要一碟乎, 兩碟乎?〉林之洋把手朝桌上一拍道:〈甚麽《乎》不《乎》的!你只管取來就是了!你再《之乎者也》的, 俺先給你一拳!〉(《鏡花緣》第23回)

는 장사꾼 임씨의 이름 '林之洋'의 글자 하나와 같으므로 이는 중국문화에 따른 금기를 범한 것이기 때문이다.(참고로 중국문화에서는 상대방의 이름 중 똑같은 글자를 넣어 대화하는 것은 예의에 맞지 않음) 이런 이유로 임씨가 화를 내긴 하였지만 그보다 진짜 이유는 학문을 과시하는 사람들에게서 나오는 '신맛'때문이었다.[19] 즉 자신이 무식한 장사꾼이지만 숙사국 사람처럼 허세를 보여주고 싶지 않았고, 그들과 같이 인색하고 얕은 학문실력에 연연하는 그러한 '신맛'을 갖고 있지 않았다. 이 부분에서 앞의 서술보다 더욱 직선적으로 선비의 인색함과 학문의 부실함을 지적하였다. 이 신맛을 중심으로 약간의 질투심도 내포하고 있지만 풍자적인 서술을 통하여 당시 전통사회 선비들의 모습을 여실히 보여 준 것이다.

홍희복의 한글 번역문은 전서의 번역 풍격을 맞추기 위해 전반적으로 원문을 최대한 충실히 옮겼다. 거의 직역과 가까운 번역법으로 원문의 내용을 최대한 전달하였지만 문화적·언어적 차이가 있는 세밀한 부분들에 대해서는 다소 미진한 감이 있다. 《제일기언》권지5에서 '酸'자, 이 한 글자를 가지고 전통 문인들의 추한 모습을 풍자하려는 시도를 한글 언어체계에 맞추어 굳이 바꾸지 않고 한문 표현을 그대로 옮기고자 하였다. 그렇지

19) 老者聽罷, 隨將右手食指、中指, 放在鼻孔上擦了兩擦, 道:〈先生聽者:今以酒醋論之, 酒價賤之, 醋價貴之。因何賤之?爲甚貴之?其所分之, 在其味之。酒味淡之, 故而賤之;醋味厚之, 所以貴之。人皆買之, 誰不知之。他今錯之, 必無心之。先生得之, 樂何如之!第既飲之, 不該言之。不獨言之, 而謂誤之。他若聞之, 豈無語之?苟如語之, 價必增之。先生增之, 乃自討之;你自增之, 誰來管之。但你飲之, 即我飲之;飲既類之, 增應同之。向你討之, 必我討之;你既增之, 我安免之?苟亦增之, 豈非累之? 既要累之, 你替與之。你不與之, 他安肯之?既不肯之, 必尋我之。我縱辯之, 他豈聽之? 他不聽之, 勢必鬧之。倘鬧急之, 我惟跑之;跑之, 跑之, 看你怎麼了之!〉唐、多二人聽了, 惟有發笑。林之洋道:〈你這幾個《之》字, 盡是一派酸文, 句句犯俺名字, 把俺名字也弄酸了。隨你講去, 俺也不懂。但俺口中這股酸氣。如何是好!〉(《鏡花緣》第23回)

만 중국어문의 유희성을 한글로 옮기면서 오락성은 다소 손실된다.[20] 원문의 '之'자를 가지고 특별히 중요한 내용과 목적 없이 유희성을 담아 번역자의 요약·수정과 조정을 통해서 다소 합리화를 시켰다. 원래 유머는 기존의 언어체계를 공유하면서 인지적 배경지식을 갖춘 상태에서 서술하는 순간 웃음을 자아내는 표현법이다. 설명을 하거나 다시 요약해서 재 서술하게 되면 웃음의 시점을 놓치게 되는 경우가 있다. 특히 문인 유머의 번역은 인지적 배경지식을 일단 공유해야 서술이 순조롭게 진행 될 수 있다. 즉 중국적·문인적 유머는, 특히 원작 속 중국문자와 어음에 관련된 언어유희와 같은 이야기들은 한문과 관련된 지식이 반드시 있어야 한다. 그렇지 않은 상황에서 번역자가 아무리 원문을 충실하게 번역했더라도 원문 속에 담겨 있는 웃음의 현상을 정확히 이해하기는 힘들어 보인다.

20) 쥬뵈 우음을 씌여 답샤 왈: "감히 쳥컨ᄃᆡ 션ᄉᆡᆼ은 술을 일호ᄅᆞᆯ 구ᄒᆞ시ᄂᆞ니잇가? 반호ᄅᆞᆯ 구ᄒᆞ시ᄂᆞ니잇가? ᄎᆡᄅᆞᆯ 일쳡호잇가 냥쳡호잇가?" 원외 손을 드러 조ᄌᆞᄅᆞᆯ 치며 크게 쇼ᄅᆡᄒᆞ야 왈: "네 다만 술과 ᄎᆡᄅᆞᆯ 가져올 분이지 긔 엇지 말ᄉᆞᆺ마다 호아 야아 ᄒᆞᄂᆞ뇨? 다시 그런 문ᄌᆞ 쓰다가 몬져 나의 쥬먹을 맛보리라." …… 노옹이 코을 쫑긔며 ᄂᆡᆼ 쇼왈: "션ᄉᆡᆼ은 쳥지ᄒᆞ라 술과 초ᄅᆞᆯ 논지ᄒᆞ면 술갑슨 쳔지ᄒᆞ고 초갑슨 귀지ᄒᆞ니 엇지ᄒᆞ야 쳔지ᄒᆞ며 엇지ᄒᆞ야 귀지ᄒᆞᄂᆞ뇨? 그 맛스로 언지ᄒᆞ니 초맛슨 후지ᄒᆞ니 써 귀지ᄒᆞ고 술맛슨 담지ᄒᆞ니 써 쳔지ᄒᆞᄂᆞ니 이런 줄은 뉘 지〃치 못ᄒᆞ리요 제 임의 ᄎᆞᆨ지ᄒᆞ니 뭇심지ᄉᆡ라. 션ᄉᆡᆼ이 ᄃᆞᆨ지ᄒᆞ니 가히 낙지 어ᄂᆞᆯ 임의 음지ᄒᆞ니 엇지 언지ᄒᆞ리오. 제만일 문지ᄒᆞ면 갑슬 응당 가지ᄒᆞ리니 션ᄉᆡᆨ은 즐겨 ᄌᆞ취지 어니와 내게 ᄯᅩᄒᆞᆫ 누ᄅᆞᆯ 급지ᄒᆞ리로다 나도 ᄒᆞᆷ게 음지ᄒᆞ니 홀노 엇지 면지리오? 부ᄃᆡ 면지ᄒᆞ려 ᄒᆞ면 필경ᄌᆡᆼ지ᄒᆞᆫ들 엇지 즐겨 쳥지ᄒᆞ리오? 이ᄀᆞ치 변지ᄒᆞ니 션ᄉᆡᆨ은 깁피 찰지ᄒᆞ라." 당·다 이인이 드러올ᄉᆞ록 닙을 ᄀᆞ리오고 허리ᄅᆞᆯ 펴지 못ᄒᆞ거ᄂᆞᆯ 원외 대쇼왈: "그 엇진 말이 마ᄃᆡ마다 짓ᄌᆞᄅᆞᆯ 너허 일편 ᄉᆡᆫ 글이뇨 다만 나의 일흠을 범ᄒᆞ니 일흠이 ᄯᅩᄒᆞᆫ ᄉᆡ여 못견ᄃᆡ리로다. 그대의 말노 죠ᄎᆞ 나의 닙 ᄀᆞ온ᄃᆡ ᄉᆡᆫ 긔운이 더옥 심ᄒᆞ도다!"(《제일기언》제23회, 226-228쪽)

## V. 결론

앞에 서술 하였듯이 번역된 유머와의 공감을 위한 사유의 방식과 언어 표현에 대해 성공적인 전이가 있어야 웃음을 유발 할 수 있다.《제일기언》번역자 홍희복은 청 나라 이여진의《경화연》을 저본으로 최대한 원문 내용에 충실하도록, 즉 의역이 아닌 직역으로 번역하였다. 언어문자 특징 상의 차이가 있으면서도 중국어/한자의 표현을 최대한 지양하면서 한글로 옮겼다. 이와 같은 번역의 서사의식을 바탕으로 문인 유머 이야기를 번역하면서 공감할 수 있는 부분은 자연스럽게 옮겼지만, 인지적 언어와 문자 체계의 차이로 인해 번역과정 속에서 원문의 유머감이 어느 정도 손실된 바가 있다. 중국의 문인적 유머는 한글로 옮기는 과정에서 번역자가 최대한 원문을 충실하려고 하더라도 문화배경의 차이가 있어서 원문 내용에 문인 유머의 어감을 전달하기가 어려울 수밖에 없다. 그러나 이와 같은 손실된 부분들은 번역자의 역량부족에 기인했다기보다는 원문에 대한 최대한의 충실도를 유지하기 위해 불가피하게 나타나는 현상으로 볼 수 있다. 원문은 한자로써 유머를 전달하고 풍자하였기 때문에, 비록 번역문이라도 한자를 벗어나지 않고 그대로 옮겨야 원문의 진정한 맛이 있음을 볼 때 이는 원문을 변형시키지 않으려는 번역자가 가진 일종의 선택이며 집착이다. 다시 정리해보면 한국어는 한문의 깊은 영향을 받아왔으면서도 중국어와 한국어의 언어 차이가 다수 존재 할 수밖에 없다. 그러므로 중·한 번역 과정에서 피할 수 없는 어려운 상황이 분명 나타나게 된다. 위와 같이 역문에서 번역자가 조심스럽게 번역해도 역문이 의도와는 다르게 상이하게 바뀔 수도 있다는 사실을 모를 리 없다. 이 한계를 알고 있으면서도 억지로 원문에 충실하게 번역하려는 학자적 '고집'은 소설 속에 담겨 있는 문인 유머를 최대한 유지하고 그와 관련된 플롯을 구현하기 위해 노력하는 모습 속에서 찾아볼 수 있다. 더 구체적으로 말하자면, 번역자가 언어 간의 차이가 있음을 알면서도 원문 속에 배치된 우의적인 서술정신에 대하여 착실히 유지하고 있는 것이다. 이것은 번역자가 원문과 같은 조롱방식을 유지함으로써 기존 정통문화의 이성에 대한 비판을 공동으로 지지하는 것이다. 특히 쌍관어를 사용해서 유머를 전달할 경우에는 특정한 문화적 배경지식이 있어야 독자들의 이해가 가능하다. 그렇지만 홍희복은 이와 같은 유머 이야기들을 의역으로 번역하지 않고 원문을 있는 그대로 옮기고자 하였다. 번역자가 원작 작가의 의도와 서술 방식을 분명히 알고 있고 이러한 원문을 직역한다면, 당시 조선 사회에서 쉽게 받아들이기 힘들다는 것도 분명히 알고 있었으리라 본다. 그럼에도 불구하고 한문표현 그대로 옮기는 것은 거부감이 없는 순응의 표현이며 번역자의 일종의 확신을 가진 선택이라 하겠다. 이것은 조선의 문인의식을 가진 번역가 홍희복이 중화적 타자와 조선적 자아 양자 간의 장력 사이에서 진퇴양난한 일면을 보여주고 있다. 조선시대에 중국소설에 대한 번역과 번안이 크게 흥성했다는 사실은 현재 한국의 각 도서관에 소장된 번역 및 번안의 판본양에서도 쉽게 찾아볼 수 있다. 번역자는 원문을 충실히 번역하여 그 내용 속에 있는 논리적 서술 역시 이탈되지 않도록 정확히 전달하면서 원작자 못지않게 음운학의 중요성을 공감한 것이라 볼 수 있다. 한 편으로는 다른 역자들과는 달리 이러한 대화 장면에 대해 번거롭게 생각하지 않고 유머의 플롯을 그대로 번역하였으며, 특정한 문화배경 지식이 있어야 함에도 최대한 원문 속의 문인 유머 이야기를 상세하게 재 서술하는 것을 볼 때, 번역자 또한 원작자와 마찬가지로 문인적 유머양식에 대한 깊은 선호도와 중국적 문인 유머의 표현에 대한 적지 않은 관심을 가지고 있다고 할 수 있겠다.

## ✚ 참고문헌


(淸) 李汝珍 著, 洪羲福 譯, 丁奎福·朴在淵 校註, 《제일기언》, 서울: 國學資料院, 2001.

(淸)李汝珍, 《鏡花緣繡像》, 芥子園藏版, 道光十二年(1832).

黃克武, 〈《鏡花緣》之幽默: 淸中葉中國幽默文學之分析〉, 《漢學硏究》 第17輯, 1991. 6.

李玉馨, 〈反傳統與擁傳統: 論 《鏡花緣》中的女權思想〉, 《中外文學》 第22輯, 第6號, 1993. 11.

黎活仁, 〈烏托邦與女性主義: 近四十年有關 《鏡花緣》硏究的回顧〉, 《古典文學》, 1995.

C. T. Hsia, "The Scholar-Novelist and Chinese Culture: A Reappraisal of Ching-hua Yuan", in Andrew H. Plaks ed., Chinese Narrative-Critical and Theoretical Essays, Princeton: Princeton University Press, 1977.

George Kao, Chinese Wit and Humour, New York: Sterling Publishing Co., 1946.

John Durant and Johnathan Miller eds. Laughing Matters: A serious Look at Humour, London: Longman scientific & Technical, 1988.

Tai-Yi Lin trans., Flowers in the Mirror, London: Peter Owen, 1965.

Northrop Frye, "The nature of Satire", University of Toronto Quarterly, 14. October, 1944.

숭실대학교 중어중문학과 설립20주년 기념 학술논총

# 자타와 고금의 소통을 위한 길 찾기

초판인쇄 2013년 12월 6일
초판발행 2013년 12월 10일

지은이 정진강, 허세욱, 송재소, 임동석, 김대환·임소영, 서유원, 김종성, 황선미, 이제우, 진성희, 배도임, 공상철, 이강재, 김혜준, 장호득, 최지영, 이기훈, 오순방, 서광덕, 주숙하

펴낸이 한헌수
펴낸곳 숭실대학교 출판국
서울 동작구 상도로 369
등 록 제14-2호(1982.1.25)
TEL.02-820-0772
FAX.02-817-5297
http://press.ssu.ac.kr

찍은곳 한컴인쇄정보
TEL.02-2274-3394
FAX.02-2274-3397

값 20,000원
ISBN 978-89-7450-320-8 93800